吴中年鉴

2024

WUZHONG YEARBOOK

苏州市吴中区人民政府 主办
苏州市吴中区档案馆 编

苏州新闻出版集团
古吴轩出版社

图书在版编目（CIP）数据

吴中年鉴. 2024 / 苏州市吴中区档案馆编. -- 苏州 : 古吴轩出版社, 2024. 11. -- ISBN 978-7-5546-2466-1

Ⅰ. Z525.34

中国国家版本馆CIP数据核字第2024HH4852号

责任编辑：任佳佳
装帧设计：朱赢椿工作室
责任校对：李爱华
责任照排：吴　静

书　　名：	吴中年鉴（2024）
编　　者：	苏州市吴中区档案馆
出版发行：	苏州新闻出版集团
	古吴轩出版社
	地址：苏州市八达街118号苏州新闻大厦30F
	电话：0512-65233679　　邮编：215123
出 版 人：	王乐飞
印　　刷：	南京凯德印刷有限公司
开　　本：	889mm×1194mm　1/16
印　　张：	26.75　　插页：60
字　　数：	1093千字
版　　次：	2024年11月第1版
印　　次：	2024年11月第1次印刷
书　　号：	ISBN 978-7-5546-2466-1
定　　价：	180.00元

如有印装质量问题，请与印刷厂联系。025-84713186

《吴中年鉴》编辑部

主　　审　薛　华
主　　编　柳建刚
副 主 编　李　健　　任海令
编　　辑　任海令　　洪　蕾
　　　　　　张振雄　　赵立文
主要摄影　费　凡　　朱　杰
　　　　　　梁　龙　　刘　水

编辑部地址　苏州市吴中区东吴北路62号
电　　话　0512-65643180
邮　　编　215128

编辑说明

一、《吴中年鉴》是由苏州市吴中区人民政府主办，苏州市吴中区档案馆编纂的综合性地方资料工具书，于2002年创刊，每年编印一卷，本卷为第二十三卷。

二、《吴中年鉴》坚持以马克思列宁主义、毛泽东思想、邓小平理论、"三个代表"重要思想、科学发展观、习近平新时代中国特色社会主义思想为指导，旨在全面、系统、翔实地记载吴中区自然、经济、政治、文化、社会、生态等方面的基本面貌及发展情况，为各机关、团体、企事业单位和社会各界及时提供信息资料。

三、本卷年鉴记述起讫时间原则上为2023年1月1日至2023年12月31日。为保证内容资料的完整性、连续性，根据记述需要，个别内容时间适当上溯或下延。

四、《吴中年鉴》采用分类编辑法，分为类目、分目、条目3个层次，以条目为基本组成单位，标题用【】引出，以便查阅。与2023卷比，2024卷年鉴在类目上有部分调整，新增"区域协调发展""建筑业""太湖生态岛建设""'江南文化'吴中标识""人物·荣誉"类目，"民主党派·群众团体"类目拆分为"民主党派"和"群众团体"类目，"开发园区"类目更名为"三区一城"，并对类目顺序进行调整。

五、《吴中年鉴（2024）》在彩页部分设年度聚焦、生态立区、文化兴区、产业强区4个专题。全卷设专记、大事记、吴中概览、中共苏州市吴中区委、苏州市吴中区人民代表大会、吴中区人民政府、政协吴中区委员会、中共吴中区纪委监委、民主党派、群众团体、法治·军事、经济管理、开放型经济、区域协调发展、农业、工业、建筑业、商贸服务业、金融业、旅游业、房地产业、三区一城、数字吴中、城市建设、乡村振兴、太湖生态岛建设、生态建设、科技创新、教育、"江南文化"吴中标识、文化、卫生健康、体育、收入与分配、社会事务、公共安全、镇·街道、人物·荣誉、附录等类目39个，分目263个，条目1186个，附表92张，随文插图77幅。卷首图片专题选用图片56幅。

六、本年鉴选材围绕全区经济建设、政治建设、文化建设、社会建设和生态文明建设，以新情况、新事物、新经验为重点，兼顾地方特色与创新增益，努力推陈出新。《吴中年鉴（2024）》采用的稿件由全区各部门和镇（区、街道）提供，并经过各单位领导的审核，以保证其准确性、可靠性。文中所列数据，原则上依据《吴中统计年鉴（2024）》，统计年鉴中没有的以主管部门统计为准。年鉴人事名单以上年末组织部门年报为准。为全面反映相关领域的发展情况，《吴中年鉴》编辑部采编和补充了部分内容，并以"吴鉴"署名。

七、本卷年鉴的检索方法有目录和索引两种。目录在卷首，编排至条目；索引在卷末，设主题索引和表格索引2种。

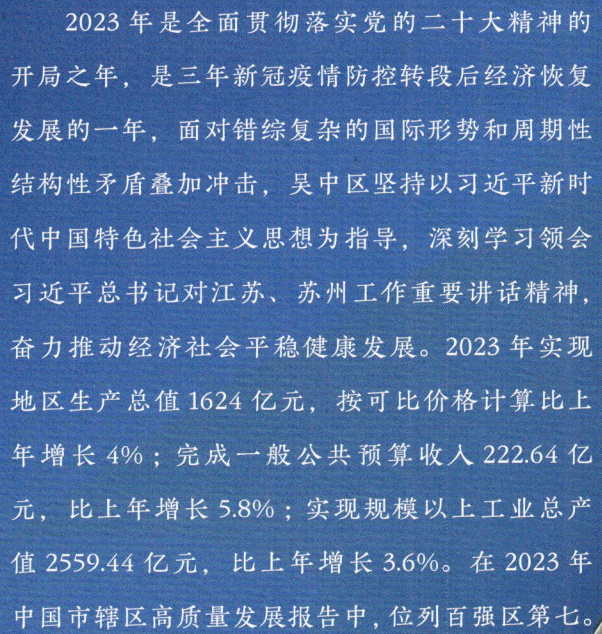

年度聚焦

2023年是全面贯彻落实党的二十大精神的开局之年，是三年新冠疫情防控转段后经济恢复发展的一年，面对错综复杂的国际形势和周期性结构性矛盾叠加冲击，吴中区坚持以习近平新时代中国特色社会主义思想为指导，深刻学习领会习近平总书记对江苏、苏州工作重要讲话精神，奋力推动经济社会平稳健康发展。2023年实现地区生产总值1624亿元，按可比价格计算比上年增长4%；完成一般公共预算收入222.64亿元，比上年增长5.8%；实现规模以上工业总产值2559.44亿元，比上年增长3.6%。在2023年中国市辖区高质量发展报告中，位列百强区第七。

太湖苏州湾大桥　史驿能　摄

2023年5月,环太湖公路入选全国"十大最美农村路",全长186千米的吴中区"环太湖1号公路"占全路线比例45%

年度聚焦

区委宣传部 供稿

2023年6月17日，快手太湖天鹅港国际电竞馆启用。电竞馆坐落于吴中太湖新城核心区，总建筑面积9416.28平方米，总投资1.3亿元

区委宣传部　供稿

年度聚焦

2023年6月26日，尹山湖隧道通车，隧道平均涉水深度10米

经开区 供稿

2023年9月15日,江苏吴中传统水生蔬菜栽培系统入选第七批中国重要农业文化遗产名单。图为采摘鸡头米 项彩珍 摄

年度聚焦

2023年，吴中区新改建高标准农田480公顷，全区粮食总产量2.71万吨。图为农民在农田里匀秧　　　　陈明　摄

2023年9月,苏州太湖国家旅游度假区被新华网评为2023文化和旅游高质量发展优秀度假区

年度聚焦

区委宣传部 供稿

2023年10月,吴中区成功创建苏州首家国家级"绿水青山就是金山银山"实践创新基地。图为度假区

年度聚焦

梁龙 摄

临湖镇

◎ 2023年12月，吴中区临湖镇、东山镇渡口村、越溪街道旺山村、横泾街道上林村入选2023年江苏省乡村振兴示范乡镇（示范村）名单

区委宣传部　供稿

年度聚焦

东山镇渡口村

越溪街道旺山村

横泾街道上林村

◎ 2023年12月16—17日，首届中国（苏州）太湖新一代信息技术创新大会在吴中区召开　　　　朱杰　摄

年度聚焦

会上，举行江苏省区块链技术创新应用试验区、江苏省工业大数据应用示范区揭牌仪式

会上，"吴中区益企润苗·金种育成工程"正式启动

2023年11月19日,2023苏州"环太湖1号公路"马拉松举行　　　　　　　　　　　　度假区　供稿

2023年12月8日,吴中区入选国家地理标志产品保护示范区,示范区名称为洞庭(山)碧螺春茶国家地理标志产品保护示范区　　　　　　　　　　　　区委宣传部　供稿

生态立区

吴中拥有五分之四的太湖峰峦、五分之三的太湖水域、五分之二的太湖岸线,连续两届全国市辖区生态系统生产总值(GEP)排名第一位。吴中区始终把守护好"太湖美"作为肩负的一项重大政治任务,协同推进降碳、减污、扩绿,坚定不移走生态优先、绿色发展之路,全力将太湖秀美转化为发展优势。2023年,吴中区成功创建苏州首家国家级"绿水青山就是金山银山"实践创新基地。

2023年,太湖水质创16年最好水平,首次被生态环境部评价为优良湖泊

区委宣传部 供稿

2023年，吴中区开展新一轮太湖综合治理，推进太湖综合治理保护十大行动计划。图为打捞水草　　　　度假区　供稿

2023年，太湖吴中辖区国考断面水质优Ⅲ类比例保持100%。图为太湖取水口　　　　　戎莹怡　摄

2023年,吴中区湿地面积1613.07平方千米,占全市的50.3%。图为水映长滩鱼鸟栖息地

生态立区

沈铮泓 摄

2023年7月,苏州太湖生态岛成功创建江苏省首批"生态岛"试验区

生态立区

刘水 摄

2023年2月,江苏省生态环境厅公布2022年度"十佳生态环境治理改革创新案例"名单,消夏湾湿地生态安全缓冲区一期项目案例入选　　陈春雷　摄

2023年5月,江苏省苏州环境监测中心启动新一轮太湖典型区域生物多样性调查工作。最新调查结果显示,吴中区物种资源丰富,各类物种共计1190余种　　金燕萍　摄

2023年9月19日，"国家级湿地公园——苏州太湖三山岛湿地生态修复"获评江苏省"最美生态保护修复"典型案例　李新　摄

2023年12月,西山天王茶果场入选国家级生态农场　　　　　　　　　　　　　　　　　　　区农业农村局　供稿

2023年7月，习近平总书记在江苏考察时强调，要加强优秀传统文化的保护传承和创新发展。吴中是吴文化的发源地和集大成者，截至年末，吴中区有各级文物保护单位131处，非物质文化遗产项目66项、非物质文化传承人141人（在世人数），中国历史文化名镇4个，中国历史文化名村5个，中国传统村落15个。我们要倍加珍惜老祖宗留下的文化遗产，奋力在建设中华民族现代文明上探索新经验，不断擦亮"江南文化"的吴中标识。

文化兴区

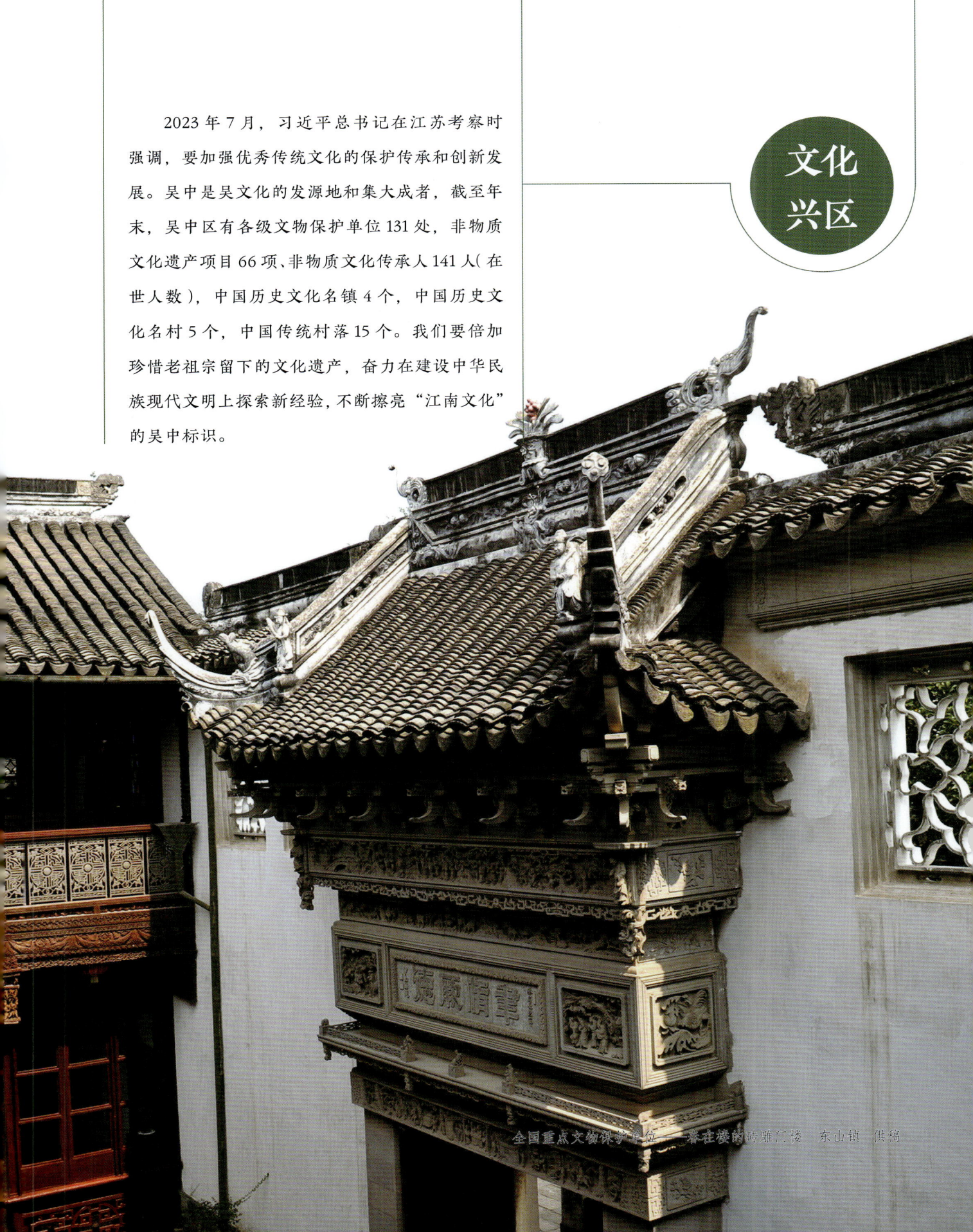

全国重点文物保护单位——春在楼的砖雕门楼　东山镇　供稿

2023年,吴中区全面推动大运河"最美三公里"建设。图为京杭大运河吴中段

文化兴区

贾嘉 摄

2023年1月，仁德山庄获评全国甲级旅游民宿

区文体旅局 供稿

2023年4月,木渎古镇入选第三批省级夜间文旅消费集聚区　　木渎镇　供稿

2023年4月28日至8月10日,吴文化博物馆推出特展"天堂里——工艺的苏州与杭州"
　　区文体旅局　供稿

第五届大运河文化旅游博览会开幕式

◎ 2023年9月21—24日，吴中区承办第五届大运河文化旅游博览会　　　　区委宣传部　供稿

开幕式主题演出《千年运河·戏曲荟萃》

文化兴区

2023年10月15日,金庭镇石公村明月湾村入选全国历史文化保护和传承示范案例　　李苏群　摄

2023年8月,东山镇三山村入选2023年度江苏省乡村旅游重点村名录 区委宣传部 供稿

文化兴区

太湖体育运动休闲小镇

旺山文旅风情小镇

© 2023年11月，太湖体育运动休闲小镇、旺山文旅风情小镇完成省特色小镇验收　　　　区委宣传部　供稿

苏州茉莉花茶制作技艺的工序——窨花拌和

◎ 2023年11月，吴中区申报的苏州茉莉花茶制作技艺、苏州砖雕、苏州湖笔制作技艺入选第五批省级非物质文化遗产代表性项目名录　　区文体旅局　供稿

文化兴区

苏州砖雕

苏州湖笔制作技艺的工序——择笔

2023年10月,吴中区阅读推广案例入选全国"十大优秀案例"。图为吴中区图书馆一角　　　　杜鼎鼎　摄

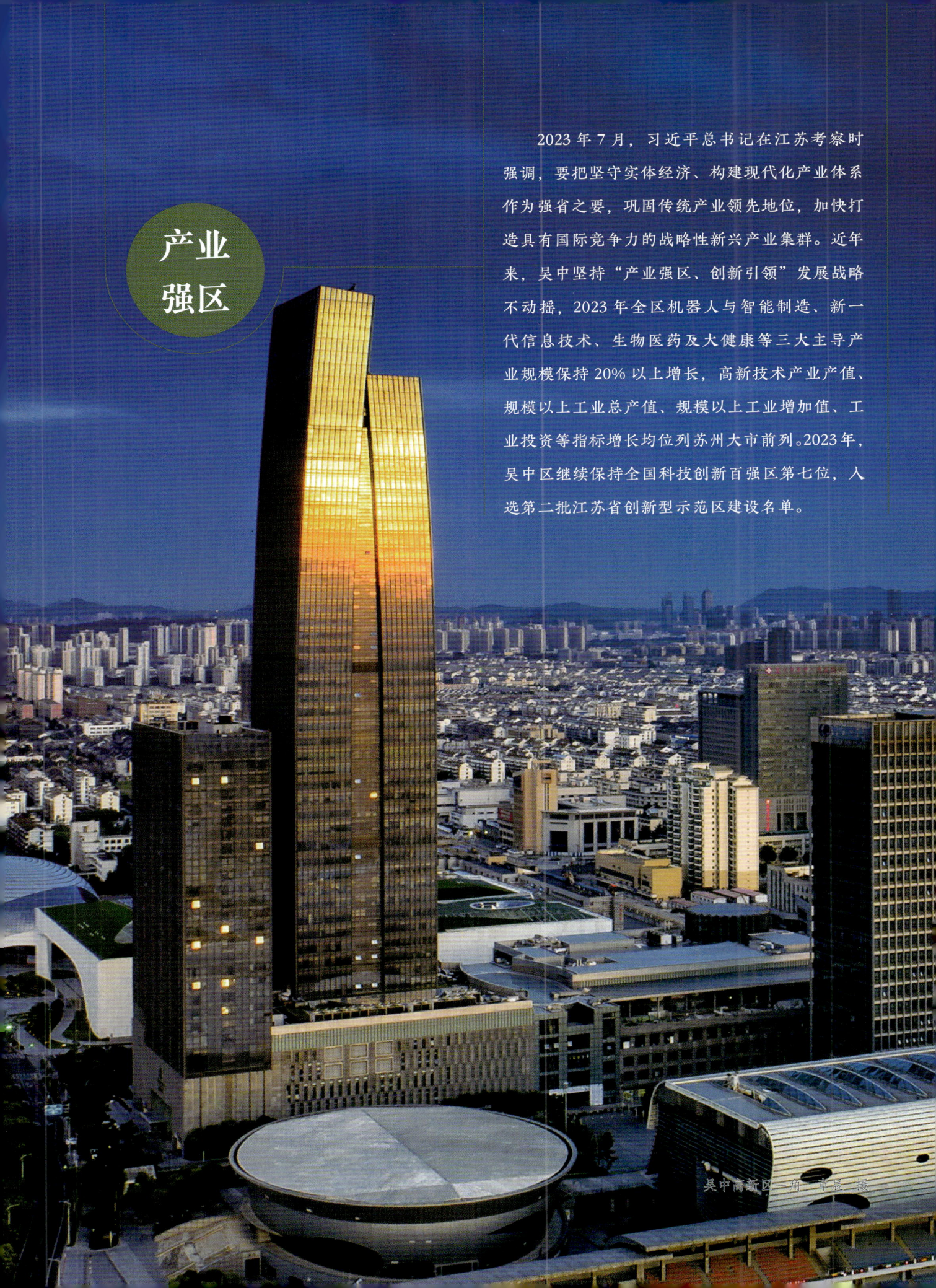

产业强区

2023年7月,习近平总书记在江苏考察时强调,要把坚守实体经济、构建现代化产业体系作为强省之要,巩固传统产业领先地位,加快打造具有国际竞争力的战略性新兴产业集群。近年来,吴中坚持"产业强区、创新引领"发展战略不动摇,2023年全区机器人与智能制造、新一代信息技术、生物医药及大健康等三大主导产业规模保持20%以上增长,高新技术产业产值、规模以上工业总产值、规模以上工业增加值、工业投资等指标增长均位列苏州大市前列。2023年,吴中区继续保持全国科技创新百强区第七位,入选第二批江苏省创新型示范区建设名单。

吴中高新区一角 章晨 摄

2023年，推进吴中太湖新城·数字经济创新港建设，太湖新城数字经济产业规模突破310亿元

区委宣传部 供稿

2023年,吴中区打造吴中生物医药产业园(LifeBay),全区生物医药及大健康产业规模382.3亿元,比上年增长26.2%　经开区　供稿

2023年,吴中区全力打造"机器人产业全国创新集聚第一区",全区机器人与智能制造产业规模1308.5亿元,比上年增长28.2%。图为苏州绿的谐波传动科技股份有限公司智能车间

区工信局 供稿

2023年7月14日，太湖科创中心启用　　　　　　　　　　　　　　　　　　　度假区　供稿

产业强区

2023年7月17日,国家级高新技术企业信音电子(中国)股份有限公司在深圳证券交易所创业板上市　　赵一初　摄

2023年9月,科沃斯携王牌新品DEEBOT X2亮相2023年德国柏林国际电子消费品展(IFA)　　科沃斯　供稿

◎ 2023年10月17日，全国首个自动驾驶生态文旅示范基地——百度苏州Apollo Park 正式开园　　　　度假区　供稿

产业强区

自动驾驶车辆在太湖生态岛上试运营

◎ 2023年10月18日，2023苏州吴中（第23届）太湖经贸合作洽谈会举行　　费凡　摄

产业强区

总投资超过 914 亿元的 172 个产业项目集中签约

2023年10月，苏州元脑智能科技有限公司建设的"服务器主板5G全连接智慧工厂"项目入选2023年度江苏省5G工厂项目名单　　　　　区委宣传部　供稿

2023年11月29日，吴中区伟创力电脑（苏州）有限公司入选2023年国家级5G工厂名录　　　　区委宣传部　供稿

2023年5月18日，吴中区追觅科技（苏州）有限公司连续获评全球"独角兽" 周洪泉 摄

产业强区

2023年11月，爱信（苏州）汽车零部件有限公司入选2023年度国家级绿色工厂名单，吴中区实现国家级绿色工厂零的突破

区工信局　供稿

要目

专记	1
大事记	8
吴中概览	17
中共苏州市吴中区委	26
苏州市吴中区人民代表大会	38
吴中区人民政府	46
政协吴中区委员会	56
中共吴中区纪委监委	61
民主党派	65
群众团体	70
法治·军事	81
经济管理	94
开放型经济	108
区域协调发展	114
农业	118
工业	127
建筑业	136
商贸服务业	139
金融业	146
旅游业	155
房地产业	163
三区一城	167
数字吴中	174
城市建设	178
乡村振兴	186
太湖生态岛建设	191
生态建设	196
科技创新	203
教育	210
"江南文化"吴中标识	221
文化	229
卫生健康	237
体育	245
收入与分配	250
社会事务	260
公共安全	270
镇·街道	278
人物·荣誉	308
附录	329
索引	382

目录

专记

成功创建国家级"绿水青山就是金山银山"实践
　创新基地 ··· 2
江苏省创新型示范县（市、区）建设 ············· 3
洞庭（山）碧螺春茶国家地理标志产品保护示范区
　建设 ··· 4
中国传统村落集中连片保护利用示范区建设 ······ 5
吴中"四个一号"重点工作 ························ 6

大事记

1月 ··· 9
2月 ··· 9
3月 ·· 10
4月 ·· 10
5月 ·· 11
6月 ·· 11
7月 ·· 12
8月 ·· 13
9月 ·· 13
10月 ··· 14
11月 ··· 14
12月 ··· 15

吴中概览

自然地理 ·· 18
　　位置与面积 ···································· 18
　　地形地貌 ······································· 18
　　气候 ·· 18
　　水系 ·· 18
　　表3-1　2023年吴中区气象状况一览表 ······ 18
　　表3-2　2023年吴中区各月气象要素统计表 ·· 19
　　自然资源 ······································· 19

历史人文 ·· 19
　　建置区划 ······································· 19
　　人口与方言 ···································· 20
　　民族与宗教 ···································· 20
　　历史名人 ······································· 20
　　风景名胜 ······································· 20
　　全国重点文物保护单位 ······················· 21
　　非物质文化遗产 ······························· 22

特色物产 ·· 22
　　概况 ·· 22
　　碧螺春茶 ······································· 22
　　东山湖羊 ······································· 23
　　吴中大米 ······································· 23
　　吴中枇杷 ······································· 23
　　太湖大闸蟹 ···································· 23
　　水八仙 ··· 23

经济发展 ·· 24
　　综合实力 ······································· 24
　　农业 ·· 24
　　工业 ·· 24
　　外向型经济 ···································· 24
　　内资经济 ······································· 25
　　服务业 ··· 25

中共苏州市吴中区委

综　述 ··· 27
　　综合实力 ······································· 27
　　党的建设 ······································· 27
　　产业强区 ······································· 27
　　生态保护 ······································· 27
　　民生事业 ······································· 28
　　社会治理 ······································· 28

决策部署 ·· 28
　　深化"1+9综合改革" ·························· 28
　　中共苏州市吴中区委五届七次全会 ·········· 28
　　吴中区委、区政府工作务虚会 ················ 28
　　中共苏州市吴中区委五届八次全会 ·········· 28
　　"四敢"实施意见 ······························ 29
　　太湖生态保护治理 ···························· 29
　　创新型示范区建设 ···························· 29

巡察工作 ·· 29
　　省委、市委巡视巡察保障 ······················ 29
　　区委巡察工作 ·································· 29
　　巡视巡察问题整改 ···························· 30

组织工作	30
概况	30
党的创新理论武装	30
领导班子和干部队伍建设	30
干部教育培训	31
干部监督	31
党建引领城中村治理	31
党建领航产业发展	31
党建赋能乡村振兴	31
基层组织建设	31
基层党建队伍建设	32
公务员管理	32

人才工作	32
概况	32
机制建设	32
人才品牌建设	32
人才服务	32

宣传工作	33
思想理论武装	33
主流舆论宣传	33
精神文明建设	33
文化事业	33
最美吴中推荐官系列活动	33
"百匠千课进所站"文明实践项目	34

统战工作	34
概况	34
思想政治引领	34
党外代表人士队伍建设	34
服务非公经济	34
统战人才工作	34
民族事务	34
宗教事务	34

机构编制管理	35
概况	35
经济发达镇行政管理体制改革	35
基层"三整合"改革	35
行政机构编制管理	35
事业机构编制管理	35
事业单位登记管理服务	36

老干部工作	36
概况	36
离退休干部政治思想引领	36
离退休干部党建	36
离退休干部作用发挥	36

党校工作	37
概况	37
党的二十大精神学习宣传	37
党员干部培训	37
精品课程打造	37
科研咨政	37

苏州市吴中区人民代表大会

综　述	39
人大代表及组织机构	39
法律监督	39
工作监督	39
代表和基层人大工作	39
人事任免	39

重要会议	39
区五届人大二次会议	39
区五届人大常委会会议	40
区五届人大常委会主任会议	41

人大监督	42
法律实施情况监督	42
两院监督	42
审议监督	42
生态环境协同监督	43
组织视察	43
专题询问	43

代表工作	43
概况	43
开发区人大代表联席会议制度	44
督办议案建议	44
代表变动情况	44
表5-1　2023年吴中区五届人大二次会议优秀代表建议一览表	44

吴中区人民政府

综　述 ······················· 47
　　国民经济 ····················· 47
　　产业发展 ····················· 47
　　科技创新 ····················· 47
　　生态建设 ····················· 47
　　城乡建设 ····················· 47
　　社会事业 ····················· 48
　　综合治理 ····················· 48
　　政府建设 ····················· 48

重要会议和文件 ··············· 48
　　区政府常务会议 ················ 48
　　其他会议 ····················· 50
　　重要文件 ····················· 50

实事工程 ····················· 51
　　概况 ························ 51
　　学校投用和照明改造工程 ········· 51
　　天然气进村入户工程 ············· 51
　　老年人群体关爱服务工程 ········· 51
　　卫生服务与救护培训工程 ········· 51
　　交通优化惠民工程 ··············· 51
　　水环境优化提升工程 ············· 52
　　农贸市场改造提升工程 ··········· 52
　　少年儿童关心关爱服务工程 ······· 52
　　灌溉山地引水上山工程 ··········· 52
　　就业提升工程 ·················· 52

政务服务 ····················· 53
　　概况 ························ 53
　　行政审批制度改革 ··············· 53
　　市场准入审批 ·················· 53
　　项目建设审批 ·················· 53
　　便民利企服务 ·················· 53

人事工作 ····················· 53
　　人才引进 ····················· 53
　　专业技术人员管理 ··············· 53
　　事业单位管理 ·················· 54

外事工作 ····················· 54
　　涉外活动服务保障 ··············· 54
　　对外交流 ····················· 54

侨　务 ······················· 54
　　"走百家侨企，访百名人才"活动 ··· 54
　　侨企调研 ····················· 55

港澳台事务 ··················· 55
　　交友联谊活动 ·················· 55
　　惠台工作 ····················· 55
　　香草苑度假农庄获"江苏省对台交流基地"
　　　授牌 ······················ 55

机关事务管理 ················· 55
　　会务保障 ····················· 55
　　安全维保 ····················· 55
　　公车管理 ····················· 55
　　办公用房 ····················· 55
　　党政机关公物仓启用 ············· 55

政协吴中区委员会

综　述 ······················· 57
　　政协委员及机构组织 ············· 57
　　政协功能发挥 ·················· 57
　　政协工作体制机制创新 ··········· 57

重要会议 ····················· 57
　　政协五届二次全体会议 ··········· 57
　　政协常委会会议 ················ 58
　　政协主席会议 ·················· 58

参政议政 ····················· 58
　　概况 ························ 58
　　协商建言 ····················· 59
　　基层协商 ····················· 59

民主监督 ····················· 59
　　专题视察 ····················· 59
　　监督评议 ····················· 59

委员工作 ····················· 59
　　提案办理 ····················· 59

委员培训 …………………………………… 59
　　表7-1　2023年吴中区政协优秀提案一览表 … 59

中共吴中区纪委监委

综　述 ……………………………………………… 62
　　正风肃纪 …………………………………… 62
　　纪检监察干部队伍建设 …………………… 62

重要会议 ………………………………………… 62
　　中共苏州市吴中区五届纪委三次全会 …… 62
　　党风廉政建设暨领导干部警示教育大会 … 62
　　纪检监察干部队伍教育整顿动员部署会议 … 63

党风廉政建设 …………………………………… 63
　　一体推进"三不腐" ………………………… 63
　　纠"四风"树新风 …………………………… 63

监督执纪 ………………………………………… 63
　　政治监督 …………………………………… 63
　　基层"微腐败"治理 ………………………… 63
　　乡村振兴领域专项治理 …………………… 64
　　民生领域专项监督 ………………………… 64
　　监督统筹 …………………………………… 64
　　智慧监督 …………………………………… 64

民主党派

中国国民党革命委员会苏州市吴中区基层委员会 … 66
　　组织建设 …………………………………… 66
　　参政议政 …………………………………… 66
　　社会服务 …………………………………… 66

中国民主同盟苏州市吴中区委员会 …………… 66
　　组织建设 …………………………………… 66
　　参政议政 …………………………………… 66
　　社会服务 …………………………………… 66

中国民主建国会苏州市吴中区基层委员会 …… 66
　　组织建设 …………………………………… 66
　　参政议政 …………………………………… 67
　　社会服务 …………………………………… 67

中国民主促进会苏州市吴中区基层委员会 …… 67
　　组织建设 …………………………………… 67
　　参政议政 …………………………………… 67
　　共建合作 …………………………………… 68
　　社会服务 …………………………………… 68

中国致公党苏州市吴中区基层委员会 ………… 68
　　组织建设 …………………………………… 68
　　参政议政 …………………………………… 68
　　对外联络 …………………………………… 68
　　社会服务 …………………………………… 69

九三学社苏州市吴中区基层委员会 …………… 69
　　组织建设 …………………………………… 69
　　参政议政 …………………………………… 69
　　社会服务 …………………………………… 69

群众团体

吴中区总工会 …………………………………… 71
　　概况 ………………………………………… 71
　　思想建设 …………………………………… 71
　　维权机制建设 ……………………………… 71
　　服务职工 …………………………………… 71
　　劳动竞赛和生产保护 ……………………… 71
　　劳模管理 …………………………………… 71

共青团吴中区委员会 …………………………… 72
　　概况 ………………………………………… 72
　　青年思想引领 ……………………………… 72
　　基层组织建设 ……………………………… 72
　　青年人才服务 ……………………………… 72
　　青年志愿行动 ……………………………… 72
　　吴中区青少年活动中心 …………………… 73

吴中区妇女联合会 ……………………………… 73
　　概况 ………………………………………… 73
　　巾帼思想引领 ……………………………… 73
　　妇女组织建设 ……………………………… 73
　　赋能女性发展 ……………………………… 73
　　家庭文明创建活动 ………………………… 74
　　妇女儿童权益保障 ………………………… 74

吴中区科学技术协会	74
概况	74
创新资源汇聚	74
服务产业高质量发展	74
学术交流	74
科技人才举荐表彰	74
科技人才服务	74

吴中区归国华侨联合会	74
概况	74
侨界思想引领	75
侨联组织建设	75
助力侨企发展	75
海外联谊联络和文化交流	75
为侨服务	75

苏州市吴中区工商业联合会（总商会）	75
概况	75
思想引领	76
参政议政	76
服务企业	76
助力乡村振兴	77
社会服务	77

吴中区文学艺术界联合会	77
概况	77
文艺创作	77
文艺活动	77
文艺人才培训	77
惠民活动	77

吴中区残疾人联合会	78
概况	78
残疾人社会福利	78
残疾人就业	78
残疾人康复服务	78
残疾人关爱服务	78
残疾人权益保障	78
残疾人精神文明建设	79

吴中区红十字会	79
概况	79
人道救助	79
救护培训	79
"三献"工作	79
红十字精神宣传	80

吴中区哲学社会科学界联合会	80
概况	80
社科应用研究成果	80

法治·军事

政法委及综治	82
概况	82
多元维稳机制	82
治安防控	82
民生服务创新	82
营商环境优化	83
社会治理	83
政法队伍建设	83
网格服务管理	83
工单管理	84
数据赋能	84

法治政府建设	84
概况	84
法制审查	84
行政执法规范化	84
行政复议应诉	84

公安	84
概况	84
刑事犯罪侦查	85
经济犯罪侦查	85
社会治安管理	85
禁毒工作	86
公安政务服务	86
道路交通管理	86
"意识防"专项行动	87

检察	87
概况	87
刑事检察	87
刑事诉讼监督	87
民事检察	88
行政检察	88
公益诉讼	88

营商环境优化 ………………………………… 88
　　社会治理 ……………………………………… 88
　　吴文化保护 …………………………………… 88
　　生态环境保护 ………………………………… 88
　　未成年人保护 ………………………………… 88
　　司法救助 ……………………………………… 89
　　矛盾纠纷化解 ………………………………… 89
　　数字赋能 ……………………………………… 89

法　院 …………………………………………… 89
　　概况 …………………………………………… 89
　　刑事审判 ……………………………………… 89
　　民事审判 ……………………………………… 89
　　商事审判 ……………………………………… 89
　　行政审判 ……………………………………… 90
　　案件执行 ……………………………………… 90
　　"司法护企"工作 ……………………………… 90
　　保障太湖生态岛建设 ………………………… 90
　　助力乡村振兴 ………………………………… 90
　　诉讼服务 ……………………………………… 90
　　诉源、执源双源治理 ………………………… 90
　　破产审判机制创新 …………………………… 90

司法行政 ………………………………………… 91
　　概况 …………………………………………… 91
　　依法治区机制建设 …………………………… 91
　　法治宣传 ……………………………………… 91
　　公共法律服务 ………………………………… 91
　　特殊人群管理 ………………………………… 92
　　人民调解 ……………………………………… 92
　　基层法律服务 ………………………………… 92

仲　裁 …………………………………………… 92
　　劳动人事争议仲裁 …………………………… 92
　　基层调解组织建设 …………………………… 92

人民武装 ………………………………………… 92
　　概况 …………………………………………… 92
　　政治建设 ……………………………………… 92
　　国防动员 ……………………………………… 92
　　军事训练 ……………………………………… 92

人民防空 ………………………………………… 93
　　概况 …………………………………………… 93
　　指挥通信系统建设 …………………………… 93
　　安全生产检查 ………………………………… 93
　　法治人防 ……………………………………… 93

经济管理

宏观经济运行管理 ……………………………… 95
　　发展规划管理 ………………………………… 95
　　经济监测分析 ………………………………… 95
　　固定资产投资 ………………………………… 95
　　重点项目建设 ………………………………… 95
　　总部经济 ……………………………………… 95

自然资源监督管理 ……………………………… 95
　　土地资源监管 ………………………………… 95
　　依法治水管水 ………………………………… 95
　　森林和湿地资源监管 ………………………… 95

国有资产管理 …………………………………… 96
　　概况 …………………………………………… 96
　　国资国企改革 ………………………………… 96
　　苏州市吴中国有资本控股集团有限公司 …… 96
　　苏州市吴中城市建设投资集团有限公司 …… 96
　　苏州市吴中国裕资产经营集团有限公司 …… 96
　　苏州市吴中金融控股集团有限公司 ………… 96
　　苏州市吴中农业发展集团有限公司 ………… 97
　　苏州市吴中文化旅游发展集团有限公司 …… 97
　　苏州市吴中产业投资集团有限公司 ………… 97
　　江苏省吴中经济技术发展集团有限公司 …… 97
　　苏州吴中经开国有资产投资发展有限公司 … 98
　　苏州太湖旅业发展有限公司 ………………… 98
　　苏州太湖城市投资发展有限公司 …………… 98
　　苏州太湖科技发展投资有限公司 …………… 98
　　苏州吴中国太发展有限公司 ………………… 98

财　政 …………………………………………… 99
　　概况 …………………………………………… 99
　　财政收支管理 ………………………………… 99
　　企业发展扶持 ………………………………… 99
　　民生支出 ……………………………………… 99
　　生态文明建设支出 …………………………… 99
　　地方政府性债务管理 ………………………… 99
　　预算绩效管理 ………………………………… 99
　　"数字财政"建设 ……………………………… 99

表12-1　2023年吴中区财政收入统计表·········100
表12-2　2023年吴中区财政支出统计表·········101

税　务·······················102
　　概况······················102
　　退税减税····················102
　　办税服务····················102
　　税收征管改革··················102

金融监管·····················102
　　金融服务····················102
　　金融风险防控··················103
　　防范非法金融活动宣传··············103

审　计······················103
　　概况······················103
　　财政审计····················103
　　投资审计····················103
　　经济责任审计··················103
　　政策落实跟踪审计················103
　　乡镇审计····················103
　　审计整改····················104
　　内部审计····················104

统　计······················104
　　概况······················104
　　统计服务····················104
　　高质量发展监测·················104
　　第五次经济普查·················104
　　"四上"单位入库管理··············104

市场监督管理···················105
　　概况······················105
　　质量建设····················105
　　标准化建设···················105
　　特种设备安全监管················105
　　工业产品质量监管················105
　　民生领域市场监管················105
　　消费维权····················105
　　市场营商环境建设················105
　　表12-3　2023年市场主体发展主要指标
　　　　　　统计表··············106

物价管理·····················106
　　价格调控····················106
　　价格监测····················106
　　价格常态化管理·················106
　　收费管理····················106
　　成本监审····················106

知识产权管理···················106
　　概况······················106
　　"知识产权强区"建设··············106
　　知识产权运用··················107
　　知识产权保护··················107
　　知识产权宣传教育················107

信用体系建设···················107
　　概况······················107
　　政务诚信····················107
　　信用治理和修复·················107
　　信用报告····················107

开放型经济

招商引资·····················109
　　概况······················109
　　2023苏州吴中（第23届）太湖经贸合作洽谈会　109
　　产业链供应链国际合作交流会暨第三届东亚
　　　企业家太湖论坛················109
　　境外招商····················109
　　表13-1　2023年外向型经济主要指标统计表···110

对外及港澳台贸易·················110
　　概况······················110
　　出口品牌培育··················110
　　表13-2　吴中区江苏省出口品牌一览表·····110
　　表13-3　吴中区苏州市出口品牌一览表·····111
　　市场开拓····················111
　　企业服务····················111

境外经济合作···················111
　　境外投资企业备案审批··············111
　　企业运营保障··················112

吴中综合保税区··················112
　　概况······················112

业务建设 ···112

口岸管理 ···112
　　概况 ···112
　　集团保税监管模式建设 ·····························112
　　"保税帮"加工贸易模式 ····························113
　　属地查检模式创新 ····································113
　　智慧海关项目建设 ····································113
　　"通关吴优"品牌建设 ·······························113

区域协调发展

参与长三角一体化发展 ···································115
　　概况 ···115
　　创新产业集群发展 ····································115
　　区域生态共保联治 ····································115
　　农文旅融合发展 ··115
　　民生领域共建共享 ····································116

对口帮扶支援合作 ··116
　　概况 ···116
　　对口支援 ··116
　　东西部协作 ···116
　　对口合作 ··116

南北挂钩 ···116
　　概况 ···116
　　吴中宿城工业园建设 ·································117
　　人才交流 ··117

农　业

综　述 ···119
　　产业发展 ··119
　　农业基础建设 ···119
　　农业园区转型升级 ····································119
　　种质资源保护利用 ····································119
　　农业品牌化建设 ··119
　　农业安全生产 ···119
　　表15-1　2023年农林牧渔业总产值和增加值
　　　　　　统计表 ··119
　　表15-2　省级以上重要农业文化遗产一览表 ···120

种植业 ···120
　　概况 ···120
　　病虫草害防控 ···120
　　"菜篮子"工程建设 ··································120
　　江苏吴中传统水生蔬菜栽培系统入选中国重要
　　　农业遗产名单 ··120
　　表15-3　2023年农作物播种面积和产量
　　　　　　统计表 ··121

畜牧业 ···122
　　概况 ···122
　　畜禽种质资源保护 ····································122
　　畜禽疫病防控 ···122
　　苏州吴中区环太湖流域林畜复合系统入选省级
　　　重要农业文化遗产名录 ···························122

林　业 ···122
　　概况 ···122
　　山本保护利用 ···122
　　有害生物防控 ···123
　　森林防火 ··123

茶果业 ···123
　　概况 ···123
　　碧螺春茶产业发展 ····································123
　　枇杷杨梅产业发展 ····································123

水产业 ···123
　　概况 ···123
　　现代渔业发展 ···123
　　水生动物疫病监控 ····································124
　　南南合作"中国-FAO-荷兰"一带一路——
　　　"新型池塘内循环水产养殖示范基地"项目
　　　落户临湖镇 ···124

农业机械化 ··124
　　概况 ···124
　　农机发展质效 ···124
　　农业机械化作业 ··124

苏州吴中西山国家现代农业示范园区 ················124
　　概况 ···124
　　农业绿色发展 ···124
　　种质资源保护 ···125

新型经营主体建设 …………………………125
　　渔业发展 …………………………………125

苏州太湖现代农业示范园区 ………………………125
　　概况 ………………………………………125
　　特色产业 …………………………………125
　　农旅融合 …………………………………125
　　重点项目 …………………………………125
　　吴中优质农产品电商直播基地 …………126

苏州澄湖现代科技生态农业示范园区 ……………126
　　概况 ………………………………………126
　　农旅融合 …………………………………126
　　重点项目 …………………………………126
　　农业品牌建设 ……………………………126

工　业

综　述 ……………………………………………128
　　产业发展 …………………………………128
　　转型升级 …………………………………128
　　绿色发展 …………………………………128
　　重大项目建设 ……………………………128
　　营商环境建设 ……………………………128

机器人与智能制造产业 ……………………………128
　　概况 ………………………………………128
　　表16-1　2023年规模以上工业基本情况
　　　　　　统计表 …………………………128
　　表16-2　2023年规模以上工业主要经济指标
　　　　　　统计表 …………………………129
　　工业机器人产业 …………………………130
　　服务机器人产业 …………………………131
　　智能制造装备产业 ………………………131
　　仿生机器人产业 …………………………131
　　项目建设 …………………………………131
　　第三届工控中国大会召开 ………………131

新一代信息技术产业 ………………………………132
　　概况 ………………………………………132
　　产业布局 …………………………………132
　　集成电路产业 ……………………………132
　　工业元宇宙产业 …………………………132

生物医药及大健康产业 ……………………………132
　　概况 ………………………………………132
　　产业集群发展 ……………………………133
　　产业生态优化 ……………………………133
　　项目建设 …………………………………133

航空航天产业 ………………………………………133
　　概况 ………………………………………133
　　航空航天产业园开园 ……………………134
　　项目建设 …………………………………134

智能网联汽车产业 …………………………………134
　　概况 ………………………………………134
　　产业生态 …………………………………134
　　项目建设 …………………………………135

节能环保产业 ………………………………………135
　　概况 ………………………………………135
　　重点项目 …………………………………135

工业互联网产业 ……………………………………135
　　概况 ………………………………………135
　　工业互联网大会 …………………………135

建筑业

综　述 ……………………………………………137
　　产业发展 …………………………………137
　　建筑施工 …………………………………137

勘察设计 ……………………………………………137
　　项目监管 …………………………………137
　　项目审图 …………………………………137
　　项目审查服务 ……………………………137

建筑企业 ……………………………………………137
　　概况 ………………………………………137
　　企业提质发展 ……………………………137

建筑工程 ……………………………………………137
　　概况 ………………………………………137
　　苏州湾中心广场项目 ……………………137

建筑行业管理·················138
 资质管理·················138
 专项整治·················138
 标准化文明示范工地·················138
 建筑工地扬尘治理·················138

商贸服务业

综　述·················140
 商业业态·················140
 商贸监管·················140
 老字号保护传承·················140

批发零售·················141
 限上批发业·················141
 限上零售业·················141
 太湖中心Mall开业·················141

电子商务·················141
 概况·················141
 表18-1　2023年限上社会消费品零售总额
   统计表·················142
 跨境电商·················142
 直播电商·················142
 金枫电商园·················142
 苏州市吴中区跨境电商智能家电主题论坛·················142

粮食购销·················143
 概况·················143
 粮食应急保障体系·················143
 监督检查·················143

供销合作·················143
 农资综合服务平台建设·················143
 农资培训·················143
 地产农副产品产销对接服务·················143
 政企共建·················143

专项经营·················143
 烟草专卖·················143
 成品油营销·················143

邮政快递服务·················144
 概况·················144

 "邮快合作"业务·················144
 "9218"工程任务·················144

通信服务业·················144
 概况·················144
 网络安全保障工作·················144
 智慧吴中建设·················144

商务服务业·················144
 人力资源中介服务·················144
 律师服务·················145
 公证服务·················145
 检验检测认证服务·················145

居民服务业·················145
 住宿服务·················145
 餐饮服务·················145
 养老服务·················145
 驾驶员培训·················145
 机动车维修·················145

金融业

综　述·················147
 规模效益·················147
 数字人民币试点·················147
 资本市场·················147
 金融要素集聚·················147

银行业·················147
 概况·················147
 工商银行吴中支行·················147
 农业银行吴中支行·················148
 中国银行吴中支行·················148
 建设银行吴中支行·················148
 交通银行吴中支行·················148
 苏州银行苏州分行·················148
 招商银行吴中支行·················149
 光大银行吴中支行·················149
 中信银行吴中支行·················149
 宁波银行吴中支行·················149
 宁波银行东吴支行·················149

保险业 …… 149
　概况 …… 149
　　中国人民财产保险股份有限公司苏州市吴中
　　　支公司 …… 149
　　中国人寿保险股份有限公司苏州市吴中支公司 …… 150
　　中国太平洋财产保险股份有限公司苏州市吴中
　　　支公司 …… 150
　　中国太平洋人寿保险股份有限公司苏州市吴中
　　　支公司 …… 150

证券业 …… 150
　概况 …… 150
　　华泰证券吴中大道营业部 …… 150
　　上海证券吴中枫津路营业部 …… 150
　　申万宏源证券吴中西路营业部 …… 150
　　东吴证券吴中区中心营业部 …… 151
　　华福证券东吴北路营业部 …… 151
　　华金证券苏州分公司 …… 151

上市公司 …… 151
　概况 …… 151
　　江苏吴中医药发展股份有限公司 …… 151
　　金陵华软科技股份有限公司 …… 151
　　苏州东山精密制造股份有限公司 …… 151
　　苏州电器科学研究院股份有限公司 …… 151
　　苏州安洁科技股份有限公司 …… 152
　　苏州斯莱克精密设备股份有限公司 …… 152
　　晶瑞电子材料股份有限公司 …… 152
　　苏州市建筑科学研究院集团股份有限公司 …… 152
　　苏州赛腾精密电子股份有限公司 …… 152
　　科沃斯机器人股份有限公司 …… 152
　　中国汇融金融控股有限公司 …… 152
　　苏州绿的谐波传动科技股份有限公司 …… 152
　　苏州欧康维视生物科技有限公司 …… 153
　　苏州伟创电气科技股份有限公司 …… 153
　　苏州市味知香食品股份有限公司 …… 153
　　江苏迈信林航空科技股份有限公司 …… 153
　　苏州瑞可达连接系统股份有限公司 …… 153
　　苏州万祥科技股份有限公司 …… 153
　　苏州骏创汽车科技股份有限公司 …… 153
　　苏州宇邦新型材料股份有限公司 …… 154
　　信音电子（中国）股份有限公司 …… 154

旅游业

综　述 …… 156
　产业发展 …… 156
　环太湖旅游资源一体化改革 …… 156
　文旅产品创新升级 …… 156
　智慧旅游 …… 156

旅游资源开发 …… 157
　概况 …… 157
　表20-1　2023年吴中区品牌旅游资源一览表 …… 157
　旅游资源提档升级 …… 157
　东山景区 …… 157
　旺山景区 …… 158
　穹窿山景区 …… 158
　木渎古镇 …… 158
　甪直古镇 …… 159
　西山景区 …… 159
　光福景区 …… 159
　天池山景区 …… 159

旅游业态 …… 159
　概况 …… 159
　乡村旅游 …… 160
　假日旅游 …… 160
　三山村入选2023年度江苏省乡村旅游重点村 …… 160

旅游推介 …… 160
　概况 …… 160
　广告投放 …… 160
　线上宣传 …… 161
　春节文旅惠民活动 …… 161
　吴中好物节 …… 161

旅游服务管理 …… 161
　概况 …… 161
　旅游市场监管 …… 161
　民宿管理 …… 162
　旅游厕所建设 …… 162
　旅游投诉纠纷调解处理 …… 162
　旅游普法宣传 …… 162

房地产业

房地产开发 ···164
　　概况 ···164
　　土地出让 ···164
　　房屋征收 ···164
　　住宅开发 ···164

房地产交易 ···164
　　房地产销售 ·······································164
　　存量房交易资金托管 ·······························164
　　2023苏州安家欢乐购活动 ·························164
　　表21-1　2023年城市房产交易情况统计表 ·······165

房地产中介服务 ·····································165
　　概况 ···165
　　房地产中介机构管理 ·······························165

物业管理 ···165
　　概况 ···165
　　物业服务监管 ·····································165
　　物业行业建设 ·····································165

房地产市场监管 ·····································165
　　概况 ···165
　　房地产领域投诉处理 ·······························165
　　跨部门监管联合检查 ·······························166
　　房屋交易备案管理 ·································166
　　房地产市场秩序整治 ·······························166
　　房屋装修拆装管理 ·································166
　　房屋租赁管理 ·····································166

三区一城

苏州太湖国家旅游度假区 ·························168
　　概况 ···168
　　绿色发展 ···168
　　文旅融合 ···168
　　转型升级 ···168
　　营商环境建设 ·····································169
　　民生事业 ···169
　　社会稳定 ···169

苏州吴中经济技术开发区 ·························169
　　概况 ···169
　　招商引资 ···169
　　产业发展 ···169
　　科技创新 ···170
　　营商环境建设 ·····································170
　　城乡规划 ···170
　　深化改革 ···170
　　民生保障 ···170
　　吴中经开区成立30周年高质量发展大会 ···········171

江苏省吴中高新技术产业开发区（筹） ···········171
　　概况 ···171
　　经济发展 ···171
　　转型升级 ···171
　　招商引资 ···171
　　科技创新 ···171
　　空间布局 ···172
　　营商服务 ···172
　　综合治理 ···172

苏州吴中太湖新城 ·································172
　　概况 ···172
　　招商引资 ···172
　　产业发展 ···173
　　科技创新 ···173
　　营商环境 ···173
　　城乡规划 ···173
　　深化改革 ···173
　　民生保障 ···173

数字吴中

综　述 ···175
　　数字吴中基础支撑体系 ·······························175
　　开放共享数据资源体系 ·······························175
　　数字吴中安全保障体系 ·······························175

数字经济 ···175
　　基础设施建设 ·····································175
　　数字化改造 ·······································175
　　数字化创新载体建设 ·······························175
　　吴中太湖新城·数字经济创新港 ···················175
　　苏州（太湖）软件产业园 ·························176

吴中高新区胥江半导体产业园 ……176

数字政府 ……176
　　政务服务"一网通办" ……176
　　"审管执信"建设 ……177

数字社会 ……177
　　智慧医疗 ……177
　　智慧教育 ……177
　　数字博物馆 ……177
　　数字图书馆 ……177

城市建设

城市规划 ……179
　　概况 ……179
　　规划编制 ……179
　　项目用地保障 ……179
　　项目审批 ……179

城建重点工程 ……179
　　吴淞江工业邻里中心 ……179
　　太湖中心Mall ……179
　　胥江半导体产业园 ……179

城市更新 ……179
　　基础设施和老旧小区改造 ……179
　　绿地布局优化 ……179
　　拆迁安置 ……179

公用事业 ……179
　　供水 ……179
　　供电 ……180
　　供气 ……180
　　城乡污水处理 ……180
　　城市照明 ……180
　　环卫服务 ……180
　　出行服务 ……180

市容市政管理 ……180
　　市容环境秩序专项整治 ……180
　　毗邻区市容环境综合整治 ……181
　　市政设施整治 ……181
　　违法建设治理 ……181
　　太湖沿线环境整治 ……181
　　城市亮点打造 ……181
　　科技城管 ……181
　　城市管理执法 ……181

交　通 ……181
　　概况 ……181
　　道路建设 ……181
　　港航建设 ……182
　　公路管养 ……182
　　综合行政执法 ……182
　　安全质量管理 ……182
　　表24-1　2023年交通运输业基本情况统计表 ……183
　　表24-2　2023年通车通航里程统计表 ……184
　　表24-3　2023年末营业性汽车拥有量统计表 ……184

乡村振兴

乡村改革 ……187
　　集体资产租金跨行代扣 ……187
　　乡村公益医疗互助 ……187
　　农村人才定向培养 ……187

乡村产业 ……187
　　概况 ……187
　　休闲农业发展 ……187
　　新型经营主体建设 ……187

富民强村 ……188
　　概况 ……188
　　存量资产更新改造 ……188
　　"三资"云数据监管 ……188
　　灵湖村获评全国典范 ……188
　　职业农民培育培训 ……188

美丽乡村建设 ……188
　　概况 ……188
　　特色田园乡村建设 ……188
　　特色康居乡村建设 ……189
　　乡村振兴片区化建设 ……189

乡村文化 ……189
　　乡风文明建设 ……189
　　乡村振兴学堂 ……189

  农家书屋 189

乡村治理 189
  概况 189
  农村人居环境整治 190
  积分制推广应用 190

太湖生态岛建设

综　述 192
  发展沿革 192
  规划体系 192

生态修复 192
  水环境综合整治 192
  生物多样性保护 192
  农业面源污染防治 193
  消夏湾湿地生态安全缓冲区建设 193
  生态环境损害赔偿 193
  太湖生态岛巡回审判点揭牌 193

绿色低碳发展 193
  概况 193
  生态产品价值实现 194
  太湖生态岛文旅伙伴计划 194
  2023苏州太湖梅花节 194
  "风铃溪谷·金铎岭"开园 194

重点项目建设 194
  概况 194
  环太湖湿地带建设项目（二期） 194
  污水治理厂网一体化建设项目 194
  村庄改造提升项目 195
  农业园区基础设施提标升级项目 195

生态建设

环境质量 197
  概况 197
  环评审批服务 197

土地资源保护 197
  概况 197
  耕地保护管理 197

水资源保护 197
  水资源管理 197
  河湖长制 197
  水利建设管理 198
  供水安全保障 198

森林资源保护 198
  概况 198
  古树名木保护 199
  森林防火 199
  "一山一策"行动计划 199
  山地森林步道建设 199

湿地保护 200
  概况 200
  三山岛入选第二届江苏省"最美生态保护修复
   案例" 200

污染防治 200
  大气污染防治 200
  水污染防治 200
  土壤污染防治 201
  污染问题督办 201

节能减排 201
  节水型社会建设 201
  绿色建筑 201
  公共机构节能管理 201
  绿色制造体系建设 201
  绿色交通 201

环境监管 202
  概况 202
  环保法治宣教 202
  生态环境协同监督工作机制 202
  污防攻坚微电影《青蓝行动》 202
  攻坚故事《顾颖：护航绿色发展的"铁面
   捕手"》 202

科技创新

综　述 204
  概况 204
  科技招商 204

环太湖科创圈 ·················· 204
 概况 ·················· 204
 数字核心载体建设 ·················· 204
 科创型总部经济落地 ·················· 204
 太湖科创中心 ·················· 204
 苏州湾科创大厦 ·················· 204

科创载体 ·················· 205
 概况 ·················· 205
 表28-1　2023年吴中区新获批省级以上工程
  技术研究中心一览表 ·················· 205
 表28-2　2023年吴中区新获批省级以上科技
  企业孵化器一览表 ·················· 205
 载体平台建设 ·················· 205
 科技企业 ·················· 205
 表28-3　2023年吴中区入选江苏省高新区
  "瞪羚"企业一览表 ·················· 206
 表28-4　2023年吴中区入选江苏省"独角兽"
  （潜在"独角兽"）一览表 ·················· 206
 哈尔滨工业大学苏州研究院"一基地、两平台、
  七中心"建设 ·················· 206

科技项目和成果运用 ·················· 206
 科技项目 ·················· 206
 表28-5　2023年吴中区获江苏省科学技术奖
  项目一览表 ·················· 206
 农技推广 ·················· 207
 气象科技创新 ·················· 207

科技人才 ·················· 207
 科技领军人才 ·················· 207
 科技创业大赛 ·················· 207
 技能人才培育 ·················· 207
 科技人才发展生态 ·················· 208

科学普及 ·················· 208
 概况 ·················· 208
 科普场馆建设 ·················· 208
 科普品牌建设 ·················· 208
 科普宣传 ·················· 208
 青少年科技创新 ·················· 208

教 育

综　述 ·················· 211
 发展水平 ·················· 211
 招生考试 ·················· 211
 教师专业发展成果 ·················· 211
 教师队伍建设 ·················· 211
 学校建设 ·················· 211
 校园安全 ·················· 211
 校外培训监管 ·················· 212
 教育帮扶 ·················· 212
 表29-1　2023年教育事业基本情况统计表
  （一） ·················· 212
 表29-2　2023年教育事业基本情况统计表
  （二） ·················· 212
 表29-3　2023年吴中区在职江苏省特级教师
  一览表 ·················· 213
 表29-4　2023年入学率和升学率统计表 ·················· 213

学前教育 ·················· 214
 概况 ·················· 214
 优质幼儿园 ·················· 214
 吴中区幼儿园教育中心园 ·················· 214
 表29-5　2023年幼儿园基本情况统计表 ·················· 214

义务教育 ·················· 214
 概况 ·················· 214
 招生入学 ·················· 214
 教育"双减" ·················· 214
 民办学校规范发展 ·················· 215
 德育工作 ·················· 215
 艺体文化教育 ·················· 215
 科学教育 ·················· 215
 苏州市吴中区苏苑实验小学 ·················· 215
 苏州市吴中区宝带实验小学 ·················· 216
 苏州市吴中区迎春中学 ·················· 216
 苏州市吴中区城西中学 ·················· 216

普通高中教育 ·················· 216
 概况 ·················· 216
 高考情况 ·················· 216
 江苏省木渎高级中学 ·················· 216

特殊教育 …………………………………………216
　　吴中区特殊教育学校 …………………………216
　　特殊教育职业发展 ……………………………217
　　表29-6　2023年特殊教育学校班级、学生情况
　　　　　　统计表 …………………………………217
　　表29-7　2023年末特殊教育学校专任教师情况
　　　　　　统计表 …………………………………217

职业教育 …………………………………………218
　　概况 …………………………………………218
　　产教融合 ……………………………………218
　　机器人与智能制造产教融合"示范样板" ……218
　　吴中中等专业学校 ……………………………218
　　表29-8　2023年中等职业教育（学校）学生
　　　　　　情况统计表 ……………………………219
　　表29-9　2023年末中等职业教育（学校）
　　　　　　教职工情况统计表 ……………………219

社会教育 …………………………………………220
　　社区教育 ……………………………………220
　　老年教育 ……………………………………220

"江南文化"吴中标识

综　述 ……………………………………………222
　　历史沿革 ……………………………………222
　　吴文化博物馆 ………………………………222
　　"山水舟行远——江南的景观"特展 …………222

文化遗产传承与保护 ……………………………222
　　概况 …………………………………………222
　　表30-1　2023年末吴中区省级及以上非物质
　　　　　　文化遗产名录及传承人一览表 ……223
　　文物保护与管理 ……………………………225
　　非遗保护 ……………………………………225
　　非遗文化品牌开发宣传 ……………………225
　　民间工艺 ……………………………………226
　　苏作文创峰会 ………………………………226

古镇古村老街保护 ………………………………226
　　概况 …………………………………………226
　　表30-2　2023年吴中区省级以上传统村落
　　　　　　一览表 ………………………………226
　　传统村落保护利用 …………………………227
　　古村古建筑修缮 ……………………………227
　　古村落品牌产业 ……………………………227
　　明月湾村入选全国历史文化保护和传承示范
　　　案例 ………………………………………227

吴文化人才培养 …………………………………228
　　概况 …………………………………………228
　　文艺人才培训 ………………………………228
　　青匠成长 ……………………………………228

文　化

公共文化 …………………………………………230
　　概况 …………………………………………230
　　公共文化设施建设 …………………………230
　　公共文化活动 ………………………………230
　　文化人才队伍建设 …………………………230
　　区文化馆 ……………………………………230
　　区图书馆 ……………………………………231
　　全民阅读活动 ………………………………231
　　古籍保护利用 ………………………………231

文学艺术 …………………………………………231
　　概况 …………………………………………231
　　文学创作 ……………………………………231
　　戏剧曲艺 ……………………………………231
　　音乐舞蹈 ……………………………………231
　　书画美术 ……………………………………232
　　摄影作品 ……………………………………232

大运河文化带建设 ………………………………232
　　概况 …………………………………………232
　　大运河城市更新 ……………………………232
　　"运河十景"品牌建设 ………………………233
　　运河文化品牌建设 …………………………233
　　第五届大运河文化旅游博览会承办 ………233

大众传媒 …………………………………………234
　　吴中融媒体中心 ……………………………234
　　"吴中发布" …………………………………234
　　"吴中融媒"App ……………………………234

档案史志 …………………………………………234
　　概况 …………………………………………234

档案业务监管 ·········· 234
　　档案资源建设 ·········· 234
　　档案基础建设 ·········· 234
　　档案信息化建设 ·········· 234
　　档案服务利用 ·········· 235
　　志鉴编纂工作 ·········· 235
　　党史工作 ·········· 235

文化产业 ·········· 235
　　概况 ·········· 235
　　文化产业招商 ·········· 235
　　文化项目建设 ·········· 235
　　文化企业服务 ·········· 235

文化市场管理 ·········· 236
　　文化市场执法 ·········· 236
　　版权产业管理 ·········· 236
　　"扫黄打非"工作 ·········· 236
　　文化市场安全生产 ·········· 236

卫生健康

综　述 ·········· 238
　　医疗资源 ·········· 238
　　卫生人才队伍建设 ·········· 238

医药卫生体制改革 ·········· 238
　　公立医院一体化改革 ·········· 238
　　医联体分级诊疗建设 ·········· 238
　　区域医疗信息化建设 ·········· 238

医疗卫生机构 ·········· 239
　　概况 ·········· 239
　　苏州市吴中人民医院 ·········· 239
　　苏州市中西医结合医院 ·········· 239

疾病预防与控制 ·········· 239
　　概况 ·········· 239
　　重点传染病防控 ·········· 239
　　预防接种工作 ·········· 239
　　慢性病管理 ·········· 239
　　卫生监测 ·········· 239

医疗卫生服务 ·········· 240
　　医疗卫生服务体系建设 ·········· 240
　　长三角医疗一体化融合 ·········· 240
　　医疗卫生服务能力提升 ·········· 240
　　急救分诊服务 ·········· 240

中医中药 ·········· 240
　　概况 ·········· 240
　　中医重点专科建设 ·········· 240
　　中医药服务能力提升 ·········· 240

建设促进 ·········· 240
　　新时代爱国卫生运动 ·········· 240
　　健康市民"531"行动 ·········· 240
　　家庭医生签约 ·········· 240
　　健康教育 ·········· 241

卫生监督 ·········· 241
　　概况 ·········· 241
　　依法执业监管 ·········· 241
　　职业健康监管 ·········· 241

妇幼健康 ·········· 241
　　妇女儿童保健 ·········· 241
　　婴幼儿照护服务 ·········· 241

老年健康 ·········· 241
　　老年健康管理 ·········· 241
　　老年友好氛围创建 ·········· 241

医政药政管理 ·········· 241
　　国家基本药物制度落实 ·········· 241
　　医疗质量管理 ·········· 241
　　护理服务管理 ·········· 242
　　医院感染管理 ·········· 242
　　平安医院建设 ·········· 242

表32-1　2023年卫生事业基本情况统计表 ·········· 242
表32-2　2023年末各类卫生机构、床位及
　　　　人员数统计表 ·········· 243
表32-3　2023年医疗机构诊疗人数统计表 ·········· 243
表32-4　2023年各类传染病发病率情况情况
　　　　统计表 ·········· 244
表32-5　2023年前十位疾病死因及比重
　　　　统计表 ·········· 244

体 育

群众体育 …………………………………………246
　概况 ……………………………………………246
　体育设施建设 …………………………………246
　　表33-1　2023年度市级吴中区山地森林步道
　　　　　　一览表 ………………………………246
　光福国家登山健身步道 ………………………246
　2023苏州"环太湖1号公路"马拉松 …………246
　2023国家登山健身步道联赛（苏州站）………247
　2023"中国杯"国际定向越野赛（苏州太湖
　　生态岛站）……………………………………247

竞技体育 …………………………………………247
　吴中运动员陆莹夺冠 …………………………247
　吴中运动员获亚残运会3枚奖牌 ……………247
　吴中运动员参加亚运会 ………………………247
　2023江苏省无线电测向锦标赛 ………………247
　　表33-2　2023年吴中区运动员获国家级以上
　　　　　　比赛冠军一览表 ……………………247

体教融合 …………………………………………248
　概况 ……………………………………………248
　青少年阳光体育 ………………………………248
　2023长三角攀岩公开赛暨江苏省攀岩俱乐部
　　联赛 …………………………………………248

体育产业 …………………………………………248
　概况 ……………………………………………248
　吴中电竞产业园 ………………………………248
　快手太湖天鹅港国际电竞馆 …………………248

苏州太湖体育运动休闲小镇 ……………………248
　概况 ……………………………………………248
　体育设施建设 …………………………………249
　赛事活动 ………………………………………249
　苏州市太湖足球运动中心 ……………………249

收入与分配

就业创业 …………………………………………251
　概况 ……………………………………………251
　　就业促进 ……………………………………251
　　就业技能培训 ………………………………251
　　残疾人就业 …………………………………251
　　创业扶持 ……………………………………251
　　表34-1　2023年城镇非私营单位在岗职工人数
　　　　　　与工资统计表 ………………………252
　　表34-2　2023年城镇非私营单位在岗职工人数
　　　　　　统计表 ………………………………252

收入消费 …………………………………………252
　居民收入 ………………………………………252
　居民消费 ………………………………………253
　　表34-3　2023年城镇居民家庭基本情况
　　　　　　统计表 ………………………………253
　　表34-4　2023年城镇居民家庭全年人均收支
　　　　　　情况统计表 …………………………255

社会保险 …………………………………………257
　概况 ……………………………………………257
　社保改革 ………………………………………257
　社保待遇 ………………………………………257
　社会保险基金管理 ……………………………257
　　表34-5　2023年失业、工伤、生育、医疗保险
　　　　　　情况统计表 …………………………257
　　表34-6　2023年养老保险情况统计表 ………257

社会救助 …………………………………………258
　概况 ……………………………………………258
　困难群众救助帮扶 ……………………………258
　慈善救助 ………………………………………258
　医疗救助 ………………………………………258

社会福利 …………………………………………258
　未成年人保护 …………………………………258
　妇女儿童权益保障 ……………………………258
　残疾人社会福利 ………………………………258
　福利彩票发行管理 ……………………………259

住房保障 …………………………………………259
　保障性住房及公房管理 ………………………259
　住房公积金管理 ………………………………259
　住房公积金政策调整 …………………………259
　人才公积金服务 ………………………………259

社会事务

人口家庭·······261
- 人口管理·······261
- 婚姻管理·······261
- 殡葬管理·······262
- 表35-1　2023年户籍户数、人口及变动情况统计表·······262
- 表35-2　2023年婚姻登记情况统计表·······263

老龄事业·······263
- 概况·······263
- 机构养老·······263
- 社区养老·······263
- 居家养老·······264
- 为老助餐服务·······264
- 老博会·······264

关心下一代工作·······264
- 概况·······264
- "五心"教育实践活动·······264
- 校外教育辅导站建设·······264
- 未成年人关爱·······265

区划地名管理·······265
- 概况·······265
- 乡村著名行动·······265
- 表35-3　2023年吴中区新命名街路巷一览表···265

社区建设·······267
- 概况·······267
- 五社融治·······267
- 社工人才培养·······267

社会组织管理·······268
- 概况·······268
- 社会组织监管·······268
- 社会组织培育·······268
- 社会组织作用发挥·······268

社会矛盾预防和化解·······268
- 概况·······268
- 领导接访下访·······268
- 信访重点攻坚·······268
- 信访问题源头治理·······268
- 信访业务标准化建设·······268

退役军人事务·······269
- 移交安置·······269
- 退役军人就业创业服务管理·······269
- 军休服务·······269
- 褒扬纪念·······269
- 优待抚恤·······269

公共安全

防灾减灾·······271
- 第一次自然灾害综合风险普查·······271
- 自然灾害风险形势分析·······271
- 自然灾害灾情管理·······271
- 自然灾害人力保障·······271
- 防汛防旱防台·······271
- 地质灾害防范·······271

消防安全·······271
- 概况·······271
- 消防安全监管·······272
- 火灾隐患治理·······272
- 危化企业消防安全治理·······272
- 消防设施建设·······272
- 消防宣传·······272

安全生产监督·······272
- 概况·······272
- 安全生产专项整治·······273
- 重点行业领域安全生产风险专项整治巩固提升年行动·······273
- 重大事故隐患专项排查整治行动·······273
- 危险化学品专项治理·······273
- 重点工贸领域专项整治·······273
- 工业集中区标准化达标创建·······273
- 安全生产督导·······273
- 安全生产行政执法·······274
- 安全生产标准化建设·······274
- 安全生产培训教育·······274
- 安全生产宣传·······274

农产品质量安全 ·················· 274
 农产品质量监管 ·················· 274
 农产品"三品一标"四大行动 ·········· 274
 农产品质量安全检测 ················ 275

食品药品安全 ···················· 275
 食品安全监管 ···················· 275
 药品安全监管 ···················· 275

网络信息安全 ···················· 275
 概况 ·························· 275
 网络传播引领 ···················· 275
 网络安全防护 ···················· 275
 网络直播助发展 ·················· 275
 网络文化季系列活动 ·············· 276
 网络安全攻防演练 ················ 276

应急管理 ······················ 276
 应急预案与应急演练 ·············· 276
 应急力量建设 ···················· 277
 应急管理信息化建设 ·············· 277

镇·街道

木渎镇 ························ 279
 概况 ·························· 279
 经济发展 ······················ 279
 集体经济 ······················ 279
 转型升级 ······················ 279
 环境整治 ······················ 280
 民生保障 ······················ 280
 社会事业 ······················ 280
 实事工程 ······················ 280
 重大活动 ······················ 280
 表37-1　2023年木渎镇基本情况一览表 ···281
 表37-2　2023年木渎镇各村（社区）基本
   情况统计表 ··················281

甪直镇 ························ 282
 概况 ·························· 282
 经济发展 ······················ 282
 集体经济 ······················ 282
 转型升级 ······················ 282
 城乡一体 ······················ 282

 安全管理 ······················ 282
 环境整治 ······················ 283
 民生保障 ······················ 283
 实事工程 ······················ 283
 社会事业 ······················ 283
 重大活动 ······················ 284
 表37-3　2023年甪直镇基本情况一览表 ···284
 表37-4　2023年甪直镇各村（社区）基本
   情况统计表 ··················284

胥口镇 ························ 285
 概况 ·························· 285
 经济发展 ······················ 285
 集体经济 ······················ 285
 转型升级 ······················ 285
 城乡一体 ······················ 285
 民生保障 ······················ 285
 实事工程 ······················ 285
 社会事业 ······················ 286
 重大活动 ······················ 286
 表37-5　2023年胥口镇基本情况一览表 ···286
 表37-6　2023年胥口镇各村（社区）基本
   情况统计表 ··················286

东山镇 ························ 286
 概况 ·························· 286
 经济发展 ······················ 287
 集体经济 ······················ 287
 转型升级 ······················ 287
 城乡一体 ······················ 287
 生态建设 ······················ 287
 民生保障 ······················ 288
 综合治理 ······················ 288
 实事工程 ······················ 288
 重大活动 ······················ 288
 表37-7　2023年东山镇基本情况一览表 ···288
 表37-8　2023年东山镇各村（社区）基本
   情况统计表 ··················288

临湖镇 ························ 289
 概况 ·························· 289
 经济发展 ······················ 289
 集体经济 ······················ 289
 转型升级 ······················ 289

城乡一体	290	经济发展	295
民生保障	290	集体经济	296
实事工程	290	深度改革	296
社会事业	290	城市更新	296
重大活动	290	民生保障	296
表37-9 2023年临湖镇基本情况一览表	290	实事工程	296
表37-10 2023年临湖镇各村（社区）基本情况统计表	290	重大活动	296
		表37-15 2023年长桥街道基本情况一览表	296
		表37-16 2023年长桥街道各村（社区）基本情况统计表	297

光福镇 ……291
　概况 ……291
　经济发展 ……291
　营商环境 ……291
　生态保护 ……291
　现代农业 ……291
　文旅融合 ……291
　实事工程 ……292
　乡村文明建设 ……292
　公共服务 ……292
　安全保障 ……292
　社会治理 ……292
　重大活动 ……292
　表37-11 2023年光福镇基本情况一览表 ……292
　表37-12 2023年光福镇各村（社区）基本情况统计表 ……293

金庭镇 ……293
　概况 ……293
　经济发展 ……293
　集体经济 ……293
　产业升级 ……293
　农文旅融合 ……294
　民生保障 ……294
　公共服务 ……294
　环境整治 ……294
　实事工程 ……294
　社会事业 ……294
　重大活动 ……294
　表37-13 2023年金庭镇基本情况一览表 ……295
　表37-14 2023年金庭镇各村（社区）基本情况统计表 ……295

长桥街道 ……295
　概况 ……295

郭巷街道 ……297
　概况 ……297
　经济发展 ……297
　集体经济 ……297
　城乡一体 ……298
　民生保障 ……298
　实事工程 ……298
　社会事业 ……298
　生态环境治理 ……298
　重大活动 ……298
　表37-17 2023年郭巷街道基本情况一览表 ……298
　表37-18 2023年郭巷街道各村（社区）基本情况统计表 ……299

横泾街道 ……299
　概况 ……299
　经济发展 ……299
　集体经济 ……300
　农文旅融合 ……300
　环境整治 ……300
　社会治理 ……300
　城市更新 ……300
　民生保障 ……300
　重大活动 ……300
　表37-19 2023年横泾街道基本情况一览表 ……300
　表37-20 2023年横泾街道各村（社区）基本情况统计表 ……301

越溪街道 ……301
　概况 ……301
　经济发展 ……301
　集体经济 ……301
　转型升级 ……301

城乡一体 ……………………………………301
　　文体旅融合 …………………………………301
　　民生保障 ……………………………………302
　　实事工程 ……………………………………302
　　环境整治 ……………………………………302
　　综合为老服务中心 …………………………302
　　重大活动 ……………………………………302
　　表37-21　2023年越溪街道基本情况一览表 …302
　　表37-22　2023年越溪街道各村（社区）基本
　　　　　　　情况统计表 ……………………302

城南街道 …………………………………………303
　　概况 …………………………………………303
　　经济发展 ……………………………………303
　　集体经济 ……………………………………303
　　城乡一体 ……………………………………303
　　环境整治 ……………………………………303
　　民生保障 ……………………………………303
　　社会治理 ……………………………………304
　　重大活动 ……………………………………304
　　表37-23　2023年城南街道基本情况一览表 …304
　　表37-24　2023年城南街道各村（社区）基本
　　　　　　　情况统计表 ……………………304

香山街道 …………………………………………305
　　概况 …………………………………………305
　　经济发展 ……………………………………305
　　城乡一体 ……………………………………305
　　生态环境治理 ………………………………305
　　民生保障 ……………………………………305
　　实事工程 ……………………………………305
　　社会治理 ……………………………………305
　　重大活动 ……………………………………305
　　表37-25　2023年香山街道基本情况一览表 …306
　　表37-26　2023年香山街道各村（社区）基本
　　　　　　　情况统计表 ……………………306

太湖街道 …………………………………………306
　　概况 …………………………………………306
　　经济发展 ……………………………………306
　　社会事业 ……………………………………306
　　项目建设 ……………………………………307
　　社会治理 ……………………………………307

　　重大活动 ……………………………………307
　　表37-27　2023年太湖街道基本情况一览表 …307
　　表37-28　2023年太湖街道各社区基本情况
　　　　　　　统计表 …………………………307

人物·荣誉

先进个人 …………………………………………309
　　陈杰 …………………………………………309
　　肖庆敏 ………………………………………309
　　周怡 …………………………………………309
　　陈菊红 ………………………………………309
　　顾娟英 ………………………………………309

"好人"典范 ………………………………………309
　　顾泉根 ………………………………………309
　　李越 …………………………………………310
　　赵一程 ………………………………………310

立功退役军人 ……………………………………310
　　表38-1　2020—2023年吴中区退役军人
　　　　　　获二等功及以上荣誉一览表 ……310

表彰和奖励 ………………………………………310
　　关于吴中区2022年度先进集体、先进个人评选
　　　结果的通报 ………………………………310
　　关于吴中区2022年度科技创新工作先进企业的
　　　通报 ………………………………………314
　　关于2022年度"平安吴中""法治吴中"建设
　　　先进集体、先进个人的通报 ……………319
　　关于2022年度武装工作先进单位和先进个人的
　　　通报 ………………………………………319
　　关于给予2020—2022年度连续三年考核优秀
　　　的公务员记三等功的决定 ………………320

2023年度吴中区部分世界级、国家级、省级集体
荣誉 ………………………………………………321
　　表38-2　2023年度吴中区部分世界级集体荣誉
　　　　　　一览表 ……………………………321
　　表38-3　2023年度吴中区部分国家级集体荣誉
　　　　　　一览表 ……………………………321
　　表38-4　2023年度吴中区部分省级集体荣誉
　　　　　　一览表 ……………………………323

附 录

- 吴中区机构设置和领导人名单……………………330
- 重要文献……………………………………………342
  - 牢记嘱托走在前　感恩奋进做示范　谱写"强富美高"新江苏现代化建设的吴中新篇章………342
  - 政府工作报告…………………………………348
- 文件题录……………………………………………355
  - 表39-1　2023年中共苏州市吴中区委及其办公室重要文件题录一览表…………355
  - 表39-2　2023年吴中区人民政府及其办公室重要文件题录一览表…………356
- 媒体聚焦……………………………………………358
  - 江苏苏州吴中：筑牢生态屏障　保护大美湿地…358
  - 吴中奏响"产业强区"最强音……………………359
  - 厚积薄发，挺进"第一方阵"……………………361
  - 吴中区瞄准"千亿级"　聚焦"最前列"：加快实施产业强区2025行动计划………………363
  - 表39-3　2023年国家级主流媒体对吴中区报道一览表……………………………………363
- 统计资料……………………………………………373
  - 表39-4　2023年行政区划、区域面积、人口统计表……………………………373
  - 表39-5　2023年国民经济主要指标统计表……374
  - 表39-6　2023年科技进步、社会事业主要指标统计表……………………………378
  - 表39-7　吴中区部分机构全称、简称对照表…380

索 引

- 条目索引……………………………………………383
  - A ………………………………………………383
  - B ………………………………………………383
  - C ………………………………………………383
  - D ………………………………………………384
  - E ………………………………………………385
  - F ………………………………………………385
  - G ………………………………………………386
  - H ………………………………………………387
  - J ………………………………………………388
  - K ………………………………………………390
  - L ………………………………………………390
  - M ………………………………………………391
  - N ………………………………………………392
  - P ………………………………………………392
  - Q ………………………………………………392
  - R ………………………………………………393
  - S ………………………………………………394
  - T ………………………………………………396
  - W ………………………………………………397
  - X ………………………………………………398
  - Y ………………………………………………399
  - Z ………………………………………………400
- 表格索引……………………………………………402

专记

成功创建国家级"绿水青山就是金山银山"实践创新基地

2023年10月26日,生态环境部公布第七批"绿水青山就是金山银山"实践创新基地命名名单,吴中区入选,填补苏州市"两山"实践创新基地国家级创建的空白。

吴中区拥有五分之四的太湖峰峦、五分之三的太湖水域、五分之二的太湖岸线,其中生态保护红线面积占全区国土面积的71.7%。吴中区是习近平总书记"为太湖增添更多美丽色彩"殷殷嘱托的核心承载地,也是江苏省生态红线区域最大的区(县、市)。近年来,吴中区深入贯彻习近平生态文明思想,牢固树立和践行"绿水青山就是金山银山"的理念,站在人与自然和谐共生的高度谋划发展,在打造高品质生态环境、推动高质量绿色发展、推行高标准保障制度等方面取得明显成效。吴中区连续两年列全国市辖区GEP(生态系统生产总值)百强榜首位、全国市辖区高质量发展百强第七位;"绿金双高"发展特征充分彰显,高水平保护与高质量发展协同并进。

着力打造"生态美",厚植"两山"转化底色

吴中区始终牢记保护太湖、治理太湖的国之大者,以深入实施生态优先三大工程为抓手,统筹推进太湖综合治理,高水平实现"两保两提",不断塑造发展的新动能、新优势。

实施"两区一岛"工程,创新保护模式。2019年,发布《苏州市生态涵养发展试验区规划》,启动建设苏州生态涵养发展试验区,全面实施垃圾分类收集处理率、通湖河道优Ⅲ比例、农村生活污水治理率、高效低毒低残留农药使用率、有机废弃物处理率5个100%行动。2020年,率先开展环太湖地区城乡有机废弃物处理示范区建设,探索有机废弃物处理利用"全种类、全过程、全区域"发展模式。聚焦金庭镇区域范围的西山岛等27个太湖岛屿和水域,制定《太湖生态岛发展规划(2021—2035)》,围绕"低碳、美丽、富裕、文明、和谐"的目标,科学部署、分步推进、规范建设,打造全球可持续发展生态岛的中国样本。出台全省首个保护太湖岛屿的条例《苏州市太湖生态岛条例》,率先运用基于自然的解决方案建设吴中西山"生态岛"试验区,促进太湖生态岛生态保护和绿色发展。

实施"治企清源"工程,强化本质降污。坚持最严标准,深入打好污染防治攻坚战,关停淘汰低效落后产能,实现太湖围网养殖全面清零,完成太湖沿岸3千米范围内养殖池塘整治改造和太湖水域禁捕退捕工作。实施太湖"五位一体"综合管理,水污染防治工作获全国人大常委会执法检查组高度肯定。连续十六年实现太湖安全度夏,饮用水源地和水域功能区水质达标率均保持100%,国、省考河流断面优Ⅲ比例达到100%,集中式饮用水源地水质达标率保持100%,吴中辖区的太湖东部湖区是太湖湖体中唯一达Ⅲ类且处于中营养状态的湖区,$PM_{2.5}$平均浓度较2018年下降34.3%,实现"五连降"。

实施"增绿护绿"工程,涵养自然生态。全面建设环太湖湿地带,太湖湖滨湿地公园、三山岛湿地公园获

雾漫东山　　　　　　　　　　　　　　　　　　　　　　　　　　　　　　　　　　张朝阳　摄

评国家级湿地公园。加强生物多样性保护，完成全区生物多样性本底调查，建立国家级水产种质资源保护区和国家级种质资源保护场。创新开展"一山一策"山体综合整治保护，精准推进天然林保护、退耕还林、太湖防护林等重点工程。2023年，全区陆地林木覆盖率32.77%，自然湿地保护率84.8%。

全力支撑"经济强"，拓宽"两山"转化路径

将太湖秀美作为最优营商环境品牌，深入实施"产业强区、创新引领"发展战略，加快构建现代化产业体系，不断提升产业的"含金量""含绿量"，创新经济发达地区"两山"转化路径，以创新驱动、生态赋能全面支撑高质量发展。

推进"生态+创新"赋能行动，发展现代产业集群。依托吴中区自然本底条件，以环境资本为杠杆，撬动创新蓄能、数字赋能、集群聚能，为经济运行整体提升塑造新优势新动能。围绕"3+3+3"现代产业体系，加快推进数字经济时代产业创新集群建设，3大主导产业保持两位数增长，机器人与智能制造成为吴中区首个千亿级产业集聚。抢抓环太湖、沿吴淞江的环境优势，全面建设十大科创园区，高新技术产业产值高速增长。加快建设太湖新城，在生态好的地方孕育发展新经济，数字经济规模以上企业工业产值超过400亿元。

推进"生态+文旅"提升行动，做精全域旅游。用好紧邻苏州城区、毗邻上海的区位优势，创新整合环太湖旅游资源，全力构建以国家级旅游度假区和国家5A级旅游景区为龙头，古镇古村和太湖山水为支撑的全域旅游发展格局，擦亮"国家全域旅游示范区"金字招牌。高标准打造"环太湖1号公路"，做强做优休闲农业、乡村度假、古镇村落、高端民宿为代表的创新业态产品，持续打响"太湖民宿""太湖体育""太湖会展"品牌。"苏州太湖生态岛农文旅绿色低碳融合发展示范项目"入选国家第二批生态环境导向的开发（EOD）模式试点。

推进"生态+乡愁"增效行动，激发乡村振兴活力。坚持保护好、挖掘好、运用好太湖优秀传统生态文化，"洞庭山碧螺春手工制作技艺""江苏吴中碧螺春茶果复合系统"入选国家级"双遗"。以全国"一村一品"示范村、中国最美休闲乡村为引领，省级特色田园乡村为支撑，大力发展乡村旅游、创意农业、农耕体验等新兴业态，吴中区入选第一批全国美好环境与幸福生活共同缔造活动培训基地名单。坚持绿色生态导向，推动农业农村绿色发展，积极构建以龙头企业为引领、专业合作社为主体、社会化服务为支撑的现代绿色农业经营体系，实施农业园区转型升级"662"工程，苏州太湖现代化农业示范园入选国家农村产业融合发展示范园。

致力优化"新机制"，巩固"两山"转化成效

以五项机制创新为突破口，不断深化改革力度，健全生态产品价值实现机制，发挥好政策制度的引导、规范、激励作用，筑牢"两山"转化的坚实保障。

创新生态修复新机制，为发展扩容增效。创新消夏湾生态安全缓冲区建设，借助自然净化能力，每年削减入湖COD（化学需氧量）约17.3吨、TN（水质总氮）约8.7吨、TP（水质总磷）约0.87吨，实现减污扩容，入选全国水污染防治部际协调小组典型案例。先行探索吴中西山"生态岛"试验区建设，运用基于自然的解决方案，积极寻求生态高敏感和开发高强度区域生物多样性保护与绿色发展新模式，入选首批江苏省"生态岛"试验区。

创新生态产品经营开发机制，实现转换途径多元化。以太湖生态岛获批自然资源部首批生态产品价值实现机制试点为契机，积极开展以税收及相关收益协商分成为重点的产业跨区域合作机制、以附带生态保护提升修复条件为前提的产业融合"多元化"供给支撑机制、以生态指标交易为核心的市场化交易机制等的创新探索。

探索"双向生态补偿"机制，显化生态保护价值。2010年，率先在省内实施生态补偿机制，对水稻田、生态公益林、风景名胜区、水源地村和生态湿地村等分类实行纵向生态补偿，每3年进行一次提标扩面，截至2023年末，累计拨付市、区两级生态补偿资金超15.94亿元。2019年、2020年启动实施水、气环境横向生态补偿。

探索环太湖"加减法"机制，优化发展要素保障。鼓励环太湖地区通过土地复垦、生态修复、高标准农田建设等方式，腾出指标，有偿调剂给区内重点开发地区高效利用，以建设"减法"换取生态"加法"和效益"乘法"。自2018年以来，环太湖地区累计腾出土地指标约9平方千米（含占补平衡指标）、空间指标0.7平方千米，有效落实环太湖地区耕地和永久基本农田保护、生态修复等任务，优化服务高质量发展要素保障。

探索"差异化考核"机制，树牢绿色政绩观。2012年，率先在省内探索推进板块发展差异化考核，对环太湖板块减少经济发展指标考核权重，增加生态保护、绿色发展指标权重。考核结果直接与年度绩效、干部任用挂钩。通过编制自然资源负债表、开展自然资源资产离任审计等方式，推动树立绿色发展政绩观，坚定具有吴中特色的高质量发展之路。（周振杨）

江苏省创新型示范县（市、区）建设

2023年4月26日，江苏省科学

技术厅公布第二批江苏省创新型示范县（市、区）建设名单；吴中区入选，成为该批次苏州市唯一入选的建设地区。围绕江苏省创新型示范区建设，吴中区制定《苏州市吴中区创新型示范区建设方案（2023—2025）》，确定示范区建设6个方面25项创新指标。成立吴中区科技创新发展领导小组，统筹建设计划的组织实施，确保创新型示范区建设各项任务顺利推进。

近年来，吴中区从科技体制改革、创新主体培育、科技成果转化和创新生态打造等方面，推动全区经济社会创新协同发展。在2023年中国市辖区高质量发展报告中，列百强区第七位。成功创建苏州首家国家级"绿水青山就是金山银山"实践创新基地，蝉联全国市辖区GEP百强榜首位。

强化创新布局，优化科技顶层设计

出台《吴中区环太湖科创圈建设行动计划》、科技创新高质量发展18条等系列政策文件，布局吴中太湖新城·数字经济创新港、吴淞江科技城、角端新区等科创园区，大力实施"十大创新工程"，全力推进科技创新跨越发展。

强化改革创新，优化协同创新体系

全力推进科技招商体制改革、科技人才评价机制改革等工作，成立区科技招商中心，持续加大科技企业、科技人才、科创平台招引力度。2023年，吴中区招引创新型企业1569家，促成哈工大苏州研究院等大院大所落地。创新设立人才"预评估"机制，开展"以赛代评"，人才项目通过"预评估"后，直接纳入东吴科技领军人才"培育库"。

强化要素支撑，优化创新发展生态

大力实施"十百千"东吴科技领军人才倍增计划，加快推进科技创新人才集聚发展。充分发挥苏州清华专项创新中心、苏州吴中·硅谷创新中心等平台作用，加速汇聚海内外高层次人才。创新设立"东吴科E贷""科技招商贷"等科技金融产品，加速构建"拨投贷保"联动的科技金融生态，建立健全多元化、多渠道的科技投入体系。成立科技招商、创新服务特派员、科技金融服务等三大联盟，2023年，组织开展高新技术企业申报、科技领军人才申报等培训近百场，服务人数超5000人次。　　（刘智　吴鉴）

洞庭（山）碧螺春茶国家地理标志产品保护示范区建设

以"形美、色艳、香浓、味醇"四绝著称的洞庭山碧螺春，是中国十大名茶之一，距今已有1000多年发展历史。历史上，文人墨客赞赏碧螺春的题咏不胜枚举，清代著名文人龚自珍更是盛赞"茶以洞庭山之碧螺春为天下第一"。1998年，"洞庭山碧螺春"成为江苏省首件地理标志商标；2023年，吴中区入选洞庭（山）碧螺春茶国家地理标志产品保护示范区。这是江苏入选的两个地理标志产品保护示范区之一，也是苏州唯一入选的地理标志产品保护示范区。2023年10月26日，洞庭（山）碧螺春茶入选

2023年4月26日，吴中区入选第二批江苏省创新型示范县（市、区）建设名单　　　　　　　　　　　　　　　　费凡　摄

第二批地理标志运用促进重点联系指导名录。2023年11月10日，吴中区洞庭山碧螺春"打好富农增收四张牌，激活产业振兴新动能"案例入选国家知识产权局第二批地理标志助力乡村振兴典型案例。

筹建国家地理标志产品保护示范区是深入贯彻落实党中央、国务院关于知识产权强国的决策部署，推动知识产权事业高质量发展，以"区域品牌"带动地方经济发展的一种尝试；是探索地理标志"标志—产品—品牌—产业"发展路径，推动地理标志与特色产业发展、生态文明建设、历史文化传承有机融合，实现绿色生态可持续发展的模式创新。

近年来，吴中区高度重视地理标志对区域特色经济的推动作用，充分发挥地理标志资源优势，强化地理标志政策供给，全面实施地理标志保护和运用工程，不断巩固和发挥地理标志的品质优势和发展优势，助推乡村产业全链条升级。

架政策体系之桥，铺就乡村振兴道路

2023年9月，苏州市政府审议通过《苏州市洞庭山碧螺春茶保护条例（草案）》，成为江苏省首部关于茶叶的立法项目，也是苏州市首次对名优地产农产品进行立法保护。开展《洞庭山碧螺春茶地理标志发展规划》制定工作，不断完善政策保护体系。启动"洞庭山碧螺春"国标修订，发布苏州洞庭红茶团体标准，进一步规范、指导洞庭山碧螺春的种植管理、加工生产、品质管控，有效推动茶产业转型升级、跃升发展，提升产业竞争力。

筑保护培育之巢，助力产业发展腾飞

成立苏州市首家"地理标志+亚夫科技服务——吴中东山工作站"，为地理标志产品的种植、加工等提供专业科技服务，注入"科技力量"。严格落实《地理标志专用标志使用管理办法（试行）》，指导符合条件的企业积极申领专用标志，实行专用标志库的动态管理。建立茶企"洞庭山碧螺春国家地理标志专用标志"动态管理库，推动专用标志规范使用，2023年新增用标企业4家，累计共有45家企业入库，发放地理标志专用标志55万枚，比上年增长38.2%。持续推进"洞庭山碧螺春专项保护行动"，对"洞庭山"商标进行全类注册，并延伸至日本、泰国、新加坡、马来西亚、印度尼西亚、菲律宾等国家，赋予"全面保护"。委托专业机构对苏州市吴中区洞庭山碧螺春茶业协会及相关授权使用的50家企业的58件注册商标提供监测保护服务。发布《洞庭山碧螺春茶产业振兴三年行动计划（2023—2025）》，统筹做好茶产业、茶科技、茶文化、茶品牌"四篇文章"。

搭多元载体之台，托举品牌价值攀高

洞庭山碧螺春入驻吴中优质农产品电商直播基地，充分利用临湖电商直播基地公共平台开展洞庭山碧螺春直播带货，优化洞庭山碧螺春直播生态，加速培养本地直播人才，培育洞庭山碧螺春自有主播和"网红大V"，打响洞庭山碧螺春"网络IP"直播品牌。举办2023首届中国苏州太湖洞庭山碧螺春茶文化节，发布"洞庭山碧螺春"地理标志形象宣传片，被国家、省、市各级10余家媒体转发，全网点击量超过120万次。2022年，"洞庭山碧螺春"作为全市唯一获评省商标品牌培育和保护（地理标志）项目，并入选"苏地优品——2022我最喜爱的江苏地理标志产品"30强。开展"AI地理元宇宙巡展暨吴中地理标志联盟成立仪式"，通过发布地理标志元宇宙物种地图、VR沉浸式体验"摘茶""炒茶""品茶"等流程，为消费者提供"地理标志+科技创新"的跨界碰撞新方式。

（顾其奇　吴鉴）

中国传统村落集中连片保护利用示范区建设

2023年，吴中区围绕传统村落集中连片保护利用示范工作要求，全面实施"湖岛风光提升""文化保护与弘扬""乡村营造提升"等7项行动。不断完善"国家—省—市"三级传统村落梯队，2023年全区新增国家级传统村落3个、市级传统村落14个。努力践行"保护+"，积极构建传统村落活态保护和可持续发展的现实路径。

坚持"保护+提升"，打造传统村落时代新颜

开展"湖岛风光提升"行动，示范区内全面落实"一山一策""一岛一策""一湖一策"等工作，实施环湖综合修复提升、沿湖岸线生态廊道建设、水环境综合治理等工程，守护山灵水秀的自然生态；开展"交通连片提升"行动，不断完善三级农村公路体系，推动片区道路体系连通。修缮古驿道、打造森林步道，辐射植里、东村、明月湾等多个传统村落。发展公共自行车等绿色交通，进一步丰富出行方式；开展"设施共享建设"行动，推进供水及污水处理设施改造、引水上山等工程，持续改善农村人居环境；开展"乡村营造提升"行动，按照特色精品、特色康居、特色宜居3类建设标准，对示范区内规划发展类村庄分级开展"三特一古"乡村建设工作，进一步提高各类配套基础设施承载能力。

坚持"保护+发展"，焕新传统村落特色本底

开展"文化保护与弘扬"行动，推进"拯救老屋"项目，对全区500余处具有重要历史文化价值的传统建筑进行摸底调查，并开展"一建筑一档案"数据资源整理。推进"百馆齐

2023年3月,光福镇冲山村、东山镇双湾村、金庭镇缥缈村获评第六批中国传统村落。图为金庭镇缥缈村　区委宣传部　供稿

放"项目,加快提高传统村落内传统建筑利用率,2023年费孝子祠、春熙堂等一批传统建筑完成功能更新,爱日堂修复、庆馀堂布置陈列等项目有序开展。推进"好大一棵树"代代守护传承项目,逐步完善吴中区近万处古树名木信息档案,全面摸清古树名木资源分布情况,提高古树名木科学管理水平。推进"非遗传承人管理"项目,完成吴中非遗数字平台建设,有效维护非遗代表性项目、传承人及各类保护基地的代表性与权威性,提高非遗动态服务管理水平。

坚持"保护+创新",
激发传统村落内生动力

开展"产村融合发展"行动。推动碧螺春茶产业、枇杷种植等传统产业多元价值实现。打造蓝园—舟山村文旅产业园并投入使用。"茶和天下苏韵雅集""旅居江南苏式生活之旅"2条线路入选全国乡村旅游精品线路,有效串联东山雕花楼、陆巷古村、缥缈峰等一批特色游赏点位。举办2023首届中国苏州太湖洞庭山碧螺春茶文化节等活动;开展"共建共治"行动,全面落实"一村三师"驻村服务,成立"太湖原乡设计联盟",组建"共同缔造工作坊",探索建立多方参与的共同缔造模式。培养各级乡土工艺人才千余人,引导建立乡土技能大师工作室,打造出梯次衔接的人才队伍。

(张杰)

吴中"四个一号"重点工作

风起太湖,潮涌吴中。近年来,吴中区深入实施"产业强区、创新引领"发展战略,吴中大地产业大旗漫卷、创新热潮涌动。同时,吴中区积极主动融入苏州发展大战略,把市委、市政府要求的事作为吴中必须做好的事,自觉扛起苏州市委、市政府赋予吴中的使命担当,明确太湖新城"一号战略"、太湖生态岛"一号任务"、独墅湖开放创新协同发展示范区"一号工程"、中国中医科学院大学"一号项目"。锚定"四个一号",抢抓历史机遇,加速擘画吴中发展新蓝图。

一号战略

2011年,苏州市委、市政府谋划建设太湖新城,作为苏州"一核四城"城市发展战略的重要组成部分。2022年,市委、市政府赋予太湖新城"苏州数字经济发展的核心承载区""代表苏州标识的城市高端功能区"和"打造苏州未来城市新中心"的目标定位。2023年,吴中区更大力度推动太湖新城"一号战略"走深走实。对标世界级生态湖区、创新湖区,高标准发展太湖新城。

以更实举措推进总部型、龙头型项目招引落地,集聚江苏汇川技术有限公司、江苏迈信林航空科技股份有限公司等行业领军企业,引进亿景智联、数坤科技等总部项目。举办数字经济产业专场推介会,截至2023年末,招引优质产业项目备案投资额近33亿元。深度链接哈工大苏研院、信通院、赛迪研究院等大院大所,推动载体平台前瞻布局,吴中太湖新城·数字经济创新港获评省级中小企业特色产业集群。

优化城市空间形态,谋划启动

君益路—天鹅荡路、横泾片区产业更新，积极探索"数据得地""工业上楼"等方式，为优质企业集聚发展提供用地保障。结合"集中服务月"活动，完善全流程跟踪、全要素保障、全周期服务的专班化项目推进机制，快手电竞馆、苏州湾科创大厦等项目建成投用，加速推进市立医院总部、华中师范大学苏州实验中学、太泽文化中心等配套建设，全力打造生产、生活、生态融合发展的"未来城市新中心"。

坚持以龙头企业和引领性项目吸引人才集聚，引进40个市级以上领军人才项目。构筑"就业支持—创业扶持—乐居保障—科研奖励—配套服务"一体化人才服务体系，全力打造吴中太湖新城·数字经济创新港高品质人才社区示范点。提速留学生创业园等产业载体建设，构建高层次国际化人才创新生态。

一号任务

2020年，苏州市委、市政府提出高标准建设太湖生态岛。2021年，"支持苏州建设太湖生态岛"纳入省、市"十四五"规划纲要，吴中区将太湖生态岛建设作为"一号任务"加快推进。2021年8月1日，全省首例以立法形式保护太湖岛屿的《苏州市太湖生态岛条例》实施，为太湖生态岛的生态保护和绿色发展提供法治保障。

2023年，吴中区强化山水林田湖草系统治理，加快实施污水厂网一体化、环岛湿地带二期、水映长滩鱼鸟栖息地、幸福河湖等24项年度重点项目。积极探索生态损害赔偿基地、生态岛巡回法庭等制度创新，深化与百度智车、中软国际、新石器无人车等智能网联汽车企业的合作，引育更多创新型、科技型产业，聚力农文体旅深度融合，打通生态产品价值实现路径，加快将太湖生态岛建设成为全球可持续发展生态岛的"中国样本"和世界级环湖旅游目的地。

一号工程

2021年3月，苏州市委、市政府决策部署，在吴中区和苏州工业园区相邻的甪直镇、郭巷街道和独墅湖科教创新区内，设立"苏州市独墅湖开放创新协同发展示范区"，面积222平方千米，其中26平方千米作为协同发展核心区，全部在甪直镇，包括集聚区、协同区和田园生态区。2023年，吴中区多点发力助推"一号工程"。

对标园区调规划。推动全域规划调优，对标苏州工业园区，深化甪端新区城市设计、协同区控规调整，完成社会事业专项规划、市政专项综合规划，加速推进甪直镇国土空间总体规划、综合交通专项规划、灯光专项规划、多规合一实用性村庄规划。截至2023年末，西潭生物医药组团城市设计基本完成。

分类拆迁腾空间。按照不同土地类型，调动村（社区）、新型城镇化公司、区块组等力量，全面系统推进拆迁回购。截至2023年末，签约民房994户、点位清障372处、国有工业用地82宗，签约率分别达到76.5%、65%、45.6%。

紧扣产业抓招引。紧扣三大主导产业，储备在谈31个优质项目，总投资达到116亿元。加快推进柳道万和（苏州）热流道系统有限公司二期等12个单独工地工业项目，完成招引创新型企业64家。

优化配套强基础。加快推进交通道路、河道管网建设，开建长虹路高端人才公寓项目，续建完成重点区域绿化1平方千米，清理疏通主要道路雨水管网42千米，东方大道等5条区级主干道路纳入全区建管养一体化体系。

一号项目

2021年，苏州市政府与中国中医科学院签署全面战略合作框架协议，合作建设苏州首个"国字号"大学——中国中医科学院大学，选址在吴中区临湖镇。项目占地约40.67万平方米，总建筑面积约32.17万平方米，其中东区建设内容包括图书馆、实验楼、教学楼、行政服务楼、食堂、阶梯教室等。建成后，将为苏州中医药行业带来顶级科研平台及医疗教学资源，助力苏州市成为江苏乃至长三角地区和全国中医药改革发展的重要基地，预计全日制在校生规模达5000人。

2023年，吴中区围绕"建设一所中医药特色鲜明、全国一流、世界著名的研究型大学"总体目标，全面加快"一大学两中心"建设进度。同时，加强医教研产协同发展，规划建设临湖生物医药科教创新集聚区，推动科技成果就地转化和产业化应用。3月，"一号项目"开工，引入绿色建筑、智慧校园、海绵城市、BIM（Building Information Modeling，建筑信息模型）应用等先进技术理念。截至年末，实现东区建筑主体结构封顶，进入内装阶段，西区启动建设。

（吴鉴）

编辑 洪 蕾

大事记

1月

1—3日

中国人民政治协商会议苏州市吴中区第五届委员会第二次会议召开。会议审阅通过《选举办法》、区政协五届常委候选人正式名单、大会选举工作人员名单，补选区政协五届常委。会议通过《区政协第五届委员会第二次会议提案审查情况报告》，表彰2022年度区政协优秀提案，通过《区政协第五届委员会第二次会议决议》。

2日

苏州市新能源汽车产业创新集群建设推进大会暨项目集中开工签约仪式在太仓举行，区领导丁立新、顾晓东等在吴中分会场参加活动。吴中区新签约项目8个，新开工项目2个，投产投用项目4个。

2—4日

苏州市吴中区第五届人民代表大会第二次会议召开。大会补选郁振红、周云祥、祝才千、顾文明为区五届人大常委会委员，宣布2023年政府民生实事项目票决结果，通过《关于苏州市吴中区人民政府工作报告的决议》《关于苏州市吴中区2022年国民经济和社会发展计划执行情况与2023年国民经济和社会发展计划的决议》《关于苏州市吴中区2022年预算执行情况和2023年预算的决议》《关于苏州市吴中区人大常委会工作报告的决议》《关于苏州市吴中区人民法院工作报告的决议》《关于苏州市吴中区人民检察院工作报告的决议》，通过《议案审查委员会关于议案的审查报告》《苏州市吴中区人民代表大会议事规则》。

9日

独墅湖开放创新协同发展示范区首个九年一贯制学校——苏州市吴中区星泽实验学校开工。

18日

2023苏州年货节"吴中更有礼·嗨购过大年"启动仪式在吴中永旺梦乐城举行。

21日

省委常委、市委书记曹路宝走访调研吴中区项目建设，检查安全生产工作，看望慰问坚守在岗位上的一线干部职工。曹路宝强调，"用心用情守护苏州'人间烟火气'，强化数字赋能筑牢'城市安全线'"。

28日

省工业和信息化厅公布2023年江苏省智能制造示范工厂名单，吴中区凯博易控车辆科技（苏州）股份有限公司入选。

29日

吴中区"敢为、敢闯、敢干、敢首创"推动新发展工作动员会召开，回顾总结2022年度全区经济社会发展情况，表彰先进、交流经验。

31日

2022年第二批"江苏精品"认证获证企业名单公布，吴中苏州金记食品有限公司、追觅科技（苏州）有限公司、苏州瑞可达连接系统股份有限公司和苏州双祺自动化设备有限公司4家单位获认证。

2月

1—15日

吴中区区管干部学习贯彻习近平新时代中国特色社会主义思想和党的二十大精神集中轮训在区委党校举行，分为4期，每期3天。

7日

△中国共产党苏州市吴中区第五届纪律检查委员会第三次全体会议召开。区委常委、区纪委书记、区监委主任徐华东代表区纪委常委会向全会作《深入贯彻党的二十大精神纵深推进全面从严治党为高水平展现中国式现代化吴中新实践提供坚强保障》工作报告。会议通过工作报告和决议草案。

△吴中区产业创新集群融合发展推进会暨春季重大项目集中签约开工活动在吴中太湖新城·数字经济创新港举行，签约开工项目136个，总投资673.6亿元。

10日

△2023"海归智汇吴中 同心聚力发展"海外引才平台共建签约仪式举行。苏州市归国人才会客厅、"航万科创中心"揭牌启用，海外人才项目签约，"海归智汇吴中引才平台"共建签约。

△吴中区蓝天救援队的蒋小丁、吕青松与苏州其他地区的2名蓝天救援队员出发前往土耳其地震灾区开展抢险救援工作。

13日

2022年度经济贡献突出企业表彰大会召开，表彰2022年度税收贡献30强企业、优秀民营骨干企业等九类企业。

16日

"创新'鹏'湃·产业'吴'优"2023苏州吴中（深圳）智能制造产业推介会在深圳举行，总投资213.4亿元的52个项目集中签约，"一平台两中心"（深圳湾实验室苏州吴中医疗器械创新应用平台、中科创客吴中协同创新中心和视源股份计算机设备吴中智能制造创新研究中心）集中揭牌。

19日

苏州市吴中区第二人民医院（原角直人民医院）揭牌，为上海长海医院徐卫东教授关节骨病外科专家团队、上海中山医院放射介入科颜志平教授工作室授牌。

20日

2023年度假区企业家共话发展大会召开，为2022年第二批姑苏领军人才进行授牌。

23日

苏州（吴中）北京科技招商推介会暨苏州清华专项创新中心揭牌仪式在北京举行。新一轮"清华2030创新行动计划"项目启动。

28日

△2023苏州市"海智服务基层行"活动暨海外人才创新创业项目路演大健康专场在吴中区举行。举行海智特聘专家受聘仪式,海外人才项目签约,创新创业政策推介和创新创业项目路演。

△吴中区跨境电商发展联盟暨区电商协会农村电商分会成立仪式在苏州三人行创新型电商产业园举行。吴中区电商协会与苏州今日视界文化传媒有限公司签订战略合作协议。

是月

省生态环境厅公布2022年度"十佳生态环境治理改革创新案例"名单,消夏湾湿地生态安全缓冲区一期项目案例入选。

3月

3日

省委常委、市委书记曹路宝主持召开苏相合作区、独墅湖科教创新区(东区)工作专题会。会上,吴中区、相城区、苏州工业园区围绕共同推进合作区建设发言,围绕空间规划、产业布局、协同机制等进行交流讨论。曹路宝强调,全力推动合作区建设取得更大实效,加快打造市域协同发展标杆示范。

7日

△吴中区2023年全区宣传思想文化工作会议召开。区委常委、宣传部部长、统战部部长尤建丰作宣传思想文化工作报告。大会对获奖单位和个人进行现场颁奖,向第二批"吴中文化使者"颁发聘书。

△吴中区"巾帼心向党,奋进新征程"纪念三八国际妇女节113周年大会召开。现场,进行吴中区三八红旗手(集体)、省、市巾帼文明岗和市科创巾帼行动示范项目表彰活动。

10日

2023年"校园苏州日"——走进华中科技大学系列活动举行。

18日

2023首届中国苏州太湖洞庭山碧螺春茶文化节在太湖洞庭山碧螺春茶文化园开幕。《洞庭山碧螺春茶产业振兴三年行动计划发布(2023—2025)》,中国(吴中)太湖洞庭山碧螺春茶文化园开园,苏州吴中洞庭山碧螺春茶产业研究院揭牌。

19日

第六批列入中国传统村落名录村落名单公布,光福镇冲山村、东山镇双湾村和金庭镇缥缈村入选。

21日

常熟市委书记周勤第率团到吴中区考察。考察团一行走访苏州维信电子有限公司,并举行座谈会。区委书记丁立新陪同考察和座谈。

24日

苏州市吴中区哲学社会科学界联合会第四次代表大会召开。

25日

△第五届叶圣陶教师文学奖颁奖典礼在甪直镇举行。本次评奖收到申报作品246件,评选出金奖10件、银奖20件。

△吴中区2023春季购物节暨八大市集启动仪式在歌林公园东区苏州湾大堤举行。

27日

中数文化大数据(苏州)有限公司、国家文化大数据江南采集基地揭牌仪式在吴中区运河总部产业园举行。市委副书记、市长吴庆文出席并揭牌。

28日

全区科技创新大会召开。现场签约项目20个,成立东吴科技商学院,俄罗斯工程院中国中心苏州创新中心、南大苏州校友创新创业基地、武汉大学苏州研究院产业创新服务中心(吴中)集中揭牌。

30日

以"融合'沪'通 创新'吴'限"为主题的2023苏州吴中(上海)投资情况说明会在上海举行,总投资222.98亿元的79个重大项目集中签约。

4月

4—5日

省委常委、市委书记曹路宝到吴中区金庭镇开展调查研究。曹路宝强调,要全面推进乡村振兴,不断增进民生福祉。

7日

△苏州市委常委会专题调研吴中区工作会议召开,专题听取吴中区工作情况和提请明确的有关事项汇报,研究部署下一步发展重点工作。省委常委、市委书记曹路宝主持会议。

△苏州市吴中区产业工人队伍建设改革推进会暨第三届校企合作洽谈会在吴中技师学院举行。吴中产业工人学院、吴中产业工人能力提升中心揭牌。

13日

农业农村部办公厅公布第一批全国农村集体经济发展村级典型案例,吴中区临湖镇灵湖村入选,系全省唯一。

18日

△省委第二巡视组巡视吴中区工作动员会召开,巡视时间为2023年4月18日至6月28日。

△启德医药重大商务合作签约仪式举行,启德获得美国PyramidBioscience公司超10亿美元的首付款和里程碑付款,创近年中国临床前新药产品对外授权交易新高。

20日

南京信息工程大学苏州太湖研究院签约揭牌仪式举行,吴中区人民政府与南京信息工程大学签署战略合作协议。

21日

△"书香吴中 悦读越美"4·23世界读书日活动暨2023年吴中区全

民阅读节、农民读书节启动仪式举行。

△由苏州市科学技术局、吴中区人民政府、东南大学校友总会联合主办的"环太湖杯"发现东大"独角兽"智能制造与机器人大赛决赛举行。60余个项目参赛,拓攻(南京)机器人有限公司获特等奖。

22日

人民教育出版社2023青少年阅读教育论坛在甪直镇举行。

26日

△吴中区庆祝五一国际劳动节暨劳模工匠命名大会举行。大会宣读《关于命名2023年吴中区劳动模范的决定》《关于命名第四届"吴中工匠"的决定》并举行颁奖仪式。

△省科技厅公布第二批江苏省创新型示范县(市、区)建设名单,吴中区入选。

27日

"吴中更有 礼聚惠'吴'限购"2023吴中区"五五购物节"启动仪式举行。

是月

省委农村工作领导小组公布2022年度农村人居环境整治提升工作评估情况,吴中区获评省级第一等次。在关于2022年度江苏省生态宜居美丽乡村示范建设评价情况的通报中,吴中区1镇7村获评省级示范镇、示范村。

5月

5日

2022—2025年度江苏省科普示范县(市、区)名单公布,吴中区入选。

8日

王巍院士苏州工作站在木渎镇穹窿山孙子兵法博物馆揭牌。

10日

智能网联与城市交通服务联合创新实验室、太湖自动驾驶安全技术测评创新中心揭牌仪式在苏州市公安局交通警察支队举行。太湖自动驾驶安全技术测评创新中心由苏州市公安局、吴中区人民政府联合建设,落户吴中区。

12日

2023全国市辖区高质量发展百强(地级城市市辖区)榜单公布,吴中区列第七位;在同期公布的《中国县域/市辖区生态系统生产总值(GEP)研究报告2023》中,吴中区蝉联中国市辖区GEP百强名单首位。

18日

吴中区首个知识产权专项规划《苏州市吴中区知识产权强区建设规划(2023—2025)》发布。

19日

△吴中区优化营商环境推进大会举行。

△2023吴中枇杷采摘节活动在吴中龙湖天街举行。

20日

△2023年"吴中人才日"活动举行。

△苏州市人大常委会"全过程人民民主基层实践基地"授牌暨吴中区胥口镇人大工作服务品牌发布仪式举行。

23日

以"热爱科学 崇尚科学 共绘最美吴中"为主题的吴中区第23届科普宣传周开幕式暨第7个"全国科技工作者日"活动举行。

26日

△吴中区航空航天产业园开园,13个优质项目签约入驻。

△全国"两业融合"工作现场交流会在苏州举行,探寻"两业融合"(指先进制造业与现代服务业深度融合)在重塑产业链竞争新优势、建设现代化产业体系中的有效路径。

29日

以"数实融合智领未来"为主题的工业元宇宙创新发展峰会举行,《吴中区工业元宇宙产业创新发展行动计划(2023—2025)》发布。

是月

△省农业农村厅公布第二批省农业生产全程机械化智能化示范基地(园区)名单,苏州太湖现代农业发展有限公司入选省级水产养殖全程机械化示范基地。

△苏浙两省四市(苏州市、湖州市、无锡市、常州市)环太湖公路入选交通运输部2022年度"十大最美农村路"。全长186千米的吴中区"环太湖1号公路"占全路线比例为45%。

6月

2日

汇机智造产业学院暨吴中技师学院机器人学院启动仪式在吴中技师学院举行。

5日

2023年苏州市"6·5"环境日主场活动在吴中区举行,中国环保影像博物馆揭牌。

6日

"'四敢'争先 吴社有为"吴中区党建引领五社融合高质量发展论坛暨行动计划启动仪式在吴中区五社融合创新实践中心举行。

8日

科创吴中(厦门)招商推介会暨2023东吴科技创新创业大赛在厦门举行。

9—15日

吴中区民间文艺展览暨第六届甪直镇非遗文化宣传周活动举行。

12日

省工业和信息化厅公布2023年度江苏省重点领域工业设计研究院认定(培育)名单,苏州瑞可达连接系统股份有限公司入选,系吴中区首个培育对象。

15日

△由工业和信息化部、江苏省人民政府主办,以"数实融合、数智赋能——高质量推进新型工业化"为主

题的2023工业互联网大会在吴中区举行。

△青岛市即墨区委书记、青岛蓝谷管理局党委书记韩世军率党政代表团到吴中区考察。区领导丁立新、顾晓东等参加考察。

17日

快手太湖天鹅港国际电竞馆启用暨苏州电竞产业联盟揭牌仪式举行。

18日

以"在不确定性中寻找'确定性'"为主题的第十二届中国与世界医药企业家高峰会于第二十一届世界制药原料中国展期间在上海举行。区委书记丁立新出席活动并发言。

25日

2023吴中区网络购物节——"吴优数购 智享生活"启动仪式暨智能小家电直播带货活动在澹台湖大酒店举行。

26日

△2023中国隐形"独角兽"500强大会在吴中区召开。

△尹山湖隧道通车，标志着南湖路快速路东延工程吴中区段全线建成通车。

28日

以"深化合作互利共赢共同推动高质量发展"为主题的产业链供应链国际合作交流会暨企业家太湖论坛在吴中区举行。省委书记信长星作主旨演讲，省委副书记、省长许昆林主持论坛，商务部党组成员、部长助理陈春江出席并致辞。

30日

△吴中区召开庆祝中国共产党成立102周年暨推进基层党建"东吴先锋"工程座谈会。

△吴中区2023年半年度重大产业项目集中开工及竣工投产仪式在木渎数字智造科技园举行，63个集中开工及竣工投产项目总投资339.4亿元。

△科沃斯机器人大会暨苏州湾服务机器人产业峰会在吴中区举行，市委常委、常务副市长顾海东出席大会并发言。

是月

苏州市林业站和南京林业大学联合调查小组在太湖生态岛天王坞样线调查时发现《江苏植物志》里未记载的无患子科槭属植物毛脉槭。这是首次在江苏省发现该物种，也是毛脉槭分布的北界。

7月

6日

在第三届世界绿茶大会上，洞庭山碧螺春以53.05亿元列中国绿茶区域公用品牌价值评估20强榜单第四位。

11日

△德弘资本与吴中区合作签约仪式举行。德弘资本计划在吴中经济技术开发区设立一支3亿美元基金。

△新药创始人俱乐部第八届年会在吴中区举行。

11—14日

2023年（第十五届）苏州国际精英创业周吴中分会场系列对接活动举行。

12日

"乐游一条街 夏日促消费"暨百年老店"乾生元"原址恢复开业仪式在木渎镇羡园广场举行。

13日

省政府发布《关于2022年度江苏省科学技术奖励的决定》，吴中区10个项目获奖。

16日

苏州橙天嘉禾剧场举行首场演出——全国首部全景感官影秀剧《信仰》。

17日

△国家级高新技术企业信音电子（中国）股份有限公司在深圳证券交易所创业板敲钟开市，成为吴中区第21家上市企业，股票代码为301329。

△《第五批国家区域医疗中心项目名单》公布，中国中医科学院西苑医院苏州医院入选，成为苏州市首个获批的国家区域医疗中心项目。

18日

金瑞基业创新药研发及产业化总部基地项目签约仪式举行，计划五年内总投资13.5亿元、研发投入8.2亿元。

19日

骊霄医疗合作签约仪式举行。骊霄医疗计划在吴中经济技术开发区设立苏州骊霄医疗技术有限公司，总投资3000万美元。

20日

在首届中国北京动画周暨2023中国电视动画大典期间，吴中区本土作品《老鹰抓小鸡之展翅高飞》获评国家广播电视总局年度优秀动画作品。

25日

苏州太湖国家旅游度假区旅游发展大会暨太湖生态岛文旅伙伴计划发布会举行。

26日

△苏州市乡村建设现场会暨吴中区五大乡村振兴片区规划发布活动在吴中区举行，吴中区五大乡村振兴示范片区发展规划发布。

△2023吴中区网络文化季暨"太湖"小行星命名仪式举行，"太湖"小行星亮相。

27日

全省"五社联动"（指社区、社会组织、社工、社会资源及社区自治组织的联动）机制创新试点单位名单公布，甪直镇上榜，试点周期2年。

28日

△金蝶国际软件集团合作签约仪式举行。拟在吴中经济技术开发区建设金蝶苍穹数字经济创新中心，计划总投资2亿元。

△骆华生物合作签约仪式举行。拟在吴中经济技术开发区建设骆华生

物总部,总投资1.85亿元。

31日

省自然资源厅公布省自然资源领域生态产品价值实现典型案例(第一批),《苏州市吴中区探索养殖池塘变粮仓绿色水稻兴产业的生态产品价值实现新路径》入选。

是月

△省工业和信息化厅公布江苏省首批35家省级中小企业特色产业集群认定名单,吴中区机器人智能装备产业集群入选。

△第二十四届中国专利奖评审结果公布,吴中区科沃斯机器人股份有限公司、苏州浪潮智能科技有限公司、江苏科曜能源科技有限公司获专利优秀奖。

8月

1日

中共苏州市吴中区委五届七次全体会议召开,审议通过《中共苏州市吴中区委关于深入学习贯彻习近平总书记对江苏工作重要讲话精神在推进中国式现代化中走在前做示范谱写"强富美高"新江苏现代化建设吴中新篇章的决定》《中国共产党苏州市吴中区第五届委员会第七次全体会议决议》。

3日

江苏省首批市域产教联合体培育单位名单公布。苏州吴中经济技术开发区机器人与智能制造产教联合体入选,成为全省首批、全市唯一入选单位。

9日

吴中区"就创先锋九九为工"就业创业服务月在澹台湖大酒店启幕。

9—15日

苏州国际精英创业周吴中专场活动——2023年东吴双创峰会在吴中举办。

14日

第十一届"创业江苏"科技创业大赛暨第十二届中国创新创业赛江苏赛区高端装备制造行业赛在黄金水岸大酒店开赛,98个项目参赛。

18日

吴中区召开五届区委第五轮巡察动员部署会。

20日

吴中区"爱载太湖 情满香山"吴中太湖婚俗文化基地启用暨户外集体颁证婚礼仪式举行。

22日

2023年苏州市数字经济示范企业评定结果公布,吴中区共有6家企业获评市级数字经济示范企业,数量位居全市第一。

30日

吴中·宿城结对共建工作交流会在吴中召开。

是月

△苏州吴中供水有限公司自主研发的首台管网补氯一体化装置在见山桥试点投运。

△吴中区光福镇冲山村入选第三批全国红色美丽村庄建设试点名单。

9月

6日

吴中第三期年轻干部能力素养提升强化班和2023年新任科职干部培训班开班。

7日

△省委常委、市委书记曹路宝主持召开胥江沿线规划整治、保护更新工作专题会议,吴中区、姑苏区、高新区分别汇报沿线保护更新、整治提升等情况。

△光梁株式会社中国区总部签约仪式举行。拟在吴中高新区木渎镇设立光梁株式会社全资子公司,建设光梁中国区总部,设立结算中心,总投资1.5亿美元。

8日

吴中区庆祝第39个教师节活动暨全区教育工作会议举行。

9日

吴中区"就创先锋九九为工"就业创业服务月启动。

12日

第二届江苏产学研合作对接大会——苏州市人工智能机器人与智能制造产业对接会在吴中高新区举行。

15日

农业农村部第七批中国重要农业文化遗产名单公布,吴中区传统水生蔬菜栽培系统入选。

16日

△在2023年全国U23国际式摔跤锦标赛中,吴中区籍江苏省女子摔跤队运动员陆莹获得女子53公斤级冠军。

△2023年第二季度"江苏好人榜"在宿迁市泗阳县发布,吴中区顾泉根入选"孝老爱亲"榜。

18日

2022年江苏"百强股份经济合作社"名单发布,苏州共70家入选,其中吴中区25家,占比超全市三分之一。

19日

△第二届江苏省"最美生态保护修复案例"公布,"国家级湿地公园——苏州太湖三山岛湿地生态修复"入选。

△在中华人民共和国第二届职业技能大赛中,吴中技师学院的李骏飞、刘欣茹、龚鑫、侯金辰、张家源共获金牌2枚、铜牌2枚、优胜奖1人,金牌项目数全省并列第一。

△吴中经济技术开发区与环球数码创意控股有限公司举行合作签约仪式。拟总投资2亿元建立环球数码华东总部及数字科技创新中心。

20日

太湖博物馆揭牌,系环太湖地区首个全面展示太湖流域自然景观、文化历史和生态治理的综合性博物馆。

21日

△省委常委、市委书记曹路宝会见康宁公司总部执行副总裁兼创新官马丁·卡伦一行，区委书记丁立新参加会见。22日，位于吴中生物医药产业园一期的康宁连续制药科技（苏州）有限公司开业。

△第五届大运河文化旅游博览会在吴中区开幕。

△吴中区台湾同胞投资企业联谊会第七届会员大会暨2023台商中秋联谊晚会举行。

23—24日

2023秋季"校园苏州日"启动仪式暨首次"高校引才专列"活动举行。

24日

"科创苏州双创天堂"2023中国·苏州创新环境推介会暨全球科技创业大赛（北京站）举办，吴中区签约落地科创项目8个。

26日

以"庆丰收，促和美"为主题的第六届中国农民丰收节在临湖镇开幕。

28日

△2023苏州环太湖金秋文体旅活动发布暨太湖生态岛"风铃溪谷·金铎岭"开园仪式举行。

△教育部第一批国家级市域产教联合体名单公布，吴中经济技术开发区机器人与智能制造产教联合体成为全市唯一入选单位。

30日

吴中区2023年烈士纪念日公祭活动在吴中烈士陵园烈士纪念碑前广场举行。

10月

5日

省委常委、市委书记曹路宝专题调研光福古镇保护及西崦湖生态修复工作。他强调，要坚持生态优先，做好古镇保护更新。

8日

司法部关于表彰全国模范人民调解委员会、模范人民调解员的决定公布，苏报融媒"96466驻吴中人民调解工作室"调解员陈杰获"全国模范人民调解员"称号。

9日

以"深化新苏高水平合作协力推动高质量发展"为主题的"2023新加坡—江苏开放创新合作交流会"在新加坡举行，吴中区签约项目2个。

13日

△2023年吴中区质量大会举行。

△"2023江苏—香港经贸合作交流会"在香港举行，吴中区签约项目3个，吴中区与香港大学就苏州香港大学先进技术研究院战略合作协议进行签约。

14日

在意大利米兰举行的世界烘焙、甜点&蛋糕大赛（FIPGC）提拉米苏世界锦标赛中，吴中技师学院青年教师吕浩然夺得2023FIPGC职业世界杯冠军，成为第一个获得此项目冠军的中国人。

14—15日

2023年中国药学会药事管理学术年会暨首届苏州未来新药大会在苏州太湖国际会议中心举行。

17日

"智联太湖驾控未来"百度苏州Apollo Park在太湖生态岛开园。

18日

2023苏州吴中（第23届）太湖经贸合作洽谈会举行，总投资超过914亿元的172个产业项目集中签约。

19日

吴中经济技术开发区成立30周年高质量发展大会在澹台湖大酒店举行，总投资310.31亿元的53个项目签约，总投资204亿元的47个项目集中开工开业。

21日

"颐养吴中 享老吴优"九九重阳节系列活动暨吴中区养老服务金秋博览会开幕。

24日

省委常委、市委书记刘小涛到吴中区专题调研太湖保护工作。刘小涛强调，加强生态保护，推动绿色发展，全力唱响新时代"太湖美"。

26日

△吴中区生态环境保护大会召开。

△国家知识产权局公布第二批地理标志运用促进重点联系指导名录，吴中区的"洞庭（山）碧螺春茶"入选，系苏州唯一入选的地理标志。

27日

吴中区入选生态环境部第七批"绿水青山就是金山银山"实践创新基地，成为苏州市首个获此称号的县（区）。

28日

△中国县域/市辖区高质量发展研讨会在中国社会科学院召开。吴中区作为蝉联全国GEP百强区之首的县（区）受邀参加会议并进行经验分享。

△在杭州第四届亚残运会上，吴中区残疾人运动员沈亚琴为中国代表团夺取1银2铜三枚奖牌。

是月

△2023年苏州市民生实事项目"打造山地森林步道35条"全部完成。其中，吴中区山地森林步道有16条。

△在中共中央宣传部、农业农村部（国家乡村振兴局）主办的2023新时代乡村阅读季之"我爱阅读100天"读书"打卡"活动中，吴中区入选全国"十大优秀案例"。

11月

2日

△2023第三届工控中国大会在吴中区举行。

△"虚实融合·赋能转型"工业元宇宙创新发展推进会在吴中区举行。

4—8日

第六届苏州技能英才周在吴中区举行。

6日

相聚进博·2023苏州开放创新合作交流会在上海举行,吴中区优质总部项目参加集中签约。

7日

"中国大使奖"获得者江苏行——中俄科技合作交流会(苏州)在吴中区举行。

9日

苏州苏瑞膜纳米科技有限公司研发的高性能水处理纳米反渗透膜入选《国家鼓励的工业节水工艺、技术和装备目录(2023年)》,吴中区在该项目上实现零的突破。

10日

省委常委、市委书记刘小涛到吴中区横泾街道带头开展"千村万企、千家万户"走访。他强调,要察实情、强服务、解民忧,不断增强企业满意度、群众获得感。

15日

苏州市吴中区林渡暖村入选世界旅游联盟与中国国际扶贫中心联合发布的《2023世界旅游联盟——旅游助力乡村振兴案例》。

16日

2023年苏作文创峰会举行。

17—20日

在第十九届中国茶业经济年会上,吴中区入选"2023年度重点产茶县域"和"2023年度茶业乡村振兴发展县域"名单。11月10日,吴中区洞庭山碧螺春"打好富农增收四张牌,激活产业振兴新动能"的案例入选国家知识产权局第二批地理标志助力乡村振兴典型案例。

18—20日

以"嬗变"为主题的2023中国SaaS(Software as a Service 软件运营服务商)大会在吴中区举行,40万平方米的"太湖数谷"启用。

19日

△2023苏州"环太湖1号公路"马拉松举行,2.5万人参赛。

△吴中区与拉拉科技控股有限公司在货拉拉香港总部举行签约仪式,总投资5亿美元的货拉拉华东运营总部项目落户经开区。

22日

《2023预制菜产业基地百强研究》报告发布,吴中区入选产业基地百强名单,系苏州市唯一。

24日

△第五届全国集成电路"创业之芯"大赛全国总决赛颁奖典礼在吴中区举行,SOA半导体光放大器等8个项目与吴中高新区进行落地意向签约。

△2023年江苏"独角兽"企业暨高新区"瞪羚"企业评估结果公布,吴中区入选江苏"独角兽"企业1家、江苏潜在"独角兽"企业15家。

25日

泰州市姜堰区委书记孙靓靓率考察团到吴中区考察交流,区委书记丁立新等陪同参观考察。

27日

"科创苏州双创天堂"2023中国·苏州创新环境推介会暨全球科技创业大赛(合肥站)举行,吴中区3个项目获奖。

是月

△2023年度国家级绿色工厂名单公布,爱信(苏州)汽车零部件有限公司、苏州苏驼通信科技股份有限公司入选,实现国家级绿色工厂零的突破。

△2023年省级地名文化遗产名单公布,吴中区宝带桥、香花桥和炙鱼桥入选。

12月

5日

吴中经济技术开发区与华域生物合作签约仪式举行。拟建设华域生物全国双中心南方总部项目,总投资1.2亿元。

8日

苏州环太湖科创圈先锋聚能行

2024年11月15日,苏州市吴中区林渡暖村入选世界旅游联盟与中国国际扶贫中心联合发布的《2023世界旅游联盟——旅游助力乡村振兴案例》 区委宣传部 供稿

动暨太湖新城"数字强链·赋能千企"活动在苏州湾中心广场举行。

12日

△苏州市吴中区青年联合会第五届委员会第一次全体会议召开。大会期间，开展界别组讨论，选举产生吴中区青年联合会第五届委员会常务委员会委员、主席、副主席。

△2023苏州太湖民宿节在吴中区举行。

16—17日

以"数实融合 创新数智 赋能发展"为主题的首届中国（苏州）太湖新一代信息技术创新大会在吴中区举行。

17日

2023国家登山健身步道联赛（苏州站）福道山野群山越野赛在光福镇香雪海景区开赛，光福国家登山健身步道获授牌并启用。

18日

2023年度江苏省知识产权建设示范（县域、园区）评定结果公布，吴中经济技术开发区入选。

20日

苏州市吴中区慈善总会四届一次会员大会召开。大会总结和审议上届理事会工作，选举产生新一届理事会、监事会领导班子。现场通报"吴中慈善奖"评选结果并颁奖，为荣誉会长单位授牌。

22日

第九批江苏省历史文化名镇名村名单公布，吴中区金庭镇蒋东村入选。

26日

2023年度国家级生态农场评价结果公布，西山天王茶果场入选，成为吴中区第二个国家级生态农场。

27日

伏图拉中国总部基地及研发中心项目开工奠基仪式在吴中高新区举行，拟投资2亿欧元。

28日

△国家重点研发计划自主式道路交通控制与安全项目启动系列活动在度假区举行。

△东吴证券·智能科技产业园开工奠基仪式在吴中区举行，拟投资20亿元。

△昆山市委副书记、市长陈丽艳率党政代表团到吴中区考察，区领导丁立新等陪同考察。

29日

中国共产党苏州市吴中区第五届委员会第八次全体会议暨区委经济工作会议召开。

是月

苏州市首批新兴服务业领军企业名单公布，吴中区4家单位入选，入选数量位列全市第二。

编辑 洪 蕾

吴中概览

自然地理

【位置与面积】 吴中区位于苏州的地理中心,北与苏州古城、苏州工业园区、苏州高新区接壤,南邻吴江区,东接昆山市,西衔太湖,与无锡市、浙江省湖州市隔湖相望。地理坐标为北纬30°56′~31°21′,东经119°55′~120°54′。全境东西长92.95千米,南北宽48.1千米。区域面积(含太湖水域)2231平方千米,太湖水域面积1486平方千米,约占太湖总面积的五分之三。

【地形地貌】 吴中区地处长江下游,为太湖水网平原的一部分。整个地势自西向东微微倾斜,平原海拔由6.5米降至2米左右,略呈西高东低态势。全境东部以平原为主,由水网平原、低洼圩田平原、湖荡水网平原、滨湖水网平原以及山前冲积平原构成;西部有低山丘陵,系浙西天目山向东北延伸的余脉,呈岛状分布在除东部甪直之外的太湖之中和沿岸境内。境内山脉最高峰为穹隆山主峰笠帽峰,海拔341.7米;其次为西山主峰缥缈峰,海拔336.6米。土质主要有水稻土、黄棕土、沼泽土和石灰岩土4种类型。

【气候】 吴中区地处中国大陆东部沿海,位于北亚热带湿润的季风气候区内,具有夏季温暖潮湿多雨、冬季干燥寒冷、四季分明、热量富余、雨量适宜、日照充足的特点。

2023年,吴中区气温偏高;降水量偏多,梅雨期略偏长,梅雨量偏少;日照偏多。年平均气温为18.0摄氏度,较常年偏高1.1摄氏度,除12月较历史偏低外,其他各月份均较历年同期偏高。年极端最高气温38.1摄氏度,出现在7月12日;年极端最低气温零下7.6摄氏度,出现在1月25日,与近30年最低气温持平。12月15日至26日连续遭遇两轮寒潮天气过程,极端最低气温零下5.4摄氏度,最大冻土厚度3厘米,均为近年罕见,对本地农业生产造成一定不利影响。35摄氏度及以上的高温日数有14天。全年降水量1304.3毫米,比常年偏多102.4毫米。6月17日入梅,入梅时间与常年相比基本持平,7月10日出梅,出梅时间较常年偏晚2天,梅长24天,比常年偏长3天,梅雨期先后经历五段较强降雨,总体呈现过程强度偏强、区域分布不均的特征,降雨间隙有短暂高温。总梅雨量332.8毫米,较常年偏多40%。6月19日傍晚,吴中区普降大到暴雨,局部大暴雨。全区普遍出现小时20毫米以上短时强降水,自动站测得最大小时雨强达75.2毫米(越溪),造成全区多地出现道路、地下室积水,个别房屋受损的灾情。受2023年第5号台风外围影响,7月28日08时至30日11时出现阵雨,累计雨量23.2毫米,其间出现七级阵风。全年日照时数为1886.7小时,比常年略偏多15.1小时。全年霾日数57天。

【水系】 境内水网密布,江、河、湖泊众多,20多条骨干河道纵横交错,沟通太湖、澄湖、独墅湖、镬底潭、九里湖、黄泥兜、石湖、黄家荡等湖荡。吴淞江自西向东串联太湖、京杭大运河,流经上海市区(苏州河),与黄浦江交汇后入海;浒光运河由北至南联结京杭大运河和太湖;木光河、胥江运河、苏东运河在境内西南部分别将苏州古城与木渎、光福、胥口、横泾、临湖、东山、太湖沟通。 (吴鉴)

表3-1 2023年吴中区气象状况一览表

项目	单位	2023年	2022年
一、温度			
年平均气温	摄氏度	18	18
年极端最高气温	摄氏度	38.1	40.7
最早出现日期		2023年7月12日	2022年8月14日
年极端最低气温	摄氏度	-7.6	-2.9
最早出现日期		2023年1月25日	2022年12月19日
二、降水			
年降水总量	毫米	1304.3	1075.1
年降水日数	天	142	124
一日最大降水量	毫米	125.3	81.9
出现日期	日	2023年6月24日	2022年6月5日
三、日照			
年日照时数	小时	1886.7	2019.3
年日照百分率		43%	46%
四、湿度			
年平均相对湿度		76%	74%
五、风速			
年平均风速	米/秒	2.5	2.5
六、气压			
年平均气压	百帕	1014.4	1014.5
七、霜期			
终霜日期		2023年2月28日	2022年2月27日
初霜日期		2023年11月15日	2022年12月9日

(区统计局)

表 3-2　2023 年吴中区各月气象要素统计表

月份	平均气温（摄氏度）	降水量（毫米）	降水日数（天）	日照时数（小时）
合计	18.0	1304.3	142	1886.7
1月	6.0	59.8	10	198.2
2月	7.1	81.4	14	99.6
3月	12.8	66.0	10	146.9
4月	17.4	25.7	9	159.0
5月	22.2	77.6	13	143.5
6月	25.9	315.5	18	114.9
7月	29.6	235.5	18	141.4
8月	28.8	113.8	13	214.0
9月	25.6	249.4	16	143.5
10月	20.3	9.3	6	174.7
11月	14.0	33.0	7	205.4
12月	6.1	37.3	8	145.6

（区统计局）

【自然资源】 根据2022年国土变更调查数据，吴中区耕地77.13平方千米、种植园用地78.07平方千米、林地125.4平方千米、草地15.27平方千米、城镇村及工矿用地263.13平方千米、交通运输用地19.4平方千米、水工建筑用地5.13平方千米、水域1635平方千米、其他土地6.13平方千米。

吴中区境内山体资源较为丰富，有穹窿山、洞庭西山、七子山、洞庭东山、凤凰山、潭山、西迹山等98座山体，占全市山体总数的61%，山体面积154平方千米。全区查明资源储量并列入"江苏省矿产资源储量统计表"的矿产有煤、铁、铜、铅等11种。

2023年度，吴中区地表水资源量9.8亿立方米，地下水资源量0.91亿立方米，地下水资源量重复计算量0.45亿立方米，水资源总量为10.26亿立方米。

全区有林木覆盖面积2.21万顷，林木覆盖率32.77%，为全市第一；有古树名木329株（一级126株，二级203株）；有国家级森林公园2个（东吴国家森林公园、西山国家森林公园），省级森林公园2个（太湖东山省级森林公园、香雪海省级森林公园）。

全区有湿地面积1613.07平方千米，湿地保护率84.8%，为全市第一；有国家级湿地公园2个（太湖三山岛国家湿地公园、太湖湖滨国家湿地公园），市级湿地公园3个（吴中区东太湖湿地公园、七星揽月湿地公园、苏州市太湖平台山市级湿地公园）。

（任欣艺）

历史人文

【建置区划】 苏州市吴中区历史悠久，4000多年前已有文字记载。商末属泰伯、仲雍建立的"勾吴"古国。春秋战国时先后属吴、越、楚，秦代建吴县。东汉设吴郡领吴县。三国时属孙权吴国。晋和南朝梁、陈时分别隶属吴郡、吴州。隋、唐建置多变，先后属苏州、吴州、吴郡，唐武则天时吴县分设吴、长洲两县。宋代随苏州隶属江南道。元、明时吴县、长洲两县属苏州府。清雍正二年（1724）设元和县、长洲县、吴县三县至清末。民国元年（1912）苏州改称吴县；民国17年（1928）划吴县城区建苏州市，市、县分治；民国19年（1930）撤苏州市，并入吴县。中华人民共和国成立后，复划吴县城区建苏州市，实行市县同城分治；1950年划沿太湖部分地区建立太湖区，1953年太湖区改设为震泽县，1959年撤震泽县，并入吴县，隶属苏州专员公署；1983年，撤苏州地区行政公署，苏州实行市管县体制；1989年，吴县县政府驻地由苏州市东大街迁至吴县长桥镇；1995年6月，撤吴县，设吴县市，市政府驻地设在长桥镇。2000年12月31日，经国务院批复，撤吴县市，设立苏州市吴中区和相城区，吴中区政府驻地设在长桥镇。2001年3月1日，新设立的苏州市吴中区和相城区按调整后的建制运行。2002年3月25日，第九届苏州市委十八次常委会议决定将苏州太湖国家旅游度假区升格为正处级建制，由吴中区管理，享受吴中区的管理权限。2012年12月，苏州吴中经济开发区升格为国家级经济技术开发区，升级定名为"吴中经济技术开发区"。2015年11月12日，江苏省吴中高新技术开发区获省政府批准筹建，2016年3月31日挂牌成立。

2021年，在不改变原行政区划的基础上，调整度假区、经开区、吴中高新区管理范围：度假区管理范围在原香山街道、光福镇、金庭镇的基础上增加东山镇，经开区管理范围在原郭巷街道、横泾街道、越溪街道、城南街道、太湖街道的基础上增加长桥街道、甪直镇，吴中高新区管理范围调整为胥口镇、临湖镇、木渎镇，形成东部经开区、中部吴中高新区、西部度假区整体发展格局。

2023年，吴中区调整吴中太湖新城管理体制。太湖新城管理范围包括太湖街道、横泾街道全域。吴中区形成度假区、经开区、吴中高新区、吴中太湖新城"三区一城"管理体制。

至2023年末，吴中区下辖1个国家级旅游度假区（苏州太湖国家旅游度假区）、1个国家级经济技术开发区（吴中经济技术开发区）、1个国家级农业园区（西山国家现代农业示范园区）、1个省级高新技术产业开发区（苏州市吴中高新技术产业开发区）、7个镇和7个街道。7个镇：木渎、甪直、胥口、东山、临湖、光福、金庭。其中，金庭镇与西山国家现代农业示范园区实行"区政合一"管理体制。7个街道：长桥、郭巷、横泾、越溪、城南、香山、太湖。1个场圃：苏州市吴中区林场。区行政中心（中共苏州市吴中区委、区人大常委会、区人民政府、区政协）地址为苏州市吴中区太湖东路288号。　　　　　　　　（吴鉴）

【人口与方言】　2023年末，吴中区户籍人口78.32万人，比上年末增加1.66万人。其中，男性37.82万人，比上年末增加0.62万人；女性40.5万人，比上年末增加1.03万人；男女性别比（以女性为100）为93.38，略低于2022年末。出生0.58万人，出生率7.54‰，比上年下降0.83‰；死亡0.6万人，死亡率为7.8‰，比上年上升1.65‰；自然增长-0.02万人，自然增长率为-0.27‰，比上年下降2.49‰。

吴中区方言属吴方言。苏州的"吴侬软语"不少来自吴中区东太湖地区，东山镇与甪直镇仅相隔数十千米，但发音和表达事物的方法相差却很大，正所谓"十里不同俗，百里不同风"。根据语音的差异，全区方言大致可以分为4个片：甪直镇为东片，郭巷街道、长桥街道、越溪街道为南片，横泾街道、临湖镇、东山镇、金庭镇为西南片，光福镇、木渎镇、胥口镇为西片。

以光福为代表的西片，与苏州市区方言有一定的差异。苏州市区阳上、阳去不分，"范"音同"饭"；光福阳上、阳去有区别，"范"音不同于"饭"。东片阳上、阳去不分，"范"音同"饭"，这一点与苏州市区一致。在韵母上，东片"雷"跟"来"不同韵，这一点和苏州市区不同。在声母方面，东片能区分z组和zh组，"塞（s）"音不同于"说（sh）"。南片与吴江接壤，因此在语音、词汇方面都带有"南路角子"特点。除越溪外，其余地区都能区分阳上、阳去，"范"音不同于"饭"。韵母上最大的特点是把"东"韵读成"恩"韵，"东方红"读如"登方恒"，"吴淞江"读如"吴身江"。

西南片的东山镇、金庭镇口音最为特别。由于交通阻隔，东山镇、金庭镇语言与其他各乡镇差别很大。东山镇、金庭镇语言也都是7个声调，阳上、阳去不分，"范"音同"饭"。不过个别词的读法与其他乡镇有相当的距离。如"吃鱼"，东山人读如"吃藕"，金庭人读如"吃泥"。在词汇方面，东山镇、金庭镇也有其特点，如其他乡镇说"辣火"或"辣茄"，而东山镇、金庭镇说"辣椒"。　　　　　　　　　　（吴鉴）

【民族与宗教】　2023年末，吴中区有49个少数民族，2万余人。其中，常住（户籍）少数民族人口6319人，族别数41个；经商务工流动少数民族人口1.8万余人，族别数47个。2008年，成立吴中区少数民族联谊会。

吴中区有经民政部门批准的宗教团体4个，即佛教协会、道教协会、基督教三自爱国运动委员会、天主教爱国会。赋码登记的宗教活动场所58处（寺观教堂类13处、固定处所类45处），其中佛教43处、道教8处、天主教2处、基督教5处。宗教教职人员116人，其中佛教86人、道教24人、基督教6人。信教群众总数37441人，其中佛教24634人、道教11198人、天主教81人、基督教1528人。民间信仰活动场所628处。　　　（王雨潇）

【历史名人】　吴中人才层出不穷，且以博大的胸怀接纳四方贤俊，形成人物鼎盛的独特景观，在学术史、政治史、军事史、科学史、文学史、艺术史上创造出举世瞩目的成就。伍子胥协助阖闾兴霸成王、从近制远，建造阖闾城，奠定吴国的春秋霸业；孙武撰兵法十三篇，后人誉之为"东方兵学圣典"；范仲淹"先天下之忧而忧，后天下之乐而乐"，实行封建时代重要的政治改革"庆历新政"；蒯祥主持设计北京宫苑，令香山帮营造技艺享誉中外；吴有性的温病学说，开世界传染病学先河；沈寿的"仿真绣"，使苏绣艺术走向世界。在社会主义现代化建设中，吴中区还涌现出一大批科学家，院士王大珩、王守武、王守觉、何泽慧、殷之文、殷震等为其中的杰出代表。

【风景名胜】　吴中区风光秀美，资源丰富。吴中区坐拥五分之三的太湖水域及太湖58峰，拥有184千米太湖岸线、苏州80%的丘陵山体，有1个国家级旅游度假区、6个太湖国家风景名胜区、1个国家5A级旅游景区、5个国家4A级旅游景区、2个国家森林公园、1个国家地质公园、1个国家现代农业示范园区、2个国家湿地公园、7个市级以上乡村旅游重点村，开放景点60余个。其中，最具代表性的有穹窿山、旺山、太湖湖滨国家湿地公园、东山等。依托旅游景区、秀美乡村、文化遗存等深厚的人文底蕴，吴中区2020年入选第二批国家全域旅游示范区。

【全国重点文物保护单位】 截至2023年末，吴中区有市级以上文物保护单位131处，包括全国重点文物保护单位7处、江苏省文物保护单位23处。

保圣寺罗汉塑像　保圣寺罗汉塑像位于苏州市吴中区甪直镇，寺庙始建于梁代，后屡经兴废。其中的九尊罗汉塑像，为宋代遗存。塑像错落有致地分布在云水山崖相间、气势宏伟的塑壁上，姿态各异，形神兼备，堪称佛教雕塑艺术的瑰宝，于1961年被公布为第一批全国重点文物保护单位。

宝带桥　宝带桥位于苏州市吴中区城南街道，傍京杭运河西侧，跨澹台湖口。宝带桥始建于唐代，现存桥体为明代重建，全桥用金山石筑成，长316.08米，共53个桥孔，是中国现存古桥梁中最长的一座多孔石桥，于2001年被公布为第五批全国重点文物保护单位，2014年作为中国大运河重要遗产点列入《世界遗产名录》。

春在楼　春在楼，俗称雕花大楼，位于苏州市吴中区东山镇，始建于民国，是一座中西结合的专门结构建筑。春在楼布局合理，功能齐全，建筑装饰以雕刻为主，集江南传统的砖、木、石雕刻艺术之大成，是江南地区最精美的传统民居建筑遗产之一，被誉为"江南第一楼"。于2006年被公布为第六批全国重点文物保护单位。

寂鉴寺石殿　寂鉴寺石殿位于苏州市吴中区天池山。寺内有石屋3座，皆依山崖而筑，高低错落，是江苏省仅存的元代石结构建筑。其中，西天寺建于元至正二十三年（1363），坐北朝南，平面呈凸字形，系九脊单檐歇山顶，飞檐翘角，内凿佛像数尊，顶部藻井图案复杂精美。东西两侧各有一座大型佛龛式石屋。于2006年被公布为第六批全国重点文物保护单位。

紫金庵罗汉塑像　紫金庵罗汉塑像位于苏州市吴中区东山镇紫金庵内。紫金庵历史悠久，其中的彩绘泥塑为南宋遗存，包括三尊主佛、十六尊罗汉及观音、天王等造像。其雕塑技艺精湛，造型生动传神，具有重要的历史、宗教、科学和艺术价值，于2006年被公布为第六批全国重点文物保护单位。

东山民居　东山民居，位于苏州市吴中区东山镇，包括明善堂、怀荫堂、凝德堂三处古建筑，始建于明代。这三处古建筑砖雕精细，布局严谨，彩绘华美，是苏州地区保存较为完整的古民居，于2006年被公布为第六批全国重点文物保护单位。

轩辕宫　轩辕宫正殿，位于苏州市吴中区东山镇杨湾村。大殿为单檐

全国重点文物保护单位——宝带桥　　　　　　　　　　　区委宣传部　供稿

歇山结构，自地面至正脊高10米多，依山面湖，气势宏伟，是吴中区仅存的元代木构建筑，弥足珍贵。下金檩的断梁做法颇具特点。该殿保留的元构件及宋元做法是研究中国古代建筑史的珍贵实物史料，于2006年被公布为第六批全国重点文物保护单位。

【非物质文化遗产】 截至2023年末，吴中区非物质文化遗产项目共有66项，其中世界级非物质文化遗产项目2项、国家级2项、省级21项；非物质文化遗产传承人有141人（在世人数），其中国家级非物质文化遗产传承人6人，省级17人，市区两级118人。拥有省级非遗旅游体验基地、创意基地各1个，市级非遗保护基地12个。

香山帮传统建筑营造技艺 世界级非物质文化遗产——香山帮传统建筑营造技艺是具有吴文化特色的建筑技艺。香山帮以木匠领衔，是一个集木匠、泥瓦匠、石匠、漆匠、堆灰匠、雕塑匠、叠山匠等古典建筑中全部工种于一体的建筑工匠群体。明朝永乐年间，以蒯祥为代表的香山帮匠人参与北京紫禁城的设计与建设，把江南建筑风格带进北京，苏州古典园林更是香山帮的代表之作。2006年，第一批国家级非遗代表作名录公布，香山帮传统建筑营造技艺（Ⅷ-27）入选。2007年，第一批国家级非遗代表性传承人名录公布，2名香山帮匠人——薛福鑫和陆耀祖名列其中。2009年10月，香山帮传统建筑营造技艺被联合国教科文组织审议批准列入世界非物质文化遗产代表作名录。

绿茶制作技艺（碧螺春制作技艺） 碧螺春茶的炒制历史悠久，是传统手工制作的典型代表。碧螺春茶树历来多混植于花果林间，吸收着各种果树花香的混合型味，具有色、香、甜的特有品味。洞庭碧螺春的品级与采制的时间关系极大，清明前的称为明前茶，是上品；谷雨前的质量略逊于明前茶，但仍居佳品；谷雨后，气温高，茶叶生长快，茸毛少，体型粗大，称为炒青。碧螺春采制人工量大，成本高，是真正的"功夫茶"。2011年5月，苏州吴中碧螺春制作技艺（Ⅷ-148）入选第三批国家级非物质文化遗产名录。碧螺春茶制作技艺以家庭传承为主，部分是师徒传承。2022年11月，在摩洛哥举行的联合国教科文组织保护非物质文化遗产政府间委员会第十七届常会通过决定，将中国政府申报的遗产项目"中国传统制茶技艺及其相关习俗"列入《人类非物质文化遗产代表作名录》。苏州太湖洞庭山碧螺春制作技艺作为"中国传统制茶技艺及其相关习俗"的重要组成部分被列入人类非物质文化遗产代表性项目名录，成为吴中区第二个世界级的非遗代表性项目。

苏州甪直水乡妇女服饰 甪直水乡妇女服饰主要分布在苏州古城东域，以甪直为中心，周边的车坊、斜塘、胜浦、唯亭、张浦、锦溪、周庄等地均有流传。但甪直镇水乡妇女服饰款式最美，堪称代表。甪直水乡妇女服饰是汉民族服饰文化的活化石，以"显""俏"为特点，实现审美价值和审美情趣的和谐发展。

1997年，甪直镇率先提出保护甪直水乡妇女服饰文化，设立吴东水乡妇女服饰展，组织每年一届的中国·苏州甪直水乡妇女服饰文化旅游节，组建水乡妇女打连厢队、挑花篮队，打造甪直水乡妇女服饰特色文化乡镇。2005年6月13日，苏州市人民政府公布甪直水乡妇女服饰为全市第一批非物质文化遗产代表作，列入保护名录。2006年，第一批国家级非遗代表作名录公布，苏州甪直水乡妇女服饰（Ⅸ-63）入选。

核雕 核雕是苏州地区独有的民间艺术，光福是近代核雕的发源地，光福核雕历史悠久，技艺精湛。光福核雕的题材一般有四大系列：吉祥如意系列、神仙人物系列、民俗故事系列和园林名胜系列。技巧上以浮雕、圆雕、透雕为主，外形上都能保持果核的原形。自明清以来，光福核雕在工艺传承中形成"精、细、奇、巧"的鲜明特征。现存的光福、香山核雕艺人基本为殷派，核雕技艺主要靠家传和师承关系传承。2008年，第二批国家级非物质文化遗产名录公布，光福核雕（Ⅶ-59）入选。2009年，宋水官入选第三批国家级非遗代表性传承人名录，周建明和陈素英分别于2008年和2010年入选第二、第三批省级非遗代表性传承人名录。 （吴鉴）

特色物产

【概况】 吴中区生态环境优越，区域物产丰沛，是闻名遐迩的鱼米之乡，可谓"月月有花、季季有果、天天有鱼虾"。吴中是洞庭山碧螺春茶的原产地，有"中国名茶之乡""中国太湖蟹美食之乡"等称号。主要农副产品有吴中大米、茶叶、太湖大闸蟹、太湖三白（银鱼、白虾、白鱼）、水八仙（茭白、水芹、茨菇、芡实、荸荠、莲藕、莼菜、菱）、白沙枇杷、白玉枇杷、乌紫杨梅、洞庭红橘、白果、板栗、藏书山羊、东山湖羊、生态草鸡等。

【碧螺春茶】 据《太湖备考》记载，500多年前的明代，东山碧螺峰石壁，有野茶数支，山人朱正元采制，其香异常，名"吓煞人香"。也有传说，有一年洞庭东山碧螺峰上茶树长得非常繁茂，采茶姑娘采下来的茶叶用竹筐都装不下了，就把多余的茶叶放在怀中，茶得到热气透出一阵异香，采茶姑娘们争呼"吓煞人香"。清康熙三十八年（1699）四月，康熙皇帝南巡到浙江后回京，经苏州东山，对江苏巡抚宋荦进献的"吓煞人香"茶大为赞赏，但觉其名太俗，又因茶"清汤碧绿，外形如螺，采制早春"而赐名"碧螺春"。洞庭碧螺春茶是中国十大名茶之一。1998年，"洞庭山碧螺春"成为江苏省首件地理标志商标;2002年,苏州吴中洞庭碧螺春茶获评中国地理标志(原产地域)保护产品;2003年,洞庭(山)碧螺春国家标准GB18957—2003颁布实施;2008年,被农业部评为"中国名牌农产品";2009年,"洞庭山碧螺春"被认定为中国驰名商标;2010年,吴中区被中国茶叶学会命名为"中国名茶之乡";2010年,参加上海世博会名茶评选,荣获金奖。

2019年11月,世界绿茶评比会颁奖仪式在日本静冈县举行,103种茶叶参评,来自苏州岚庭碧螺春茶叶合作社的寒谷渡明前碧螺春获得金奖。2020年,碧螺春入选"中国重要农业文化遗产",被农业农村部授予中华人民共和国农产品地理标志登记证书。2023年,吴中区入选洞庭(山)碧螺春茶国家地理标志产品保护示范区;10月26日,洞庭(山)碧螺春茶入选第二批地理标志运用促进重点联系指导名录。

【东山湖羊】 湖羊是蒙古羊南移后经长期圈养和选育而成的优良品种,主要分布在苏浙沪地区,吴中区东山、西山是湖羊的主产区。湖羊是目前世界上仅有的白色羔皮羊品种,所产羔皮皮板轻薄,毛色洁白,花纹呈波浪形,扑而不散,光润美观,在国际上享有"软宝石"之称。湖羊繁殖力强,四季发情,具有"当年生、当年配、当年产羔"的特点,可常年配种、产羔;若饲养条件良好,可一年产2胎,每胎2~3头,多者5~6头。20世纪80年代,江苏省在东山建立省级湖羊资源保护区,对湖羊进行群众性活畜保种。

2009年11月,在全国畜禽遗传资源保护和管理培训班暨国家级畜禽保种场、保护区和基因库授牌仪式上,吴中区东山湖羊保护区被授予第一批国家级畜禽保种场、保护区、基因库称号。2015年3月,根据国家工商总局商标局公告,"东山湖兰"注册成为地理标志集体商标,系吴中区继"洞庭山碧螺春"后第二件地理标志商标。2015年8月,江苏省农委认定吴中区太湖鹅入选畜禽遗传资源基因库,东山湖羊保护基地为畜禽遗传资源保护区。

【吴中大米】 苏湖熟,天下足。苏州是江南地区乃至全国的粮食主产地。吴中,更是盛产温润如玉、香糯如珠的江南大米。吴中地区属亚热带季风气候,四季分明,地处长江下游,为太湖平原的一部分,水资源丰富、土壤肥沃、矿物质含量高,气候温暖,光照充足,非常适宜优质稻生长。2017年1月,由省农技推广协会主办的首届江苏优质稻米暨品牌杂粮博览交易会在南京江苏国际农业展览中心举行,吴中区浦庄粮油有限责任公司的"临谷香"牌大米获"江苏好大米"特等奖。2018年,临湖镇"湖嘉大米"在江苏稻博会上获"江苏好大米"特等奖。2018年10月,"吴中大米"被国家知识产权局认定为地理标志证明商标,成为吴中第三件地理标志证明商标。2019年11月,江苏首届"好吃苏米"品鉴大赛在南京举行,全省70余家企业参赛,苏州临湖农业专业合作社联合社的"江南味稻"牌苏州大米获得金奖。

【吴中枇杷】 东山白沙枇杷种植历史悠久,是全国枇杷传统四大产区之一。白沙枇杷呈鹅黄色,果形扁圆,肉厚皮薄易剥,果肉洁白晶莹,入口而化,甘甜微酸,风味浓郁,爽口不腻,汁多核小,可食率高。2020年,东山白沙枇杷被国家知识产权局认定为地理标志证明商标,成为吴中区第四件地理标志商标。

西山枇杷品种众多,有早黄、照种、荸荠种、青种等,其中栽培最多的是青种,占总面积的95%以上。青种枇杷因成熟时蒂部仍呈青绿色而得名。2020年,西山青种枇杷被授予中华人民共和国农产品地理标志登记证书。

【太湖大闸蟹】 太湖蟹素以"体型肥厚、肉质鲜嫩、蟹黄丰满、品味微甜、食而不腻"著称。太湖蟹养殖区是首批国家级食品农产品出口质量安全示范区之一,太湖蟹是国家地理标志保护产品,多次获得"全国十大名蟹"称号。2007年,吴中区建立太湖大闸蟹交易市场暨出口加工区;2008年,第一部关于大闸蟹题材的电影《蟹蟹侬》在东山镇开机,此片以太湖蟹为题材,展现东山古镇、古村、古巷等特色文化。2009年9月,吴中太湖大闸蟹首次启用产地标识,482户太湖蟹养殖户的首批120万只产地标识发放完备并投入使用。2010年9月,东山镇被中国渔业协会河蟹分会授予"中国河蟹之乡"称号,成为苏南地区首个国字号蟹乡。2011年9月,东山镇被中国渔业协会河蟹分会授予"中国太湖蟹之乡"称号。

【水八仙】 水八仙指茭白、莲藕、水芹、芡实、茨菰、荸荠、莼菜、菱等8种蔬菜。茭白又称茭瓜、茭笋,为多年生宿根性水生草本植物。食用部分未膨大的肉质茎,味道鲜美,可切片、切丝或煮食,具有止渴、利尿、降血压及解烦热、调肠胃功能。莲藕,花即荷花,是中国十大名花之一。藕和莲子可供食用,藕可生食、熟食,还可加工制成藕罐、蜜饯和藕粉等。水芹,嫩茎和叶柄可供食用,多作炒菜,清香鲜美。芡实,别名鸡头米,其种子内的种仁供食用。茨菰,球茎中含有丰富的蛋白质、碳水化合物、粗纤维、维生素B、维生素C和钙、磷、铁等矿物质营养,可做多种菜肴。荸荠,别名马蹄、地薯和乌芋,其地下球茎脆甜多汁,可作熟食、生食,也可加工罐藏和提取淀粉。莼菜,又名马蹄草,为水生草本蔬菜,叶片呈椭圆形,嫩茎和嫩叶可供食用。菱,果实可生食、做菜肴和副食,还可制成菱粉,用作糕点、冰激凌和烹调的原料。2017年,"吴中鸡头米"获农业部农产品地理标志等级,成为吴中区首个农产品地理标志。

（吴鉴）

经济发展

【综合实力】 2001年2月28日,吴县市撤市,吴中区设立。2023年,吴中区实现地区生产总值1624亿元,是2001年的127.42亿元的12.7倍;从2015年开始,吴中区产业结构从"二三一"转变为"三二一",2023年,吴中区第一、第二、第三产业分别占比1.1%、45.6%、53.3%,产业结构不断优化;实现规模以上工业产值2559.44亿元,是2001年的156.25的16.38倍;完成一般公共预算收入222.64亿元,是2001年的6.86亿元的22.45倍;完成工业投资142.3亿元,是2001年的23.07亿元的6.17倍;完成全社会固定资产投资521.34亿元,是2001年的36.67亿元的14.22倍;实现社会消费品零售总额937.1亿元,是2001年的24.43亿元的38.36倍;实际使用外资及港澳台资4.86亿美元,是2001年的2.81亿美元的1.11倍;完成进出口总额101.78亿美元,是2001年的8.22亿美元的12.38倍。上市企业从2001年的1家增至2023年的21家。在2023年中国市辖区高质量发展报告中,位列百强区第七。

2023年,吴中区实施"重点项目提效年"活动。列入省重大项目5个,数量创历年新高;列入市重点项目59个,数量列全市第一;262个区重点项目完成年度投资526.9亿元;122个亿元以上产业项目竣工投产。机器人与智能制造产业规模达1308.5亿元,比上年增长28.2%;新一代信息技术实现产业规模780亿元,比上年增长25.8%;生物医药及大健康产业规模达382.3亿元,比上年增长26.2%。深入实施现代服务业提质增效工程,服务业增加值达到865亿元,比上年增长3.9%;网络零售额超过410亿元,比上年增长19.1%;旅游总收入恢复至343.14亿元。举办工业互联网大会、工控中国大会、中国SaaS大会、首届中国（苏州）太湖新一代信息技术创新大会等高规格活动,启动"星火·链网"超级节点和工业互联网创新中心建设,组织赴新加坡、德国、英国开展境外招商。新签约亿元以上项目268个,总投资1233亿元;新增10亿元以上项目46个;优质产业项目备案投资额711亿元,金额比上年增长22.6%。落地康宁、货拉拉、伏图拉等23个优质外资及港澳台资项目。

【农业】 2023年,全区实现农林牧渔总产值34.34亿元,村均集体经济总收入超过1802万元。新增高标准农田480公顷,10个省级农业农村重大项目全部开工。建成省级园艺作物标准示范园4个、市级高标准蔬菜生产示范基地8个、市级高标准机械化示范基地（园区）2个,建成省级数字农业农村基地5个、市级智慧农业示范生产场景7个,建成省级第二批农业生产全程机械化智能化示范基地1个。截至2023年末,现代农业园区转型升级项目竣工13个,在建项目9个,累计完成投资15380万元,年度投资完成率70.5%。横泾街道农文旅融合现代农业园区获区政府批复成功创建区级现代农业园区。

2023年,全区新增国家级农业产业化龙头企业1家、省级农业产业化龙头企业1家、市级农业产业化龙头企业4家。新增国家示范社4家。培育发展7家市级家庭农场、1家市"十佳"家庭农场、2家省"百佳"家庭农场、25家区级示范家庭农场,农民合作社2022年工商年报公示完成率100%。鼓励新型农业经营主体创业创新,3家单位分获苏州市第六届农业农村创业创新大赛二等奖、三等奖和优秀奖。

【工业】 2023年,吴中区实现规模以上工业总产值2559.44亿元,比上年增长3.6%,增速排名全市第三（不含姑苏）。完成工业投资142.3亿元,比上年增长18.1%,增速排名全市第二。

2023年,全区专精特新企业实现数量和质量双提升,新增国家级专精特新"小巨人"企业21家、省级专精特新中小企业83家、创新型中小企业550家。持续加大创新载体建设,新增省级企业技术中心20家、苏锡常首台（套）重大装备4个、市级以上关键核心技术攻关项目2个。支持企业开展新技术、新产品鉴定,新增省新技术、新产品目录产品9个。开展人才载体和项目排摸,搭建人才供给与企业需求服务平台,全年入选国家级重大人才引进工程12人。加快发展服务型制造新业态新模式,1家企业获评国家级服务型制造示范平台,4家企业获评省级服务型制造示范企业（平台）。加快工业设计和制造业融合发展,新增3家省级工业设计中心,区内企业共5项作品在"紫金奖·工业设计大赛"获奖。持续深化工业企业资源集约利用综合评价工作,参评企业8598家,亩均销售额和亩均税收分别较上年提高6.7%、4.6%。加快工业企业绿色化发展,推动绿色工厂培育库提质扩容,2家企业获评国家级绿色工厂,9家企业获评省级绿色工厂,1家企业获评苏州市"近零碳"工厂。

【外向型经济】 2023年,吴中区新增注册外资及港澳台资9.4亿美元;实际使用外资及港澳台资4.86亿美元,比上年增长35.6%;优质产业项目备案投资额711.05亿元,比上年增长22.64%,中国移动、时代新安、伏图拉等29个10亿元以上大项目落地。全年实现货物进出口总额101.78

亿美元,比上年增长3.7%。其中,出口76.46亿美元,比上年增长6%;进口25.32亿美元,比上年下降2.8%。(人民币口径:全年实现货物进出口总额716.17亿元,比上年增长9.5%。其中,出口537.94亿元,比上年增长11.9%;进口178.22亿元,比上年增长2.8%。)全年完成服务贸易进出口额7.16亿美元,比上年增长3.95%;完成服务外包接包合同额5.15亿美元,比上年下降1.66%;离岸执行额2.71亿美元,比上年增长32.87%;对外实际投资额1.1亿美元。完成跨境电商进出口总额(海关数据)7.85亿元,比上年增长25.6%。

【内资经济】 截至2023年末,吴中区内资企业有11.09万户,注册资本总额9218.98亿元,其中,私营企业10.57万户,注册资本总额5619.55亿元;个体工商户16.52万户,注册资本总额214.96亿元。

【服务业】 2023年,吴中区取得房地产开发资质企业235家。全年颁发44张商品房预售许可证,批准预售面积142.76万平方米。全年颁发40张商品房交付使用通知书,新交付面积424.24万平方米。2023年存量房买卖(包括无网签交易)15169件,面积157.49万平方米。

全区现有各类持牌金融机构75家,其中银行、保险、证券、期货等各类机构50家,小贷公司、融资租赁、商业保理等地方金融机构25家,基本形成全方位的金融服务体系。全区金融机构本外币存、贷款余额分别为4030.73亿元、4522.85亿元,分别比上年增长14%和14.69%。制造业贷款金额706.14亿元,比上年增长29.8%。证券业期末托管市值542.73亿元。截至2023年末,典当公司期末典当余额12.51亿元;融资性担保公司在保余额8.50亿元;融资租赁资产总额0.03亿元;商业保理公司发放保理融资款本金40.32亿元,受让应收账款余额85.92亿元;小贷公司各项贷款余额24.01亿元。全年新增上市企业1家。

全年累计接待游客2223.82万人次,比上年增长53.4%,旅游总收入343.14亿元,比上年增长53.5%,旅游业恢复到2019年同期的90%以上。

(吴鉴)

编辑 洪 蕾

中共苏州市吴中区委

综　述

【综合实力】 2023年，吴中区坚持以习近平新时代中国特色社会主义思想为指导，深入学习领会习近平总书记对江苏、苏州工作重要讲话重要指示精神，全面落实中央和省、市各项决策部署，牢记嘱托、感恩奋进，奋力推动经济社会平稳健康发展。全年实现地区生产总值1624亿元，按可比价格计算比上年增长4%；完成一般公共预算收入222.64亿元，比上年增长5.8%；实现规模以上工业总产值2559.44亿元，比上年增长3.6%。在2023年中国市辖区高质量发展报告中，位列百强区第七。成功创建苏州首家国家级"绿水青山就是金山银山"实践创新基地，蝉联全国市辖区GEP百强榜首。

【党的建设】 2023年，吴中区坚持把学习贯彻党的二十大精神和习近平总书记对江苏、苏州工作重要讲话重要指示精神以及深化开展主题教育，作为全年首要政治任务，深刻领悟"两个确立"的决定性意义，增强"四个意识"、坚定"四个自信"、做到"两个维护"，自觉在思想上政治上行动上同以习近平同志为核心的党中央保持高度一致。深入开展学习贯彻习近平新时代中国特色社会主义思想主题教育，坚持在以学铸魂、以学增智、以学正风、以学促干上下功夫。坚持和加强党的全面领导，召开区委常委议军会议、人大工作会议、政协协商座谈会、统战工作会议等。坚持党管干部原则，持续优化干部"选育管用"全流程，实施优秀年轻干部培养选拔"薪火工程"，加大干部交流使用力度，优化领导班子结构。严格落实抓基层党建主体责任，推动领办48个基层党建书记项目。实施党建引领城中村基层治理三年行动计划，推进全区127个城中村综合治理。持续推进环太湖科创圈先锋聚能行动，跨区域成立产业集群党委。开展"两新"组织党组织覆盖"百日攻坚"行动，深化新兴领域组织覆盖，"两新"组织党组织"双有"比例95%以上。推进作风建设，一体推进"三不腐"，全区共立案322件。做深查办案件"后半篇文章"，制发纪检监察建议22份，推动完善制度机制27项、整改问题40个。高标准做好配合省委巡视各项工作，协调保障巡视组各类座谈调研70余场次，对省委巡视反馈问题制定105条具体整改措施，挂图作战、对账销号。

【产业强区】 2023年，吴中区坚持"产业强区、创新引领"发展战略不动摇，着力构建现代产业体系。举办首届中国（苏州）太湖新一代信息技术创新大会、工控中国大会、中国SaaS大会系列会议，三大主导产业均实现25%以上增长。聚力打造"机器人产业全国创新集聚第一区"，机器人与智能制造产业规模达1308.5亿元，吴中机器人智能装备产业集群入选省级中小企业特色产业集群。实施"重点项目提效年"活动，列入省重大项目5个，数量创历年新高；列入市重点项目59个，数量列全市第一；262个区重点项目完成年度投资526.9亿元，累计投产投用重点产业项目122个。"2+4+N"招商体系不断完善，新签约亿元以上项目268个，总投资1233.2亿元；新增中国移动、兆和等10亿元以上项目46个；康宁、货拉拉、伏图拉等23个优质外资及港澳台资项目落地吴中。入选省创新型示范区建设名单，实现高新技术产业产值1767.9亿元，增长6.9%，增速全市第一。新增国家专精特新"小巨人"企业21家。追觅创新科技（苏州）有限公司、苏州天瞳威视电子科技有限公司获评全球"独角兽"企业。信音电子（中国）股份有限公司登陆创业板。哈工大苏州研究院落户吴中区，入驻科研团队13个；哈工大航空航天产业园顺利开园，签约产业化项目14个。中国信通院江苏研究院揭牌，启动赛迪研究院中国芯二期项目。苏州清华专项创新中心、苏州新能源光电技术研究所、苏州工业大数据技术研究所等一批科创平台运营。新增省级企业技术中心20家、省科技企业孵化器3家。苏州市职业大学、晶瑞电子获评省工程研究中心。举办东吴双创峰会，入选国家级重大人才工程13名，数量超历史总和。获评省双创人才9名、姑苏创新创业领军人才56名，获苏州杰出人才奖1名，高技能人才新增数首次破万，新增人才公寓3065套。

【生态保护】 2023年，吴中区坚持系统治理、源头治理、综合治理，成立太湖综合治理和生态保护委员会，开展新一轮太湖综合治理，推进太湖综合治理保护十大行动计划，落实"两保两提"要求，饮用水水源地水质稳定达Ⅲ类，太湖东部湖区水质达Ⅲ类、总磷浓度下降35.2%；太湖连续十六年安全度夏，湖体水质达2007年以来最好水平，首次被生态环境部评为优良湖泊。河湖长制深入推进，治理河道79条42.4千米，消夏江等5条河道获评市级以上幸福河湖。国考断面水质优Ⅲ比例保持100%，省考断面水质优Ⅱ比例达75%。实施东山通湖河道综合整治、光福老镇区雨污管网改造等13个治太项目。完成金庭、东山、光福引水上山工程，新建管道104千米。中央、省生态环境保护督察反馈问题整改压茬推进，退圩还湖、通桥油库序时整改，西山国家森林公园内违建问题整改完成。实施VOCs（挥发性有机物）综合治理等201个治气工程，全年PM$_{2.5}$浓度为每立方米29.2微克，优良天数比率80.5%，空气质量综合水平全市第一。全区原生物种数超1190种，生态质量指数（EQI）保持全市首位。三山岛湿地生态修复获评省"最美生态保护修复"典型案例。

【民生事业】 2023年，吴中区坚持在发展中保障和改善民生，城乡公共服务支出占一般公共预算支出比重达83.6%。建成投用西山实验学校等6所学校，新增学位8800个，光福九年一贯制学校等3所学校开工建设，7所外来工子弟学校转为公办学校分校区，组建学校"1+1+N"心理网格。吴中技师学院在全国第二届职业技能大赛上摘得2枚金牌，位列全省第一。顺利承办国际卫生合作大会，获评全国生育友好工作先进单位。启动江苏省健康区建设，中国中医科学院西苑医院苏州医院成为苏州市首个国家区域医疗中心项目，成立苏州大学吴中临床医学研究院、士材学派研究所，新增省中医重点专科2个，医疗机构每千人床位数增加0.51张。举办"环太湖1号公路"马拉松、四季越野赛，光福镇建成投用全省首条国家级登山步道。深入实施就业优先发展战略，新增城镇就业超1.7万人，户籍应届高校毕业生就业率达97.6%，零就业家庭动态清零。持续完善"一老一小"照护服务体系，吴中区获评首批省级示范性居家社区养老服务网络地区，完成适老化改造1104户。深化"吴爱吾童"品牌建设，"1+14+N"未成年人保护品牌链和关爱服务矩阵特色做法被新华社、《中国民政》等媒体集中报道。

【社会治理】 2023年，吴中区牢固树立底线思维，夯实安全根基，结合安全生产治本攻坚三年行动，持续推动"六化"建设，深化安全生产专项整治，全面推进工业集中安全整治和企业安全生产标准化创建，安全生产事故起数和亡人数比上年均下降20%。深入推进"平安吴中"建设，"两抢"案件100%告破，"八类案件"破案率达96.4%。不断完善基层治理体系，调整优化社区规模，"五社融合"创新实践经验被《群众》杂志刊载。坚持以"枫桥经验"赋能基层治理，全年通过人民调解方式化解矛盾纠纷2.75万件，1名调解员获评"全国模范人民调解员"，郭巷街道劳动人事争议调解中心获评省级金牌调解组织，5个村（社区）入选苏州市首批"枫桥式村（社区）"建设示范单位。吴中区满分通过省级市域社会治理现代化验收。开展44期363场"社情民意联系日"活动，回访反馈处置满意率100%，泰禾金尊府、阳光城檀苑等楼盘问题稳妥化解。紧盯年度化债目标任务，及时跟踪化债进度，做到"应还尽还"，融资平台公司数量得到有序压降。

（高云健）

决策部署

【深化"1+9综合改革"】 2023年，吴中区持续深化"1+9"综合改革，出台《关于深化"1+9"综合改革相关文件的补充意见》，进一步厘清权责边界、提升管理质效。出台《关于调整吴中太湖新城管理体制的方案》，将原属经开区的太湖街道、横泾街道划归太湖新城管理，将太湖新城建设上升为全区"一号战略"，全域优化为"三区一城"创新发展布局，以"四个一号"为抓手，推动吴中高质量发展。"2+4+N"招商体系"兵团作战"优势进一步释放，全年新增优质备案项目178个，总投资711亿元，比上年增长22.64%。深化国资国企改革，成立国有资本控股集团，获评3A主体信用评级。将城南街道全域纳入中心城区建管养一体化范围。深入推进道路、供排水建管养一体化改革，全区543千米道路、高架、隧道实现建管养一体化，建成105个污水提质增效达标区，完成4家供水企业和8家污水处理企业经营权整合，全区3106千米污水主次支管网产权实现移交。甪端新区完成城市设计、协同区控规单元调整和社会事业专项规划、市政专项综合规划，"5+1+1"7个功能组团加速形成。启动光福镇国土空间总体规划、2035版历史文化名镇保护规划编制，立足"山水魅力片区"定位，做好与太湖科学城的交通、规划和产业3个方面的"无缝衔接"。

【中共苏州市吴中区委五届七次全会】 2023年8月1日召开，主要任务：以习近平新时代中国特色社会主义思想为指导，全面贯彻党的二十大精神，深入学习领会习近平总书记参加十四届全国人大一次会议江苏代表团审议和考察江苏的重要讲话精神，认真落实省委十四届四次全会、市委十三届五次全会要求，对深入学习贯彻习近平总书记重要讲话精神作出全面部署，总结上半年工作，部署下半年任务，动员全区上下牢记嘱托走在前，感恩奋进做示范，加快谱写"强富美高"新江苏现代化建设的吴中新篇章。区委书记丁立新讲话。会议听取和讨论丁立新受区委常委会委托作的工作报告，审议通过《中共苏州市吴中区委关于深入学习贯彻习近平总书记对江苏工作重要讲话精神在推进中国式现代化中走在前做示范谱写"强富美高"新江苏现代化建设吴中新篇章的决定》《中国共产党苏州市吴中区第五届委员会第七次全体会议决议》。

【吴中区委、区政府工作务虚会】 2023年12月9日召开，主要任务：深入学习贯彻党的二十大、二十届二中全会精神，回顾盘点2023年度工作，查漏补缺、决战冲刺，共同谋划2024年及未来一个时期的发展愿景和思路举措，推动高质量发展不断取得新成效。区委书记丁立新讲话，区委副书记、区长顾晓东部署2024年政府工作。

【中共苏州市吴中区委五届八次全会】 2023年12月29日召开，主要任务：以习近平新时代中国特色社会主义思想为指导，深入学习贯彻党的二十

中共苏州市吴中区委

2023年12月29日，中共苏州市吴中区委五届八次全体会议暨区委经济工作会议召开　　费凡 摄

大、二十届二中全会精神和习近平总书记对江苏、苏州工作重要讲话重要指示精神，全面落实中央经济工作会议和省委十四届五次全会、省委经济工作会议以及市委十三届六次全会暨市委经济工作会议部署要求，回顾总结2023年工作，部署2024年任务，动员全区上下更加坚定自觉地牢记嘱托、感恩奋进、走在前列，在推进中国式现代化中奋力续写吴中新篇章。区委书记丁立新代表吴中区委常委会作报告并讲话，区委副书记、区长顾晓东就2024年全区经济工作作具体部署。会议听取和讨论丁立新受区委常委会委托作的工作报告，审议通过《中国共产党苏州市吴中区第五届委员会第八次全体会议决议》，书面审议《中共吴中区委常委会2023年度落实全面从严治党主体责任情况的报告》。

【"四敢"实施意见】　2月8日，中共苏州市吴中区委印发《关于贯彻落实"敢为、敢闯、敢干、敢首创"在中国式现代化建设上作出引领示范的实施意见》，深入贯彻"让干部敢为、地方敢闯、企业敢干、群众敢首创"的重要要求，明确全区各级党组织要压实主体责任，强化示范引领，以组织担当推动干部担当，以组织作为促进干部作为，不断释放"敢"的强烈信号、营造"敢"的良好环境、形成"敢"的强大合力，推动全区上下进一步团结奋斗、奋发有为，在新征程上高水平展现中国式现代化的吴中实践。

【太湖生态保护治理】　6月29日，中共苏州市吴中区委、吴中区人民政府印发《吴中区太湖综合治理和生态保护十大行动计划（2023—2025年）》，坚持生态优先绿色发展，坚持以人为本人水和谐，以改善太湖水环境质量为核心，加强系统治理、综合治理、源头治理，共明确推进产业绿色转型发展、加强工业污染防治、推进河湖生态提升、加大生态扩容等十大行动计划33项重点任务，补齐基础能力短板，提升治理能力现代化水平，努力推动太湖生态不断向好。

【创新型示范区建设】　11月24日，中共苏州市吴中区委办公室、吴中区人民政府办公室印发《苏州市吴中区创新型示范区建设方案（2023—2025）》，牢牢把握高质量发展首要任务，坚定不移实施"产业强区、创新引领"发展战略，积极抢抓"环太湖科创圈""吴淞江科创带"在吴中交汇叠加的重大机遇，聚焦全面从严治党、科技创新主体、科技人才引育、科创载体平台、科技创新生态、科技成果惠民六大重点方向，持续推进自主创新和开放创新，加快推动高水平科技自立自强，为加快绘就"天堂苏州·最美吴中"现实图景汇聚科技力量。

（高云健）

巡察工作

【省委、市委巡视巡察保障】　2023年，吴中区成立巡视联络工作领导小组，区委、区纪委监委联合制定《关于配合省委巡视组巡视吴中区工作方案》，完成巡视组交办的各项任务指令，全程做好人员、材料、调研、后勤等保障工作，协调保障巡视组各类座谈调研70余场次，接收转交信访件786件、问题线索13条。配合市委联动巡察区纪委监委机关，联合度假区、经开区做好市委联动巡察协调保障工作。

【区委巡察工作】　2023年，完成五届区委第三、第四轮巡察，共计9家区级机关部门、3个镇（街道）、40个村（社区），发现并反馈问题380个，形成巡察报告12份、专题报告5份，发现问题线索27件，移交巡中成案线索7件。8月18日，吴中区启动区委第五轮巡察，采取压茬推进方式，分两批对3家区级机关单位、6个街道开展常规巡察。截至年末，发现存在的突出问题250个，移交问题线索36件，推动解决立行立改事项19件，为民办实事18件。持续优化巡察方式方法，推进巡察监督与其他监督贯通融合，健全巡前通报机制，创新村情民意调查方式，提升巡察工作的群众知晓度、参与度。加强巡察整改日常监督，深化巡察整改挂牌督办机制，全年挂牌督办重点问题16项。修订完善《五届吴中区委巡察工作规划》，制定出台《吴中区委关于加强巡察整改和成果运用的实施细则》，增强巡察制度化、规范化建设。

【巡视巡察问题整改】 2023年，吴中区做好巡视巡察"后半篇文章"，部署整改任务，制定整改方案，明确29家牵头单位和70家涉改单位整改责任，细化105条整改举措，推动组织、责任、措施、督查"四个到位"，确保全部整改任务责任到人、有序推进。加强对上沟通联络，按时报送整改落实相关情况，督促整改任务按照时间节点推进。做好市委联动巡察委机关反馈问题整改工作，对照巡察反馈意见和问题清单，研究制定50条整改措施，明确责任分工和整改时限，推进整改落实到位。

（郑晓妮）

组织工作

【概况】 截至2023年末，全区共有基层党组织3280个，其中党（工）委214个、党总支133个、党支部2933个；共有党员53661人。全区区管以上领导干部共有1104人，处级以上干部70人，科级1034人。在职科级领导干部683人（正科职188人，副科职495人），大学及以上学历661人，平均年龄43.7岁；非领导职务351人，其中职级公务员177人、军转干部57人。"80后"正科职干部44人，其中党政正职26人；35岁左右科职干部40人，其中"90后"15人。女干部194人，党外干部29人。

【党的创新理论武装】 2023年，吴中区组织实施学习贯彻习近平新时代中国特色社会主义思想主题教育，抓好关键少数，以县处级以上领导班子和领导干部为重点，举办区级领导干部读书班、开展理论学习中心组学习、讲好专题党课、确定46个调研课题，认领46个整治整改重点问题，示范带动和推进全区主题教育深入开展。针对全区3232个基层党组织和5.23万名党员，坚持分类指导、压实责任，组织基层党组织书记讲党课2700余次、组织党员参加"走看学做比党建"活动1.45万人次，推动党员立足岗位做贡献。吴中区有关做法被省《主题教育简报》刊发。认真学习宣传贯彻党的二十大精神，根据《全区基层党组织学习宣传贯彻党的二十大精神实施方案》，分级分类完成基层党组织书记学习贯彻党的二十大精神集中轮训，实现全区3232名基层党组织书记和"两委"班子成员培训全覆盖。发布"红色湖岸线、红色邻里圈、红色产业带"3张党建地图，组织基层党组织和党员开展"走看学做比党建"活动1217场次。组织党的二十大精神集中宣讲、互动宣讲1300余期，开展"踔厉奋发我来讲"活动19期，分享交流党的二十大精神学习体会，推动党的二十大精神入脑入心。

【领导班子和干部队伍建设】 2023年，坚持系统思维，围绕区委、区政府中心工作选干部、配班子、建队伍，树立鲜明选人用人导向。制定《关于支持和鼓励"干部敢为"锻造过硬干部队伍的若干措施》，坚决落实新时代好干部标准，全年共提拔使用干部38人。注重加强对新调整班子和新到岗干部的研判，深入了解分析班子融合和干部适岗情况，全年研判区级机关、镇（街道）、国资公司共19家。围绕国资国企改革、太湖新城管理体制调整等改革发展大局，全年共对8家单位党政主要领导进行调整，统筹用好各年龄段干部、女干部和党外干部，加大干部交流使用力度，调整交流干部44人，不断优化领导班子结构。深入实施优秀年轻干部培养选拔"薪火工程"，着力打造一支适应新时代要求、忠诚干净担当、数量充足、充满活力的高素质专业化优秀年轻干部队伍。着力贯通选育管用全链条常态化工作机制，开展年轻干部专题调研，实施年轻干部"季报"制度，加强选调生、定岗特选人才跟踪管理。聚焦全区中心工作，创新设置产业创新集群、创新驱动等一线攻坚专班，选派50名年轻干部到重大工程、重大项目一线开展交互式挂职锻炼，推荐5名年轻干部参加苏州市年轻干部"双向挂职"。细化落实"干部敢为"若干举措，综合运用职务职级晋升、考核评优评先、畅通"能上能下"、干部关心关爱等多种举措，调动全区各年龄段干部干事创业积极性。选树2022年度先进集体23家、标兵30人、优秀工作者220人。加大先进典型选拔使用力度，提拔重用（晋升职级）先进个人15人。出台《2023年度吴中区高质量发展综合考核实施办法》，围绕全区改革发展格局，调优考核体系，优化考核评价指标。下发《吴中区退出领导岗位干部管理办法》，加强退岗干部日常管理，科学合理安排工作职责。制定《关于吴中区四级调研员及以下职级晋升操作办法的补充意见》，优化完善职级晋升操作办法，坚持择优晋升、激励担当的正确导向，为10名敢抓善管、攻坚克难、综合表现优异的党政正职晋升职级，激发全区干部干事创业精神。坚持优化思维、优化方式、优化机制，以省委巡视为契机，提高干部工作规范化、制度化水平。根据省委巡视第二选人用人专项检查组"检查期间立行立改问题清单"，对党组设置不规范、职务设置不规范、"裸官"治理不严格等问题进行立行立改。制定区管干部社会组织兼职审批（备案）的操作规程，明确区管干部在社会组织兼职相关要求。推进干部信息综合研判系统开发，着力解决吴中区干部工作综合研判数据信息量大、统计方式原始、资源共享度不高、材料归档效率低等问题，提升干部工作科学化、精准化

2023年3月1—15日，吴中区举办全区区管干部学习贯彻习近平新时代中国特色社会主义思想和党的二十大精神集中轮训　　费凡 摄

水平，为区委选人用人提供坚强数据保障。

【干部教育培训】 围绕《2023年干部教育培训工作要点》，深入实施干部政治能力和专业能力"双提升"工程，构建以东吴大讲堂、主体班次、重点班次、业务培训为架构的干部教育培训体系。举办"东吴大讲堂"专题讲座8期，举办学习贯彻习近平新时代中国特色社会主义思想和党的二十大精神集中轮训、新任科职干部培训班、第三期年轻干部能力素养提升强化班等5个主体班次，完成科技招商专题培训班、城市规划建设专题培训班等6个干部专业能力提升重点班，审批区级机关办班44个，完成各类上级调训213人次。推进干部教育培训现场教学示范点创建工作，打造"红色经典""橙色活力""绿色生态"3条现场教学精品路线，培育本土化精品课程，不断擦亮"学吴优"干教品牌。

【干部监督】 2023年，区委组织部逐步完善干部日常监督管理机制，开展市管领导干部个人有关事项报告填报工作，修订完善《区委组织部信访举报受理查核工作规程》，出台《关于进一步严格因私出国（境）证件管理的有关规定》，进一步规范因私出国（境）管理监督。加强选人用人监督检查，出台《吴中区机关中层干部管理办法》，主动向下延伸选人用人监督触角，建立健全中层干部选拔任用预审备案制度。结合区委巡察，完成对15家单位的选人用人专项检查，对问题整改情况进行跟踪督办。推进领导干部能上能下，建立调整不适宜担任现职干部纪实报备制度，报送能上能下典型案例6个。

【党建引领城中村治理】 2023年，加强党建引领复杂区域治理，制定党建引领构建城中村治理新格局实施方案。市区联动推动民政、卫健等先锋力量深入城中村一线开展服务，区级部门牵头组建8个城中村治理重点攻坚项目行动支部，制定"一村一策"治理方案并推动92名优秀年轻干部到城中村所在村（社区）培养锻炼，累计出动5000余人次，协调解决2293个问题。

【党建领航产业发展】 2023年，立足环太湖科创圈建设，深化与吴江区党建共建，举办苏州环太湖科创圈先锋聚能行动暨太湖新城"数字强链·赋能千企"活动，推动苏州环太湖科创圈重点产业党建共建，组建产业链党建导师团和产学研专家智囊团，发布党建服务礼包26项，加快推进吴中太湖新城·数字经济创新港建设。聚焦"打造全国机器人产业创新集群第一区"目标，由产业链党委牵头举办20场"吴优链·链无忧"系列活动，惠及500余家企业。

【党建赋能乡村振兴】 2023年，光福镇冲山村入选新一轮全国红色美丽村庄建设试点，区镇联动制定试点实施方案，推进各项建设任务。推进市、区两级乡村振兴重点帮促村帮促工作，制定个性化帮促工作方案，组织7个市级乡村振兴重点帮促村书记赴周边地区跟岗锻炼。与市人社局深化党建合作，举办"专家服务基层　助力乡村振兴"活动，探索专家服务基层长效机制，带动一批优质项目落户吴中。

【基层组织建设】 2023年，区委组织部推进高质量党建引领基层治理现代化"根系工程"，加速推进小区（自然村）党组织实体化运行，指导相关镇（街道）做好2个超大社区拆分工作，织密农村社区组织体系。实施"微光聚力"计划，从自然村（小区）党支部书记、"邻长"、新业态新就业群体中选聘3801名"海棠先锋"，常态化推进入户走访，密切村（社区）党组织与群众联系。加强新兴领域组织覆盖。实施全区"两新"组织党组织覆盖"百日攻坚"行动，排查"口袋党员""隐形党员"，依托产业园区、区域党建工作站等提升组织覆盖率，"双有"比例95%以上。聚焦新兴领域党建，推动行业党委和属地党组织协同发力，成立新业态新就业群体党组织4个，新建东吴"新"锋驿站32个，组织开展网络主播专题培训班、网约配送职业技能大赛等活动，进一步提升新业态新就业群体党建质效。规范区级机关、区属国企组织设置。做好12个区级机关党委改党组后设立机关党委（党总支）事宜，指导6个区属国企开展选举工作，进一步理顺机关、国企党组织设置，推动提升基层党组织建设标准化、规范化水平。压实党建工作主体责任，抓实基层党建主体责任，按照"切口小、有难度、示范性牵引性强"的原则推动领办48个基层党建书记项目，首次建立区委常委和党员副区长挂钩项目制度，提升项目工作质效。

【基层党建队伍建设】 2023年，推进头雁队伍建设，贯彻落实准入退出机制，从严把关拟任人选，拓宽选任视野和渠道，进一步优化头雁队伍年龄结构和提升学历水平。全覆盖组织各村（社区）书记和村（居）委会主任参加全国村（社区）党组织书记和村（居）委会主任视频培训班，分片区举办4场"东吴先锋微讲坛"，提升基层干部政治能力和工作水平。注重先进典型培育，新增省"百名示范"村书记1人。提升"两新"组织党务工作者能力水平。组织开展全区新任党务干部培训班，全面提升党务干部政治能力和业务素养。开展第三批全区"两新"组织党务工作者专业资格认证，新完成初级、中级认证共170余人，推动发展党员拓源提质。严格执行党员发展程序，注重从青年和产业工人、农民、知识分子中发展党员，全年发展各领域党员510人，不断把各行各业代表性人物、先进模范人物吸纳进来。深化"333"流动党员管理机制，摸排流动党员1217人，制定流动党员教育管理清单，分类实施流动党员"聚能工作""四心工程"和"安家工程"，实现流动党员精准服务管理。

【公务员管理】 2023年，做好公务员招录工作，共计招录公务员52人，针对性开展公务员调配工作，共计调配工作人员14人，及时补充人员缺口。推进落实《吴中区新录用公务员"青苗培优"三年提升行动计划》，系统打造"青苗沙龙""青苗大赛""青干讲坛"展示平台，围绕网评写作、科技创新、乡村振兴等专题，重点开展3场活动，激发公务员队伍活力。坚持把基层一线作为培养锻炼年轻公务员的主阵地，重点抓好年轻公务员"双向挂职"，强化2022年挂职公务员期满考核工作，继续选派一批优秀公务员到"双招双引"、污染防治、信访维稳等重点项目进行历练。

（周心怡）

人才工作

【概况】 2023年，吴中区坚持党管人才原则，围绕"333+N"产业集群培育，深化实施"113"领军人才引育攻坚行动，拓展大赛引才、活动引才、基金引才等引才渠道，加快高层次人才集聚。不断优化人才生态，打响"人到苏州必有为，逐梦吴中才最美"工作品牌，为奋力续写中国式现代化苏州新实践提供人才支撑。科技人才方面，全年共入选国家级重大人才引进工程12人，国家级重大人才培育工程1人，总数超历史总和。其他领域人才方面，获评江苏省乡土人才大师工作室3家，江苏工匠2人，姑苏高技能领军人才1人，姑苏重点产业紧缺人才348人，姑苏教育人才C类、D类特聘人才各1人，姑苏卫生高层次柔性人才1人，姑苏乡土人才计划52人，苏州魅力科技人物1人；评选东吴文化人才27人，东吴重点产业紧缺人才350人，东吴教育D类特聘人才6人，东吴卫生人才27人。

【机制建设】 2023年，吴中区召开区委人才工作领导小组（扩大）会议，调整区委人才工作领导小组成员及办公室组成人员。印发人才办主任会议议事规则，常态化召开区委人才办主任会议。建立健全人才工作机构，成立吴中区人才发展中心。继续开展"一把手"抓"第一资源"项目领办工作，点题式立项29个。加强人才政治引领，引导全区人才通过人才座谈培训、学习沙龙、特色课堂等学习教育，深入学习贯彻党的二十大精神。继续优化对三区一城、镇、街道和区级机关部门的分类考核，通过考核"指挥棒"引导区属国企参与人才引进和服务保障工作。

【人才品牌建设】 围绕"人到苏州必有为，逐梦吴中才最美"，做强"东吴双创峰会"，聚焦重点产业领域，举办数字经济与工业互联网创新应用峰会、机器人与智能制造产业生态圈合作洽谈会等，推动创新要素充分对接，意向签约达247项。深化校地、校企合作，赴华中科技大学、哈尔滨工业大学举办"校园苏州日"系列活动，组织百余家企业参与校园招聘活动。承办第六届苏州技能英才周，举办苏州市"吴地工匠"职业技能系列竞赛活动暨第七届"吴中技能状元"职业技能竞赛，助力技能人才与产业发展"同频共振"。办好"苏作文创峰会"，擦亮"苏作天工　根植吴中"工作品牌，促进非遗苏作数字化、产业化、品牌化发展。推进吴中太湖新城·数字经济创新港高品质人才社区建设。

【人才服务】 举办"吴中人才日"活动，开展"人才服务提升年"系列活动，推出十大人才服务实事项目，发布人才体验线路，开展金融助才、考察体验、交流分享等3大类18场分项活动。举办"苏苏有礼　最美吴中"苏州人才体验月活动，发放2520份人才体验券。推进人才公寓建设，授牌9家东吴人才会客厅。举办首期东吴人才（企业家）创业加速营，组织东吴人才产业链沙龙系列活动。将东吴科技领军人才"培育库"立项人才纳入"东吴科技人才贷"政策性金融产品支持范畴，通过政府参与风险补偿的方式，为区内人才企业增信。开发人才信息管理"掌中宝"小程序，启用首个市、区、镇联动的人才政策资金兑付信息化平台，以信息化手段提升人才服务效率。（周心怡）

宣传工作

【思想理论武装】 2023年，理论武装工作体系不断健全，进一步完善中心组学习制度，印发《2023年全区各级党委（党组）理论学习中心组专题学习计划》，区委理论中心组开展集体学习研讨7次、专题辅导报告会8次，在以学铸魂、以学增智、以学正风、以学促干方面取得实效。进一步提升基层理论宣讲质效，持续打造党员冬训品牌，形成特色冬训样板课堂21家。临湖镇获评全省基层党员冬训示范镇；以"澹台飞燕"宣讲团为示范，组织235名基层理论宣讲骨干，开展特色宣讲、微宣讲等各类活动460余场。

【主流舆论宣传】 2023年，吴中区深化媒体融合，坚持团结稳定鼓劲、正面宣传为主，营造浓厚热烈、团结奋斗的舆论氛围。开展重大主题宣传，做好学习贯彻习近平总书记对江苏、苏州重要讲话重要指示精神宣传；围绕区委"天堂苏州、最美吴中"发展愿景和"产业强区、创新引领"发展战略，制作全新宣传片《风起太湖潮涌吴中》、宣传册《吴中投资环境介绍》等宣传载体，紧扣工控大会、经洽会等重点活动策划全周期宣传。持续优化新闻宣传矩阵，加强同主流媒体深度合作，组织开展"I在吴中·相遇MEI好""主流媒体看吴中乡村振兴"新媒体、主流媒体集中采风，协调落实央视、新华社等媒体专题采访调研，全年在省级以上主流媒体刊稿超5000篇。全区上下抓产业、谋创新、求发展的主旋律更加昂扬，正能量更加充沛。

【精神文明建设】 2023年，吴中区着眼立精神支柱、树价值标杆、育时代新人，不断提升社会文明程度。文明创建借力发力，推进"文明润万家 吴中更美好"主题实践活动，开展"主次干道管理提升"等九大专项行动，解决一批重难点问题，入选市级文明示范楼道10个、文明菜场3个。文明培育走深走实，选树道德典型。入选江苏好人1人，入选苏州市精神文明建设十佳新人1人、十佳新事1件，入选苏州时代新人4人，评选"吴中时代新人"40人，崇德向善蔚然成风。深化乡风文明建设，启动"文明实践 村村有'戏'"系列活动，以群众喜闻乐见的形式，传播创新理论、讲述好人故事、阐释法律政策、弘扬文明新风，全年共演出80余场。文明实践见行见效，打造"吴老师在身边"心理健康等14个行业新时代文明实践重点项目，开展文明实践活动2500余场次，惠及群众10万余人次。

【文化事业】 2023年，吴中区持续做靓文化品牌，深化丝绸文化、茶文化等特色品牌项目。推动非遗大师和精品走进北京，持续赋能"吴中百匠"。推动文艺精品创作，创作歌曲《江南的烟火》、吴语歌曲《人与时》等，《幸福吴中连厢情》获市级繁星奖金奖。持续推进大运河文化带建设，宝带桥·澹台湖大运河国家文化公园完成改造提升和公园亮化工程。文化服务再提效能，深入推进全民阅读工作，成功创建"江苏省第四批书香城市建设示范区"，打造古吴轩米木书坊等最美阅读空间，乡村阅读推广案例入选全国"十大优秀案例"。推进版权工作，累计审核登记作品12188件，向红绣府获评省级版权示范单位，2个项目入选省优秀版权作品产业转化重点培育项目，2个项目入选市优秀版权奖。

【最美吴中推荐官系列活动】 2023年，吴中区围绕工业产品、非遗手工艺、特色农产品等，推出由"云宝"担任最美吴中首席推荐官的首期"开箱视频"，邀请广大网民分享智能工业好物、欣赏精美非遗工艺、寻觅纯正江南味道。同时，推出"打卡""吴中第一春味"——洞庭山碧螺春活动，邀请10余名网络"大V"探访碧螺春茶产地，拍摄并发布碧螺春采摘、炒制到成品的一系列工艺，相关视频全网

2023年3月11日，吴中区新闻发布厅首次投用，召开2023年洞庭山碧螺春茶新闻通气会　　　　　　　　　　　　　　　　　朱杰 摄

播放量超3万次，不断提升网民对碧螺春茶的了解和喜爱程度。

【"百匠千课进所站"文明实践项目】 2023年，吴中区吴文雅志志愿服务团队负责实施"百匠千课进所站"文明实践项目，围绕"江南文化"品牌塑造，立足吴中文化资源优势，依托"吴中百匠"群体，由40余名文化、文艺志愿者携式家具鉴赏、缂丝体验、陶瓷修复、剔红雕刻、漆器艺术、评弹演出等主题文化教育课程走进全区新时代文明实践阵地，并录制"百匠"线上视频，在市、区两级新媒体平台投放，让群众在"家门口""指尖上"感受吴中文化魅力。 （封思辰）

统战工作

【概况】 2023年，全区有民革吴中区基层委员会、民盟吴中区基层委员会、民建吴中区基层委员会、民进吴中区委员会、农工党吴中区基层委员会、致公党吴中区基层委员会、九三学社吴中区基层委员会7个民主党派组织，有成员862人。其中，民革吴中区基层委65人、民盟吴中区基层委244人、民建吴中区基层委94人、民进吴中区委会244人、农工党吴中区基层委70人、致公党吴中区基层委79人、九三学社吴中区基层委66人。有副科级以上党外领导干部34人。召开区委统战工作领导小组会议和全区统战工作会议，深入贯彻落实《中国共产党统一战线工作条例》，制定下发《区委统一战线工作领导小组2023年工作要点》《吴中区委统战部2023年工作要点》等文件，提升统一战线制度化规范化水平。健全完善区委统一战线工作领导小组、区委对台工作领导小组和区委民族宗教工作领导小组等3项机制，明确各成员单位职责分工，压紧压实各级统战工作责任。

【思想政治引领】 2023年，深化统战干部学习教育，组织开展党的二十大精神教育培训活动。深入开展学习贯彻习近平新时代中国特色社会主义思想主题教育，成立工作领导小组，印发工作方案；指导各民主党派开展"凝心铸魂强根基、团结奋进新征程"主题教育、"五一口号"75周年系列活动；在新的社会阶层人士中持续开展"凝聚新力量·筑梦新时代"主题教育；指导宗教界持续开展"爱党爱国爱社会主义""崇俭戒奢"主题教育等，巩固团结奋斗的共同思想政治基础。

【党外代表人士队伍建设】 2023年，建立党外代表人士数据库，全年入库959人，为进一步加强党外代表人士队伍建设奠定良好基础。推进党派服务中心实体化运作，对外挂牌，集中办公，实现资源整合和效率提升。规范"无党派人士"认定工作，完成27名无党派人士候选人考察工作，进一步助推高素质党外干部队伍建设。完善区政府各部门与民主党派、工商联对口联系制度，发挥各民主党派和工商联参政议政、民主监督、政治协商等作用。建立区委组织部、统战部党外干部联席会议制度，进一步健全吴中区党外代表人士教育、培养、选拔、任用工作机制。民进吴中区委会围绕"大运河文化带建设"举办同心议政沙龙，民革吴中区基层委举办第五届"同心圆"参政议政调研报告汇报会，发挥党外代表人士人才荟萃、智力密集、联系广泛的独特优势，支持引导党外人士积极建言献策，参政议政。

【服务非公经济】 开展党的二十大精神进商会进企业暨"政企面对面 同心促发展"系列活动，对接区委党校、工信、科技等部门走进区医药行业商会、智能制造联盟等商协会，零距离开展宣讲服务。开展启动2023年区工商联"党建引领 抱团联建"惠民系列活动，开展便民服务7场，接受咨询1507人次、服务群众1742人次。开展非公经济人士综合评价工作，把好人选资格审查的第一道关口。做好各地商会换届工作，配齐配强商会班子成员，发挥基层商会联系服务民营经济的堡垒作用。推选2021—2022年度苏州市优秀民营企业家3人。开展入企走访活动，了解企业发展情况，听取企业诉求，为企业发展排忧解难。开设"青商大讲堂"，邀请专家学者开设专题讲座，促进年轻民营企业家队伍健康成长。

【统战人才工作】 2023年，吴中区举办2023"海归智汇吴中 同心聚力发展"海外引才平台共建签约仪式，东吴创新服务中心作为苏州市归国人才会客厅揭牌启用，签约共建"海归智汇吴中引才平台"。实施民营经济人士"新领航计划"。开展赴港经贸合作交流，与香港大学、香港科技大学等签约一批合作项目意向书。

【民族事务】 2023年末，吴中区共有49个少数民族。其中，常住（户籍）少数民族人口6347人，族别数38个；经商务工流动少数民族人口1.8万余人，族别数47个。区委统战部开展民族团结进步宣传月活动，制作民族团结进步宣传横幅140条、政策法规宣传册4000余份。开展民族团结进步创建示范单位和民族工作"红石榴家园"创建工作，共推荐2家单位申报民族团结进步创建示范单位。全年为2名少数民族子女办理民族成分变更手续。2021—2023年，发放清真食品补贴33.06万元，惠及回族等少数民族1764人次。

【宗教事务】 2023年末，吴中区共有宗教团体4个，即吴中区佛教协会、吴中区道教协会、吴中区基督教三自爱国运动委员会、吴中区天主教爱国会。赋码登记的宗教活动场所58处

（寺观教堂类13处，固定处所类45处），其中佛教43处、道教8处、天主教2处、基督教5处。宗教教职人员126人，其中佛教92人、道教26人、基督教8人。信教群众总数37441人，其中佛教24634人、道教11198人、天主教81人、基督教1528人。民间信仰活动场所627处。开展宗教文物保护专项行动，成立宗教文物保护工作领导小组，制定完善工作方案。开展宗教活动场所安全工作，推动全区22个使用瓶装液化气的宗教活动场所全部完成"瓶改管""气改电"工作。开展宗教领域"生命至上，隐患必除"消防安全大排查大整治专项行动，58个活动场所签订消防安全自查承诺书，排查出的21处消防安全隐患全部整改到位。（王雨潇）

机构编制管理

【概况】 2023年，吴中区设置党委机构10个（其中纪检监察机关1个、工作机关9个），区委直属事业单位3个；区政府工作部门25个，区政府直属事业单位3个，区级社社有资产管理机构1个；区委、区政府派出机构5个；区人大工作机构7个；区政协工作机构7个；区社会团体10个，区民主党派和工商联4个；法院；检察院；区下辖镇7个、街道7个。全区党政群机关行政编制数1600名，在职人数1607人。其中，区级机关行政编制数861人（含待分配8人），在职人数857人；镇（街道）核定编制数500人（含待分配1人），实有527人（其中镇核定编制数358人，在职343人；街道核定编制数141人，在职184人）；政法专项编制数239人，在职人数223人。区级机关各部门使用后勤服务人员编制120人。全区事业单位共361个（含合署办公事业单位1个），事业单位编制数13914人（其中机关群团使用事业编制273人），在职人数12865人（其中机关群团使用事业编制186人）。

【经济发达镇行政管理体制改革】 2023年8月3日，区委编办主持召开经济发达镇改革工作座谈会，会议反馈2022年江苏省经济发达镇改革与发展评估结果，讨论"苏州市深化经济发达镇改革重点任务清单（2023—2024）"、《江苏省经济发达镇改革与发展评估指标（2023版）》和事业单位整合相关事宜，推动形成吴中经济发达镇改革的亮点特色，激发基层改革新活力。根据《江苏省经济发达镇改革与发展评估指标（2023版）》，督促木渎镇、甪直镇围绕31项评估指标，对标对表做好2023年度省级评估工作。根据2022年度《苏南片区经济发达镇（培育镇）区域排名和得分情况》结果，指导木渎镇、甪直镇分析存在问题、提出整改措施，形成《吴中区经济发达镇改革整改提升方案》并印发。

【基层"三整合"改革】 基层"三整合"改革是指镇（街道）整合审批服务执法力量的改革，是提升基层治理能力和水平的一项重要工作。2023年，区委编办按照《苏州市基层"三整合"改革先进单位综合考核评估细则》要求，对标先进地区，推动胥口镇"三整合"改革提档升级。常态化赴各镇（街道）开展实地调研和跟踪指导，指导各镇（街道）深化基层管理体制改革，结合市委编办提出的整改意见和《四不两直访查情况》形成问题清单，督促各镇（街道）根据问题清单从审批服务、综合执法、网格管理、指挥调度等多方面查漏补缺，推动各项工作实现"从有到优"。

【行政机构编制管理】 2023年，区委编办配合完成省委巡视、区领导经济责任和自然资源审计工作。开展区国防动员体制改革，完成区发改委、住建局机构编制调整。完成区科技局、工信局、卫健委等机构职数调整，为吴中区科技创新、生物医药、疾病预防等领域发展提供体制机制保障；为推动吴中太湖新城高效履职，印发太湖新城"三定"方案，明确吴中太湖新城聚焦产业发展、招商引资、科技创新和人才引育、优化营商环境、规划建设等中心工作；审议通过《太湖新城企业法人类审批服务实施方案》，保障辖区企业法人类审批服务业务顺利开展。在全区层面开展机构编制执行情况和使用效益评估工作，制定《吴中区机构编制执行情况和使用效益评估指标体系》，综合选取木渎镇、甪直镇、区卫健委、区教育局进行实地评估，形成调研报告，加强机构编制管理，提升编制使用效益。配合市委编办完成《苏州市镇（街道）职责清单指导目录》的梳理工作。

【事业机构编制管理】 2023年，推动重点领域建设，整合成立区社会矛盾纠纷调处化解中心并升格为副科级建制；完成区应急管理综合行政执法大队内设机构整合与升格；新设区改革发展研究中心和太湖新城数字经济发展服务中心；完成区农业干部技术学校更名和职能调整；完成区食品药品投诉举报中心更名及编制职数调整；核增区科技招商中心专职人员。关注民生领域需求，推进吴中医疗和教育高质量发展，苏州市中西医结合医院升格为正科级并增挂"苏州市吴门医派士材学派研究所"牌子，苏州市吴中人民医院升格为副科级；明确东吴外国语高等师范学校（江苏省外国语学校）、苏州市吴中区苏苑高级中学、苏州市吴中区甪直高级中学、苏州市吴中区东山中学、苏州市吴中区金山高级中学等5所高中均升格为正科级；调整江苏省吴中中等专业学校内设机构；新设西山实验学校和苏州湾实验幼儿园；完成甪直人民医院更名。调整区人大代表联络服务中心、区信息产业发展服务中心人员编制和领导职数；调整区人防工程管理站（区人防指挥所）隶属关系。根据《吴中区用编用工联席会议工作规则》要求，完成太湖新城地方事业、事业及企业人员转隶工作，做好区级机关相关部门公开调配工作人员、区级机关调动人员及机构转隶调动人员相关手续。在控制既有编外人员规模的情况下，关注重点领域，完成区法院、检察院自用人员，区森林消防员及区综合指挥中心座席员招录等事宜。

【事业单位登记管理服务】 2023年，建立健全事业单位登记管理工作"三项制度"，优化登记程序，重视服务质量，做细做实事业单位法人设立、变更、注销等登记业务手续。优化事业单位法人证书与印章管理制度，开展事业单位法人印章备案、收缴、保管、销毁全流程管理。完成全区472家事业单位2022年法人年度报告公示及信用等级评价工作。强化中文域名管理工作，将机关与事业单位机构名册与系统域名逐一梳理比对，力争域名覆盖率达100%，完成2023年政务与公益域名续费工作。开展机构编制实名制系统质量专项提升工作，强化区机构编制实名制数据库运行管理，举办线上培训班，实现机构编制实名制数据常态比对、实时更新、部门共享。根据省、市两级机构编制统计工作相关要求，完成中编办机构编制统计月报、年报等数据材料上报工作。

（张瑞鑫）

老干部工作

【概况】 截至2023年末，全区共有离休干部64人。2023年，吴中区老干部工作坚持以习近平新时代中国特色社会主义思想为指导，深入学习贯彻党的二十大精神和习近平总书记考察江苏、苏州重要讲话精神，提高政治站位，强化责任担当，聚焦打响"晚晴吴中"工作品牌，实施"晚晴启航""银发生辉""心系晚晴""舒心之家""晓晴远志"五大行动，离退休干部思想政治建设、作用发挥服务管理、队伍建设等各项工作成效明显。区老干部活动中心获江苏省"敬老文明号"称号，区老年大学高标准通过省级示范校复审验收。

【离退休干部政治思想引领】 2023年，坚持把学习宣传贯彻党的二十大精神作为首要政治任务，开展学习宣传贯彻党的二十大精神主题系列活动。通过集中宣讲、支部学习、送学上门等形式，组织引导广大老干部自觉践行习近平新时代中国特色社会主义思想，深刻领悟"两个确立"的决定性意义。召开学习贯彻党的二十大精神离退休干部互动宣讲会、专场宣讲报告会18次，为全区基层离退休干部党支部开展"走基层送党课"21次。组织离退休干部收看全国、江苏离退休干部网上专题报告会8次，参加《中国老年报》、全省党的二十大精神线下及网络知识竞赛千余人。举办吴中区干部荣誉退休仪式暨科级干部"退休第一课"，推动学习走深走实。印发《关于认真落实离退休干部党员参加学习贯彻习近平新时代中国特色社会主义思想主题教育有关工作的通知》，开展离退休干部党员主题教育，有力引导离退休干部党员坚定理想信念，筑牢政治忠诚。

【离退休干部党建】 2023年，深入贯彻落实中央、省委、市委关于加强新时代离退休干部党建工作的文件精神，召开党建议事协调会，出台《关于加强新时代离退休干部党的建设工作的实施方案》。推进支部"六有一提升"达标创优工程，选树推荐省、市"六好"离退休干部示范党支部。指导全区离退休干部党支部严格开展组织生活，落实"三会一课"、组织生活会等制度，推行"固定活动日"制度。印发《关于推进全区离退休干部党建示范阵地建设的办法》，提升离退休干部党建阵地建设水平。强化党建骨干队伍建设，以电话、发函等形式开展离退休干部党支部按期换届提醒，组织离退休干部党支部书记参加全区基层党组织书记学习贯彻党的二十大精神集中轮训，指导各地各单位选派在职党员担任离退休干部党支部联络员。在区老年大学成立功能型党支部。建立离退休干部流动党员信息库，成立太湖街道融湾颐湾社区乐龄红雁党支部。承办"牢记嘱托 感恩奋进 走在前列"苏州市离退休干部党员主题党日。指导机关离退休干部、老干部团队功能型党支部开展联合主题党日，与苏州大学教育学院联合举办"青蓝共学二十大"主题党日。

【离退休干部作用发挥】 2023年，坚持将区"银发生辉"志愿服务融入全区新时代文明实践，开展银发志愿者注册登记试点，扩大志愿服务队伍，全区首家机关老干部志愿者工作站——"税月银辉"工作站揭牌运行。开展"五送助发展，银发当先锋"服务基层专项行动，举办迎新春、元宵猜灯谜、粽情端午等活动为基层群众送文化。与区关工委联合举办"传承'两弹一星'奉献精神 厚植爱国主义情怀"主题教育、邮展、现代京剧演出专场等活动，组织老干部医疗志愿团队走进吴中苑社区开展义诊咨询活动，为社区居民送上健康指导。开展银龄聚才寻访，广泛挖掘储备银发人才，充实吴中"银发人才库"。举办首届"发挥'银'优势，助力新实践"银发人才主题沙龙。20家老书记（老党员）工作室获授牌。开展第六届"最美老干部"评选活动。开展银发宣讲活动，开辟"晚晴微讲堂"公众号视频专栏。通过日常、集中等方式开展志愿服务活动，鼓励引导老同志继续为吴中高质量发展贡献智慧力量。

党校工作

【概况】 2023年,区委党校以习近平新时代中国特色社会主义思想为根本指导,坚持围绕中心、服务大局,干部培训、教学科研、理论宣讲、决策咨询等各项工作取得明显成效。全年举办各级各类干部培训班125期,培训1.1万人次。

【党的二十大精神学习宣传】 2023年,区委党校把深入学习宣传贯彻党的二十大精神作为首要政治任务,优化教学布局和课程体系,在主体班课程中设置党的二十大精神教学单元。举办4期区管领导干部学习贯彻习近平新时代中国特色社会主义思想和党的二十大精神集中轮训、20期全区基层党组织书记学习贯彻党的二十大精神集中轮训,分别培训领导干部1062人、基层党组织书记1897人。完善课程体系,制作涵盖14门课程的党的二十大专题宣讲菜单,开展专题宣讲203场,受众1.8万人次。

【党员干部培训】 2023年,区委党校充分发挥干部教育培训主阵地作用,举办各级各类干部培训班125期,培训1.1万人次,其中主体班51期、专题班38期、外联班36期。按照"可看、可听、可议、可学"标准,对全区60家现场教学基地进行摸排,梳理归纳各现场教学点亮点特色,编制涵盖科技创新、生态文明等7个类别的49家现场教学基地名录。串联现场教学模块,配合区委组织部制订发布"红色经典""橙色活力""绿色生态"3条现场教学示范线路,培训载体形式不断丰富。贯彻落实新修订《干部教育培训工作条例》精神,严格规范教学管理,按照规范学制、规范课程、规范考试和规范管理"四规范"要求,从严掌握培训标准,提升培训规范化水平。

【精品课程打造】 2023年,区委党校持续深化"用学术讲政治"教学改革,印发《中共苏州市吴中区委党校学科建设三年行动计划(2023—2025)》,确定基础理论与党史党建公共基础学科和生态文明、区域经济、社会与文化3个特色学科,要求每位教师至少确立1个基础学科研究方向、1个特色学科聚焦领域以及若干本土化时代性的前沿课题,探索具有吴中特色的县(区)级党校学科体系。遴选制作并更新公布包含66门党性教育课程的宣讲菜单,开展专题宣讲203场,受众1.8万人次。坚持研读经典、打磨精品,加快研发打造精品课程,"苏州太湖生态岛建设的实践与启示"入选苏州市2023年度"干将"精品课程,"最美吴中 应运而生"获得全市党校系统教学竞赛一等奖,"手握信仰之炬 奋进时代征程"获得全市百姓名嘴风采赛二等奖、全区百姓名嘴风采赛一等奖。

【科研咨政】 2023年,围绕区委、区政府中心工作、重点工作,聚焦太湖生态岛建设、科技创新、乡村振兴等热点议题,立项省委党校专项课题1项,环太湖发展研究中心课题1项、市社科联(应用对策类)课题1项、市委党校协作课题4项、区社科联课题5项、校级课题11项,其中14项科研课题顺利结题。坚持"跳出吴中看吴中",组织课题组赴上海、浙江、福建、贵州等地开展"大学习""大调研",为党委政府决策提供务实管用的对策建议。区委党校教师杨晓晨与市委党校教师共同撰写的调研报告《以NbS理念推进太湖生态岛水环境治理的对策建议》获得省委常委、市委书记两次批示肯定,调研成果连续四年获得省委常委、市委书记批示肯定。获全省党校系统优秀决策咨询奖一等奖1项、优秀科研成果奖三等奖1项,苏州市社科应用研究精品工程优秀成果三等奖等市级以上科研奖项7项,在《苏州日报》发表理论文章9篇。

(吴熙夔)

编辑 任海令

苏州市吴中区人民代表大会

综述

【人大代表及组织机构】 2023年末,吴中区共有各级人大代表404人,其中吴中区级350人、苏州市级51人、江苏省级3人。吴中区第五届人民代表大会设法制委员会、财政经济委员会、监察和司法委员会、社会建设委员会4个专门委员会,常务委员会设有办公室、研究室和人事代表联络工作委员会、监察和司法工作委员会、财政经济工作委员会、城建环保工作委员会、教科文卫(外事民宗侨台)工作委员会、农业农村工作委员会6个工作委员会。年内共召开人民代表大会1次,常委会会议7次,常委会主任会议14次,依法任免国家机关工作人员62人次,组织16人参加任前法律考试,开展执法检查2次、调研视察9次、专题询问2次,作出决议决定15项,完成区五届人大二次会议确定的各项目标任务。

【法律监督】 区人大常委会坚持在法治轨道上推进全过程人民民主建设,以担当厉行法治,以行动保障民主,以实干服务群众。开展常委会任命人员向区人大常委会报告履职情况、两官履职评议,助推依法行政、司法公正;深化三方协同监督,加强区镇联动,增强监督合力;持续强化司法监督,提升司法工作质效。

【工作监督】 区人大常委会坚持以人民为中心,依法履职、担当尽责、与时俱进,不断丰富全过程人民民主的吴中实践。全年共审议"一府一委两院"专项工作报告35项,开展视察9次、专题询问2次,对《江苏省农村集体资产管理条例》《苏州市古村落保护条例》等法律法规的贯彻实施情况开展执法检查,专题询问全区旅游发展,听取审议行政事业性国有资产管理情况专项报告,审议2022年度国有资产管理情况综合报告。在《苏州市太湖生态岛条例》实施两周年之际,开展专题视察、调研,夯实法治基础,厚植发展根基。

【代表和基层人大工作】 2023年,区人大常委会开展"牢记嘱托、感恩奋进"学习实践活动,创新"代表回选区"工作机制,实现代表联系选民、服务群众全覆盖,发挥人大代表的作用,推动全体代表深度融入基层社会治理。加快推进人大代表"家站点"建设的全覆盖和提质增效,建好全过程人民民主基层单元。截至年末,建成21个人大代表之家、104个代表联络站、11个代表联系点,坚持"建、管、用"一体推进,让人民当家做主落实到基层、贯通到各级。推进街道人大工作规范化建设,听取区人大常委会各街道工委年度工作报告。经开区、木渎镇、郭巷街道等7家单位获苏州市人大常委会"全过程人民民主基层实践基地"授牌。

【人事任免】 2023年,区人大常委会依法任命31人次,免职31人次。其中,决定任命区人民政府副区长1人次,免去区人民政府副区长1人次,任命区人民政府组成人员6人次,免去区人民政府组成人员7人次;任命区人大常委会委室主任、副主任5人次,免去区人大常委会委室主任、副主任5人次;任命区人民法院工作人员职务15人次,免去区人民法院工作人员职务14人次;任命区人民检察院工作人员职务4人次,免去区人民检察院工作人员职务4人次。 (濮祺安)

重要会议

【区五届人大二次会议】 2023年1月2—4日,苏州市吴中区第五届人民代表大会第二次会议在苏州太湖国际会议中心召开。会议应到代表351人,因事因病请假55人,实到代表296人。会议听取和审议区委副书记、区长顾晓东作的《苏州市吴中区人民政府工作报告》,区人大常委会主任方伟军作的《苏州市吴中区人大常委会工作报告》,区人民法院院长董启海作的《苏州市吴中区人民法院工作报告》,区人民检察院检察长张峥嵘作的《苏州市吴中区人民检察院工作报告》;会议审查和批准《关于苏州市吴中区2022年国民经济和社会发展

2023年1月2—4日,苏州市吴中区第五届人民代表大会第二次会议召开

宋伟挺 摄

计划执行情况与2023年国民经济和社会发展计划草案的报告》和《关于苏州市吴中区2022年预算执行情况和2023年预算草案的报告》，批准计划和预算，并作出相应的决议。

会议审议《苏州市吴中区2022年政府民生实事项目完成情况的报告和2023年政府民生实事候选项目》。经全体与会代表投票表决，产生10项区2023年政府民生实事项目，分别为学校投用和照明改造工程、天然气进村入户工程、老年人群体关爱服务工程、卫生服务与救护培训工程、交通优化惠民工程、水环境优化提升工程、农贸市场改造提升工程、少年儿童关心关爱服务工程、灌溉山地引水上山工程、就业提升工程。

会议补选郁振红、周云祥、祝才千（女）、顾文明4人为区五届人民代表大会常务委员会委员。会议期间，大会秘书处共收到10名以上代表联名议案4件。大会根据议案审查委员会关于议案处理意见的报告，决定将陆志伟等12名代表提出的《关于全力推动"产业强区、创新引领"的议案》列入区五届人大常委会审议议案，其余3件议案转为代表建议、批评和意见处理。大会秘书处共收到代表建议、批评、意见146件。

【区五届人大常委会会议】 2023年，区五届人大常委会会议共召开7次。

第七次会议　2月23日召开。会议听取和审议副区长朱筱菁作的《关于区五届人大二次会议议案办理实施方案和代表建议办理相关情况的报告》；听取和审议区发改委副主任马志逾受区政府委托所作的《关于吴中区2023年政府民生实事项目建设计划的说明》；听取和审议区人大常委会办公室主任黄文伟受主任会议委托所作的《关于苏州市吴中区人大常委会2023年工作要点（草案）起草情况的说明》，表决通过区人大常委会2023年工作要点；审议和测评区政府组成部门2022年度工作；会议印发《吴中区人大常委会关于2022年度履职优秀的区人大代表评选结果的通报》和《吴中区人大常委会关于区五届人大一次会议优秀代表建议评选结果的通报》，表彰2022年度履职优秀的区人大代表、区五届人大一次会议优秀代表建议提出人。

第八次会议　3月22日召开。会议听取和审议副区长张华谦作的人事任命提请报告，审议和表决通过区人大常委会关于接受张华谦辞去区人民政府副区长职务的请求的决定。会议通过投票表决，任命黄乃宏为区人民政府副区长。

第九次会议　4月27日召开。会议听取和审议副区长李烨作的《关于吴中区2022年度环境状况及环境保护目标完成情况的报告》，印发和审议《吴中区生态环境保护职能部门履职情况报告》；听取和审议区财政局局长周雪明受区政府委托所作的《关于吴中区2022年度行政事业性国有资产管理情况的专项报告》，印发和审议《关于吴中区2022年度国有资产管理情况的综合报告》；听取和审议区文体旅局局长唐峥嵘受区政府委托所作的《关于吴中区文化产业发展情况的报告》；听取和审议区人大常委会副主任、区人大财政经济委员会主任委员荣德明作的《关于〈关于深化"产业强区、创新引领"发展战略促进高质量发展的决定（草案）〉的说明》，表决通过《关于深化"产业强区、创新引领"发展战略促进高质量发展的决定》；听取和审议区人民法院院长董启海、区人民检察院副检察长张淮宾受检察长张峥嵘委托分别作的人事任免提请报告，听取被提请任命人员代表作的拟任职发言，表决通过上述人事任免事项。

第十次会议　6月25日召开。会议听取和审议区财政局局长周雪明受区政府委托所作的《关于吴中区2022年本级决算（草案）的报告》；听取和审议区审计局局长姚善生受区政府委托所作的《关于吴中区2022年度本级预算执行和其他财政收支的审计工作报告》；会议结合审议审计工作报告，审查吴中区2022年本级决算（草案），表决通过区人大常委会关于批准吴中区2022年本级决算的决定；听取和审议区财政局局长周雪明受区政府委托所作的《关于吴中区2023年本级预算调整方案（草案）的报告》，表决通过区人大常委会关于批准吴中区2023年本级预算调整方案的决议；听取和审议副区长朱筱菁作的《关于全区城乡生活污水处理提质增效工作情况的报告》；会议印发和审议区人大常委会执法检查组《关于检查〈江苏省农村集体资产管理条例〉贯彻实施情况的报告》。

第十一次会议　8月31日召开。会议听取和审议副区长黄乃宏作的《关于〈吴中区国民经济和社会发展第十四个五年规划和二〇三五年远景目标纲要〉实施情况中期评估的报告》；听取和审议区发改委主任沈娟鹃受区政府委托所作的《关于吴中区2023年1—6月国民经济和社会发展计划执行情况的报告》；听取和审议区财政局副局长朱炜烨受区政府委托所作的《关于吴中区2023年1—6月本级预算执行情况的报告》；听取和审议区人大常委会财政经济工作委员会主任沈曦受主任会议委托所作的《关于〈关于加强国有资产管理情况监督的决定（草案）〉和〈关于加强区级预算审查监督的决定（草案）〉的说明》，表决通过区人大常委会关于加强国有资产管理情况监督的决定和关于加强区级预算审查监督的决定；听取和审议区人大常委会监察和司法工作委员会主任徐远志受主任会议委托所作的《关于员额制法官检察官履职评议工作的报告》，听取受评议法官、检察官代表作的个人履职报告，并对区人民法院肖仁刚等5名法官、区人民检察院李顾芳等4名检察官的履职情况进行集中评议和满意度测评；听取和审议市人大代表柳倩楠、马菊芬、毛春宝作的履职情况报告。会议印发和审议区人大常委会执法检查组《关于检查〈中华人民共和国退役军人保障法〉贯彻实施情况的报告》；审议和表决通过区人大常委会关于接受朱春华辞去苏州市吴中区第五届人民代表大会代表职务的请求的决定；听取和审议区人大常委会主任方伟军作的关于区人大常委会、区人民检察院的人事任免提请报告，听取和审议副区长黄乃宏受区长顾晓东委托所作的人事任免提请报告，听取被提请任命人员代表作的拟任职发言，表决通过上述人事任免事项。

第十二次会议　10月23日召开。会议听取和审议副区长黄乃宏作的《关于区五届人大二次会议议案和代表建议办理情况的报告》和《关于吴中区2023年政府民生实事项目建设情况的报告》；听取和审议区财政局局长周雪明受区政府委托所作的《关于吴中区2023年第二次本级预算调整方案（草案）的报告》，表决通过区人大常委会关于批准吴中区2023年第二次本级预算调整方案的决议；听取和审议区司法局局长王钦受区政府委托所作的《关于全区"八五"普法中期工作情况的报告》；听取和审议区人社局局长徐晨阳受区政府委托所作的《关于全区就业工作情况的报告》；听取和审议区人大常委会任命人员区教育局局长沈志枫、区司法局局长王钦、区人社局局长徐晨阳、区住建局局长陆文洪、区水务局局长顾丽明、区文体旅局局长唐峥嵘、区人民法院副院长辛欣、区人民检察院副检察长王虹作的履职情况报告，印发区人大常委会任命有关人员报告履职情况工作各调研小组调研报告，对上述人员履职情况进行满意度测评并现场通报测评结果；会议围绕区五届人大二次会议议案办理情况开展专题询问，对专题询问应询部门回答情况进行满意度测评并现场通报测评结果；审议和表决通过区人大常委会关于接受马文兰、张华明、姚逸青辞去苏州市吴中区第五届人民代表大会代表职务的请求的决定；听取和审议副区长黄乃宏受区长顾晓东委托、区人民法院院长董启海分别作的人事任免提请报告，听取被提请任命人员代表作的拟任职发言，表决通过上述人事任免事项。

第十三次会议　12月28日召开。会议听取和审议副区长朱筱菁作的《关于吴中区2023年国民经济和社会发展计划执行情况与2024年国民经济和社会发展计划草案的报告》和《关于吴中区2023年政府民生实事项目完成情况的报告和2024年政府民生实事候选项目的说明》，印发和审议《吴中区2024年政府民生实事候选项目（草案）》，表决通过区人大常委会关于同意区政府提请区五届人大三次会议就吴中区2024年民生实事项目人大代表投票表决的决定；听取和审议区财政局局长周雪明受区政府委托所作的《关于吴中区2023年预算执行情况和2024年预算草案的报告》；听取和审议区审计局局长毛刚受区政府委托所作的《关于吴中区2022年度本级预算执行和其他财政收支审计查出问题整改情况的报告》；听取和审议吴中资规分局局长冯富荣受区政府委托所作的《关于吴中区国土空间总体规划（2021—2035年）编制情况的报告》。审议和表决通过区人大常委会关于接受蔡巧英辞去区五届人大代表职务的请求的决定，关于接受顾娟英辞去区五届人大代表职务的请求及相应终止其区五届人大常委会委员职务、五届人大社会委委员职务的决定，关于接受杨霞辞去区五届人大代表职务的请求及相应终止其区五届人大常委会委员职务的决定；听取和审议区人大常委会副主任、代表资格审查委员会主任委员史拥军作的《关于区五届人大三次会议代表资格的审查报告》，表决通过区五届人大三次会议代表资格的审查报告；听取和审议区人大常委会办公室主任黄文伟受主任会议委托所作的《关于吴中区五届人大三次会议筹备工作情况的报告》，印发和审议《区五届人大三次会议各项建议安排》《区人大常委会工作报告（送审稿）》，表决通过区人大常委会关于召开区五届人大三次会议的决定、区五届人大三次会议各项建议安排和区人大常委会工作报告稿；听取和审议经开区人大代表联席会议召集人陆志伟作的年度工作报告，印发和审议度假区、吴中高新区人大代表联席会议年度工作报告；听取和审议区人大常委会越溪街道工作委员会主任吴荣、香山街道工作委员会主任戚敏作的年度工作报告，印发和审议其他街道工作委员会年度工作报告；听取和审议区人大常委会主任方伟军、副区长朱筱菁受区长顾晓东委托、区人民法院院长董启海、区人民检察院代检察长方振分别作的人事任免提请报告，听取被提请任命人员代表作的拟任职发言，表决通过上述人事任免事项。会议审议和表决通过关于接受汪庆丰辞去区五届人大社会建设委员会主任委员职务的请求的决定；审议和表决通过关于接受沈曦辞去区五届人大财政经济委员会副主任委员职务的请求的决定；审议和表决通过区人大常委会关于接受王晓岚、汪庆丰、沈曦、唐顺辞去区人大常委会委员职务的请求的决定，并报区五届人大三次会议备案。

【区五届人大常委会主任会议】　2023年，区五届人大常委会主任会议共召开14次。

第十五次主任会议　2月16日召开。会议讨论有关议题，为23日召开的第七次常委会会议做准备。

第十六次主任会议　3月21日召开。会议讨论有关议题，为22日召开的第八次常委会会议做准备。

第十七次主任会议 3月22日召开。听取区妇联主席顾娟英受区政府委托作的《关于反家暴工作情况的报告》，听取区农业农村局长周晓春受区政府委托作的《关于地方农业种质资源保护情况的报告》，听取区人大常委会人事代表联络工作委员会主任戴晓东作的关于《区人大代表建议、批评和意见重点督办工作实施办法》和《区人大代表履职积分管理办法》的说明。

第十八次主任会议 4月18日召开。会议讨论有关议题，为27日召开的第九次常委会会议做准备。

第十九次主任会议 4月27日召开。听取区人大常委会办公室主任黄文伟作的关于《吴中区人大常委会任命的有关人员向区人大常委会报告履职情况办法》和《关于区人大常委会任命人员报告履职情况的实施方案（2023年）》的说明。

第二十次主任会议 5月23日召开。听取区法院院长董启海作的《关于诉源治理工作情况的报告》，听取团区委书记尹珺作的《关于青年人才引进和培育，助力"产业强区、创新引领"的报告》。

第二十一次主任会议 6月19日召开。会议讨论有关议题，为25日召开的第十次常委会会议做准备。

第二十二次主任会议 7月3日召开。听取区人大常委会监察和司法工作委员会主任徐远志作的关于《吴中区人大常委会法官检察官履职评议工作方案（2023年）》的说明。

第二十三次主任会议 7月18日召开。开展区人大常委会任命人员报告履职情况集体谈话。听取吴中资规分局局长冯富荣受区政府委托作的关于《苏州市古村落保护条例》贯彻落实情况的报告。听取区人大常委会各位领导、区人大常委会各专工委关于2023年区人代会议案和代表建议重点督办情况的报告，听取区人大常委会各专业监督小组《关于联系监督2023年政府民生实事项目情况的报告》。

第二十四次主任会议 8月23日召开。会议讨论有关议题，为31日召开的第十一次常委会会议做准备。

第二十五次主任会议 9月21日召开。听取区住建局局长陆文洪受区政府委托作的《关于房屋质量监督情况的报告》；听取区科技局局长沈志华受区政府委托作的《关于科技企业发展情况的报告》。

第二十六次主任会议 10月20日召开。会议讨论有关议题，为23日召开的第十二次常委会会议做准备。

第二十七次主任会议 11月23日召开。听取区地方金融监管局局长赵丽君受区政府委托作的《关于吴中区上市公司高质量发展情况的报告》，听取区教育局局长沈志枫受区政府委托作的《关于全区公办学校一体化改革情况的报告》。

第二十八次主任会议 12月22日召开。会议讨论有关议题，为28日召开的第十三次常委会会议做准备。

（濮祺安）

人大监督

【**法律实施情况监督**】 2023年，区人大常委会深入贯彻习近平法治思想，支持和促进"一府一委两院"依法行政、依法监察、公正司法，实现区域治理现代化。听取审议全区"八五"普法中期工作情况报告，开展《中华人民共和国妇女权益保障法》等6场学法讲座，协同构建新时代大普法工作格局。拓展任后监督，对6名行政机关、2名司法机关领导人员开展履职评议，实现区人大常委会任命的有关人员报告履职情况全覆盖，进一步强化行权必依法、工作受监督的意识和要求。开展《江苏省农村集体资产管理条例》实施情况的检查，以集体经济牵引乡村振兴。配合做好《苏州市洞庭山碧螺春茶保护条例》立法工作，多次组织、参与立法调研，提出建议40余条，以法治服务构建碧螺春茶全产业链体系，提升品牌附加值。开展《中华人民共和国退役军人保障法》实施情况的检查，依法保障退役军人合法权益；开展《苏州市古村落保护条例》贯彻落实情况的检查，依法承载和弘扬厚重的历史底蕴。专题视察基层立法联系点建设，发挥联系点作用，对《中华人民共和国农村集体经济组织法》等6部立法草案，提出意见建议110余条，让上级立法听到吴中声音。

【**两院监督**】 2023年，区人大常委会持续深化员额制法官、检察官履职评议，抽查5名法官、4名检察官履职情况，从司法能力、司法理念、司法质效和司法作风等方面提出评议意见，督促整改落实。听取法院诉源治理工作情况报告，推动构建解纷"共同体"，打造治理新格局。组织人大代表旁听法庭庭审、参加检察院听证活动，提升司法工作民主含量和监督质量。视察法院、检察院人大代表监督联络站建设情况，将代表履职触角延伸到司法更深处、落到惠民更实处。

【**审议监督**】 2023年，区人大常委会共审议全区专项工作报告35项。听取和审议《吴中区国民经济和社会发展第十四个五年规划和二〇三五年远景目标纲要实施中期评估报告》，关注半年度国民经济和社会发展计划执行情况，助推经济社会高质量发展。听取和审议《吴中区国土空间总体规划（2021—2035年）》报告，提升总体规划的科学性、前瞻性、协调性。根据《中华人民共和国地方组织法》《中华人民共和国预算法》等，作出《关于加强区级预算审查监督的决定》，落实全口径审查、全过程监管。加强预算、决算审查和审计查出问题整改监督，审查批准预算调整方案，推动2022年度审计查出问题落实整改，促进预算审查监督重点向支出预算和政策拓展。依法作出《关于加强国有资产管理情况监督的决定》，实现从工作监督向法定化、制度化、常态化的职能监督转变。听取和审议行政事业性国有资产管理情况专项报告，审议2022年度国有资产管理情况综合报告，守好国有资产"家底子"，看紧人民"钱袋子"。听取和审议2022年度环境状况及环境保护目标完成情况报告，首次审议全区31个生态环境保护职能部门履职情况，持续将生态环境底板筑牢、底色擦亮。听取和审议城乡生活污水处理提质增效工作情况报告，提升城乡人居环境品质。听取和审议文化产业发展情况报告，推动培育更多新的文化产业增长点。听取和审议全区就业工作情况报告，努力让就业者在吴中"人尽其才、业尽其志"。听取地方农业种质资源保护情况报告，推动"小特产"向"大集群"跃迁，促进农民增收。听取房屋质量监督情况报告，助推从源头上保障安居宜居。听取《苏州市古村落保护条例》贯彻落实情况报告，并对古村落保护工作开展督查。听取全区公办学校一体化改革情况报告，推动办好更加公平、更高质量的教育。听取反家暴工作情况报告，让法治理念真正融入家庭基因、社会血脉。听取科技企业发展情况报告，从完善激励政策、建立健全产业基金支撑体系等方面提出意见，助力走出具有吴中特点的科技创新之路。听取上市公司高质量发展情况报告，要求选育并举、质量并重、凝聚合力，不断壮大资本市场"吴中板块"。听取团区委关于青年人才引进和培育，助力"产业强区、创新引领"的报告，推动构筑引才育才留才"生态圈"。

【生态环境协同监督】 2023年，区人大常委会深化生态环境协同监督工作机制探索，制定《吴中区人大常委会2023年三方协同、区镇联动监督太湖生态保护工作方案》，在区人大常委会和区监委、区检察院三方协同的基础上拓展区、镇人大联动，构建太湖保护大监督格局。围绕《苏州市太湖生态岛条例》实施两周年开展调研，推动调研成果转化为推进太湖生态岛生态保护和绿色发展的工作助力。

【组织视察】 2023年，区人大常委会开展视察9次。视察《关于全力推动"产业强区、创新引领"的议案》办理情况，让产业成为吴中发展的最硬支撑。视察科技企业、台资企业发展，鼓励企业深耕优势领域。视察"城市停车难"治理工作进展，强调重管理挖潜力，多措并举解难题。视察全区慈善工作、宗教场所规范化管理，调研社会治理工作。视察大运河文化带建设，让悠久的文化遗产在法治呵护中焕发活力。视察全区山体周边环境整治工作进展，致力于"人与青山两不负"。关注黑臭水体治理，落实河湖长制，加快形成标本兼治新解法。

【专题询问】 2023年，区人大常委会开展专题询问2次。7月21日，区人大常委会召开全区旅游发展情况专题询问会。前期，区人大常委会对全区旅游发展情况进行调研，围绕环太湖旅游资源一体化改革、文旅融合等方面，向代表广泛征集问题；在专题询问会上，通过"一问一答"的形式，全面了解全区旅游发展现状，当场测评并公布成绩单，聚智共议旅游"破题出圈"新思路。10月23日，区五届人大常委会召开第十二次会议，会上专题询问区五届人大二次会议议案办理情况。区人大常委会组成人员和人大代表围绕"3+3+3"产业集群壮大、重大产业项目建设、科技领军人才"双招双引"工作等方面共提出9个问题。区政府和相关部门立足职责所在作出回答。会议就专题询问作答情况进行满意度测评。会议指出，关于议案办理，区政府及相关部门要坚持补短强弱，夯实发展基础。在产业支撑上下功夫，强化要素保障，全面提升产业承载力。在项目建设上发力，强化龙头引育，加快构建与现代产业体系相匹配、相适应的产业基础。坚持深化改革，激发内生动能。推进"1+9"综合改革，深化"三区一城"创新发展布局。聚焦"一企一定位"，推动国有企业做强实力。坚决落实"两个毫不动摇"，促进民营经济发展壮大。坚持久久为功，突出常态长效。积极贯彻落实习近平总书记考察江苏、考察苏州重要讲话精神，坚持"产业强区、创新引领"发展战略不动摇，在打造具有全球竞争力的产业创新高地上持续发力。

（濮祺安）

代表工作

【概况】 2023年，区人大常委会开展区人大代表"民主有责、改革有为、履职有力"代表履职主题活动，组织代表"回归选区"，深入群众、倾听民声、解决民盼，实现代表联系选民、服务群众全覆盖，增强代表选区意识、践诺意识、服务意识。在各级人大代表中开展"牢记嘱托、感恩奋进"学习实践活动，组织开展"人大代表讲坛"40余场。修订《吴中区人大代表履职积分管理办法》，进一步调动人大代表履职积极性，引导代表依法行使职权，自觉履行义务，发挥代表作用。常态化开展常委会组成人员联系代表、代表联系选民的"双联系"活动。组织开展区人大常委会主任接待代表日活动，分专题进行专场接待，共开展产业发展、政策环境、生态环境等接待活动7场，收集整理意见建议41条。组织代表统一接待日活动，119名省、市、区、镇代表通过接待群众，共收到整理意见建议116条。规范设立法院、检察院人大代表监督联络站，打造代表履职的新载体，创设代表活动的新平台。因地制宜创设产业园人大代表工作站、企业人大代表工作站,分区域、分产业人大代表联络站,发挥"人大代表之家"服务代表、联系群众、履职交流的作用。坚持"一个载体、两项制度"建设,各镇、街道人大利用"人大代表之家",结合"代表回选区",开展代表接待选民日和代表向选民述职活动,探索实施定点定时代表接待选民日制度,发挥好载体作用,完善好制度建设。

【开发区人大代表联席会议制度】 2023年11月,《新华日报》《人民与权力》等省级媒体报道吴中《开发区人大工作"吴中实践"获推广 用机制创新走出监督"空白"》。为有效填补开发区人大工作空白,吴中区在2021年率先探索开发区人大代表联席会议制度,并不断探索创新,深化制度内涵,规范制度运行,率先在全区实现制度全覆盖。吴中率先探索的开发区人大代表联席会议制度这一工作在全市推广,在全省发挥示范作用。

吴中区坚持党的领导、人民当家做主、依法治国有机统一,建立开发区人大代表联席会议制度,形成开发区人大代表联席会议受区人大常委会委托、在开发区党工委领导下履行区人大常委会部分职权的权责体系。在具体实施过程中,吴中将开发区范围内区人大代表作为代表联席会议的主体,每年至少召开1次全体代表联席会议,除没有选举任务外,议程和程序参照区人代会,主要为听取和审议开发区管委会工作报告、代表向会议提交建议等。平时,代表联席会议组织代表视察调研、专题询问等,对开发区经济社会发展、民生实事落实等方面的工作开展监督,探索开展对开发区管委会内设部门的监督评议,推动各部门依法履职。

2023年,经开区率先探索制定议事规则,出台《苏州吴中经济技术开发区人大代表联席会议议事规则》,根据具体发展实际情况选择具体联席方式和路径,保障机制灵活有序运行。度假区探索"一题四联"监督新模式,构建"度假区人大代表联席会议全域统筹,金庭镇、东山镇、光福镇、香山街道4个基层人大一线推动"的"1+4"工作格局,围绕每月议题,突出"监督联动""询问联通""事项联办""信息联报"的"一题四联"工作模式,年内围绕引水上山工程建设、太湖安全度夏、环太湖旅游资源一体化改革、非遗的可持续发展和文化引领乡村振兴等共性问题,组织开展视察、调研、询问、监督等工作。吴中高新区首次开展民生实事项目代表票决制,坚持群众"点菜"、代表"下单",向区域内群众广泛开展项目征集,共票决产生民生实事项目64个,并全程监督落实,提高群众的参与度和获得感。年末,区人大常委会听取各开发区人大代表联席会议年度工作报告。

【督办议案建议】 2023年,区五届人大二次会议将《关于全力推动"产业强区、创新引领"的议案》确立为大会议案;现场收到代表书面建议146件;闭会期间,收到代表平时建议3件。为规范建议答复、提高办理质量,拟定《代表建议办理答复相关问题的注意事项》,由区政府办下发各承办单位。通过常委会会议、主任会议、座谈会、主任接待、现场走访、问卷调查、视察等多种形式对议案办理工作进行督办,推进区政府及承办部门办理落实。年初,听取和审议区政府关于议案办理实施方案和代表建议办理相关情况的报告。制定《区人大代表建议、批评和意见重点督办工作实施办法》,协助常委会领导、专工委对议案和重点建议进行重点督办,着力提升议案、重点建议的办理质效。年中,听取议案建议重点督办情况的报告。10月,听取和审议区政府关于议案建议办理情况的报告,对办理工作提出意见要求。通过多种监督"组合拳",不断提升监督质效,确保议案和代表建议得到回应与落实。

【代表变动情况】 苏州市吴中区第五届人民代表大会代表总数为352人,苏州市吴中区第五届人民代表大会第三次会议的代表为350人。沈浩、吴斌、徐积明、钟诚因工作变动调离吴中区,根据《中华人民共和国全国人民代表大会和地方各级人民代表大会代表法》有关规定,沈浩、吴斌、徐积明、钟诚等4人的区人大代表资格终止。张峥嵘于2023年7月去世,其区人大代表资格终止。姚逸青、马文兰、张华明、顾娟英、杨霞、蔡巧英、朱春华因工作变动和个人原因,辞去区五届人大代表职务。补选张正才、黄乃宏、方振、唐峥嵘、沈志枫、张婷婷、沈博名、刘薇洁、洪建华、朱玉岗、吴静波为苏州市吴中区第五届人民代表大会代表。

(濮祺安)

表 5-1 2023 年吴中区五届人大二次会议优秀代表建议一览表

序号	建议	人大代表
1	关于加大对吴中区民办非遗展厅"类博物馆"扶持的建议	徐佩根
2	关于扩大农村居家养老的服务对象的建议	沈利英

续表

序号	建议	人大代表
3	关于加强政府在小区物业数字化建设中引领作用的建议	朱东霞
4	关于环太湖沿线公路增设观景平台、临时停车位、公共厕所等的建议	朱新华
5	关于实施镇、村存量资产更新的建议	金小明
6	关于明确拆迁安置小区物业费补贴的建议	杨文华
7	关于促进新时代宗教文旅融合发展的建议	觉　生
8	关于加强物业管理企业对小区内违法建设管理及配合查处的建议	乐国伟
9	关于进一步加强反家暴工作的建议	陈秋霞
10	关于郭巷老工业小区发展规划及存量更新的建议	董　峰
11	关于完善集体资产产证的建议	陈　健
12	关于构建新型校地、校企合作关系和产教融合发展体系的建议	冷　飞
13	关于优化城南街道社区卫生服务站布局的建议	王云霞
14	关于智能制造产业人才强化，助力吴中先进制造产业发展的建议	苏　通
15	关于对香山街道叶山徐湾古村落进行保护性开发的建议	徐宏寅

（区人大办）

编辑　任海令

吴中区人民政府

综　述

【国民经济】 2023年，吴中区实现地区生产总值1624亿元，比上年增长4%；一般公共预算收入222.64亿元，比上年增长5.8%；完成规模以上工业产值2559.44亿元，比上年增长3.6%；工业投资142.3亿元，比上年增长18.1%；建筑业总产值360.67亿元，比上年增长20.33%。实现社会消费品零售总额937.1亿元，比上年增长5.5%。实际使用外资及港澳台资4.86亿美元，比上年增长35.6%；完成进出口总额101.78亿美元，比上年增长3.7%。

【产业发展】 2023年，吴中区实施"重点项目提效年"活动。列入省重大项目5个，数量创历年新高；列入市重点项目59个，数量列全市第一；262个区重点项目完成年度投资526.9亿元；122个亿元以上产业项目竣工投产。机器人与智能制造产业规模达1308.5亿元，比上年增长28.2%；新一代信息技术实现产业规模780亿元，比上年增长25.8%；生物医药及大健康产业规模达382.3亿元，比上年增长26.2%。实施现代服务业提质增效工程，服务业增加值达到865亿元，比上年增长3.9%；网络零售额超410亿元，比上年增长19.1%；旅游总收入恢复至343.2亿元。举办工业互联网大会、工控中国大会、中国SaaS大会、首届中国（苏州）太湖新一代信息技术创新大会等高规格活动，启动"星火·链网"超级节点和工业互联网创新中心建设，组织赴新加坡、德国、英国开展境外招商。新签约亿元以上项目268个，总投资1233亿元；新增10亿元以上项目46个，优质产业项目备案投资额711亿元，比上年增长22.6%。落地康宁、货拉拉、伏图拉等23个优质外资及港澳台资项目。

【科技创新】 2023年，吴中区实现高新技术产业产值1767.9亿元，比上年增长6.9%，高新技术产业产值占规模以上工业产值的70.7%，全年技术合同成交额87.9亿元。入选省创新型示范区建设名单。新增国家专精特新"小巨人"企业21家、省专精特新中小企业83家、创新型企业1569家。新增高新技术企业699家，累计有效高新技术企业数1706家。国家科技型中小企业评价入库数2343家。完成数字化改造项目超1000个，"智改数转"实现规模以上工业企业全覆盖。新获评全球"独角兽"企业2家，新入选省级"独角兽"、潜在"独角兽"企业16家。新增国家知识产权示范企业2家、国家知识产权优势企业3家，10个项目新获评省级科学技术奖。哈工大苏州研究院、旺山航天航空产业园、中国信通院江苏研究院等一批高能级载体落户揭牌，苏州清华专项创新中心、苏州新能源光电技术研究所、苏州工业大数据技术研究所等一批科创平台运营。新增省级企业技术中心20家、省级工程技术研究中心11家、省级科技企业孵化器3家、省级工程研究中心2家，获评国家重点研发计划1个。新入选国家级重大人才工程13人，新增省级双创人才9人、姑苏创新创业领军人才56人、苏州杰出人才奖1人，高技能人才新增数首次破万。

【生态建设】 2023年，吴中区成立太湖综合治理和生态保护委员会，推进太湖综合治理保护十大行动计划，饮用水水源地水质稳定达Ⅲ类，太湖东部湖区水质达Ⅲ类、总磷浓度下降35.2%，太湖连续十六年实现安全度夏、首次被生态环境部评价为优良湖泊。治理河道79条42.4千米，获评市级以上幸福河湖5条。国考断面水质优Ⅲ比例保持100%，省考断面水质优Ⅱ比例达到75%。实施13个太湖治理项目。完成金庭、东山、光福引水上山工程，新建管道104千米。实施201个治气工程，全年PM$_{2.5}$浓度为每立方米29.2微克，空气优良天数比率80.5%。全区原生物种数超过1190种，生态质量指数（EQI）保持全市首位，湿地面积占全市的50.3%，三山岛湿地生态修复获评省"最美生态保护修复"典型案例，持续扩大生态环境损害赔偿基地示范效应。

【城乡建设】 2023年，吴中区国土空间总体规划通过区人大常委会审议。完成拆迁清零项目306个，腾退土地345.07公顷，完成低效用地再开发249.93公顷。甪直、郭巷国土空间全域综合整治项目获批省级示范项目。完成高架桥下空间环境综合整治6处、支路街巷架空线整治28条。尹山湖隧道、南湖快速路东延等8条道路、隧道建成通车，吴淞江整治先导段开工建设。环太湖公路入选全国"十大最美农村路"。推进大运河"最靓丽三公里"城市更新，完成城镇老旧小区综合改造7个、农贸市场改造15家，改造提升背街小巷10条，拆除违建66万平方米。完成19处拥堵交叉口渠化改造，新辟、优化公交线路33条，建成10处下沉式非机动车停车站点和3个"B+R"（Bike and Ride）项目，新增各类停车泊位2.6万个。新改建口袋公园5个、公厕21座，治理城市内涝积水点191处。入选国家地理标志产品保护示范区，洞庭山碧螺春跃升至中国绿茶区域公用品牌价值第四，新改建高标准农田480公顷。推进全国传统村落集中连片保护利用示范区建设，明月湾入选全国历史文化保护与传承示范案例，双湾村、缥缈村、冲山村获评国家级传统村落，后埠村获评省级特色田园乡村。完成集体存量资产更新改造50万平方米，村均集体总收入1802万元。灵湖村入选全省唯一全国农村集体经济发展村级典型案例。新增国家级农民专业合作社示范社4家，25家村（社区）股份经济合作社入选全省百强社。

【社会事业】 2023年,吴中区深入实施就业优先发展战略,建成"家门口"就业服务站13个,开展补贴性技能培训3.45万人次,新增城镇就业超过1.7万人,户籍应届高校毕业生就业率97.6%,零就业家庭动态清零。新增企业养老保险参保1.4万人、住房公积金缴存5.8万人。发放各类救助补助资金超过6800万元,惠及困难群体1.2万人。新建保障性租赁住房5001套,交付安置房1.3万套。完成26个自然村天然气进村入户,改造城市老旧燃气管网10.3千米,实施"瓶改管""瓶改电"3682家。获评首批省级示范性居家社区养老服务网络地区,完成适老化改造1104户,建成普惠性托育机构21家、市儿童友好社区2个,开设暑托班151个。完成第四届慈善总会换届。西山实验学校等6所学校建成投用,光福九年一贯制学校等3所学校开工建设,7所外来工子弟学校转为公办学校分校区,组建学校"1+1+N"心理网格。入选省"苏教名家"培养对象2人,新增中小学正高级教师10人。高考本一达线数增长40%,"985""211"高校录取人数增长15%。承办国际卫生合作大会,获评全国生育友好工作先进单位,甪直镇前港等4个社区卫生服务站完成改造提升。获批中医类国家区域医疗中心,成立苏州大学吴中临床医学研究院、士材学派研究所,新增省中医重点专科2个。组建家庭医生网格团队373个,完成常住人口签约服务66.8万人。举办"环太湖1号公路"马拉松、四季越野赛,光福镇建成投用全省首条国家级登山步道。完成首批国家级文物建筑预防性保护试点,推进仁寿堂等3个古建筑修缮工程。创成省书香城市建设示范区,吴中区阅读推广案例入选全国十优。

【综合治理】 2023年,吴中区开展363场"社情民意联系日"活动,回访反馈处置满意率100%。深化安全生产专项整治,安全生产事故起数和亡人数比上年均下降20%,新增二级标准化企业55家。深入推进"平安吴中"建设,"两抢"案件100%告破,"八类案件"破案率达到96.4%,通信网络诈骗案件数下降14.6%,挽回经济损失4579.4万元。中央信访联席办交办重复信访件化解率100%。

【政府建设】 2023年,吴中区持续推进法治政府建设,行政诉讼败诉案件数下降46.7%。自觉接受人大法律监督、政协民主监督,高效办理区人大代表议案和建议150件、政协委员提案174件,办结率、满意率均达到100%。严格落实中央八项规定及其实施细则精神,持之以恒纠治"四风",抓实抓牢意识形态工作。坚持落实过"紧日子"要求,严控"三公"经费和一般性支出,开展政府投资项目审计2034个,核减率13.3%,完成隐性债务化解、融资平台数量压降任务。

(许健强)

重要会议和文件

【区政府常务会议】 1月5日,召开区五届政府第十五次常务会议,主要内容:审议《苏州市吴中区政府2023年主要工作任务分解方案》,听取关于区五届人大二次会议议案、建议交办情况的汇报,审议《苏州市吴中区2023年政府民生实事项目实施计划安排》。

1月13日,召开区五届政府第十六次常务会议,主要内容:审议《关于支持企业稳岗留工保障经济有序运行的若干措施》。

2月14日,召开区五届政府第十七次常务会议,主要内容:学习《关于贯彻落实中央经济工作会议精神做好一季度经济社会发展工作的通知》及听取下一步全力以赴推动一季度经济实现"开门红"的工作计划,审议《吴中区关于推动经济运行率先整体好转的若干政策措施的实施意见》,审议《吴中区基层应急管理队伍能力素质提升实施方案》,审议《吴中区2023年度审计项目计划草案》,审议"吴中区2023年重点项目清单"。

3月4日,召开区五届政府第十八次常务会议,主要内容:传达学习省重点行业领域安全生产风险专项整治巩固提升年行动部署会和省安委办全国两会期间安全防范工作调度会精神,审议《2023年一季度6项重大安全隐患项目实施区级挂牌督办方案》,审议《吴中区古村落、古建筑保护奖励补助专项资金管理办法》,审议《关于建立健全分层分级精准防控末端发力终端见效工作机制推动食品安全属地管理责任落地落实的实施方案》。

4月1日,召开区五届政府第十九次常务会议,主要内容:审议《吴中区2023年挂牌督办重点生态环境项目》,听取关于2022年度全区行政复议应诉工作情况的汇报,审议《苏州市吴中区建立健全生态产品价值实现机制试点工作方案》,审议《吴中区全面推进乡村振兴 探索高水平率先基本实现农业农村现代化行动方案(2023—2025)》,审议《吴中区乡村建设行动实施方案》,听取《苏州市吴中区沿太湖圩区退圩还湖规划》编制情况的汇报。

5月4日,召开区五届政府第二十次常务会议,主要内容:审议《重点行业领域安全生产风险专项整治巩固提升年行动方案》,审议《区政府关于对2023年二季度5项重大安全隐患项目实施区级挂牌督办方案》,学习《江苏省安全生产条例》,听取全区信访工作汇报,审议《关于开展"重点项目提效年"活动的实施意见》,听取关于上级对太湖保护及治理开展调研督察发现问题的汇报,审议《苏州市吴中区2023年度全区主要经济指标预期测算表》,审议《苏州市吴中区知识产权强区建设规划(2023—2025)》。

5月18日，召开区五届政府第二十一次常务会议，主要内容：审议《吴中区行政合法性审查工作办法》，审议《吴中区优化营商环境创新行动2023》，审议《苏州市吴中区支持总部企业发展实施办法》，审议《关于进一步促进经济高质量发展的若干政策措施》，审议《吴中区工业元宇宙产业创新发展行动计划（2023—2025）》，审议《吴中区智能网联汽车示范运营实施细则（试行）》，审议《吴中区中小企业贷款增信基金管理办法》。

6月9日，召开区五届政府第二十二次常务会议，主要内容：听取吴中区建筑施工和城镇燃气安全生产工作情况汇报，听取吴中区第五次全国经济普查工作情况汇报，审议《关于加强全区生活污水处理设施建设管理的实施意见》，审议《吴中区扎实推进长三角一体化发展2023年工作要点》，审议《吴中区太湖综合治理和生态保护十大行动计划（2023—2025）》，审议《2023年吴中区对口支援协作合作工作要点》，审议《关于推进吴中区房屋征收搬迁补偿房票安置的实施意见（试行）》，审议《吴中区关于加强存量工业用地转让管理的指导意见（试行）》，传达学习关于省、市债务管理工作相关会议精神。

6月13日，召开区五届政府第二十三次常务会议，主要内容：审议《吴中区外来工子弟学校专项治理实施方案》，审议《关于增设和调整区安全生产专业委员会方案》，审议《吴中区污水处理费征收使用管理办法》。

7月8日，召开区五届政府第二十四次常务会议，主要内容：传达习近平总书记对防汛救灾工作重要指示精神，传达全市安全生产电视电话会议及百日攻坚行动部署会议精神，审议《苏州市吴中区突发事件总体应急预案》等5部应急预案，审议《吴中区突发事件预警信息发布管理办法》，听取吴中区迎峰度夏情况及非工负荷管理专项方案汇报，审议《吴中区高质量推进"四好农村路"全国示范县建设实施意见》，审议《苏州市吴中区水环境区域补偿工作方案（2023年修订）》，听取关于苏州市公安局吴中分局3个中心建设项目装修、安装合同外工程款支付相关情况的汇报。

7月28日，召开区五届政府第二十五次常务会议，主要内容：听取城市管理安全生产专业委员会、交通运输安全生产专业委员会工作汇报，学习《中华人民共和国审计法》，听取全区既有建筑安全隐患排查整治情况汇报，审议《吴中区"一山一策"工作方案》《吴中区"一岛一案"工作方案》，听取泰禾金尊府问题楼盘处置工作汇报，审议《胥口镇、郭巷街道调整部分村（居）民委员会设置和管辖范围》。

8月30日，召开区五届政府第二十六次常务会议，主要内容：听取吴中区危险化学品安全专业委员会、木渎镇安全生产工作汇报，审议《区政府关于对2023年三季度4项重大安全隐患项目实施区级挂牌督办方案》，听取首届"吴中区质量奖""吴中区质量管理优胜奖"建议名单的情况汇报，审议《〈苏州市吴中区国民经济和社会发展第十四个五年规划和二〇三五年远景目标纲要〉实施中期评估报告》，审议《关于进一步加强和规范公墓管理的实施意见》，审议《京杭运河吴中段沿线货运码头整合改造提升实施方案》，审议《城南街道、横泾街道新设立及调整部分社区居民委员会管辖范围》，听取关于苏地2021-WG-27号地块（恒信华业项目）调整户型相关工作的汇报，审议《2021—2022年度吴中区教育工作先进集体和优秀教育工作者建议名单》。

9月15日，召开区五届政府第二十七次常务会议，主要内容：传达全省、全市安全生产电视电话会议精神及下一步重点工作安排建议，听取吴中区校园安全专业委员会、郭巷街道安全生产工作汇报，听取2023年上半年全区行政应诉工作情况汇报，审议《关于完善行政争议实质性化解工作机制的实施意见》，审议《苏州市吴中区"十四五"消防专项规划》，审议《苏州市吴中区关于深化质量强区建设的实施方案》，听取关于上级"半拉子工程""形象工程""面子工程"问题专项整治工作要求和吴中区工作情况的汇报，审议《吴中区推进新一轮太湖综合治理行动方案》，审议《环太湖地区城乡有机废弃物处理利用示范区建设吴中区工作方案》，审议《苏州市吴中区太湖沿线及其岛屿生物多样性恢复提升实施方案》，审议《关于促进吴中区法律服务业高质量发展的扶持政策（试行）》。

10月25日，召开区五届政府第二十八次常务会议，主要内容：听取全区安全生产工作情况汇报及四季度重点工作安排建议，听取吴中区旅游安全生产专业委员会、甪直镇安全生产工作汇报，听取关于新一轮太湖综合治理工作进展情况的汇报，审议《苏州市吴中西山"生态岛"试验区建设实施方案》，审议《苏州市吴中区创新型示范区建设方案（2023—2025）》，审议《吴中区创新创业项目启动资金和房租补贴资金试行办法》。

11月17日，召开区五届政府第二十九次常务会议，主要内容：听取吴中区养老护理和救助安全生产专业委员会、长桥街道安全生产工作汇报，听取全区生产安全事故通报及下一步工作建议，审议《关于促进吴中区新兴服务业高质量发展的政策意见（试行）》，听取"吴中慈善奖"评选工作情况汇报，审议《2023吴中秋冬季系列促消费活动方案》，听取高垫大桥吴中区段连接线工程重大行政决策汇报，审议《吴中区中小微企业转贷引导资金管理办法》。

12月15日，召开区五届政府第三十次常务会议，主要内容：听取吴中区特种设备安全生产专业委员会、胥口镇安全生产工作汇报，学习贯彻国家、省、市党委和政府秘书长办公室（厅）主任会议精神，学习《江苏省中小企业促进条例》，听取区创建省级食品安全示范城市跟踪评价及市创建国家食品安全示范城市吴中工作情况的汇报，听取全区河湖长制工作汇报，听取关于转供电环节违规加价行为专项整治阶段性工作情况的汇报，审议《吴中区非物质文化遗产代表性传承人认定与管理办法》，听取吴中区2022年度本级预算执行和其他财政收支审计查出问题整改情况。

12月21日，召开区五届政府第三十一次常务会议，主要内容：学习《中华人民共和国行政复议法》，听取《苏州市吴中区国土空间总体规划（2021—2035年）》编制情况汇报，听取2023年吴中区政府民生实事项目完成情况和2024年民生实事候选项目汇报，听取关于《2023年国民经济和社会发展计划执行情况与2024年计划草案的报告》起草情况汇报，审议《关于实施第五轮生态补偿政策的意见》，听取关于《苏州市吴中区沿太湖圩区退圩还湖工程实施方案》重大行政决策的汇报，听取关于《2023年财政预算执行情况和2024年财政预算草案的报告》起草情况汇报。

12月30日，召开五届区政府第三十二次常务会议，主要内容：听取2024年政府工作报告起草情况汇报，听取全区林长制工作情况汇报，听取2023年吴中区金融风险化解工作情况汇报，听取关于区政府与省药监局共建审评核查吴中工作站情况汇报。

【其他会议】1月30日　全区农贸市场改造提升三年行动推进会

2月21日　区安委会全体成员（扩大）会议

2月23日　全区征兵工作会议

4月15日　全区拆迁清零工作座谈会

4月28日　区安委会、消委会全体成员（扩大）会议

5月25日　全区防汛抗旱工作会议

5月30日　区安委会全体成员（扩大）会议暨全区重大事故隐患专项排查整治行动工作推进会议

6月1日　国家食品安全示范城市创建推进会暨区食安委全体（扩大）会议

6月9日　全区固定资产投资和重点项目建设工作推进会

6月14日　吴中区农村道路交通安全工作会议

6月30日　民生实事项目和政府投资项目专题推进会

8月2日　区安委会全体（扩大）会议

8月22日　吴中区城市管理委员会会议暨生活垃圾分类及城管领域行政执法规范化建设专项行动工作推进会

8月29日　太湖综合治理工作会议

10月13日　吴中区质量大会

10月26日　第五次全国经济普查工作推进会

11月24日　全区深入打好污染防治攻坚战会议暨治太工作调度会议

12月1日　区国土空间规划委员会第十一次会议

【重要文件】5月24日，印发《吴中区工业元宇宙产业创新发展行动计划（2023—2025年）》，要求各地各部门充分发挥大院大所综合优势，借助国家级产业大会平台，加快引育关键核心技术人才，加速工业元宇宙产业集群发展。要求各地各部门加快产业载体建设，加速产业横向延伸，充分发挥元宇宙放大叠加倍增效应，推动数字经济产业实现跃迁。

6月26日，印发《关于加强全区生活污水处理设施建设管理的实施意见》，要求各地各相关部门切实负起责任、主动担当作为，进一步优化生活污水处理设施规划，推进污水处理设施整合，加快污水处理设施建设，加强与长江三峡集团等专业水处理集团合作，推动盘活全区生活污水处理设施，实行专业化运营，全面提升设施运营效率和服务水平。

7月24日，印发《苏州市吴中区突发事件总体应急预案》，要求各地

2023年1月29日，吴中区召开"敢为、敢闯、敢干、敢首创"推动新发展工作动员会

费凡　摄

各部门进一步完善"统一领导、综合协调、分类管理"的应急管理体系，明确地方政府应急处置第一责任，强化各有关部门行业领域突发事件防范应对责任，有效整合政府和社会资源。要求各地各部门结合各类突发事件特点，及时组织应急演练，切实提高处置各类突发事件的水平，确保在关键时刻拉得出、顶得上、打得赢。

11月29日，印发《关于促进吴中区新兴服务业高质量发展的政策意见（试行）》，要求各地各部门明确职责、加强协作，共同培育市场，做好管理服务，加快培育一批特色新兴服务业集群，推动现有服务业集聚区提档升级，加大新兴服务业对区域经济的带动力。

12月31日，印发《关于实施第五轮生态补偿政策的意见》，要求各地各部门做好生态补偿范围认定，加强生态补偿资金使用管理，建立完善市场化补偿机制，充分调动社会各界参与生态环境保护的积极性，形成受益者付费、保护者得到合理补偿的良性局面，让绿水青山的底色更亮，金山银山的成色更足。

（许健强）

实事工程

【概况】 2023年，吴中区全面完成年度政府民生实事工程，包括学校投用和照明改造工程、天然气进村入户工程、老年人群体关爱服务工程、卫生服务与救护培训工程、交通优化惠民工程、水环境优化提升工程、农贸市场改造提升工程、少年儿童关心关爱服务工程、灌溉山地引水上山工程、就业提升工程，共计10大类29个子项目。

【学校投用和照明改造工程】 2023年，学校投用和照明改造工程共有7个子项目。金庭西山九年一贯制学校于2023年2月6日投用，范仲淹实验幼儿园、长桥中学（扩建）、横泾中学（改建）、甪里中学（扩建）、姜家幼儿园共5所学校于9月1日建成交付。完成澄湖实验小学、临湖第一中学、一箭河实验小学、人民教育出版社实验小学4所学校的教室照明改造。

【天然气进村入户工程】 2023年，在2022年的基础上，继续推进天然气进村入户，对10个镇（街道）的26个项目共1968户完成天然气开通。

【老年人群体关爱服务工程】 2023年，吴中区完成1104户老年人家庭适老化改造。所有家庭适老化改造按照自愿原则，"一户一策"在助行、助力、助浴、助急等方面提供硬件改造支持，并配合智能养老产品帮助老年人降低生活风险、改造起居环境。

切实保障特殊困难家庭居家安全，及时发现、有效防范、稳妥化解空巢独居老年人和重点困难户居家安全。2023年，完成826户特殊困难家庭智能居家监测设备安装及验收。

【卫生服务与救护培训工程】 2023年，吴中区推广消化道肿瘤早筛，项目覆盖长桥、城南、郭巷、甪直、东山、光福、临湖、胥口、金庭9个板块，开展消化道肿瘤早筛1.22万人次，完成年度目标任务的152.9%。全年发现癌前病变2826例、早癌79例、恶性肿瘤52例，经内镜治疗2023例。2023年11月10日，吴中区卫健委申报的案例"基于分级诊疗的消化道肿瘤早筛早治的创新体系构建"获评2023健康苏州建设示范案例。

2023年，建成越溪街道文溪花苑社区卫生服务站、甪直镇江湾村社区卫生服务室、甪直镇前港社区卫生服务站和甪直镇澄墩社区卫生服务站。

越溪街道文溪花苑社区卫生服务站位于珠村华庭拆迁安置小区，建筑面积约130平方米，于2023年12月完成建设。服务站设有全科诊室、中医诊疗室、预防保健室、药房、换药室等功能科室，服务辐射珠村华庭、文溪花苑等周边小区。

甪直镇江湾村社区卫生服务室位于甪直镇江田胡家荡，建筑面积约100平方米，于2023年8月完成建设并投入使用。服务室设有候诊区、全科诊室、药房等，服务辐射周边居民群众3200余人。

甪直镇前港社区卫生服务站位于前港村村委会内，建筑面积500平方米，于2023年11月完成建设并投入使用。服务站设有候诊区、全科诊室、药房、中医诊疗室、检验室、保健教室等，服务辐射前港村周边居民群众1.2万余人。

甪直镇澄墩社区卫生服务站位于澄墩村金山寺旁，建筑面积504平方米，于2023年11月下旬完成建设并投入使用。服务站设有候诊区、全科诊室、药房、中医诊疗室、检验室等，可满足澄墩村周边近9000名居民的健康服务需求。

2023年，超额完成公益性应急救护培训任务，普及培训8606人次，完成年度培训任务的172%；完成初级救护员培训4171人次，完成年度任务的278%。

【交通优化惠民工程】 2023年，新辟常规公交7条、优化12条，新辟定制公交8条，超额完成目标任务。新辟度假区实验中学通学线、香山实验小学通学线、横泾中学通学线、592路、高峰6号、高峰21号、通勤快线3号；优化公交523路、562路、662路、626路、假日6号、67路、522路、51路、5003路支线、62路、54路和5005路，增强"轨交+公交"两网融合；新增城南产业园线、富民工业园线、西湖花苑线、花园街至淞葭路线、汾湖路至船坊头路线、东村至马夏路东线、太湖软件园线、尹中路东线等定制公交。

在轨道交通5号线太湖香山站、

2号线新家桥站、4号线石湖东路站周边区域建设3个"B+R"非机动停车示范点，工程均已完工。

累计新增非机动车停放点位161处，共2.1万个非机动车泊位。完成东吴北路—吴中东路交叉口、南湖路—迎春路交叉口、南湖路—吴中大道交叉口南侧、甪直镇长虹北路和甪直大道交接处4个下沉式停车场项目；木渎镇在轨道交通5号线灵岩山、渎川桥、大治桥、西跨塘等4个站点，通过提升改造增设非机动车停车位1284个。

全区完成5170个新增公共泊位建设。围绕重点区域，通过利用临时拆迁用地、路内施划泊位、农村集体建设用地等多渠道挖掘停车资源，持续增加公共泊位供给，不断提升公共停车场智慧化水平。

【水环境优化提升工程】 2023年，完成劣V类水体整治69条，河道水质监测反映，水质达标率和稳定程度有较大提升。

构建"水清岸秀、河湖畅通、城乡融合、水岸一体"的全域幸福河湖体系，连续四年推进幸福河湖（生态美丽河湖）建设，累计完成打造160条，其中，石湖（吴中区段）、消夏江、横渡港3条河湖获评市级示范幸福河湖，顺堤河、小石湖等15条河湖获评市级幸福河湖，甪直"护星河—节子浜—东汇河"获评市级幸福河湖群。

吴中中心城区先行示范区水环境综合整治项目完成商城河、商贸河等7条河道的清淤疏浚，基本完成36个居住小区、18个单位庭院、3户工业企业的雨污管网点位修复工作。建成19个污水处理提质增效达标区。消除污水直排口100个，完成工业企业废水接纳38个、工业企业雨污分流92个，整治"小散乱"494个，新改建污水管网60千米，检测雨污水管网195千米，修复450处。

【农贸市场改造提升工程】 2023年，吴中区按照"政府扶持、属地负责、部门监管投资、分步实施"的原则，完成横泾农贸市场、郭巷尹东八村农贸市场、越溪集贸市场、木渎金桥农贸市场、藏书农贸市场、大运田市集、天天绿菜场、双华农贸市场、枫华广场菜场、香山舟山农贸市场、光福农贸市场、东山集贸市场、胥口农贸市场、金庭东河农贸市场、国裕碧波市场等15家农贸市场的改造。各市场设施设备更加完善、市场环境更加干净、经营管理更加规范，基本达到市场建设标准化、市场环境洁净化、日常管理制度化、菜品安全可溯化、价格公示信息化的目标要求。指导市场方采用"一户一档"方式建立经营者档案，如实记录经营者主体信息、进货票据等，并通过电子屏公示食品价格和农药残留快检结果，部分市场配置食品来源、商户信息的查询系统，实现农产品来源可溯、质量可信、风险可控的监管目标。全面配备公平秤，设立投诉簿，公布投诉举报电话，完善消费投诉处理机制，打造"老徐工作室"等维权服务站，帮助化解市场与消费者大小矛盾纠纷。部分市场设有维修点、缝纫店等微利便民服务点以及便于户外劳动者休息的"安康驿站"。

【少年儿童关心关爱服务工程】 2023年，在全区开设少年儿童关心关爱服务点位151个，其中集中式点位30个、嵌入集中式暑托班3个、分布式点位118个，实现14个镇（街道）全覆盖。优先排摸辖区内在册困境青少年、外来务工人员子女需求，实现零投诉。聚焦"德智体美劳"5个维度，推出思想引领类、机器人与编程为代表的科技科普类、"青匠心"非遗体验为代表的文化传承类等特色公益课程"大礼包"。

建成木渎胥江社区、甪直湖浜村2个市级儿童友好社区，胥口卫生院、城南社区卫生服务中心2个区级儿童友好社区卫生服务中心，长桥中学东门路段1处区级儿童友好出行示范区。

甪直镇、胥口镇、金庭镇三地儿童"关爱之家"制订完善工作手册，完成场地提档升级，创成示范性儿童关爱之家。针对辖区内儿童青少年开展风险评估、解难帮困、关爱陪伴、心理疏导、个案管理、危机干预等未成年人关爱服务和权益保护工作。全年开展各类活动676场，服务1.03万人次。

【灌溉山地引水上山工程】 2023年，灌溉山地引水上山工程入围2023年度全市"民心工程"候选项目。工程涉及金庭、东山、光福3镇，茶果林灌溉面积超过42.67平方千米。其中，金庭镇建成引水泵站40座、管道80千米、蓄水池182座，东山镇建成引水泵站13座、管道16.43千米、蓄水池48座，光福镇建成引水泵站3座、管道7.5千米、蓄水池7座。

【就业提升工程】 2023年，项目年度计划投资合计1.28亿元，实际完成投资1.38亿元，投资完成率107.73%。全年新增就业超1.7万人，落实灵活就业社保补贴，企业吸纳就业困难人员社保补贴等政策，提供就业类补贴1.04亿元，惠及14.6万人次；举办"云端送岗"直播带岗、入企探岗等各类直播活动56场，累计观看141.11万人次；建成标准化"家门口"就业服务站13家，累计为就业困难群体开展就业援助2.26万人次；摸排吴中区户籍应届高校毕业生就业情况并开展精准服务，整体就业率达到97.6%，零就业家庭动态清零。全年新增高技能人才首次超1万人，持续推进就业重点群体技能培训、企业新型学徒制培训、数字技能岗前培训等职业技能培训，累计开展补贴性职业技能培训3.45万人次，支出各类技能提升补贴3382.82万元，新增数字技能人才7489人次。

（徐丽萍）

政务服务

【概况】 2023年，区行政审批局围绕重点工作，强化党建引领，实施设备、电脑、手机、自助"四端链通"，区级、镇级、村级、站点"四级协同"，材料、环节、跑动、时限"四减齐发"，导办、帮办、代办、督办"四向合力"的"四四行动"，推行"无感审批"，打造"五心·吴优办"营商品牌。

2023年，区政务服务中心受理各类审批服务事项174.98万件，办结174.87万件，周六对外服务受理8587件。全区存量内资企业数11.12万户，外资及港澳台资企业数1696户，个体工商户16.52万户，农民专业合作社337户，市场主体总量27.84万户。企业登记全程电子化率超过90%，营业执照登记、印章刻制、银行开户、税务发票申领、社保登记、公积金缴存登记"六合一"环节平均用时不到2小时。超过70%的新供地重点项目实现"拿地即开工"。

【行政审批制度改革】 2023年，区行政审批局进一步落实行政审批制度改革要求，贯彻落实省、市"一件事"工作部署，协调推进省定标准"一件事"26项和市定标准"一件事"27项，梳理推出市场主体"1+N"注销、开健身房等吴中特色"一件事"。推进"一业一证"改革，在第一批9个行业落地实施的基础上，持续推进开眼镜店、开足浴店等6个行业的"一业一证"改革。梳理发布"吴中区行政许可事项清单（2023年版）"，共有行政许可事项220项。按照省政务办明确的行政备案概念定义，全量梳理吴中区行政备案事项目录。全面落实省、市"跨域通办"和长三角"一网通办"，与多地建立通办合作。开展政务诚信培训，增强政务服务工作人员诚信思想意识，组织签署政务诚信承诺书。

【市场准入审批】 2023年，区行政审批局进一步完善市场准入准营退出制度，落实和推行"证照联办""1+N"注销等改革举措，最多一次性为某企业办理证照310张，累计为459家市场主体办理"1+N"注销登记。推进个体户变更经营者登记，完成变更个体户经营者287户。全年办理冒名登记行政撤销39项，避免进入繁冗的行政诉讼、复议程序。初步完成部分镇（街道）行政审批局登记窗口辅助工作人员转隶工作，理顺人员隶属关系，建强、建好基层登记辅助人员队伍。

【项目建设审批】 2023年，区行政审批局推进工程建设项目审批制度改革，持续落实好"拿地即开工""完工即验收""交验即发证"工作机制。进一步简并区域评估、多规审查、方案审审、多图合审、多测合一、联合验收等审批流程，逐步建成全区工程建设项目线上线下一体化审批和管理体系。推进"开工""重大项目建设审批""建设工程验收""进场施工"等一件事改革。建立"特快水电气"免审批机制，实现600米以内（主干道外）的供电、供水、排水、供气等市政工程"拿地即接通"。对符合条件的项目先行发放"桩基许可证"，对特殊情况项目全面落实"一事一议"机制，鼓励和支持特事特办、急事早办。

【便民利企服务】 2023年，吴中区行政审批局贯彻落实"三区一城"改革要求，推动设立经开区行政审批局甪直分中心，启用苏州太湖新城（吴中）企业一站式服务中心。优化15分钟政务服务圈建设，对接各类商业体、银行等社会资源网点，科学规划设置和升级改造政务服务场所，织密办事服务网络，启用经开区数字科技产业园"企服驿站"及甪直镇便民服务中心南环桥服务点等"苏服办"便民服务点，全年共建设各类便民服务点150个。政银合作企业开办一站式服务专窗扩展至15个，2893户市场主体在政银合作专窗领取营业执照。推进个体工商户集中登记和社区帮办新模式，在村级便民服务站设立个体工商户综合服务窗口。24个社保业务"就近办"银行合作网点通过省级验收。区内6家邮政网点可以办理驾驶证期满换证、补换领行驶证等业务。推进社保、公积金、民政、残疾人等高频个人业务向镇村下放。落实镇、村两级代办制度，安排网格员为老弱病残孕等特定群体上门代办。建立不动产登记"中介线上申报—部门线上预审—办事人线上预约——窗交易纳税登记—水电气联合过户"服务模式，交易双方驻留大厅时间压缩到半小时以内，对接"苏易登"App实现依需全程网办。

（孙金鑫）

人事工作

【人才引进】 吴中区深入推动产才融合，截至2023年末，全区人才总量35.96万人。其中，高层次人才2.3万人，技能人才23.44万人，高技能人才8.6万人。强化人才引育，举办各类大型人才活动10余场，落户项目129个，新引进国内外优秀博士54人、博士后11人、留学回国人才160人，新认定2023年东吴重点产业紧缺人才350人。

【专业技术人员管理】 2023年，吴中区完成职称评定2444人，其中，初级职称获评2031人，中级职称获评413人。全年开展各类补贴性技能培训3.46万人次，鉴定取证3.5万人，新增高技能人才1.05万人，人数首次实现破万。做大人才优势，新增省乡土人才技能大师工作室3家、姑苏能工巧匠工作室4家、姑苏乡土人才（能工巧匠）15人，数量均列全市第一。入选首届"苏州十大绝技绝活"2项、江苏工匠2人。发挥以赛育才作用，区内选手2人获世界级、5人获国家级、4人获省级、11人获市级、10人获行业类竞赛荣誉，在第二届全国职业技能大赛中获评2金2铜1优胜，奖牌数列全省第一。

【事业单位管理】 2023年，吴中区组织全区事业单位公开招聘工作，为全区事业单位招聘工作人员103人、专业化青年人才定岗特选17人。指导教育系统招聘中小学教师345人、年金制教师49人，选聘优秀毕业生123人，引进教育人才11人。指导卫生系统招聘事业编制12人、备案制医护人员163人，引进高层次及紧缺卫生专技人才2人，定向招聘疫情防控一线编制外医务人员8人，定向生考核进编27人。　　　　　　（刘晓丽）

2023年7月25日至9月10日，"和·合——中韩民间绘画交流展"在吴文化博物馆举办　　　　　　　　　　　　　　吴文化博物馆　供稿

外事工作

【涉外活动服务保障】 2023年，吴中区用好、用足政策红利，有效便捷企业赴外开展业务。全年完成APEC商务旅行卡新办卡申请上报25批52人，完成发卡13张，申请注销卡24张，赛腾精密获批2023年APEC商务旅行卡"白名单"企业。邀请外国人来华信息系统新增注册企业54家，受理重点国家被授权单位来华邀请核实初审材料45批85人，其中批准39批75人。同时联动公安部门，进一步健全外国人来华邀请核实的后道跟进流程，完善申请来华人员后续服务管理。

2023年，苏州市外办、市文广旅局、韩国驻沪总领馆（驻上海韩国文化院）主办的"和·合——中韩民间绘画交流展"，吴文化博物馆和意大利那不勒斯国家考古博物馆合作举办的"艺术的帝国——那不勒斯国家考古博物馆古罗马文物精品"特展举行。苏州中韩文化交流实践基地、中法文化交流基地落地吴文化博物馆。区教育局与美国同达公司合作开展校园足球教练员春季、秋季意大利培训班项目合作，两轮培训为期10天，参训教师共60人；一箭河实验小学与日本东村山市久米川东小学开展第二轮中日文化友好交流，吴中实验小学与新加坡俊源小学开展第一轮线上云交流活动；意大利金牌咖啡师、国际职业技能大赛评委罗纳尔多一行赴苏州市太湖旅游中等专业学校开展交流。配合上级外事部门，接待到吴中区参观访问的由亚欧多国记者组成的"江苏行"外媒代表团以及纳米比亚主流媒体代表团。

【对外交流】 2023年，吴中区外事办积极开展地方政府交往。配合第29届智能交通世界大会组织筹备，邀请接待到苏州参会并对吴中区进行友好访问的德国友好城市里萨市市长马可·穆勒率领的代表团，市长吴庆文、区长顾晓东分别会见代表团一行。其中，顾晓东和穆勒就深化吴中区和里萨市的友好交往、推动里萨企业到吴投资、促进双方职业教育领域合作等议题交换意见。在省、市外办指导下，接待访问吴中的日本八女市市长代表、副市长松尾一秋率领的"福冈八女茶发源600周年庆典执行委员会代表团"。其间，松尾向区长顾晓东转交八女市市长的亲笔信，双方就今后进一步深化两地友好交流交换意见。响应江苏省对外友好协会号召，开展千名外国友人"感知新时代新征程"吴中区主题活动暨第二届"我为吴中代言"活动，帮助在吴外籍人士深化对习近平新时代中国特色社会主义思想的理解和认识，了解吴地历史人文，更好地融入在吴生活。发动在吴外籍友人参与"2023洋笔书江苏——在江苏外国人征文大赛"苏州分赛区活动，共征集到来自法国、菲律宾、英国、南非、德国的5名选手的6篇作品参赛。发动1名日籍选手参与江苏省"汉字缘"2023国际故事大会并晋级复赛。推荐又进无尘科技（苏州）有限公司韩籍总经理参选并获"苏州之友"纪念奖。邀请来自意大利、法国、德国、日本等国的外籍友人家庭参加"情暖吴中　共度元宵"中外家庭元宵嘉年华活动。　　　　（殷静燕）

侨务

【"走百家侨企，访百名人才"活动】 2023年，吴中区持续开展"走百家侨企,访百名人才"活动,拜访华侨华人高层次人才并听取意见建议,切实为侨企纾困解难。做好华侨捐赠工作,完成新一轮吴中区阳光好少年奖学金评审、发放工作。

【侨企调研】 2023年10月24日,市委统战部副部长、侨办主任王建方一行到吴中区调研海外统战和侨务工作,先后前往侨企苏州莱恩精工合金股份有限公司和苏州托玛斯机器人集团有限公司。王建方表示,统战部门要为侨企发展赋能,切实为企业解难题、办实事。同时鼓励企业再接再厉,发挥融通海内外优势,积极在自身建设、技术创新、对外交流等方面作出更多成绩。

（王雨潇）

港澳台事务

【交友联谊活动】 2023年,吴中区邀请在吴香港同胞参加"家在苏州 梅好吴中"活动。组织40余名嘉宾参加江苏发展大会和苏州发展大会。举办甪直镇保圣社区和香港粉岭耆英长青社结对共建活动,促进两地互学互鉴和结对交流。协助做好"赋能两岸融合 有为乡村振兴——江南水乡两岸青年摇橹赛""唱响两岸 情定苏州——两岸青年交流交友联谊会"等活动,激发台企台商台青对吴地文化的"情感共振"。

【惠台工作】 2023年,吴中区走访台资企业30余家,精准把脉企业需求,助力台企高质量发展。组织重点台企主要负责人参加省、市台办举办的"庭审开放日""台商大讲堂"等专场活动,帮助台企了解政策法规,规避各类生产经营风险。依托苏州两岸青创园、苏州燕园港澳台侨联考培训学校等平台建设,为台湾青年到吴中就学、就业、创业、发展提供条件。

【香草苑度假农庄获"江苏省对台交流基地"授牌】 2023年7月26日,第三届海峡两岸青年文化月活动在苏州开幕。开幕式上,吴中区香草苑度假农庄获"江苏省对台交流基地"授牌。香草苑度假农庄运用岛内人脉、文化、旅游等资源优势开展对台交流,推进具有吴中特色的对台交流基地建设,接连承办苏州市台办、吴中区台办、苏州市海峡两岸婚姻家庭协会组织的各项两岸交流交往活动,为到大陆的台湾青年举办事农、文创、研学、体育、艺术、康养等体验性活动40余场,协助就学、就业、务工以及推动创业300余人。并协助台商台青熟悉大陆市场偏好、完成资本对接,为其提供友善与便捷行政服务,降低台商台青到大陆创业就业的初期试错成本与风险,营造出"靠自己、接地气、不投机、重发展、促融合、赢未来"的良好氛围。

（王雨潇）

机关事务管理

【会务保障】 2023年,机关事务管理中心开展会务礼仪培训,提升服务人员专业素质。优化会务保障设备设施,推进会议室视频会议系统的安装使用。落实会议保障人员分工,做好会前、会时及会后相关服务保障。接待会议共计692场次,参会人数共计3.1万人次。

【安全维保】 2023年,机关事务管理中心探索"标准化+信息化"机关事务创新发展模式,实施ISO9001质量认证体系。做好办公设施设备保障工作,对各单位反映的问题,做到立即查看、跟踪落实,做好空调、电梯等维保项目的监管工作。保障各类维修5119次,更换灯具3475只。做好对外综合管理工作,召开入驻单位座谈会,听取意见建议,优化服务细节,提升服务满意度。

【公车管理】 2023年,机关事务管理中心加强公务用车使用监管,形成常态化监管制度,依托公务用车智能化管理平台,核查行车轨迹、大额加油等,防止出现"公车私用""私费公报"等行为。2023年共派车4626次,总行驶里程34万千米。建立机关公务用车管理体系,落实车辆编制核定工作,将公务用车编制管理及使用情况纳入日常监管。注重教育培训,提升队伍"三员"意识,召开工作例会,宣传文明行车规范。

【办公用房】 2023年,机关事务管理中心做好江苏省办公用房系统测绘验收结算、信息系统核对、专项巡检等。拟定吴中区党政机关办公用房消防安全排查整治工作方案,对消防设备系统进行每月联动测试和定期全面检查,定期组织消防演练。做好吴中区党政机关办公用房权属统一工作,建立健全党政机关办公用房集中统一管理制度。做好公物仓筹建工作,节约行政运行成本,提高行政事业单位国有资产使用效益,推进节约型机关的建设。

【党政机关公物仓启用】 2023年,区党政机关公物仓启用,采取"实体仓+虚拟仓"的运作管理模式,合力推动闲置国有资产跨部门、跨层级、跨领域共享共用、修复使用、循环利用。截至2023年末,"实体仓"入仓资产114件,总价值约16.25万元。

（韩佳虹）

编辑 洪 蕾

政协吴中区委员会

综 述

【**政协委员及机构组织**】 截至2023年末，政协吴中区委员会有13个界别，委员336人，其中中共界28人、特邀界25人、群团界32人、工商联界30人、经济界1组25人、经济界2组22人、农业和农村界26人、科技界32人、教育界31人、文艺界29人、医卫界21人、侨台界19人、民族宗教界16人。吴中区政协机关设有1个办公室和6个专委会（分别为经济科技和农业农村委员会、提案委员会、城乡建设委员会、文化文史委员会、社会事业委员会、港澳台侨民族宗教委员会）。

【**政协功能发挥**】 2023年，政协吴中区委员会召开政协全会1次，常委会议4次，主席会议12次。制定《吴中区政协2023年度协商工作计划》，组织政情通报会2次，专题议政类常委会议2次，界别委员协商专场1场，专题协商类主席会议6次，提案办理协商11次，专题民主监督协商1次。形成《关于进一步加快推进吴中太湖新城·数字经济创新港建设发展的建议案》《关于加快推进吴中区存量工业用地更新改造的建议案》2份建议案，开展主席会议专题视察6次、专委会视察15次、专题调研22次，参加委员130余人次。基层开展协商议事活动273次，累计1320人次参与，协助解决问题272件。立案提案174件，其中173件大会提案、1件平时提案，确定区委、政府、政协领导重点督办21件。

（朱寒馨）

【**政协工作体制机制创新**】 2023年，区政协深化开发区政协工作机制，扩展履职覆盖面。推进政协工作体制机制创新，在全市率先形成开发区政协工作联络会议制度的基础上，结合经开区、度假区、吴中高新区实际特点，探索创新履职形式，围绕拆迁清零暨产业用地更新、机器人与智能制造产业发展等各开发重点工作开展视察调研、专题询问，对各开发区管委会开展工作评议，推进政协工作实践范围的覆盖与延伸。

（吴鉴）

重要会议

【**政协五届二次全体会议**】 2023年1月1—3日，中国人民政治协商会议苏州市吴中区第五届委员会第二次会议在太湖国际会议中心举行。丁立新、顾晓东、方伟军等区委、区人大常委会、区政府全体领导及原四套班子老领导参会，区级机关各部门主要负责人列席会议。会议应出席委员336人，实到270人。会议听取和讨论区委书记丁立新在开幕会上所作的重要讲话；听取和审议主席许振华代表区政协五届常委会所作的《区政协第五届委员会常务委员会工作报告》和副主席王卫星所作的区政协第五届委员会常务委员会提案工作情况报告；与会委员列席区五届人大二次会议，听取和讨论区委副书记、区长顾晓东所作的政府工作报告及其他报告；增补许雯婷等5人为区政协五届常委会常务委员。会议期间，收到提案261件，立案173件。会议通过区政协五届二次会议决议，审议通过区政协五届二次会议提案审查情况的

2023年1月1—3日，中国人民政治协商会议苏州市吴中区第五届委员会第二次会议召开　　　　　　宋伟挺　摄

报告，表彰2022年度吴中区政协优秀提案。

【政协常委会会议】 2023年，召开政协常委会5次。五届六次会议作为两会上的常委会，此处不做记录。

五届七次 4月26日，区政协召开五届七次常委会议，专题协商关于进一步加快推进吴中太湖新城·数字经济创新港建设发展。区政协副主席郁克铭主持会议，区政协主席许振华出席会议并讲话，区政府副区长张伟出席会议。会议听取区政府关于全区数字经济产业发展情况的通报，审议并通过《关于进一步加快推进吴中太湖新城·数字经济创新港建设发展的建议案（草案）》。

五届八次 8月29日，区政协召开五届八次常委会议。区政协副主席王卫星主持会议，区政协主席许振华出席会议并讲话，区委常委、区政府常务副区长黄乃宏到会通报上半年经济社会发展情况和提案办理情况。会议审议并通过《关于加快推进吴中区存量工业用地更新改造的建议案（草案）》、各专委会副主任和政协委员调整事项。

五届九次 10月20日，区政协召开五届九次常委会议。区政协副主席宋银林主持会议，区政协主席许振华出席会议并讲话；吴中人民法院党组书记、院长董启海，吴中区人民检察院党组书记、代检察长方振到会通报工作情况。会议听取区法院、区检察院2020年以来的工作汇报，并对主题教育工作、五届三次会议筹备工作作出部署。

五届十次 12月28日，区政协召开五届十次常委会议。区政协副主席王卫星主持会议，区政协主席许振华出席会议并讲话。会议协商审议并通过区政协五届三次会议常委会工作报告、提案工作等事项安排。

【政协主席会议】 2023年，召开政协主席会议13次。五届二十次主席会议是一次事务性的主席会议，此处不做记录。

五届十三次（扩大） 2月13日，区政协召开五届第十三次主席（扩大）会议，会议审议并通过《政协吴中区委员会2023年度协商计划》《吴中区政协关于开展"吴协连心"委员联系界别群众主题活动实施方案》。

五届十四次（扩大） 3月14日，区政协召开五届第十四次主席（扩大）会议，听取各专委会2月工作情况汇报和3月工作打算，并对下阶段工作作出部署。

五届十五次（扩大） 4月11日，区政协召开五届第十五次主席（扩大）会议，会议传达学习习近平总书记在中央农村工作会议上的重要讲话精神和市委常委会专题调研吴中区工作会议精神，讨论审议《关于在全区政协系统开展"助力民营经济健康发展、高质量发展"深度走访调研活动的实施方案》。

五届十六次（扩大） 5月6日，区政协召开五届第十六次主席（扩大）会议，听取各专委会4月工作情况汇报和5月工作打算，并对下阶段工作作出部署。

五届十七次（扩大） 5月31日，区政协召开五届第十七次主席（扩大）会议，传达市政协"委员工作室"工作推进会精神，讨论审议《关于进一步建好用好委员工作室的实施意见（试行）》。

五届十八次（扩大） 7月5日，区政协召开五届第十八次主席（扩大）会议，讨论审议《关于加强和改进新时代市县政协工作的实施意见》并通报2023年上半年"有事好商量"协商议事工作情况。

五届十九次（扩大） 8月3日，区政协召开五届第十九次主席（扩大）会议，听取各专委会7月工作情况汇报和8月工作打算，并对下阶段工作作出部署。

五届二十一次（扩大） 9月4日，区政协召开五届第二十一次主席（扩大）会议，讨论市政协《关于进一步推动民主监督工作再上新台阶的实施意见（征求意见稿）》，并对下阶段工作作出部署。

五届二十二次（扩大） 9月26日，区政协召开五届第二十二次主席（扩大）会议，听取各专委会9月工作情况汇报和10月工作打算，并对下阶段工作作出部署。

五届二十三次（扩大） 11月1日，区政协召开五届第二十三次主席（扩大）会议。讨论审议有关委员工作室建设方案；并围绕民主监督的领域、方式，五届三次会议联组讨论课题，2024年重大调研课题等交流讨论、提出建议。

五届二十四次（扩大） 12月5日，区政协召开五届第二十四次主席（扩大）会议，会议讨论审议有关委员工作室建设方案，并对下阶段工作作出部署。

五届二十五次（扩大） 12月15日，区政协召开五届第二十五次主席（扩大）会议，听取有关委员工作室建设方案汇报和区政协五届三次会议筹备情况，讨论审议区政协五届三次会议相关材料及部分委员、常委调整情况。

（朱寒馨）

参政议政

【概况】 2023年，区政协围绕"1+9"综合改革、"3+3+3"现代产业体系发展、提优营商环境等全区综合性重大议题，运用多种形式为吴中高质量发展献计出力。围绕吴中太湖新城·数字经济创新港建设发展、存量工业用地更新改造进行深入调研、召开专题议政类常委会议，就数字经济产业集聚和全区低效用地综合整治、"工业上楼"等工作建言献策，形成《关于进一步加快推进吴中太湖新城·数字经济创新港建设发展的建议案》《关于加快推进吴中区存量工业用地更新改造的建议案》2份建议案并呈报区委供决策参考。

【协商建言】 2023年，区政协制定《吴中区政协2023年度协商工作计划》，组织政情通报会2次，专题议政类常委会议2次，界别委员协商专场1场，专题协商类主席会议6次，提案办理协商11次，民主监督协商1次，提出意见建议160条，委员们建真言、谋良策、出实招，为全区经济社会发展献计献策。运用全会联组讨论、常委会议协商、重点议题专题协商、专委会对口协商等形式，把握政协全体会议、专题议政性常委会议、协商专场活动等不同协商形式的特点，不断优化组织方式，提升政协履职效能。

【基层协商】 2023年，全区各基层政协工委通过"有事好商量"协商议事室、"委员工作室"等平台载体，拓展协商内容、丰富协商形式、健全协商制度。落实"搭建平台、确定议题、明确主体、商前调研、开展协商、报送成果、转化落实、评估质效"等8个关键环节的协商闭环，结合全区"社情民意日"活动，把"协商"搬进社区、搬进网格、搬进群众，打造离群众最近的"民生议事堂"。全年新建8个、累计建成14个委员工作室，木渎"渎+产业"委员工作室、肖薇薇委员工作室获评市政协优秀委员工作室。建优和用好并重，推动各委员工作室、协商议事室立足实际、创新实践，围绕安全生产、环境改善、养老服务等共开展"有事好商量"协商议事活动264次，解决问题391件。

2023年9—10月，开展服务为民和民生专题协商议事月活动，各政协工委围绕政府民生实事项目、基层社会治理示范工程、基础设施建设修复、农村人居环境整治提升、安全生产水平提质增效等议题开展协商议事，共组织开展协商议事活动93场次，解决问题140件。

（朱寒馨）

民主监督

【专题视察】 2023年，区政协先后组织委员就优化营商环境、自然资源规划、太湖生态岛建设、养老服务工作等开展主席会议专题视察6次、专委会视察15次、专题调研22次，参加委员130余人次。委员们深入实际、深入现场，了解情况、发现问题、现场问计献策，提出一批切实可行的意见建议，为有关部门在执行、落实政策时提供参考，进一步强化政协民主监督职能。

【监督评议】 2023年，区政协坚持民主监督与服务大局相结合，改进民主监督方式，坚持区委、区政府决策部署到哪里，民主监督就跟进到哪里，监督力量就集聚到哪里，切实做到真帮忙、出满力、求实效。2023年，有50余名政协委员被区有关部门和镇（区）、街道聘为特约监督员、特约检查员、行风评议员、党风联络员。广大政协委员深入乡镇、街道、企业及服务对象，听取基层群众的意见建议，原汁原味地向被评部门反馈，对相关职能部门依法行政、工作作风、服务发展的情况进行专项评议，帮助和促进部门掌握情况、了解民意、发现不足、分析原因、解决问题，推动部门转变职能、改进作风、促进工作。

（朱寒馨）

委员工作

【提案办理】 2023年，广大政协委员、政协各参加单位和各专门委员会，围绕高水平展现中国式现代化的吴中新实践，运用提案方式建言资政、凝聚共识，全年共提交提案262件，立案174件。其中，经济建设方面的提案43件，城建管理方面的提案43件，科教文卫体方面的提案66件，社保、法治、统战和精神文明建设及其他方面的提案22件，提案分送各相关单位办理。确定区委、区政府、区政协领导重点督办21件。经区政协、区政府及各办理单位的共同努力，174件提案全部按时办结，提案办结率、满意率均为100%。在提案办理过程中，区政协不断创新工作举措，做到主席会议、常委会议定期专题研究提案工作，主席分工督办重点提案，难点问题协同政府领导现场会办，提高提案的办结率，开展提案办理"回头看"活动，及时检验提案办理成效。

【委员培训】 2023年10月23—27日，区政协举办五届政协委员能力提升培训班。培训班邀请苏州市政协、市委党校相关领导和专家学者，以专题讲座、现场教学、专题党课等形式，重点围绕习近平新时代中国特色社会主义思想和习近平总书记考察江苏重要讲话精神、政协提案撰写、社情民意反馈等方面进行专题辅导，丰富委员们的理论和业务知识，开阔眼界和视野，提高委员们的履职能力水平。

（朱寒馨）

表7-1 2023年吴中区政协优秀提案一览表

奖项	案由	提案单位（人）
一等奖	关于维护营商环境 进一步提升本土企业发展的建议	俞向龙
一等奖	关于聚焦关键核心技术,推动我区机器人产业集聚发展的建议	吴中区工商联

续表

奖项	案由	提案单位（人）
二等奖	关于加快盘活国有企业存量建筑不动产的建议	民盟吴中区基层委
二等奖	关于吴中区大力发展新能源汽车全供应链的建议	王鹏辉
二等奖	关于强区政策推动企业科技创新生态的建议	刘明
二等奖	关于传统村落保护与发展的建议	香山街道政协工委
二等奖	关于吴中区古建筑保护与开发利用的建议	民进吴中区委会
三等奖	关于加强我区"一刻钟便民生活圈"建设为拉动内需持续赋能的建议	民盟吴中区基层委
三等奖	关于加快科创载体建设 为产业强区提供支撑的建议	民盟吴中区基层委
三等奖	以宝带桥·澹台湖文化公园为中心，加快打造大运河文化集聚区的建议	民进吴中区委会
三等奖	关于以社区教育为平台，传播非遗文化的几点建议	民进吴中区委会文艺一支部
三等奖	加码布局环太湖1号公路"新基建"建设，为绿色湖区添智慧之翼	杨敏
三等奖	关于加快提升区内规模以上企业高质量发展的建议	陈华胜
三等奖	关于进一步提升我区城乡建筑垃圾末端处置管理的几点建议	张莘等3人
三等奖	关于推动吴中区工业互联网产业发展的建议	民建吴中区基层委
三等奖	关于利用科普手段推动太湖水文化建设的建议	致公党吴中区基层委
三等奖	关于全面强化污水处理设施防范能力建设的提案	沈敏等5人
三等奖	关于在新形势下规范推进吴中区房地产领域稳健发展的建议	徐永俊
三等奖	关于在横泾街道上林村建设乡村邻里中心的建议	王俊清
三等奖	关于东、西山农业产业转型升级的建议	金庭镇政协工委
三等奖	关于进一步加快羊毛衫制造业智能化转型升级的建议	杨炯
三等奖	关于凝聚社会资源助推基层体育事业高质量发展的建议	木渎镇政协工委
三等奖	关于推进我区露营经济新业态健康有序发展的建议	太湖街道政协工委
三等奖	关于进一步扩大政务微信公众号宣传影响力的建议	胥口镇政协工委
三等奖	关于进一步加强物业管理的建议	周健华等4人
三等奖	围绕"一圈一带"建设契机，加快打造太湖新城数字经济创新港的建议	王伟忠
三等奖	关于加强吴中区公共体育设施建设的建议	解冰
三等奖	关于发挥新的社会阶层人士作用的建议	张金华
三等奖	关于推进教育部门引入"博物馆进校园"的建议	陈曾路
三等奖	关于抢抓中国中医科学院大学落户机遇大力发展吴中中医事业的建议	医卫界别组
三等奖	以"环太湖1号公路"建设为契机 推进吴中区农文旅融合发展	冯晴珠
三等奖	关于进一步简化工程竣工验收手续的建议	区政协经科农委
三等奖	关于鼓励我区头部企业建立合规管理体系的建议	九三学社吴中区基层委

（政协吴中区委员会）

编辑　赵立文

中共吴中区纪委监委

综 述

【正风肃纪】 2023年，全区纪检监察组织以学习贯彻党的二十大精神和习近平总书记对江苏、苏州工作重要讲话重要指示精神为主线，开展学习贯彻习近平新时代中国特色社会主义思想主题教育和纪检监察干部队伍教育整顿，以迎接省委巡视和市委联动巡察工作为抓手，忠实履行党章和宪法赋予的职责，以严的基调、严的措施、严的氛围强化政治监督、正风肃纪反腐，加快建设"清廉吴中"。全区纪检监察组织共立案322件，给予党纪政务处分295人，移送司法机关12人。运用"四种形态"处理789人次，其中第一、二种形态分别占比61.85%、32.07%。

【纪检监察干部队伍建设】 2023年，全区纪检监察组织深入学习贯彻习近平总书记关于加强纪检监察干部队伍建设的重要讲话和重要指示批示精神，对标上级纪委监委部署要求，统筹推进教育整顿。区纪委常委会先后6次专题研究，召开全区纪检监察干部大会进行全面动员部署，围绕教育整顿3个环节，细化制定工作方案、厘清工作思路，班子成员带头制订学习计划、交流心得体会、落实双重组织生活，确保教育整顿工作高质量推进。组织科级以上纪检监察干部赴苏州监狱接受警示教育，组织120余名年轻干部参加案件庭审旁听，开展纪检监察干部家属廉政教育系列活动，推动教育整顿各项工作落细落实。从严从实管理队伍，梳理党的十八大以来涉及全区纪检监察干部的问题线索，受理问题线索35条，运用第一种形态处理12人，开除党籍并移送司法机关1人。依托公安、税务等职能部门查询全区220余名纪检监察干部违法犯罪、诉讼案件、经商办企业等情况，全方位扫描廉政情况。开展廉政风险排查、党性分析、违规参与民间借贷问题排查等工作，排查出廉政风险点136个，制定防控措施162条。坚持党建业务双融合，完成机关党委换届工作，做实走访家访、帮扶慰问等工作，做到严管和厚爱同向发力。

（郑晓虓）

重要会议

【中共苏州市吴中区五届纪委三次全会】 2月7日，中国共产党苏州市吴中区第五届纪律检查委员会第三次全体会议召开，区委书记丁立新出席会议并讲话。会议书面传达中央纪委二次全会和省、市纪委三次全会精神。审议通过区委常委、区纪委书记、区监委主任徐华东代表区纪委常委会向全会作的《深入贯彻党的二十大精神纵深推进全面从严治党　为高水平展现中国式现代化吴中新实践提供坚强保障》的工作报告。报告回顾总结2022年全区纪检监察工作，部署2023年重点任务。

【党风廉政建设暨领导干部警示教育大会】 6月29日，吴中区召开党风廉政建设暨领导干部警示教育大会。区委书记丁立新为全体党员干部上廉政党课并提出意见。会议深入贯彻习近平新时代中国特色社会主义思想和党的二十大关于坚定不移全面从严治党、深入推进新时代党的建设新的伟

2023年2月7日，中国共产党苏州市吴中区第五届纪律检查委员会第三次全体会议召开　　　费凡　摄

大工程战略部署，进一步增强全区党员干部廉洁自律和拒腐防变意识，为高水平展现中国式现代化吴中新实践提供坚强政治保证。与会人员集中观看警示教育片《激浊扬清》。

【纪检监察干部队伍教育整顿动员部署会议】 3月20日，全区纪检监察干部队伍教育整顿动员部署会议召开。区委常委、区纪委书记、区监委主任徐华东出席会议并讲话，区纪委副书记、区监委副主任张或主持会议。会议强调，要提高政治站位，深刻认识教育整顿重大意义，要紧盯关键环节，推动教育整顿走深走实，抓住学习教育这个根本，加强理论学习、提高思想认识，紧盯检视整治这个要害，找准问题、解决问题，把握巩固提升这个关键，进一步加强规范化、法治化、正规化建设。

（郑晓虓）

党风廉政建设

【一体推进"三不腐"】 2023年，吴中区坚持严的基调不动摇，一体推进不敢腐、不能腐、不想腐。强化不敢腐的震慑。紧盯重大工程、重点领域、关键岗位，围绕巡视巡察和专项监督交办的重要线索、群众反映集中的突出问题，全区纪检监察组织共立案322件，审查调查乡科级以上干部30人；给予党纪政务处分295人，采取留置措施9人，移送司法机关12人。加大追赃挽损力度，全年挽回经济损失1.28亿余元。

扎牢不能腐的笼子。做深查办案件"后半篇文章"，研究案发规律，查找制度漏洞，制发纪检监察建议22份，2篇意见建议类信息由省纪委选报至中纪委办公厅，推动案发单位完善制度机制27项、整改问题40个。

增强不想腐的自觉。深化"环太湖廉洁文化带"提升工程，出版发行《吴韵清风——吴中家风廉行录》，制定出台《吴中区廉洁文化教育阵地建设运行工作指引》，打造覆盖机关、学校、社区、乡村、企业的廉洁文化教育矩阵。作品《因地制宜打造环太湖廉洁文化》获"廉洁文化建设在江苏"十佳成果奖。拍摄制作警示教育片《激浊扬清》。挖掘本土优秀传统文化资源蕴含的廉洁精华，因地制宜推进廉洁文化建设。国裕集团打造"清朗家风教育基地"；香山街道设计"核小莲"微信专属表情包；甪直镇创建水八仙廉政小馆，设计八仙十美表情包；城南街道打造"城小纪"文化IP形象；郭巷街道举办"崇德向善'巷'廉花开"廉政展。

【纠"四风"树新风】 深入落实中央八项规定精神。2023年，区纪委监委制定《吴中区纪委监委机关风腐同查工作实施意见》，健全风腐同查工作机制。开展公款旅游及隐形变异问题专项监督，通过查阅账目、赴旅行社调取材料、大数据交叉验证等形式，立案查处10人，运用第一种形态处理7人。深化"清风行动"等专项督察，紧盯重要节点，向全区领导干部发送廉政提醒短信5000余条。全区共查处违反中央八项规定精神问题42起，给予党纪政务处分49人，在"清廉吴中"公众号上首次公开通报2起违反中央八项规定精神典型问题，强化警示震慑。

抓实作风建设。把整治形式主义、官僚主义作为正风肃纪、反对"四风"的首要任务、长期任务。加大对机关单位庸懒散拖现象的查纠力度，全区共查处形式主义、官僚主义问题16起17人，推动干部作风持续向上向好。聚焦惠企政策落实、重点项目落地、亲清政商关系等重点领域，开展营商环境和"重点项目提效年"专项监督，立案查处84起53人，通报曝光5起破坏营商环境典型案例，持续擦亮"清廉助企·营商吴优"品牌。

推进践行"四敢"精神。设立"暖心"咨询平台，向全区党员干部提供纪法咨询、答疑解惑服务。制定《吴中区关于推进践行"四敢"精神风险报备工作指引（试行）》，落实市纪委"1+5"制度体系要求，协助区委用活用好"三项机制"，报备风险事项45件，为8名党员干部容错纠错，为14名党员干部澄清正名，对54名受处分党员干部开展回访教育，推动全区形成勇于担当、真抓实干的浓厚氛围。

（郑晓虓）

监督执纪

【政治监督】 2023年，构建"三位一体"督查机制，统筹派驻纪检监察组、基层纪检监察组织、巡察机构监督力量，分别督查督导区级机关、各板块和被巡察单位，推动学习贯彻党的二十大精神走深走实；围绕产业发展、民生保障、安全生产等重点领域加强监督检查，保障区委各项部署落细落实；聚焦"关键少数"，协助区委加强对下级党组织"一把手"和领导班子的监督，印发《吴中区纪检监察组织负责人同下级党组织"一把手"开展谈话的工作指引》，累计开展谈话50余人次，形成一级抓一级、层层抓落实的工作格局，督促严于律己、严负其责、严管所辖。研究起草《关于加强开发区和镇（街道）所属国有（集体）企业监督工作的实施意见》，夯实对国有（集体）企业监督的制度基础。做好政治生态监测评估工作，强化问题整改和科学研判。

【基层"微腐败"治理】 利用信息化手段整合基层监督力量，健全完善"一人一委一网"监督体系，打造廉勤监督展示场所，落实村级"小微权力"清单制度，推动全面从严治党向基层延伸，严肃查处群众身边的不正之风和腐败问题19起27人。深化"听音问廉"工作机制，围绕农村集体"三资"监管、农村违章搭建、政府购买第三方服务等领域,通过座谈、约访、走访等形式,接待信访群众350批389人次。用好基层小微权力"监督一点通平台"和苏州市基层廉勤监督平台,持续排查解决基层反映强烈的突出问题,群众满意率逐年提升。

【乡村振兴领域专项治理】 2023年,区纪委监委开展乡村振兴领域不正之风和腐败问题专项整治,将基层保洁、村级工程、太湖生态岛建设、职业技能培训、"三资"监管"护航行动"5个专项监督纳入乡村振兴领域监督范畴,立案查处74起90人。巩固"三资"监管"护航行动"成果,会同区农业农村局出台《关于进一步规范农村集体资产租赁管理的实施意见》,在省内首创集体租金通过中国人民银行跨行代扣模式,从源头上避免租户拖欠租金问题的发生。

【民生领域专项监督】 开展医药领域腐败问题集中整治工作,对省纪委监委重点督办案件进行深入核查,立案查处5人。细化制定养老领域专项监督方案,联合职能部门建立养老领域监督模型,对全区居家养老服务情况进行监督,立案查处6人。做好公墓管理领域"后半篇文章",会同区民政、审计、财政、农业农村等职能部门,制定《关于进一步加强和规范公墓管理的实施意见》。常态化推进扫黑除恶"打伞破网",立案查处4人,移送司法机关2人,让群众感受到公平正义。

【监督统筹】 2023年,吴中区发挥党内监督和国家监察专责机关作用,推动各类监督贯通协同,促进制度优势更好转化为治理效能。运用"四种形态"处理789人次,第一、第二种形态分别占比61.85%、32.07%,做到用纪律"管住大多数"。规范审慎回复党风廉政意见,区纪委监委回复意见34批1026人次,严把政治关、廉洁关。召开"监督赋能·护航发展"特色监督项目现场展评会,推动打响吴中特色监督品牌。加强纪律监督、监察监督、派驻监督、巡察监督统筹衔接、贯通融合,制定《吴中区纪委监委"室组"联合办案工作方案》,完善"室组"联合办案机制。加大与人大监督、审计监督等协调协作,定期开展专题研究,推动信息、手段、成果共享,实现监督力量再整合、监督效果再提升。

【智慧监督】 2023年,加快智慧纪委监委建设,推进"智慧监督、智慧办案、智慧管理"。制定《监督建模及"数据铁笼"试点工作方案》,推动"数据铁笼"建设。探索大数据赋能监督,构建监督制约信息化平台和大数据监督模型,推动数据筛查比对与专项监督紧密结合,全年共建立2个监督制约信息化平台和7个大数据监督模型,使用大数据监督发现问题线索12条,立案2件。 (郑晓虓)

编辑 赵立文

民主党派

中国国民党革命委员会苏州市吴中区基层委员会

【组织建设】 2023年,中国国民党革命委员会苏州市吴中区基层委员会(简称"民革吴中区基层委")下设4个支部,新发展党员6人,共有党员65人。其中在职副科级以上领导干部3人、区人大代表1人、区政协委员(含常委、副主席)14人。民革吴中区基层委筹建第二党员之家,该党员之家位于民革党员企业内。5月23日,《团结报》在"基层报道"版块头条报道民革吴中区基层委"同心圆"龙狮队事迹——《"舞"出强大凝聚力》,肯定民革吴中区基层委"同心圆"龙狮队成立、训练、比赛的做法,以及打造"同心圆"系列品牌、参政议政、建设党员之家的情况。年内,徐伟英被授予首届江苏民革"三杆四爱"人物称号。

【参政议政】 民革吴中区基层委创建"同心圆"参政议政品牌,2023年,连续第五年举办"同心圆"议政会,围绕经济建设、城市建设、社会民生、民族文化、公益事业、农村发展等多项主题建言献策。年内,黄丹荔撰写的社情民意信息《加强收益监管改良排片机制 杜绝"偷票房"等电影行业恶性竞争行为》被民革中央录用,黄丹荔获评民革江苏省委会社情民意先进个人。《关于进一步提升我区城乡建筑垃圾末端处置管理的几点建议》获评区政协"2023年度优秀提案"。11月,党员闻菁参加苏州民革第五届中山议政会,其提案《关于加强早教行业规范管理的建议》获二等奖。

【社会服务】 2023年,民革吴中区基层委依托"行成博爱公益社",参与社会服务,长期资助多名学生。坚持资助幼教、特教等事业,帮助特殊困难群体融入社会、正常生活,用实际行动践行博爱精神,承担社会责任。6月,民革吴中区基层委到西山中心幼儿园开展"行成博爱 情系幼教"爱心捐赠活动,向幼儿园捐赠木制积木和人工智能玩具等,为幼儿的教育成长注入力量。

(高放)

中国民主同盟苏州市吴中区委员会

【组织建设】 2023年,中国民主同盟苏州市吴中区委员会(简称"民盟吴中区基层委")增设科技二支部,共设10个支部和2个工作小组,新发展盟员16人,转入盟员1人,共有盟员244人。其中在职副科级以上领导干部11人、区人大代表8人、区政协委员(含常委、副主席)29人。民盟吴中区基层委开展"凝心铸魂强根基、团结奋进新征程"主题教育,加强自身建设,提升履职能力。开展组织阵地建设,新成立朱妍委员工作室、产教融合委员联合工作室2个工作室。年内,民盟吴中区基层委获评民盟苏州市委2023年度先进集体,盟员王爱民被中国社区卫生协会评为新冠疫情防控表现突出的城乡社区卫生工作者,盟员周春毅创作的核雕《锦绣山河》获中国工艺美术协会中艺杯金奖,盟员史志晔被授予"江苏省十佳青年民间工艺美术家"称号。

【参政议政】 2023年,民盟吴中区基层委共有29名政协委员和8名人大代表参加区两会。会上提交集体提案15件、个人提案5件。其中,盟员俞向龙提交的《关于维护营商环境进一步提升本土企业发展的建议》,获区政协"2023年度优秀提案"一等奖;盟员陈琳提交的《关于加快盘活国有企业存量建筑不动产的建议》,获区政协"2023年度优秀提案"二等奖;盟员王中原提交的《关于加强我区"一刻钟便民生活圈"建设为拉动内需持续赋能的建议》、盟员钟翔提交的《关于加快科创载体建设 为产业强区提供支撑的建议》获区政协"2023年度优秀提案"三等奖。

【社会服务】 民盟吴中区基层委整合优质资源,聚焦群众关心的热点难点问题,打造社会服务工作品牌。2023年6月和8月,民盟吴中区基层委在越溪街道莫舍社区和吴中区林场先后成立2个社会服务基地,为社区老人和消防队员送上端午慰问品和饮料。7月,受台风"杜苏芮"影响,京津冀地区持续强降雨,河北省涿州市受灾严重。盟员张培培带领的苏州弘化社慈善基金会募款20万元,赴灾区参加应急救灾工作。全体盟员在"吴中慈善一日捐"活动中捐款近4万元,盟员俞向龙全年共计捐助善款超4万元。

(徐向东)

中国民主建国会苏州市吴中区基层委员会

【组织建设】 2023年,中国民主建国会苏州市吴中区基层委员会(简称"民建吴中区基层委")下设4个支部,新发展会员7人,共有会员94人。其中,区政协委员14人、区人大代表1人、市人大代表1人,参加民建苏州市委下属经济、企工、妇工等工作委员会11人,另有多名会员担任各类商会、行业协会及新社会阶层负责人。开展"凝心铸魂强根基、团结奋进新征程"主题教育系列活动,组织骨干会员参加民建市委会组织的中青班学习和区委统战部组织的会员培训会,提升会员的政治素养和履职能力。新建丽丰会史馆、汇融服务站、韩博活动站3个民建会员之家,打造会史展厅、会议室、图书角、休闲吧等功能区域,为会员提供学习交流、开展联谊活动和文化娱乐活动等服务。年内,民建吴中区基层委和一支部被民建苏州市委评为2023年度先进基层组织，张荦被民建江苏省委会评为2023年度优秀会员。

【参政议政】 2023年，民建吴中区基层委紧扣"助力民营经济健康发展、高质量发展"主题，赴苏州汇川技术有限公司、苏州韩博环境科技有限公司、苏州市君悦新材料科技股份有限公司等会员企业开展调研，撰写《助力民营经济健康发展、高质量发展》调研报告。6月，参与区政协组织的"吴协连心"委员联系界别群众主题活动和界别委员协商专场联组讨论活动，提交《关于精准施策推动民营经济高质量发展的建议》，并对吴中区招商新产业及存量招商议题提出建议。区两会期间，提交提案15件（集体提案3件），其中《推动吴中区工业互联网产业发展的建议》《关于加快提升区内规上企业高质量发展的建议》等提案获评区政协"2023年度优秀提案"；《在数字经济背景下如何通过数字化改造赋能产业创新集群发展的思考与建议》作为区两会期间的联组讨论议题，获区主要领导肯定。全年共上报社情民意54篇次，会员朱振华撰写的《关于初创企业投融资的问题与建议》被民建江苏省委会录用。民建吴中区基层委被民建苏州市委评为2023年度参政议政先进集体，朱振华被民建苏州市委评为2023年度参政议政先进个人。

【社会服务】 2023年，民建吴中区基层委依托"思源·东晓""同济匡智儿童基金会"等品牌活动，在吴中区、姑苏区等地开展一系列助学活动。在吴中区特殊儿童康复中心举办"陪伴星星的你"迎中秋手作陶艺活动，呼吁社会各界共同努力，为自闭症孩子提供更多的关爱和机会。会员钦瑞良所在企业和会员侯鹏博所在企业，分别在苏州大学和中国农业大学食品科学与营养工程学院设立"凯达奖学金基金""韩博环境科技慈善爱心基金"，进一步推动校企合作和人才培养。民建吴中区基层委的"思源·东晓"爱心助学助困活动获民建江苏省委会2023年度社会服务品牌创新奖。

（郑蓉 李纯 潘娟娟）

中国民主促进会苏州市吴中区基层委员会

【组织建设】 2023年，中国民主促进会苏州市吴中区基层委员会（简称"民进吴中区委会"）下设9个支部以及3个群团组织（开明经济界联谊会、开明青年志愿者协会、叶圣陶研究会），新发展会员13人，共有会员244人。会员中有全国人大代表1人，苏州市人大代表1人，市政协委员3人（其中常委1人）；吴中区第五届人大代表9人（其中常委1人），区第五届政协委员41人（其中常委9人）。2023年，民进吴中区委会制定《民进吴中区委会2023年'作风建设'主题年实施方案》，开展"作风建设"主题年活动。制定《民进吴中区委会支部工作目标考评实施办法》，完善支部量化考核制度。吴中民进开明经济界联谊会顺利换届，通过选举产生新一届班子成员。年内，民进吴中区委会获民进全省机关目标考评一等奖。

【参政议政】 2023年，民进吴中区委会开展第十期以"大运河文化带建设"为主题的同心议政沙龙，形成10篇调研报告，议政沙龙成果转化为政协提案、社情民意信息等向党委和政府建言献策。会员林锴撰写的调研报告由民进苏州市委转化为政协提案《关于助推苏作工艺的保护传承、弘扬"江南文化"品牌的建议》，被评为市政协十五届二次会议以来优秀提案。民进吴中区委会集体提案《以宝带桥·澹台湖文化公园为中心，加快打造大运河文化集聚区的建议》《关于吴中区古建筑保护与开发利用的建议》，被确定为2023年区政府领导领办提案；集体提案《关于加强太湖生态治理擦亮吴中生态名片的对策与建议》，被确定为区政协五届三次会议的1号提案。区政协五届三次会议联

2023年9月14日，民进吴中区委会在运河图书馆举办"大运河文化带建设"同心议政沙龙　　　　　　　　　　　　　　民进吴中区委会　供稿

组讨论会上，民进吴中区委会做题为《精心打造大运河文化产业集聚区，助力吴中文化产业高质量发展》的交流发言。年内，民进江苏省委会关注课题《推动环太湖文旅资源一体化提升江南文化美誉度与影响力》、民进苏州市委重点课题《关于推动大中小学思政课一体化建设的建议》、民进苏州市委关注课题《关于以数字苏州驾驶舱建设为契机，加快推进苏州市数字城市运行管理效能的建议》，均成功结题。其中民进江苏省委会关注课题获民进全省2023年度关注课题二等奖。

全年共有62条信息被民进江苏省委会采用，张玉英的《关于尽快建立围绝经期妇女干预体系的一些建议》被民进中央、全国政协采用，袁诚的《关于疫情过后学校体育设施恢复对社会开放的建议》获市政协专报，得到苏州市委书记和市长的批示。

【共建合作】 2023年，民进吴中区委会探寻民主党派与中共党组织共建合作机制，打造"同心履职+共建基地"品牌，分别与越溪街道张桥村党委和区吴淞江实验小学、吴文化博物馆、区退管中心党支部4个中共基层党组织结对共建。依托中共基层党组织的资源，用民主党派的自身优势赋能基层党建，筑牢共同思想政治基础，通过同心共建基地，开展文旅融合、乡村振兴、非遗传承、养老服务等公益活动。在吴文化博物馆、区退管中心挂牌"民进非遗文化传播基地""开明·乐学社志愿服务基地"，利用共建基地这个载体，推动社会服务工作常态化、特色化、品牌化。

【社会服务】 民进吴中区委会开明志愿者协会与区人社局退管中心合作开展"开明老年乐学微课堂"品牌志愿活动。2022年6月至2023年末，在全区7个乡镇和4个街道的22个村（社区）开展26次志愿服务活动。开明经济界联谊会赴扬州、常熟交流，探索如何发挥经济界别优势，打造好社会服务品牌。民进吴中区委会配合民进苏州市委"江南文化行"主题活动，组织文艺界会员参加文化艺术精品展，9个大师工作室入选民进苏州市委"江南文化行"体验点，民进吴中区委会获"2023年度苏州民进'江南文化行'活动优秀组织奖"，陆小琴等10名会员被评为"2023年度苏州民进'江南文化行'活动优秀会员"，副会长唐华军获"2023年度苏州民进特殊贡献奖"。文艺界开展"春联万家·奔赴新征程"活动，为社区居民写春联、送福字，赴部队开展"翰墨庆八一 同心传真情"书画拥军慰问活动。医卫界走进甪直镇澄墩村、越溪街道张桥村、横泾街道泾峰社区、胥口迈立铖电线有限公司企业举办义诊，作健康讲座，为老百姓送健康、送服务。

（钱家荣）

中国致公党苏州市吴中区基层委员会

【组织建设】 2023年，中国致公党苏州市吴中区基层委员会（简称"致公党吴中区基层委"）下设3个支部，新发展党员3人，共有党员79人，侨海占比约89%。16名党员担任人大代表和政协委员，其中市政协委员3人、市人大代表1人、区政协委员7人、区人大代表5人。完善《致公党吴中区基层委员会内部管理规章制度》，为开展基层委工作提供制度保障。吴中一支部与沧浪一支部、致公党苏州市委会经济工作委员会，吴中二支部与园区二支部、致公党苏州市委会妇女工作委员会，吴中三支部与金阊三支部、致公党苏州市委会理论与学习委员会分别结对共建，在开展结对活动中实现优势互补、合作共赢。年内，致公党吴中区基层委获评致公党江苏省委会"合作共建"先进集体，张红梅、施华平被致公党中央评为致公党参政议政工作先进个人，杨静漪获苏州市五一劳动奖章。

【参政议政】 2023年，致公党吴中区基层委在区政协五届二次会议上提交15件提案，涉及环保、旅游、食品安全、农业、金融、传统文化等方面。其中集体提案《关于利用科普手段推动太湖水文化建设的建议》得到区政协副主席宋银林重点督办；陈礼的《关于抢抓中国中医科学院大学落户机遇，进一步打造长三角养老服务高地的建议》、金琦的《关于加强完善幼托服务体系的建议》获评区政协优秀个人提案，盛晓涛的《关于建设吴中区非遗数字化平台的建议》获评区政协优秀联名提案。《关于立足本质安全提高安全生产执法治理能力的建议》获评"中国致公党参政议政优秀成果"。致公党吴中区基层委每月撰写社情民意信息，其中，《关于细分涉及食品等5个领域行政处罚信息最短公示期的建议》《关于基层危险物品扣押、取样鉴定工作的建议》被致公党江苏省委会采用，《从"天津烟花爆竹爆炸事故"折射出住宅小区安全问题亟需重视》《警惕"鼠头鸭脖"等基层舆情事件背后折射出的机关部门纵向沟通机制问题》《基层建议关注预制菜大幅应用趋势或存负面影响》《从失信行为纠正后的信用信息修复管理办法（试行）施行情况看新旧法衔接问题》《关于私造浮桥事件折射出的多方多层次问题及建议》《关于优化经济发达地区房票政策的建议》《关于提升景区（博物馆）现代化导游讲解服务的建议》《老年代步车无牌无险、事故频发亟需综合整治（半篇）》被市政协采用。

【对外联络】 2023年，致公党吴中区基层委做好海外联谊和交流工作。进一步加强与海外新老侨团联系交往，广泛联系海外华侨华人专业人士，开展科技、文化、教育等领域的交流与合作，宣传中国新型政党制度。12月17日，华裔天下国际文化传媒集团（党员张继堂是创始人）与中国马来西亚商会在北京共同举办华裔天下文化大会暨2023福布斯中国杰出匠人TOP100颁奖典礼，全国政协常委、港澳台侨委员会副主任、致公党中央副主席兼秘书长卢国懿以及20余个国家的外交使者、团体负责人等参加大会。大会围绕"文化聚侨、华商文旅、国潮出海"主题，为福布斯中国杰出匠人TOP100颁奖。

【社会服务】 致公党吴中区基层委整合资源，发挥特长，在社会服务中提升党派形象。2023年2月，党员朱平参加教育部第二批"组团式"援疆支教计划苏州援疆教师团，赴新疆克孜勒苏柯尔克孜自治州参加为期一年半的教育援疆工作。5月，党员吴婷申请的"朝阳守护夕阳"——老年人法律援助公益服务项目，由苏州市法律援助基金会立项并审核通过。

（杨静漪）

九三学社 苏州市吴中区基层委员会

【组织建设】 2023年，九三学社苏州市吴中区基层委员会（简称"九三学社吴中区基层委"）下设城区、开发区、度假区3个支社和1个青年工作委员会，新发展社员4人，共有社员66人，其中10人担任市、区两级政协委员。组织开展"凝心铸魂强根基、团结奋进新征程"主题教育系列活动4次。3月，赴暴式昭纪念馆开展廉政教育学习培训。鼓励全体社员参与纪念"五一口号"发布75周年活动，发动支社开展"同心阅读"读书活动。

【参政议政】 2023年，九三学社吴中区基层委在区政协五届二次会议上共提交提案19件，其中集体提案7件。社员陆费红主笔撰写的集体提案《关于鼓励我区头部企业建立合规管理体系的建议》被评为区政协"2023年度优秀提案"。全年共提交社情民意14条，为区政协和九三学社苏州市委供稿，其中，5篇转报江苏省政协，2篇被九三学社江苏省委会采用。社员孔德旗撰写的调研报告《加快打造开放创新平台，促进外贸外资稳中提质》获九三学社苏州市委参政议政课题招标立项。社员孔德旗被九三学社江苏省委会评为参政议政先进个人。

【社会服务】 2023年，九三学社吴中区基层委被九三学社江苏省委会评为社会服务二作先进集体，社员郭俊兴被九三学社江苏省委会评为社会服务先进个人。8月，九三学社吴中区基层委发动社员参与吴中区2023年"爱心济困　善行江苏"江苏慈善网络募捐专场活动，共筹集善款5800元。11月，推荐社员郭俊兴所在企业赴广州参加由中国科协、国家发改委、中国工程院和九三学社中央主办的2023年中国创新创业成果交易会，郭俊兴入选先锋人才榜。12月，联合市立医院东区支社在吴中区旭辉彩园养老社区开展健康义诊，为居民提供咨询和服务100余人次。

（范檬）

编辑　张振雄

群众团体

吴中区总工会

【概况】 2023年，吴中区共有基层工会2381个，其中单独基层工会2164个、联合基层工会217个。全区职工总人数293848人，其中工会会员28250人，较上年新增1.3万人。推进百人以上企业、大企业、"两委员一代表"企业等重点单位和社会组织建会，全区新建会280家，其中独建83家，覆盖197家，实现25人以上社会组织工会全覆盖，江苏省"两代表一委员"以及工商联代表所在企业工会全覆盖。创建最美工会户外劳动者服务站点国家级1家、省级3家、市级3家，职工书屋示范点省级1个、市级4个、区级12个，市级模范职工之家3家，妈妈驿站17家，女职工康乃馨服务站10家，职工（劳模）疗休养基地省级1家、市级22家，江苏省幸福企业试点单位1家。

【思想建设】 2023年，区总工会宣传劳模精神、劳动精神、工匠精神，开展践行"四敢"荣耀吴中——吴中区庆祝"五一"国际劳动节暨劳模工匠命名大会、"致敬劳动者 定格劳动美"照片征集活动、"奋斗者时代"劳模工匠事迹专题宣传展播等系列活动。发挥苏州全国劳模事迹馆宣传教育主阵地作用，联合区文明办开展沉浸式主题教育——"强国复兴有我"Yue少年成长计划，激励未成年人了解劳模光荣事迹，体会劳模崇高精神，全年接待参观团队233批，共计8700人次。以微信公众号为主要宣传阵地，围绕阅读节，推出劳模工匠、工会干部线上领读活动；庆祝中国共产党成立102周年，推出学习党的二十大精神系列答题活动，约12000人参与；把各类宣讲学习搬进企业车间、生产一线，推出强国复兴有我"中国梦 劳动美"班前班后十分钟优秀案例征集活动，凝聚新时代吴中的奋进力量。

【维权机制建设】 2023年，吴中区总工会开展"春季要约"行动，覆盖企业5800家，其中百人以上签订年度工资专项合同1900家。召开维权维稳专题会议，传达上级工会关于劳动领域维护政治安全工作的会议和文件精神，与各镇（区、街道）工会签订2023年度工会劳动领域维护政治安全工作责任书。全年依托职工法律服务站提供法律咨询3045人次。定期组织工作人员进入企业、社区，通过现场派发宣传手册等方式宣传劳动者权益、女职工保护等法律知识。

【服务职工】 2023年，区总工会投入帮扶资金共计79.11万元，其中春节送温暖慰问金21.62万元、特困职工生活救助金10.77万元、爱心助学金2.22万元。12650人参加职工互助医疗保障计划，3875人参加女职工团体互助医疗特种保障计划，两项保障计划共计发放保障金13.5万元。为高温工作一线职工发放清凉用品，对五大特殊岗位对象（环卫所一线职工、企业从事有毒有害工种的职工、供水一线抢修职工、景区观光车驾驶员、公交车司机）配送劳保用品，共计14857份，投入资金186万元，惠及职工2.1万人。结合助农惠农、强化特色产业工作，助力吴中乡村振兴，多次开展"苏工惠"普惠活动，活动涉及金额共计104.78万元，惠及15000人次。

【劳动竞赛和生产保护】 2023年，区总工会与区卫健委、区人社局等联合举办以"爱佑新生 心系妇幼"为主题的全区妇幼健康技能竞赛活动；与团区委、区妇联等联合举办"永远跟党走 建功新时代"全区人社系统练兵比武竞赛；开展第七届"吴中技能状元"职业技能竞赛，坚持政府牵头、行业共同组织实施，涉及六大领域20个项目，其中4名一等奖选手获苏州市五一劳动奖章；围绕安全生产开展"安康杯"竞赛，共3320个班组、4478人参与。

【劳模管理】 2023年，区总工会做好先进典型选树工作。全区先进集体获省五一劳动奖状1家、省工人先锋号3个、市五一劳动奖状7家，先进个人获全国五一劳动奖章1人、省五一劳动奖章2人、市五一劳动奖章22

2023年4月26日，吴中区召开庆祝"五一"国际劳动节暨劳模工匠命名大会

费凡 摄

人、市五一劳动荣誉奖章1人。4月26日，区总工会召开庆祝"五一"国际劳动节暨劳模工匠命名大会，宣读《关于命名2023年吴中区劳动模范的决定》《关于命名第四届"吴中工匠"的通报》。授予顾春林等100名同志"苏州市吴中区劳动模范"称号，命名黄一平等20名同志为第四届"吴中工匠"。推进劳模创新工作室创建发展，获市级劳模创新工作室2家、区级劳模创新工作室7家。（孙小涵）

共青团吴中区委员会

【概况】 2023年，吴中区有基层团（工）委63家。其中，镇（区、街道）17家，区级机关团组织32家，直属学校团委6家，企业团委8家；下辖总支241个，支部3110个。截至年末，全区共有团员34192人。

【青年思想引领】 2023年，团区委坚持为党育人，筑牢思想根基。举办"学习二十大、永远跟党走、奋进新征程"主题团日活动，开展各类学习教育累计1000余场。举办"青春心向党　奋进新征程"团中央基层示范宣讲走进苏州活动，常态化实施线上"青年大学习""入团第一课""红领巾相约2035"等主题活动，提升共青团工作面对面的感染力和凝聚力。整合团宣讲资源，实施"吴青话四敢·一十百千万"理论宣讲工程，打造3条区级青年学习社线路（一"甪""巷"前青年创新创业主题学习线路、"一号公路"乡村振兴主题学习线路、"浈川红"沉浸式红色教育主题学习线路），常态化开展"吴微不至"青年成长沙龙品牌活动，以思维碰撞、读书交流等活动形式，打造"青年身边的共青团"，打通青年理论武装工作"最后一公里"。做好外宣报道工作，全年累计在"学习强国"、《中国青年报》、新华社等国家级媒体上报道50余次，《新华日报》、紫牛新闻、交汇点、《苏州日报》等省市级媒体上报道140余次。

【基层组织建设】 2023年，团区委根据团中央、上级团组织改革指示精神和《吴中区共青团基层组织改革实施方案》目标要求，聚焦实施团干部扩源提质工程、团组织强基聚力工程、团员规范培育工程、党建星火领航工程、青年青春建功工程，推动各项改革决策部署落地落实，增强吴中区共青团的引领力、组织力、服务力和大局贡献度。推进基层团组织建设，持续加强团的组织覆盖，激发团的组织活力，持续开展"两新"组织团建攻坚，优化非公领域团建工作法，推动成立人力资源服务行业、金融行业、律师行业等行业团工委，发挥行业团工委枢纽作用。深化"青年之家"阵地打造，实现镇（街道）青年之家实体阵地全覆盖，打造枢纽功能型、联系服务型、窗口单位型等不同类型的青年之家，搭建15分钟联青服务圈。同步导入"吴微不至"青年成长沙龙等各类活动逾550场次，单场平均参与人数31人。做好团员发展计划和结构调控，加强对全区团员发展的全过程指导和监督。坚持把政治标准放在首位，严格发展程序、坚持政治教育与社会实践相结合，累计推优入团352人。

【青年人才服务】 2023年，团区委坚持服务大局，促进青年发展。紧跟吴中"产业强区、创新引领"发展战略，举办2023"智汇吴中"创客大赛暨吴中区第十三届青年（大学生）创新创业大赛，搭建"以赛引才、双招双引"平台，6大赛区共吸引256个海内外优秀青年科创项目参赛，同步发布"吴微不至"青创伙伴计划和青年创新创业人才交流实践基地，探索合作新模式。聚焦现代产业集群，在全区范围内打造1个区级青年创新创业服务中心（旗舰店），设立N家青年创新创业服务分中心（度假区、经开区、吴中高新区、太湖新城），为青年创客提供项目孵化的空间与阵地，吸引更多青年人才创新创业。打造苏州青年发展型城市青年技能提升空间，串起技能人才"技能+就业"典型示范、技艺交流、思想引领、能力提升的360度服务，给予技能人才成长成才空间。提档升级"苏青驿"青年人才驿站，推出"1+2+3"特色服务，全年累计服务到吴中面试的青年群体570人次，提供免费住宿1013晚，其中硕士及以上学历占比55%。服务好吴中区青年企业家，推出"青企合伙人"品牌，开展常态化活动，打造青年企业家赋能平台，服务青年企业家成长，建功吴中发展。联合区青年手艺人协会、吴文化博物馆等，推出"博文匠心"吴博青匠培育计划，助力青年手艺人技艺传承革新，助力区域手工艺文化和产业蓬勃发展，探索文化产业化赋能新路径。围绕2023年江苏大学生志愿服务乡村振兴计划，公开招募14名大学生志愿者到乡镇开展服务工作，为乡村振兴社会治理、基层社会治理及做好基层青年服务工作注入青春活力。

【青年志愿行动】 2023年，团区委坚持根植青年，提供暖心关爱。联合承办"青"新服务高质量　青春聚力现代化——苏州青年发展型城市建设主题活动，进一步服务好新业态新就业青年群体。联合区教育局、区文体旅局，启动"文化润童心"非遗进校园系列活动，推出16个课程体系，全面提升校园文化艺术氛围，增进学生与传统艺术的距离，促进传统文化与教育资源的有机融合。在全区开设青少年暑托班点位151个，实现14个镇（街道）全覆盖，累计服务青少年5万余人次，其中困境青少年790人次、新市民子女及新业态新就业人群子女4520人次。进一步深化"吴小志"志愿服务品牌，在全区范围内开展"吴小志"助力"太湖美"青年志愿者主题行动，打造14支志愿服务小分队，开展"保护母亲河"、"青春净山行动"、人居环境改善、乡风文明提升等活动30余场次，带领更多青年在建设"新时代鱼米之乡"中勇挑重担。服务困境青少年健康成长，落实2023年苏州市"梦想改造+"关爱计划相关要求，联动区青年企业家协会、金螳螂建筑装饰股份有限公司等，改造建设梦想小屋10户，并完成交付。持续推动"蒲公英计划"，开展"我与苏州共成长"吴中区爱心义卖集市、"羽"你"童"行苏迪曼杯参观体验、"六一游学进校园 护航童心共成长"、"防灾减灾进校园 撑起安全保护伞"等系列关爱服务活动，帮助外来务工人员子女更好融入吴中。联合吴中公安分局、法院、检察院、司法局等，设立"青春维权港湾"，依托苏州市青少年"立体关护平台"、"12355"维权热线，线上线下倾听青少年心声，维护青少年合法权益。

【吴中区青少年活动中心】 2023年，区青少年活动中心共接待服务53万余人次。增开新生班时段，办学规模不断扩大，共开设班级1065个，招收学员6079人（8942人次），培训收费总金额802.87万元，较上年分别增长53.46%、52.74%（47.53%）和39.71%。"小水滴"少儿艺术团设有阳光青少年乐团、"小水滴"少儿合唱团、戏曲团、舞蹈团、评弹团，开展常态化交流、演出活动。年内参加"诗意江南·书雅吴中"图书馆之夜活动、"阳光伴我成长"音乐会、"夜YUE吴中悦享佳节"FUN中秋游园会等演出活动，彰显"小水滴"的品牌效应和公益形象。

（周雨）

吴中区妇女联合会

【概况】 2023年，全区有木渎、甪直、胥口、东山、临湖、光福、金庭镇妇联7个，长桥、郭巷、横泾、越溪、城南、太湖、香山街道妇联7个，度假区、经开区、吴中高新区妇联3个，区级机关妇联44个，村（社区）妇联216个。年内，区妇联获江苏女性融媒体大赛优秀组织奖、苏州女性融媒体大赛优秀组织奖等荣誉。

【巾帼思想引领】 2023年，区妇联创新打造"触手可及的妇女学习圈"，依托吴美丽巾帼宣讲团，围绕习近平新时代中国特色社会主义思想、党的二十大、中国妇女十三大精神等，开展线上线下巾帼大宣讲62场，受众5300余人次。在人民网、"学习强国"等刊发新闻稿件30余篇，在《中国妇女报》头版刊登吴中妇女儿童工作。"吴中女性"微信公众号连续上榜吴中政务微信前十。加强正面典型宣传，培树市级三八红旗手6人、三八红旗集体3个，命名吴中三八红旗手58人、三八红旗集体33个。

【妇女组织建设】 2023年，区妇联开展学习贯彻习近平新时代中国特色社会主义思想主题教育，开展"千村万企、千家万户"大走访等基层调研数十次，打造"吴雁向阳"党建品牌，与越溪街道旺山村、临湖镇灵湖村、女性社会组织等开展党建共建。全区7个街道妇联完成换届工作。组建律师行业妇联等新兴领域妇联组织4家，开展"新"光熠熠新兴领域妇联组织赋能项目系列活动13场。实施"领头雁"培训计划，举办基层妇联强基赋能培训班。压实执委履职制度，建立妇联执委领办项目清单，对执委履职情况进行展播。加强巾帼志愿团队建设，组织全区156个巾帼志愿队伍围绕垃圾分类、文明城市建设等常态化开展巾帼志愿服务。

【赋能女性发展】 2023年，区妇联与区委办联合发布《支持女性科技人才发展的实施方案》，出台3个方面、10项具体举措。在经开区苏旺景苑打造区内首个女性人才公寓。实施"吴家有爱 情暖吴中"人才家庭关怀服务项目，开展系列活动15场，入选区人才服务十大项目。清控科创太湖湾数

2023年3月，吴中区首个女性人才公寓（经开萃寓1期）建设完成　区妇联　供稿

字科技园获评省级女大学生创业就业实践基地。联合区委网信办、农发集团实施直播行业"百千万"计划，举办吴美丽直播培训班3期，培训巾帼主播150余人次。培树省级巾帼示范基地2个、巾帼示范农场1个、美丽家园1个。培育市级美丽庭院280户、市级美丽庭院建设示范村2个。开展"美丽庭院"互学互看、现场教学等活动，以"庭院美"点亮"全域美"。区检察院第二检察部获"全国巾帼文明岗"称号，培树区级巾帼建功标兵20人、巾帼文明岗20个。

【家庭文明创建活动】 2023年，区妇联开展"最美家庭"寻访工作。郁伟芬家庭获评全国最美家庭，许忠英家庭获评江苏省最美家庭，培树市最美家庭6户、区最美家庭149户。举办吴中区纪念"5·15国际家庭日"主题活动，成立区家庭教育研究促进会，举办家庭读书会8期，打造市级家风家教实践基地2个，发布吴中区新时代家教家风实践基地地图。举办领导干部家属廉政教育培训班。聚焦家庭关爱，在"六一"等节点开展走访慰问，发动各级妇联和爱心人士发放慰问金65000元，帮扶困境学子82人。成立吴中区妇女儿童关爱服务公益平台，开展公益项目4个，累计开展百余场活动，惠及妇女儿童6000余人次。全域推进"99"公益活动，吸引超12万人次参与，筹集善款30余万元。

【妇女儿童权益保障】 参见收入与分配—社会福利—妇女儿童权益保障

（康娜）

吴中区科学技术协会

【概况】 2023年，吴中区科学技术协会（简称"区科协"）有23个区级学会（协会）、7个镇科协、7个街道科协。区科协把握"四服务"工作职责，组织动员全区科技工作者当好科技自立自强排头兵，为奋力谱写中国式现代化吴中新篇章而团结奋斗。年内，吴中区以综合考核全省第一的成绩成功创建江苏省科普示范区，区科协获评2023年全国科技活动周暨江苏省第三十五届科普宣传周优秀单位，系全市唯一。

【创新资源汇聚】 2023年，区科协承办苏州市"海智服务基层行"暨海外人才创新创业项目路演大健康专场活动，聘请4名生物医药教授担任吴中海智专家。会同区科技局、区科招中心赴中国科协对接争取海智资源，其中签约项目3个。召开海智座谈会，推动英国威尔士医疗科技创业者实验室与吴中海智资源对接。吴中科姆创企业联合体被评为2023年省级海外人才离岸创新创业基地，航万科创被评为省级海智国际研发社区。

【服务产业高质量发展】 2023年，区科协承办苏州市科协首场"科企智汇行"四链融合——智能机器人专场活动，俄罗斯工程院外籍院士孙立宁等受邀进行技术分享。邀请中国科学院院士王志新参加苏州发展大会，为苏州经济社会发展建言献策。联合区科招中心承办第一届中国智能材料与结构大会，中国工程院院士杜善义、徐南平、周济，中国科学院院士江雷、张统一、郭万林、崔铁军、冷劲松等出席开幕式。联合区委人才办举办数字经济与工业互联网创新应用峰会暨2023年苏州国际精英创业周吴中分会场系列对接活动启动仪式，中国工程院院士沈昌祥受邀并致辞，日本工程院院士任福继等作主旨演讲。联合经开区举办"数字经济新趋势新机遇"产业创新峰会，中国科学院院士徐红星、昆山杜克大学副校长蔡红涛、武汉大学苏州研究院副院长许铭等受邀出席。

【学术交流】 2023年，区科协联合区委人才办资助数字经济、有机农业、智慧低碳城市等在吴学术活动10余项。组织开展2021—2022年度吴中区自然科学优秀学术论文评选工作，共评出一等奖2篇、二等奖5篇、三等奖13篇，涉及理工农医等多个领域。

【科技人才举荐表彰】 2023年，区科协联合区委人才办、区委宣传部、区科技局、区人社局开展2022年度"东吴魅力科技人物（团队）"评选活动，5名个人、3支团队分获荣誉表彰。推荐追觅创新科技（苏州）有限公司CEO俞浩登上中国科协2022"科创中国"创业就业先锋榜，其获评2022年度"苏州魅力科技人物"。苏州协同创新智能制造装备有限公司黄羿衡获评2023年"科创江苏"企业创新达人，徐东获首届"苏州市杰出工程师"称号。6个项目获评苏州市2022—2023年度"讲理想、比贡献"创新创业"双杯赛"优秀项目。苏州小优智能科技有限公司郭俊兴获评年度优秀创客。

【科技人才服务】 2023年，区科协看望慰问院士、院士家属及科技人物（团队）代表30余人次。围绕2023年吴中系列人才政策，参加"人才服务提升年"三走进暨"工信惠企·助才逐梦"人才政策宣讲活动。协助完成科技领域新的社会阶层人士基本状况调查、江苏省第三次科技工作者状况调查、中国科协2023年第二次专项调查等，反映科技工作者意见心声。

（王丽佳）

吴中区归国华侨联合会

【概况】 2023年，吴中区旅外华侨华人及港澳同胞3000余人，主要分布在美国、英国、法国、澳大利亚、日本、新加坡等18个国家和地区，出国出境的新华侨华人和留学生300余人，归国留学人员和新华侨华人150余人，归侨10人，侨眷5000余人。全区共成立基层侨联16个，社区侨联1个，"侨胞之家"及"侨之家"26家。9月14日，举办"山水吴中遇见人文姑苏"品牌共建签约，按照吴中、姑苏两地"资源共享、优势互补、效能提升"的原则，实现双方发展共赢。

【侨界思想引领】 2023年，区侨联以学习贯彻落实党的二十大精神为首要工作任务，以基层侨联为阵地，推进侨界群众的思想教育工作，激发侨界群众对党的二十大精神的政治认同、实践认同和感情认同。2月28日，组织开展以"学习二十大、践行四敢精神"为主题的市、区侨青创新创业联谊活动。在省侨联八届二次全委会召开后，进行专题学习，明确下一步工作目标、内容和要求。

【侨联组织建设】 2023年，按照省侨联"双五有"标准推进基层侨联组织建设，做好各基层侨联组织的提档升级工作。8月26日，成立全区第一个社区层面的基层侨联组织——甪直镇鸿运社区侨联；11月24日，香山街道侨联小组提档升级为香山街道侨联。在重点行业、特色载体中建好侨联组织，4月，建立全市第一家金融行业基层侨联组织——中国银行吴中支行侨联。

【助力侨企发展】 2023年，区侨联完善侨创载体建设，释放侨界创新动能，与吴中高新区共同打造"新侨科创共建基地"，通过共建平台，进一步整合侨界资源，促进侨界人才交流、技术转化和项目合作，激发侨界的创新潜能和创业活力。开展"苏侨同心、发展同行"侨商侨企大走访活动，开展对各类侨企创新创业载体的走访调研，倾听基层需求，先后走访苏州力发电子有限公司、苏州佩德漫特工贸有限公司等10余家侨企，了解侨企发展和服务诉求，为涉侨企业牵线搭桥，探索更多合作模式，帮助企业解决存在的问题和困难。带领侨商侨企参加"休斯敦与苏州企业商务对接交流会""创业中华 侨汇港城""第六届苏州地区中意企业商务对接会"等活动。

【海外联谊联络和文化交流】 2023年，区侨联做好海内外华侨华人的联谊联络工作，拓展侨联工作"朋友圈"。持续发展壮大区侨联海外顾问队伍，聘请南非中国经济贸易促进委员会常务副会长、印尼侨胞（中国）联合总会副秘书长杨冰，原中国广播电影电视总局美术家协会理事、著名画家张金玲两名侨界知名人士为区侨联海外顾问。7月24日，接待由中国侨联主办的2023"中国寻根之旅"夏令营团队，40名华裔少年欢聚吴中，共赏传统文化之美。与西交利物浦大学侨联共建签约，探索"地方侨联+高校侨联"的合作，促进涉侨资源的整合共享。做好华侨文化交流基地创建，10月27日，为横泾"林渡暖村"华侨文化交流基地授牌，进一步打造海内外文化交流的窗口。

【为侨服务】 2023年，区侨联常态化开展归侨侨眷关爱帮扶工作，在春节、重阳等传统节日期间，会同各基层侨联，开展"走基层、进侨家、送温暖"活动，走访慰问全区100余名归侨侨眷及部分侨资企业。做深维权工作，与区法院、司法局等部门加强联动，推动涉侨纠纷化解工作机制建设。3月2日，"杏林侨暖"健康关爱服务团在武珞科技园成立，通过服务活动，普及健康知识、提升侨界群众健康素养。

（俞凯）

2023年7月24日，由中国侨联主办的"中国寻根之旅"夏令营走进吴中

区侨联 供稿

苏州市吴中区工商业联合会（总商会）

【概况】 2023年，苏州市吴中区工商业联合会（总商会）[简称"区工商联（总商会）"]系统共有商协会组织37家，其中行业商协会12家、乡镇（街道）商会15家、异地商会8家、直属商会2家，民政登记率达100%。区工商联（总商会）以"四好"创建为着力点，把"政治引领好、队伍建设好、服务发展好、自律规范好"作为工作重点，加大指导服务力度。组织各商协

会赴广陵区、含山县工商联开展"五好"工商联和"四好"商会建设学习考察，与武进区、鸡西市、宿城区等地工商联开展交流活动。区医药行业商会被评为江苏省"四好"商会，区工商联被评为全国"五好"县级工商联。

【思想引领】 2023年，区工商联实施领航工程，突出政治引领。开展党的二十大精神进商会进企业暨"政企面对面 同心促发展"系列活动，教育引导民营经济人士持续深入学习党的二十大精神，筑牢民营经济人士思想政治基础。组织企业参加"奋斗，新的伟业"专题党课，宣传党中央关于民营经济发展的大政方针，零距离开展政策宣讲服务，及时回应广大民营经济人士思想关切。着重加强年轻一代企业家教育培养，将民营企业传承作为新的着力点，发挥青商会作用，开设"青商大讲堂"，促进年轻一代民营企业家队伍建设。

深化"抱团联建"党建品牌。突出区工商联党建引领，以点带面将党建工作向基层商会、行业商会延伸，向民营企业拓展，巩固民营经济领域党建发展成果，推动形成网格化、联盟化的民营经济领域党建新格局。着力打造非公党建品牌，开展2023年区工商联"党建引领 抱团联建"惠民系列活动9场，接受咨询1765人次、服务群众2136人次。

持续理想信念教育实践。举办新一届常执委企业家清华大学培训班，进一步加强对民营经济发展形势的认知理解，不断提升商会企业负责人对现代企业发展理念的知晓与掌握，进一步加强对企业战略规划、目标谋划、营销策划的熟悉与运用。组织民营企业家参加苏州市发展大会、苏州市民营企业家座谈会、全市工商联系统传达学习全国两会精神专题会议、吴中区护航"企业敢干"检察开放日等活动，坚定企业发展信心。开展"学习身边榜样"活动，甄选优秀民营企业家，拍摄吴商风采系列微视频，宣扬企业家精神，用榜样的力量引领感召全体会员。区工商联获评江苏省"构筑民营经济舆论阵地"先进单位。

【参政议政】 2023年，区工商联利用线上线下多种方式开展调研，针对全区民营企业累计进行6次抽样调查，获得有效问卷2000余份，重点围绕"工业互联网看苏州"吴中行动开展调研，形成《推进我区工业互联网产业高质量发展》调研报告。在"入企访实情、同心促发展"和"千村万企、千家万户"大走访中，听取企业诉求，征求企业意见，及时反馈并帮助协调解决企业的建议诉求34个。围绕民营企业发展的重点难点问题，突出智能化改造和数字化转型等主题，开展专题调研，提交区政协提案5件，并围绕"聚焦关键核心技术，推进机器人产业朝中高端发展"主题，作大会交流发言，3件提案获评区政协"2023年度优秀提案"，其中1件获一等奖。组织民营企业参加区政协优化营商环境座谈会、区人大"产业强区、创新引领"一号议案办理座谈会，推荐10名会长担任吴中区首批营商环境体验官，为全区民营经济高质量发展出谋献策、贡献力量。

【服务企业】 2023年9月12日，全国工商联举办以"坚定发展信心 推动高质量发展"为主题的2023中国民营企业500强峰会。会上发布2023中国民营企业500强、制造业500强、服务业100强榜单。吴中集团、苏州东山精密制造股份有限公司入围"2023中国民营企业500强"。苏州汇川技术有限公司、苏州东山精密制造股份有限公司以及科沃斯机器人股份有限公司入围"2023中国制造业民营企业500强"。

服务供需对接 区工商联在"苏州企业家日"启动"携手强链·共赢未来"产业链双循环系列研讨，发布"携手强链·共赢未来"倡议书，对标吴中"333+N"现代产业体系，通过名优企业推介、供求信息发布、智能匹配推送，与大院大所、投融资机构、服务机构等单位开展主题交流，共对接企业676家，促成区工商联餐饮业商会与区农发集团战略合作。在东吴双创峰会期间举办海内外高端人才猎聘会和人才创咖沙龙，提供高端岗位118个，解决人才需求333人次，帮助企业解决各类人才紧缺难题。组织15家企业参加市跨境投资贸易重点民营企业座谈会暨走进苏州国际商事法庭、自由贸易区法庭活动，搭建海外投资企业互助交流平台，护航"走出去"企业行稳致远。开展"送法进商会、法治助营商"活动，为商会会员企业发放《企业经营风险提示手册》，让司法成果惠及企业，合力服务民营经济高质量发展。

优化营商环境 推进金融赋能民营企业发展，创新打造"聚吴言商"品牌，会同区金融监管局举办Bridge沙龙，引导金融机构对小微企业、绿色低碳、科技创新等转型发展重点领域和薄弱环节加大金融支持和金融供给，构建金融机构与民营企业常态化交流合作平台。全年在医药行业商会、机器人产业园等举办活动4期，共有线上线下200余家企业参与。开展政策宣讲，提升"政策找企业"效果。邀请区科技局、工信局进行企业知识产权保护与管理策略、海外高层次人才引进培育和企业"智改数转"优惠政策解读，帮助企业精准匹配各类政策；召开税企座谈会，举办"金税四期"专题讲座，邀请税务部门专业人员对企业纳税信用评价体系、数字化电子发票试点进行剖析和讲解。完善促进民营企业健康发展的法律保障机制，联合区司法局开展"企业敢干、法治护航"系列公益直播法律讲座3期，共计2000余人观看；组织参加全市涉案企业合规第三方机制专业人员素能培训班、全市深化诉调对接工作会议，推进7家企业合规建设，参与9家企业诉前对接调解，维护企业合法权益。

【助力乡村振兴】 2023年，区工商联贯彻上级"万企兴万村"重要决策部署，24家商协会分别结对6个区内经济相对薄弱村进行挂钩帮扶，举办"走进太湖渔港村"等公益活动，帮助薄弱村拓展农产品销售渠道，协助太湖渔港村渔民再就业。推进重点项目，印象太湖公司在明月湾村打造特色文旅项目，带来20万人次的年均客流量，50余名村民返乡成为旅游行业从业者；吴中集团在甪直镇改造运营甪呦呦成长社区，打造"研学+农业+户外+文化"产业链条，给村民带来每年人均7万元的房租收益，50%村民实现家门口就业。两个项目均为民营资本导入乡村经济，被推荐为市工商联"万企兴万村"行动典型案例。持续开展扶贫帮困，东山镇商会、青商会和女企协为莫厘村帮扶项目捐赠30万元，区汽车行业商会认购帮扶村农产品共计9.3万元，经开区总商会、长桥街道商会、金庭镇商会、机电行业商会等分别赴帮扶村，开展走访慰问活动。区工商联落实市工商联南北挂钩推进会精神，与宿城区、阜南县等地工商联开展对接交流，启动新一轮对口合作行动。

【社会服务】 2023年，区工商联推动社会责任履行。引导民营企业家自觉把企业健康发展、依法诚信经营和承担社会责任有机统一，牢固确立法治意识、诚信意识，依法处理好各类经济合同关系，自觉维护健康有序的市场秩序。引导民营企业家关爱员工、善待员工，改善员工生产环境、生活条件，维护保障员工的合法权利，构建和谐劳动关系。引导民营企业承担照章纳税、安全生产、产品质量、资源节约、节能减排、环境保护等方面的责任。参与光彩慈善捐赠，开展"三级三联"走访慰问等活动。2023年，各商协会和会员企业捐赠总计1500余万元。东山镇商会向蓝天救援队捐赠40万元，鲜丰农业与味知香共同设立"鲜丰爱心基金"。区总商会、区医药行业商会落实与木渎残疾人托养中心（"爱心基地"）长效帮扶机制。

（艾云松）

吴中区文学艺术界联合会

【概况】 2023年，苏州市吴中区文学艺术界联合会（简称"区文联"）有作家、书法家、美术家、摄影家、音乐舞蹈家、戏剧曲艺家、民间文艺家7个文艺家协会；有木渎、甪直、胥口、东山、临湖、光福、金庭7个乡镇文联和长桥、郭巷、横泾、越溪、城南、太湖、香山7个街道文联；有会员1700余人，其中国家级会员167人、省级会员255人。借助"吴中文艺"微信公众号，全年发布推介吴中优秀文艺家和精品力作的各类信息80余条，助推吴中文艺名家、文艺人才、文艺精品、文艺经验更好推广出来、传播出去。

【文艺创作】 参见文化—文学艺术

【文艺活动】 2023年，区文联组织开展各类文艺活动。完成"天堂苏州·最美吴中"图片征集和评选工作，用镜头记录创新创业、宜居宜业、最美吴中的崭新面貌；协办第五届全国青年摄影大展，用青年的视角展现新时代、新征程、新气象，助力宣传吴中太湖和江南文化。加强对镇（街道）文联服务协调，木渎镇文联、光福镇文联举办"丹青润初心·翰墨颂党恩"——木渎、光福两镇书法联展；胥口镇文联、东山镇文联联合举办"同饮太湖水·共叙笔墨情"书画作品联展；临湖镇文联、区文化馆联合举办"践行二十大·艺颂新时代——咏吴中"书法精品展；组织区作协分别和木渎镇、光福镇文联联合举办"园林古镇，风雅木渎""吴中作家走进光福"创作采风活动，实现镇（街道）文联之间、协会和基层文联之间、基层文联与区级部门之间互动交流和资源共享。组织参加吴中区民间文艺展览暨第六届甪直镇非遗文化宣传周活动，甪直镇文联"打造文艺甪直IP"获评2023年度苏州市文联工作创新项目。"一张木椅"展示馆、钟苑核雕艺术馆相继开馆，展现吴中文艺家的匠心与坚守。

【文艺人才培训】 参见"江南文化"吴中标识—吴文化人才培养

【惠民活动】 2023年，区文联组织各协会举办送书、送戏、送春联、送讲座、送摄影等惠民活动，形成文艺惠民新常态。区书协、美协骨干分赴区公共文化中心、长桥街道嘉宝社区、越溪街道吴山社区、郭巷街道马巷社区、临湖镇前塘村、光福镇太湖渔港村等地开展"迎新年、写春联、走基层、送祝福"活动6场次。区戏剧曲艺家协会组织会员参加"文明实践，村村有戏"文艺惠民活动，累计在各镇（街道）、村（社区）举办表演40余场，惠及群众3000余人次。在吴中美术馆举办"春满江南"——2023吴中基层文联文艺作品展，首次以镇（街道）文联为单位联合开展艺术展览。举办"群季俊秀，皆为惠连"——吴中区首届青年书法篆刻作品展，集中展示吴中区青年书法篆刻创作最新成果。举办"丹青江南，筑梦未来"——吴中区首届中小学教师美术作品展，展示吴中教师队伍的艺术风采和精神面貌。举办"新我画史"——纪念费新我诞辰120周年特展，展现费新我在逆境中顽强拼搏、勇攀艺术高峰的精神，促进苏州、湖州两地文化交流。实施"艺与旅"项目，在东山雕花楼、甪直沈宅举办系列展览8场次，包括

"问梅消息"——古今诗咏梅花主题篆刻刻字作品展、"镜头里的江南运河"——丁嘉一摄影作品展、吴中培"水墨江南与花鸟山水"展、沈默"水墨有声吟江南"主题作品展等活动，助推吴中旅游发展。各类文艺展览和活动紧扣时代主题，突出吴中特色，传播江南文化，丰富群众精神文化生活。

（钮春辉）

吴中区残疾人联合会

【概况】 2023年，吴中区残疾人联合会（简称"区残联"）围绕党的二十大报告中提出的"完善残疾人社会保障制度和关爱服务体系，促进残疾人事业全面发展"总要求，深入贯彻习近平总书记关于发展残疾人事业的重要批示指示精神，以推动残疾人事业高质量发展为主题，以促进残疾人全面发展和共同富裕为主线，推动全区残疾群众过上幸福美好新生活。截至年末，全区共有持证残疾人15568人，其中视力残疾1301人、听力残疾1431人、言语残疾59人、肢体残疾8732人、智力残疾1438人、精神残疾2205人、多重残疾401人。

【残疾人社会福利】 参见收入与分配—社会福利—残疾人社会福利

【残疾人就业】 参见收入与分配—就业创业—残疾人就业

【残疾人康复服务】 2023年，吴中区印发《吴中区残疾预防行动方案（2023—2025年）》，构建以政府主导、多部门协调联动、全社会共同参与的残疾预防工作格局。加强残疾预防宣传，开展老年人听力检查、青少年脊柱侧弯筛查、婴幼儿残疾预防、"光明巴士"进社区等活动，持续提升全民康复意识。依托区精神卫生中心以"1+2+N"的模式建立全区残疾人心理咨询服务网络，不断拓宽残疾人心理咨询服务覆盖面。全年共为462名0~18岁残疾儿童发放基本康复补助1000万元，为608名残疾人办理线上辅具申请，补助金额230万元。落实残疾人证办理和跨省通办工作，新申领残疾人证602人，到期换证、遗失补办581人，异地办理148人，上门评残31人。区残联会同区教育局、住建局、卫健委、民政局等部门完成吴中区特殊儿童康复中心教育备案年检工作，打造具有吴中特色的残疾儿童康复服务新基地。

【残疾人关爱服务】 2023年，区残联发挥各地"残疾人之家"的基层综合服务平台、社会助残平台、党建助残阵地的作用，落实苏州市民生实事项目，完成甪直镇"残疾人之家"建设。持续织密"残疾人之家"服务网，新建郭巷街道国泰社区"残疾人之家"，完成越溪街道"残疾人之家"提档升级，筹备金庭镇缥缈村、胥口镇采香泾村、香山街道等"残疾人之家"预备建设点位。联合派驻纪检组共同开展17个"残疾人之家"年度考评，提升残疾人之家服务质量。推动残疾人托养护理服务专业化、精准化，督促机构规范管理制度和工作流程，全年完成新增服务对象146人，托养服务总人数575人，预拨2023年度区级补助资金151.96万元，为209人发放2022年度托养护理补贴159.01万元。

【残疾人权益保障】 2023年，区残联联合区司法局出台《吴中区残疾人尊法学法守法用法专项行动实施方案（2023—2025年）》，以基层残疾人服务机构为阵地组织开展普法主题宣传教育活动，拓宽普法活动覆盖面，强化残疾群众及其亲属、残联系统工作者的法律意识，维护残疾人合法权益。发挥区法律援助中心、区残疾人法律援助站等助残服务阵地作用，为保障残疾人及其亲属合法权益提供法律帮助。结合《中华人民共和国无障碍环境建设法》落地实施，组织开展无障碍环境督导、无障碍体验和无障碍环境建设宣传，完善无障碍建设领导小组组织机制，明确各部门工作职责和目标任务，推动无障碍环境友好城市建设。

2023年3月25日，吴中残疾人沙红英（图左）获第十届国际残疾人职业技能竞赛钩针编织项目银牌　　区残联　供稿

【残疾人精神文明建设】 2023年，区残联以基层"残疾人之家"、服务机构为锚点，构建全民阅读覆盖网络，辐射带动全区残疾人共同参与，累计建成残疾人专属阅读场所19个，全年开展各类活动136次，惠及残疾人1500余人次。郭巷街道"红方桌自强读书会"探索运用"轻残带重残、青年带老年、文化高带文化低"的"三带"法，打通残疾人阅读服务的"最后一公里"。越溪街道创新"阅读+"模式，通过"阅读+观影""阅读+朗诵会""阅读+手抄报"等形式，激发残疾人阅读热情。年内，郭巷街道、越溪街道"残疾人之家"获评江苏省书香残疾人之家，"红方桌自强读书会"获评2023年度吴中区"四星级"阅读组织，《中国残疾人》《社会传真》《苏州日报》等多个媒体平台宣传报道"红方桌"品牌。以特殊教育学校、特殊儿童康复中心为阵地，组织开展"有爱相伴益路童行"特殊儿童绘本阅读活动，呵护特殊儿童健康成长。区特殊儿童康复中心选送的《三只小猪》获首届全国听障儿童绘本剧0~3岁组优秀作品奖。组织开展苏州市第十届社区型残疾人文体活动兴趣团队（吴中站）展评活动，参与市、区级各类群众性文体比赛。坚持以党建为引领推动残疾人事业，联动8个党支部共建共融，组织开展盲人专属阅读活动18场，惠及1064人次。通过"99公益日"活动筹措善款，组织开展"童享未来放飞童梦"特殊儿童素质拓展项目。联合苏州大学理想眼科医院党支部开展特殊儿童阅读关爱项目，协同区科协党支部共同开展儿童科普教育项目，持续满足特殊儿童精神文化需求。

（吴乃菲）

吴中区红十字会

【概况】 2023年，吴中区红十字会（简称"区红十字会"）有基层红十字会组织及团体会员单位77个，其中镇（街道）红十字会14个、卫生系统团体会员单位20个、教育系统红十字会42个、企业红十字会1个。红十字博爱家园3个，景区红十字救护站1个。4月23日，长桥街道召开红十字会成立大会暨第一次会员代表大会，全区镇（街道）基层组织实现全覆盖。指导郭巷实验小学创建江苏省红十字示范校，校长郭惠东获评江苏省红十字示范学校创建先进个人。组织红十字青少年参加中国红十字会与红十字国际委员会共同举办的"2023探索人道法项目学生学习成果大赛"，苏苑高级中学钱佳佳、杨筠青分别获绘画类高中组一等奖、二等奖，宗子烨获绘画类高中组参与奖；指导老师袁圆、张云芳、刘鑫获优秀指导教师奖。

【人道救助】 2023年，区红十字会开展人道救助工作，全年共收到捐赠款物共计419.95万元，其中：上级下拨专项救助款50.48万元，本级接收捐款287.18万元，接收捐赠物资价值82.29万元。

全年支出捐款共计321.4万元。其中，常态化开展博爱送万家活动发放救助金20.2万元，惠及困难家庭202户；苏苑高级中学、东吴外师附属实验中学、木渎实验中学、木渎实验小学、范仲淹实验小学组织红十字青少年开展义卖活动，义卖款4.35万元用于青少年大病救助项目，该项目年内支出3.8万元；"洞庭山爱心基金"送温暖和助学活动支出6.66万元；国泰社区"爱之海"项目救助31人，支出8.8万元；"爱在金庭"项目帮扶金庭镇25名困难学生，支出5万元；临时救助11人次，支出救助金2.5万元；为中小学校配置AED首批资金26.73万元；甘肃地震救灾捐款14.1万元；其他定向捐赠支出231.61万元。3家爱心企业（苏州市西山中科实验动物有限公司、苏州西山中科药物研究开发有限公司、苏州国辰生物科技股份有限公司）被中国红十字会授予"中国红十字奉献奖章"。

【救护培训】 2023年，公益性应急救护培训项目列入吴中区2023年政府民生实事项目，区红十字会协调各镇（街道）在辖区学校、社区、农村、重点行业开展应急救护培训，做好高一新生军训期间的应急救护知识普及培训工作，组织培训初级救护员4171人次，普及救护知识培训8606人次。组织红十字应急救援队开展无线电知识培训和应急救护知识培训，开展水上训练演练。防灾减灾宣传周期间，红十字应急救援队开展急救知识进校园活动，为度假区太湖湾实验小学学生普及急救知识。

【"三献"工作】 献血 2023年，吴中区开展无偿献血活动24场次，4311人次参加无偿献血，献血量121.5万毫升。区卫健委、甪直镇分别获苏州市优秀献血单位卓越奉献奖、爱心奉献奖。

献造血干细胞 开展招募捐献造血干细胞志愿者活动，采样入库263人。临湖镇综合执法局徐少杰、苏州环秀晓筑养生度假村姜岩、苏州市中西医结合医院崔燕燕、甪直新型城镇化公司员工孙志伟先后捐献造血干细胞，全区累计成功捐献18人次。

献遗体器官 做好遗体（器官）捐献服务工作，清明节前，组织捐遗家属及志愿者参加主题为"生命·遇见"的致敬缅怀捐献者活动，引导捐献者家属进行网上祭奠，缅怀纪念捐献者，倡导新风尚。捐献志愿服务队志愿者为行动不便的老人上门讲解捐献注意事项，办理遗体捐献登记手续。重阳节走访慰问70岁以上捐遗志愿者200余人，关心家庭困难的捐遗志愿者，帮助其解决实际困难。全年新增登记捐献遗体（器官、角膜）志愿者99人，实现身后捐献20人，其中捐献遗体19例、捐献角膜9例，累计实现身后捐献130人。

【红十字精神宣传】 2023年，区红十字会以第76个"世界红十字日"为契机，开展主题为"生命教育 救在身边"的红十字博爱周活动，开展生命教育进社区、进校园活动。5月8日，在金庭镇文体中心开展博爱送健康义诊活动，现场为居民提供各类咨询及问诊服务。同时，东蔡村"博爱家园"邀请中医师为居民开展中医养生讲座。组织红十字青少年参加中国红十字会总会"2023年红十字生命教育应急救护知识竞赛"活动，学习应急救护和红十字知识。参与苏州市红十字会"暖心团圆饭"网络筹资项目，通过基层红十字组织广泛宣传，共筹集善款1.5万元，38户家庭受益。"99公益日"，在腾讯公益平台上线"AED守护校园计划"项目，筹款30.78万元，采购22台自动体外除颤器，部署在吴中区部分中小学校，增强校园救护能力。赴宿城区红十字会交流学习，为宿城区红十字学校部署3台自动体外除颤器，完成两地共建项目。

（田花平）

吴中区哲学社会科学界联合会

【概况】 2023年，吴中区哲学社会科学界联合会（简称"区社科联"）围绕全区中心工作，加强理论研究、建言献策，普及社科知识，强化社科组织。举办区第十六届社科普及宣传周，开展"太湖时空里水八仙、鸿鹄万里行"系列科普活动、中国传统文化与陶瓷艺术赏析科普活动等17项重点社科普及活动，惠及万余群众。全年共编发《吴中社科动态》6期。吴文化博物馆讲解员孙瑶在第二届全国各省区市社科普及基地讲解员大赛江苏赛区苏州地区选拔赛中获二等奖。

【社科应用研究成果】 2023年，区社科联制定下发2023年度《应用研究课题申报指南》《立项课题通知》等文件，共确定全区社科立项研究课题64项。《贴近群众 深挖亮点 推动社科普及有声有色》获评2023年度全省社科联系统工作创新案例。《吴中区城乡有机废弃物处理利用的实践与创新》获第六届苏州市社科应用研究精品工程优秀成果奖。经典与范式——吴文化博物馆社科普及学术沙龙、《冲山岛上，那一抹红》社科普及项目、《宝带遗珍》主题戏剧编创及展演系列活动，获评2023年度苏州市社科普及惠民扶持项目。全年共有57项区级社科立项课题顺利结题。

（封思辰）

编辑 张振雄

法治·军事

政法委及综治

【概况】 2023年，吴中区政法系统践行"当表率、做示范、走在前"奋进精神，依法履职尽责，主动担当作为，服务保障全区经济社会高质量发展。全年，全区社会大局和谐稳定，守牢"六个不发生"工作要求，群众安全感99.5%，列全市首位，取得历史性突破。

2023年，区社会治理综合指挥中心（简称"区综合指挥中心"）围绕区委、区政府中心工作，紧扣《吴中区综合指挥中心2023年重点项目实施计划》，维护吴中社会治理体系和治理能力高质量发展。全年受理工单77.89万件，办结76.12万件，办结率97.73%。接待参观26场，共计627人次。2023年，结合各地实际情况，配合完成"331"、农村人居环境、文明城市创建等专项排查。协助做好扫墓、庙会等特殊时期现场秩序维稳工作，协助完成临湖中小企业经济普查。会同区市场监管局，开展城中村沿街店铺餐饮单位健康证明普查，宣传督促餐饮服务人员做好健康证明办理，守护市民舌尖安全。

（薛晓燕　顾明）

【多元维稳机制】 2023年，吴中区委政法委（简称"区委政法委"）加强政治安全协调小组机制建设，精准掌握全区总体形势，有力管控重点部位，平稳度过敏感节点。紧盯意识形态安全，电子显示屏全部列管到位。通过优化社会稳定风险合成处置工作体系，区、镇联动发力，部门协调推进，全面强化维护社会稳定措施，统筹推进风险研判、会商会办、督查督办等。做好全国两会、第十八届海峡两岸警学研讨会、杭州亚运会、第六届上海进博会等8个重大安保任务。市级挂牌督办重大涉稳群体性风险的事项摘牌；通过专项行动化解涉法涉诉信访积案30起；处置美吉姆歌林店、尹山湖银吉姆健身闭店事件；处置欠薪讨薪事件20余起，涉及人员900余人、金额4600余万元；涉及东山镇的退圩还湖、金庭镇的散坟专项整治工作有序推进。

【治安防控】 2023年，吴中区打好警务工作站前沿作战、EU（冲锋队）冲锋车组即时应战、机关合成行动队全时备战、全要素"红蓝对抗"以练促战的"组合拳"，全力打造规范运作、精细管理、科技赋能、实战实效的现代化巡逻防控体系，10起抢劫案件均在30分钟内抓获犯罪嫌疑人，现行命案连续九年全破，"两抢"破案率100%，八类案件破案率99.5%。年内，重点警情方面，涉娼警情比上年下降31.1%，涉赌警情比上年下降54.3%，盗窃类警情比上年下降26.2%。常态化开展"7×24小时"网上巡查，完善快速协调处置机制，联动开展舆情监测、快速处置、引导管控，快速查处造谣网民21人。

【民生服务创新】 2023年，区委政法委开展司法救助111件次，涉及137人，发放金额120万元。牵头开展"社情民意联系日"活动44期363场，接待群众1340人次，收到意见建议1348个，全部予以答复。提升严重精神障碍患者服务管理水平，获省级专项资金120万元。区法院完善"厅网线巡"立体化诉讼服务体系，为群众提供诉讼服务2万余次。构建"家门口起诉"新模式，网上立案、跨域立案5662次。设立院庭长诉讼服务与多元解纷值班主任窗口，协调群众反映的难点、痛点、堵点问题191个。劳动争议调解工作室调处纠纷427件，为劳动者追回劳务费用1700余万元。区检察院与区慈善基金会合作设立"吴检暖心"司法救助专项基金，为未成年人、职场女性、农村独居老人等困境群体提供心理疏导、法律援助等关怀措施。办理救助案件114起121人，发放救助金额71万余元。制定"红黄蓝"家庭监护能力三级评估标准，开展家庭教育指导68人次，制发《督促监护令》27份、《家庭教育指导令》15份。区司法局开展"暖春行动"、护苗行动、金秋助学助业等活动，共应急救助25人，发放救助金3.3万元，发放救助物资折合人民

2023年5月20日，区委书记丁立新赴甪直镇开展"社情民意联系日"活动

朱杰　摄

币3.96万元。受理指派法律援助案件1879件，比上年增长15.5%，涉案金额4000余万元。吴中公安分局深化公安"放管服"改革，规范落实"跨区域通办"事项，增设涉企政府服务事项综合窗口，建立服务事项疑难问题会商机制，办理"不见面"审批件超过33.7万件，群众满意度99.97%。

【营商环境优化】 2023年，吴中区践行"法治是最好的营商环境"理念，构建全周期保障"企业敢干"服务体系，区委政法委牵头对规避执行、逃避执行、抗拒执行等失信行为进行合力打击，对拒执类犯罪提起公诉12件14人，助力社会诚信体系建设。区法院获评全省法院优化营商环境工作先进集体。审结涉企案件8704件，对各类市场主体同等对待、平等保护。审结破产案件115件，清理债务29.57亿元，释放土地19.39公顷，盘活潜力企业4家，出清"僵尸企业"111家。区检察院持续深化涉案企业合规改革，与区法院制定《关于协同推进涉案企业合规改革工作的实施办法》，办理企业合规案件6件。常态化开展"问需于企·法护企航"等活动，走访企业，收集意见，为企业提供合规法律讲堂，提升风险防范意识和能力，获评2023年度"全省检察机关先进集体"。区司法局组建企业合规律师服务团，升级发布2023年企业行政合规指导清单，落实证明事项告知承诺制，全区共办理涉企"免罚轻罚"案件1171件，涉及金额2866.9万元，比上年增长45.4%。

【社会治理】 2023年，吴中区设立平安吴中建设领导协调小组，形成党委领导、政府负责、群团助推、社会协同、公众参与的基层社会治理制度，共建共治共享的基层社会治理格局基本形成。建立以区、镇（街道）、村（社区）三级社会矛盾纠纷调处化解中心为主体，行业性专业性调解组织为枝干，网格调解为神经元，个人调解室为辅助的矛盾纠纷多元调处化解体系，矛盾纠纷解决率位列全市第四。坚持"党委领导、政府支持、多方参与、司法推动"的诉源治理工作原则，推动成立全区诉访对接工作领导小组及其办公室，"融合式多元解纷"诉源治理经验被评为苏州市"市域社会治理现代化建设创新案例"。打击治理电信网络诈骗犯罪，"意识防"反诈成为苏州市反诈工作品牌，电信网络新型违法犯罪发案数、损失金额数分别比上年下降22.8%、30.4%。在苏州市"百日行动"中，区委政法委、胥口派出所、光大银行木渎支行、民生银行吴中支行分别获市级"优秀单位""预警劝阻优秀派出所""'两卡'治理优秀网点"等称号。

2023年11月20日，吴中区社会矛盾纠纷调处化解中心成立　　区委政法委　供稿

【政法队伍建设】 2023年，吴中区完善全区政法系统接受党的领导制度，对区法院、区检察院和吴中公安分局开展政治督察，组织103名政法系统领导班子成员及相关人员开展政治忠诚剖析，选派4名政法干部参加全市政法系统"赓续红色血脉　砥砺奋进新征程"政治轮训班，组织6批次政法干警270人参加"江苏政法大讲堂"，动员400名政法干部参加苏州市首届法律职业共同体技能竞赛，全面提升履职能力，并协助市委政法委举办首届法律职业共同体技能竞赛。组织召开政法系统廉政教育报告会暨警示教育大会，组织35名新录用政法干警参加"入警第一课"活动。组织政法干警学习违反新时代政法干警"十个严禁"典型案例通报、旁听职务犯罪庭审、观看警示教育片，以案示警，筑牢拒腐防变堤坝。

（薛晓燕）

【网格服务管理】 2023年，吴中区严格按照按规划格、按规赋码、按规报送的要求对全区网格进行调整。调整后，一级网格14个，二级网格227个，三级网格1066个（综合1012个，专属54个）。在此基础上，实施"精网微格"工程，细分为微网格2456个。网格员的工作质态，如日常巡查、人员走访、格群共治等均通过网格进行全方位展示，也为确保"网格风险隐患排查率"打下坚实基础。年内，中心指导各地配齐配强网格内"海棠先锋"微网格联络员，发挥网格员社情民意的"触点"作用，实现每月走访入户全覆盖,及时收集、疏导居民群众提出的"堵点""难点"。网格巡查员重点围绕城中村农村人居环境、消防安全、既有建筑安全等问题进行常态化巡查,累计发现上报各类隐患问题4401个,督促各地各部门办结4212件,办结率95.71%。

【工单管理】 2023年,区综合指挥中心研究制定《吴中区综合指挥平台提质增效专项行动实施方案》,提高电话接通率、工单处置率和群众满意率,打造"服务群众最满意窗口"。针对江苏"12345"、人民网领导留言板、国务院"互联网+督查"等重要来源工单处办不力的情况,依托中心平台开发重要来源工单短信催办功能。通过分别向处办部门具体负责人、分管领导、主管领导推送预警提示信息,推动重要来源工单及时完成。建立现场督办和领导领办制度,2023年共开展现场督办7次,牵头召开7场协调会,涉及建管养"一体化"城市管理、数字城管平台处办质态、柳岸晓风北侧空地调规、光福镇福隆路电信井污水外溢、三大运营商管线、高速高架噪声扰民以及格林悦城小区"飞地"等问题,有效化解疑难工单100余件;中心领导共领办疑难复杂工单850件,办结756件,有效提升区综合指挥平台工单处办效率。建立完善平台运行情况日报制度和重点工单处办情况督办制度,共完成督查日报182期,下发督办单11件。

【数据赋能】 2023年,区综合指挥中心强化数据赋能理念,通过"网格化+信息化"模式,助力社会治理工作。聚焦数字苏州驾驶舱,按照吴中驾驶舱"2+14+N"总体框架设计,以吴中区一网统管平台项目为基础,研究制定吴中驾驶舱"十美"应用场景,发挥"观、研、处、督、赋"五大功能,着力解决跨部门、跨层级、跨地域的社会治理难题。同时,做好数字政府建设水平考核指标中"数字苏州驾驶舱"数据汇聚及指令办理等常规性工作。截至2023年末,共完成数字苏州驾驶舱指令102条。

(顾明)

法治政府建设

【概况】 2023年,吴中区全面落实《法治政府建设实施纲要(2021—2025年)》,发布《2023年苏州市吴中区法治政府建设工作要点》,部署8个领域31项具体任务。健全法制审查机制,将6个事项纳入年度区政府重大行政决策目录,对10件行政规范性文件进行备案审查。完善行政执法监督体系,推行分级分类执法监督,开展涉企行政合规全过程指导工作。区政府专题研究行政复议应诉工作,确立行政争议化解八项机制,推进行政争议实质性化解。香山街道办事处获评"全市法治政府建设示范地区"。

【法制审查】 2023年,吴中区着力完善法制审查机制,制定全省首个区级行政合法性审查工作办法,开展全区行政规范性文件集中统一公开工作。发挥政府法律顾问职责,全年审查涉法事项24件、投资项目43个、政府合同18份,涉土地征收建设用地审批37批次,对省、市、区123个立法项目和政策文件提出法律意见。

【行政执法规范化】 2023年,吴中区印发年度行政执法监督工作计划,出台分级分类执法监督办法,确定行政执法监督联系点和特邀执法监督员,开展行政执法实地督察,组织开展行政执法案卷评查及首届"十大典型案例"评选活动。开展"执法增效·合规赋能"行政执法能力提升专项行动,举办强化行政执法能力建设专题培训班,更新发布全区行政执法主体清单,新申领行政执法证件158人,联合苏州大学王健法学院成立法治素养提升实训基地,依托线上线下平台组织1600余名执法人员开展培训与测试。印发《关于推行涉企行政合规全过程指导工作的实施意见》《吴中区规范涉企行政执法"十项举措"和"十个不准"》,升级发布2023年企业行政合规指导清单,全方位规范涉企行政执法。指导全区各行政执法机关贯彻执行苏州市涉企"免罚轻罚"和不予强制执行清单,全区各执法单位共办理涉企"免罚轻罚"案件1171件,涉及金额2866.9万元,办理证明事项告知承诺制案件8780件。

【行政复议应诉】 2023年,吴中区召开全区行政诉讼案件"两降一升"暨行政争议实质性化解工作推进会,联合姑苏区法院、吴中区法院、吴中区检察院成立"行政争议协同化解工作站",增强行政争议化解合力。制定发布《关于完善吴中区行政争议实质性化解工作机制的实施意见》,确立行政争议化解八项机制。全年新收行政复议案件268件,比上年增长54.9%;行政复议案件化解率36%。制发行政复议建议书5份,1件行政复议案件入选全市十大优秀案例。全区一审行政诉讼案件168件,案件化解率30.5%,败诉案件比上年下降46.7%,行政机关负责人出庭应诉率100%。

(刘贵娟)

公 安

【概况】 2023年,吴中公安分局推进公安工作现代化,防风险、保安全、护稳定、促发展,确保全区社会持续平安稳定。高标运行涉稳风险"双研判、双评估、双交办",妥善处置胥口悦四季、临湖河岸花园等12起重大风险,完成全国两会、第十八届海峡两岸警学研讨会、杭州亚运会、第六届上海进博会等8个重大安保任务。

严打"两抢"、通信网络诈骗等突出犯罪，严密整体防控，攻坚专项治理，强化安全监管。完善矛盾纠纷处置机制，全年，预警处置矛盾纠纷1314起。常态化开展执法监督，全面落实从严治警。

【刑事犯罪侦查】 2023年，吴中公安分局打造专业化打防犯罪体系，紧扣打击主业，严打突出犯罪，全力攻坚命案积案。对有侦破条件的现行命案，快速出击。年内，现行命案全破，实现吴中区年内现行命案连续九年全破。以"夏季治安打击整治百日行动"为抓手，对各类黑恶犯罪全面打击，黑恶案件破案数比上年上升64.58%，寻衅滋事、聚众斗殴案件现行破案率100%，并成功打掉一个黑恶势力团伙。紧盯接触式案件"快破、必破"的目标要求，破获传统侵财类案件889起，现行抢劫案件均在30分钟内抓获犯罪嫌疑人，"两抢"破案率100%。

持续推进打击治理电信网络诈骗犯罪专项行动，不断完善技战模型，配合公安部开展缅北回流专案，抓获老挝金三角经济特区网赌诈骗回流团伙，破获省联席办挂牌督办的菲律宾"鼎一国际"特大"杀猪盘"诈骗案。持续推进打击"两卡"（手机卡、银行卡）犯罪，聚焦"两卡"线索整治和漫游地线索打击，确保所有线索核查见底到位，2023年，"两卡"犯罪嫌疑人抓获数比上年提升32.88%。

推进刑侦体制改革，不断做强科技支撑，科学谋划合成作战平台优化升级，开拓电子勘验领域，优化网络流现场勘查体系，深化DNA技术应用。成立反诈专业队，打造分局反诈合成作战实训基地，塑造以专业队为主导的反诈打击模式。全方位打造资源融合汇聚、情报深度研判、信息快速流转、警种无缝协作、支撑高效精确的合成侦查勤务模式。同步完善大案要案牵头办、专案类案专门办、常规案件指导办、民生小案跟踪办的"四办"工作方法，全面推动全局范围内多警种合成侦查打击。

【经济犯罪侦查】 2023年，吴中公安分局全年共受理经济案件73起，立案57起，破案55起，立案数比上年上升3.64%，破案数比上年上升139.13%。抓获犯罪嫌疑人131人，比上年上升104.69%，刑事拘留嫌疑人41人，取保候审68人，逮捕30人，移送直接起诉83人。

把防范化解金融风险摆在重要位置，重点结合工商登记数据严格把关，力争及早发现相关线索。对写字楼、商业区较为集中的地方开展"扫楼"行动，清楚掌握公司、店铺的实际经营人。利用技防，多维度动态掌握风险公司从业人员、投资人员等，全面监控防范。对群众普遍反映的重点公司、企业实际控制人进行边控，防止其卷款潜逃国外，同时启动侦查程序，固定相关证据。

紧盯各类侵害群众切身利益、危害市场正常竞争秩序的突出经济犯罪，保持严打高压态势，组织开展"歼击""猎狐""打击虚开骗税"等系列专项斗争。重点做好涉众、涉企经济犯罪积案清理，逐案建立台账，年内共完成积案清理62起，成功侦办一批大要案件，抓获2名"猎狐"专项境外逃犯；侦办非法集资专项案件3起，涉案金额9亿余元；深入排查涉税犯罪重点行业、重点领域线索，成功打掉张某某等人涉案金额1亿余元的系列虚开增值税发票案，为国家挽回税款1000余万元；严厉打击商业贿赂、职务侵占等各类涉企犯罪，为企业挽回损失数百万元。

【社会治安管理】 2023年，吴中公安分局开展社会治安重点地区整治，筛选人民群众反映强烈、案事件高发频发、矛盾隐患积累聚集的地区和领域，将梳理出的13个地区作为治安重点地区予以挂牌整治。加强警情动态分析，科学划分巡区、合理设置应急堵控点和治安卡口，加大社会面巡防警力投入，常态化开展"三级勤务"，依托"天穹计划"，对梳理出的13个重点地区开展技防补盲，拓展架设治安、人像卡口，全面布建前端设备。同时加大对全区重点行业监管力度，结合"110"警情、群众举报线索等，明确整治重点。强化协调沟通，坚持多部门联动，协调党委、政府有关部门参与，建立健全信息共享机制，共同推动重点地区整治和重点行业监管，营造良好的社会治安环境。

将警情高发小区、重点行业单位、治安复杂场所作为守护重点，发动社会单位、社会网格员、物业保安、楼道长等加入，群防群治，共同治理。始终保持对娼赌类违法犯罪高压态势，定期开展治安清查行动。紧抓危险物品精细化监管，依托智慧危管系统，完善系统数据、电子台账；优化"红蓝"对抗演练机制，健全隐患发现、企业整改、民警核查的闭环监管模式。常态化开展娱乐服务场所交叉检查，高频次开展重点娱乐服务场所"回头看"，制定《全区公安机关歌舞娱乐场所专项整治行动工作方案》，明确工作重点，细化工作措施。紧抓民宿网约房基础管理，协助完成民宿备案登记，开展重点派出所民宿系统升级工作。全力推进网约房智能门锁安装工作。推动公安最小管理单元由"房间"向"经营者"的转变，实现信息全量采集，要素全链条闭环，赋能网约房精准管控。

2023年，优化巡逻防控，设置50个巡区，197个夜间卡口，建成16个"所站对应"警务站；各派出所在常态巡防警力基础上，优化必巡点和巡线，以步巡、车巡相结合的方式开展巡逻防控工作，严格落实"四见措施"，强化亮灯巡逻，切实提高见警率，提升群众安全感。专项整治行动期间，全区盗窃警情比前三年同期警情均值降幅26.3%；57个重点社区共

2023年10月10日，央视《朝闻天下》栏目聚焦吴中公安分局织密社会治安"防控网"。图为吴中公安分局南区派出所综合指挥室　　吴中公安分局　供稿

发盗窃警情710起，比上年警情降幅41.08%。两项数据均达成降幅25%的目标值。共抓获盗窃类违法犯罪嫌疑人502人，其中抓获盗窃团伙共计114人次，全局盗窃类违法嫌疑人行政处罚362人次。

【禁毒工作】 2023年，吴中公安分局开展涉毒违法犯罪打击、毒品预防教育宣传、吸毒人员管控和易制毒化学品单位管理等工作。完善禁毒宣传教育体系，强化青少年毒品预防教育，组织开展"开学禁毒第一课"、禁毒教育知识读本发放等活动。截至年末，全区共计开展禁毒宣传活动280场次，摆放禁毒展板1000余块，悬挂禁毒标语横幅100余条，发放禁毒宣传折页及禁毒纪念品20万余份，接受群众咨询8000余人次，受教育人数25万余人。开展吸毒人员"平安关爱"行动，查处社会面吸毒人员，推进吸毒人员网格化管理，落实分级分类管控和关怀救助，加强社区戒毒康复工作标准化建设，推进戒毒康复与强戒后续照管融合发展，全区社区戒毒、社区康复裁决率100%。推进易制毒化学品管控，对辖区内易制毒管理单位，按照生产、经营、使用企业和体量进行分类，分别由区禁毒办和属地负责组织检查管理，开展易制毒化学品安全监管专项行动，全区管理在册易制毒化学品单位280家。

【公安政务服务】 2023年，吴中公安分局推进公安"放管服"改革。年内区政务中心公安窗口完成38个必须事项进驻，基层"综窗"主要承担个人35项高频业务办理的任务。辖区16个派出所，有11个派出所进驻街道便民中心，其余5个派出所加挂分中心牌子。两级窗口均制定工作制度，规范业务操作流程，明确事项审批权限。针对城南街道企业多，且多为易制毒易制爆、劳动密集型产业，企业对公安服务需求较大的实际情况，南区派出所在企业联络站中开设涉企综合窗口，进驻企业高频服务事项。出入境管理大队对有办理永久居留需求的企业人员，上门宣讲政策，便于高端人才及时了解政策要求。在配合市公安局做好首批"无犯罪记录证明""律师因诉讼等原因查询当事人信息""边境管理区通行证核发"3个网办事项宣传工作的同时，辖区各派出所通过发放网办事项二维码宣传单，向居民群众宣传全流程网办事项。持续深化政务改革，优化完善平台应用，主动协调区行政审批局，将"开办旅馆"一件事上线政务服务网，年内办理该业务3次。完善"苏州公安政务服务地图"服务内容，摸底更新辖区便民服务点公安窗口、自助机等点位43个，动态调整每个服务网点的"服务地址""服务事项""办事指南""联系方式""地址导航"等内容。推动做好车管所服务预约、开锁服务、养犬登记申请、律师预约会见和电动自行车业务办理等应用与省政务办"苏服办"App的对接。

完善工作机制，服务协同发展，进一步厘清同级审批与监管部门责任边界，建立审批、监管信息"双推送、双回路"机制，实现全程留痕可溯，确保审批监管有效衔接、闭环管理；完善事中事后监管机制，出台吴中公安分局"双随机、一公开"监管工作实施方案，明确相关单位权责清单，加强部门间沟通交流，合理确定监管事项，同时联合抽查领域全覆盖，避免各部门多头执法、重复检查，减轻企业负担；完善"互联网+监管"工作机制，依托"互联网+监管"平台，开展行政检查和行政处罚。截至2023年末，吴中公安分局完成所有事项的认领工作，并完成85%的事项覆盖率。

【道路交通管理】 2023年，吴中公安分局围绕"降事故、保安全、保畅通"目标，加强"减量控大""苏畅工程"和农村交通管理工作，推进"春季守护行动""文明城市常态长效管理""电动自行车百日整治"等专项行动，全年道路交通事故、亡人事故数量分别比上年下降14.46%、15.48%。

深化"减量控大"专项工作。健全完善隐患排查治理机制。完善交通安全风险监测预警、分析研判、约谈通报、警示曝光制度机制；深化重点企业和重点车辆、驾驶人风险画像制度，推广道路安全风险画像制度；加大车管源头安全隐患清零，对全区所属车辆及驾驶人涉及车辆逾期未检验、逾期未报废、违法未处理等隐患挂牌督战清零。大力提升公路安全防控能力。深入开展重点隐患车辆精准布控查缉行动，健全完善"研判、布控、查缉"精准执法管控机制；探索推广"云哨""安全车距预警提示"等新技术，推动加强货车超限超载源头治理，加强中队联勤联动机制，做强流动治超小分队。

补齐农村交通安全短板。借助交通委员会等平台作用，加强与交通运输、农业农村、应急管理等部门协作配合，推动建立完善农村交通安全责任体系；以甪直镇为试点，研究推进农村道路交通安全综合治理示范工作。加强交通安全协同共治。开展"公路安全精品路"创建活动，深化公路安全设施和交通秩序管理精细化提升行动；会同交通运输部门联合部署重型货车严重疲劳驾驶治理。

提高交通管理服务效能。持续开展交通安全"五大曝光"和"七进"宣传，加强"一老一小"群体出行安全常识普及教育，健全交通安全提示信息精准推送机制，深入推广"云课堂""云广播"创新做法。全面推进私家车新车上牌免查验，机动车行驶证电子化；在新车消费、二手车交易、汽车抵押金融等领域，推进业务延伸下放、一站式服务，促进网上售车等新模式、新业态发展；持续推进"互联网+交管"政务服务。推动优化货车进城、停车管理等政策，深化城市交叉口精细化治理，实施城市重点区域交通品质提升行动计划，率先开展学校区域交通品质提升行动；持续推进交通标志标线、信号灯等交通管理设施规范化、精细化、智能化。落实公安部交管局关于加强交管科技创新工作的指导意见，创新总结出"国省道卡口、天眼超级卡口与全国集成指挥平台互融互通"新战法，假牌、套牌、超员超速、逾期未报废、"两客一危"营运大型车辆逾期未年检五类重点违法查处数位于全市第二。

【"意识防"专项行动】 2023年，吴中公安分局"意识防"专班推出"六个一工作法""九项宣传机制"等主要内容，从"大水漫灌"式的全面宣传向"精准滴灌"式的个性化宣传策略转变，聚焦5个方面推进反诈工作。聚焦组织领导，全警动员，分局成立由"一把手"局长总牵头，其他局领导任副组长的专项行动领导小组，建立"4警14辅"工作专班；聚焦电信网络诈骗高发的重点社区，对2022年度全区电信网络诈骗警情前30的社区，重点开展反诈防范攻坚；聚焦易受骗上当的重点人群，因人施策，不断更新宣传重点，开展针对性的宣防工作；聚焦重点类型，双线设防，坚持问题导向，用数据说话，根据研判定期复盘发案情况和宣传情况，及时指导宣防方向，线上线下，营造浓厚全民反诈氛围；聚焦精准防控，提升质效，依托国家反诈大数据平台，严格执行"三个100%""两个一律"工作机制。建立"吴中意识防宣教室"、反诈专业劝阻队，在社区警务室、社区工作站等处开辟唤醒"前哨"。2023年成功劝阻6748人，挽回经济损失4000余万元。

（何德友）

检　察

【概况】 2023年，吴中区人民检察院（简称"区检察院"）全面践行习近平法治思想，落实市委、区委和上级检察机关决策部署，为大局服务、为人民司法、为法治担当，依法能动履职，各项工作稳步推进。年内获全国巾帼文明岗、江苏省检察机关先进集体等集体荣誉20项，全国行政检察业务标兵等个人荣誉32项71人次。办理的9件案件入选市级以上典型案例、优秀案例，其中4件入选省级典型案例。

【刑事检察】 2023年，区检察院依法严厉打击危害公共安全、破坏社会管理秩序、侵财侵权等各类刑事犯罪，批准逮捕341件457人，提起公诉1152件1418人。常态化开展扫黑除恶斗争，办理市扫黑办挂牌督办的涉恶案件1件4人，移送涉黑涉恶线索2条，推进诉源治理相关工作获评苏州市"无黑城市"建设优秀实践项目。办理侵犯公民个人信息犯罪案件10件10人，对上游信息采集、提供、倒卖等环节犯罪行为进行全链条打击。保持对电信网络诈骗犯罪的高压严打态势，全年批准逮捕30件69人，提起公诉161件275人。提前介入"7·17专项行动"涉缅北电信网络诈骗犯罪案件，对其中8名犯罪嫌疑人批准逮捕。防范化解金融风险，办理非法集资案件15件17人，问题研判信息获市委主要领导批示。创新反洗钱工作机制，深挖洗钱犯罪线索，洗钱案件起诉数量比上年提升2倍。

【刑事诉讼监督】 2023年，区检察院共监督立案36件，撤案12件，纠正漏捕漏诉28人，提请抗诉6件。深化侦查监督与协作配合机制建设，实质化运行侦查监督协作办公室，召开联席会议12次，制定简案类案侦查指引3份，提前介入引导侦查129件。助力反腐败建设，深化监检衔接机制，对区监察委员会移送的涉村镇政府工程招投标等领域的12件职务犯罪案件提起公诉。深化认罪认罚从宽制度，联合区司法局会签《关于进一步深化刑事案件律师辩护全覆盖试点工作的意见》，为1247名犯罪嫌疑人提供法律帮助。贯彻宽严相济刑事政策，探索不起诉案件非刑罚处罚、轻微醉驾案件社会公益服务考察等制度，先后对情节轻微不起诉案件开展训诫10人次。

【民事检察】 2023年，区检察院围绕民间借贷、债权转让、劳动争议等案件，常态化开展监督，共制发再审检察建议8件，提请抗诉1件，均获区法院采纳。将对事监督与对人监督相结合，建议区法院对1名虚构3件民间借贷案件的原告进行处罚，被区法院采纳。针对部分民营企业民事判决被撤销，但企业及法定代表人仍被采取限制高消费、纳入失信被执行人名单的情况，制发检察建议7份，帮助10余家民营企业依法解除信用惩戒措施，保障企业正常经营。

【行政检察】 2023年，区检察院与区法院、区司法局共建行政争议实质性化解工作机制，通过公开听证、释法说理等举措，化解行政争议。深入推进行刑双向衔接，出台《行刑衔接罪名索引》，对219件不起诉案件进行审查，制发检察意见书146份，均获采纳，做法得到最高人民检察院肯定。稳步推进强制隔离戒毒检察监督试点工作，深化"派驻+巡回"工作模式，协助开展全省检察机关第二次戒毒巡回检察工作。依托区检察院驻省太湖戒毒所检察官办公室，妥善办理全省首例提前解除强制隔离戒毒检察监督案，经验获最高人民检察院肯定。

【公益诉讼】 2023年，区检察院进一步提升检察公益诉讼的精准性、规范性，办理公益诉讼案件108件，追偿修复费用1800余万元，督促清理被违规侵占水土0.56公顷。深化与区资规分局共建"检源行"，共同助力耕地资源保护和征地纠纷类案件的化解。对一起异地非法倾倒770余吨工业废水的7名被告人及两家被告单位提起刑事附带民事公益诉讼，提请支付生态损害赔偿金1500万元，并赔付到位。针对太湖流域杂船影响水质问题，助推属地政府拆除437条废弃船只，获评全市检察机关"聚焦急难愁盼、力解群众难题"十大典型案例。探索社会力量参与检察公益诉讼办案新路径，累计招募"益心为公"志愿者140人，其中，56人提报线索，16人提供专业咨询，90人参与案件整改检视成效。

【营商环境优化】 2023年，区检察院深化涉案企业合规改革，与区法院会签《关于协同推进涉案企业合规改革工作的实施办法》，共办理企业合规案件6件。经合规整改的一家外资企业，新增研发人员20人，对新能源汽车产线增加投资1830万元。依法惩治影响民营企业健康发展的企业内部人员犯罪，共办理职务侵占、挪用资金等案件40件49人。助力社会诚信体系建设，联合区法院、吴中公安分局对规避执行、逃避执行、抗拒执行等失信行为进行合力打击，对拒执类犯罪提起公诉12件14人。常态化开展"问需于企·法护企航"等调研活动，走访企业40家，收集意见建议22条。借助"一室一厅一堂"护航民企工作品牌，为32家企业提供合规法律讲堂，帮助提升风险防范意识和能力。

【社会治理】 2023年，区检察院推进平安创建和综合治理工作，在扫黄打非专项行动中批准逮捕41件61人，提起公诉44件75人。落实最高人民检察院"八号检察建议"，办理涉安全生产事故类刑事案件10件，制发企业刑事法律风险提示函2份。坚持"治罪"与"治理"并重，针对某高校高等教育自学考试监管不严、某校外教育培训机构恶性竞争、某公司跨区域倾倒工业废水等问题，制发社会治理类检察建议10份，1份检察建议获评全市常态化扫黑除恶斗争优秀文书。

【吴文化保护】 2023年，区检察院将吴文化保护从古墓葬、古村落向古建筑、非物质文化遗产等领域延伸。针对古建筑仁寿堂因集体产权矛盾纠纷修缮停滞难题，推动区文体旅局和属地政府投放修缮资金200余万元，启动300平方米的主体工程修复。针对洞庭山碧螺春茶不规范销售现象，联合区农业农村局、区市场监管局、东山镇、金庭镇会签《关于加强"洞庭山碧螺春"茶产业保护合作框架协议》，受邀参与《苏州市洞庭山碧螺春茶保护条例（草案）》立法座谈会，提出20余条意见建议，相关案例入选全省检察机关公益诉讼典型案例。激活检察文化潜力，制作的文化短片——《致吴地先贤的一封信》，获最高人民检察院第六届检察新媒体创意大赛特别奖。

【生态环境保护】 2023年，区检察院聚焦新一轮太湖综合治理，持续深化区人大常委会、区监委、区检察院共建的"生态环境协同监督机制"，依法办理环境污染、非法捕捞水产品、非法狩猎等刑事案件41件85人，行政公益诉讼案件16件，制发检察建议9份。办理的"苏州市首例太湖湿地非法狩猎案"入选全省检察机关湿地保护典型案例。针对人大代表反映的太湖沿岸民宿排水问题，推动属地政府排查民宿934家，对存在问题的146家完成排水整改，进一步规范民宿排水许可、踏勘备案工作，获评全省检察机关公益诉讼典型案例。探索生态环境损害修复新路径，联合吴中生态环境局、区司法局，在全市率先出台《苏州市吴中区生态环境损害赔偿金提存使用实施办法》，得到市检察院推广。

【未成年人保护】 2023年，区检察院办理涉未成年人犯罪案件55件67人。在办理一起网络贩婴案时，追加认定8笔异地拐卖儿童犯罪事实，推动一名被告人被判处十年以上有期徒刑。落实侵害未成年人案件强制报告制度，联合吴中公安分局形成专题会议纪要，拓宽侵害未成年人案件线索发现路径。开展精准家庭教育指导项目，将未成年人帮教与监护人家庭教育指导相结合，制定"红、黄、蓝"家庭监护能力三级评估标准，共开展家庭教育指导68人次，制发《督促监护令》27份、《家庭教育指导令》15份。打造"一角童行"未成年人综合保护中心，开展检察开放日、模拟法庭、远程直播法治课等活动29次，相关工作受到国务院妇女儿童工作委员会办公室调研肯定。

【司法救助】 2023年，区检察院与区慈善基金会合作设立"吴检暖心"司法救助专项基金。针对未成年人、职场女性、农村独居老人等困境群体，与区民政局、司法局协调落实心理疏导、法律援助等关怀措施。年内，共办理救助案件114件121人，发放救助金额71万余元。推进为民办实事，聚焦外来务工人员讨薪、抚养费赡养费追索、教培机构"退费难"等民生领域，与区法院、相关行政机关定期召开联席会议，加强信息共享，办理支持起诉案件60件，为10名外来务工人员追回工资9万余元。

【矛盾纠纷化解】 2023年，区检察院进驻区社会矛盾纠纷调处化解中心，通过群众信访件件有回复、院领导包案、公开听证等方式，化解涉检涉法矛盾。全年共办理群众信访245件次，促成刑事和解28件，化解各类行政争议62件、民事纠纷10件。办理的年迈母子因房对簿公堂民事化解案，被《检察日报》、最高人民检察院微信公众号报道转发；办理的七旬老人集资房"有房无证"行政争议化解案、阳光房搭建引发6年邻里纠纷民事化解案，均获评全市检察机关民事行政矛盾化解典型案例。

【数字赋能】 2023年，区检察院创设"数智检察"品牌，着力打造集电子取证、数据分析、线索研判于一体的电子数据审查分析实验室，为13件案件固定到关键证据。探索"检察官+检察技术官"办案模式，实现案件办理同步参与、数据模型同步搭建、社会治理同步跟进，撰写的1篇检察技术文书获评全省检察技术优秀文书。围绕加强太湖环境公益保护、助力社会基层治理等工作，参与构建的跨区划船舶倾倒渣土模型、卖淫类案件诉讼监督模型，均在全省大数据法律监督模型竞赛中获一等奖。

（黄慧）

法　院

【概况】 2023年，吴中区人民法院（简称"区法院"）紧扣现代化法院建设主线，围绕"公正与效率"主题，坚持"品质建院、品牌强院"发展路径，做深做实为大局服务、为人民司法。把握法治进程，履责与督责并行，院庭长全年办结案件1.9万件。落实强基导向，全面服务乡村振兴和基层社会治理，创新破产审判机制、"融合式多元解纷"模式。完善诉讼服务大厅、网上平台、"12368"热线、巡回审判并行的"厅网线巡"立体化诉讼服务体系。突出实战实用实效导向，完善法官自我培训机制。自觉接受人大监督，常态化开展代表联络工作。2023年，被省法院与省人社厅联合表彰为"全省优秀法院"。

【刑事审判】 2023年，区法院依法惩治各类犯罪，审结刑事案件1189件1460人。守护群众钱包安全，审结养老诈骗、非法集资、电信网络诈骗及关联犯罪97件，涉案金额1.3亿元。保障群众出行安全，审结危险驾驶、交通肇事犯罪431件，对驾车在渔洋山观景台路段超速过弯致多人受伤的夏某某一审判处有期徒刑十年。维护群众舌尖安全，依法惩处危害食品药品安全犯罪，对制售假药的某公司及个人判处惩罚性赔偿1480余万元，并在全国性媒体上发布消费警示。保护群众信息安全，对非法获取并买卖明星航班信息的石某等人判处刑罚，净化网络生态。持续推动扫黑除恶常态化，"助企平安"项目入选苏州市"无黑城市"建设优秀实践项目。

【民事审判】 2023年，区法院打造民事审判专业化团队，劳动争议调解工作室调处纠纷427件，为劳动者追回劳务费用1700余万元。组建房地产案件专审团队，实现类案集约审理，选任5名工程建设领域的人民陪审员，一方面与法官组成合议庭参与案件审理，另一方面担任专家辅助人，为审判提供智力支持。启用少年家事审判中心，发出人身保护令3份，对2人判处终身禁止从事密切接触未成年人的工作。与区教育局、团区委共同开展"法润青春·德法共治"活动，送法进校园。联合区人社局和总工会开设企业用工体检中心，综合评估辖区企业用工风险，将案后纠偏转为事前预防。"劳企双保护"工作被《人民法院报》整版报道。

【商事审判】 2023年，区法院践行"法治是最好的营商环境"理念，构建全周期保障"企业敢干"服务体系，获评全省法院优化营商环境工作先进集体。审结涉企案件8704件，对各类市场主体同等对待、平等保护。审结破产（含强制清算）案件115件，清理债务29.57亿元，释放土地15.39公顷，盘活潜力企业4家，出清"僵尸企业"111家。开展"贴近式"企业合规服务，依托法官驻产业园工作室，联合区司法局和律协组织商业合同签订、股东责任风险等专题讲座。与区检察院协同推进涉案企业合规改革，至虚开增值税专用发票的某公司实地调研相关风险点，督促其在财税等领域作出合规承诺并开展合规建设。

"司法护企"工作经验登上《苏州改革》专刊。

【行政审判】 2023年,区法院坚持保护行政相对人合法权益与监督支持行政机关依法行政并重,审结行政诉讼案件435件,裁定准予执行行政非诉案件35件。联合姑苏区法院等单位设立行政争议协同化解工作站,合力实质化解涉吴中区行政案件83件。在豪仕登地块拆迁系列案中,协同区司法局、属地街道多次与姑苏区法院对接协商,促使纠纷妥善化解。连续三年向区委、区政府报送行政审判分析报告,多次获批示肯定。把脉审判中发现的涉及经济发展和社会治理的新情况、新问题,及时向相关单位提出司法建议29份。

【案件执行】 2023年,区法院持续加大执行攻坚力度,执结案件7220件,执行到位15.56亿元,开展"护航企业敢干""小标的大民生"等专项执行行动10场。前端提升信用治理效能,建立诚信企业免担保、信用修复等自动履行正向激励机制,将8家企业纳入免担保保全名录,为3431名偿债完毕的被执行人屏蔽失信记录或解除限制高消费措施。中端强化强制执行刚性,坚决打击逃避、抗拒执行行为,司法拘留52人,罚款26.23万元,判处拒执罪12人。拒不还债却高额打赏主播获刑一案,入选全市政法机关联合打击拒执犯罪十大典型案例。后端规范有序退出机制,推进"执转破"54件,化解执行案件494件。

【"司法护企"工作】 2023年,区法院助力"产业强区、创新引领"发展战略实施,与市中院协同设立"苏知和合坊"知识产权保护工作站和高科技领域竞业限制法律问题调研点,平衡保护企业商业秘密和人才正常流动,"双保护"工作被《人民法院报》整版报道。审理技术人员"抱团跳槽"竞业限制纠纷,发出全省首份行为保全裁定书,即时叫停员工不当从业行为。发布竞业限制纠纷典型案例,倡导诚实守信,规制违约失信,不断提振高科技企业创新发展的底气和信心。助力打造"全国机器人产业创新集群第一区",在某机器人公司与债权人和解后,撤销破产宣告裁定,能动扶持企业存续,入选全省法院助力民营经济高质量发展典型案例。

【保障太湖生态岛建设】 2023年,区法院践行"绿水青山就是金山银山"理念,围绕太湖生态岛建设"一号任务"打造"法耀太湖"司法品牌。设立太湖生态岛巡回审判点,就地开展庭审、调解与观摩活动76次,为太湖旅业等18家文旅企业提供法律指导,作出风险提示35条。常态化参与金庭镇"法律明白人"培训及"古樟议事""消夏议事"等村民议事活动。设立太湖(冲山)司法生态修复基地,力促山水清明、民风清朗。2023年4月,最高人民法院院长张军至太湖生态岛巡回审判点调研,对区法院太湖流域生态环境司法保护和融入基层社会治理工作给予充分肯定。

【助力乡村振兴】 2023年,区法院落实强基导向,全面服务乡村振兴和基层社会治理,全院46%的民商事案件办结在人民法庭。经开区、度假区法庭共同成立"茶果产业司法服务团",深入田间地头指导22家茶企、120余户农户依法经营。联合当地司法所邀请"法律明白人"、治调主任、碧螺春制作技艺非遗传承人参与纠纷调处,前端化解涉茶果纠纷16起。木渎法庭与当地消保委、司法所、汽车行业商会建立"法庭+N"汽车消费纠纷调处模式,走进长三角二手车市场开展巡回审判、车企座谈,促进汽车租售行业健康发展。"人民法庭参与基层社会治理问题的实践研究"入选江苏省高级法院重点调研课题。

【诉讼服务】 2023年,区法院完善诉讼服务大厅、网上平台、"12368"热线、巡回审判并行的"厅网线巡"立体化诉讼服务体系。诉讼服务中心集导诉、立案登记、案件分流、集约送达、非诉衔接、涉诉信访等功能于一体,确保走进一个门、事务一站清,为到院群众提供诉讼服务2万余次。构建"家门口起诉"新模式,网上立案、跨域立案5662次。设立院庭长诉讼服务与多元解纷值班主任窗口,协调解决群众反映的难点、痛点、堵点问题191个。发挥司法救助"托底"功能,发放救助金48.6万元。

【诉源、执源双源治理】 2023年,区法院推动诉源、执源双源治理,"融合式多元解纷"模式再创新,广泛吸纳解纷力量,选聘28个特邀调解组织和186名特邀调解员,诉前成功调解纠纷3136起,数量比上年上升7.99%。1名特邀调解员、1则案例被评为苏州市第二届金牌特邀调解员和十大特邀调解典型案例。入驻区社会矛盾纠纷调处化解中心,分流矛盾纠纷184件。促推立审执一体化执源治理,全省首创诉讼中资产处置模式,在多起分家析产案审理中拍卖涉案房屋,并调解分配拍卖款,一步到位解决矛盾,避免进入执行。以执行通知前置督促当事人主动履行义务,发出含执行通知内容的法律文书210份,民事案件自动履行到位率83%。

【破产审判机制创新】 2023年,区法院深化破产审判机制创新,放大其促进资源要素优化配置的作用。激励破产管理人积极履职,专门申请财政保障,通过"破产专项基金"对42家破产管理人发放报酬补贴,促使"无产可破"案件顺利推进。推动破产财产最大化变现,依托与区商务局签订的《关于破产财产处置的合作协议》,将破产财产处置纳入招商引资范畴,实现信息共享、一体推进。在2家公司破产清算案中，土地使用权拍卖成交价实现翻番。严惩"假破产、真逃债"，在某公司破产清算案中，查明存在借破产程序逃废债务情形，裁定驳回破产清算申请并处以罚款，维护市场交易秩序和债权人合法权益。

（刘轶臣）

司法行政

【概况】 2023年，区司法局全面落实区委、区政府各项工作要求，聚焦司法行政"一个统筹、四大职能"，推进司法行政工作高质量发展，为推进中国式现代化建设的吴中新实践提供法治保障。区司法局获评全省司法行政系统2022年度"高质量发展先进司法局"，在2022年度区级机关综合考核中获评第一等次。陈杰获评全国"模范人民调解员"，多名同志获评全省"法援惠民生"成绩突出个人、社区矫正和安置帮教工作成绩突出个人、"法律明白人"培育工作成绩突出个人、全省公证业务创新成绩突出个人。

【依法治区机制建设】 2023年，吴中区加强依法治区统筹，召开区委全面依法治区委员会会议、办公室全体会议及协调小组会议，部署推进法治建设年度重点工作任务。开展党政主要负责人履行推进法治建设第一责任人职责述职评议工作，做好"十四五"法治吴中建设"一规划、两方案"实施情况中期评估工作。加强习近平法治思想学习宣传，将其纳入党委理论学习中心组、党校干部培训、党员干部学习培训课程清单，组织开展习近平法治思想专题培训班。开展全区道路交通安全和交通运输执法专项整治、行政诉讼败诉和行政复议纠错案件工作情况专项督察。加强市县法治建设，及时调整镇（街道）党（工）委法治建设议事协调机构及其办事机构，落实司法所长列席镇（街道）党政办公会议制度。开展"关爱民生法治行"活动，确定13项法治实事项目，1个项目获评市级优秀项目。持续推进"援法议事"，推进"法治小区"建设，打造示范典型，配合开展法治薄弱村（社区）排查整治工作。

【法治宣传】 2023年，区法治宣传办公室印发年度普法依法治理工作要点，制定《吴中区关于进一步健全普法责任制的实施意见》，开展普法责任制履职集中评议活动，通过市级"八五"普法中期评估验收。组织开展《长江保护法》《民法典》宣传月、宪法宣传周等主题活动，组织参加"百万党员学宪法学党章考法律活动"，参与人数全市第一。组织开展"农民工学法活动周""普法惠企""法润春苗护航成长"等系列活动，为133所学校近6.8万名学生开展法治讲座。推进国家工作人员法治素养提升项目，启用公民法治素养提升教育平台，制订国家工作人员学法清单，打造机关学法驿站，联合苏州大学王健法学院成立法治素养提升实训基地，开展"机关法治微课堂"、"吴地法韵大讲堂"、旁听庭审、宪法演讲比赛等活动。举办首届机关法治文化节，设计法治苏扇、法治核雕等特色法治文化作品，开展法治书画摄影大赛等8项主题活动。新增市级法治文化建设示范点1家，因地制宜改造宝带桥—澹台湖景区法治文化园。发挥"法律明白人"作用，引导参与基层治理工作。

【公共法律服务】 2023年，区司法局推进现代公共法律服务体系建设，制订区、镇两级平台服务清单，打造全业务领域覆盖的"一站式"公共法律服务平台。拓展公共法律服务网络，揭牌成立区知识产权联盟公共法律服务工作站、苏州市拘留所公共法律服务联络点。开展"村（居）法律顾问万场讲法活动"，组织开展"微讲堂"评比和十佳案例评比。举办数据要素市场化法治保障研讨会，开展"法润春茶"、知识产权保护等主题活动，举办"企业敢干法治护航"公益直播法律系列讲座。新设村（社区）法律援助联络点14个。试点开展审查起诉阶段律师辩护全覆盖工作，调整充实法律援助"名优律师团"，组织开展法律

2023年11月20日，《网络普法e起播》栏目首场直播开讲　　朱杰　摄

援助案件质量同行评估活动。全年提供法律咨询2.3万次,办理法律援助案件1879件,开展法治宣传447场、法治讲座824场。

【特殊人群管理】 2023年,区司法局持续做好特殊人群稳控工作,定期开展分析研判、季度检查、专项活动整治,严格落实社区矫正信息化核查、日常报到、走访谈话等监管规定,严格请假外出审批。强化社区矫正人员教育培训,加大对司法所工作的督查力度,落实季度通报制度,提升刑罚执行规范化水平。扩大"政法五老志愿者"服务范围,完善重点对象"五老"志愿者贴身帮教机制。全力推进智慧矫正中心建设,大力推进心理评估终端、"在矫通"等智慧矫正设备运用。深化"一县一品牌"建设,开展"童行人·我们一起向前行"活动。深化特殊人群走访帮扶工作,开展"暖春行动"、护苗行动、金秋助学助业等活动,共应急救助25人,发放救助金、救助物资折合人民币7.26万元。

【人民调解】 2023年,区司法局践行"枫桥经验",明确10项具体项目。深化矛盾纠纷多元化解机制建设,成立区房地产(物业)行业纠纷化解专家库,建立商会、企业、新业态调解组织共18个。加强调解队伍建设,举办人民调解专题培训班,组织开展分级培训、全员特训、菜单式轮训,开展调解员等级评定。加大调解宣传力度,深入企业、城中村、新业态群体开展主题宣传活动14场,拍摄主题宣传片,开展"说说身边的调解榜样"主题活动。持续加大"苏解纷"平台推广应用,完善"苏解纷"非诉服务平台纠纷分流处置机制。全区共排查调处纠纷2.75万件。加强诉调对接工作,印发《践行"枫桥经验"深化诉调对接十项具体举措》,增设婚姻家庭、道路交通事故、民间借贷和物业纠纷4个"专科门诊室"。在全市深化诉源治理工作推进会作交流发言。全区调处诉前纠纷1万件,调解成功3000件,司法确认1956件。

【基层法律服务】 2023年,全区有基层法律服务所9家,基层法律服务工作者32人。组织召开全区基层法律服务所工作会议,下发统一的基层法律服务所卷宗格式、公示内容、台账制作范本,提高基层法律服务所规范化建设水平,提升基层法律服务工作者办案质量。开展基层法律服务行业服务中小微企业"法治体检"专项活动,成立吴中区基层法律服务行业法律服务团,确定服务中小企业名单,提升中小微企业依法经营的能力和水平。

(刘贵娟)

仲　裁

【劳动人事争议仲裁】 2023年,全区仲裁机构及各类调解组织共接处案件4700件,涉及劳动者4705人,涉案金额7268.65万元。仲裁院本级共立案处理3357件,结案3307件,结案率95.72%,其中,调解结案2606件,案件调解率78.8%。10人以上集体劳动争议案件50件,涉及劳动者878人,均妥善处理。

【基层调解组织建设】 2023年,吴中区充分发挥基层调解组织力量,14个镇(街道)实现调解组织覆盖率100%。争创第三批金牌调解组织,郭巷街道劳动人事争议调解中心创成全区首家省级金牌调解组织。

(刘晓丽)

人民武装

【概况】 2023年,吴中区人民武装部(简称"区人武部")坚持以习近平新时代中国特色社会主义思想为引领,全面贯彻党的二十大精神,坚持举旗铸魂,聚力练兵备战,注重夯实基础,持续正风肃纪,在军分区年度考评中综合排名位列全市第三。

【政治建设】 2023年,区人武部始终把思想领先、精神培塑摆在首位,统筹推进学习贯彻习近平新时代中国特色社会主义思想主题教育和"学习强军思想、建功强军事业"教育实践活动,贯彻军委关于《改进中校以上军官学风措施》,制订学习宣传贯彻党的二十大精神"10条措施"。强化理论武装,锤炼对党忠诚的政治品格。落实理论学习中心组"第一议题"制度,围绕提升学习质效组织授课辅导,开展"百字心得"学习活动,固化落实"理论夜校"、编印学习月刊等制度,及时跟进学习习近平主席重要讲话精神,结合民兵整组、集训、新兵役前教育等时机开展专题政治教育,推动理论武装走深走实。

【国防动员】 2023年,区人武部围绕协调军地、面向三军、保障打赢的职能使命,不断提升国防动员组织指挥力、快速反应力和支撑保障力。协调组织区民兵工作领导小组相关单位,按照分类采集、汇总整理、集中会审的步骤,对民兵整组潜力资源数据进行调查统计和现状分析,基础数据质量不断提高。抓好民兵组织整顿,突出新域新质力量建设,调整优化队伍布局,完成全区普通民兵和基干民兵的编建任务。严把体检政审、役前教育、审批定兵等环节,完成全年新兵征集任务。

【军事训练】 2023年,区人武部落实党委议战议训,统筹推进应急管理和国防动员"两个体系"建设。保持备战打仗的忧患意识,形成实用、管用研究成果。落实集中领训、首长机关指挥技能训练、民兵分队集中轮训、民兵营(连)长集训、"四会"教练员考核比武等群众性练兵活动,完成全年民兵训练任务。选拔民兵骨干参加军分区"四会"教练员比武考核,取得团体第三的成绩。加强民兵支援保障分队建设,继续深化军地联合、兵民一体备战体系,加快编建训用一体建设步伐。密切与地方应急、公安、网信等部门协同配合,不断完善情报工作体制机制,民兵情报信息员作用得到进一步加强。

(俞富强)

人民防空

【概况】 2023年,根据《吴中区深化国防动员体制改革实施方案》和《关于调整组建吴中区国防动员办公室的通知》,吴中区人民防空办公室转隶,明确区住建局不再加挂区人民防空办公室牌子,区发改委加挂吴中区国防动员办公室牌子。2023年1月19日起,启用吴中区国防动员办公室印章,区发改委新增内设机构国防动员科(人防管理科),原区人防工程管理站(区人防指挥所)整建制划转到区发改委。2023年,吴中区开展《吴中区人防工程控制性详细规划》编制工作,推进规划牵引延伸到地块、人防工作融入城市建设,进一步加速吴中区人防工程建设科学化、规范化发展。

【指挥通信系统建设】 2023年,吴中区加强指挥通信建设,依据本级机构调整实际情况,修订人防指挥所实名制编成和人防专业队整组名单;加强机动指挥所开设训练,全年组织开展或参与全市及跨区联合训练4次。突出抓好信息化建设,优化指挥信息化系统建设,综合推进全省人防信息平台数据梳理和录入工作。突出抓好警报设施维护管理,高标准完成"9·18"警报试鸣任务,警报鸣响率100%,城区警报覆盖率达到93%。

【安全生产检查】 2023年,吴中区守住安全发展红线底线,进一步压紧压实全区人防行业企业安全生产主体责任,开展人防工程安全生产大检查工作,结合"生命至上,隐患必除"消防安全专项行动方案,开展人防工程安全生产大排查大整治专项行动,进一步强化企业落实安全生产主体责任意识,推动企业深入学习贯彻"企业落实安全生产主体责任重点事项清单"。重点对区内商业体、酒店等人员密集公共场所附建的已建人防工程进行安全检查,针对排查发现的问题,出具检查单、整改单,责令其立即进行整改,形成闭环。

【法治人防】 2023年,吴中区深入推进法治建设,完善人防法治建设管理模块,全面疏理人防执法流程和职责分配。进一步加强民生项目的靠前服务,为区内保障房、学校等重点项目的人防工程提供跟踪服务,及时与建设单位沟通,检查督办项目进度和质量管理,压缩项目的竣工验收时间,同步指导竣工资料的完善及现场的整改,协调项目建设过程中出现的问题;同时派驻专职技术人员对项目的人防标识标牌及平战转换相关内容进行指导,针对可能出现的常见问题和难点问题,提前告知以避免重复返工,确保人防工程的防护、防化性能能够满足设计及使用要求,有效履行"战时防空、平时服务、应急支援"的使命任务。

(徐丽萍)

编辑　赵立文

经济管理

宏观经济运行管理

【发展规划管理】 2023年,吴中区起草完成《〈苏州市吴中区国民经济和社会发展第十四个五年规划和二〇三五年远景目标纲要〉实施中期评估报告》《关于吴中区2023年上半年国民经济和社会发展计划执行情况的报告》《关于吴中区2023年国民经济和社会发展计划执行情况与2024年国民经济和社会发展计划草案的报告》,分别经区人大常委会、人代会审议通过。开展高质量发展绩效评价,形成包括"推进机器人与智能制造产业创新集群建设""大力推进检验检测服务和楼宇经济""推进屋顶分布式光伏开发试点""创建先进技术成果长三角转化中心孵化基地""推进镇村两级工业集中区优化整治提升""加快外贸外资转型发展""推进乡村振兴""加快落实'一山一策''一湖一策'""开展'审管执信'闭环管理""毗邻区域一体化环境提升及桥下空间综合治理""城镇老旧小区改造""'消劣争优'行动""大运河文化带建设""数字人民币特色场景应用及绿色金融发展"以及"强化国有企业资产负债率管控"在内的15项个性化指标。

【经济监测分析】 2023年区发改委牵头制定《吴中区关于推动经济运行率先整体好转的若干政策措施的实施意见》,并定期就政策措施贯彻落实情况进行跟踪。开展吴中区经济分析和指导服务工作,建立健全全区经济部门和经济大镇的数据监测和信息动态汇集网络和报告机制,加密频次开展全区经济运行分析和跟踪研判,对高频数据和先行指标采取周报的方式进行实时监测。开展线上线下问卷调查,调研走访掌握企业诉求,把情况摸清、把问题找准、把对策提实。

【固定资产投资】 2023年,区发改委实时监测吴中区固定资产投资各项指标运行情况,完成对全社会固定资产投资和其他细分指标运行情况的分析。2023年,全区完成全社会固定资产投资521.34亿元。其中,第二产业完成投资144.65亿元,第三产业完成投资376.55亿元。开展区重点项目库与区级统计库的比对工作,确保应入库项目不遗不漏。

【重点项目建设】 2023年,全区开展"重点项目提效年"活动,印发《关于开展"重点项目提效年"活动的实施意见》。举办吴中区产业创新集群融合发展推进会暨春季重大项目集中签约开工活动、吴中区2023年半年度重大产业项目集中开工及竣工投产活动等。列入省重大项目5个,数量创历年新高,28个计划新开工省市重点项目上半年全部开工。59个市级重点项目完成投资245.2亿元,262个区级重点项目完成投资526.9亿元。全年投产、投用重点产业项目122个。

(徐丽萍)

【总部经济】 2023年,吴中区开展走访调研,鼓励企业阶梯申报省市总部和研发中心,豪利士电线装配(苏州)有限公司、适新科技(苏州)有限公司获评江苏省第十四批跨国公司地区总部和功能性机构,苏州开篷企业管理有限公司获评市级跨国公司地区总部,苏州石川制铁有限公司获评省级外资及港澳台资研发中心,考克利尔竞立(苏州)氢能科技有限公司、苏州斯莱克精密设备股份有限公司等16家企业获评市级研发中心。

(赵勇 吴鉴)

自然资源监督管理

【土地资源监管】 2023年,吴中区突出土地资源监管,加强日常监察巡查,狠抓卫片执法监察,推进耕地保护督察、违法违规问题"清零"、农村乱占耕地建房等专项工作。发挥"警源消""检源行"党建联盟合力,持续推进违法问题整改,完成"清零"行动整改销号215宗,面积66.84公顷,完成率92.06%;"动态清零"违法用地整改12宗,面积4.18公顷;耕保督察问题图斑整改7个,面积2.65公顷,整改率均达到100%。加强日常监察巡查,落实三级动态巡查制度,全方位多手段严防死守,坚决遏制新增违法用地行为。

(任欣艺)

【依法治水管水】 2023年,区水务局完成《吴中区重要河湖保护规划》《吴中区防洪除涝及河网水系规划》《吴中区水务基础设施空间布局规划》编制,基本完成《吴中区圩区治理规划》。落实安全生产责任,开展"百团进百万企业千万员工"宣讲、安全生产月等活动,加强安全检查和隐患排查,抓好疫情防控,全区安全生产形势稳定,无安全生产伤亡事故和重大影响事故发生。加强项目监管,对区级以上河道,征收占用补偿费项目5个、监管涉水项目21个;对区级及以下河道,完成涉水项目审批44个。对98个项目的水土保持方案进行行政审批,监督检查已审批项目170次,征收水土保持补偿费256.28万元。严格水政执法,出动水政巡查147次,调处各类水事违法违规行为35起,其中立案查处17起,罚款17.5万元。办好建议提案,完成6件区人大代表建议(主办3件、协办3件)和5件区政协委员提案(主办4件、协办1件)的办理答复工作,答复满意率100%。

(安文静)

【森林和湿地资源监管】 2023年,吴中区加强森林和湿地资源监管,将林地、湿地和国家森林督查图斑数据纳入"一张图"综合监管平台,建成全区林木资源本底数据库,全面掌握非法使用林地、擅自改变林地用途、乱砍滥伐林木等情况，做好森林督察、自然保护地图斑核查整改等工作。持续加强野生动植物保护，联合多部门开展"网盾行动"，打击整治网络非法野生动植物交易，查办案件3起，打击处理违法人员5人。开展林业有害生物防控，加强美国白蛾、松材线虫病等虫情监测预报。

（任欣艺）

国有资产管理

【概况】 截至2023年末，全区国有企业资产总额3291.68亿元，比上年增长5.72%；全年实现各类收入135.34亿元，比上年增长8.47%。其中，区属国有企业资产总额1108.06亿元，与上年基本持平；全年实现各类收入33.64亿元，比上年增长14.59%。

【国资国企改革】 2023年，吴中区实施新一轮国企改革深化行动。出台《吴中区国有企业改革深化提升行动实施方案（2023—2025年）》，发挥区属国有企业在产业引领、科技创新、城市保供等方面的支撑作用，确保改革取得预期成效。出台《关于进一步完善吴中区国有企业统一监督管理机制的意见》，构建"集中统一、分类监管、授权明确、权责一致"的国有资产监管体系，完善国有企业管理职责清单，厘清国资监管职责边界，规范行权履职。强化考核指挥棒作用，开展区属国有企业高质量发展综合考核工作，重点考核国有企业经营业绩、管理水平、风险防控、服务民生等方面取得的成效，深化"一企一策"差异化考核内容。

【苏州市吴中国有资本控股集团有限公司】 2023年6月20日，苏州市吴中国有资本控股集团有限公司（简称"国控集团"）成立，注册资本120亿元，由区政府100%认缴出资，为国有独资公司。将区政府持有的苏州市吴中市建设投资集团有限公司、苏州市吴中国裕资产经营集团有限公司、苏州市吴中产业投资集团有限公司3家公司的100%股权，以股权出资方式划转至国控集团。苏州市吴中文化旅游发展集团有限公司、苏州市吴中农业发展集团有限公司股权随母公司一并转入国控集团。

（胡翔宇）

【苏州市吴中城市建设投资集团有限公司】 苏州市吴中城市建设投资集团有限公司（简称"城投集团"），原名苏州市吴中城市建设投资发展有限公司，成立于2002年4月，是区政府出资成立的国有独资公司。2022年1月6日，公司更名为"苏州市吴中城市建设投资集团有限公司"。2022年2月末，交投公司整合至城投集团。2023年7月11日，区政府持有的城投集团的100%股权，以股权出资方式划转至国控集团，城投集团监管的有关程序、权限、要求、操作流程保持不变。截至年末，城投集团注册资金51.25亿元，资产总额621.2亿元。城投集团及下属二、三级子公司在职人员共855人。全年推进13个城市建设项目、12个水务工程项目、19个交通建设项目，其中，年内完工15个项目；深化实践组建联合体投标模式，与中铁四局组建联合体竞得1.9亿元胜浦大桥引桥及连接线工程项目（吴中区段）。

（倪碧钰）

【苏州市吴中国裕资产经营集团有限公司】 苏州市吴中国裕资产经营集团有限公司（简称"国裕集团"）成立于2004年7月，是区政府出资成立的国有独资公司。2023年，投资收购苏州企服集团有限公司51%的股份，"国有+民营"强强联手。全年实现综合营收9.63亿元，比上年增长26.68%；利润总额3.54亿元，比上年增长12.65%；集团企业上缴税收7176.41万元，比上年增长3.4%；完成数字人民币交易量376亿元，主体信用评级维持AA+，顺利退出"隐债平台"，为区属首家。2023年，国裕集团旗下资产有效出租面积69.47万平方米，有效资产出租率87.03%，租金收入2.95亿元，比上年增长3.94%。推动再生资源利用中心、茂森工业园、财会培训中心等存量更新项目建设。全年办理产证20宗，出证375本，涉及土地面积7.75万平方米，房产面积12.89万平方米。国裕集团总资产由308.36亿元增至342.73亿元，比上年增长11.1%。

（孙雯琪）

【苏州市吴中金融控股集团有限公司】 苏州市吴中金融控股集团有限公司（简称"金控集团"）成立于2014年，是吴中区国有金融投资平台，注册资本11亿元。金控集团建立包含股权投资、基金管理、金融招商、商业保理、综合环境治理、科创载体建设运营等多元化的资本运营体系，形成股权投资链和综合金融服务链。截至2023年末，金控集团总资产增至60亿元，累计投资收益15.52亿元，综合收益率34.92%，上缴利税9.08亿元，获2023年度高质量发展综合考核区属国有企业第一等次。

投资管理 2023年，新增决策及投资基金11支，总规模66.53亿元，截至年末，累计合作和管理基金数量56支，募资总规模超284.5亿元。自主管理基金增至7支，总规模由10.7亿元增至25.7亿元，比上年增长141%。全年投资企业89家，累计投资企业超500家。探索创新股权基金S交易模式，完成凯辉基金份额交易，成为苏州国资S基金份额交易首单，盘活股权资产，提升发展韧性。

资本招商 2023年，不断强化资本招商使命担当，发挥金融主业资源及行业优势，主动融入区域"2+3+N"招商体系，瞄准产业强链补链延链，聚焦项目深入精准对接，以金融促进更多优质资源和项目落地吴中，为区域高质量发展积蓄动能。全年接触招商项目超百家，落地吴中区42家。截至年末，金控集团通过协同合作基金、产业载体等累计为区内招引项目200余家，助力落户企业超百家。

基金引才　全年出资星迈创新、赛丽科技等领军人才企业7家，引入清研半导体、大十声境科技2家种子库项目；举办"资本赋能吴爱人才"对接会、2023吴中区"金苗企业"资本对接会、清华"TEEC行委会苏州行"等活动，同度假区共同举办"科创太湖湾智驾新未来"智能网联产业分享会，参与"吴中人才日"、深圳上海招商会等活动，助力人才项目成长、金融人才汇聚。

金融服务　依托金融招商、金控保理、金融信息、转贷基金等业务，以"金融活水"精准滴灌实体经济。转贷基金全年累计放款790笔，惠及区内外企业711家；金控保理为区内共计28个政府支付及重要民生工程项目提供保理支撑，累计完成对18家建设施工企业融资支持，获2023年度保理大会组委会颁发的"贡献单位"称号。

（邵晓梦）

【苏州市吴中农业发展集团有限公司】　苏州市吴中农业发展集团有限公司（简称"农发集团"）成立于2009年，注册资本10.36亿元，以"现代农业产业、农村金融服务、无害化与资源循环利用"为三大主业。农发集团下设6个部门，11家全资、控股等有实际经营权的二级子公司。2023年，农发集团推出"吴中好物""消夏渔歌"等自有国企品牌，赋能全区农业产业发展。截至年末，农发集团完成经营收入5538.31万元，资产总额58.39亿元，负债总额40.47亿元，对外投资总额6.38亿元，利润总额720.36万元，归母所有者权益13.75亿元，资产负债率69.3%。中国（吴中）太湖洞庭山碧螺春茶文化园项目一期于2023年3月建成开园，并承办2023首届中国苏州太湖洞庭山碧螺春茶文化节开幕式，项目二期茶文化博物馆和茶加工中心项目加快推进中。消夏湾优质稻米基地一期建成，"消夏渔歌"品牌新米上市。吴中枇杷文化产业园启动建设。引进科大讯飞乡村振兴数字经济融通发展先导示范区项目、桃花源记项目、曼兹集鲜苏州项目等。苏州吴中太湖生鲜馆上线，开设盒马线上生鲜馆。举办吴中农村电商分会临湖专场直播活动，以"基地直采+直播带货+流量推广"形式，拓宽吴中农产品销售渠道。吴中产鲜公司完成整合转型，线下旗舰店加快装修，打造线上线下一体化营销模式。打造以太湖农产品供应链中心为基础的吴中农产品供应链中心。开发湖羊熟食礼盒，不断延伸湖羊产业链。加强与科研院所、龙头企业以及各大涉农板块、农业园的合作。区动物无害化处理中心推进设备技术改造，并新增实验动物尸体医废处置生产线，拓展区外业务。重组粮食公司，整合粮食资产管理、粮油贸易、粮食代储等业务，打响大米品牌。

（黄悦）

【苏州市吴中文化旅游发展集团有限公司】　苏州市吴中文化旅游发展集团有限公司（简称"文旅集团"）成立于2011年9月，注册资本28.70亿元。2023年，文旅集团紧扣文化、体育、旅游、健康、商务、酒店等主营业态，做好转型升级、提质增效。制定"一企一策"方案，亏损治理取得实效，注销亏损企业4家，解决资不抵债企业5家，并实现2家企业减亏。新增融资成本低于4%，成功发行吴中区首单自贸区离岸债券（明珠债）。遵守招投标工作流程，全年完成项目审计85个。全年实现综合收入2.95亿元，比上年增长22%，实现利润1376万元，比上年增长118%，缴纳各类税费2000万元。自有景区（点）、水上交通、酒店共接待游客157万人次，比上年增长45.8%。太湖园博园获评中国研学旅行教育实践示范基地，东山长圻码头——三山岛先奇码头航线入选国内水路旅游客运精品航线试点单位，太湖假日酒店获2023年度洲际集团"金龙奖"，吴中福朋喜来登酒店获2023年度万豪国际集团大中华区"市场最佳合作奖"。

（滕怡雯）

【苏州市吴中产业投资集团有限公司】　苏州市吴中产业投资集团有限公司（简称"产投集团"）成立于2022年4月，注册资本5亿元。2023年7月，区政府将所持产投集团100%股权以股权出资方式，划转至苏州市吴中国有资本控股集团有限公司，原有监管程序、权限、要求、操作流程保持不变。截至年末，产投集团下辖全资子公司8家，参股公司1家，账面总资产10.49亿元。

载体建设　2023年，产投集团围绕全区"天堂苏州·最美吴中"发展愿景和"产业强区、创新引领"发展战略，以区人代会一号议案提出的"推进产业创新载体建设"为抓手，完成木渎1218、光福笤汇谷、郭巷尹山智谷等3个项目主体结构封顶。临湖生物医药研发基地开工建设。储备项目胥江云谷项目和光福二期项目稳步推进。

创新合作　2023年，与哈工大苏州研究院、哈工大苏州校友会、经发集团下属苏州吴中经济技术开发区创业投资引导基金有限公司、苏州吴中国太发展有限公司共同出资成立苏州太旺科技发展有限公司，服务于哈工大现有成熟成果、研究院孵化溢出结果、校友及产业链相关成果的落地推进。

（周欣）

【江苏省吴中经济技术发展集团有限公司】　江苏省吴中经济技术发展集团有限公司（简称"经发集团"）是经开区国资企业，注册资本50亿元。2023年，总资产835.85亿元，净资产219.49亿元，实现营业收入约57.48亿元；主要建设项目47个，全年计划完成投资约28.29亿元，实际完成投资约30.54亿元；各类物业资产面积325.97万平方米，可出租面积约227.85万平方米，完成出租率83.83%，租赁收入约5.1亿元。全年载体建设项目共4个，总建筑面积约34.81万平方米，完成投资约7.6亿元。经发集团全年计划腾退低效载体面积约1.71万平方米，实际完成腾退面积约4.78万平方米，超额完成增幅179.53%，为实现"退二优二"，提高载体利用效益提供保障。经发集团委托、整租经开资管公司载体共计109.5万平方米，包括商业、酒店、办公、集宿楼等；委托吴中综合保税区管理局载体共计52.4万平方米，包括厂房、写字楼等，进一步提升载体运营管理的效率和质量。

（孙洋一）

【苏州吴中经开国有资产投资发展有限公司】 苏州吴中经开国有资产投资发展有限公司（简称"国发公司"）是经开区国资企业，成立于2021年2月。截至2023年末，公司总资产257亿元，净资产107亿元，外部信用评级获评AA+。国发公司率先完成经开区下达的2023年度融资平台公司退平台任务，同时加强债务管理工作，存续债务的整体融资成本不断下降，比上年末下降20个基点。全年完成融资额度98.64亿元，基本保证公司在建设投入、基金出资和土拍款支出方面的资金需求。2023年，国发公司共承担各类工程建设项目8个，总建筑面积约141万平方米，项目总投资约91.91亿元，中国中医科学院西苑医院项目获评2023年上半年江苏省建筑施工标准化星级工地（三星级）。年内交付先锋时代商务广场改造、石湖景苑二期2个项目。（刘文韬）

【苏州太湖旅业发展有限公司】 苏州太湖旅业发展有限公司于2002年11月成立，是苏州太湖国家旅游度假区管委会直属的国有企业，企业类型为有限责任公司，公司注册资本58.8亿元。公司设有行政部、财务部（财务核算中心）、项目部（招标办公室）、资产部、内审部、营销统筹中心6个部门。公司经营范围：经营度假区管委会授权范围内的国有集体资产及管委会研究确定的城市建设项目的投资、建设和管理以及旅游项目开发。公司主要经营板块有酒店、水务、景区、资产物业、餐饮民宿、营销、商贸、出租车等。下属实体经营子公司18家，参股企业11家。受托管理3家：香山国际大酒店、太美香谷里酒店、吴中区委党校。2023年，公司围绕度假区文旅+科技"双轮驱动"发展战略，探索新形势下国企高质量发展与转型突破，助力度假区高质量发展。全年营收4.96亿元（含香山酒店和香谷里酒店），其中酒店板块营收3.29亿元。

（戚晔婕）

【苏州太湖城市投资发展有限公司】 苏州太湖城市投资发展有限公司于2008年12月注册成立，注册资本29.9亿元，由苏州太湖国有资产投资发展集团有限公司独资，隶属苏州太湖国家旅游度假区管委会。公司主要定位为精细化、专业化、市场化的"城市运营商"，以项目代建、城市养护管理、资产经营管理、房地产四大业务板块为主业，参与度假区基础设施及配套设施的开发建设和维护。2023年，完成交付安置住宅1400套，交付人才公寓260套，重点项目9个，总投资约40亿元。完成太湖科创中心、原联光工贸厂房、原兴杰厂房、蒋墩梯田4个重点项目更新盘活。完成渔帆路人才公寓投运以及舟山农贸市场改造，出租面积新增约1万平方米。承接物业项目总计15个，总面积超127万平方米，年度新增物业项目9个。完成产业园片区龙山路、福湖东路、中心区片区隧道口、舟山花园五期一区东侧绿化提升，提升面积约11万平方米。3个房地产地块开盘。2023年，公司合计收入（扣除安置房收入后）约3.73亿元，比上年增长42.87%。

（范峰）

【苏州太湖科技发展投资有限公司】 苏州太湖科技发展投资有限公司于2021年5月成立，注册资本10亿元，由苏州太湖国有资产投资发展集团有限公司独资，隶属苏州太湖国家旅游度假区管委会。公司聚焦投资管理和科创服务两大板块，负责产业引导基金的成立、管理、投资等，引导、扶持、培育度假区内科技、金融、文旅等产业发展。2023年，引导基金、科投基金、数字科文基金投资总额比上年增长127.28%。太湖科创天使投资基金、太湖产业创新投资基金完成设立及备案，辖区内累计注册基金33支，总规模超100亿元。元禾太湖湾公司成功获取基金管理人牌照。太湖科创中心创新设立众创共享空间、共享工位。文创中心5号楼、太湖智创园二期8号楼获评省级众创空间、省级孵化器。专项成立智能网联分公司，助力区域智能网联产业布局。太湖产服公司成功获取安全管理人培训资质。推进载体建设运营，太湖科创中心建成投用，触达、泽声以及瑞幸、喜士多等多家优质企业与商业入驻；太湖国际研发社区地块成功上市，项目建设前期工作同步推进；产业创新孵化加速基地一期项目建成投用。 （徐丹）

【苏州吴中国太发展有限公司】 苏州吴中国太发展有限公司（简称"国太公司"）成立于2012年1月，注册资本为2亿元。截至2023年末，注册资本增至65亿元，总资产358亿元，净资产98亿元。2023年7月，国太公司调整为由太湖新城管理。全年推进13项工程，总投资42.67亿元，完成投资11.32亿元。全年融资到账91.85亿元。抓住各类债券报批及发行时机，全年滚动发行债券47.1亿元，申请绿色债券补贴200万元，融资结构不断优化，融资成本持续降低。

国太公司资产总规模达143.24万平方米，载体年经营收入2.05亿元。商业、产业、文旅板块齐头并进。

快手太湖天鹅港国际电竞馆、橙天嘉禾剧场相继投用，打造太湖新城文旅新地标。苏州湾中心广场商业部分年中顺利开业，在苏州湾地下空间举办青年生活艺术节、地下空间艺术季活动，打造太湖新城新商业和新品牌展示舞台。协办COMIN中国写字楼峰会，苏州湾中心广场入驻新有道、数坤科技、同人建筑等企业，赋能吴中太湖新城·数字经济创新港建设；能源中心，对外集中供冷950万千瓦·时，供暖144万千瓦·时，助推新城生态环境高水平保护。（吴晓芳）

财 政

【概况】 2023年，吴中区落细落实积极的财政政策，加强财政资源统筹，全力保障重点领域支出，兜牢兜实基层"三保"底线，防范化解地方政府债务风险，全区预算执行情况良好。全区完成一般公共预算收入222.64亿元，为调整预算的99.8%，比上年增长5.8%，税比为80.6%。其中，税收收入完成179.45亿元，为调整预算的95.6%，比上年增长2.4%；非税收入完成43.19亿元，为调整预算的122.7%，比上年增长22.9%。全区完成一般公共预算支出203.23亿元，为年度预算的93.1%，比上年下降5.4%。其中，用于民生改善的城乡公共服务支出为169.95亿元，比上年下降2%，占一般公共预算支出比重的83.6%。

【财政收支管理】 2023年，区财政局积极应对经济下行、同期全年高基数等因素影响，强化收入形势研判，合理确定、动态调整全区收入目标定位，全面排摸、深入挖掘潜在税源，合理统筹土地增值税、一次性税源入库及退库，挖掘增收动能。落实过紧日子要求，严控一般性支出，区级两次调整预算共压减26.38亿元，其中一般性支出压减0.32亿元。坚持"有保有压"，集中财力保障政府民生实事项目、省市区重点建设项目、"三保"等重点领域支出。

【企业发展扶持】 2023年，吴中区安排工业经济高质量发展专项资金重点支持区内机器人及智能制造、生物医药、新一代信息技术等重点行业企业高质量发展。发挥东吴贷、增信基金、科贷通等金融产品作用，全年为228家企业提供贷款20.13亿元，助推小微企业成长。通过贷款利息补贴、担保费补贴等方式降低企业生产经营成本，共发放财政贴息贴费444.23万元。综合运用预留份额、扩大预留中小企业项目范围、提高小微企业价格评审优惠幅度等方式，助力中小企业发展，全年授予中小微企业政府采购合同11.8亿元，占政府采购规模的94.55%。

【民生支出】 2023年，吴中区支持推动教育高质量发展，支持深化义务教育"双减"等工作，抓好公办中小学一体化改革的后半篇文章，实现全区公办中小学预算管理"四统一"。落实就业优先政策，加大援企稳岗力度，全年发放各类就业补助资金等超1.8亿元，下达稳岗返还资金超1亿元。支持保障困难群众基本生活，全年下达困难群体救（补）助资金6335万元。关爱呵护"一老一幼"，实施适老化改造和特殊困难家庭居家智慧监测，支持婴幼儿照护服务行业发展，加快补齐养老托育服务短板。

【生态文明建设支出】 2023年，吴中区高标准推进太湖生态岛和苏州生态涵养发展实验区建设，累计拨付生态岛、涵养区补助资金5.43亿元。完成新一轮生态补偿政策调整，着力规范补偿对象认定、督促责任落实。累计拨付生态补偿资金1.65亿元。继续优化区级太湖水环境"五位一体"综合治理财力保障，累计投入4000万元，确保吴中区太湖地区生态环境质量稳步提升。

【地方政府性债务管理】 2023年，区财政局利用好各类信息化平台，加强对债务数据的动态监测和分析应用，夯实债务管理信息化基础。紧盯年度化债目标任务，及时跟踪化债进度，通过加大化债力度、组织收入两方面共同发力，确保政府性债务率平稳，达到年末"债务率不反弹"要求。截至年末，全区累计化债55.92亿元，完成年初计划的51.78%。推进融资平台公司数量压降，制定年度融资平台公司压降方案，多次召开专题会议研究推进落实。截至年末，全区累计推进平台压降125家，其中，实质性压降106家、上报待审批19家，完成压降目标任务的81.17%。

【预算绩效管理】 2023年，区财政局拓宽绩效评价管理范围，对2022年度335个预算单位1160个预算项目开展绩效自评价，首次实现涵盖预算项目和部门整体支出的财政资金绩效自评价全覆盖。对2023年度所有预算单位和预算项目均编制绩效目标，涉及327个预算单位、1136个预算项目，定期开展财政资金绩效监控，全过程绩效管理不断深入。

【"数字财政"建设】 2023年，吴中区全面开展国库集中支付数字人民币试点，在工资发放、奖补资金、工程款支付等方面加大使用力度，全年财政支出数字人民币26.48亿元。推进非税收入收缴电子化和财政电子票据改革，区内主要银行均实现数字人民币缴纳非税收入，区、镇两级罚没执收单位全部启用罚没电子票据，全年开具罚没电子票据1033份，金额2958.86万元。全面推行"互联网+政府采购"，区级政府采购全流程电子化达100%，确保项目留痕可追溯、过程透明节成本。（吴倩）

表 12-1　2023 年吴中区财政收入统计表

单位：万元

项目	2023年	2022年
全口径财政收入	4925387	4589622
一、中央收入	1495142	1232834
1.国内消费税(100%)	3277	4358
2.增值税(50%)	985207	732169
3.企业所得税(60%)	328421	303864
4.个人所得税(60%)	178237	192443
5.营业税(50%)	—	—
二、地方财政收入	3430245	3356788
（一）一般公共预算收入	2226402	2103973
1.增值税(50%)	985207	732169
2.营业税(50%)	—	—
3.企业所得税(40%)	218947	202576
4.个人所得税(40%)	118825	128295
5.土地增值税	56611	241196
6.城市维护建设税	97797	77557
7.房产税	93123	110340
8.印花税	29692	18701
9.城镇土地使用税	17811	20504
10.耕地占用税	5563	8810
11.契税	164382	205463
12.环境保护税	6535	7012
13.其他税收收入	15	−20
14.专项收入	83781	66103
（1）教育费附加收入	47150	37047
（2）地方教育附加收入	29873	23464
（3）文化事业建设费收入	239	221
（4）残疾人就业保障金收入	5697	5249
（5）教育资金收入	—	—
（6）农田水利建设资金收入	—	—
（7）水利建设专项收入	822	122
（8）其他专项收入	—	—
15.行政事业性收费收入	28124	30336
16.罚没收入	23105	7717
17.国有资源（资产）有偿使用收入	282621	243707
18.其他收入	14263	3507
（二）政府性基金收入	1196667	1206696
（三）国有资本经营预算收入	7176	46119
附：中央及地方共享收入	2818121	2295874
1.国内消费税	3277	4358
2.增值税	1970415	1464338
#免抵调增增值税	433454	532000

续表

项目	2023年	2022年
3.企业所得税	547367	506440
（1）国有企业所得税	47	47
（2）集体企业所得税	2495	2567
（3）股份制企业所得税	214793	185704
（4）港澳台和外商投资企业所得税	160600	169680
（5）私营企业所得税	155709	133535
（6）其他企业所得税	13723	14907
4.个人所得税	297062	320738
5.营业税	—	—

（区统计局）

表12-2　2023年吴中区财政支出统计表

单位：万元

项目	2023年	2022年
财政支出总计	3667801	3800578
一、一般公共预算支出	2032253	2147488
1.一般公共服务支出	167630	191523
2.国防支出	2968	4302
3.公共安全支出	53767	62027
4.教育支出	404725	411412
5.科学技术支出	116480	98666
6.文化旅游体育与传媒支出	23441	20230
7.社会保障和就业支出	216780	177363
8.卫生健康支出	209191	230618
9.节能环保支出	26326	34169
10.城乡社区支出	337357	372103
11.农林水支出	133557	167417
12.交通运输支出	65610	47570
13.资源勘探信息等支出	65502	114463
14.商业服务业等支出	9914	10105
15.金融支出	599	1018
16.援助其他地区支出	11149	11149
17.自然资源海洋气象等支出	8421	9967
18.住房保障支出	145984	151653
19.粮油物资储备支出	1734	2983
20.灾害防治及应急管理支出	11141	12239
21.债务付息与发行费支出	18092	16511
22.其他支出	1885	0
二、政府性基金预算支出	1635100	1652592
三、国有资本经营预算支出	448	498

（区统计局）

税　务

【概况】 2023年，全区税务系统共计组织各项收入612.88亿元。其中，组织入库税收收入340.35亿元，比上年增长10.26%；完成区级公共财政预算收入179.45亿元，比上年增长2.39%；完成社保和非税收入272.52亿元。聚焦吴中区支柱企业、优势产业和特色行业，运用税收大数据，跟踪分析辖区产业运行状况及发展趋势，全年撰写各类税收分析报告累计82篇，其中10篇获区委、区政府领导肯定性批示。年内，区税务局获江苏省五一劳动奖状。

【退税减税】 2023年，吴中区推动税费优惠政策落实，通过"政策找人—申报智能审核—人工核实"实现政策落实的事前精准推送、事中实时提醒、事后辅导更正，推动办税流程全覆盖。完善税费政策精准推送机制，压实政策落实主体责任，推送各类优惠政策23.34万户次，更好地实现"政策找人"。优化完善出口退税机制，一、二类企业退税时间压缩至2个工作日。

【办税服务】 2023年，区税务局聚焦纳税人关切，制定《2023年纳税人缴费人满意度提升工作方案》。对即办类事项"当天申请，当天办结"，非即办类事项"当天申请，当天受理，限时办结"。专人监控线上咨询和电子税务局的回复情况，确保纳税人缴费人的需求申请"件件有落实、事事有回应"。实现"简单业务快速办、复杂业务专区办、一号多业务预约办分类办"，持续打造"问办一体"的办税机制。推动不动产交易便捷化，联合区行政审批、住建、资源规划、不动产交易中心等多部门，持续推进苏易登、江苏税务App、政务集成平台等线上平台升级改造，线上办税率超50%。依托税无忧"云

2023年3月30日，吴中区税务局工作人员赴科沃斯机器人股份有限公司开展政策宣传调研活动　　　　　　　　　　　　　区税务局　供稿

讲堂"品牌，制作原创税费政策解读产品17个，开展政策宣讲30场、视频直播4场。结合"便民办税春风行动""春雨润苗"等专项行动，调研走访重点企业22户次，为全球"独角兽"、准上市公司等重点企业提供个性化税宣辅导。首创"纳税信用体检"。对辖区内近千户重点企业、250余户涉税中介机构及其代理记账企业进行单户分析，制作"一对一"信用提升报告，提出个性化信用提升建议，"以点带面"扩大信用等级分析报告的收益面。2023年，全区A级纳税人增加3.69%，D级纳税人减少4.64%。

【税收征管改革】 2023年，区税务局压实改革责任，制定"区局深化税收征管改革重点工作任务清单"，稳妥推进各项改革任务。数电票全面扩围，实现纸质发票开具渠道优化户数7.78万户，比例达95.06%，数电票使用率达85.79%。坚持"稳中求进、规范统一、便民高效"的基本原则，联合区人社局、区住建局、区委网信办、区综合指挥中心等部门建立快速反应领导小组、舆情监控联动机制，确保"优化调整社会保险费申报缴纳流程"改

革顺利完成。全区首月社保费申报率达99.3%。个税汇算总体申报进度、补税申报进度均位列全市第一。制作"欠税管理流程图"，细化"欠税风险提醒和约谈警示"的操作规范，建好大额欠税"一户一档"资料，进一步加强欠税管理规范性。制发《吴中区税务系统税费服务运营中心建设和日常运行方案》，以综合统筹、集约运营、咨询互动、零跑动推广4个工作团队推动税费服务运营中心建设，提升税收营商环境各项指标。

（杨橙）

金融监管

【金融服务】 2023年，吴中区加大重点领域支持力度，推动区内企业登录苏州综合金融服务平台获得金融产品和工具的支持。截至年末，全区登录苏州综合金融服务平台企业共3.06万家，解决融资需求4.41万项，授信总额1295.51亿元，比上年增长44.14%；区级中小企业转贷平台累计服务企业2672家，放款金额189.12亿元；发挥"东吴贷"贷款资金作用，为区内企业增信，优化"东吴科技人

才贷"政策,继续加大对中小微科技、人才企业支持力度;草拟"金苗贷"政策,为区内上市企业梯队的打造提供专项金融支持。全年,"东吴贷"为区内201家(含续贷)企业授信9亿余元,放款近8亿元,补贴金额近180万元。各机构共推出科技招商贷、"一行一品"科创贷等创新金融产品超过40个,发放科创企业贷款270亿元,新入驻企业贷款超过100亿元。印发"吴中区助企纾困特色金融产品"手册,实施"金融顾问服务",发动区内银行提供"点单式""定制化"金融服务。金融顾问团走访企业超过1万户,将普惠金融"最后一公里"打造成为"最好一公里"。全面强化银企对接,举办BRIDGE金融沙龙吴中机器人产业园、金融赋能实体经济专场、"520吴爱人才金融助才"专题宣讲会等多场活动,参与企业、机构超过600家,加强银企信息协同。

【金融风险防控】 2023年,吴中区组织全区地方金融机构开展金融放贷领域整治工作、异地业务整改工作、典当年审、小额贷款公司动态评级等8场现场检查;开展"双随机、一公开"检查9场。针对"空壳""失联"等非正常经营企业,"一企一策"制定解决方案,劝退"空壳"融资租赁公司1家,列入非正常经营名录1家。开展国家安全宣传工作、组织地方金融机构参加监管业务培训。针对各类地方金融机构在经营方向上存在的偏差、违规事项等问题下发"监管意见函"1份,进行监管谈话、笔录2次,稳妥处理信访投诉等各类诉求4起。组建处非工作专班并实体化办公,发挥好区级牵头抓总作用,推动职能部门和属地板块协同联动,健全防范和处置非法集资工作体系。组织开展非法金融风险专项排查,全年排查企业7000余家次,排查发现风险企业29家、关联公司23家,组织联合检查、联合约谈进行协同处置100余次,风险企业全部按照"一企一策"台账式管理出清风险。年内全区非法集资立案数、涉案人数和涉案金额持续下降。

【防范非法金融活动宣传】 2023年,区金融监管局针对老年人、学生、务工人员等特殊群体开展投资者教育,加强宣传教育,优化金融生态环境。年内发放宣传品2万份、宣传手册7000份,张贴宣传海报500张,发送宣传短信近100万条。组织律师宣讲团赴社区、养老机构开展金融法治宣讲活动11场,邀请苏州市滑稽剧团赴镇(街道)开展防范非法金融活动公益滑稽剧巡演2场。

(沈冰颖)

审 计

【概况】 2023年,全区审计机关共开展财政财务审计项目78个,查处违规和管理不规范资金19.55亿元,组织相关单位对2034个政府投资项目开展审计监督,涉及资金95.05亿元,核减率达13.3%,提出审计建议451条,获区委、区政府等领导批示14次,促进相关单位出台制度文件7项。

【财政审计】 2023年,区审计局围绕规范部门预决算编制和执行,重点关注财政专项资金绩效、政府过"紧日子"、国有资产管理等事项,推动完善2项科技、人才方面专项资金管理制度,盘活财政存量资金4226.82万元。在部门预算执行审计中,对省历史文化保护相关资金和国有资产管理情况进行重点审计,对15家预算单位实施延伸审计,推进区级一级预算单位审计全覆盖。区委书记丁立新对"同级审"工作报告作出"要做好审计的后半篇文章,加强监管、全力整改"的重要批示,全区"同级审"工作得到区人大常委会肯定。

【投资审计】 2023年,区审计局紧扣全区"重点项目提效年"活动,创新投资审计理念,组织实施吴中区污水管网、吴淞江(江苏段)和尹山大桥等项目跟踪审计,开展中环快速路、金庭环岛公路主线及支线和西山岛出入通道扩建工程等重大投资建设项目审计工作,推动提升财政资金投资绩效。进一步规范协审中介机构采购行为,加强政府投资项目审计组织管理。度假区财政局开展投资审计项目质量检查,平均偏差率为0.01%,低于行业标准3%,政府投资审计工作质效得到稳步提升。

【经济责任审计】 2023年,区审计局组织开展3名市管、6名区管、52名镇管领导干部经济责任审计,同步开展香山街道领导干部自然资源资产离任审计。撰写《关于2022度吴中区经济责任审计工作情况综合报告》上报区委审计委员会,得到区委书记丁立新连续两次批示,明确指出"要全面加强经济责任审计工作,努力实现审计全覆盖,努力营造风清气正的政治生态""要充分利用经济责任审计的监督作用,推动各单位负责人履职尽责、健全制度、规范管理"。

【政策落实跟踪审计】 2023年,区审计局聚焦重大政策、重大项目、重大民生等领域,对太湖生态岛建设相关政策和资金、苏州结对帮扶宿迁市宿城区合作资金及项目实施情况、吴中区高标准农田建设项目和资金等开展审计监督。根据省、市统一安排,开展地方政府隐性债务化解及风险审计,聚焦防范化解政府隐性债务风险相关政策落实、存量债务化解、新增债务控制及风险防范等情况,推动完成隐性债务化解目标任务,促进打好防范重大风险攻坚战。

【乡镇审计】 2023年,全区乡镇审计机构完成财政财务审计项目34个,集体投资建设项目审计2163个,推进农村"三资"规范管理。与区有关单位协同配合完成各类专项调查。配合区纪委监委开展"清风行动"和乡镇集体资金工程审计突出问题专项整治；配合吴中资规分局、区财政局等单位开展"三优三保"政策执行情况审计调查；与区财政局成立专班对园博园和沐春园项目进行专项调查；协助开展中农新科研究院专项审计，推动惠农政策落实和涉农资金安全高效使用。

【审计整改】 2023年，区审计局推行问题清单分类和督促销号模式，完善"主动发现问题、分析问题、解决问题"的管控机制，实时关注审计整改成效，整理撰写《2022年度审计整改情况报告》。区委审计委员会研究出台审计整改长效机制实施意见，将审计问题整改列入"1+7"工作清单。区政府常务会议专题研究具体问题整改，明确将审计查出问题及其整改情况作为日常监督、巡视巡察、干部评价的重要内容，进一步压紧压实审计整改各方责任，一体推进审计发现问题整改落实到位。配合上级各项巡视、审计等，做好省审计厅对区委、区政府主要领导经济责任和自然资源资产任中审计的沟通协调工作，根据省审计厅反馈意见，梳理反馈问题、形成分类清单，多次牵头召开整改落实推进会，跟踪督促各有关单位即知即改、立行立改，并建立长效机制。

【内部审计】 2023年，区审计局加强对内部审计工作的指导和监督，开展全区180家单位的内部审计调查工作，协助区内审协会完成年检工作。在领导干部经济责任审计中，关注单位内部审计工作开展情况，促进各单位建立健全内部审计工作。参与理论研讨，撰写的《推动内部审计高质量发展的路径探索——以吴中区乡镇内部审计工作为例》获省内审协会优秀论文评比三等奖。

（张菁）

统　计

【概况】 2023年，区统计局严格执行国家统计调查制度，坚持独立统计，加强与基层统计调查单位的沟通与协调，强化对各级统计业务人员的培训指导工作，严格数据审核评估，提高数据源头质量。全年完成综合、国民经济核算、工业、农业、建筑业、房地产、服务业、贸易、固定资产投资、能源、人口、住户、采购经理、劳动力、工业生产者价格、农业农村等统计调查业务和编制年报任务。

【统计服务】 2023年，区统计局根据全区经济社会发展目标和变化趋势，全面优化统计监测和统计服务工作。持续做好全区经济运行状况、发展走势的预警监测。根据党委、政府和社会工作对统计服务职能的需求，加强统计信息和载体建设，做精做优《吴中统计年鉴》《吴中统计月报》《吴中工业统计月报》《统计分析》等载体编报业务，发挥吴中区政府门户网站、《吴中信息》等载体作用，定时为区委、区政府、各部门、社会公众提供内容丰富、时效性强的统计数据。

【高质量发展监测】 2023年，区统计局推进高质量发展共性指标监测。根据苏州市反馈的2022年高质量考核结果，完成2022年吴中区高质量发展考核绩效评价指标（共性指标）全年完成情况的分析，并完成2022年度区级机关单位服务高质量发展成效（共性指标）考核评价评分。根据2023年苏州市县级市（区）高质量发展综合考核共性指标体系，向各相关责任部门收集区、镇（街道）考核指标，配合考核办做好2023年吴中区各区、镇子体系B考核指标及街道共性指标相关工作。召开高质量发展共性指标培训会，针对指标体系、综合指数法及注意事项进行讲解。自6月开始，定时开展高质量发展绩效考核共性指标监测，及时完成月度分析并汇报区领导。

【第五次经济普查】 2023年，区统计局围绕五经普工作要求和重点目标，突出依法普查，规范普查、创新普查，强化普查业务基础建设，全区共成立由36个部门组成的区经济普查领导小组及内设6个工作组的办公室，明确《领导小组各成员单位职责分工》以及内设机构的工作要求。建立《第五次全国经济普查单位清查阶段值班和重大问题报告制度》，确保单位清查阶段各项工作顺利开展。建立清查进度跟踪制度、两员变动跟踪制度、问题通报制度，全方位推动清查工作顺利进行。开展五经普服务外包企业约谈会议，保障调研数据质量。区经普办派专人下沉挂钩各镇（街道），陪同市调研组入户抽查，共完成对各镇（街道）67个普查小区近1000家单位（个体）的实地核查，对近2500家单位（个体）进行电话抽查，组织各镇、街道普查机构按照核查方案开展自查，确保清查数据进度及数据质量。与区委办、区政府办组成专项督察组赴14个镇、街道开展五经普工作专项督查。

【"四上"单位入库管理】 "四上"单位指规模以上工业、限额以上批零住餐业、规模以上服务业及具有资质的建筑业法人单位和房地产开发经营业法人单位。2023年，区统计局开展"四上"单位入库工作，联合主管部门和基层统计站，加强对"准四上"单位的挖掘与沟通指导，确保符合入库条件且成长性好的企业入库纳统。截至年末，全区"四上"单位2642家，比上年增长12.7%。全年新增"四上"单位433家，比上年增长15.2%，增速高于全市11.4个百分点，增速全市排名第三，新增单位数量全市排名第五。其中，贸易新增172家，工业新增122家，服务业新增108家，房地产业新增19家，建筑业新增12家。为下一年度经济平稳健康发展注入强劲动力。

（何静叶）

市场监督管理

【概况】 2023年，区市场监管局紧盯"五提五进"工作主线，促进产业发展，优化营商环境。对标吴中"3+3+3"产业发展定位，推进质量强区、标准化、知识产权"三大战略"，全面赋能吴中产业更好更优发展。发挥企业在经济发展中的主体作用，用审批的"减法"、服务的"加法"，换取市场活力的"乘法"。持续强化食品药品、特种设备、工业产品质量安全监管，探索构建社会共治格局，为吴中发展保驾护航。聚力民生保障，维护消费者合法权益，全面加强价格、计量等民生领域监管，打造诚信、安全、公平的消费环境。

【质量建设】 2023年，区市场监管局成立吴中区质量发展委员会，研究制定《关于深化质量强区建设的实施方案》《2023年度质量强区工作要点》。完成吴中区首届质量奖评审活动，2家企业获吴中区质量奖，10家企业获吴中区质量管理优胜奖。指导吴中企业申报各级质量奖，开展"江苏精品""苏州制造"品牌认证，8家企业获市质量奖，1家企业获"江苏精品"品牌认证。1家企业获评省质量信用AAA级，为吴中区首家获评省质量信用AAA级企业；3家企业获评省质量信用AA级。

【标准化建设】 2023年，区市场监管局围绕吴中区"3+3+3"现代产业体系，推动标准化赋能特色产业发展，3个项目获批江苏省战略性新兴产业和服务业标准化试点。推进打造"江南文化"苏式传统文化系列标准，推动苏扇、苏绣、制茶、吴罗等传统工艺行业开展标准化工作。《苏式传统文化苏作家具制作传承指南》获批立项，全区首部洞庭红茶团体标准经批准自9月28日起发布实施。

【特种设备安全监管】 2023年，区市场监管局推进特种设备领域"两个规定"落实工作，组织培训12场次，落实率95%。开展"百团进百万企业千万员工"安全生产专题宣讲，强化落实安全生产责任。开展重点企业特种设备护航行动，检查全区100家重点规模以上企业，提出整改意见424条，存在隐患全部整改完毕。吸取宁夏"6·21"燃气爆炸事故教训，对辖区内吴中燃气等3家充装单位进行全面检查。开展安全生产重大隐患专项整治，推进重点领域、关键问题专项治理。

【工业产品质量监管】 2023年，区市场监管局以专项整治为抓手，加大重点工业产品质量监督，持续加强电动自行车、燃气具及配件等重点产品专项整治力度，对辖区内的1家电动自行车生产企业、8家燃气具及配件产品生产企业进行全覆盖监督检查。开展检验检测认证机构安全专项检查，排查检验检测机构35家，发现并整改问题16个。加强对成品油、电动自行车配件、燃气具及配件等重点产品质量的抽检，全年监督抽检重点产品142批次，合格率90.14%，不合格产品均完成后处置。

【民生领域市场监管】 吴中区完成2023年"吴中区政府实事项目"改造提升15家农贸市场工作要求，实现市场建设标准化、市场环境洁净化、日常管理制度化、菜品安全可溯化、价格公示信息化的目标要求。2023年，区市场监管局开展对加油站、商贸流通、农贸市场等重点民生领域计量器具的监管，完成对34家集贸市场、3446台在用电子秤和6家村级医疗机构、584台（件）在用医用计量器具的免费检定。开展计量专项整治，震慑一批计量作弊违法行为，规范民生计量领域市场经营秩序。

【消费维权】 2023年，区市场监管局推进线下购物无理由退货工作，全区加盟商户10365户，线下无理由退货2382件，退款金额125.38万元。结合数字人民币试点工作，发展"吴优数购"商户3000家。做好维权热线和窗口标准化建设，全年收到各类工单69840件，办结67281件，办结率96.34%，挽回消费者经济损失498.91万元。3家单位获评江苏省放心消费创建示范单位，2家获评江苏省放心消费创建示范区域。

【市场营商环境建设】 2023年，区市场监管局聚焦市场主体，优化营商环境。在行政审批上，联合区审批局设立"证照联办"专窗，62家连锁药店证照一窗受理、一次性办结。在企业信用修复上，推行"零跑腿、一网通办、一次办好"，降低企业时间成本。推进全区公平竞争审查，制定下发《2023年度吴中区公平竞争审查工作要点》，审理涉及市场经济主体活动的规章、规范性文件56件。查处刷单炒信、网络虚假宣传、商业贿赂、商业混淆等违法行为，办理不正当竞争案件11件，处罚没款37.5万元。开展转供电环节违规加价行为专项整治，发现违规主体50家，完成退费3000余万元。打击市场监管领域违法行为，全年办结案件1247件，罚没款共计819.8万元。打造精品典型案例，10件案件被省级以上录用，11件案件被市局录用，2件案件入选区"行政执法十大典型案例"。探索审慎包容监管、人性化执法，用好"免罚轻罚"白名单制度，全年办理免罚案件102件、从轻案件467件、减轻案件208件，涉及金额约2523.37万元。

（顾其奇）

表 12-3　2023 年市场主体发展主要指标统计表

项目	单位	2023年	2022年
一、个体工商户			
1.年末实有个体工商户数	户	165233	153931
年末个体工商户实有注册资金	万元	2149574	2015489
2.年内新登记个体工商户数	户	24382	22287
年内个体工商户新增注册资金	万元	297598	305368
二、内资企业			
1.年末实有内资企业数	家	110924	103309
#私营企业	家	105703	98637
年末内资企业实有注册资金	万元	92189806	85148959
#私营企业	万元	56195537	52150755
2.年内新增内资企业数	家	13779	12501
#私营企业	家	12933	11927
年内内资企业新增注册资金	万元	6780624	6982347
#私营企业	万元	4320966	4424802

（区统计局）

物价管理

【价格调控】 2023年，区发改委紧扣价格调控工作主线，以经济发展为中心，以保障民生为重点，落实各项调控措施，规范市场价格秩序，保持市场价格稳定。下发《吴中区2023年价格调控目标责任制实施意见》，分解价格调控目标任务，做好重要民生商品保供稳价工作，把抓生产、促流通、保供应、稳物价等各项任务落到实处。

【价格监测】 2023年，区发改委做好重要民生商品价格监测预警，向社会公布重要民生商品价格信息50期，上报价格行情表24期，周报表46期，月报表2期，吴中区蔬菜零售价格日报表250余期。

【价格常态化管理】 2023年，区发改委强化政策发布和信息引导，定期在"吴中发改"微信公众号上公布各主副食品价格，包含蔬菜、水产、粮油肉蛋等种类，供市民参考和比较选择，增加价格信息的透明度。调整资源性产品价格，针对市场煤炭等能源价格大幅上涨，启动煤热联动调整机制，综合考虑周边价格、用户承受能力、市场煤炭价格趋势等因素，调整燃煤蒸汽销售价格4批次，缓解供用双方矛盾。规范物业收费行为，完成新建普通商品住房物业费备案2批次。

【收费管理】 2023年，区发改委优化营商环境，落实清费减负政策，加强行政事业性收费管理，发布《2023年吴中区行政事业性收费目录》。完成125家单位的年度收费巡访工作，核定2所民办学校学费标准，核定机动车停放收费标准55件，核定光福景区内漫山岛水上游船线路票价，明确甪直古镇联票以及景区内各景点门票价格。提升价费咨询投诉处置水平，受理价费咨询投诉350余件。

【成本监审】 2023年，区发改委开展苏州市吴中区天成实验学校学费、住宿费以及甪直镇社会养老中心和胥口镇社会养老中心床位费和护理费的成本调查工作。完成吴中区10家污水处理企业的成本调查工作。做好农本收益调查和价格监测工作，开展碧螺春茶叶、香青菜等农产品收益及销售价格的监测分析。

（徐丽萍）

知识产权管理

【概况】 2023年，全区专利授权总量18605件，位列全市第三；其中发明专利授权量4906件，位列全市第一。PCT（专利合作条约）申请量为624件，位列全市第二。截至年末，全区有效发明专利17043件，位列全市第三，比上年增长38.26%；万人发明专利拥有量为121.06件。

【"知识产权强区"建设】 2023年，出台吴中区首个知识产权专项规划《吴中区知识产权强区建设规划（2023—2025年）》，推进知识产权强区战略，助力"产业强区、创新引领"战略实施，不断提升知识产权综合实力。"洞庭山碧螺春"入选国家地理标志产品保护示范区、国家第二批地理标志运用促进重点联系指导名录、国家第二批地理标志助力乡村振兴典型案例。新增2家国家知识产权示范企业、3家国家知识产权优势企业，3家企业获中国专利优秀奖。

举办"AI地理元宇宙巡展暨吴中区地理标志保护联盟成立仪式",助力吴中地理标志多元化传播,进一步提升品牌效应。

【知识产权运用】 2023年,吴中区持续推进知识产权强企培育工程,认定18家成长型企业、10家优势型企业、4家引领型企业。新增国家知识产权示范企业2家、优势企业3家,中国专利优秀奖企业3家。8个知识产权项目上榜市级名单,实现项目类别全覆盖。2家企业成功申报知识产权海外预警项目,海外知识产权维权能力进一步提升。推动"正版正货"示范街区建设,龙湖·苏州东吴天街购物广场入选市"正版正货"示范街区项目,6家商户申报"正版正货"承诺企业。推进知识产权贯标工作,202家企业进行贯标备案登记。

【知识产权保护】 2023年,区市场监管局加强部门工作协同,联合区司法局、吴中公安分局、区检察院等部门出台《关于健全知识产权保护联动执法机制的意见》,共同设立"吴中区知识产权联盟公共法律服务工作站",发布吴中区2022年知识产权典型案例。加快布局苏州市知识产权保护中心吴中分中心,推进机器人与智能制造产业知识产权工作站,融入苏州市"1+10+N"的保护体系,延展知识产权保护"最后一公里"。全年共办理商标侵权案件24件,处罚没款152万元,2个案例入选省市场监管局典型案例;执法办案中,收到霍尼韦尔、法国轩尼诗、剑南春、水井坊等多家企业的感谢信。强化中介机构监管,共核查非正常专利1794件,撤回1569件,撤回率达87.5%。开展知识产权"双随机、一公开"检查,覆盖全区214家有效注册商标企业、80家专利企业、4家商标代理机构。

【知识产权宣传教育】 2023年,区市场监管局加强知识产权普及教育,不断提高社会公众的知识产权保护意识,营造尊重知识、崇尚创新的良好社会氛围。结合"3·15消费者权益保护日""4·26世界知识产权日"等重要节点和专项保护行动开展系列活动,针对吴中区企业特点及需求,组织企业知识产权保护策略、拟上市企业知识产权布局与风险应对、质押融资、专利快速预审等系列培训10余场,培训人员600余人次。 （顾其奇）

信用体系建设

【概况】 2023年,吴中区推进社会信用体系建设,为深化"放管服"改革,打造一流营商环境提供支撑。数据归集扩面提质,组织全区各地各部门参加信用数据报送培训班,将用水、用气数据纳入报送范围,推开信用承诺数据报送,全年报送信用数据超50万条,为各领域信用体系建设打好基础。

【政务诚信】 2023年,区发改委推动各板块和部门签署政务服务承诺书,发挥政务诚信在社会信用体系建设中的示范引领作用,提升政府机关公信力和执行力,提升人民群众满意度。推动全区各地各部门开展信用知识学习,加强吴中区政务诚信建设。发动全区191个村(社区)和公职人员开展信用承诺专项活动,明确承诺范围、承诺内容等工作要求,并要求牢记承诺内容,推动承诺落实到工作的各方面。

【信用治理和修复】 2023年,区发改委推进企业信用治理工作,为近2000家失信企业建立3张清单,及时将工作任务分解至各地各部门。开展吴中区11家"屡禁不止、屡罚不改"企业专项治理工作,对接区法院、区交通运输局,通过企业实地走访、约谈、签订信用承诺书、督促指导企业开展修复等推进治理工作,按期完成11家企业的治理任务。组织20家企业参加省信用修复培训班,举办区级企业信用修复3期,累计培训企业近198家。

【信用报告】 推动各部门在政府采购、招标投标、行政审批、市场准入、资质审核领域加强信用报告应用,并收集报送使用情况。2023年,信用服务窗口累计出具法人查询报告178份,法人审查报告121份,自然人查询报告227份,自然人审查报告56份。

（徐丽萍）

编辑 张振雄

开放型经济

招商引资

【概况】 2023年,吴中区"2+4+N"招商队伍实行"兵团作战",瞄准世界500强、中国民营企业500强和行业前5强的龙头企业,加大税源型、总部型项目招引,全区亿元以上签约项目268个,总投资1233.18亿元。举办2023苏州吴中(深圳)智能制造产业推介会、2023苏州吴中(上海)投资情况说明会、2023苏州吴中(第23届)太湖经贸合作洽谈会3场大型招商活动,协助举办企业家太湖论坛,多次组团赴德国、瑞士、英国、新加坡等国家和中国香港等地区开展招商活动,分别在德国法兰克福和杜塞尔多夫举办苏州吴中(德国)投资说明会,链接海外资源,搭建交流平台机制,签约一批优质外资及港澳台资项目。全年优质产业项目备案投资额711.05亿元,比上年增长22.64%,中国移动通信集团公司、苏州时代新安能源科技有限公司、江苏伏图拉新能源集团有限公司等29个10亿元以上大项目落地。统筹招商预审项目,持续完善预审项目跟踪机制,2023年共召开招商预审会9次,上会38个项目,过会34个项目,投资总额492.13亿元,用地面积91.31公顷。

2023年,吴中区举办外资及港澳台资政策宣讲会、承办省商务厅利润再投资工作现场推进会,提升企业政策知晓度,引导存量外资及港澳台资企业转型升级、增资扩产,实际使用外资及港澳台资结构不断优化,高技术实际使用外资及港澳台资占比67.4%,利润再投资到账金额3.18亿美元,占比65%。 (赵勇)

【2023苏州吴中(第23届)太湖经贸合作洽谈会】 2023年10月18日,2023苏州吴中(第23届)太湖经贸合作洽谈会举行,超500名海内外客商参会,总投资超过914亿元的172个产业项目集中签约。会上,举行吴中区机器人与智能制造产业发展报告发布、创新平台揭牌、文化旅游载体发布、"五心·吴优办"营商环境品牌发布、招商顾问及招商伙伴授牌等环节。

【产业链供应链国际合作交流会暨第三届东亚企业家太湖论坛】 2023年6月,以"投资中国·共创开放繁荣的美好未来"为主题的产业链供应链国际合作交流会暨第三届东亚企业家太湖论坛举行。该届企业家太湖论坛作为"投资中国年"系列活动之江苏专场,致力于服务全国构建新发展格局,推进高水平对外开放,吸引和利用外资及港澳台资,提升外资及港澳台资产业链供应链稳定性和竞争力。吴中区作为论坛举办地,吸取前两届的工作经验教训,优化保障方案,联动区级各部门,进一步提高工作效率。太湖论坛是宣传推介吴中、拉近与外商投资者之间距离的重要媒介和平台,充分发挥展示吴中的效用,同时为外资及港澳台资招商提供更多资源与机遇。通过太湖论坛,吴中区建立与伊藤忠、松下等世界500强高层的紧密联系,为后续外资及港澳台资招商工作提供助力。

【境外招商】 2023年,吴中区多次组团赴德国、瑞士、英国等国开展招商活动,链接境外资源,搭建交流平台机制,拓展对外合作领域。分别在德国法兰克福和杜塞尔多夫举办苏州吴中(德国)投资说明会,参与省、市组织的各类招商活动,一批优质外资及港澳台资项目签约。10月8—14日,吴中经贸合作交流团跟随苏州团组,赴新加坡、中国香港地区进行招商推介,开展招商经贸活动。吴中招商小分队成员紧抓机遇,在访问新加坡和中国香港期间,参加"新加坡—江苏开放创新合作交流会""江苏—香港经贸合作交流会""苏港合作联席会议第十一次会议"3场重量级经贸活动,宣传推介吴中区产业政策和营商环境,现场签约项目3个;拜访7家企业和4所高校,与企业、高校就投资吴中意向及落地方案进行磋商。 (赵勇)

2023年10月8—14日,吴中招商团赴新加坡、中国香港地区开展招商经贸活动　　区委宣传部　供稿

表13-1　2023年外向型经济主要指标统计表

项目	单位	2023年	2023年为2022年
一、进出口总值	万美元	1017823	103.7%
#一般贸易	万美元	799634	108.6%
加工贸易	万美元	169901	80.8%
#来料加工装配贸易	万美元	6134	76.3%
进料加工贸易	万美元	163767	81%
出口总值	万美元	764613	106%
#一般贸易	万美元	649096	112.9%
加工贸易	万美元	103824	76.3%
#来料加工装配贸易	万美元	4016	101%
进料加工贸易	万美元	99808	75.6%
进口总值	万美元	253210	97.2%
#一般贸易	万美元	150537	93.3%
加工贸易	万美元	66077	89%
#来料加工装配贸易	万美元	2118	52.1%
进料加工贸易	万美元	63959	91.2%
二、当年新设项目	个	72	80%
当年新增注册外资及港澳台资	万美元	93970	75.9%
当年实际利用外资及港澳台资	万美元	31179	56.7%

（区统计局）

对外及港澳台贸易

【概况】　2023年，吴中区新增注册外资及港澳台资9.4亿美元；实际使用外资及港澳台资4.86亿美元，比上年增长35.6%。全年实现货物进出口总额101.78亿美元，比上年增长3.7%。其中，出口76.46亿美元，比上年增长6.0%；进口25.32亿美元，比上年下降2.8%。（人民币口径：全年实现货物进出口总额716.17亿元，比上年增长9.5%。其中，出口537.94亿元，比上年增长11.9%；进口178.22亿元，比上年增长2.8%。）全年完成服务贸易进出口额7.16亿美元，比上年增长3.95%；完成服务外包接包合同额5.15亿美元，比上年下降1.66%；离岸执行额2.71亿美元，比上年增长32.87%；对外实际投资额1.1亿美元。完成跨境电商进出口总额7.85亿美元，比上年增长25.6%。

【出口品牌培育】　2023年，吴中区持续推进出口品牌培育工作，辅导苏州斯莱克精密设备股份有限公司、添可智能科技有限公司及苏州莱恩精工合金股份有限公司获批省级出口品牌，辅导苏州优德通力科技有限公司、苏州双祺自动化设备有限公司获批市级出口品牌。截至2023年末，吴中区累计有7个省级出口品牌、24个市级出口品牌。

（赵勇）

表13-2　吴中区江苏省出口品牌一览表

序号	企业名称	申报商标名称
1	泰怡凯电器（苏州）有限公司	ROOMTEK
2	科沃斯机器人股份有限公司	ECOVACS
3	苏州天马精细化学品股份有限公司	Sanetylife
4	苏州优尔食品有限公司	淘豆
5	苏州斯莱克精密设备股份有限公司	SLAC
6	添可智能科技有限公司	TINECO
7	苏州莱恩精工合金股份有限公司	弗莱恩FURLION

表13-3　吴中区苏州市出口品牌一览表

序号	企业名称	申报商标名称
1	科沃斯机器人股份有限公司	ECOVACS
2	苏州大福外贸食品有限公司	大福食品
		大福金缘
3	苏州地贝电器科技有限公司	Dibea
4	苏州东山茶厂股份有限公司	碧螺
5	苏州科迪流体控制设备有限公司	ENCAIDIA
6	苏州明浩电子有限公司	MENHOW
7	苏州日中天铝业有限公司（苏州莱恩精工合金股份有限公司）	弗莱恩
8	苏州瑞得恩光能科技有限公司	瑞得恩
9	苏州瑞可达连接系统股份有限公司	Recodeal
10	苏州山町蜂产品有限公司	灵峰牌
		大山町
11	苏州市宝成实业有限公司	WallBeyond
12	苏州市君悦新材料科技股份有限公司	JUNYUE
13	苏州市双马机电有限公司	yamabisi
		ECOGEN
14	苏州斯莱克精密设备股份有限公司	SLAC
15	苏州索发电机有限公司	Su-Vac索发
16	苏州泰克韦尔服装有限公司	VIZWELL/维思远
17	苏州天马精细化学品股份有限公司	Sanetylife
18	苏州先锋物流装备科技有限公司	Zowell
19	苏州优尔食品有限公司	淘豆
		优尔
20	苏州亚玛达机械有限公司	YMD
21	添可智能科技有限公司	TINECO
22	苏州祥利家用电器有限公司	Luffica
23	苏州优德通力科技有限公司	K2
24	苏州双祺自动化设备有限公司	双祺Pairs Kee

（区商务局）

【市场开拓】 2023年，吴中区组织企业参加第133届、第134届中国进出口商品交易会，第31届中国华东进出口商品交易会，第六届中国国际进口博览会等重点展会，合作参与第十二届CPHI（Chemical Pharmaceutical Ingredient，国际医药原料博览会）中国与世界医药企业家高峰会，助推外贸转型升级基地建设。

第133届中国进出口商品交易会（广交会），吴中共有32家企业参展，共计76个展位；第134届中国进出口商品交易会（广交会），吴中区共有46家企业参加，参展展位达到131个。其中，科沃斯机器人股份有限公司、苏州市宝成实业有限公司、苏州莱恩精工合金股份有限公司3家企业获得品牌展位，展位数达到14个。

（赵勇　吴鉴）

【企业服务】 2023年，吴中区常态长效升级服务，开展外贸大走访及2023年外贸服务月活动，联合多部门深入一线开展培训。中国国际贸易促进委员会苏州市吴中区支会共签发原产地证9800份，签证金额3.2亿美元，其中RCEP（Regional Comprehensive Economic Partnership，区域全面经济伙伴关系协定）优惠产地证1600份，为企业减免关税300万美元。回应服务贸易企业诉求，着力推进吴中区生物医药研发用物品进口"白名单"、出入境特殊物品联合监管机制试点工作开展。

（赵勇）

境外经济合作

【境外投资企业备案审批】 截至2023

年末，吴中区累计批准备案境外投资企业253家（项），其中143家（项）正常运营；境外中方协议出资额累计22.59亿美元，涉及国家和地区39个；"一带一路"沿线投资项目累计86个，中方协议出资额累计3.62亿美元。

【企业运营保障】 2023年，吴中区保障境外合作企业运营。在企业备案、统计汇总、境外运作过程中帮扶指导企业安全运营，动员企业参加各类"走出去"专项培训、调研，为区内企业发布系列培训宣传100期，全面关注境外企业安全事项，保障境外工作人员的人身安全。 （赵勇）

吴中综合保税区

【概况】 吴中综合保税区前身为吴中出口加工区，于2005年6月经国务院批准设立，规划面积3平方千米，位于沪常高速郭巷出口北部，与吴淞江科技产业园、吴中生物医药产业园共同构成吴淞江科创带的重要一环。2007年8月，一期1.38平方千米封关运作。2015年1月，国务院批准同意吴中出口加工区整合优化为综合保税区。2019年8月，经国务院办公厅批复同意将3平方千米核减至0.94平方千米。2021年5月，完成区划调整后的实地验收。截至2023年末，吴中综合保税区内及周边建有完善的配套设施和高质量的产业载体，形成生产运营区、物流仓储区、商务办公区、行政办公区、生活配套区，载体面积共计约80万平方米。周边吸引入驻伟创力、立讯精密、元脑智能等优质上市公司和高科技企业，一批生物医药研发型项目和跨境电商项目入驻天运广场，多家物流、报关公司集聚发展，共吸引就业人数近1万人。

截至2023年末，吴中综合保税区围网范围内共注册企业41家，注册外资及港澳台资1.52亿美元，注册内资（不含港澳台资）15.6亿元，其中物流仓储企业29家、生产型企业12家，行业类别主要是电子信息、医疗器械、新材料等。2023年，区内新引进内资（不含港澳台资）项目2个，注册资本1.1亿元；外资1个，注册资本4000万美元。全年实现进出口总额4.63亿美元，比上年增长40.7%；工业总产值4.12亿元，比上年增长3%。

【业务建设】 2023年，吴中综合保税区以保税物流为基础，拓展VMI（供应商管理库存）新业务，叠加"智保仓"监管模式，支持企业开展对外贸易，服务大型制造业工厂，聚焦中小外贸企业，进一步帮助企业降本增效，拉动区域外贸进出口增长。依托已建成的跨境电商监管中心和"境贸通"跨境电商综合服务平台，开展跨境电商"1210"进口和"9610"出口业务。联合海关、商务、环保等部门开展保税维修新业态，推动江苏首个大型印刷保税维修项目落户吴中综合保税区，使综合保税区向打造大型维修检测中心迈出坚实一步。 （李雪）

口岸管理

【概况】 2023年，苏州海关驻吴中办事处巩固整体通关时间压缩成果，通关效率再提升。提升"两步申报"、"两段准入"、汇总征税等应用比例，2023年提前申报进口应用率27.40%，出口应用率96.50%，均高于苏州海关平均水平；两步申报率30.31%，高于苏州海关平均水平。RCEP工作享惠进口货物票数和减免税款额均位列苏州海关前列，2023年6月2日，完成苏州海关辖区首票RCEP菲律宾原产地证签发。持续推动对美关税排除、"十四五"支持相关加工贸易企业保证金和内销税款缓税利息等各项减税降费措施落实到位。

【集团保税监管模式建设】 2023年，苏州海关驻吴中办事处在松下新能源苏州有限公司、苏州东山精密制造股份有限公司等2个集团实施集团保税监管模式，开展集团保税试点业务103票，为企业集团节省经营成本16.13万元，企业通过跨关区统筹调配集团内部不同企业间保税货物的流转使用，实现物流灵活调拨1.31亿元，释放流动资金1.97亿元，有效

吴中综合保税区　　　　　　　经开区　供稿

降低企业制度性交易成本、提高运营效率。

【"保税帮"加工贸易模式】 2023年,苏州海关驻吴中办事处梳理辖区加工贸易企业名单,按行业、区域对加工贸易企业进行分类,制定格式化的调研项目、标准化的作业程序、广覆盖的调研内容,根据企业调研填写情况进行打分,根据分值为企业一对一辅导,并与地方商务部门协同配合,开发惠企小程序。截至2023年末,对67家企业开展一对一面对面辅导,量身定制加工贸易保税政策,开展1次线下政策宣讲,6次线上政策宣讲,9次惠企政策推送。创新构建风险减量规范体系,不断夯实风险减量服务基础,2023年通过该体系提出加工贸易企业核查建议9家,其中查发问题9家,有效率达到100%。

【属地查检模式创新】 2023年,苏州海关驻吴中办事处有效运用"视频查检""合格保证+符合性验证"等方式,实现人员不接触快速通关放行,提高查检工作效率。2023年食品化妆品、动植物及产品、卫生检疫物品申请出口属地查检共计6781批,签发卫生证书、健康证书等共计739份。进口动植食产品属地查检、现场查检143批,比上年增加97%。查检不合格率连续多年位列关区前列。

设立进出口鲜活易腐农食产品属地查检预约专线,优化属地查检"绿色通道",精准帮扶东山白沙枇杷连续三年出口新加坡,综合施策实现太湖地区大闸蟹重出国门,首次实现"六月黄"出口日本、马来西亚、阿联酋。优化抽样、实验室接样、检测和出证放行等环节,提升出口乳制品通关效率,保障冷链短保酸奶持续出口澳门地区。2023年出口绿色通道申请出口属地查检70批、货值116.44万美元,分别比上年增长119%、340%。

【智慧海关项目建设】 2023年,苏州海关驻吴中办事处探索智慧属地查检、出境木质包装智能检疫监管、移动单兵装备在非涉税核查工作中的应用研究等智慧海关建设项目,取得一定成效,运用科技手段和智慧元素,增添创新动能。按照南京海关远程属地查检改革试点工作方案要求,通过关企交互平台对辖区内企业车载零部件、竹木草制品、进口预包装食品等三类物品实施远程视频查检,严格保证作业质量,有效解决执法资源不足等情况,实现属地查检智慧监管、精准监管、高效监管。2023年,结合监管服务实际,向苏州海关申报"保税帮"加工贸易企业风险减量服务平台、出境货物木质包装检疫处理智慧监管系统、"智慧查检"综合管理服务平台(含移动端)研究分析、"综保智联"企业服务平台(含移动端)等信息化系统建设项目,同步提出业务需求,持续跟进推进。

【"通关吴优"品牌建设】 2023年,苏州海关驻吴中办事处发起"通关吴优"品牌,成为整个苏州海关的服务品牌。2023年,继续保持常态长效机制,办事处党总支与区商务局、各开发区产发局党组织签订5方党建共建协议,开展中大型政策宣讲会3次,常态化落实促稳提质的机制。结合RCEP、主动披露、进口货物查检、对美加征关税排除等最新政策,累计编撰发布24期电子刊物。

开设跨境文物展品通关绿色通道,保障吴文化博物馆"四两千斤:梁绍基、杨诘苍双人展"当代艺术特展举行;与苏州市外办联络并建立联合沟通机制,保障中韩民间绘画交流展顺畅举办;保障"古罗马人——那不勒斯国家考古博物馆精品展"文物顺利入境。2023年共开展驻场监管31次,并为办展方节省担保资金2600余万元。

服务地方生物医药产业,推进苏州市申请进境生物材料检疫监管改革措施复制推广,顺利通过总署远程评估。推进生物医药研发用产品进口"白名单"和扩大入境特殊物品联合监管机制方案落地落实。支持辖区企业挖掘潜力开拓市场,全程助力惠氏制药有限公司承接北美千吨保健产品产能转移至苏州等。

针对重点区域、板块、行业等,提供量身定制的信息支持,精准服务吴中区外向型经济发展,全年提供外贸数据12次,全区季度外贸形势分析4次,根据来函提供临时性数据支持2次。2023年,吴中区累计实现外贸进出口总值101.8亿美元,比上年增长3.7%,增速在苏州市各板块位居前列。

(刘颖斐)

编辑 洪 蕾

区域协调发展

参与长三角一体化发展

【概况】 2022年，吴中区主动融入苏州发展大战略，明确太湖新城"一号战略"、太湖生态岛"一号任务"、独墅湖开放创新协同发展示范区"一号工程"、中国中医科学院大学"一号项目"，科学谋划管理体制调整，调优空间规划和城市设计，围绕"空间缝合、资源整合、发展聚合"要求，推进资源要素跨区域交流合作。以吴中打造特色融入长三角一体化发展标杆为努力方向，编制完成《吴中区扎实推进长三角一体化发展2023年工作要点》。先后通过区政府常务会、区委常委会审议，重点围绕区域协调联动发展、产业创新协同协作、生态环境共保联治、基础设施互联互通、公共服务便利共享等5个方面，部署15项任务、11个重大项目，推进吴中区特色融入长三角一体化发展，实现工作项目化、项目清单化，全面压实责任，不断汇聚发展合力。

【创新产业集群发展】 2023年，在"产业强区、创新引领"发展战略引领下，吴中区聚焦核心技术攻坚，深化现代产业体系打造，更高质量融入长三角协同创新产业体系建设。成功举行2023苏州吴中（第23届）太湖经贸合作洽谈会、"融合'沪'通 创新'吴'限"2023苏州吴中（上海）投资情况说明会等招商推介大会，总投资超过914亿元的172个产业项目和总投资222.98亿元的79个重大项目集中签约。康桥吴中生命科学产业园、三环集团华东研发总部项目开工建设，光梁株式会社中国区总部、环球数码华东总部落地吴中，为区域发展注入强劲动能。吴中区入选第二批江苏省创新示范县（市、区）建设名单，吴中区9个新产品新技术入选第30批省重点推广应用的新技术、新产品目录，追觅科技（苏州）有限公司牵头建设的苏州市智能服务机器人产业创新联合体成功入围国家级市域产教联合体名单，关怀医疗凭借高分子材料领域"医用聚醚砜"项目入围国家级第一批生物医用材料创新任务揭榜挂帅入围揭榜单位。中国信通院江苏研究院揭牌，南京大学智能机器人研究院（苏州）顺利启动，中国中医科学院大学（东区）项目完成结构封顶，浙江大学·苏州机器人与精密制造创新中心等一批大院大所合作项目建设加速推进。省级工程研究中心累计17家，省级专精特新中小企业累计128家，国家级专精特新"小巨人"企业累计34家。2023年，全区亿元以上签约项目数量以及高新技术产业产值、工业投资等指标增速均位列全市第一，三大主导产业连续保持25%以上增长，为加快培育未来竞争优势打下坚实基础。

【区域生态共保联治】 2023年，吴中区成立太湖综合治理和生态保护委员会，出台并全面实施《吴中区太湖综合治理和生态保护十大行动方案（2023—2025年）》，统筹推进39项重点任务、27个重点项目建设，推进19个"一山一策"、2个"一湖一策"、6个"一岛一策"年度项目落地见效。高标准推进太湖生态岛建设，重点围绕水生态环境治理和保护，开展山水林田湖草系统治理与修复，分片区统筹实施幸福河湖工程建设、生态湿地修复等项目建设，系统推进生态岛生态环境质量提升。启动太湖生态岛生态环境自然资源监测监控体系项目，聚力打通区内区外业务数据链路，实现生态环境相关领域的数据一体化。启动太湖生态岛生物多样性本底调查工作，太湖生态岛生态环境损害赔偿基地建设持续深化。区内水环境、空气质量区域补偿制度不断完善，横向生态补偿机制深入推进，截至年末，累计下发环境区域补偿通报17期，转移补偿资金3516万元，系统抓好联保共治新模式。吴中区入选生态环境部命名的第七批"绿水青山就是金山银山"实践创新基地，"国家级湿地公园——苏州太湖三山岛湿地生态修复"案例获评第二届江苏省"最美生态保护修复案例"，消夏湾生态安全缓冲区项目入选省十佳生态环境治理改革创新案例，打造山水资源保护利用的"吴中示范"。

【农文旅融合发展】 2023年，吴中区以打造世界旅游目的地为目标，聚焦国家全域旅游示范区建设，传承吴中文化特色，多元探索文体旅商融合，在长三角重要客源市场持续推广吴中区"眼底江南·心上吴中"旅游品牌。统筹推进古镇古村开发保护利用，将自然山水与古镇古村、非遗技艺相结合，打造太湖水乡传统村落新集群，木渎古镇上榜第三批省级夜间文化和旅游集聚区建设单位名单，旺山村入选"2022世界旅游联盟——旅游助力乡村振兴案例"。依托环太湖自然生态优势，创新经营模式和运营格局，推进环太湖旅游资源一体化整合，以"环太湖1号公路"品牌打造为牵引，启动"黄金8公里"湖岸线文旅项目建设，完善东、西山旅游功能体系，全方位加强与央企国企、头部企业对接合作，整体提升文旅产品竞争力和显示度。举行太湖博物馆揭牌仪式，太湖博物馆是环太湖地区首个全面展示太湖流域自然景观、文化历史和生态治理的综合性博物馆。启动太湖存量资源全面普查，首批推出30处空置载体，发展"会客厅经济"。持续开展苏州"环太湖1号公路"马拉松赛等赛事活动，放大国家体旅示范基地效应，全年举办体育赛事、集训活动超100场次。高水平打造中国（吴中）太湖洞庭山碧螺春茶文化园，举办2023首届中国苏州太湖洞庭山碧螺春茶文化节开幕式活动，推出"茶韵吴中"等特色主题旅游线路6条，"洞庭（山）碧螺春茶"入选国家第二批地理标志运用促进重点联系指导名录。2023年中秋国庆假期吴中区旅游景区、文博场馆乡村古镇街区、重点商圈共实现旅游总收入28.77亿元，比上年增长39.65%。

【民生领域共建共享】 2023年，吴中区坚持以人民为中心，立足民生领域，推动公共服务普惠便利、优质资源链接共享。政务服务持续优化，政务服务事项"省内通办""跨省通办"和长三角政务服务"一网通办"覆盖面不断扩大，加快推进长三角地区跨省电子证照的应用对接，进一步打破政务服务地域限制。吴中人民医院、尹山湖医院与上海合作进一步深化，"2+4+14"三级卫生健康服务体系持续扩容提质。中国中医科学院西苑医院苏州医院入选"第五批国家区域医疗中心项目名单"，成为苏州首个国家区域医疗中心，完成封顶，建成后将全面提升长三角地区中医整体诊疗水平，供给国家级中医医疗服务。教育合作不断深入，依托上海外国语大学教育集团优质教育资源，江苏省外国语学校围绕小语种特色课程，探索国际化教育路径。深耕特色养老产业，打造"享老吴优"样板，加快太湖新城健康蜂巢项目建设，举办吴中区养老服务金秋博览会，发布吴中养老服务"幸福+"系列品牌，推动养老事业与产业协同发展，主动承接长三角地区优质养老产业转移，高标准打造老年群体乐享生活、悠享晚年的颐养胜地。推进通苏嘉甬铁路、轨交7号线建设，配合开展如通苏湖、苏淀沪城际铁路前期工作，推动东太湖隧道、苏州湾隧道等建设保障，全方位构建综合立体交通网。 （徐丽萍）

对口帮扶支援合作

【概况】 2023年，区对口办编制完成《2023年吴中区对口支援协作合作工作要点》，先后通过区政府常务会、区委常委会审议并印发，从组织领导与宣传引导、资金保障与项目管理、产业合作与园区共建、人才交流与业务培训、劳务协作与社会帮扶等5个方面明确2023年度工作安排，并将具体帮扶任务细分至各相关责任部门和板块。围绕市级对口支援、东西部协作、对口合作、南北挂钩工作目标，推进重点工作任务，指导全区共同助力对口地区推进乡村振兴发展。

【对口支援】 2023年，根据上级统一安排，吴中区完成援助资金筹措工作，分别向市级财政归集西藏、新疆、青海、重庆云阳等地援助资金846万元、4229万元、481万元、60万元，共计5616万元，针对性用于受援地区乡村振兴发展、社会事业补短板以及园区共建等方面，帮助其增强自身造血功能。落实乡村对口帮扶工作，助力林周村级集体经济发展和基层组织建设。吴中区长桥街道对口帮扶林周县甘曲镇，启动50万元帮扶资金支付流程；甪直镇对口帮扶江热夏乡，双方对接交流并落实55万元资金援助。江苏省吴中中等专业学校实施"智力援藏"，2023年，西藏中职班招收新生36人，有毕业生5人，毕业生全部升学到高校继续深造。

【东西部协作】 根据市对口办《关于分解落实2023年苏州市东西部协作任务指标的通知》，区对口办分解任务落实至各功能区，并要求各单位加大对陕西省特色农产品的采购力度，在"832""鲜丰汇""悦购钟山""江苏工会""苏工惠"等平台采购消费帮扶产品时，优先购买陕西省周至县农副产品，同时做好线下专馆的宣传引导。截至年末，吴中区"832"平台采购陕西农产品40.07万元，"江苏工会""苏工惠"等平台购销陕西农产品约223.86万元，线下渠道销售陕西农产品46.93万元，苏州市南环桥市场发展股份有限公司销售陕西农产品1.5842亿元。深化消费协作，11月，区对口办赴陕西调研榆林合力产业扶贫开发有限责任公司，以掌握当地特色农产品情况，进一步探索两地农产品销售新举措；同月，组织企业参加第七届丝绸博览会，推介商贸签约项目2个，签约金额111.4万元。苏州贯石发展集团股份有限公司设立全资子公司渭南贯石置业有限公司，注册地为陕西省渭南市经济技术开发区中国酵素城示范园区，注册资本1000万元。

【对口合作】 蓝科技文化创意产业园（锦州）是江苏吴中集团旗下江苏蓝园与锦州市凌河区政府共同打造的科技文创项目，也是苏州、锦州对口合作以来首个落户锦州的科技文创项目，2023年，蓝科技文化创意产业园（锦州）以弘扬旗袍国粹文化，带动当地就业增收为导向，打造特色园区，引进锦州鸿滟名华服装有限公司，带动就业300余人。配合推进苏信、苏阜交流合作，6月，区对口办接待信阳市平桥区发改委、商务局、税务局一行9人到吴中区考察交流，带领考察团参观了解太湖新城建设、美丽乡村建设以及部分重点企业。根据2023年信阳、阜阳（苏州）专场招商推介会会务安排，在全区范围内摸排优质企业，推选8家企业参加招商推介会。

南北挂钩

【概况】 2023年，吴中区持续深化南北挂钩合作工作，举办吴中·宿城结对共建工作交流会，签订《吴中区人民政府·宿城区人民政府2023年南北挂钩合作框架协议》以及两地教育、文旅相关项目合作协议，聚力聚焦资金支持、产业转移、园区共建、村村结对以及社会事业补短板等方面，进一步拓展南北挂钩帮扶形式。倡导认购对口地区农产品，区对口办联合区总工会在全区发起认购宿城区特色农产品，向宿城区经济薄弱村农户奉献爱心、传递关怀的倡议，帮助宿城区销售农产品达212.24万元。

【吴中宿城工业园建设】 2023年，吴中区向宿城区提供2500万元资金支持，用于园区共建及社会事业补短板，14个村（社区）按时完成帮扶结对资金拨付。园区共建持续向好，先后推动威尔金森、广润食品、华景能源、欣福源药业等亿元以上产业项目签约落户，培育高新技术企业3家，实现国家科技型中小企业申报认定10家，完成人才招引项目签约2家、开工2家、申报竣工2家。

【人才交流】 2023年，吴中区在教育、医疗等领域和宿城区开展人才交流，统筹协调城西中学、碧波实验小学、迎春中学、木渎实验中学、木渎实验小学、幼儿教育中心园、城区幼儿园、苏州市中西医结合医院、吴中人民医院、吴中区疾控中心与宿城区部分学校、医疗机构建立结对关系，全年组织开展教育交流活动4次，组织选派25名教育骨干开展支教交流，医疗机构考察交流4次，选派10名医护人员开展支医活动。两地红十字会签署合作共建协议，开展"苏护行动——宿城红十字学校AED公益"项目，捐赠AED设备3台、防护用品一批，总价值合计32.71万元。

（徐丽萍）

吴中宿城工业园一角　　　　　　　　　　　区发改委　供稿

编辑　张振雄

农业

综述

【产业发展】 2023年,全区实现农林牧渔业总产值34.34亿元,其中,农业产值21.61亿元、林业产值1.08亿元、牧业产值0.48亿元、渔业产值5.72亿元。全区粮食种植面积3726.67公顷,总产量2.71万吨,比上年增长16.6%。其中,夏粮产量0.44万吨,比上年增长248.6%;秋粮产量2.27万吨,比上年增长3.4%。新改建高标准农田480公顷,占耕地比重5.19%。年末生猪存栏1.96万头,比上年减少37.2%;全年生猪出栏0.54万头,比上年增长258.1%。主要农产品中,猪肉产量454吨,比上年增长260.3%;水产品产量7644吨,比上年减少12.9%。

【农业基础建设】 2023年,吴中区坚持加强农业基础建设,全面提升农业生产能力,10个省级农业农村重大项目全部开工。建成省级园艺作物标准示范园4个、市级高标准蔬菜生产示范基地8个、市级高标准机械化示范基地(园区)2个,建成省级数字农业农村基地5个、市级智慧农业示范生产场景7个,建成省级第二批省农业生产全程机械化智能化示范基地1个。

【农业园区转型升级】 2023年,实施农业园区提升发展整区推进工作,以"661"工程为引领,以项目建设为抓手,推进全区六大农业园区转型升级。全年计划实施国家绿色水产养殖科创示范中心、国家枇杷扩繁保种基地配套建设等转型升级建设项目32个,完成投资2.17亿元。截至年末,竣工项目16个,在建项目8个,开工率75%;其中新开工项目累计11个,占全年计划开工项目数的50%,累计完成投资1.65亿元,年度投资完成率80%。横泾街道农文旅融合现代农业园区获区政府批复成功创建区级现代农业园区。苏州太湖现代农业示范园获评苏州市智慧农业园区,市级以上农业园区建成比例98%。

【种质资源保护利用】 2023年,吴中区立足特色农业资源优势,持续推进农业种质资源保护与创新利用。截至年末,全区拥有1个国家级湖羊遗传资源保护区、2个国家级畜禽遗传资源保种场、6个省级农业种质资源保护单位、10个市级农业种质资源保护单位,种质资源保护数量位居全市首位;保护的畜禽类种质资源有太湖鹅、湖羊、华中中蜂,作物类种质资源有洞庭山碧螺春茶树、枇杷、杨梅、柑橘、吴中鸡头米,水产类种质资源有翘嘴红鲌(太湖白鱼)等。

【农业品牌化建设】 吴中区坚持"品牌化"牵引,打造特色产业新优势。成立洞庭山碧螺春茶产业研究院,建设枇杷科技小院,通过主攻品质品牌,将产业规模短板转变为特色精品优势,以洞庭山碧螺春、枇杷等为牵引,一体做好吴中鸡头米、湖羊、太湖鹅、吴中大米等吴中"土特产"文章。2023年,培育省级农业品牌精品培育区域公用品牌2个、省级"苏韵乡情百优乡产"3个,江苏吴中传统水生蔬菜栽培系统入选第七批中国重要农业文化遗产名单,全区省级以上重要农业文化遗产总量4项。通过建设中国洞庭山碧螺春茶文化园,举办2023首届中国苏州太湖洞庭山碧螺春茶文化节等方式,打响洞庭山碧螺春"金字招牌"。

【农业安全生产】 2023年,按照农机、设施农业、危化品等领域安全生产大检查和隐患排查整治要求,履行安全生产监管职责。开展"安全生产咨询日""百团进百万企业千万员工"等安全生产集中宣讲、咨询宣传活动,部署安全生产专项检查、应急演练。推动"铁牛卫士"农机执法检查,排查并落实整改一般安全生产隐患41个。深化"平安农机"建设,吴中区获"2023年江苏省平安农机示范县"称号。农业农村安全生产形势总体平稳可控,未发生一般及以上安全生产事故。

(蒯超)

表15-1　2023年农林牧渔业总产值和增加值统计表

单位:万元

项目	2023年	2022年
一、农林牧渔业总产值	343371	348251
(一)农业	216039	211003
1.谷物及其他作物	8836	8225
2.蔬菜、园艺作物	82048	81140
3.水果、坚果、饮料和香料	125175	121638
(二)林业	10774	10767
1.林木的培育和种植	10774	10767
2.竹木采运	—	—
3.林产品的采集	—	—

续表

项目	2023年	2022年
（三）畜牧业	4827	3437
1.牲畜的饲养	413	243
2.猪的饲养	1866	638
3.家禽饲养	610	773
4.其他畜牧业	1938	1783
（四）渔业	57245	67864
1.淡水鱼类	17583	18040
2.淡水虾蟹类	28098	34370
3.其他淡水养殖产品	11564	15454
（五）农林牧渔服务业	54436	55180
二、农林牧渔业增加值	206215	208114
（一）农业	132519	128405
（二）林业	4592	4457
（三）牧业	2274	1640
（四）渔业	35588	41655
（五）农林牧渔服务业	31242	31957

（区统计局）

表15-2　省级以上重要农业文化遗产一览表

序号	级别	入选时间	农业文化遗产名称
1	国家级	2020.1	江苏吴中碧螺春茶果复合系统
2	国家级	2023.9	江苏吴中传统水生蔬菜栽培系统
3	省级	2021.12	苏州甪直水八仙种植系统
4	省级	2023.1	苏州市吴中区环太湖流域林畜复合系统

（区农业农村局）

种植业

【概况】　吴中区主要种植的粮食作物有水稻、小麦，经济作物有茶叶、油菜、蔬菜和果品等。2023年，粮食种植面积3726.67公顷，超额完成苏州市下达的2880公顷目标任务。其中，水稻种植面积2533.33公顷，总产量2.26万吨；小麦种植面积1133.33公顷，总产量0.44万吨。全区茶叶种植面积2933.33公顷，总产量375吨；蔬菜种植面积1800公顷，总产量10.3万吨；果品种植面积5640公顷，总产量2.8万吨。枇杷、杨梅种植面积占比提升至68.2%，总产量1.5万吨。9月，江苏吴中传统水生蔬菜栽培系统入选第七批中国重要农业文化遗产名单。

【病虫草害防控】　2023年，区农业农村局结合系统调查、典型调查与大面积普查，掌握病虫草情发生动态，及早做出正确预报。推广绿色防控技术，建设省级稻麦田杂草综合治理示范区、市级稻麦田杂草综合治理示范片各1个。新增省级绿色防控示范区2个、市级2个、区级6个，以点带面，引导示范区周边农户使用绿色防控技术。开展化学农药减量行动，全区农用农药使用量224.71吨，比上年减少0.5%。

【"菜篮子"工程建设】　2023年，区农业农村局加快推进"菜篮子"蔬菜基地和高标准蔬菜基地创建，不断拓宽"菜篮子"供应渠道。全年建成省级园艺作物标准示范园4个，市级高标准蔬菜生产示范基地8个，绿色蔬菜保供基地面积573.33公顷。鼓励群众发掘农村房前屋后空余菜地，开展美丽菜园建设，全年新增市级美丽菜园6个，提高全区蔬菜生产及保供能力。

【江苏吴中传统水生蔬菜栽培系统入选中国重要农业遗产名单】　9月，农业农村部公布第七批中国重要农业文化遗产名单，江苏吴中传统水生蔬菜栽培系统入选。在得天独厚的自然条件与地理环境孕育下，吴中区以传统水生蔬菜栽培为基础，逐渐形成与之相关且别具一格的传统水生蔬菜种质资村、湖浜村、三马村及前港村4个行政村，遗产地拓展辐射区包括甪直镇、临湖镇、横泾街道3个乡镇及街道，遗产地一般保护区为吴中区全域。

吴中有许多区域特色鲜明的水生蔬菜种类和品种，以菱、芡实、莲藕、水芹、莼菜、茭白、荸荠、茨菰为代表的"水八仙"是吴中特色农业产业的响亮名片。在低湖田环境中讨生活的吴中先民利用丰水环境，推动农业生产"由二入水"，在栽培传统水生蔬菜上形成一套完整的传统水生蔬菜栽培技术体系，包含合理轮作与生态种养、精耕细作与田间管理、浅水留养与良种选育等。吴中人民"制水而用"，在采集驯化水生植物的过程中创造灿烂的水文化和吴文化，并形成打连厢、观荷节、船拳、抬猛将、荡游船等水乡风土民俗。

（蒯超）

生态农业　　　　　　　　　　　　　罗暄 摄

源、传统水生蔬菜栽培技术及水乡节庆习俗、民间风物等核心要素，这些要素共同组成吴中传统水生蔬菜栽培系统。遗产地核心保护区包括江湾

表15-3　2023年农作物播种面积和产量统计表

项目	2022年			2022年总产量（吨）	2023年为2022年
	面积（万亩）	单产（千克/亩）	总产量（吨）		
一、粮食	5.59	489	27103	23250	116.6%
（一）夏粮	1.70	256	4357	1250	348.6%
1.三麦	1.70	256	4357	1250	348.6%
#小麦	1.70	256	4357	1250	348.6%
2.其他	—	—	—	—	—
（二）秋粮	3.89	585	22746	22000	103.4%
1.水稻	3.80	594	22557	21557	104.6%
#单季晚稻	3.80	594	22557	21557	104.6%
2.其他	0.09	210	189	443	42.7%
二、油菜籽	0.40	60	240	34	705.9%
三、西香瓜	0.10	2070	2070	6678	31.0%
四、茶叶	4.40	9	375	383	97.9%
#洞庭山碧螺春	4.19	2.51	105	116	90.5%
五、水果	8.46	331	28032	33654	83.3%
#柑橘	0.87	325	2824	3597	78.5%
葡萄	0.11	1349	1484	1557	95.3%
柿子	0.03	130	39	94	41.6%
桃子	0.19	1045	1985	1868	106.3%
鲜枣	0.05	320	160	244	65.6%
枇杷	4.60	168	7727	14511	53.3%
杨梅	1.17	618	7233	4919	147.1%

续表

项目	2022年			2022年总产量（吨）	2023年为2022年
	面积（万亩）	单产（千克/亩）	总产量（吨）		
石榴	0.05	496	248	289	85.8%
梅子	0.20	215	429	530	81.0%
六、荸荠	0.03	2967	890	2301	38.7%
七、藕	0.16	1574	2518	3464	72.7%
八、芡荠	0.03	1117	335	1645	20.4%

（区统计局）

畜牧业

【概况】 2023年，全区生猪存栏1.96万头，生猪出栏0.54万头；羊存栏0.18万头，出栏0.22万头；家禽存栏4.29万羽，出栏4.89万羽。甪直生猪保供基地存栏1.82万头，出栏0.36万头。全区2023年度生猪生产恢复发展行动年度目标任务是能繁母猪存栏0.54万头。截至年末，完成地产存栏0.27万头、域外保供0.27万头的任务。1月，苏州吴中区环太湖流域林畜复合系统入选第二批省级重要农业文化遗产名录。

【畜禽种质资源保护】 2023年，吴中区强化东山湖羊、乡韵太湖鹅、中蜂遗传资源保护和利用，东山湖羊保种场和金庭元丰种蜂场"种畜禽生产经营许可证"通过省农业农村厅审查，东山镇和金庭镇的蜂旅结合示范基地建设项目通过验收。截至年末，苏州东山湖羊遗传资源保护和利用中心（苏州太湖东山湖羊产业发展有限公司）存栏695头；太湖鹅保种场存栏5136羽，持续做好畜禽粪污资源化利用工作。

【畜禽疫病防控】 2023年，区农业农村局抓实动物疫病免疫，制定专项行动方案，组织开展春秋季重大动物疫病防控行动。落实非洲猪瘟管控防控要求，常态化开展抽样工作，持续监测区级养殖、屠宰、无害化及流通环节，抽检非洲猪瘟病原学样品1821份。开展"三灭四消"专项行动，洗消场地1870个，洗消面积197.69万平方米，灭害场点1242个，灭害面积228.58万平方米。推进布鲁氏菌病无疫区建设，开展种羊场布鲁氏菌病全群监测，保障畜牧业生产安全和公共卫生安全。

【苏州吴中区环太湖流域林畜复合系统入选省级重要农业文化遗产名录】 1月，江苏省农业农村厅公布第二批省级重要农业文化遗产名录，苏州吴中区环太湖流域林畜复合系统入选。吴中林畜复合系统历史悠久，明嘉靖年间（1522—1566）洞庭东山享有"枇杷之乡"的美誉，1963年农业部在金庭镇建立吴县种蜂场（全国三大蜜蜂原种场之一），1983年农业部在东山镇建立湖羊保护区。该系统分布于东山镇、金庭镇和光福镇香雪村，共25个行政村。系统内种植2666.67公顷枇杷和碧螺春茶间种，饲养2万群中蜂和2000只核心保种湖羊。系统内，饲养的湖羊为茶果树提供有机肥料；茶果叶可以用来饲喂湖羊；秋冬，中蜂为枇杷授粉采蜜，生产优质的枇杷花蜜，对枇杷、碧螺春茶等茶果有提质增效的作用。碧螺春茶果间作与洞庭山、与太湖、与当地传统村落及历史文化遗迹等相映成趣，造就"月月有花，季季有果，一年十八熟"的自然生态景观和山水人文画卷。

（蒯超）

林业

【概况】 截至2023年末，吴中区林木覆盖面积2.21公顷，林木覆盖率32.77%，林木覆盖率位居全市第一。共有国家级森林公园2个（东吴国家森林公园、西山国家森林公园）、省级森林公园2个（太湖东山省级森林公园、香雪海省级森林公园）。石公村黄家堡建成省级绿美村庄。建设开放16条山地森林步道带动生态旅游，8条步道入选"最受欢迎苏州山地森林步道"，数量居全市第一。在全省创新出台古树名木保护管理和资金补助办法，入选全省古树十大"寿星树"4棵，数量居全省第一。截至年末，全区共有古树名木329株（一级126株，二级203株）。

【山体保护利用】 2023年，制定"一山一策"行动方案，开展全方位实地勘查和资源调查，建立"一山一档""户口式管理"新模式。构建"1+16"的山体保护利用规划体系，实现98座山体规划全覆盖，因地制宜打造穹窿山、天平山等44个郊野游憩型山体，石公山、阴山等54个自然生态型山体。开展山体周边环境整治行动，整治整改各类问题点1332个，清理垃圾14.5万余立方米，补植绿化面积7.9万余平方米。推进封山育林、退化林修复、低效林改造，全年完成造林绿化97.67公顷、森林抚育400公顷，林木覆盖面积2.21公顷，林木覆盖率位居全市第一。

【有害生物防控】 2023年，开展林业有害生物防控，加强美国白蛾、松材线虫病等林业有害生物监测预警、检疫御灾、防治减灾、应急救灾能力建设，在临湖镇、东山镇建设生物防治示范林。双总林长共同签发2023年第1号开展松材线虫病疫情防控攻坚行动的林长令，清除葛藤等有害植物46.67公顷，释放花绒寄甲、周氏啮小蜂等生物天敌1.2万管，砍伐清理枯死树70株。进一步加强调运苗木、木材及其制品检疫工作，开具检疫证书179份。强化5个市级监测点、14个区级监测点的监测调查工作，主要林业有害生物零成灾。

【森林防火】 吴中区构建"预防、应急、救援、善后"森林防灭火体系，实现连续十八年无较大森林火灾发生。2023年，建成全省首个市区共建综合性森林防火指挥中心，在全省率先建成森林防火智能监测指挥系统。强化事前防范和源头管理，与三大运营商合作发送森林防火提醒短信超700万条，建成15座消防水池、金庭镇消防管道等森林防灭火基础设施，实现万亩林地乡镇专业队伍全覆盖。

（任欣艺）

茶果业

【概况】 2023年，全区茶园面积2933.33公顷，产量375吨（其中，洞庭山碧螺春茶种植面积2793.33公顷，产量105吨），产值4亿元。果树种植面积5640公顷（其中枇杷3066.67公顷、杨梅780公顷），产量2.8万吨（其中枇杷0.77万吨、杨梅0.72万吨），产值7.98亿元。12月，西山天王茶果场入选国家级生态农场。

【碧螺春茶产业发展】 2023年，吴中区持续打造"中国生态绿茶第一品牌"，在第十九届中国茶业经济年会上，获评"2023年度茶业乡村振兴发展县域"，系全省唯一。

持续壮大茶产业。《苏州市洞庭山碧螺春茶保护条例（草案）》经市政府审议通过，成为省内首部有关茶叶的立法项目，这也是苏州市首次对名优地产农产品进行立法保护。安排2300万元专项资金支持洞庭山碧螺春等农业农村产业振兴发展，加强茶果复合人才培养，培育中国制茶大师7人、江苏省制茶大师3人、各级非遗传承人11人。

创新运用茶科技。开展种质资源普查，建立洞庭山碧螺春茶园一张图大数据库。加强茶果品种选育，推广绿色防控技术，全区27个茶园、1200公顷基地通过绿色食品认证。与和数区块链应用研究院等单位在智慧农业领域加深战略合作，通过"区块链+物联网"等创新技术，建成冷水坞片区等智慧化茶园示范基地。

彰显特色茶品牌。强化遗产地地理标志专用商标标志的发放、使用和管理，全年发放洞庭山碧螺春地理标志专用商标标志超35万枚。央视直播连线洞庭山碧螺春上市现场，获《光明日报》、新华社等23家媒体报道。赴深圳、成都、杭州等地参加全国农产品交易会、茶博会及绿博会，全方位展示洞庭山碧螺春优异品质。2023年，洞庭山碧螺春以53.05亿元品牌价值跃升中国绿茶区域公用品牌价值第四、中国茶叶区域公用品牌价值十强第六，被授予"最具品牌溢价力"三大品牌之一的称号，位列"中国名茶品牌传播力指数"第五，首次超越西湖龙井，每斤茶叶青叶收购价较上年提升约20元。洞庭山碧螺春体验之旅线路入选"水韵江苏"非遗主题精品旅游线路。

【枇杷杨梅产业发展】 2023年，吴中区发展壮大枇杷产业，加强茶果产业"三新"技术推广，推动枇杷疏花和疏果技术应用，推广枇杷套袋、分级包装等新技术。举办吴中龙湖天街"2023吴中枇杷采摘节"活动，组织企业参加首届长三角地区精品枇杷推介评比活动，获得全部63个奖项中的31个，其中最甜枇杷奖1个、特等奖5个、金奖12个、银奖13个，送样数和获奖数均列长三角地区首位。在溧阳举办的首届长三角杨梅推介活动中，吴中区选送的40个精品杨梅获39个奖项，其中特等奖3个、金奖12个、银奖23个，综合获奖率97.5%，创历史新高。联合区财政局、太平洋财产保险股份有限公司吴中支公司持续推进枇杷低温气象指数保险工作，全区投保140户，涉及面积85.07公顷。

（蒯超）

水产业

【概况】 2023年，全区水产养殖总面积5333.33公顷，总产量7644吨，其中虾蟹类1594吨、鱼类2850吨、贝类3190吨。推进临湖现代渔业园区国家级水产绿色健康养殖科创示范中心建设，推动南南合作"中国-FAO-荷兰"一带一路——"新型池塘内循环水产养殖示范基地"建设项目落地。

【现代渔业发展】 2023年，吴中区依托自然禀赋和资源优势，推进现代渔业高质量发展。2019年末，吴中区养殖池塘标准化改造实现全覆盖，设置三级尾水净化区。2020年，吴中区承担实施苏州市科技计划项目——"标准化池塘养殖尾水净化配套技术集成与示范"。2023年，该项目创新性地引入高密度水生净化动物于养殖尾水净化工艺，首次将细菌物种、数量及其生物多样性引入尾水净化效果的评价体系中。通过3年的项目实施，形成《蟹、虾生态养殖尾水处理操作规程》1项，申请发明专利1项。全区水产种质资源普查，制定吴中区水产种质资源名录1份，囊括全区在养虾蟹鱼鳖品种25个。研究编制《苏州澄湖生态渔业发展规划（2023—2027年）》，开展澄湖生物资源调查工作，及时掌握第一手数据，科学指导渔业生产。

【水生动物疫病监控】 2023年，区农业农村局抓好各项检测监测，全年完成疫病样品检测42个，未发现重大疫病的暴发趋势。开展相关药物敏感试验15批次，从源头上减少药物使用，推进健康养殖。组织实施农业农村部水生动物防疫系统实验室检测能力验证，参加白斑综合症、虾肝肠胞虫病、急性肝胰腺坏死病等5项相应疫病检测项目，结果全部为满意，获得2024年国家及省级水生动物疫病监测计划的相应疫病检测实验室备选资格，在全省同类实验室中居于前列。

【南南合作"中国-FAO-荷兰"一带一路——"新型池塘内循环水产养殖示范基地"项目落户临湖镇】 2023年2月，为加快推进苏州（临湖）绿色水产养殖科创示范中心建设，市农业农村局、市水产技术推广站、区农业农村局、临湖镇有关负责人赴中国水产科学研究院淡水渔业中心、渔业机械仪器研究所开展交流对接。其间，淡水渔业中心、吴中区水产技术推广站、苏州太湖现代农业发展有限公司共同签订南南合作"中国-FAO-荷兰"一带一路——"新型池塘内循环水产养殖示范基地"项目合作协议。苏州（临湖）绿色水产养殖科创示范中心位于临湖镇，占地面积334公顷，立足苏州太湖渔业资源禀赋，聚焦太湖白鱼、鳜鱼、青虾、河蟹等太湖名优水产，集中质保存、良种繁育、绿色养殖、加工销售、科普教育、休闲体验融合于一体，加强水产科技集成创新与示范推广，建成水产绿色健康养殖"五大行动"多品种多模式集中展示骨干基地。2023年，淡水渔业中心、吴中区水产技术推广站、苏州太湖现代农业发展有限公司签订协议，依托科创示范中心，挂牌成立中国水产科学研究院淡水渔业研究中心新型养殖模式示范及推广基地、南京农业大学无锡渔业学院水产养殖学生实践基地，并同步设立专家工作室1个，充分发挥科研与人才培养的资源和体系优势，示范绿色健康水产养殖新模式，创新不同水产动物的生态养殖，为吴中区水产养殖业的健康和可持续发展培养技术人才。

（蒯超）

农业机械化

【概况】 2023年，全区拥有各类农业机械2.29万台（套），农业机械化总动力9.15万千瓦，其中耕作、种植、收获、高效植保、产地烘干等环节机具443台（套）。农机驾驶操作人员352人。粮食生产耕、种、收综合机械化水平达99.8%，小麦机播、机收率100%，水稻机种率99.2%。

【农机发展质效】 2023年，吴中区以农机合作社、村集体经济组织为主体，推动农机发展模式向高质量转变。推广农机具80台（套），农机总投入255万元。开展农机驾驶员操作培训班，完成农机驾驶员操作培训30人、基层农机修理培训30人，进一步壮大农机队伍。

【农业机械化作业】 2023年，吴中区持续推广应用现代农业机械，全区农机专业合作社9个，核心经营面积1000余公顷，合作社、农机作业服务公司机械化作业占全区机械化作业量的70%。全区共有5个粮食烘干加工中心，拥有粮食烘干设备55台（套），总烘干能力576吨，大米日总加工能力292吨，全区粮食产地烘干水平78%，规模化、专业化、组织化、社会化服务能力较强。成功创建"第二批省农业生产全程机械化智能化示范基地"1个，市级高标准机械化示范基地（园区）2个，以点带面，不断提升全区农机化水平。

（蒯超）

苏州吴中西山国家现代农业示范园区

【概况】 苏州吴中西山国家现代农业示范园区（简称"西山农业园"）位于金庭镇，2013年开始，与金庭镇实行"区政合一"管理体制，镇域总面积84.59平方千米。

2023年，西山农业园水稻种植面积276.67公顷，总产量2387吨，总产值约1200万元。蔬菜种植面积300余公顷，总产量4000余吨，总产值约2200万元。金庭镇是洞庭碧螺春茶的原产地，碧螺春茶叶种植面积1320公顷，年均茶叶产量250吨，产值1.8亿元。果树种植面积2600公顷，果品年均产量1.25万吨，产值2.7亿元。果树品种有枇杷、杨梅、柑橘、银杏、青梅、板栗、桃、李、杏、葡萄、梨、枣、石榴等十三类，是江苏省重要的常绿果树生产基地，其中以枇杷（953.33公顷）、杨梅（466.67公顷）产量为最。枇杷品种有青种、荸荠种等，是全国唯一白沙枇杷商品生产基地；乌梅种杨梅粒大核小、刺圆饱满、汁多味甜、风味独特，与枇杷同为初夏珍品；九家种板栗产量高、肉质细糯，耐贮藏，宜于炒食；金庭柑橘栽培历史悠久，主要品种有温州蜜柑、西山大橘、洞庭红橘、早红、黄皮橘等；洞庭大佛手银杏以果大、形美、肉质糯性好而享誉东南亚市场。

【农业绿色发展】 2023年，西山农业园以促进农作物安全生产、减少化学农药使用量为目标，全面推进水稻、果茶等产业病虫害绿色防控进程，持续做好秉常村毛公坞省级茶叶病虫绿色防控示范区、石公村区级水稻病虫害绿色防控农药减量示范区、天王坞茶果场区级茶叶病虫害绿色防控农药减量示范区、涵村区级茶叶病虫害绿色防控农药减量示范区和衙甪里村省级梨树病虫害绿色防控示范区的建设，5个示范区核心面积达79.2公顷、辐射带动780公顷。贯彻落实《苏州市太湖生态岛条例》，促进太湖生态岛绿色农业、生态农业发展，自2020年开始，全面推广有机肥替代化肥技术，负责农户商品有机肥申报、审核、公示等工作，年商品有机肥替代化肥增长3%。做好检疫性有害生物监测防控、病虫害防治指导工作，编撰《金庭镇病虫情报》，指导全镇农作物病虫害和加拿大一枝黄花、柑橘小实蝇、美国白蛾等病虫害预测预报。

【种质资源保护】 2023年，西山农业园做好枇杷种质资源保护工作，建设枇杷种质资源苗圃。继续对两个红橘保护区以及村民的红橘进行保护和资金申报工作，建设红橘种质资源圃。做好果树新品种的引进、栽种工作。落实"优质地产特色种质资源保护"项目，做好涵村坞洞庭山碧螺春群体小叶种野生茶原生境保护工作，持续开展2.67公顷核心保护区、10.67公顷缓冲区的日常巡查管护工作。苏州市野生植物资源调查及监测评估项目启动仪式在缥缈峰举行，西山农业园协助苏州市林业站、南京大学专业团队在太湖生态岛开展野生植物资源现状调查，发现一种无患子科槭属植物——毛脉槭，系江苏省新记录物种。

【新型经营主体建设】 2023年，西山农业园不断培育和壮大家庭农场、示范合作社。截至年末，累计培育国家级合作社1家，省级以上规模化家庭农场7家、合作社8家，区级、市级家庭农场38家、合作社33家。依托金庭镇农业返乡创业人才优势，探索构建"职业化—专业化—人才化"培育体系，多元化开展新型职业农民教育培训和规范管理培育工作，累计认定新型职业农民463人。

【渔业发展】 2023年，西山农业园做好养殖池塘长效管理工作。按照《吴中区养殖池塘长效管护办法》，配合上级部门加强对养殖池塘的常态化督查，保障渔业养殖尾水净化区持续正常运行与维护。配合做好太湖保护区内增殖放流相关事宜。

（蒋晶）

苏州太湖现代农业示范园区

【概况】 苏州太湖现代农业示范园区（简称"太湖农业园"）位于临湖镇，地处苏州城西南，东西两面濒临太湖，规划面积2266.67公顷，拥有23千米太湖湖岸线和220余公顷环太湖生态保护林。2023年，推进示范园区"三高一美"（高标准田园小综合体、高标准水产养殖、高标准蔬菜生产和美丽生态牧场示范基地创建活动）建设，累计建成高标准农田1131.13公顷、高标准池塘334公顷、高标准蔬菜基地184.47公顷。依托吴中优质农产品电商直播基地等平台，为农业领域创客提供电商直播、品牌推广等"一站式"综合服务。依托3000平方米的农产品供应链中心，畅联钱大妈、叮咚买菜等销售平台，农产品年销售额突破1000万元。4月，苏州太湖现代农业示范园获评国家农民合作社示范社、第二批江苏省农业生产全程机械化智能化示范基地（园区）。

【特色产业】 太湖农业园通过对2266.67公顷耕地"一盘棋"的智慧管理，建成以"一粒米""一只蟹""一朵花"为主导的现代农业产业链。

"一粒米"产业。2023年，太湖农业园种植小麦26.67公顷，产量109吨；种植水稻468.2公顷，产量约1750吨；种植新品种8个，分别为苏香粳100、早香粳1号、宁香粳9号、永苗2号、南粳46号冷诱导品种、南粳46号高代（原种）、常农粳14、常香粳1813。3月，苏州市吴中区粮食购销总公司的禾中旺南粳46获第三届"好吃苏米"品鉴大赛金奖。

"一只蟹"产业。推进智慧生态渔业发展，以渔业物联网系统精准养殖，年产水产414吨。获评2022年度水产绿色养殖技术推广"五大行动"骨干基地。

"一朵花"产业。推进国家枇杷扩繁保种基地配套建设，引领枇杷新优品种繁育、高产高效生产、绿色安全栽培。

【农旅融合】 2023年，太湖农业园开展丰收节、科普教育、劳动体验等活动，全年共接待参观考察193批约7000人，其中农事体验活动5场，接待各年级的青少年约2000人次。9月26日，以"庆丰收，促和美"为主题的第六届中国农民丰收节在临湖镇开幕。开幕式上，"新农人"分享创业经历，发布"飨享吴中、乐游四季"吴中休闲农业专题宣传片，推介金秋吴中乡村旅游线路，宣布启用吴中农业信息化综合服务与管理平台，举办扎蟹达人技能比赛，为吴中"三农人"颁奖授牌，举办重大项目签约仪式。

【重点项目】 2023年，太湖农业园搭建吴中区农产品供应链中心阳光平台，依托太湖农业农产品供应链中心，打通客户端、采购端及供应端渠道，对接9家企业开展食材配送服务，同时入围姑苏区"阳光食堂"大米和水产配送商之一，为100余所学校提供优质的农产品。建设稻米工厂沉浸式体验区，以"米宝诞生记"为文创主题，对米厂环境进行整体提升。高标准蔬菜基地项目二期完成项目设施用地验收和"菜篮子"工程验收，三期完成升级改造和"菜篮子"工程申报。完成永农地块整治3处，平衡项目1个，园博园大道两侧地块整治5个。

【吴中优质农产品电商直播基地】 2022年9月23日开播运行，基地面积700平方米，配置10个直播间、1个阶梯培训教室，是苏州首个区级特色农产品电商直播基地。2023年，共直播60场，发布短视频102个，销售额为41509元。吴中优质农产品电商直播基地和苏州高新区博邦职业培训学校合作，完成网络直播培训3批，培育网络主播120人，完成营养师培训1批50人。

（吴清清）

苏州澄湖现代科技生态农业示范园区

【概况】 苏州澄湖现代科技生态农业示范园区（简称"澄湖农业园"）位于甪直镇，园区地理位置优越，东依45平方千米的澄湖，西靠二级航道吴淞江，苏州绕城高速、苏沪高速、苏嘉杭高速复线穿区而过，与苏州工业园区仅一江之隔。澄湖农业园于2012年4月成立，实行"区政合一"管理运营模式，总面积25平方千米，澄湖岸线6千米，辖湖浜、江湾等7个行政村，户籍人口2万人。农业经济富有特色，是芡实、荸荠、莲藕、茭菇等水生蔬菜原产地。2014年，澄湖农业园被认定为江苏省级农业产业园区。2023年，澄湖农业园区围绕"生态优先、农旅融合"发展方向，修编完善澄湖农业园转型升级总体目标和发展规划。结合田园生态区建设规划，整合区域资源，放大生态优势，突出慢城特色，构建宜居宜游、低碳绿色的环境，展示江南农耕野趣和美丽田园风光。

【农旅融合】 2023年，依托甪直镇澄湖国际慢城，结合水八仙生态文化园，打造节子浜甪呦呦成长社区、澄湖航空飞行营地等，发挥澄湖周边生态、农业资源优势，发展精品民宿、运动体验等高端业态，激发农文旅产业互联新动力。持续打造澄湖国际慢城农业休闲旅游路线，发展农业观光、乡村旅游，助推水八仙农产品销售和农业品牌建设，提升水八仙品牌知名度，带动周边农产品销售增加，进一步促进农民增收、农村经济发展，助力乡村振兴。

【重点项目】 2023年，完成甪直镇江湾村冷库设备新装工程、甪直镇长巨村村级道路改造工程、甪直镇江湾村包装车间改造应急工程、湖浜水八仙路北侧大棚薄膜安装项目等及其他零星项目。开展铁路沿线涉及的绿化迁移工作，实施"苏嘉甬铁路涉及湖浜村水八仙路绿化迁移应急工程""苏嘉甬高铁项目沿线绿化清障工程"，为苏嘉甬铁路建设提供助力。

【农业品牌建设】 2023年，澄湖农业园加大农产品品牌推广力度。与南京农业大学签约合作，实施"吴中传统水生蔬菜栽培系统申报NIAHS"项目，吴中传统水生蔬菜栽培系统成功入选第七批中国重要文化遗产名单，挖掘甪直水八仙水生蔬菜的历史文化内涵，增强"水八仙"的品牌影响力。澄湖农业园与苏州市农科院、甪直镇农村工作局加深在水八仙新品种的培育和示范推广等领域的合作，结合多年来开展职业农民和水八仙种植户培训取得的成果，获评苏州市新型职业农民实训基地。

（顾惠）

高标准蔬菜基地——澄湖特色水八仙种植推广示范基地　　　蒯超　摄

编辑　张振雄

工业

综 述

【产业发展】 2023年,吴中区实现规模以上工业总产值2559.44亿元,比上年增长3.6%,增速排名全市第三(不含姑苏区)。实现工业投资142.3亿元,比上年增长18.1%,增速排名全市第二。全力壮大"3+3+3"现代产业体系,全年三大主导产业增速均超25%,服务机器人产量占全国六成以上,工业机器人产量占全国内资品牌七分之一。截至年末,全区有效高新技术企业达1706家、规模以上工业企业达1202家,拥有21家上市企业和34家国家级专精特新"小巨人"企业。

【转型升级】 2023年,全区专精特新企业实现数量和质量双提升,新增国家级专精特新"小巨人"企业21家、省级专精特新中小企业83家、创新型中小企业550家。吴中区持续加大创新载体建设,新增省级企业技术中心20家、苏锡常首台(套)重大装备4个、市级以上关键核心技术攻关项目2个。支持企业开展新技术、新产品鉴定,新增省新技术、新产品目录产品9个。开展人才载体和项目排摸,搭建人才供给与企业需求服务平台,全年入选国家级重大人才引进工程12人。加快发展服务型制造新业态新模式,1家企业获评国家级服务型制造示范平台,4家企业获评省级服务型制造示范企业(平台)。加快工业设计和制造业融合发展,新增3家省级工业设计中心,区内企业共5项作品在"紫金奖·工业设计大赛"获奖。

【绿色发展】 2023年,吴中区加快绿色低碳转型步伐,强化能耗"双控"工作,推动节能降耗纵深开展。全区规模以上工业综合能耗比上年下降1.1%,单位规模以上工业产值能耗比上年下降2.9%。加强绿色制造体系建设,持续提升经济发展"含绿量",2家企业获评国家级绿色工厂,9家企业获评省级绿色工厂,1家企业获评苏州市"近零碳"工厂。综合协调产业用地更新,指导科学排定更新项目,推动加强企业自主更新后续管理。截至年末,完成企业自主更新面积21.44公顷。持续深化工业企业资源集约利用综合评价工作,参评企业8598家,亩均销售额和亩均税收分别较上年提高6.7%、4.6%。

【重大项目建设】 2023年,吴中区推进"重点项目提效年"活动,163个区重点制造业项目完成年度投资314.8亿元,其中新开工98个项目,完成年度投资191.1亿元;续建65个项目,完成年度投资123.7亿元。开展项目"集中服务月"活动,推动服务关口前移,协调帮助企业解决问题,推动维信电子、石川制铁等10亿元以上产业项目竣工投产。

【营商环境建设】 2023年,吴中区秉承"无事不扰、有求必应"的服务理念,强化服务精准供给。组织举办"吴优链、链无忧"产业链供需对接活动,全年参与企业近千家,促成多项合作。进一步完善吴中"企业通"服务平台,设立"政策雷达"模块,一网通揽各级各类惠企政策,截至年末,平台累计汇总近900条政策,实现近3000次匹配。组建政策宣讲队伍,深入板块和企业一线开展专题申报辅导,累计覆盖全区企业上千家。帮助企业争取省、市扶持资金,发放区级专项资金约3亿元,惠及企业近千个项目。

(丁赟)

机器人与智能制造产业

【概况】 2023年,吴中区以打造"全国机器人产业集群第一区"为牵引,

表16-1 2023年规模以上工业基本情况统计表

项目	单位	2023年	2023年为2022年
企业数	家	1243	103.1%
企业(正常运营)数	家	1239	105.4%
工业总产值(现行价)	万元	25594445	103.6%
营业收入	万元	26048265	107.0%
营业成本	万元	21258157	106.2%
主营业务收入	万元	25391576	108.0%
利税总额	万元	1992534	102.0%
利润总额	万元	1453796	98.8%
年末资产总计	万元	31979847	109.3%
年末负债总计	万元	17400603	109.9%
应收账款	万元	8626747	108.4%

(区统计局)

表16-2 2023年规模以上工业主要经济指标统计表

项目	企业数（家）	工业总产值（现行价）（万元）	平均用工人数（人）	资产合计（万元）	流动资产合计（万元）
总计	1243	25594445	207817	31979847	22855589
＃亏损企业	249	3108906	35470	6415423	3957486
一、按轻重工业分	—	—	—	—	—
轻工业	402	5895696	56200	5973254	4258082
重工业	841	19698749	151617	26006593	18597507
二、按企业规模分	—	—	—	—	—
大型企业	25	9783478	60947	12007992	8323169
中型企业	93	5370651	48443	7447805	5492715
小型企业	1025	9924819	96530	11873939	8488208
微型企业	100	515497	1897	650111	551496
三、按登记注册类型分					
内资企业	1019	18011182	151700	23343290	17172798
其中：国有企业	0	—	—	—	—
集体企业	0	—	—	—	—
股份合作企业	0	—	—	—	—
联营企业	0	—	—	—	—
有限责任公司	927	13960446	117934	15075268	12089699
股份有限公司	67	3915365	31652	8162126	5006041
其他内资企业	25	135371	2114	105896	77058
其中：私营企业	957	13776719	124680	18158766	12947025
港澳台商投资企业	70	1878398	13572	3192261	2004446
港澳台商投资有限责任公司	66	1202441	10643	1684939	998799
港澳台商投资股份有限公司	3	637026	2826	1462535	965834
港澳台商投资合伙企业	1	38931	103	44787	39813
其他港澳台商投资企业	0	—	—	—	—
外商投资企业	154	5704866	42545	5444297	3678345
外商投资有限责任公司	151	5613109	41709	5234629	3509162
外商投资股份有限公司	3	91756	836	209668	169183
外商投资合伙企业	—	—	—	—	—
其他外商投资企业					
四、按行业类别分					
农副食品加工业	8	190579	1401	218859	155254
食品制造业	10	126769	1488	99254	75526
酒、饮料和精制茶制造业	8	67073	734	68472	36392
纺织业	18	388499	2840	264248	189117
纺织服装、服饰业	59	694908	9488	510326	383715
皮革、毛皮、羽毛及其制品和制鞋业	1	5598	50	2988	1940
木材加工和木、竹、藤、棕、草制品业	6	44270	659	37194	24421
家具制造业	5	29262	215	11173	8025
造纸和纸制品业	14	192376	1288	123722	79128
印刷和记录媒介复制业	33	172463	2766	160712	116801

续表

项目	企业数（家）	工业总产值（现行价）（万元）	平均用工人数（人）	资产合计（万元）	流动资产合计（万元）
文教、工美、体育和娱乐用品制造业	7	88719	283	60766	56815
石油、煤炭及其他燃料加工业	1	7796	62	84892	47023
化学原料和化学制品制造业	15	607232	822	241934	207462
医药制造业	13	807797	4454	997686	611067
化学纤维制造业	4	225981	1423	349123	158308
橡胶和塑料制品业	154	1390957	16292	1561817	1079801
非金属矿物制品业	31	760251	3198	1057538	898670
黑色金属冶炼和压延加工业	2	9576	105	8699	6566
有色金属冶炼和压延加工业	10	154247	798	114644	81623
金属制品业	78	869546	9079	930288	700700
通用设备制造业	203	2560682	26279	3528703	2596432
专用设备制造业	173	1559617	17325	2263964	1631221
汽车制造业	37	1761218	9838	2076441	1491940
铁路、船舶、航空航天和其他运输设备制造业	8	104959	897	211665	130559
电气机械和器材制造业	137	3526356	25735	3768955	3033727
计算机、通信和其他电子设备制造业	143	6638769	53939	9185188	5910691
仪器仪表制造业	53	2301281	14788	2887532	2441377
其他制造业	1	10938	127	2901	2335
废弃资源综合利用业	1	10	50	—	647
金属制品、机械和设备修理业	1	7577	42	14101	12843
电力、热力生产和供应业	2	108282	440	385333	104869
燃气生产和供应业	2	109342	218	108540	51020
水的生产和供应业	5	71518	694	642193	529577

（区统计局）

按照产业集群发展"八个一"工作计划，开展各项工作。发布《吴中区机器人与智能制造产业白皮书》，出台《吴中区机器人与智能制造产业集群融合发展三年行动计划（2024—2026年）》，持续优化机器人与智能制造企业培育库，助力机器人产业向更高层次迈进。2023年，吴中区机器人+人工智能产业集聚相关企业1000余家，产业规模1308.5亿元，比上年增长28.2%。形成涵盖机器人关键零部件、人工智能、本体制造、系统集成等领域较为完整的产业链。机器人产业营收占全市比重近四成，服务机器人产量占全国六成以上，工业机器人产量占全国内资品牌七分之一。截至年末，全区机器人+人工智能领域共有亿元以上工业企业125家，累计上市公司14家，创建省级以上专精特新企业162家（其中国家级专精特新"小巨人"企业24家），认定有效高新技术企业751家，获评各级科技领军人才341人。

【工业机器人产业】 吴中区在工业机器人领域聚集一批掌握关键核心技术、市场占有率高、引领性强的行业龙头企业。在机器人核心零部件领域，苏州汇川技术有限公司是国内机器人核心零部件的领军企业，其伺服电机和伺服驱动在国内市场占有率第一。苏州绿的谐波传动科技股份有限公司通过自主研发、自主创新，率先在国内实现精密谐波减速器的技术突破，打破国际品牌在国内机器人谐波减速器领域的垄断，实现进口替代，其产品销量全国第一、全球第二。在工业机器人本体制造方面，苏州汇川技术有限公司成长为全国工业机器人领域最具产业链整合能力的企业，自主研发成果从关键零部件拓展至SCARA、六关节等工业机器人本体，其SCARA机器人销量国内第一、全球第二。苏州玖物智能科技股份有限公司拥有自主研发的先进雷达技术、驱控技术、导航算法，其光伏移动机器人销量全国第一。苏州海通机器人系统有限公司入选2023中国隐形"独角兽"，其"银河战舰系列重载多功能AMR"项目获2022年中国优秀工业设计奖铜奖。苏州灵猴机器人有限公司自主研发的直驱电机、机器视觉、工业机器人系列产品广泛应用于3C、半导体等行业,四轴机器人出货量位列全国第一方阵。苏州超群智能科技有限公司专注于高端工业机器人,其坐标机器人技术性能全球领先,精度±0.02MM、重载高速度每秒3.3米,是日化等行业自动化领军品牌和核心设备供应商。2023年,吴中区工业机器人产业规模407亿元,比上年增长11.5%。

【服务机器人产业】 2023年,据赛迪智库统计,吴中区服务机器人产量占全国六成以上。其中,科沃斯机器人股份有限公司(简称"科沃斯")营业收入突破150亿元,比上年增长17.11%,长期稳居行业前列。追觅科技(苏州)有限公司(简称"追觅科技")作为后起之秀,市场体系逐步成熟,2023年"双11"全渠道总销售额突破21亿元,比上年增长超100%。吴中区坚持走自主品牌培育道路,支持企业布局海外市场,打造具有国际国内影响力的民族品牌。作为上市公司,科沃斯形成"科沃斯+添可"双品牌,海外业务收入实现25%以上的增长,连续五年上榜BrandZ中国全球化品牌50强。作为全球"独角兽"企业,追觅科技深耕智能清洁产品,成长为全球行业领导品牌,较2021年整体业绩增长10倍、自主品牌增长20倍。吴中区服务机器人商用家用齐头"并跑"。在商用服务机器人领域,包括清洁机器人、配送机器人、餐饮机器人、安防机器人、接待服务机器人等在内的商用产品均投入市场使用,有效提高商业场景服务效率与水平。在家用服务机器人领域,围绕扫地机器人、智能洗地机、机器狗、人型机器人等产品,相关企业陆续突破核心技术,不断提高家用服务机器人的实用性与安全性。2023年,吴中区服务机器人产业规模219.8亿元,比上年增长23.9%。

【智能制造装备产业】 吴中区在重大成套设备、智能设备、智能测控装备、智能关键基础零部件等细分领域均集聚一批具有核心竞争力的企业。在重大成套设备领域,苏州三基铸造装备股份有限公司是国内压铸装备行业知名企业和挤压铸造行业领军企业,研制出具有国际先进水平的3500吨大型挤压铸造成形成套装备,打破国外技术垄断,填补国内空白。在智能测控装备领域,苏州精濑光电有限公司开发一系列替代进口的高性能平板显示检测装备,其"宏观检查机"产品在国内市场占有率排名第一。在智能设备领域,苏州斯莱克精密设备股份有限公司是亚洲唯一、世界前三的高速易拉盖生产设备制造企业,最新设备每分钟生产4500个盖子,技术水平达到国际先进。在智能关键基础零部件领域,苏州瑞可达连接系统股份有限公司专注于连接系统产品的设计开发和制造,是国内知名连接器生产制造商,其主要产品广泛应用于数据通信、新能源汽车、清洁能源、工业控制、医疗设备、轨道交通装备等领域。2023年,吴中区智能制造装备产业规模681.7亿元,比上年增长42.5%。

【仿生机器人产业】 2023年,吴中区多点发力擘画"仿生机器人"产业新蓝图。加快打造高质量产业集群。引导支持苏州汇川技术有限公司、科沃斯机器人股份有限公司等龙头企业在仿生机器人关键核心领域抢先布局,占领仿生机器人技术高地。围绕机器人仿生感知与认知、机器人生机电融合、人机自然交互等前沿领域,招引国内外知名仿生机器人公司。加快建设高能级创新平台。推动哈工大苏州研究院等大院大所在仿生机器人领域与苏州绿的谐波传动科技股份有限公司、苏州汇川技术有限公司等龙头企业加大技术联合,谋划核心技术研发、项目落地转化等合作机制,建立全国人形机器人产业联盟。加快推广高水平应用场景。在生产制造、商贸物流、养老护理、教学科研等重点领域聚焦典型应用场景和用户需求,打造一批标杆企业、应用体验中心和试验验证中心,提升仿生机器人应用广度和深度。加快构建高品质产业生态。充分发挥机器人领域产业基金引导作用,引入仿生机器人领域顶尖人才和团队,促进产业、科技、人才、金融良性循环。

【项目建设】 2023年,吴中区在机器人+人工智能领域超亿元签约项目139个,计划总投资648.6亿元。稳步推进新建项目,江苏伏图拉新能源集团有限公司、苏州玖物智能科技股份有限公司等一批优质项目相继签约落地,苏州兆和空气系统股份有限公司、苏州博思特装配自动化科技有限公司、曼巴驱动技术(苏州)有限公司等项目顺利开工。加快续建项目建设,添元智能科技有限公司、苏州伟创电气科技股份有限公司、苏州瑞可达连接系统股份有限公司等项目基础工程施工取得突破性进展。

【第三届工控中国大会召开】 11月2日,2023第三届工控中国大会在吴中区举行。会上,工业操作系统创新伙伴计划发布,举行2023"工控中国"优秀解决方案颁奖仪式、2023"工控中国"十大新品发布仪式、工业控制系统安全可靠测评共性技术工业和信息化部重点实验室学术委员会聘任仪式、工信部重点实验室苏州基地揭牌仪式、工信部重点实验室航空航天行业分中心石油石化行业分中心揭牌仪式、苏州市软件和信息服务业推动数字产业化发展"头雁"企业授牌仪式、工业鸿蒙产业生态伙伴签约仪式。

(丁赟)

新一代信息技术产业

【概况】 2023年，吴中区加速发展新一代信息技术"千亿级"产业。聚焦集成电路、高端软件、物联网、大数据、人工智能等细分领域，分类引育重点企业，夯实电子信息硬件基础，做强工业软件产业，拓展技术应用产业，同时跟进重点项目清单中行业优质企业，分层储备，优化新一代信息技术企业库。全年新一代信息技术集聚企业600余家，实现产业规模780亿元，比上年增长25.8%。围绕传统产业改造升级和新模式新业态培育出台支持相关产业发展政策，推动新一代信息技术与制造业全要素、全产业链、全价值链深度融合。规划建设苏州（太湖）软件产业园、赛迪研究院苏州分院实验室、太湖负碳型数字生态示范岛等产业载体，提供优质配套服务。成功创建江苏省区块链技术创新应用试验区、江苏省工业大数据应用示范区、3家市级数字经济特色产业园、首批苏州市软件产业人才培训基地和集成电路产业人才公共实训基地。

【产业布局】 2023年，吴中区新一代信息技术产业优化布局强核心。东部以集成电路、人工智能产品等为主线，中部以嵌入式工业软件为契机，西部以物联网、自动驾驶为发展方向，全面优化"风口"布局。聚焦电子核心产业，推动清研半导体、欧帝半导体、宝士曼、亿麦矽等优质项目落地，高质量建设胥江半导体产业园，布局第三代半导体产业，提升细分赛道竞争优势。持续推进太湖新城、苏州（太湖）软件产业园、太湖湾数字科技园等特色产业园区建设，重点培育人工智能、信创和工业软件产业，以苏州工业软件应用创新中心落户吴中为契机，深挖区内智能制造领域嵌入式系统软件开发潜力，推动软硬联合攻关，提升工业软件研发创新和融合应用能力，打造一批高端工业软件产品，提升国产化工业软件使用率。

【集成电路产业】 2023年，吴中加速布局持续推动集成电路产业强链壮群。围绕集成电路产业上台阶、流片、融资等重点领域提供支持，营造产业集聚生态。年内，包括芯片设计领域重点企业江苏奥康银华在内的一批科技企业相继落户，初步形成覆盖"设计—设备—材料—封装"等产业链关键环节的产业生态。各条线密切协同推动科技成果转化落地。设计环节，中科亿海微在国内率先推出基于国产工艺、容量可达千万门级153的FPGA（可编程逻辑）芯片，成功应用于北斗导航系统、载人航天工程、探月工程等重大航天任务；设备和零部件制造环节，芯梦半导体推出国内首台全自动FOUP清洗设备等多款高端湿法工艺装备。

【工业元宇宙产业】 2023年，吴中区率先建设工业元宇宙产业融合创新发展先导区，前瞻布局工业元宇宙未来产业，编制出台《工业元宇宙产业创新发展行动计划（2023—2025年）》，优化构建"一核引领、三园牵引、多基地联动"的产业发展格局，全力打造驱动数字经济发展的"新引擎"。5月，召开"数实融合 智领未来"工业元宇宙创新发展峰会，省、市、区三级共同启动工业元宇宙产业融合创新发展先导区建设，太湖新城与赛迪研究院签约打造工业元宇宙公共服务平台，"两中心一平台"产业赋能体系逐渐形成。11月，召开"'虚实融合·赋能转型'吴中区工业元宇宙创新发展推进会"，成立吴中区工业元宇宙专委会，发布吴中区工业元宇宙应用场景，签约一批合作项目以及生态伙伴。强化场景应用开拓，伟创力、凌云光、境腾科技、鸣启数字、麦杰大数据等多家区内企业先行先试，探索出一批生产流程优化、调整成本降低、规划效率提升的工业元宇宙应用场景。依托工业场景基础，加速应用场景的横向延伸，全面带动元宇宙技术在文旅、教育、医疗等其他重点行业的应用。

（丁赟）

生物医药及大健康产业

【概况】 2023年，吴中区持续推动生物医药产业快速发展，全区生物医药及大健康产业规模达382.3亿元，比上年增长26.2%。落实产业创新集群

2023年11月24日，第五届全国集成电路"创业之芯"大赛全国总决赛颁奖典礼在吴中区举行　　　　　　　　　　　　费凡　摄

"八个一"工作机制,加快实施"345"生物医药产业发展提升计划,加快引入新药研发、高端医疗器械、细胞与基因治疗等领域生物医药企业。年内新招引生物医药创新型企业超150家,累计集聚相关企业超500家。发挥吴中CRO(医药合同研发机构)、CDMO(医药合同研发生产机构)先发优势,做精做优覆盖创新全链条、贯穿产业全周期的细分赛道,打通细分领域"神经末梢"。年内,康宁集团、菲鹏生物、骊霄医疗等一批优质项目顺利落地。

【产业集群发展】 2023年,吴中区筑牢主导产业基础,推动生物医药产业集群聚优成势。打造以龙头企业为引领、规模以上企业为主体、科技中小企业为支撑的生物医药企业梯队。集聚生物医药产业链相关企业552家,其中世界500强投资企业2家、上市企业3家。"独角兽"(潜在)培育企业12家,"瞪羚"企业12家,高新技术企业70家,专精特新企业8家,院士团队、省双创计划等生物医药领军人才(团队)205个。打造特色产业链条,促进产业集群创新发展。强化从早期药物开发、中试临床到产业化全产业链条建设,覆盖药品、医疗器械、医药检测服务等主要领域。截至年末,上市一类新药1个,在研一类新药32个,上市二、三类医疗器械305个,在研三类医疗器械22个,成为长三角地区医药研发服务外包集聚度较高、研发服务能力较强的集聚地之一。

【产业生态优化】 2023年,吴中区完善生物医药产业发展生态,构建产业集群服务体系。发布《吴中区生物医药产业集群发展白皮书》,实施《吴中区生物医药产业发展规划(2021—2025年)》等系列政策文件,构建全生命周期的政策扶持体系。截至年末,建有国家级、省级科技公共服务平台各1个,建有江苏省基因药物工程技术研究中心等省级企业研发机构16家,苏州市生物偶联药物创新研究院、谱新细胞治疗药物技术研究院立项市级新型研发机构。保有创投机构15家、生物医药科技服务机构7家、生物医药产业相关基金6支。举办2023国际卫生合作大会暨中非医院对口合作论坛、中国药学会药事管理学术年会暨首届中国(苏州)临床新药大会、中国药械产业数字化创新高峰论坛、DIA中国数字临床试验创新论坛2023会议等重磅行业峰会,助力"吴中药港"加速奔跑。

【项目建设】 吴中生物基因工程药物研发及生产基地项目(生物医药产业园五期) 项目位于经开区郭巷街道,占地约6.82公顷,总建筑面积约31万平方米,总投资20亿元,于2023年11月开工建设。项目包含研发、生产及生产配套的设施载体,用于大小分子生物药和细胞基因治疗等相关生物医药领域技术研发、临床小试及商业化生产。

临湖医疗器械研发生产基地项目 项目位于临湖镇,占地约4.07公顷,总建筑面积约11.54万平方米,总投资10亿元,于2023年2月开工建设。项目聚焦高端医疗器械和医疗设备,规划建设研发生产线,打造集科技成果转化、产业创新转型示范、生态健康宜业的创新医药生产基地。

康梧生命健康产业研发生产基地项目 项目位于经开区郭巷街道,拟建总建筑面积13万平方米,总投资10亿元,于2023年10月开工建设。项目聚焦生物药、医疗人工智能、创新药械、特色检疗等领域,搭建公共服务平台,发挥整合产业资源、产业基地、产业基金能力,助力吴中生物医药产业发展。 (刘智)

航空航天产业

【概况】 2023年,以哈尔滨工业大学苏州研究院落地为契机,吴中区依托航空航天产业园载体,加快推进航空航天产业发展。优化苏州市航空航天产业培育库,引导区内企业拓展航空航天业务,组织苏州斯菲特自动化设备有限公司与中国商用飞机有限责任公司开展交流合作,加速融入大飞机产业链。推进江苏迈信林航空科技股份有限公司航空航天零部件研发生产总部项目建设,通过重点项目带动航空航天产业加速发展。2023年,吴中区集聚航空航天产业相关企业37家,

2023年5月26日,航空航天产业园开园   费凡 摄

实现产业规模68.8亿元。

【航空航天产业园开园】 吴中区航空航天产业园位于经开区，是吴中区依托哈尔滨工业大学打造的未来产业科技园，于5月26日开园。开园仪式上，首批13个优质项目签约入驻，包括6个国家高层次人才领衔的创新团队和5项国家级科技奖励技术成果，涉及航天关键构件、航空航天先进材料、电子封装新材料、数字化感知等方面；现场举行航空航天金融机构第三方服务机构以及行业企业战略合作签约仪式。截至年末，共有两批20余项产业化项目逐步落地。

【项目建设】 2021年上市的江苏迈信林航空科技股份有限公司是苏州航空航天第一股，是江苏省内少数同时具备机体零部件、发动机零部件和机载设备零部件综合配套加工能力的企业。迈信林航空航天零部件研发生产总部项目位于吴中太湖新城东太湖路北侧、尧新路西侧，占地4.38公顷，总建筑面积13.6万平方米，总投资6.58亿元，围绕各类军用飞机和商飞C919大飞机的航空产品及零部件开展研发和生产，航空零部件产品包括但不限于飞机液压系统、燃油系统、环控系统等；航空类产品包括但不限于液压油箱、液压选择阀等产品。同时公司将在半导体行业中加大投入，在光器件封装设备领域和大功率IGBT（绝缘栅双极型晶体管）封装领域大力发展。截至2023年末，完成桩基施工，其中无地下室的桩基完成低应变检测；完成土建招投标工作。预计项目建成并达产后，当年可实现销售收入规模超6亿元。

（丁赟）

智能网联汽车产业

【概况】 2023年，吴中区突出特色优势赋能智能网联汽车产业"换挡提速"，全区集聚智能网联汽车产业链企业27家，相关产业规模250亿元，比上年增长27.3%。智能网联汽车企业在细分领域优势明显。汇川联合动力在乘用车电控产品、电机产品、动力总成产品的市占率均排名全国前五，商用车电控市场占有率全国第一；凯博易控车辆科技（苏州）股份有限公司在国内百吨级矿卡市场占有率居行业第一；苏州朗高电机有限公司在新能源商用车电机市场占有率全国第二；苏州天瞳威视电子科技有限公司入选全球"独角兽"榜单，在智能驾驶技术研发及产业化领域始终处于全国领先地位。

【产业生态】 2023年，出台《吴中区智能网联汽车示范运营实施细则（试行）》和《吴中区智能网联汽车发展规划》，加快吴中区智能网联汽车示范运营进程。高标准建设世界级自动驾

2023年1月28日，省工业和信息化厅公布2023年江苏省智能制造示范工厂名单，凯博易控车辆科技（苏州）股份有限公司入选　　　　　　　　　　　　　　　　　　　　　　　　　　　　　　　　　　　　区工信局　供稿

驶生态示范岛,打造智慧文旅、智能网联相结合的双智样板产业先行区,推进车路协同基础设施建设,建成双向200千米自动驾驶道路和智能网联云控平台。百度苏州Appllo Park开园,启用太湖科创中心,加快建设太湖自动驾驶安全评测技术创新中心,持续完善智能网联汽车生态体系,着力打造苏州市车联网重点区。

【项目建设】 2023年,在建智能网联汽车相关重点项目30个,计划总投资140亿元,涵盖驱动系统、充电系统、控制器、连接器等关键核心零部件领域,其中爱信汽车油电混动变速箱技术改造项目、适新科技氢燃料电池双极板生产项目被列入省重点项目。

（丁赟）

节能环保产业

【概况】 2023年,区工信局开展企业调研,服务重点项目入规,伏图拉（苏州）光伏科技有限公司、大秦数字能源技术股份有限公司等企业相继入库,为节能环保产业发展增添动力。围绕大气治理、污水治理、环境监测仪器、固废处理等领域,组织苏州韩博环境科技有限公司申报并成功入围2023年符合环保装备制造业规范条件企业,组织苏州苏瑞膜纳米科技有限公司开展国家鼓励发展的重大环保技术装备申报工作。支持中农新科环太湖有机废弃物资源化循环利用项目（东山示范点）建设,推动资源循环利用发展。会同区水务局开展节水型园区创建排摸调研,推进综合保税区创建苏州市节水型园区。2023年,全区节能环保企业110家,产业规模为211亿元,比上年增长16%。

【重点项目】 长江生态环保集团华东项目 长江生态环保集团华东有限公司于2022年落户度假区,注册资本50亿元,重点推进太湖生态岛生态环境治理与运营项目,将在吴中建设三峡太湖生态环保产业园,设立"水环境保护与水生态修复国家工程中心",聚焦水环境保护、水生态修复、固体废弃物治理、智能感知与决策四大方向,打造国家科技创新体系的机制创新、成果转化平台,计划吸引落地一批产业链企业或研发中心入驻。

伏图拉中国区总部项目 FuturaSun（伏图拉）是一家集太阳能晶体硅电池片、光伏组件的研发、制造和销售于一体的多元化公司,是欧洲光伏龙头企业。公司计划在吴中高新区木渎镇设立光伏组件研发生产基地,项目拟注册资本4000万欧元,总投资不低于15亿元人民币,打造集团中国区总部和中欧新能源研究院。

江苏大秦科技总部项目 江苏大秦新能源科技有限公司深耕海外家用储能市场,是国内较早布局海外储能市场的企业之一,并成功建立完全自主品牌Dyness,成为全球户用储能前十大产品,品牌影响力不断攀升。公司于2023年1月签约落户经开区,计划扎根吴中,加快布局先进产能。

（丁赟）

工业互联网产业

【概况】 2023年,以信通院（江苏）科技创新研究院有限公司落地吴中区为契机,加快推进国家级区块链新型基础设施——"星火·链网"超级节点建设。加快以"苏云"工业互联网平台为代表的标识解析节点建设,推动标识解析在设计、生产、服务等环节的应用。组织开展"我为企业办实事——供需对接会"（吴中站）、标识解析赋能工业企业供需对接沙龙会、数据采集赋能装备制造企业供需对接会、工业元宇宙创新论坛、自主工业软件助推新型工业化论坛、工业大数据生态沙龙等8场供需对接会,支持区内企业互为依托、抱团发展、组团出圈,推进吴中区新型工业化和现代产业化体系建设。截至年末,全区集聚工业互联网平台及系统集成商40余家,创建国家级工业互联网试点示范3家,84家企业通过国家两化融合体系贯标,139家企业获评国家、省两化融合体系贯标试点。

【工业互联网大会】 6月15日,由工业和信息化部、江苏省人民政府主办,以"数实融合、数智赋能——高质量推进新型工业化"为主题的2023工业互联网大会在吴中区举行。大会发布工业互联网试点示范5G工厂案例、"工业互联网看苏州"品牌、5G超可靠低时延汽车柔性产线,举行中国信通院江苏研究院揭牌仪式,并向第二届工业互联网战略咨询专家委员会专家颁发聘书。

（丁赟）

编辑 张振雄

建筑业

综述

【产业发展】 2023年，吴中区共发包项目460个，建筑面积597.18万平方米，工程造价225.68亿元。其中，公开招标项目287个，建筑面积270.07万平方米，工程造价134.22亿元；直接发包项目173个，建筑面积327.11万平方米，工程造价91.46亿元。全区共有在建工程项目262个，建筑面积1357.65万平方米。竣工验收项目209个，建筑面积787.36万平方米。2023年，吴中区全面落实上级下达的装配式建筑和成品住房建设任务，并结合区域实际情况统筹推进实施，建设用地规划条件中明确落实装配式建筑项目面积154.79万平方米，新开工装配式建筑面积共157.66万平方米，竣工成品住房面积199.57万平方米。推广智能建造技术应用，苏州市吴中人民医院新院区建设项目获评2023年度江苏省智能建造试点项目。

【建筑施工】 2023年，吴中区落实工程质量安全提升行动，对质量通病治理进行常态化管理，督促参建各方做好"两书一牌"工作，结合投诉热点、社会热点、上级要求等开展专项巡查，累计组织信用考核巡查25次、观感巡查65次、专项巡查4次、综合大检查2次，开具整改通知书702份（违法违规及违反强制性条文2条、违反强制性标准1108条）、停工通知单15份，监督抽测459次，发现结构安全隐患2起。开展建筑施工安全专项整治，依托高校专业力量强化对重大危险源的安全管控，共开展各类安全检查715次，抽查施工标段1362个，签发整改通知书883份，开具行政处罚单13份，有效防范和遏制安全生产事故的发生。

（张杰）

勘察设计

【项目监管】 2023年，吴中区审结项目1063个；审结建筑面积1179万平方米，比上年增长25.7%。其中，审结建筑工程勘察与设计施工图项目458项，建筑面积879万平方米；改造项目117个，建筑面积69万平方米；装饰装修项目210个，概算额25.74亿元；幕墙项目65个，概算额20.02亿元；城市更新项目16个，面积9万平方米。消防专项审查项目数116个，面积654万平方米。人防工程审查项目数50个，面积28万平方米。年内，共查出不符合强制性条文事项310条，不符合应执行条文事项2793条。发证项目132项，发证建筑面积567万平方米。

【项目审图】 2023年，区住建局完成区政府和区住建局重点工作中的施工图审查服务，其中苏州市重点项目43个、区级重点项目建设任务128个。对于省重大建设项目、市重点建设项目以及县以上各级政府确定的重要建设项目，在建设单位提交建筑方案审批文件等资料后，实行桩基预审。2023年度共对桩基工程施工图设计文件实施分段审查项目4个，并出具审查意见。配合实施城市更新，完成城镇老旧小区综合整治改造项目16个，新增既有多层住宅电梯加装项目19台的施工图评审服务工作。

【项目审查服务】 2023年，吴中区深化联合审图、平行预审审图环节实施流程，助力工业项目"拿地即开工"。建立重点项目跟踪服务制度。通过每周、每月定期跟踪重大项目施工图审查进展，及时发现卡点、难点，持续提供针对性、精准化的服务。重点项目提前预审，通过"超前介入、靠前服务、统筹推进、加快办理"，在报审前有针对性地进行政策辅导，推动项目审批手续快速办理。重点项目单体建筑可单独送审或者桩基可提前预审，节省审查时间。先行开展项目桩基工程的审查，做到开工与设计统筹兼顾。

（张杰）

建筑企业

【概况】 2023年，吴中区总专包建筑业企业（规模以上）共1289家，其中拥有建筑特级资质企业1家（苏州嘉盛集团有限公司），建筑施工总承包一级资质企业7家，市政施工总承包一级资质企业4家，水利施工总承包一级资质企业1家，机电施工总承包一级资质企业1家。

【企业提质发展】 2023年，吴中区加大建筑业企业招商力度，以项目资源为载体，吸引市政、公路等高等级资质施工总承包企业落地吴中，优化施工企业结构，促进建筑施工企业发展壮大。支持"香山帮"技艺产业园区和基地建设，引导项目带动传承。持续推进住宅造楼机等智能建造技术广泛应用，形成绿色智能新业态。

（张杰）

建筑工程

【概况】 2023年，吴中区房屋建筑工程申报江苏省优质工程奖"扬子杯"6项，其中，房建类4项，装饰装修类1项，安装类1项，全部通过检查组现场查验。在该申报项目中，有1项申报国家优质工程奖。

【苏州湾中心广场项目】 2023年，苏地2014-G-21号地块建设项目（苏州湾中心广场）工程申报国家优质工程奖。苏地2014-G-21号地块建设项目（苏州湾中心广场）位于吴中太湖新城核心区域，吴中经济开发区

2023年6月21日，苏州湾中心广场开业　　　　区委宣传部　供稿

龙翔路东侧、东太湖路北侧，总建筑面积48.71万平方米，占地约10.13公顷，总投资约50亿元。容积率为3.61，建筑密度为37.52%，地上5个单体、8栋塔楼，地下2层。项目于2018年9月3日开工建设，2022年9月23日竣工。2023年6月21日，苏州湾中心广场开业。

（张杰）

建筑行业管理

【资质管理】 2023年，吴中区拥有资质的建筑业企业1765家，其中拥有特级资质1项、一级资质187项。年内，共核查303家企业的372项资质，对其中77家企业的89项资质整改不合格情况如实报告上级主管部门。

【专项整治】 2023年，吴中区以实施建筑施工安全生产"防风险、查隐患、促整改、降事故"专项整治为主线，有序开展重大隐患排查整治。年内，开展建筑施工安全生产专项检查585次，检查项目1116个，签发安全隐患整改通知书815份，对检查发现的1933个安全隐患全部完成整改；对区内10家安全生产责任落实不到位或隐患整改不力的企业和3名相关人员进行行政处罚，处罚金额25.8万元。突出对建筑工地消防、动火作业、深基坑等危险性较大的分部分项工程关键环节的管控，加强对镇（街道）做好小型（临时）工程建设施工安全监管的业务指导工作，防范建设工程生产安全事故。

【标准化文明示范工地】 2023年，吴中区为鼓励项目间学习互促，激发项目创新创优，不断提升整体监管水平，在2022年下半年吴中区共有标准化文明示范工地37个（其中，省级17个，市级25个）的基础上，2023年上半年新增标准化文明示范工地27个。年内，创建省级标准化示范工地16个、市级标准化示范工地24个、区级标准化示范工地24个。

【建筑工地扬尘治理】 2023年，吴中区加强对建筑工地扬尘整治全方位管理，做实做细建筑工地扬尘防治攻坚行动方案。印发《吴中区建设工程扬尘污染防治攻坚行动方案》，明确扬尘防治工作要求，细化高标准绿色文明施工十项举措。强化扬尘管控巡查机制。在安监员日常检查、第三方暗访暗查、区工地扬尘办"四不两直"专项巡查的基础上，每月对全区施工工地实行监督考核。全年共开展建筑工地扬尘治理专项检查71次，抽查项目1621项，开出整改通知单293份、停工整改通知书3份。检查出各类扬尘污染问题752个，全部整改完毕。对扬尘控制不力、不按要求落实整改的4家责任单位，实施行政处罚，罚款金额11万元，并记入不良信用记录。

（张杰）

编辑　赵立文

商贸服务业

综　述

【**商业业态**】　2023年，吴中区实现社会消费品零售总额937.1亿元，比上年增长5.5%；网络零售交易额410.3亿元，比上年增长19.1%。"618"网购节期间，全区实现网络零售额40.7亿元，居全市第二位，占苏州大市十个区市网络零售总额比重16.0%。

2023年，吴中区推进县域商业体系、一刻钟便民生活圈建设，完成藏书农贸市场等5个2023年度县域商业体系建设项目，龙南社区等3家社区获评第二批苏州市一刻钟便民生活圈，全区一刻钟便民生活圈累计达到9个。推动商贸物流降本增效，南环桥市场入选第三批全国供应链创新与应用示范企业名单。配合做好农贸市场升级改造，翠坊市集获评苏州市"最美菜场"。全区12家亿元市场实现交易额706.48亿元，比上年增长6.71%。推进商业重点项目建设，8个项目列入市商务局监测的商业重点项目，完成年度投资额19.05亿元，完成投资计划的109.2%。坚持"有节过节，无节造节"，举办"嗨购过大年""最美春天里""聚惠吴限购""金秋购物节"等促消费活动，持续营造消费氛围。持续提振大宗商品消费，先后组织5次购车补贴活动，共计补贴车辆8441辆，发放补贴2000余万元，带动汽车消费18.81亿元，中石油获评江苏省苏新消费销售竞赛优胜企业。繁荣夜间消费，印发《苏州市吴中区夜经济发展规划（2023—2025）》，调整出台《2023年吴中区夜间露天市集联席会办机制》，着力打造精品市集，本色市集获评苏州市第二批品牌市集。促进首店消费，iDPARK歌林公园获2022年度苏州首店引进贡献奖，CBA篮球公园肯帝亚馆获评2022年度最具人气首店，科沃斯机器人股份有限公司、追觅科技（苏州）有限公司等区内5家企业品牌获评2022年度苏州首店经济引领性本土品牌。深化数字人民币消费，推进数字人民币商圈建设，尹山国际汽车城、木渎凯马汽车城数字人民币应用率近90%，入选苏州市数字人民币示范商圈。

【**商贸监管**】　2023年，吴中区加强管理服务，落实安全职责。做好二手车交易市场经营者及二手车经营主体备案工作，全年新增备案160家。做好吴中区国Ⅲ柴油车提前淘汰补助"报废汽车回收证明"真实性审核，全年累计完成审核2507份。制定印发《2023年吴中区商务局安全生产工作要点》，成立吴中区商场市场安全生产专业委员会，印发《吴中区商场市场安全生产专业委员会工作方案》，明确各相关部门工作职责。全年共计发放安全宣传材料5345份，发送安全宣传信息（微信、微信公众号、短信）1.18万条。组织开展加油站（点）安全生产培训、消防应急演练，提升加油站（点）安全管理水平，保障加油站（点）安全形势稳定。节假日期间，联合相关部门共计检查大型商超（商业综合体）、餐饮商户等商业场所41家，并督促属地及时整改。聘请第三方安评机构对全区40家重点商业场所开展安全生产专业检查，将问题隐患及时反馈属地并督促及时整改。联合市场监督管理局等部门共计检查加油站34站次，出动检查人员230余人次，发现并整改问题220条。委托第三方开展全区在营加油站点安全隐患排查，共计完成两轮安全隐患排查，实际检查加油站（点）73家，共计查出问题隐患578条，完成整改复查并形成闭环。2023年，共计印发转发商务领域各类安全生产文件47个，检查重点商业场所278家次，经自查和排查共计整改问题隐患696个，排查燃气餐饮商户1887家，发现和整改问题隐患861个。

【**老字号保护传承**】　2023年，吴中区支持老字号保护传承。2006年，"乾生元"入选首批中华老字号；2010年，"老庆泰"成为藏书羊肉首家中华老字号品牌；同年，"甪直酱品厂"被认定为中华老字号。2020年，苏州东山茶厂、苏州市吴中区木渎镇藏书升美斋羊肉店入选首批江苏老字号；2021年，苏州吴馨记茶庄有限公司被认定为第二批江苏老字号。2018年，苏州

2023年12月，苏州市南环桥农副产品批发市场入选全国供应链创新与应用示范企业　　　　　　　　　　　　　　　　　　区委宣传部　供稿

2023年7月12日，百年老店"乾生元"于原址恢复开业　　木渎镇　供稿

市吴中区甪直西汇饭店、苏州东山古韵旅游发展有限公司洞庭饭店、吴中区光福明仕阁古典家具厂入选第一批苏州老字号。2023年10月27日，第二批苏州老字号名单公布，苏州市东山雕花楼宾馆有限公司、苏州盛风文化创意发展有限公司、苏州吴井横泾烧酒股份有限公司入选。

截至2023年末，吴中区共有中华老字号企业3家，江苏老字号企业3家，苏州老字号企业6家，数量位居全市前列。吴中区重视老字号文化的挖掘培育和宣传推广，组织区内老字号企业参加中国老字号博览会、"紫金奖"老字号企业定制设计赛等系列活动，在"双12苏州购物节""苏州五五购物节"促消费活动中进行线上线下展示展销。乾生元"蟹逢知己"大闸蟹文创礼盒获得2022年"紫金文创老字号创意设计大赛金奖"。

（赵勇　吴鉴）

批发零售

【限上批发业】2023年，吴中区限上批发业共计实现销售额540.5亿元，比上年增长1.34%，增速排名全市第五。前20强企业共计实现销售额325.7亿元，占比60.3%，比上年增长12.46%。

【限上零售业】2023年，吴中区限上零售业共计实现销售额449.9亿元，比上年增长8.1%，增速排名全市第五。限上汽车单位实现销售额228.3亿元，比上年增长4.9%。成品油单位实现销售额94.4亿元，比上年增长6.5%。医药行业销售增长稳定，开开心心大药房、健生源药店销售额分别增长41%、15.4%。

（赵勇）

【太湖中心Mall开业】太湖中心Mall位于苏州太湖国家旅游度假区香山路16号，建筑面积11.82万平方米，其中地上面积6.06万平方米、地下建筑面积5.76万平方米。整体六层，地下二层和部分地下一层为停车场，部分地下一层至地上四层为商业。太湖中心Mall以零售、餐饮、休闲娱乐和生活配套为一体，引入超60家大型连锁品牌，项目业态涉及运动、珠宝、餐饮等多个品牌，是度假区首家全业态购物中心。2023年12月30日，太湖中心Mall开业。

（吴鉴）

电子商务

【概况】2023年，吴中区深化电商应用，提升发展水平。加强电商服务体系建设，成立吴中区跨境电商发展联盟和吴中直播电商联盟，优化指导服务，助推区内企业应用跨境电商、直播电商转型升级。举办苏州市吴中区跨境电商智能家电主题论坛，助力吴中区外贸智能家电企业应用跨境电商开

2023年12月30日，太湖中心Mall开业　　度假区　供稿

表 18-1　2023年限上社会消费品零售总额统计表

单位：万元

项目	2023年	2022年	2023年为2022年
合计	3997412	3581548	111.6%
#个体经营户（大个体）	9045	15278	59.2%
一、批发和零售业	3887934	3504996	110.9%
（一）批发业	215651	229291	94.1%
1.限额以上企业	215651	229291	94.1%
2.限额以上个体经营户（大个体）	—	—	—
（二）零售业	3672283	3275705	112.1%
1.限额以上企业	3670497	3274933	112.1%
2.限额以上个体经营户（大个体）	1786	773	231%
二、住宿和餐饮业	109478	76552	143.0%
（一）住宿业	37123	25988	142.8%
1.限额以上企业	37122	19672	188.7%
2.限额以上个体经营户（大个体）	1	6317	0.0%
（二）餐饮业	72355	50563	143.1%
1.限额以上企业	65096	42374	153.6%
2.限额以上个体经营户（大个体）	7259	8189	88.6%
三、其他	—	—	—

（区统计局）

拓国际市场。举办2023吴中区网络购物节——"吴优数购智享生活"启动仪式暨智能小家电直播带货活动，2023年"618"网购节期间，全区网络零售额40.7亿元，位居全市第二。金枫电商园、三人行电商产业园通过2022年度国家电子商务示范基地和江苏省电子商务示范基地综合评价。科沃斯机器人股份有限公司旗下品牌"ECOVACS"、追觅科技（苏州）有限公司旗下品牌"DREAMTECH"获评省跨境电商知名品牌。苏州金记食品有限公司、追觅科技（苏州）有限公司、添可智能科技有限公司等3家企业被认定为2024—2025年度江苏省电子商务示范企业。江苏玄通供应链中国香港仓被认定为2023年度市级公共海外仓。

（赵勇）

【跨境电商】 2023年，在苏州地区首单"跨境电商+保税展示"业务顺利实施，受到苏州市政府主要负责人批示肯定的基础上，完成吴中首批9810海外仓库备案，完成企业进口促销活动备案等工作。截至2023年末，吴中跨境电商业务覆盖B2C（9610、1210）及B2B（9710、9810）等跨境电商业务全范围。第一时间指导江苏玄通供应链股份有限公司完成苏州海关辖区首单跨境电商零售进口商品税款电子支付试点工作。

（刘颖斐）

【直播电商】 2023年，吴中区促进电子商务模式创新，鼓励发展直播电商新业态。全区建成运营吴中产鲜直播基地、新启成直播基地等，科沃斯、东山茶厂等直播电商业务快速增长。2023年，全区电商直播超10万场，直播商品销售额77.6亿元，比上年增长8.6%。

【金枫电商园】 2023年，区商务局指导推动国家电子商务示范基地——金枫电商园建设，通过国家电子商务示范基地综合评价。重点招引培育数字商务、软件信息、电商物流、直播电商服务等重点电子商务企业，促进电商集聚发展。截至2023年末，园区入驻电商企业300余家，实现电子商务交易总额33.47亿元。

（吴鉴　赵勇）

【苏州市吴中区跨境电商智能家电主题论坛】 2023年4月26日下午，吴中区跨境电商智能家电主题论坛在苏州皇家金煦酒店举行。区商务局、海关驻吴中办事处、区金融监管局、吴中综合保税区管理局和各相关板块以及区电商协会（区跨境电商发展联盟）、区内智能家电企业等的100余名代表参加活动。其间，跨境电商行业的知名机构、公司以及专家就"智能家电如何开展跨境电商"等议题发表专题演讲。现场探讨热点话题、交换观点理念、分享经验教训，助力吴中区智能家电企业应用跨境电商开拓国际市场。亚马逊全球开店、苏州市伊斯坦森跨境电商有限公司、泰隆银行吴中支行、佳裕达物流等企业和机构做跨境电商业务培训和经验分享。

（吴鉴）

粮食购销

【概况】 2023年，吴中区制定2023年吴中区地方政府储备粮轮换计划，按轮换计划做好地方政府储备粮轮换工作。储备原粮轮换入库采用本地收购和通过粮食交易平台公开竞价采购的方式进行，轮换出库通过粮食交易平台公开竞价销售的方式进行。静态储备成品大米轮换通过粮食交易平台公开竞价的方式进行。做好2023年夏粮、秋粮收购工作，强化粮食质量风险监测，全年完成新收获粮食样品采集78份。严格执行国家粮食收购政策，做到应收尽收。优化服务方式，必要时早开门、晚收秤，延长收购时间。实施粮食收购价外补贴，保护粮食生产者积极性。

【粮食应急保障体系】 2023年，吴中区健全粮食应急保障体系，落实应急储运企业1家、应急配送中心1家、应急保障中心1家、应急供应网点49家、应急运输货车112辆，应急加工企业日加工能力达到683吨。

【监督检查】 2023年，吴中区坚持问题导向、目标导向和结果导向，统筹日常监管，制定落实《2023年吴中区粮食和物资储备监管工作方案》。下发《关于做好2023年全省政策性粮食粮油库存检查迎检工作的通知》，落实属地监管普查工作。同时，推动落实地方政府储备粮信息化监管软、硬件升级改造。 （徐丽萍）

供销合作

【农资综合服务平台建设】 2023年，区供销合作社完善农药集中配送体系。全年农药销售额2458.93万元，农药集中配送率95%，财政补贴686.92万元。开展对全区农（渔）药配送站考核、不定期抽查工作，对发现的问题进行现场纠正，确保区农药集中配送体系健康有序运行。推进肥料淡储旺供及配送。严格按照尿素每月800吨、复合肥每月200吨的标准进行肥料储备，确保全区农业生产所需肥料的有效供给。做好水稻用肥的招标采购和集中配送工作。全年共计配送水稻用肥1383.64吨，服务耕地面积约16.45平方千米，财政补贴95.41万元。做好太湖生态岛商品有机肥招标采购和配送监管工作。全年共计发放有机颗粒肥4304.37吨，涉及12个村（社区）、农业园区和天王坞林场，惠及1.04万户农户，服务面积19.14平方千米。开展农业废弃物回收处置工作。全年共回收废弃农药包装物991.43万件，重量123.45吨，财政补贴363.62万元，回收覆盖率100%。回收废弃农膜43.22吨，回收率98%，财政补贴23.34万元。

【农资培训】 2023年，区供销合作社推进农业宣传培训服务。联合东山镇农林服务站组织"吴中放心农资下乡进村宣传推广"活动，通过发放优质农资产品、现场宣传农资打假和农业法律法规，提高广大种植户农业法律意识及依法维护自身合法权益的能力。组织相关人员参加苏州市新型农产品经纪人职业技能培训，举办区农资集中配送经营人员和新型农产品经纪人业务能力专题培训班、区供销系统干部能力提升培训班，提升系统工作人员思想认识和业务水平。

【地产农副产品产销对接服务】 2023年，区供销合作社组织区部分优秀农民专业合作社、家庭农场、种植大户、农业企业等，参加市供销社"吴地依香"供销年货大集、"春令食鲜"供销大集、"六安好货，情满中秋"农展会、苏州名特优农产品推介会及长三角供销合作社名优农产品展销会等，利用供销系统商贸流通体系开展地产农副产品宣传、推广活动，推动消费帮促、拓宽销售渠道，有效提高本地特色农产品的社会知名度、美誉度。

【政企共建】 2023年，区供销合作社与苏州市农业发展集团有限公司下属企业苏州市粮食批发交易市场服务有限公司合作建立临湖水稻试验田项目，参与土壤、肥药、种养和销售各相关环节，培育绿色、优质有机大米，搭建产品销售链，助推有机肥料配供工作。 （杨杰）

专项经营

【烟草专卖】 2023年，吴中区烟草专卖局（苏州市烟草公司吴中分公司）做好卷烟批发销售和烟草专卖管理监督工作，主要经济指标继续保持全市系统第二名。2023年建成雪茄专业终端2户、特色终端1户，建成加盟终端4家。

依法对全区从事烟草专卖品的生产经营活动进行专卖管理和执法监督，打击制假售假、走私贩私烟草制品的不法行为，全年查处各类涉烟违法案件467起，查获违法卷烟2336万支，总案值2633万元；移送司法机关案件22起，拘留10人，逮捕4人，判刑7人；破获了全省首起以生产、销售伪劣产品罪定刑的电子烟案件，主犯一审判处3年。构建罚没款收缴无感支付一体化平台，减少行政相对人多跑腿问题，有效提升群众满意度。开展异常证件清理，全年累计注销、歇业、收回368户。 （申琦锦　唐颖琦）

【成品油营销】 2023年，吴中区按照《江苏省成品油流通管理办法》，加强成品油流通管理，完成70家成品油零售证年检。加强成品油市场综合整治，开展全区成品油市场专项整治巡逻检查，打击非法流动加油，规范成品油经营。

2023年，中国石油天然气集团有限公司江苏苏州销售分公司（简称"中国石油苏州销售分公司"）全资加油站营运座数127座；调价25次，其中上调10次，下调12次，搁浅3次，保障全区84.6万吨汽、柴油供应，全年销售额82.7亿元，获省商务厅"苏新消费 销售竞赛季"优胜企业称号。2023年，新增充电站建设10座、光伏项目10座。建成户外劳动者服务站点12个，其中金三角加油站"户外劳动者之家"被省总工会评为"最美工会户外劳动者服务站点"。在高速公路服务区和国、省要道沿线的加油站打造"司机之家"，从餐食加热、充电取暖到淋浴休憩、洗衣服务，服务功能不断完善，受到司机们一致好评。深化异业合作，站内引进如意菜饭快餐店、七分甜奶茶店、好客智咖啡店、途虎养车等商户。

（赵勇　孟晓丽）

邮政快递服务

【概况】 2023年，吴中邮政分公司完成邮政业务总收入1.84亿元，其中邮政储蓄收入1.63亿元、邮务业务收入1191万元、寄递业务收入81万元、其他业务收入762万元。全年报纸投递量超2600万份，杂志投递量达到48万份，给据邮件及平信平刷日均投递1.6万封左右，快递包裹日均投递2万件左右。

总体服务质量保持平稳状态，全年未发生指标性投诉，未发生重大责任性事故，营业网点规范管理率名列前茅，协助相关部门开展打击治理走私犯罪案件专项行动，推进"平安邮政"建设。结合金融防诈反诈、安全宣传、文明新风等主题开展志愿者活动10余场；打造爱心邮路品牌，累计慰问帮扶、送学上门服务200余人次；利用辖区内邮爱驿站开展夏日送清凉，冬日送温暖的活动。

【"邮快合作"业务】 2023年，由国家邮政局牵头，吴中邮政打造的"邮快合作"在三山岛落地，依托现有的邮政服务网络，邮政公司与各快递企业深入合作，实施"统一分拣、统一运输、统一配送、统一收寄"，解决三山岛长期以来的用邮难题；与公交公司协同合作，提升"快递进村"服务水平，服务乡村振兴。

【"9218"工程任务】 绿色发展"9218"工程，是国家邮政局开展的绿色发展工程。2023年，吴中邮政分公司完成"9218"工程重点指标，采购使用符合标准的包装材料，推广使用可循环中转袋、一联电子面单，提升快递包装标准化、简约化水平和可循环利用成效，加大过度包装治理力度，推进绿色邮政建设。

（徐颖婷）

通信服务业

【概况】 2023年，区电信局完成业务收入9.3亿元。截至2023年末，吴中区有固定电话用户15万户，移动电话用户61万户，宽带客户35万户，网络高清电视用户21万户。

【网络安全保障工作】 2023年，区电信局贯彻落实苏州网络安全保障工作，构建网络空间的"和平、安全、开放、合作"原则，实施关键信息基础设施保护制度。同时扩大数据本地化及安全评估义务适用对象的范围，构建全网内部风控管理体系，切实维护用户信息安全。区电信局为全国统一中、高考，市、区两会，全国工控大会，亚运会，马拉松等重点会议和活动提供保障。2023年，在投资建设方面，区电信局投入资金3700余万元；累计建成5G基站376个，新铺设光缆9878皮长公里，全区电信光纤网络及千兆网络覆盖率100%；优化4G网络，建设室分站点近100个。

【智慧吴中建设】 2023年，区电信局运用前沿信息技术为智慧吴中注入新动力。在交通方面，通过大数据分析、可视化信息展示，汇聚停车场数据，更好地管理停车资源，提升停车服务水平与运营效率。在智慧文旅方面，区电信局与木渎、光福等相关部门合作，运用远程监控、人脸识别等技术，提升景区安全管理水平，改善游客体验质量，有效防范安全隐患，促进景区管理智能化和数字化发展。同时，区电信局致力于与高校建立合作关系，共同开展教育培训、科研合作、人才培养等活动，提高教育质量、促进产学研结合、培养适应企业需求的人才。在环保方面，区电信局应用信息化手段助力通湖河道的整治，利用丰富的线路资源，助力环保检测点的联网项目。在企业数字化转型方面，结合企业实际情况，引入云计算、大数据分析、人工智能、物联网等前沿技术，打造智能5G工厂。在工业领域，区电信局开拓新道路，逐步形成以"5G定制网+工业PON（无源光纤网络）"为基础的网络拓展思路，助力企业数字化转型和信息化全面升级。区电信局聚焦数据采集、能耗管理、智慧安防、AI检测、智能仓储、柔性生产、数字孪生等关键业务场景，推动企业智慧园区、智慧工厂和智能车间的建设，采用云网融合的方式帮助企业提高数字化、信息化、智能化水平，实现降本增效。

（常荣　黄思杨　庄雪伟　姚育芬　宋佳）

商务服务业

【人力资源中介服务】 截至2023年末，吴中区有劳务派遣企业813家，在册人力资源服务机构244家（许可机构231家，分支机构13家），新增机构66家，其中纳入统计的规模以上人力资源服务机构26家。2023年1—

11月纳库营收8.72亿元，比上年减少1.67亿元，降幅16.1%。（刘晓丽）

【律师服务】 2023年，全区有律师事务所37家，专职律师496人，实习律师76人，党员律师138人。全年办理各类法律事务9657件，创收2.12亿元，比上年增长8.7%。加快法律服务业发展，推动出台《关于促进吴中区法律服务业高质量发展的扶持政策（试行）》。全面加强律师行业管理，召开年度律师工作会议、主任会议，强化网上季度巡查和实地巡查，引导律师严格遵守执业纪律和职业操守，督促律所落实"三统一"制度。深化律师行业党建工作，成立律师行业党委、纪委，定期召开律师行业党建工作座谈会，加强律师行业意识形态工作监管。制作律师行业宣传片，打造"一支部一品牌"。加强律师队伍建设，开展"实习律师进法院"活动，举办首届青年律师演讲比赛。加大公职律师工作推进力度，全区共有公职律师机构23家，公职律师29人。
（刘贵娟）

【公证服务】 2023年，吴中公证处共办理各类公证事项1.54万件，其中，国内公证1.39万件，涉外公证1399件。截至2023年末，吴中公证处共有专职公证员11人，公证助理及辅助人员11人。严格落实办证质量责任制，受检卷宗合格率达到100%。深化智慧公证服务，在甪直镇等5个乡镇设立远程视频公证点位，联合不动产登记中心打造"公证+不动产登记""一站式"服务新模式。深化公证减证便民活动，加大"家门口办公证"服务点建设，共办理拆迁安置公证9000件，办理上门公证及远程视频公证70余件，为老年人减免遗嘱公证费用2万余元。大力拓展公证服务领域，开展网上保全证据类公证，办理苏州首例生态环境损害赔偿修复资金提存公证，办理轻微刑事案件赔偿保证金提存公证11件。
（刘贵娟）

【检验检测认证服务】 2023年，吴中区建立健全检验检测与产业集群联动发展机制，推进吴中区质量基础设施"一站式"服务平台建设，指导度假区、经开区建设质量赋能站。推进检验检测优质服务提升年系列活动，吴中区"检企合作"助推检验检测行业快速发展案例入选国务院服务贸易发展部际联席会议办公室全面深化试点第四批"最佳实践案例"。截至2023年末，全区共有各类检测认证机构约105家，全年实现营收约70亿元。
（吴鉴　顾其奇）

居民服务业

【住宿服务】 2023年，吴中区限上住宿单位实现营业额7.2亿元，比上年增长17.2%。苏苑饭店、东山宾馆、太湖尚怡、石湖金陵等头部企业均实现增长超过10%。

【餐饮服务】 2023年，吴中区限上餐饮单位实现营业额8.3亿元，比上年增长30.3%，增速排名全市第三。白金汉爵和金勺子餐饮两家头部企业支撑作用明显，分别增长38%、63%。老源兴智烩餐饮和丰农园两家新入库企业分别增长245%、68%。配合市商务局做好餐饮行业疫后复苏调研，组织参加2023苏州餐饮业高质量发展大会，引导餐饮业绿色发展，组织评选和确定150家第三批"吴中光盘行动示范店"，其中10家餐饮商户被市商务局认定为"苏州市光盘行动示范店"。
（赵勇）

【养老服务】 截至2023年末，吴中区建成并正常运营养老机构25家，其中区级社会福利中心1家、乡镇敬老院7家、民办养老机构17家（12家护理院、5家养老院），共建有养老机构床位5332张。全区在建或投用区域性养老服务中心共4家。甪直镇区域性养老服务中心开工建设，木渎镇项目完成养老机构备案，横泾街道项目所在的吴中经济技术开发区与苏州康养集团签订战略合作协议，胥口镇采香泾项目内部装修稳步推进。对东山镇敬老院予以改建、对临湖镇敬老院进行扩建，对外提供综合为老服务功能。推出全市首个喘息式托老所，提供"短期住养+喘息式"托养服务。加强养老机构消防安全管理，21家养老机构完成消防安全标准化管理达标创建，4家养老机构积极整改。建立健全老年人综合能力评估制度，集中评估1034人，为精准开展养老服务和发放养老机构运营补贴提供依据。组织参加苏州市养老服务评优评先工作，获评养老服务先进个人2人，最美养老护理员2人，连锁品牌机构2家。
（邹琪）

【驾驶员培训】 2023年，吴中区有驾驶员培训企业16家，核定备案场地块26块，教练车327辆，教学模拟器280台，其中，年内依法备案新驾培机构1家，核定备案场地2块，新增教练车13辆、教学模拟器15台。

【机动车维修】 2023年，吴中区有一、二类维修企业200家，其中，汽车销售服务4S店91家，综合性维修企业109家（含危货维修1家、客车维修6家）。二类维修企业148家，其中，4S店40家，综合修理厂108家（含客车维修2家）。
（高艳）

编辑　洪　蕾

金融业

金融业

综述

【规模效益】 2023年，吴中区各类持牌金融机构75家，其中，银行、保险、证券、期货等各类机构50家，小贷公司、融资租赁、商业保理等地方金融机构25家，基本形成全方位的金融服务体系。全区金融机构本外币存、贷款余额分别为4030.73亿元、4522.85亿元，分别比上年增长14%和14.69%。制造业贷款金额706.14亿元，比上年增长29.8%。证券业期末托管市值542.73亿元。年末，典当公司期末典当余额12.51亿元；融资性担保公司在保余额8.5亿元；融资租赁资产总额0.03亿元；商业保理公司发放保理融资款本金40.32亿元，受让应收账款余额85.92亿元；小贷公司各项贷款余额24.01亿元。全年新增1家上市企业。

【数字人民币试点】 2023年，全区域、全领域部署落实数字人民币试点工作。全年实现对公交易量3491.64亿元、消费交易金额75.31亿元、中小微企业贷款金额321.54亿元，认定数字金融企业14家，创新示范场景入选4个，考核全市排名第四。

【资本市场】 2023年，吴中区新增上市公司1家[信音电子（中国）股份有限公司]，上市公司通过首发募资、定向增发、发行可转债等方式直接融资21.92亿元。截至2023年末，全区上市企业有21家，累计融资额407亿元，总市值1901亿元。全区累计新三板挂牌企业64家，有上市后备企业200余家，其中，1家企业过会，4家企业报会（报交易所），6家企业获中国证券监督管理委员会江苏监管局受理并进入辅导阶段。

2023年，吴中区创新举办"走进深交所"系列活动、拟上市企业合规性培训、"金苗企业"资本对接会、北交所政策解读会等活动，为区内拟上市企业提供多维度赋能，帮助企业明确方向、少走弯路，助力企业加快进军资本市场。实体化运营金苗企业服务中心，走访调研各板块重点企业，了解重点拟上市企业上市进度以及下一阶段工作推进计划，联系相关部门，为企业解决实际问题，推进企业上市进程。联合属地板块全面摸排区内企业运营情况，更新拟上市企业后备库。开展金融业专项资金申报工作，下达资金2409.16万元，惠及13家企业。为解决拟上市企业开具合规证明时办理耗时长、跑动次数多、申请材料重复等痛点问题，区金融监管局联合区行政审批局在江苏政务服务网上增加"拟上市企业无违规证明一件事"模块，形成"一次告知、一表申请、一次提交、一窗办结"的办理模式。从2023年7月初系统上线至年末，为约80家企业提供合规证明一网通办服务。

【金融要素集聚】 2023年，吴中区汇聚市、区、镇三级股权投资基金平台，中国证券投资基金业协会备案基金200余只，总规模超过700亿元。2023年，全区新增基金管理人1家，新增基金21支，新增基金规模50亿元。总规模100亿元的清科母基金完成合伙人设立，总规模10亿元的吴中甪端金苗科创基金完成设立，决策通过项目16个。总规模10亿元的高新胥江科创基金完成设立，决策通过项目1个。总规模10亿元的苏创吴中智能制造与机器人产业创新基金处于筹备阶段。

（沈冰颖）

银行业

【概况】 2023年，吴中区有国家政策性银行1家，国有商业银行5家，股份制商业银行11家，城市商业银行6家，农村商业银行2家，村镇银行1家，邮政储蓄银行1家；全区银行网点共175家。

【工商银行吴中支行】 2023年，工商银行吴中支行本外币全部存款余额520亿元，较年初新增54亿元；各项贷款余额580亿元，较年初新增88亿元。针对区域内先进制造业、专精特新等企业融资需求，不断加大信贷投放力度，全年制造业贷款净增40亿元，增幅48.83%；制造业中长期贷款净增30亿元，增幅63.97%。全年科创型企业贷款发放15.94亿元。加强对小微企业和乡村振兴的服务力度，

2023年8月10日，吴中区"金苗企业"资本对接会在吴中区召开　金控集团　供稿

全年普惠贷款净增19.05亿元。实现全区7个乡镇整村授信全覆盖，方案项下贷款余额超亿元。统筹发展与安全，深化全面风险管理，保持自身资产质量优良水平。做好电信诈骗防控工作，加强账户风险管控，合力营造安全稳定的区域金融环境，获吴中区"反诈工作先进集体"和"治理防范电信网络诈骗工作先进集体"称号。

【农业银行吴中支行】 2023年，农业银行吴中支行本外币各项存款余额654.60亿元，比年初增加110.08亿元，总量、增量同业第一；本外币各项贷款余额687.30亿元，比年初增加105.27亿元，总量、增量同业第一。成功营销全省系统首笔非上市公司股权信托、全市系统首笔"乡村人居环境贷"等。全年，吴中农行弘扬"自加压力、敢于争先、追求卓越、行健致远"的企业精神，在政府重大项目建设、服务重点企业发展、助力中小微企业发展等方面加大支持力度，存贷增量在区域同业首次实现"双超百亿"。获全国农行文明单位、全省农行文明单位、江苏省分行"四好"领导班子、江苏省分行先进集体、江苏省分行人均创利大行、吴中区金融服务之星等称号。

【中国银行吴中支行】 截至2023年末，中国银行吴中支行人民币时点存款余额395.27亿元，较年初新增72.74亿元，人民币日均存款余额360.96亿元，较年初新增43.97亿元。人民币贷款余额440.91亿元，较年初新增22.21亿元。全年实现拨备前利润9.19亿元，考核净利润6.45亿元，实现营业净收入10.87亿元。年末，不良贷款余额0.48亿元，不良率0.11%。2023年，围绕区内核心企业，通过供应链融资产品体系高水平服务对外开放。全年提供供应链融资超19亿元，服务供应链客户超过50家；坚持综合普惠金融体系，创新推出"微户贷""南环桥批发市场经营贷"等吴中特色对私产品，全面提升服务小微客户能力，全年普惠贷款新增12.67亿元，客户数新增540户，普惠贷款线上授信余额较年初新增9.69亿元，线上新增占比超过100%。响应数字人民币试点工作，全年出台专项数字人民币活动6个，提供专项费用预算58.32万元。全年累计实现对公数字人民币交易额805亿元、数字人民币贷款投放8.89亿元、数字人民币代发5.79亿元。

【建设银行吴中支行】 2023年，建设银行吴中支行各项存款余额506.59亿元，较年初新增100.63亿元，增幅为24.8%；各项贷款余额541.14亿元，较年初新增60.63亿元，增幅为12.6%。2023年，获苏州市五一劳动奖状、江苏省优秀劳动关系和谐企业表彰。2023年，大力支持实体经济发展，与区内11个市级重点项目达成信贷合作，投放10亿元。持续做好金融资源供给，制造业非贴贷款创新高，增幅超过50%，绿色制造业贷款投放超过百亿元，普惠贷款余额列四行第一。创新驱动服务市场需求，搭建供应链融资专属平台，实现项目经营性现金流支持贷款、科技成果转化贷款、苏知贷、团养业务等业务突破。通过跨境并购贷款、跨境直贷等创新产品，推进外资及港澳台资"引进来"、本土企业"走出去"。金融赋能建设美丽乡村，服务临湖镇整镇"智慧乡村"建设，实现数字乡村平台全覆盖。协助吴中区住建局推广农房翻建系统，助力城乡一体化发展。发放苏州市首笔"美村乡村贷"。携手吴中区人民法院打造"智慧政法"，上线建总行智慧政法平台涉众案件系统，实现农房翻建系统保证金缴纳、公积金贷款发放、诉讼费缴纳、税款查缴等多个数字人民币应用新场景。助力吴中2023年枇杷采摘节活动，以数字人民币优惠券促进农产品销售。深化养老金融服务，打造适老化网点，开展系列防诈骗金融知识宣讲。

【交通银行吴中支行】 2023年，交通银行吴中支行人民币各项存款时点余额174.17亿元，较年初增加12.24亿元。其中，对公存款时点余额113.84亿元，较年初增加4.03亿元；储蓄存款时点余额57.44亿元，较年初增加7.64亿元。年末，人民币各项贷款时点余额206.97亿元，较年初增加42.22亿元。其中，对公贷款154.25亿元，较年初增加34亿元；个人贷款时点余额52.72亿元，较年初增加8.21亿元；贷款不良率0.12%，资产质量良好。支行综合绩效考核分行排名第三，获评苏州分行2023年度先进集体。

2023年末，"普惠两增"贷款增量5.97亿元，计划完成率114.9%，增量排名分行第三；制造业长期贷款余额增量3.23亿元，计划完成率248.76%；绿色信贷贷款增量18.53亿元，计划完成率268.62%，增量排名分行第二。

年内，支行开展"小小金融家"活动，以"财商与情商共同成长"为主题，线上线下同时宣讲，开展50场线上课堂活动，吸引3000余组家庭参与，以寓教于乐的形式引导孩子们树立正确的财富观、价值观。开展金融消费者权益保护教育宣传月活动，走进企业、学校，对非法金融活动、养老领域金融诈骗、电信诈骗等侵害金融消费者权益的行为进行风险提示，引导客户自觉远离非法金融集资活动，避免盲目投资和冲动交易。

【苏州银行苏州分行】 截至2023年末，苏州银行苏州分行存款余额888.89亿元，贷款余额444.52亿元。2023年日均存款增长132.18亿元，存款规模持续增长，增速快于全行平均水平。2023年，苏州银行苏州分行立足区域优势，聚焦产业特征和经济特点，秉承"以客为尊"的服务理念,践行"以民为美、向实而行"的发展战略,专注"服务中小、服务市民、服务区域经济社会发展"的市场定位。在"小微、三农、科创、文化金融"等领域精耕细作,提供多层次、全方位的金融服务。同时稳增长、控风险、严管理,不断加强风险防范和内控管理,倡导合规文化建设,保持良好的经营发展局面。在重点项目上创新业务发展格局,积极践行地方法人金融机构的使命,拓宽金融服务领域,提升金融服务质效。

【招商银行吴中支行】 招商银行吴中支行成立于2001年,下辖木渎支行、石湖支行、吴中经济技术开发区支行三家零售专营支行。截至2023年末,支行存款余额77.39亿元,贷款余额121.33亿元,普惠贷款余额33.3亿元。单户授信1000万元以下小微企业贷款余额4.7亿元,户数70户;小微企业主经营性贷款余额21.6亿元,户数1688户;个体工商户贷款余额11.7亿元,户数1058户。

【光大银行吴中支行】 光大银行吴中支行成立于2002年,支行位于吴中区宝带东路文化创意大厦。截至2023年末,光大银行在吴中区内大资产投放规模超200亿元。支行始终坚守金融服务实体经济和社会民生的职责。发挥好综合金融优势,服务好先进制造业、科创企业和民营经济,支持普惠金融,服务"三农";合理降低融资成本,支持自主创新;发展好供应链金融,推动产业升级;加快产品创新,满足消费升级;发挥好"三大一新"产业优势,打造光大特色民生工程,为提高人民生活品质做出更大贡献。截至2023年末,光大银行在吴中区内普惠金融领域贷款余额超21亿元,服务客户数超2100户。

【中信银行吴中支行】 中信银行在吴中区内下设2个网点:吴中支行和吴中高新区支行。截至2023年末,本外币存款余额58.53亿元,本外币各项贷款余额136.96亿元,战略新兴贷款比年初新增8.53亿元,绿色信贷比年初新增6.76亿元。支行注重扶持民营实体经济,特别是普惠、乡村振兴等板块。支行立足苏州吴中市场,充分发挥集团"金融+实业"综合平台优势,做综合融资组织和服务提供者,加快由"经营产品"向"经营客户"转变。

【宁波银行吴中支行】 截至2023年末,宁波银行吴中支行实现主营业务收入1.96亿元;存款余额78.79亿元,日均存款67.43亿元。AUM(管理资产总额)余额36.15亿元,价值资产余额超过百亿元。强化风险管理,严控资产总额业务合规管理,各业务条线强化高风险领域、重点业务的风险把控。持续强化巩固拓展脱贫攻坚成果同乡村振兴有效衔接的金融支持,支持乡村振兴及三农服务,对接区内茶叶、螃蟹、果蔬等种殖养殖农户,了解农户需求,开展小微贷等普惠金融业务,持续践行社会责任,全年开展公益捐赠、反诈公益宣传及帮扶服务近15次,向"慈善一日捐"和吴中区残联公益捐赠项目等共计捐款近2万元。

【宁波银行东吴支行】 截至2023年末,宁波银行东吴支行存款余额72.08亿元,新增38.7亿元。个人条线AUM(管理资产总额)实现由年初13.5亿元跃升至17亿元(含三方存管的AUM达到20.2亿元)的历史性突破,个贷余额新增2.2亿元,白领通基础获客超过1100户。零售条线存款余额、价值资产余额及普惠贷款余额均呈现稳健增长态势。公司条线存款余额完成56.5亿元,全年完成率107%,超额完成预定目标。全行资产规模实现稳步扩张,年末规模达到52.2亿元,较年初新增6.4亿元。支行结算存款占比在分行系统内名列前茅,超越平均水平,位居前三。全年,东吴支行拓宽业务渠道。对公业务方面,成功对接区域内多个产业园、大型企业等,实现广泛的业务覆盖;个人条线方面,搭建起多个核心渠道,形成丰富坚实的客户储备。本年度支行新开户数较去年同期增长约35%。年内向各慈善机构和社会组织捐赠款物价值共计17.2万元。

(沈冰颖)

保险业

【概况】 2023年,吴中区有保险公司15家,其中财产保险11家、人寿保险4家。全年,全区新增保费收入27.49亿元,比上年增长10.94%,赔付支出6.51亿元。

【中国人民财产保险股份有限公司苏州市吴中支公司】 2023年,中国人民财产保险股份有限公司苏州市吴中支公司实现保费收入2.28亿元,为1100余家企业、2.65万户家庭、6.4万辆机动车提供1700亿元的风险保障,当年赔款总额突破1.7亿元。通过"和谐家园""福地苏州"两个产品保障区内居民生产生活,全年共承保农村居民2.6万余户,涉及10万余人,提供超过98亿元的风险保障,全年累计赔款813万元。通过创新产品试点,承保全区洞庭(山)碧螺春茶"农产品质量安全综合责任保障方案",从地理标识、知识产权到食品安全全方位为区为重点农产品保驾护航;试行商业性林业碳汇价值保险,为466.67公顷林木提供40余万元的碳汇损失风险保障;创新小麦节气气象指数保险,将保险基本的"灾后补偿"功能前移至"灾前防范""灾中补救"。全年为327个客户提供超过130次风险减量服务,共发现隐患45条,安装物联网设备6个,预警36次,预警灾害80次。强化风险管控，常态化推进重点领域、重点环节、重点人员的监督检查，持续加强重点领域和关键环节的合规风险管控。（钱立琴）

【中国人寿保险股份有限公司苏州市吴中支公司】 2023年，中国人寿保险股份有限公司苏州市吴中支公司总保费5.67亿元，比上年增长3.2%，全市贡献度6.12%，全省保费排名四十八名，比上年前进三名。个险渠道实现首年标准保费3374.02万元，全市贡献度6.11%；大短险保费达成5793.22万元，全市贡献度9.72%。其中，团短险达成4150.23万元，全市贡献度11.16%。银保渠道首年期交完成2389.10万元，全市贡献度6.98%。在全省渠道排名中，个险渠道标保排名三十九名，团险渠道总保费排名十六名；银保渠道标保排名四十四名。2023年，个险渠道业务、队伍全面发展，团险渠道团短险指标全面完成，银保渠道首年期交保费、五年期交保费均达成全年任务。

【中国太平洋财产保险股份有限公司苏州市吴中支公司】 2023年，中国太平洋财产保险股份有限公司苏州市吴中支公司实现保费收入5.11亿元，其中非车险（含农）2.96亿元、车险2.15亿元，为客户提供7726亿元的风险保障。个客方面，专注于新能源车险经营及涉车非车项目的培育，为3.3万余辆新能源机动车提供车险保障。团客方面，做大做强传统保险领域，在创新险种领域中不断突破，信用险、海外业务等均保持快速发展。持续推进绿色保险，吴中支公司落地江苏省首单生态绿色环境救助责任保险，为金庭镇全辖提供最高500万元的环境救助责任保障，获得《新华日报》等多家主流媒体关注。助力企业融资增信，开展信保贷业务，共计服务企业100家，助力融资人民币2.5亿元。加速科技保险，为区内龙头企业提供网络数据风险保障3000万元。农险方面，支公司作为主承单位合计为吴中区农业发展提供近5亿元风险保障。探索农业保险创新险种，开发茶叶气象指数保险，为东山、金庭"碧螺春"茶叶核心产区690余公顷茶叶提供2000余万风险保障；开发的枇杷低温指数保险作为省内首创，入选2023年度江苏省农业保险创新产品。服务社会民生，支公司牵头成立共保体，与区人力资源协会开发落地产品"劳动保"，为吴中区劳务派遣和劳务外包工人提供30亿元的有效保障。

【中国太平洋人寿保险股份有限公司苏州市吴中支公司】 中国太平洋人寿保险股份有限公司苏州市吴中支公司成立于1997年，隶属于苏州分公司，形成个人业务和团险业务两大核心渠道。2023年度，实现保费收入2.65亿元，其中个人业务渠道新保3920.96万元，团政银保业务渠道新保0.59亿元，续期保费1.66亿元，市场占有率处于行业领先地位。全年参与承保多项服务于吴中区政府的惠民保险工程，为全区19万人次的工会成员和在校学生、全区残疾人、高层次人才、社会治理现代化综合指挥中心人员、现役军人、退役军人及优抚对象等提供保险保障，常年的优质服务赢得吴中区众多合作方的信任。（沈冰颖）

证券业

【概况】 2023年，吴中区有证券分公司及营业部门7家，区内机构网点11家。2023年期末托管市值542.73亿元。

【华泰证券吴中大道营业部】 成立于2014年，注册地为苏州市吴中经济开发区越溪街道，隶属于华泰证券股份有限公司，主营业务主要包括证券经纪、证券投资咨询、证券承销业务［限承销国债、非金融企业债务融资工具、金融债（含政策性金融债）承销］、融资融券、证券投资基金代销、为期货公司提供中间介绍业务、代销金融产品。截至2023年末，在职员工9人，营业收入863.50万元，累计总客户数2.79万户，A股证券账户3.55万户，B股证券账户110户，基金账户3.74万户，营业部的综合交易量为795.53亿元，全省排名五十九名，全市排名十六名。

【上海证券吴中枫津路营业部】 由原上海财政证券和原上海国际信托投资公司证券部于2001年5月合并组建成立。公司注册资本53.27亿元。2023年营业部完成营业收入154.74万元，比上年下降25%。其中，通道业务收入52.96万元，比上年上涨11%；金融产品收入74.61万元，比上年下降43%；信用业务收入26.93万元，比上年下降10.8%。业务指标方面全年销售金融产品3400万元（非货币），比上年下降27%，金融产品保有量800万元（非货币），与上年基本持平，开户方面新增有效户58户，新增高净值客户11户，新增融资融券账户9户，新增资产2100万元，股基市场份额增长率7.36%，新增合格营销人员1人。

【申万宏源证券吴中西路营业部】 成立于1997年10月13日，前身为申银万国证券股份有限公司苏州吴县证券营业部，后更名为申万宏源证券有限公司苏州龙西路证券营业部，截至2023年末，有员工20人。营业部专注为政府、企业、同业机构、个人高净值客户四大类客户提供包括证券业务、证券投资咨询、公募证券投资基金销售、期货中间介绍业务、综合金融等全方位、全天候优质金融服务。2023年，营业部实现营业收入3928万元，各类理财产品销售19.65亿元；交易总量达到1165亿元，其中A股、基金交易量640亿元；新增客户1333户，累计客户总数4.8万户，总资产232亿元。

【东吴证券吴中区中心营业部】 截至2023年末，东吴证券吴中区中心营业部托管市值152亿元，经纪业务收入5612万元，利润总额4000万元。其中A股和基金交易量1429亿元，全年新开证券账户3812户。2023年，营业部参与吴中区政府组织的"百企走访"活动，应对交易所审核风向的改变，协助金融监管局召开北京证券交易所政策解读会。全年协同公司投资银行总部走访服务企业90余家。公司协助区内国有企业整合资源，2023年获评AAA信用的企业1家，区内合计发行债券规模121.8亿元。

【华福证券东吴北路营业部】 华福证券前身为福建省华福证券公司，成立于1988年8月。2003年4月，公司增资改制更名为广发华福证券有限责任公司。2011年8月，更名为华福证券有限责任公司，为福建省属全资国有金融机构。公司注册资本33亿元。营业部成立于2019年3月。2023年营业部实现营业收入61.75万元，实现利润总额-136.26万元。

【华金证券苏州分公司】 华金证券股份有限公司苏州分公司于2022年末开业，办公地点位于苏州市吴中区长桥街道龙西路160号1楼105室。华金证券是华发集团金融产业集群核心平台华发投控集团旗下的重要成员企业。华金证券作为一家拥有全牌照的综合性证券公司，业务范围涵盖证券承销与保荐、证券资产管理、证券经纪、证券自营、另类投资等诸多领域。公司注册资本人民币34.5亿元。2023年苏州分公司营业收入129.48万元，托管资产1.14亿元。（沈冰颖）

上市公司

【概况】 截至2023年末，吴中区有上市企业21家。其中，5家于上海证券交易所主板上市，4家于上海证券交易所科创板上市，3家于深圳证券交易所主板上市，6家于深圳证券交易所创业板上市，1家于北京证券交易所上市；2家于境外上市。

【江苏吴中医药发展股份有限公司】 江苏吴中医药发展股份有限公司成立于1994年，注册资本7.12亿元人民币。1999年4月1日，公司在上海证券交易所主板上市。2000年公司被江苏省科委认定为高新技术企业，2001年被科技部火炬中心认定为火炬计划重点高新技术企业。公司曾被评为江苏省十佳上市公司。公司形成以医药为核心产业、房地产为重要产业、投资为辅的产业发展格局。其中，江苏吴中医药集团涵盖化学药、生物药、中药，有集医药研发、生产、销售于一体的完整产业链，建立江苏省基因药物工程技术中心，是苏州市医药行业协会的会长单位。2023年，公司实现营业总收入22.4亿元，比上年增长10.55%；归属于上市公司股东的净利润-7195万元。年末，公司总资产43.27亿元，比上年增长10.67%。

【金陵华软科技股份有限公司】 金陵华软科技股份有限公司成立于1999年，公司注册资本8.12亿元人民币。2010年7月20日，在深圳证券交易所主板上市。公司是致力于原料药、中间体、精细化学品、造纸化学品、保健品、食品添加剂等产品研发、生产与销售的综合性企业。公司随后实施医药化工产业与金融产业并重的"双主业"发展战略，成为多元化发展的企业集团。截至2023年末，公司的业务范围主要覆盖金融科技、供应链管理、精细化学品等领域。2023年，公司实现营业收入5.51亿元，比上年下降79.56%；归属于上市公司股东的净利润-1.76亿元，比上年增加4.55%。年末，公司总资产20.49亿元，较上年下降34.02%。

【苏州东山精密制造股份有限公司】 苏州东山精密制造股份有限公司成立于1998年，2010年4月于深圳证券交易所主板上市，拥有全资、控股、参股企业60余家，是全球第二的柔性线路板企业，全球第三的印刷电路板企业，在LED部分小间距细分领域市场全球第一，是行业知名的基站通信设备部件和触控模组供应商。公司业务涵盖电子电路、光电显示和精密制造等领域，产品主要应用于消费电子（印刷电路板、LED器件、触控显示模组产品等）、新能源汽车（散热、压铸壳体、电芯、印刷电路板等）、通信设备（基站天线、金属腔体和陶瓷介质滤波器等）等行业。2023年，公司营业收入为336.51亿元，比上年增长6.56%；归属于上市公司股东的净利润19.65亿元，比上年下降17.05%。年末，公司总资产443.72亿元，比上年增长8.75%。

【苏州电器科学研究院股份有限公司】 苏州电器科学研究院股份有限公司始建于1965年，注册资本7.49亿元人民币。2011年5月11日，在深圳证券交易所创业板上市。公司是一家全国性的独立第三方综合电器检测机构，主要从事输配电电器、核电电器、机床电器、船用电器、汽车电子电气、太阳能及风能发电设备等各类高低压电器的技术检测服务，是我国电器检测行业的龙头企业之一。公司设立国家电器产品质量监督检验中心，具体从事电器产品的检测和质量监督检验业务，是技术检测行业国家级的综合性电器检测实验室。公司多次获得国家级及省部级的技术奖项、国务院颁发的国家科学技术进步二等奖、天津市政府颁发的天津市科学技术进步奖二等奖等奖项。2023年，公司实现营业总收入6.21亿元，比上年下降4.92%；归属于上市公司股东的净利润0.19亿元，比上年下降42.33%。年末，公司总资产28.70亿元，比上年下降15.29%。

【苏州安洁科技股份有限公司】 苏州安洁科技股份有限公司创立于1999年，注册资金6.72亿元人民币。2011年11月25日，公司在深圳证券交易所主板上市。公司专业为智能手机、台式电脑及笔记本电脑、平板电脑、智能穿戴设备和智能家居产品等中高端消费电子产品与新能源汽车提供精密功能性器件生产和整体解决方案。2023年，公司实现营业总收入45.17亿元，比上年增加7.57%；归属于上市公司股东的净利润3.08亿元，比上年增加30.77%。年末，公司总资产81.56亿元，比上年增加4.88%。

【苏州斯莱克精密设备股份有限公司】 苏州斯莱克精密设备股份有限公司创立于2004年，注册资本6.28亿元人民币。2014年1月29日，公司在深圳证券交易所创业板上市。公司主要面向全球市场的高端专用成套设备的设计制造，为金属包装行业客户提供高端装备以及整体解决方案，主要从事成套高速易拉盖、易拉罐生产设备和图像检测等各类系统的研发、设计、生产、装配调试及相关精密模具、零备件的研发、加工制造。2023年，公司实现营业收入16.51亿元，比上年减少4.61%；归属于上市公司股东的净利润1.29亿元，比上年下降42.87%。年末，公司总资产43.63亿元，比上年增长6.68%。

【晶瑞电子材料股份有限公司】 晶瑞电子材料股份有限公司创立于2001年，注册资本10.6亿元。2017年5月23日，公司在深圳证券交易所创业板上市。专业从事微电子化学品的产品研发、生产及销售，主营业务包括生产电子工业用超纯化学材料和其他精细化工产品，销售公司自产产品；从事一般化学品和危险化学品的批发业务并提供相关技术服务、咨询和技术转让，产品主要包括超净试剂、光刻胶、功能性材料和锂电池黏结剂四大类微电子化学品。2023年，公司实现营业收入12.99亿元，比上年下降25.57%；归属于上市公司股东的净利润0.15亿元，比上年下降90.93%。年末，公司总资产50.39亿元，比上年增加56.71%。

【苏州市建筑科学研究院集团股份有限公司】 苏州市建筑科学研究院集团股份有限公司前身是成立于1979年的全民所有制事业单位——苏州市建筑科学研究所，2001年6月14日，建科所整体改制成立苏州市建筑科学研究院有限公司，2015年2月16日，公司整体变更为股份有限公司。2017年9月5日，公司在上海证券交易所主板上市，公司注册资本5亿元。公司致力于建筑行业高新技术的开发与应用，是集研发、生产、施工、技术服务等于一体的综合性高新技术企业，可以为客户提供建筑行业的一体化服务方案。公司的主营业务包括工程技术服务以及新型建筑材料生产销售。2023年，公司实现营业收入8.92亿元，比上年增长10.73%；归属于上市公司股东的净利润1.12亿元，比上年增长8.61%。年末，公司总资产21.35亿元，比上年增长4.71%。

【苏州赛腾精密电子股份有限公司】 苏州赛腾精密电子股份有限公司创立于2007年，注册资本2亿元。2017年12月25日，公司在上海证券交易所主板上市。公司主要从事智能制造装备的研发、设计、生产、销售及技术服务，为客户实现智能化生产提供系统解决方案，公司产品和服务涉及消费电子、汽车（新能源汽车）、半导体及锂电池等业务领域。2023年，公司实现营业收入44.46亿元，比上年增长51.76%；归属于上市公司股东的净利润6.87亿元，比上年增长123.72%。年末，公司总资产46.21亿元，比上年降低4.56%。

【科沃斯机器人股份有限公司】 科沃斯机器人股份有限公司创立于1998年，注册资本5.76亿元。2018年5月28日，公司在上海证券交易所主板上市。公司主要从事各类家庭服务机器人、清洁类小家电等智能家用设备及相关零部件的研发、设计、生产与销售，为全球知名的家庭服务机器人制造商之一。经过多年的发展，公司形成包括扫地机器人、擦窗机器人、空气净化机器人等在内的较为完整的家庭服务机器人产品线以及品类丰富的清洁类小家电产品线。2023年，公司实现营业收入155.02亿元，比上年增长1.16%；归属于上市公司股东的净利润6.12亿元，比上年下降63.96%。年末，公司总资产133.87亿元，比上年增长0.58%。

【中国汇融金融控股有限公司】 中国汇融金融控股有限公司创立于2011年。2013年10月28日，公司在香港联合交易所主板上市。公司是为中小企业和个人提供短期融资和财富管理服务的综合性供应商，主要提供传统金融业务和互联网金融业务。公司主要通过向中国的境内客户发放抵押贷款、保证贷款和信用贷款提供借贷服务。2023年，公司实现营业收入6.53亿元，比上年增加4.59%。年末，公司资产总额为33.01亿元，资产净额为21.66亿元。

【苏州绿的谐波传动科技股份有限公司】 苏州绿的谐波传动科技股份有限公司创立于2011年，注册资本1.69亿元。2020年8月28日，公司在上海证券交易所科创板上市。公司产品广泛应用于工业机器人、服务机器人、数控机床、航空航天、医疗器械、半导体生产设备、新能源装备等高端制造领域，是行业领军企业。2023年，公司实现营业收入3.56亿元，比上年下降20.1%；归属于上市公司股东的净利润0.84亿元，比上年减少45.81%。年末，公司总资产28.12亿元，比上年上升16.43%。

【苏州欧康维视生物科技有限公司】苏州欧康维视生物科技有限公司创立于2018年。2020年7月10日，公司在香港联合交易所主板上市。公司是一家中国眼科医药平台公司，致力于识别、开发和商业化同类首创或同类最佳的眼科疗法。自成立以来，公司一直专注于构建整合从研发、制造到商业化的眼科药物开发全周期专业能力于一体的眼科医药平台。2023年，公司营业总收入2.46亿元，比上年增加54.99%。年末，公司资产净额为29.2亿元。

【苏州伟创电气科技股份有限公司】苏州伟创电气科技股份有限公司创立于2013年，注册资本2.1亿元。2020年12月29日，公司在上海证券交易所科创板上市。公司自设立以来一直专注于电气传动和工业控制领域，公司的主营业务为变频器、伺服系统与运动控制器等产品的研发、生产及销售。公司的产品种类丰富，包括0.4千瓦至1200千瓦的变频器、50瓦至55千瓦的伺服系统、运动控制器、PLC（可编程逻辑控制器）和HMI（人机界面），产品广泛应用于起重、矿用设备、轨道交通、机床、压缩机、塑胶、光伏供水、建材、机器人和机械手、印刷包装、纺织化纤、冶金、市政、石油、化工等行业。2023年，公司营业收入13.05亿元，比上年增加44.03%；归属于上市公司的净利润1.91亿元，比上年增加36.38%。年末，公司总资产25.44亿元，比上年增加72.7%。

【苏州市味知香食品股份有限公司】苏州市味知香食品股份有限公司创立于2008年，注册资本1.38亿元。2021年4月27日，公司在上海证券交易所主板上市。公司是行业领先的半成品菜生产企业之一，专注于半成品菜的研发、生产和销售，为消费者提供健康绿色、便捷美味的半成品菜肴。公司建立以"味知香"和"馔玉"两大品牌为核心的产品体系。2023年，公司实现营业收入7.99亿元，比上年增加0.1%；归属于上市公司股东的净利润1.35亿元，比上年下降5.42%。年末，公司总资产13.8亿元，比上年增加5.8%。

【江苏迈信林航空科技股份有限公司】江苏迈信林航空科技股份有限公司创立于2010年，注册资本1.12亿元。2021年5月13日，公司在上海证券交易所科创板上市。公司致力于以先进技术推动中国航空航天事业的发展，高度重视技术研发，航空航天核心零部件是公司技术专攻领域。自成立以来，公司已承担多种型号涉及两万余项航空航天零部件的设计、制造及装配，产品涉及飞机机身、机翼、尾翼、发动机、起落架、机电系统、航电系统等，是国内少数同时具备机体零部件、发动机零部件和机载设备零部件综合配套能力的民营航空航天零部件制造商。经过十余年的发展，公司形成武器装备类产品和民用多行业精密零部件两大业务板块。2023年，公司实现营业收入2.94亿元，比上年下降9.37%；归属于上市公司股东的净利润0.15亿元，比上年下降64.11%。年末，公司总资产8.68亿元，比上年下降3.98%。

【苏州瑞可达连接系统股份有限公司】苏州瑞可达连接系统股份有限公司创立于2006年，注册资本1.58亿元。2021年7月22日，公司在上海证券交易所科创板上市。公司是专业从事连接系统产品的研发、生产、销售和服务的高新技术企业。经过十余年发展，公司成为同时具备光、电、微波连接系统产品研发和生产能力的领先企业之一。公司是中国电子元件协会电接插元件分会理事单位、国际天线标准化组织AISG协会成员单位、中国电子元件协会企业信用AAA级企业。公司也是国家火炬计划项目承担单位、国家级专精特新"小巨人"企业、江苏省民营科技企业、苏州市"瞪羚"计划企业、苏州市信用管理示范单位、苏州市专精特新示范单位和苏州市质量奖企业。2023年，公司营业收入15.55亿元，比上年下降4.32%；归属于上市公司的净利润1.37亿元，比上年降低47.88%。年末，公司总资产34.15亿元，比上年增加14.81%。

【苏州万祥科技股份有限公司】苏州万祥科技股份有限公司创立于1994年，注册资本4亿元。2021年11月16日，公司在深圳证券交易所创业板上市。公司主营业务为消费电子精密零组件产品相关的研发、生产与销售。公司主要产品包括热敏保护组件、数电传控集成组件、精密结构件和柔性功能零组件等各类结构性、功能性和辅助性精密零组件。2023年，公司实现营业收入8.73亿元，比上年下降26.51%；归属于上市公司股东的净利润0.25亿元，比上年下降86.49%。年末，公司总资产16.44亿元，比上年同期下降0.44%。

【苏州骏创汽车科技股份有限公司】苏州骏创汽车科技股份有限公司创立于2005年，注册资本1亿元。2022年5月24日，公司在北京证券交易所上市。公司以汽车零部件的研发、生产、销售为核心业务，为汽车制造商及其零部件制造商等核心客户群体提供符合行业发展趋势及满足应用需求的零部件产品，主要产品涵盖汽车塑料零部件、汽车金属零部件及配套模具等。随着新能源汽车产业的发展，新能源汽车的销量持续提升，诸如新能源汽车三电系统保护、支撑等场景应用的塑料零部件需求也不断增加。2023年，公司实现营业收入6.99亿元，比上年增加19.3%；归属于上市公司股东的净利润0.88亿元，比上年增加45.36%。年末，公司总资产6.86亿元，比上年增加28.85%。

【**苏州宇邦新型材料股份有限公司**】苏州宇邦新型材料股份有限公司创立于2002年，注册资本1.04亿元。2022年6月8日，公司在深圳证券交易所创业板上市。公司致力于光伏焊带的研发、生产与销售，经过十多年的努力，发展成为国内光伏焊带行业的标杆企业之一，是国内光伏焊带产品最主要的供应商之一，在研发实力、工艺技术方面处于国内先进地位，拥有较高的市场占有率。公司坚持产品的研发和创新，是江苏省高新技术企业、江苏省科技型中小企业、苏州市吴中区制造业转型升级先进企业和高成长科技企业，先后成立江苏省特级超软涂锡铜带技术工程技术研究中心和江苏省企业技术中心。公司特级超软涂锡铜带及特级超软涂锡合金带等多个产品获高新技术产品认证，公司是国家标准《光伏涂锡焊带》（GB/T31985—2015）、行业标准《晶体硅光伏组件用浸锡焊带》（SJ/T11550—2015）、行业团体标准《光伏涂锡焊带》（T/CPIA0005—2017）、江苏省地方标准《太阳能电池用涂锡焊带》（DB32/T2176—2012）的主要编撰单位之一。2023年，公司实现营业收入27.62亿元，比上年增加37.36%；归属于上市公司股东的净利润1.51亿元，比上年增加50.69%。年末，公司总资产31.04亿元，比上年增加42.2%。

【**信音电子（中国）股份有限公司**】信音电子（中国）股份有限公司于2001年成立，注册资本1.7亿元。2023年7月17日，公司在深圳证券交易所创业板上市。公司的主营业务为连接器的研发、生产和销售。公司的连接器产品主要应用于笔记本电脑、消费电子和汽车等领域。公司经过多年持续研发投入，在行业内建立较高的品牌知名度，为全球知名的笔记本电脑连接器制造厂商。公司是惠普、联想、华硕、宏基等国际知名电脑品牌的合格供应商，并与广达、仁宝、英业达、纬创、和硕、鸿海、联宝等国际知名代工厂建立稳定的合作关系。2023年，公司实现营业收入7.74亿元，比上年下降11.42%；归属于上市公司股东的净利润0.73亿元，比上年下降24.77%。年末，公司总资产17.75亿元，比上年增加99.34%。　　（沈冰颖）

编辑　赵立文

旅游业

综　述

【**产业发展**】　2023年，吴中区整合吴中山水人文资源，发挥"文旅+"优势，打造"融合式"休闲业态。全年累计接待游客2223.82万人次，比上年增长53.4%，旅游总收入343.14亿元，比上年增长53.5%，旅游业恢复到2019年同期的90%以上。承办第五届大运河文化旅游博览会，度假区获评2023文化和旅游高质量发展优秀度假区，木渎古镇入选省夜间文旅消费集聚区，太湖体育运动休闲小镇、旺山文旅风情小镇完成省特色小镇验收，三山村入选省乡村旅游重点村，仁德山庄获评全国甲级旅游民宿，林渡暖村、坎上漫步、本色市集等文旅新业态快速出圈。

【**环太湖旅游资源一体化改革**】　2023年12月，2023年度苏州市改革典型案例评选结果发布，吴中区案例"深入推进环太湖旅游资源一体化改革"成功入选。2022年1月1日，吴中区推出"环太湖1号公路"品牌，以景为引，以路为媒，通过186千米的环太湖公路将苏州太湖沿线文旅资源串珠成链、聚点成面，推动环太湖文旅产业资源运管一体化、营销一体化、产品一体化、品牌一体化。2022年初，吴中区启动环太湖旅游资源一体化改革，先后成立吴中区、度假区两级工作指挥部，推动一体化改革。2022年7月，组建国资主导的苏州太湖文化旅游开发（集团）有限公司，遵循市场化、专业化原则，面向全国公开选聘职业经理人，组建精简高效团队。通过太旅集团与金庭镇、东山镇、光福镇、国裕集团、文旅集团、太湖旅业公司等6家单位签订委托管理协议，将辖区国有、集体经营的29个景区及相关旅游资源纳入统一运营管理，理顺运营机制、分配机制及人事管理机制，完善30项景区日常运管标准化体系。2023年，各景区（点）入园游客264.96万人次，收入8176.05万元，比2019年分别增长9.6%、31.67%。围绕建设"环太湖1号公路"文旅品牌，以"一山一策""一岛一策""一湖一策"为契机，以主题、产品、功能创新为核心，以太湖黄金8公里岸线、金铎岭等为重点，打造区域标杆龙头项目。联合市级国企实施叶山岛、漫山岛、西崦湖等项目建设。加强景区二次消费产品开发，推出渔洋山状元面等景区文创产品，开发太湖苏作文创伴手礼、太湖网红特色物产等50款"太湖礼物"。以"苏州太湖"为鲜明标识，整合民俗、文化、体育、农产、商务、休闲度假等各类节庆活动资源，常态化举办"环太湖1号公路"马拉松赛、太湖梅花节、太湖民宿节系列活动。完善智慧旅游体系建设，完成旅游大数据平台搭建及试运行。加快营销渠道整合，与本地头部民企小棉袄开展国企混改试点，共同打造"太湖甄选"新媒体营销矩阵，全面整合环太湖地区的景区、酒店及民宿销售，实现"线上产品+线下场景"协同发展。

【**文旅产品创新升级**】　2023年，推出茶文化线路5条、人才体验线路5条、澄湖水文化线路4条，吴中区太湖西山寻幽之旅、红色非遗"打卡"之旅2条线路获评2023年度苏州乡村旅游十大精品线路。苏州文旅·漫山岛项目获评2023年度苏州市十大旅游创新产品（业态）。全年累计销售太湖旅游年卡7863张，销售额127.2万元，比上年增长21.1%。

【**智慧旅游**】　2023年，完成吴中旅游景区实名预约平台终期验收工作，将预约平台H5页面升级为小程序，并与"吴中好物"小程序实现跳转功能，共提供预约服务21.7万人次。完成各A级旅游景区游客中心内吴中智能导览机的页面更新、程序升级。区文体旅局与中国农业银行合作开展吴中旅游景区数币购票优惠活动，游客预约购票可享优惠。配合网络安全2023苏州行动检测，修复景区经营业务系统弱口令漏洞等风险隐患。

（周洁　邱冶）

2023年12月，苏州文旅·漫山岛项目入选2023年度苏州市十大旅游创新产品（业态）名单　　　区委宣传部　供稿

旅游资源开发

【概况】 吴中区坐拥五分之三的太湖水域；太湖72峰，吴中独揽58峰；拥有184千米太湖岸线、苏州80%的丘陵山体。有1个国家级旅游度假区；6个太湖国家风景名胜区（木渎、石湖、光福、东山、西山、甪直景区）；1个国家5A级旅游景区；5个国家4A级旅游景区；3个省工业旅游示范点；7个市级以上乡村旅游重点村，其中国家级1个、省级4个、市级2个。共开放景点60余个，其中最具代表性的有穹窿山、旺山、太湖湖滨国家湿地公园、东山等。

表20-1 2023年吴中区品牌旅游资源一览表

类型	名称	级别
A级旅游景区	苏州市吴中太湖旅游区（含东山、旺山、穹窿山三大景区）	AAAAA
	木渎古镇	AAAA
	甪直景区	AAAA
	西山景区（林屋洞、石公山、西山岛开心农场）	AAAA
	光福景区（香雪海、铜观音寺、司徒庙）	AAAA
	天池山景区（天池山、花山、白象湾）	AAAA
度假区	苏州太湖国家旅游度假区	国家级
森林公园	西山国家森林公园	国家级
	东吴国家森林公园	国家级
湿地公园	太湖湖滨湿地公园	国家级
	三山岛湿地公园	国家级
地质公园	太湖西山地质公园	国家级
工业旅游示范点	光大环保能源（苏州）有限公司	省级
	盛风苏扇文旅创意馆	省级
	洞庭山水厂	省级
乡村旅游重点村	旺山村	国家级
	灵湖村	省级
	陆巷村	省级
	石公村	省级
	三山村	省级

（区文体旅局）

【旅游资源提档升级】 2023年，区文体旅局开展A级旅游景区第三方机构暗访，共完成12家A级旅游景区暗访并推动整改。其中，西山景区、木渎古镇顺利通过2023年4A级以上旅游景区复核。

【东山景区】 东山景区位于苏州市吴中区东山镇，是太湖国家级风景名胜区、国家5A级旅游景区。境内拥有国家级重点文保单位6处，省级重点文保单位7处，明清建筑100余处。包含东山雕花楼（春在楼）、紫金庵、三山岛、陆巷古村、启园、雨花胜境等名胜古迹。拥有中国十大名茶之一的碧螺春茶，以及太湖大闸蟹、白沙枇杷、乌紫杨梅、洞庭柑橘和太湖莼菜、太湖"三白"。

2023年，东山雕花楼景区完成春茗馆（茶楼）整体布帘、竹帘更新，鹅卵石花街铺地修缮，停车场雨污水井盖更新，荷花池景观水体净化系统维护等。东山雕花楼江南文化艺术创作展示基地先后展出"问梅消息"古今诗咏梅花主题篆刻、刻字作品展，百年雕花楼绘事展，吴中培"水墨江南与花鸟山水展"。黄金周期间（五一、十一、春节）举办'文孝'系列庆祝活动，元宵佳节开展猜灯谜活动，中秋节举办中秋游园会，端午节举办"与'粽'不同，与您相逢"主题活动。先后以"美文雕花楼""绘事雕花楼""光影雕花楼""舌尖雕花楼""体验雕花楼"等为主题，开展"百年雕花楼"品牌宣传活动。举办春季"孩儿莲"花卉展，夏季荷花展，秋季古银杏金叶展、古紫薇花卉展，冬季檀香梅花卉展等活动。年内，东山雕花楼景区接待游客11.5万人次，营业收入393万元。

2023年，陆巷古村完成景区综合环境改造，持续做好景区公共服务效能和文化品质提升工作。完善景区停车场基础设施提档升级，美化、亮化景区核心街区风貌和氛围。沉浸式剧本杀《隐庐》获得曝光量111.4万次，点赞11332次。年内，开展"迎中秋 庆国庆"游园等活动，陆巷古村景区全年接待游客15.38万人次，门票收入333.26万元。

2023年，启园景区完成御码头风貌提升并做好景区木结构整体维修方案及标识牌提升工作，做好日常绿化养护，优化旅游环境。景区开展策划过大年活动，丰富游客游园体验。启园景区全年接待游客18万人次，营业收入370万元。

2023年，紫金庵景区修缮标识标牌、房屋，完善各项设施。紫金庵景区全年接待游客7.15万人次，门票收入99.95万元。

2023年，三山岛景区完成湿地茶室木栈道维修，提升旅游环境。举办正月初五喜迎财神、八月中旬马眼枣文化旅游节等活动。三山岛景区全年接待游客约19.65万人次，营业收入约707.81万元。

【旺山景区】 旺山景区位于苏州城西南、横山南麓，东邻石湖、西连东山两大景区，是太湖国家级风景名胜区、国家5A级旅游景区。七子山、宝华山、暖碨岭、尧峰山均在景区之内，总面积6平方千米，是一处融山林植被、农业生态、田园村落、历史古迹于一体的旅游休闲胜地。景区内有"环秀晓筑"养生度假村、钱家坞吃住农家乐、九龙潭、宝华寺、乾元寺、暖碨岭等多个景点。

2023年，旺山文旅风情小镇完成省特色小镇验收。完成钱家坞雨污水管网改造工程；对画眉泉、森林消防中队、瞭望塔、半山亭、九龙潭、暖碨岭以及钱家坞等7个登山步道入口进行改造，完成休息点、补给点、卫生间及医疗救援点等配套设施建设。成立旺山文化管理有限公司，承接培训、党建、研学、体验等特色主题培训业务。开展大年初五送旺、抬猛将民俗、端午音乐会、国庆"打卡"等节庆活动；举办"野嚯嚯旺山野市集活动""大旺亲子非遗体验"等系列活动，"我为旺山来代言 欢乐奔跑向未来"亲子趣味微型马拉松活动，"文明实践 村村有'戏'"等主题活动。制作《东"张"西"旺"》《旺山为啥这么旺》等短视频，并在"学习强国"、《扬子晚报》、紫牛新闻、苏州广电等进行专题报道和推广。旺山景区全年游客接待量130.2万人次，比上年增长7%。

【穹窿山景区】 穹窿山景区地处姑苏西部，为苏州第一名山，是《孙子兵法》诞生地，是太湖国家级风景名胜区、国家5A级旅游景区。主峰笠帽峰，海拔341.7米，素有"吴中之巅"之称。景区内有望湖园、玩月台、孙武苑草堂、孙武书院、乾隆御道、宁邦寺、上真观等自然人文景观。

2023年，穹窿山景区完成山顶灯光亮化及景区电路改造等工程，提升旅游环境。推出"智竹长乐探竹海"特色研学产品，开展"红映本草·深体验"中医药科普探秘和"岐黄育苗"中医药亲子实践主题活动，通过穹窿山间探药香、草本馆内制手作等活动形式，扩大中医药传统文化的影响力和知名度。融合国风、杂技、萌宠和美食等多种元素，开展穹窿山踏青季活动。举办"苏州100城市越野赛""2023太湖越野挑战赛"等体育赛事，开展"行走的格桑花""大爱无疆"等公益活动。年内，穹窿山景区接待游客144万人次，营业收入4190万元。

【木渎古镇】 木渎古镇位于苏州城西，太湖之滨，是拥有2500余年历史的水乡古镇，为国家4A级旅游景区。古镇有严家花园（乾隆的老师、中国最长寿的诗人沈德潜故居，后归木渎首富严国馨）、榜眼府第（冯桂芬的故居）、虹饮山房、古松园（清末木渎富翁蔡少渔旧宅）等人文古迹。

2023年，木渎古镇入选省夜间文旅消费集聚区。完成电路维保改造、景点油漆修复、监控室改造等工程，修缮山塘街怡泉亭，提升旅游环境。古镇御游节创新串联山塘街夜景游览、体感互动游戏、"渎川夜集"等项目，穿插"老街双亭献好戏""吴歌姐妹夜游香溪"等活动，整合香溪岸多元商旅配套、木渎园宿等资源，打造夜游网络体系。国庆期间的"姑苏十二娘风情节"融合国风市集、国

穹窿山景区　　　　　　　　　　　　　　　　赵永清　摄

风手作等元素,让游客沉浸式体验"渎"式夜生活。加快推进景区提档升级,蓝湾文旅街区项目签约,亮相央视《非遗里的中国》。年内,木渎古镇景区接待游客400万人次,营业收入4964万元。

【甪直古镇】 甪直古镇位于苏州市东南,镇域总面积120平方千米。古称甫里,具有2500余年的悠久历史,文化底蕴深厚,名胜古迹众多。因保圣寺罗汉塑像(天下罗汉两堂半中的半堂罗汉)和水乡妇女服饰而闻名天下。先后获首批全国历史文化名镇、全国首批特色小镇、全国重点镇、全国环境优美镇、全国特色景观旅游名镇、长三角十大古镇等称号。2018年6月22日,甪直镇在世界慢城联盟法国年会上被授牌为全国第八个、全省第二个"国际慢城"。2022年,苏州市甪直古镇西汇街—东市街街区被认定为第二批省级旅游休闲街区。

2023年,甪直古镇景区围绕构建"互联网+文旅古镇"新模式,推进古镇景区业态优化提档、旅游模式转型升级工作。与同程集团合作共同成立项目合资公司,建设江南文化园夜游核心区,结合光影和真人演艺,打造江南文化主题夜游产品,年内推进江南文化园综合管网改造提升工程及数字化文化夜游亮化演艺项目建设。举办2023九龙口"淮潮新韵"国风大赏城市海选赛、"极限挑战"亲子嘉年华、"江南中国年·恬醉甪直味"、吴中好物甪直专场"万物来潮·集市行乐"和"吴悠吴律诗意甪直慢时光节"等主题活动。江苏广电阳光小记者实践基地落户甪直古镇景区。年内,甪直古镇景区接待游客354.83万人次,营业收入3808.68万元。

【西山景区】 西山景区位于苏州古城西南40余千米的太湖之中,面积82.36平方千米,是国家4A级旅游景区。其以吴越文化为底蕴,太湖山水为主体,名胜古迹丰富多彩,有林屋洞、石公山、明月湾古村、缥缈峰、罗汉寺、禹王庙、东村古村等名胜古迹。西山景区是洞庭碧螺春茶的原产地,盛产杨梅、枇杷、梅子、白果、柑橘、桃子、石榴、板栗。

2023年,西山景区完成国家4A级旅游景区复核工作,完善标识标牌、电子地图、旅游手册等一系列配套设施和服务,建设落成石公山生态影视博物馆。对林屋洞进行改造升级,在对溶洞内部灯光亮化升级的基础上,进行全面数字化升级,通过"声、光、电"一体的全息影像,融入金庭镇历史文化元素,打造沉浸式游览体验,改造后的林屋洞于7月1日重新对外开放。在活动方面,举办太湖梅花节、吴中过大年系列活动,设"年味金庭,烟火集市"活动,增加景区过年氛围。结合西山岛本地特色特产,联合开展"枇杷采摘节""杨梅采摘节""秋收艺术节"等活动,整合全岛资源,将景区景点与特产采摘、民宿、咖啡馆、"网红打卡点"等旅游要素结合,打造特色旅游线路。2023年金庭旅游集团下属各景点共接待中外游客73万人次,比上年增长269%;旅游综合收入2600万元,比上年增长175%。

【光福景区】 光福景区位于苏州城西太湖之滨,总面积0.3平方千米,是太湖国家级风景名胜区、国家4A级旅游景区。景区内有邓尉、青芝、铜井、西碛等20余座山峰,又有太湖、东崦湖、西崦湖、木光和浒光运河,湖湾萦绕,峰峦罗列,素有"湖光山色,洞天福地"之称。香雪海、圣恩寺、司徒庙、铜观音寺、石嵝、石壁、龟山宝塔、太湖渔港等名胜古迹镶嵌其中。景区有梅花节、青梅采摘节、木荷花节、开捕节、桂花节等旅游节庆活动。

2023年,完成光福景区游客中心房屋修缮工程、铜观音寺塔山游步道的提升和围墙改造、光福全域登山健身步道建设工程、香雪海景区扩容提升项目、景区年度维护保养服务项目等,提升游览环境和安全系数。在梅花节期间首次推出"花月夜"夜游活动,举办光福全域旅游健身联赛。光福景区全年接待游客30余万人次,营业收入430余万元。

【天池山景区】 天池山景区位于吴中区木渎镇西北,由天池山、花山、白象湾三个景区组成,是太湖国家风景名胜区、国家4A级旅游景区。天池山是浙江天目山的余脉,因半山坳中有天池,故而得名。景区以山林、石景、泉水而著称,山明水秀,环境清幽,主峰莲花峰高169米。寂鉴寺石殿、佛龛及造像被公布为第六批全国重点文物保护单位,具有较高历史文物价值。寂鉴寺内的三座石屋石佛,据考证,三座石屋相继建于元代至正十七年(1357),距今有600余年历史。此外,东、西石屋内,还设有石佛,两座石佛均因石制宜,浑然天成。石屋石佛,是研究元代建筑与雕刻艺术的珍贵材料。

2023年,完成天池山景区铁护栏维修、石嵝步道维修。天池山景区举办金秋登高文化旅游节等活动。天池山景区全年接待游客6.1万人次,营业收入168.36万元。花山景区每周末举办"花山文化市集",艺术家现场创作,增加景区的艺术气息。打造"花山礼射研习基地",整合现有资源,以传统文化、国学传承与非遗传承等结合,开展传统文化系列研学活动。年内,花山景区接待游客5.56万人次,营业收入132.64万元。(周洁)

旅游业态

【概况】 2023年,吴中区深入实施《吴中区全域旅游总体规划(2016—2025年)》,培育休闲度假、农事体验、户外运动、艺术创意等旅游新业态,木渎古镇入选省夜间文旅消费集聚区,东山镇三山村入选江苏省乡村旅游重点村名录。举办"江南中国年 心上吴中味"2023吴中过大年品牌系列活动,线上专题馆曝光量达800万次。设计茶文化线路5条、人才体验线路5条、澄湖水文化线路4条,其他乡村旅游主题线路若干条。苏州文旅·漫山岛项目获评2023年度苏州市十大旅游创新产品(业态)。

【乡村旅游】 2023年,吴中区支持乡村集体闲置资产发展乡村旅游,持续挖掘乡村旅游发展潜力。截至年末,吴中区拥有国家级乡村旅游重点村1家,省级乡村旅游重点村4家,市级乡村旅游重点村2家。全区有乡村休闲旅游农业经营主体1327家,乡村休闲旅游共接待游客1030万人次,综合经营收入15.87亿元。8月,文化和旅游部推出2023年第二期"乡村四时好风光"全国乡村旅游精品线路143条,江苏·"茶和天下 苏韵雅集"之旅(东山雕花楼—江南茶文化博物馆—陆巷古村—明月湾古村—水月坞茶园—漫山)、江苏·"旅居江南 苏式生活"之旅(启园—陆巷古村—缥缈峰)2条线路入选。10月,文化和旅游部推出"橙黄橘绿 乡村胜景"主题全国乡村旅游精品线路,吴中区东山镇三山岛入选江苏·"秋色江湖 乐享原乡"之旅线路。12月,吴中区太湖西山寻幽之旅(西山岛开心农场—东村古村/堂里古村—缥缈峰—夜宿玄旸山庄共享农庄—林屋洞—石公山—明月湾古村)、红色非遗"打卡"之旅(新四军太湖游击支队纪念馆—光福坎上村—"环太湖1号公路"太湖蓝段—舟山核雕村—夜宿度假区精品民宿)2条线路获评2023年度苏州乡村旅游十大精品线路。

【假日旅游】 2023年元旦假期,全区接待游客及市民6.45万人次,恢复至上年同期的68%左右,门票收入

2023年五一假期期间,木渎古镇举办"御游节"　　　　　　　　区文体旅局　供稿

114.46万元,恢复至上年同期的85%左右。春节假期,全区接待游客及市民87.65万人次,比上年增长9.54%(政策性免门票)。五一假期,全区接待游客及市民136.58万人次,门票收入1340万元(上年同期闭园)。端午假期,全区接待游客及市民61.18万人次,比上年增长101.98%;门票收入539.1万元,比上年增长206.66%。中秋国庆假期,全区接待游客及市民150.1万人次,比上年增长6.76%;票务收入1257.66万元,比上年增长10.56%。

【三山村入选2023年度江苏省乡村旅游重点村】 8月,东山镇三山村入选2023年度江苏省乡村旅游重点村名录。依托丰富的历史文化遗产,三山村保护性修复古建古宅用以陈列出土文物,保护性开发清风岭溶洞等自然景观用以展示旧石器遗址。秦家祠堂陈列具有1.21万年历史的古人类新旧石器17件、哺乳动物化石53件,展示三山村悠久的历史文化。推动旅游环境提升,完善岛内景观照明、观光出行、无线通信等基础设施。整体提升板壁峰、十二生肖石、古溶洞等景点的景观效果,新增游船、观光车、脚踏车等交通观光工具200余辆,实现岛内Wi-Fi全覆盖。搭建"三山岛民宿专栏"统一平台,以招租形式引进岛隐、艺术家、过云山居等高端民宿品牌。2023年,民宿改造20家,入住率65%,三山岛景区年旅游接待人数20万人次。

（闻菁）

旅游推介

【概况】 2023年,吴中区坚持整合营销、品牌宣传,通过拓展客源市场、举办特色活动、开展多渠道宣传等举措,开展旅游宣传营销,扩大"天堂苏州·最美吴中""眼底江南·心上吴中"品牌影响力。举办"眼底江南·心上吴中"2023吴中"游"礼 启好物·迎新节活动。在苏州地铁等主要交通节点以及上海公交投放户外广告。持续完善"吴中太湖文旅"新媒体账号矩阵,以微信公众号、官方微博、抖音、小红书账号为阵地,持续开展"线上+线下"专题活动。

【广告投放】 2023年,区文体旅局持续拓展苏州本地市场,在苏州电视台投放15秒主题形象广告,投放苏州

地铁灯箱广告30块。紧抓重点客源市场，投放沪宁、苏嘉杭高速高炮和看板广告3块，投放上海虹桥高铁站"环太湖1号公路"文旅主题展，覆盖客流量50万人次；与《扬子晚报》开展合作，刊发专栏宣传6期；参与江苏省第五届运博会开幕式和特色旅游展览。

【线上宣传】 2023年，"吴中太湖文旅"微信公众号累计发布推文340余篇，线上福利活动15次，粉丝量达17.6万人。官方微博累计发布微博超过1000条，粉丝量达73.6万人。中国·太湖旅游网官方网站累计发布信息800余篇。"吴中太湖文旅"官方抖音、视频号日常发布吴中文旅精彩视频，26个短视频入选抖音热搜推荐榜，品牌影响力不断提高。12月12日，举行"眼底江南·心上吴中"2023吴中"游"礼 启好物·迎新节活动，直播收看量11.6万人次，招募100名达人"打卡"，笔记综合阅读量超58万人次。做好宣传资料改版升级，上新《吴中文旅地图》和《吴中旅游民宿资讯手册》，更新常用宣传资料，使宣传资料更具实用性和美观性，全年累计发放各类宣传资料近7万份。

【春节文旅惠民活动】 2023年春节，吴中区举办"江南中国年 心上吴中味"2023吴中过大年品牌系列活动，包括"吴中年夜饭大比拼""吴中年味盲盒礼""新春游园会""吴中年味市集""吴中过大年线上专题馆""吴中过大年文创产品大派送"等系列活动。线下联合吴中区十大板块，选送年味浓郁的年夜饭菜品100余道。线上邀请市民游客秀出自家的年夜饭，通过投票评比选出优秀年夜饭30个，累计投票32459次，活动页面累计浏览量62435次。开展3期吴中文旅盲盒，包括：吴中年货盲盒、吴中年夜饭盲盒、吴中线下盲盒。3期文旅盲盒共计发放10000余份惊喜好礼，活动页面累计浏览量超百万，参与人数5万余人。拍摄剪辑吴中年味短视频1个，点赞309次，转发228次，整体播放量50万余次。开发搭建吴中过大年线上专题馆，专题馆曝光量超800万余次。

【吴中好物节】 2023年，吴中区连续第四季举办"吴中好物节"，包括吴中好物文创设计大赛、吴中好物节（上海）推广周、吴中好物雅集活动、跟着印章趣游吴中及小红书四季营销活动。吴中好物文创设计大赛中，经过初选的154件作品进入投票环节，累计票数67398票、活动页面访问87003次，经过专家评审，最终评选出的16件作品被收录于"吴中好物库"。12月15—17日，"好物江南 心上吴中"2023吴中好物节推广周在上海举办，精准对接客源地需求，推出陆巷古村、雨花胜境、雕花楼等风景名胜，穹窿绘本、金庭团扇、吴文化博物馆系列纪念品、"端端"IP系列文创以及碧螺春茶、枇杷膏、梅酱桂花等本地特产，掀起吴中好物关注和抢购热潮。小红书四季营销活动共计发布攻略60篇，综合阅读量31万次。跟着印章趣游吴中活动共发放奖品太湖旅游年卡100份，旅游达人实地体验，输出攻略1篇、短视频1篇，通过微博、小红书、马蜂窝、司程、携程、今日头条、视频号等十大平台发布18篇次，整体阅读量110万次。

（闻菁　周洁）

旅游服务管理

【概况】 2023年，吴中区加强旅游管理，与星级旅游饭店、旅行社、乡村旅游重点村等签订"吴中区旅游行业安全工作目标责任书"，落实安全管理主体责任。制定印发《吴中区备案旅游民宿消防治安隐患专项整治工作方案》，以备案旅游民宿为重点，通过单位自查、联合检查、综合执法等多种形式，对备案旅游民宿消防、治安、食品安全和公共卫生等方面开展集中排查整治。开展联合督查4次，督查板块5个，督查备案旅游民宿37家。元旦、端午、中秋、国庆等重点节假日期间，在吴中A级旅游景区组织开展文明旅游、咨询引导、秩序维护、交通疏导等各类志愿服务活动，累计服务游客超10.2万人。开展全区旅游景区品牌讲解员评选活动。活动共评选出景区品牌讲解员30人，其中金牌讲解员10人、银牌讲解员20人。2023年，苏州苏苑饭店通过江苏省四星级旅游饭店评定性复核，苏州大地国际旅行社有限公司，苏州舜天旅行社有限公司获评江苏省三星级旅行社。截至年末，吴中区有三星级旅行社7家、四星级旅行社3家。

【旅游市场监管】 2023年，区文体旅局不断提升吴中旅游服务质量，优化吴中文旅环境，结合旅游投诉、旅游调解、旅游仲裁、警旅联动、普法宣传和志愿服务等多维度、多层次内容逐步创设"吴游无虑"品牌。加强旅游风险监管，开展全区旅行社业主大会，对出境游资质旅行社全覆盖走访，约谈主营"一日游"旅行社，掌握最新旅游市场形势。将3家营业执照地址与实际办公地址不一致的旅行社告知市场监管部门处理；开展旅行社风险排查，核查未购买责任险的旅行社2家。就2家涉旅企业涉嫌非法集资情况，张贴提示单提醒周边居民加强防范意识，并抄告区金融监管局和属地政府。开展"一日游"旅游市场整顿，对9家涉旅购物店进行联合约谈并检查。就全区涉旅购物店"一日游"乱象开展多部门综合整治，组织辖区内经营"一日游"的旅行社参加市级相关培训。以"警旅联动"机制为基础，建立"游客报警，文旅跟进"机制。区文体旅局联合吴中公安分局、区交通运输局，开展旅游包车专项联合整治天网行动。制定实施3个旅游市场联合执法方案；联合吴中公安分局、区交通运输局、区市场监管局等部门对涉旅购物店实施联合检查，重点监管旅行社强迫欺骗购物、旅游购物场所售卖不合格产品等违法行为。重要节假日期间，制定详细值班检查表，出动执法检查398人次，检查场所125家，处置电话举报投诉5起，确保文旅市场平稳有序。

【民宿管理】 2023年，吴中区逐步形成"政府领导、部门共管、区镇联动、行业自律"的旅游民宿综合管理机制，全年新增的74家民宿完成备案登记，30家民宿完成备案证复核，累计完成民宿备案461家。开展旅游民宿示范引领，仁德山庄获评国家甲级旅游民宿，汪氏了然居获评国家丙级旅游民宿。太美雪绿、漫山小院、林渡、林中沐舍等4家民宿获评2023苏州市十佳精品旅游民宿。

【旅游厕所建设】 截至2023年末，吴中A级旅游景区有96座旅游厕所，其中评定国家3A级旅游厕所18座、2A级旅游厕所21座、1A级旅游厕所15座。2023年完成新、改建厕所3座。

【旅游投诉纠纷调解处理】 2023年，成立区文体旅局行政调解委员会，结合区旅游纠纷调解委员会、仲裁中心吴中区分中心优势，提高涉旅纠纷的解决效率。打造线上、线下一体的服务平台，做到"三就、两重、一仲裁"，为当事人提供一次申请、相关单位衔接办理的"调解+仲裁"服务。完善区旅游纠纷调解委员会分工机制和"诉转案"工作制度，召开全区文体旅条线调解纠纷培训会，主动迎接火爆旅游市场，加强"诉转案"，针对"一日游""旅游购物""旅游内容不明确""购票使用说明不清楚"等问题重点排查，处理诉求263件，其中投诉类工单242件，旅游投诉226件，占比93.4%。旅游投诉中关于景区投诉42件，酒店民宿投诉9件，旅行社投诉175件，调解双方未达成一致5件，调解成功率在98%以上，结案率100%。为到吴游客提供放心消费、美好体验的人文环境。

【旅游普法宣传】 2023年，区文体旅局联合苏州城市学院成立"吴游无虑"志愿队，开展一系列志愿项目活动，旨在维护到吴中的游客的利益，高效解决游客在旅游过程中遇到的难题和烦恼，入选2023年度吴中区新时代文明实践工作优秀项目。举办旅游普法进社区活动。"5·19"中国旅游日，区文体旅局联合横泾街道上林村开展"倡导文明旅游，助老安全出行"主题活动，在东林渡笃学堂和村民就旅游陷阱拉家常，在暖村驿站开展志愿者文明引导、发放宣传资料服务；"12·4"国家宪法日暨全国法制宣传日，联合吴中万达开展"循依法治国之略 展吴中文旅之美"普法活动。举办旅游普法进景区活动。"10·23"重阳节，开展养老防诈进木渎古镇活动，执法人员和志愿者通过案例分享、知识问答等互动方式，带领群众了解文旅市场和个人保护的相关法律法规知识。

（闻菁 周洁 叶秉华）

编辑 任海令

房地产业

房地产开发

【概况】 2023年，面对房地产市场形势新变化，吴中区优化服务流程、细化工作措施，推动房地产市场平稳向好发展。全区共取得房地产开发资质企业235家。全年完成房地产投资279.01亿元，比上年下降28.82%。

（张杰）

【土地出让】 2023年，吴中区完成住宅、商住用地出让22宗，面积79.16公顷，土地出让合同金额153.48亿元。其中，挂牌出让经营性用地18宗，面积71.82公顷；安置区4宗，面积7.34公顷。

（任欣艺）

【房屋征收】 2023年，吴中区推进拆迁安置工作，提升土地资源节约集约高效利用水平，保障产业发展空间。全年累计清零项目319个，腾退土地349.6公顷；另有签约未清零项目11个，可腾退土地25.63公顷。全年新建安置小区1个，安置房396套，建筑面积8.15万平方米；竣工安置小区12个，安置房1.36万套，建筑面积233.35万平方米。

【住宅开发】 截至2023年末，吴中区有在建住宅项目26个，施工面积641.02万平方米，比上年下降30.98%；新开工住宅14个，面积141.51万平方米，比上年增长28.65%。全年颁发40张商品房交付使用通知书，新交付面积424.24万平方米。 （张杰）

房地产交易

【房地产销售】 2023年，吴中区商品房销售套数3.03万套，销售面积291.8万平方米，销售金额353.07亿元。全年为1.31万套商品房颁发44张商品房预售许可证，批准预售面积142.76万平方米。其中，住宅1.02万套，建筑面积131.21万平方米；非住宅2931套，建筑面积11.55万平方米。全年网签备案商品房3.03万套，建筑面积291.8万平方米，比上年下降8.36%；合同金额353.07亿元，比上年下降18.49%；合同成交均价1.21万元，比上年下降11.05%。全区存量房买卖（包括无网签交易）1.52万件，面积157.49万平方米。

2023年，吴中区年销售金额排名第一的住宅楼盘——中建太泽之星 吴鉴 供稿

【存量房交易资金托管】 2023年，吴中区围绕"放管服"改革要求，依托存量房交易资金托管与银行金融服务资源共享，促进"互联网+存量房交易资金托管、银行贷款集成服务"落地；依托大数据等现代信息技术，进一步简化存量房交易托管资金领款程序，实现支取凭证电子化。依托"苏找房"平台，逐步构建"存量房自主交易全流程服务"应用场景，协同推动实现不动产"带押过户"服务。在木渎、甪直便民服务中心设置"一窗受理、集成服务"办事点，实行多点受理，方便群众就近办理。全面推进"不见面审批服务"建设，存量房交易与购房资格实现网上审批。截至2023年末，全区有存量房交易资金托管银行13家，存量房资金托管1.06万户，托管金额224.57亿元。

【2023苏州安家欢乐购活动】 2023年，根据苏州市出台的相关政策及区委、区政府工作部署，为进一步降低交易成本，满足居民刚性、改善性住房需求，吴中区实施"安家欢乐购"购房契税补贴及"卖旧买新"购房契税补贴政策，畅通二手房交易、充实新房销售的渠道，加大"房票"政策实施力度等促进新房销售，促进购房需求。全年，"安家欢乐购"审核通过符合政策条件房屋771套，其中办理申领补贴10套。 （张杰）

表21-1 2023年城市房产交易情况统计表

项目	单位	2023年	2022年
一、房产买卖			
1.当年成交面积	万平方米	291.79	433.34
#住宅	万平方米	264.11	406.58
办公及商服用房	万平方米	27.68	21.88
2.当年成交金额	万元	3530678	6347409
二、向个人出售住宅			
1.新建住宅出售面积	万平方米	262.6	196.97
新建住宅销售额	万元	3506786.566	3580496
2.旧住宅出售面积	万平方米	142.7	110.87
旧住宅销售额	万元	2477621	1966355

（区统计局）

房地产中介服务

【概况】 2023年，吴中区有在苏州市房地产经纪与信用管理系统办理备案的房地产经纪机构928家，其中A级9家，B级195家，C级343家；7747名执业人员及从业人员进行实名登记。全年二手房成交1.52万件，面积157.49万平方米。

【房地产中介机构管理】 2023年，通过苏州市房地产经纪与信用管理平台的运行，吴中区将房地产经纪行业的管理从原先的"管人、管事、管行为"升级为"管平台、管数据、管信用"的现代化管理模式。2023年度，房地产经纪执业人员实名从业，购房者对交易进行评价，后续将评价纳入经纪机构年度信用评定，对于不良行为集中向社会公布，记录信用平台，对于违法违规企业记入不良信用、扣除信用积分并进行公示，通过一系列措施推动吴中区房地产经纪行业走上规范经营、诚信服务之路，提升行业整体形象，维护市场健康发展。 （张杰）

物业管理

【概况】 2023年，吴中区共有小区项目840个，面积约7372万平方米，共有项目在管物业服务企业数205个。截至年末，累计成立业主大会项目数187个，另有75个小区组建物业管理委员会。年内，萃庭、玉江江南花园、平湖瑞园、甪澄时光花园、吴中区人民检察院办公室大楼（公共物业）5个项目获评省级物业管理示范项目；江月时光花园、都会上品花园、玉景花园二、三区、印江南花园、东港花园、泱望雅苑、苏州市公安局轨交分局办公大楼7个项目获评市级物业管理示范项目；尹苑（苏州置悦物业服务有限公司）、萃庭（上海永升物业管理有限公司苏州分公司）、越溪文体中心（苏州吴楚物业管理有限公司）、太湖汇景花园（永旺永乐江苏物业服务有限公司）4个项目获评市级党建引领物业管理示范点。2023年，住宅小区物业维修资金累计入户44.03万户，52.56亿元。

【物业服务监管】 2023年，吴中区进一步完善"1+N"物业管理制度体系，强化前期物业管理招投标初审及维修资金监管，推进规范化考核和省、市物业管理示范项目，调解处理各方投诉，持续配合助力疫情防控，提升物业小区管理水平。

【物业行业建设】 2023年，吴中区通过公开招标竞争的方式，优选出第二批8家服务能力强、增值水平高的维修资金专户银行。通过加强前期物业管理招投标初审工作，开展物业管理示范项目申报，鼓励引导物业服务企业争先创优。 （张杰）

房地产市场监管

【概况】 2023年，按照国家和省、市"保民生、保稳定、保交楼"要求，吴中区动态跟踪监管在建楼盘，全力保障房地产项目建设交付。关注房地产市场动态，用足、用好政策工具箱，协同推动上市地块开发建设，优化房地产项目开工销售审批流程，促进房地产市场企稳回升、平稳健康发展。坚持"防风险、守底线"，常态化开展房地产领域风险问题排查处置，持续加强项目预售资金管控，针对矛盾纠纷多发的重点楼盘，按照"一盘一策"要求全面落实防控举措。

【房地产领域投诉处理】 2023年，区住建局通过市（区）委书记信箱、市（区）长信箱、寒山闻钟、"12345"市民热线、吴中区便民服务中心、来信来电来访等多个来电来访渠道，处理房地产领域投诉1499件次，克服投诉信访数量大、疑难杂症多、处办压力大的困难,群众反映的问题均得到回应。

【跨部门监管联合检查】 2023年,吴中区跨部门监管联合检查工作采用"双随机、一公开"抽查的方式进行,共抽取房地产开发企业13家、房地产经纪机构32家、物业服务企业18家。重点开展对房地产开发经营活动的行政检查及价格行为检查,对房地产经纪机构及其从业人员的行政检查及不公平合同格式条款检查,对物业服务企业管理情况及法定消防安全职责履行情况的行政检查。对检查中发现的问题要求立即整改到位,净化房地产市场环境,防范化解房地产市场风险,维护消费者合法权益,促进吴中区房地产市场健康发展和良性循环。

【房屋交易备案管理】 2023年,区住建局办理各类房屋交易备案等业务4.66万件。其中,商品房交易备案3.03万件,备案面积291.79万平方米;二手房交易备案1.63万件,备案面积200.79万平方米;无网签交易备案1096件,备案面积43.4万平方米。存量房合同网签1.52万件,二手房购房资格核查1.11万件。

【房地产市场秩序整治】 2023年,吴中区抓住预售资金关键点,动态跟踪监管在建楼盘,保障房地产项目建设交付。全年,全区共实现交付30个非政策性商品房项目,1.76万套商品住宅,交付面积272.36万平方米。针对风险楼盘,持续按照"一盘一策"要求全面落实防控举措,落实专班处置、专人负责,坚决做好资金归集和使用监管工作,压实开发企业,全力推进项目建设,职能部门提前指导项目验收交付,坚决防范群体性事件发生,保护购房者的合法权益。截至年末,吴中区4个风险楼盘中,2个楼盘化解销号。同时通过公开进展信息、畅通沟通渠道,相关工作得到购房者的理解与支持。

【房屋装修拆装管理】 2023年,区住建局根据既有建筑底数清单,重点对发现的一般性隐患建筑,加强"回头看"和督查巡查。指导各属地板块通过拆除、翻建或者加固修缮等方式完成解危工作。全区累计排查出存在疑似严重安全隐患的房屋211栋,其中2023年新增105栋。截至年末,共有204栋房屋解危,其余暂未整治完成的7栋均人房分离,并采取管控措施。联合制发《吴中区既有建筑安全动态管理纳入社会综合治理"一张网"建设实施方案》,建立全区既有建筑"区镇村(社区)"三级巡查机制,全区专职网格建立率100%。持续加强既有建筑安全动态管理,及时发现、处置各类违法违规装饰装修行为,办理装饰装修房屋结构改造行政许可1680份。组建农村住房建设管理工作巡查小组,督促问题整改落实,推进农村自建房建设管理。

【房屋租赁管理】 2023年,区住建局发挥"住房租赁管理服务平台"的监管作用,推进租赁房源的准入和备案工作,进一步推进房屋租赁登记网上备案。全年,"住房租赁管理服务平台"共有房屋租赁网签备案申请281条,备案合同查询247条,线下房屋租赁登记备案67条。加强房屋租赁中介机构管理。规范中介机构行为,督促中介机构协助租赁双方及时办理房屋租赁登记备案,依法查处中介违法违规行为,建立中介机构信用体系。

(张杰)

编辑 洪 蕾

三区一城

苏州太湖国家旅游度假区

【概况】 苏州太湖国家旅游度假区（简称"度假区"）是1992年经国务院批准建立的全国首批12个国家旅游度假区之一，位于苏州市西南15千米处，陆地面积272.51平方千米，太湖水域面积921.05平方千米，下辖金庭镇（西山农业园区）、东山镇、光福镇和香山街道，常住人口21万。2023年实现地区生产总值139.24亿元，比上年增长4.6%；一般公共预算收入15.78亿元，比上年增长6.8%；工业投资11.56亿元，比上年增长29.2%；规模以上工业产值140.33亿元，比上年增长6.1%；年度新认定高新技术企业49家，比上年增长53.1%；实际使用外资及港澳台资1227.74万美元，比上年增长71.8%；社会消费品零售总额46亿元，比上年增长30.8%。旅游目的地接待1304.98万人次，旅游总收入201.36亿元。国有景区收入8176.05万元，游客人数374.76万人次，比上年分别增长101.02%、150.37%。度假区连续五年（2018—2022年）位列省级以上旅游度假区考核第一方阵，连续六年（2018—2023年）获全市旅游度假区高质量发展考核第一名。获评国家体育旅游示范基地、文旅高质量发展优秀度假区、旅游发展创新示范区，入选首批省文化和旅游产业融合发展示范区。

【绿色发展】 2023年，太湖连续十六年实现安全度夏，湖体水质达到2007年以来最好水平，首次被生态环境部评价为优良湖泊。太湖生态岛入选"江苏省生态岛试验区建设规划方案"总体布局重要节点。生态环境损害赔偿基地项目库实施清单"双向匹配"，获生态环境部肯定推广。消夏湾生态安全缓冲区项目入选省十佳生态环境治理改革创新案例；三山岛湿地生态修复获评省"最美生态保护修复"典型案例。石公先行区太湖水环境综合治理项目获省级扶持资金1亿元。生态岛投保全省首单绿色生态环境救助责任险，成为探索绿色金融模式的一项突破。完成金庭镇、东山镇、光福镇引水上山工程，新建管道104千米。

【文旅融合】 2023年，度假区举办旅游发展大会并发布太湖生态岛文旅伙伴计划。全面推进环太湖旅游资源一体化改革，入选2023年度全市改革典型案例。29个景区（点）纳入统一运管，实现营业收入8176.05万元，比2019年增长31.67%；风铃溪谷·金铎岭开园，举办"环太湖1号公路"马拉松赛、太湖梅花节等品牌活动。明月湾入选全国历史文化保护与传承示范案例，双湾村、缥缈村、冲山村获评国家级传统村落。光福建成投用全省首条国家级登山步道，国内首个XTERRA户外运动体验中心落户太湖。太湖体育运动休闲小镇完成省特色小镇验收，2条线路入选全国乡村旅游精品线路，三山村入选省乡村旅游重点村，"坎上漫步"等文旅新业态快速出圈。

【转型升级】 2023年，度假区签约亿元以上项目65个，总投资256.5亿元；落户优质产业备案项目30个，总备案金额54.5亿元。苏州东福电子科技股

度假区酒店群　　　　　　　　何月华　摄

份有限公司获评国家级专精特新"小巨人"企业，赛丽科技（苏州）有限公司入选江苏潜在"独角兽"企业，西南大学太湖湾科创基地获评省级孵化器，苏州世沃电子科技有限公司获颁省级绿色工厂，邦得科技控股集团有限公司纳入苏州创新联合体培育项目，实现度假区5项零的突破。苏州诚拓智能装备有限公司等项目竣工投产，致远薪事力（苏州）云科技有限公司等一批科创企业总部落户。举办2023中国SaaS大会，太湖科创中心投用，百度Apollo Park运营，加快打造"太湖数谷"。引进规模达到1亿美元的蓝驰创投QFLP（Qualified Foreign Limited Partner，合格境外有限合伙人）基金，累计落地基金33支、总规模超过100亿元。全年获评省级孵化器1个、省级众创空间2个、省级留学人员创业园1个，市级孵化器、众创空间各1个。获评省双创人才1人、姑苏领军人才8人，新增市级以上科创领军人才种子项目数36个（注册并实缴），纳入东吴领军人才培育库项目47个，辅导企业获得人才类奖补3477.64万元。

【营商环境建设】 2023年，度假区全方位推进行政审批改革，打响"太好办"服务品牌，度假区政务服务中心获评全市"双争双创"为民服务先进集体。靠前服务精准助企，全面落实领导干部挂钩重点企业走访制度，开展"千村万企、千家万户"大走访。开展企业走访650余次，举办企业家、高层次人才沙龙等活动10余场，累计兑现各级扶持奖补资金3905.85万元。深化"放管服"改革，深入实施优化营商环境创新行动，推动政务服务"帮代办""一窗受理""一网通办"，常态化开展"拿地即开工、完工即验收、交验即发证"审批新模式，提升科创中心等"企服驿站"一站式服务。

【民生事业】 2023年，区域首家全业态商业综合体太湖中心MALL开业，鼐祥里、渔帆里商业中心运营。西山实验学校启用，中海幼儿园竣工，南京大学苏州合作太湖学校开工建设，舟山实验小学改扩建启动。加快度假区医院二级医院创建，完成吴中中医院改造提升。轨交5号线太湖香山站持续成为网红站点，打通畅游太湖"最后一公里"；联动推进何山路西延建设，产业园4条道路建成投用。新增人才公寓362套，交付安置房1421套。推动天然气进村入户，西山岛开通天然气。加快推进拆迁安置。完成舟山花园五期一区、福惠花园（第四安置小区）、金庭鱼田花苑等3个小区1421套安置房交付。完成安置房分房1150套，其中光福镇939套、香山街道211套。产业园第五安置小区封顶。

【社会稳定】 2023年，度假区健全完善安全生产目标责任制，制订年度安委会工作要点。开展"百团进百万企业千万员工"安全生产专题宣讲，赴企业、景区、餐饮点位等实地检查。全面开展重点行业领域安全隐患排查整治和"两个年"行动，累计检查单位1000余家，排查治理隐患2000余项，整改率达到99.79%。全面落实隐债化解，压实主体责任，加大资金统筹力度，深入开展平台压降。持续关注房地产领域风险，紧盯市场形势、政策变化，做好风险楼盘资金监管。积极落实民工讨薪、城乡建设、拆迁安置等重点领域维稳保障。接待来访311批735人次，累计受理各类信访件1216起，办结率、及时率100%。

（陆淼）

苏州吴中经济技术开发区

【概况】 苏州吴中经济技术开发区（简称"经开区"）位于苏州城南，规划面积227.49平方千米。全年实现地区生产总值311.64亿元，比上年增长4.5%；一般公共预算收入（含太湖新城）126.92亿元，比上年增长1.2%；规模以上工业总产值1355亿元，比上年增长0.7%；全社会固定资产投资225.8亿元，比上年下降19.8%。年内，经开区在全国国家级经开区综合发展水平考核评价排名中位列第二十八名。

【招商引资】 2023年，经开区完成注册外资及港澳台资6.69亿美元，比上年下降27.17%；实际利用外资及港澳台资2.75亿美元，比上年下降33.28%；新增内资注册资本369.1亿元，比上年下降4.3%。综合运用驻点招商、二次招商、平台招商、基金招商等有效途径，成功招引中国移动通信集团有限公司、深圳市欣天科技股份有限公司等一批重大项目，优质产业项目备案投资总额达到403.51亿元。赴欧洲、日本等地开展境外招商，推动康宁公司等一批外资及港澳台资龙头企业在经开区战略布局。深化实施重大项目"全过程"管理，加速项目建设，列入省重大项目的苏州伟创电气科技股份有限公司以及10个市级新开工重点项目上半年全面开工，104个区重点项目完成投资248.1亿元，投资完成率107.1%，34个2021年新开工重点项目全部竣工投用。生物医药产业园三期、腾越精密二期完成建设，城南科技产业园、苏州金记食品有限公司等7个存量更新项目完成竣工备案，国资与集体资产达成2个合作项目。

【产业发展】 2023年，经开区把发展经济的着力点放在实体经济上，深入实施"产业强区、创新引领"发展战略，加速构建现代产业体系。"3+3"产业体系持续壮大，三大主导产业产值保持两位数高速增长，机器人与智能制造产业规模达到714亿元，新一代信息技术产业规模达到451亿元，生物医药产业规模达到245亿元，总规模突破1400亿元。推动数字经济发展，经开区获评江苏省工业大数据应用示范区，区块链技术创新应用试验区。太湖软件园创成苏州市数字经济特色产业园。爱信（苏州）汽车零部件有限公司获评国家级绿色工厂，伟创力电脑（苏州）有限公司、苏州维信电子有限公司入选国家级5G工厂。

【科技创新】 2023年，经开区获评江苏省知识产权建设示范园区，新增872家科技型中小企业，有效高新技术企业总数达到599家，追觅科技（苏州）有限公司、苏州天瞳威视电子科技有限公司获评全球"独角兽"，15家入选江苏省"独角兽"企业（含潜在），22家入选苏州市"独角兽"培育企业，12家入选苏南自创区"瞪羚"企业。苏州玖物智能科技股份有限公司等10家企业获评国家专精特新"小巨人"企业，苏州精濑光电有限公司等3家企业获评国家知识产权优势企业。哈工大苏州研究院加速运作，旺山航空航天产业园开园，首批14个科创项目落地8个。科沃斯机器人（苏州）有限公司、追觅科技（苏州）有限公司获评苏州市创新联合体。人才引育大力突破，新增58个市级以上领军人才，在全市9个国家级开发区中位列第二。落实各类高层次人才政策，完成各类补贴申报与兑付工作。建成投用人才公寓2026套。

【营商环境建设】 2023年，经开区企业服务不断优化。常态化开展企业走访，深入了解企业经营情况、发展动向及相关诉求，着力帮助企业解决实际困难，协调解决吴淞江科技产业园公交路网等事项。搭建区内企业合作交流平台，举办产业供需对接会，引导本地企业提供项目配套服务。邀请市医保局、市级医院赴吴中经开区与企业座谈，帮助企业了解临床需求，促进科研成果转化，加速创新产品上市。建立营商环境督导员制度，广泛收集社会各界意见建议，针对性优化提升服务水平。企业设立登记全程电子化网办达到90%，企业开办全程2小时内办结达到100%。持续开展环评审批告知承诺制试点，江苏吴中医药集团有限公司、苏州瑞可达连接系统股份有限公司等13个项目实现"拿地即开工"。数字科技产业园"企服驿站"投用，红庄、莫舍等11个社区、东吴龙湖天街、丽丰广场等8个商业综合体设立市场主体登记帮代办窗口。提高电子证照应用水平，优化"两个免于提交"清单。实现与吴中区"一网通办"平台数据实时互联互通，完善窗口服务"一次一评"业务办结、"一事一评"评价体系，完成落实省"好差评"多场景应用。"Ai吴企"企业服务枢纽平台被纳入《江苏省各设区市数字政府创新发展百项案例汇编》。

【城乡规划】 2023年，经开区加速规划调整，吴淞江科技产业园、吴中出口加工区控规调整获批，郭巷老街保护更新、蠡墅老街保护更新、郭巷街道全域综合整治、九里湖土地综合整治等多个规划研究加快推进，中心城区城市设计、大运河暨苏申外港规划提升完成编制。贯彻"精准拆迁"理念，独墅湖开放创新协同发展示范区集聚区基本清零，万达南、汤堡小学、文溪六期等历史遗留项目清零，豪仕登等地块取得突破性进展，进入扫尾阶段，全年共签约拆迁378户，清零地块64个，腾退土地约181.1公顷。基本完成化工集中区转型升级方案，启动与市城投集团合作的大运河"最美三公里"区域城市更新、与市文投集团澹台湖片区合作开发等工作的研究，全面完成综合保税区缩区闭环工作。出让经营性用地7宗，面积24公顷，完成产业用地供地11宗，面积50.33公顷。吴淞江工业邻里中心建成投用，220千伏独墅变电站工程、110千伏苏州出口输变电工程等电力设施加速建设。竣工市政道路8条，长度4.7千米；在建市政道路达到11条，长度8.1千米；配合完成南湖路高架东延、长江路南延等重点交通工程管线迁改工作。

【深化改革】 2023年，经开区配合吴中区委、区政府完成太湖新城管理体制调整，国太公司、城市科技公司、企业服务横泾分中心、太湖分中心及部分经开区机关工作人员划转至太湖新城管理。经开区行政审批局甪直分中心挂牌投用，长桥街道企业类市场经营主体登记业务整合至吴中经开区办理。配合完成城南街道南湖路以南区域纳入中心城区建管养统一管理的工作。制定出台《吴中经济技术开发区国资国企改革的实施方案》，成立吴中经济技术开发区国有资产管理委员会，设立投资决策委员会、人事薪酬委员会和审计委员会，着力规范国资公司运营，提升国有企业服务发展的能力。

【民生保障】 2023年，经开区实施8大类24个民生实事项目。推进邵昂九年一贯制学校、跃进河幼儿园等学校建设，加速湾东幼儿园、长桥中学改扩建项目竣工投用，推动尹山湖医院改建，支持尹山湖医院与上海市第十人民医院、越溪卫生院与市立医院、城南卫生院与华夏口腔医院合作办医，实施安桥新村、嘉宝一期等6个老旧小区改造项目。推动汤堡安置小区加快建设，启动文溪六期、九期等安置小区前期工作，城南、越溪街道安置房回购基本完成，文溪五期、尹西一村、南石湖三期等安置小区交付分房，完成分房5288套。履行安全生产责任，增设7个安全生产专业委员会，全年未发生安全生产事故。守好生态环保防线，越溪桥、瓜泾口北国省考断面水质年均达到Ⅲ类，澄湖湖心水质持续改善，历年中央和省环

2023年10月19日，吴中经济技术开发区成立30周年高质量发展大会在澹台湖大酒店举行　　费凡　摄

保督察信访件全面完成整改。紧盯年度化债目标任务，融资平台公司数量得到有序压降。处理各类信访件718件。科技合围小区项目验收投用。

【吴中经开区成立30周年高质量发展大会】 2023年10月19日，吴中经济技术开发区成立30周年高质量发展大会在澹台湖大酒店举行。总投资310.31亿元的53个项目在大会期间签约。大会现场，总投资100.3亿元的8个项目的代表上台签约，总投资204亿元的47个项目集中开工开业。会上发布吴中经开区成立30周年十大历史性突破代表企业及十件大事，从社会各界人士中选聘10名营商环境督导员并颁布聘书。

（吴燕姣）

江苏省吴中高新技术产业开发区（筹）

【概况】 江苏省吴中高新技术产业开发区（筹）（简称"吴中高新区"）位于苏州吴中区中部，太湖之滨，涵盖木渎镇、胥口镇、临湖镇三大板块，辖区面积164平方千米，常住人口约42万。区内有苏州轨道交通1号线、5号线，苏绍高速、中环西线贯穿其中。

【经济发展】 2023年，吴中高新区完成地区生产总值502.73亿元，比上年增长3.1%；完成一般公共预算收入61.9亿元，比上年增长6.5%；全社会固定资产投资110.51亿元；规模以上工业总产值612.1亿元，比上年增长2.1%；工业投资36.68亿元，比上年增长8.8%。截至年末，吴中高新区拥有规模以上工业企业522家。有效高新技术企业791家，上市公司和挂牌企业共18家，新增市级以上科技创业领军人才种子项目数81个。招引优质产业项目备案投资额、新增市级以上科技创业领军人才种子项目数、新增有效高新技术企业等指标位于全区前列。获评工信部"集成电路产业人才基地"，获评首批苏州市数字经济特色产业园，信音电子（中国）股份有限公司上市。

【转型升级】 2023年，吴中高新区突出企业主体，加快转型升级。培育企业上市梯队，区域内有上市企业5家，新三板挂牌企业12家，新四板挂牌企业1家。2023年，省"瞪羚"企业入选15家，比上年增长67%，居全市高新区首位；市"瞪羚"企业入选42家，比上年增长11%。获评创新型中小企业285家，申报2023年度省级专精特新中小企业97家，获评国家级专精特新"小巨人"企业8家、市级智能车间8家、五星级上云企业1家、四星级上云企业7家。

【招商引资】 2023年，吴中高新区搭建"团队统一、标准统一、流程统一"的招商一体化机制，先后赴海内外各地155余次，拜访企业超500家，举办2023中国隐形"独角兽"500强大会、"创业之芯"全国总决赛、半导体功率器件及应用创新论坛等重大活动。累计签约亿元以上重点项目84个，签约金额349.4亿元，引进北京雷音电子技术开发有限公司、日本光梁株式会社、润建（苏州）智能科技有限责任公司等总部项目。全年完成优质产业项目备案投资额232.4亿元，比上年增长55.8%。招引创新型企业549家，比上年增长13.2%。新增注册外资及港澳台资1.5亿美元，实际利用外资及港澳台资2013万美元。

【科技创新】 2023年，吴中高新区集聚科创要素，提升创新能级。江苏省知识产权建设示范（园区）建设深入推进，挂牌省融资路演中心、西安创新引才工作站等，获评工信部"集成电路产业人才基地"。完成《吴中高新区科技创业载体建设发展三年行动计划（2023—2025）》编制，新增载体50万平方米，吴中高新区数字智造创新中心、苏大思萃新能源光电技术研究所等5个科创平台建成启用。新增3家省级工程技术研究中心；新增31家市级工程技术研究中心，比上年增长210%。新增市级以上领军人才入选项目数9个；新增市级以上科技创业领军人才种子项目数81个，比上年增长35%。累计开展高企辅导10

余场；新认定高企333家，比上年增长16.4%。强化项目管理，夯实发展基础。健全完善领导联系重点项目机制，实行"一人一项目"精准对接，加强项目全生命周期管理。新增投产投用项目36个，43个新开工重点项目全部开工。

【空间布局】 2023年，吴中高新区城市规划扎实有序推进，《吴中高新区一体化规划研究》《胥江半导体产业园规划》《吴中高新区综合交通体系规划》落地落实。完成胥江科创核城市设计，高水平谋划木渎数字制造科技园、胥江半导体产业园、临湖生物医药科教创新集聚区等重点片区的开发建设。完善《江苏省吴中高新技术产业开发区关于促进产业高质量发展的若干政策意见（试行）》，出台《吴中高新区高质量发展三年行动计划》，构建集群化、专业化的现代产业体系。年内，机器人与智能制造产业、新一代信息技术产业、生物医药及大健康产业产值分别达到398.5亿元、203亿元和60亿元。统筹推进拆迁清零暨产业用地更新三年行动，启动拆迁地块167宗，腾退面积约222.7公顷，为新产业布局腾出新空间。推进拟上市地块精细化研究，完成三产用地上市1宗，工业用地转让项目4个。完成重点保障面积约24.4公顷，调出生态管控区的地块面积为515.9公顷。

【营商服务】 2023年，吴中高新区坚持"三个一"服务协调机制，推动苏州鸿仕泰机械有限公司、苏州市吴中鸿鹄生物科技有限公司、胥江芯谷科创园等项目完成"多证齐发"，实现"拿地即开工"常态化，苏州市和好新材料科技有限公司、苏州三环科技有限公司等项目开工。制定《吴中高新区企业创新积分制实施方案》，发布"企业创新积分贷"，300家重点高企纳入管理平台，强化科技金融服务支撑。加强债务及风险管理，按期完成隐性债务本息化解，2023年隐性债务较上年下降20.61%，隐性债务化解完成率超过50%，完成融资平台压降2家，融资平台公司压降16家。做好重点领域支出保障，以收定支、有保有压，严守"三保"底线。

【综合治理】 2023年，吴中高新区守好生态底线，完成VOCs（挥发性有机物）综合治理提升企业44家，VOCs管家驻点服务项目中排查发现的1040个问题全部整改到位；清淤疏浚河流7条，有序治理"劣五类"河道13条；落实"散乱污"重点集中区块整治，清退地块13块，企业128家。绷紧安全之弦，开展重点行业领域安全生产风险专项整治行动，累计派出检查组300余个，检查企业单位3000余次，推动问题隐患整改3300余项。

（吴怡倩）

苏州吴中太湖新城

【概况】 苏州太湖新城吴中管理委员会（简称"吴中太湖新城"）背靠旺山、南面太湖，位于苏州科创圈带交汇点，下辖横泾街道和太湖街道，总面积82平方千米，规划人口26万。全年实现地区生产总值170.39亿元，比上年增长3.5%；规模以上工业总产值392.74亿元，比上年增长4.1%；全社会固定资产投资113.38亿元，比上年增长12.6%；工业投资12.26亿元，比上年增长13.8%。入选工信部2023年工业互联网试点示范名单，获评省级中小企业特色产业集群、苏州市数字经济特色产业园、苏州市数字化转型示范园区。

【招商引资】 2023年，吴中太湖新城累计洽谈项目970余批次，新招引科创型企业155个，完成优质产业项目备案额近40亿元。赴北京、上海、深圳等地开展招商活动，举办"AI无界·智赋太湖"2023吴中太湖新城数字经济产业专场推介会。招引两大总

崛起的太湖新城　　　　　　　　　　　　　　　　　　　　　　　　　　　　　　　　章晨　摄

部项目和四大科研中心，新签约汇川联合动力总部项目、协同创新智能制造总部项目，新落户西安交通大学数智创新中心、上海交通大学数字创新中心、卓然科技园、江苏林瑞创新中心。开展二次招商，走访区域内企业200余家，讲解扶持政策，鼓励企业新业务板块落户太湖新城，其中苏州市恒升机械有限公司在横泾街道"数据得地"，开启"工业上楼"新实践。

【产业发展】 2023年，吴中太湖新城锚定"3+3+3"产业定位，瞄准数字经济主赛道，着力构建以机器人与智能装备、新兴数字产业、电子信息制造为主导的现代产业体系。全年机器人与智能制造产业规模达到304亿元、新一代信息技术产业规模达到111亿元。成立重大项目建设工作推进专班，提速项目建设，2023年太湖新城24个省、市、区重点项目中，凌云光工业人工智能太湖产业基地项目等12个计划新开工项目实现100%开工。

【科技创新】 2023年，吴中太湖新城科技企业集群稳步壮大，认定科技型中小企业281家，推动206家创新型中小企业入库，有效高新技术企业突破200家，增长15.8%，入选省、市"瞪羚"企业10家次。全年规模以上高新技术产业产值339.2亿元，比上年增长6.7%。规模以上工业企业中开展研发活动的占比超70%，列全区第一。与西安交通大学技术转移中心、上海交通大学苏州人工智能研究院合作建设科技成果转化平台，苏州湾科创大厦启用，打造太湖新城"Demo Day"人才路演平台，认定姑苏领军人才2人、东吴领军人才5人，新增市级以上科技创业领军人才种子项目数9个。

【营商环境】 2023年，吴中太湖新城开展"千村万企、千家万户"走访行动，累计走访企业560次，共计182家，获取企业诉求、建议62条，解决诉求33条。设立苏州太湖新城（吴中）企业一站式服务中心，累计提供业务服务5700余次，办结企业业务2400余件。

【城乡规划】 2023年，吴中太湖新城完成《苏州吴中太湖新城A、F、I、J、M基本单元部分地块控制性详细规划调整（2023）》控规调整。编制完成太湖新城村庄功能策划研究及横泾村庄详细规划，完善各产业片区城市设计、商业商务中心城市设计，完成3个住宅地块项目、2个城市配套项目土地上市前期准备工作。

【深化改革】 2023年8月，吴中太湖新城完成机构调整，进一步理顺与经开区、街道的权责关系，围绕"产城人"深度融合理念，聚焦数字经济，赋能全链条发展，持续推动城市功能优化提升，打造集产业空间、商业办公、大院大所、高端住宅、医疗教育配套于一体的现代产业园区，切实担负起"一号战略"重大责任，全力建设"苏州数字经济发展的核心承载区"和"代表苏州标识的城市高端功能区"。组建数字经济公司、市政公司，优化企业服务职能，提升招商、市政、企业服务专业化运营能力，构建一流营商环境。2023年，太湖新城数字经济产业规模达到366亿元，数字经济核心产业增加值占地区生产总值的36.5%。

【民生保障】 2023年，华中师范大学苏州实验中学、市立医院总部项目、横泾养老服务中心等一批民生实事项目加快推进。苏州湾中心广场、吴郡睦邻坊、橙天嘉禾剧场、快手电竞馆开业。湾东幼儿园投用。苏州湾隧道、东太湖隧道、塔韵路南延等重大交通工程加快建设。推进天鹅港华庭"保交楼"项目，召集相关项目协调会40余次。镇区居民管道煤气工程完工，惠及居民198户。接办各类工单1.39万件，办结1.35万件。成立太湖新城安全生产委员会，全面开展辖区安全生产常态化检查工作，发现隐患1.03万条，整改完成9900余条。

（吴德炎）

编辑　赵立文

数字吴中

综　述

【**数字吴中基础支撑体系**】　2023年，根据《2023年全区数字政府建设工作要点》，全面推进数字吴中建设，夯实数字吴中基础支撑体系。统筹推进各行业各领域政务应用系统集约建设、互联互通、协同联动。区大数据局协同机要、网信、财政、审计、行政审批和公安等部门，加强项目计划管理、立项管理、实施管理，强化项目绩效评估。提升政务云资源服务能力，优化政务云资源配置，政务云服务能力下沉覆盖各镇（区、街道），持续推动非涉密政务系统上云。提升电子政务外网承载能力，加快业务系统向电子政务外网应迁尽迁。持续优化吴中区大数据基础平台，提升业务支撑、业务承载方面的数据融合能力。对数据和服务进行整合共享、规划改进、持续迭代。升级数据中台能力，推动部门数据归集、更新工作，提升数据资源集成、数据质量检测、数据资产管控、数据开发服务、数据综合分析等功能，增强数据产品化能力。

【**开放共享数据资源体系**】　2023年，稳步构建开放共享数据资源体系，建立健全全区公共数据资源体系。推动数据资源编目、归集、治理、共享、开放、利用等从传统政务数据向公共数据延伸。加强数据全量化汇聚和动态更新，构建全区统一的公共数据资源体系。深化"一数一源"数据治理，提升数据准确完整性和一致性。完善数据高效共享运行机制，提升吴中区大数据基础平台标准化安全交换能力，优化数据共享申请流程。实现吴中区大数据基础平台与市级共享服务平台、公共数据开放平台、数据中台等平台的双向共享。以应用场景为牵引，指导各部门持续维护系统、数据、需求"三清单"，加强数据供需对接，提升数据共享质效。依托市数据开放平台，贯彻落实苏州市公共数据开放三年行动计划，建立健全开放数据编目、资源挂接、使用审批等方面的常态化运营机制。推进重点领域数据开放与开发利用工作，支持优秀应用场景落地孵化，形成示范带动效应。

【**数字吴中安全保障体系**】　2023年，构建数字吴中全方位安全保障体系，引领数字化可持续发展。全面强化数字吴中安全管理责任，加强"统筹、统建、统管、统防"，构建全方位、多层次、一体化安全防护体系，形成跨地区、跨部门、跨层级的协同联动机制。建立网络和数据安全信息共享、风险研判、应急协调工作机制，筑牢安全防线，确保网络、数据和个人信息安全。加强组织保障，完善首席数据官运行机制，加强大数据专业力量储备，做好信息化项目人才培训和培养。开展数字吴中发展水平评估工作，压紧压实部门建设责任。　（惠洪）

数字经济

【**基础设施建设**】　2023年，吴中区5G建设全面覆盖，累计建设基站4265个，数量位居全市前列，提前完成5G基站三年建设目标。区块链技术填补空白，以中国信通院江苏分院落户吴中为契机，推进国家级区块链新型基础设施——"星火·链网"超级节点建设。工业互联网持续优化，建成综合型标识解析二级节点2个，行业级标识解析二级节点1个。其中，国家级二级节点"苏云"接入20个行业2960家企业，标识注册数累计超过79.63亿个，标识解析总量达130.68亿次；苏州斯莱克精密设备股份有限公司二级节点系统实现与国家顶级节点对接，并成为国家二级节点中食品饮料行业标准建设单位，各项指标名列前茅，进一步夯实信息化基础能力。加紧布局算力中心，截至年末，全区有苏驼云计算智慧云谷、移动数字经济创新中心2个算力中心，吴中区人工智能智算中心项目正在推进中。

【**数字化改造**】　2023年，吴中区深入贯彻落实加快推动全市制造业智能化改造和数字化转型工作方案，排摸全区数字化转型项目200个，完成数字化评估项目1200个，完成数字化改造项目超1000个，"智改数转"实现规模以上工业企业全覆盖。打造标杆示范企业，14家单位获评省智能制造示范工厂（车间），其中1家工厂、13个车间。持续优化工业互联网平台体系，培育江苏省星级上云企业130家、江苏省两化融合管理体系升级版标准示范企业培育对象28家，新增省5G工厂1家、省工业互联网标杆工厂2家、省级智能制造领军服务机构4家，伟创力电脑（苏州）有限公司、苏州维信电子有限公司2家企业入选国家级5G工厂名录。持续推进工业数据流通，培育首家上海数交所第三方数商、5家苏州市工业大数据服务商。

【**数字化创新载体建设**】　2023年，持续建设数字化创新载体，太湖新城、理工比特林克（苏州）软件信息技术服务有限公司、苏州杰锐思智能科技股份有限公司获评工信部工业互联网试点示范项目。吴中太湖新城·数字经济创新港、苏州（太湖）软件产业园、吴中高新区胥江半导体产业园入选苏州市第一批数字化转型示范园区，数字化转型工作稳步推进。　（丁赟）

【**吴中太湖新城·数字经济创新港**】　吴中太湖新城·数字经济创新港南临太湖水，背靠七子山脉，位于苏州"环太湖科创圈""吴淞江科创带"交汇点，规划面积38平方千米。全链条育产业，做大做强机器人、人工智能等数字经济核心主导产业，释放苏州汇川技术有限公司等"链主"企业磁吸引效益，打造完整数字产业生态链，形成数字经济产业集群。2023年先后入选国家级工业互联网试点示范名单、省级中小企业特色产业集群等。推进数字经济与实体经济深度融合，依托信通院工业互联网创新中心、"星火·链网"超级节点（苏州）、吴中智算中心等重大项目，打造基于工业互联网融合应用的数智运营园区。累计建成省级工业互联网标杆工厂1家，省、市级智能制造示范车间18个，星级上云企业58家。强化政策支持、人才引进、资金扶持、基础设施建设等全方位保障，设立科创基金，推进华师大苏州实验中学、市立医院总部项目建设投用，实现轨道交通全覆盖。

（吴中信息）

【苏州（太湖）软件产业园】 苏州（太湖）软件产业园，于2019年经苏州市工信局批准挂牌成立，拥有越旺智慧谷、苏旺商务中心、滨湖大厦等研发办公载体50万平方米。产业园围绕吴中区"产业强区、创新引领"发展战略，坚持创新驱动、深化产业赋能，推动要素集聚、供需对接、开放合作，发挥赛迪、华为、微软等平台优势，打造"工业芯片检测、工业鸿蒙操作系统、工业时序数据库、专业化工业软件"的产业创新集群。2023年完成注册外资及港澳台资86万美元，优质项目备案额8.99亿元。引进核数聚、奥思维、峻研PLM、亿蜂等企业101家，注册资本4.26亿元，种子库项目10个。聚焦华为工业鸿蒙生态，增设"华为（苏州）开发者创新中心"，引进中科创达，为苏州汇川技术有限公司、苏州协同创新智能制造装备有限公司、江苏盖睿健康科技有限公司等企业开展工业鸿蒙适配与联合创新，优化开源软件生态。先后获评省级、市级科技企业孵化器，苏州市数字经济特色产业园，苏州市数字化转型示范园区。

（董静雯）

【吴中高新区胥江半导体产业园】 吴中高新区胥江半导体产业园，地处胥口与临湖南北交界处，沪常高速与东山大道（接中环西线）交界口，南北通达苏州高新区和吴中度假区，东西联通经发区，规划建设面积11.02平方千米，是吴中高新区首个高标准建设的国资载体。以第三代半导体研发制造为主导产业，围绕布局激光器、紫外光电器件、功率器件等重点关键产品及器件封装、模块应用和系统集成等配套产业，打造战略性新兴特色产业园，2023年获评首批苏州市数字经济特色产业园。助推吴中建设新一代信息技术产业集聚区，打造千亩千亿产值发展新高地，园区有半导体封装细分领域全球第一梯队的宝士曼半导体、国内领先的直驱电机解决方案提供商泰科贝尔等优质企业，落户斯尔特、北半球、精锐精密等半导体项目。完善相关产业配套和生活配套，推进工业邻里中心和人才社区建设，加快打造"智慧科技的产业阵地、研发创新的技术高地、多元复合的共享园地"。

（吴怡倩）

数字政府

【政务服务"一网通办"】 2023年，推进"一网通办"平台建设，优化完善区级政务服务中台，向上与省、市政务服务中台贯通，向下覆盖开发区、镇、街道和村、社区，横向与部门自建政务服务系统联通，全区政务服务事项清单、实施清单100%以江苏政务服务网"五级五同"事项库为唯一源头。全面开通网上办掌上办门户，优化提升江苏政务服务网吴中旗舰店，完善木渎镇旗舰店建设，完善"查办问评"服务路径，打造"个人、企业、项目、一件事"专区服务。建设"苏服办"App总门户和"苏周到""苏商通"App微门户，区工信局企服平台整体接入"苏企通"App，集成省、市服务模块，定制吴中专属应用。建立省政务服务网区、镇、村三级政务服务事项维护情况常态化督查整改机制，强化政务服务事项认领编制动态管理，保持吴中区政务服务事项编制率100%。

提升"一网通办"基础能力。依托"智慧吴中"数字政府建设总体框架，建立健全"一网通办"公共能力建设，打造各类服务场景。研发开发在线生成电子表单、自动关联电子证照、启用用户侧和政务侧电子印章与电子签名、反馈审批电子结果等信息化基础能力，

2023年3月，苏州（太湖）软件产业园入选苏州市第一批数字化转型示范园区　　区委宣传部 供稿

搭建全程网办十大应用场景，提高网办率，优化网办体验感。完善"拿地即开工"在线备案模块和"竣工即验收"在线申报模块，推进方案联合审查系统运行。推进不动产登记和供电过户联办，完成不动产登记系统集成平台与供电营销系统的对接并开展测试。通过嵌入登记机关电子印章，改造8台证照自助登记一体机，实现营业执照和登记文书同城通办。全区1338项审批服务业务100%可以在窗口、网上、掌上、自助机上申请办理。

【"审管执信"建设】 2023年，吴中区探索建立"审管执信"闭环管理机制，将审批、监管、执法与信用有机结合，打造吴中区"审管执信"闭环管理平台。10月20日，吴中区"审管执信"平台启用。平台实现"审管执"闭环管理，聚焦企业准入经营、项目全生命周期的"审管执"重点领域，梳理确定审批事项—监管事项—执法事项对应关系，确定"审管执"一体化事项清单，建立"审管执"闭环管理机制。监管部门可及时从"审管执信"信息化交互平台上获取审批结果信息，制订监管工作计划并落实监管。通过"审管执信"信息化交互平台与审批、执法、信用部门实现监管办件信息共享，并将需要进行行政处罚立案查处的线索推送给执法部门。强化重点领域风险预警排查，聚焦金融监管、经营场所监管、绿水青山守护等重点领域，开发风险预警模型。各有关部门可运用风险预警模型分析数据，及早发现防范苗头性风险，开展重点监管、协同监管。聚焦行政机关依法履职，联合派驻纪检监察组开发数据监管平台，扎紧"数据铁笼"。依托"审管执信"平台数据交换功能，将审批、监管、执法全流程数据统一归集至信用平台，通过丰富完善信用信息、描绘企业精准画像、开发信用应用新场景，辅助下一轮审批、监管、执法工作，形成"审管执信"大闭环。

（孙金鑫）

数字社会

【智慧医疗】 2023年，吴中区创新"AI健康医疗"服务新模式，打造区级智慧诊断平台、基层数字医生助手、区域健康数字主管。依托全民健康信息平台、区域影像云平台等，聚焦居民健康档案核心关键，首创"吴中区数字人体智慧健康服务平台"，实现数据信息互通、医疗资源共享，为全区百姓提供"筛—诊—治—管"全方位、全周期智慧健康服务。投用后预计每年可为11万以上群众提供AI智能健康服务。通过信息平台派驻数字医生助手，云端部署肺结节、非门控钙化积分等人工智能辅助诊断软件，实现基层医疗机构重大疾病的快速诊断。2023年8月投用至年末，完成筛查达2万人次，基层冠心病、肺癌早发现率分别提高30%和20%。由健康数字主管实施人群健康风险等级划分，洞察并提供提醒、预警推送服务。利用数据分析，协助制定区域防治干预及诊疗救治方案，通过智能化跟踪落实考核监管，提供区域人群的健康干预决策。

（叶浩昌）

【智慧教育】 2023年，全面启动教育数字化转型背景下吴中区新一轮智慧教育建设工作。完成9所智慧教学系统试点学校、2所人工智能创新教育实验学校、2所AR/VR虚拟教学实验校、2所智慧体育创新实验校的场室建设工作，完成22所公办初中基于考试数据分析的精准教学系统的建设任务。推进智慧教育云平台建设，为师生提供丰富的数字资源。年内，拍摄教育部基础教育精品课65节，吴中智慧教育云平台共有点播课程数25795个，本地化试题数255486个，访问总量达3.2亿次。吴中区义务教育阶段地段生入学信息采集系统2023年度共完成16078名小学生、12236名初中生的新生入学信息的采集及学籍信息的补录工作。在2023年"领航杯"江苏省中小学生信息素养提升实践活动等各级各类科创比赛中，共有28支队伍获国家级奖、101支队伍获省级奖、74支队伍获市级奖。 （赵军才）

【数字博物馆】 2023年，吴文化博物馆持续推进数字化、信息化技术在博物馆多元场景中的应用，上线"博物馆好物"抖音文创商店，累计发行两批次15款"吴地国宝"主题数字藏品（涵盖13件馆藏文物）、两批次8件非遗数字藏品，以及全国首套江南主题博物馆数字藏品盲盒。实施文物数字化采集项目，馆藏5757套文物二维数据采集100%，三维数据信息采集1462件/套，采集比例全国领先。健全吴中非物质文化遗产数字平台，推出吴文化博物馆远程教育平台，累计上线5个门类近百门视频及图文资源，助推博物馆教育资源的普及共享与均衡发展。累计上线特展配套VR展8个，以步入式的方式，呈现展览中的重点文物、视频、图像等信息，打造永不落幕的特展。

（陈亚梦）

【数字图书馆】 2023年，吴中区加强数字图书馆服务体系建设，各图书馆（分馆）均配备电子阅览设施设备，健全数字化服务网络，读者登录吴中区图书馆网站、"书香吴中"微信公众号、苏州书仓等互联网平台，可免费使用电子资源和数据库。吴中区图书馆依托"智慧吴图"信息化建设和"城市阅读一卡通"吴中二级共享中心建设项目，建成图书馆智慧功能矩阵。截至年末，全区共有网借智能书柜21家，今年网借量共20.2万余册，自建（外购）数据库共16个，数字资源总量共97.3TB。

（顾捆）

编辑　任海令

城市建设

城市规划

【概况】 2023年，苏州市自然资源和规划局吴中分局（简称"吴中资规分局"）稳步推进国土空间规划编制，完成3个成片开发方案审批和2次预支空间规模指标落地上图。67个新开工区重点项目100%落实用地指标。守住耕地保护红线，开展永久基本农田核实处置，统筹做好执法监察、森林防火、湿地保护、地质灾害防治等各项工作。办理各类不动产权证书和证明17.92万件，完成"保交楼"、安置房审批、农房登簿等专项工作。

【规划编制】 2023年，吴中资规分局稳步推进国土空间规划编制，细化"三区一城"城镇开发边界内用地规划布局。5个历史文化名镇和5个国家级历史文化名村形成新一轮保护规划成果，教育、医疗卫生设施布局，综合交通等专项规划不断深化，77个"多规合一"村庄规划实现全覆盖。常态化运行吴中区国土空间规划委员会工作机制，23个控规调整及技术修正获批复。

【项目用地保障】 2023年，吴中资规分局预支109.2公顷空间规模指标，保障重点片区项目建设。聚焦"四个一号"重点工作，打造"规、征、供、建、验、登"全流程资源规划服务保障机制，67个新开工重点项目用地指标实现100%落实，其中60个项目已供地。完成土地供应122宗，总面积630.89公顷，其中产业用地120.23公顷，产业用地供地规模比上年增长32.6%，供地结构进一步优化。提升存量、增量土地利用质效，推动249.33公顷低效用地再开发。

【项目审批】 2023年，吴中资规分局持续推出"互联网+不动产登记""一网通办"等创新举措，支持多项业务"跨省通办"。共发放各类不动产权证书和证明17万余件，完成"保交楼"不动产审批1984件，办理安置房相关不动产证2.8万件。开展农村房地一体不动产确权登记，农房登簿2.2万宗，集体土地所有权更新9445宗。持续优化营商环境，加强方案审批提前辅导介入，科学规范开展项目验收，共核发方案审定意见书149件、建设工程规划许可证252件、规划核实合格证177件。

（任欣艺）

城建重点工程

【吴淞江工业邻里中心】 项目位于吴淞江科技产业园淞苇路北侧、六浦路西侧，用地面积2.67公顷，总建筑面积8.88万平方米。其中，办公用房（5层）建筑面积1.13万平方米；商业用房（3层）建筑面积0.61万平方米；精品酒店（5层）建筑面积1.05万平方米，共计171间；服务公寓（6层）建筑面积2.46万平方米，共计385间公寓；地下车库（2层）建筑面积3.63万平方米（人防面积0.67万平方米）；开闭所面积57.66平方米。项目规划建设集商务办公、购物餐饮、休闲健身、精品酒店、服务公寓于一体的综合性商业体。项目总投资6.5亿元，于2021年3月开工，2023年12月竣工。

【太湖中心Mall】 项目位于苏州太湖国家旅游度假区香山路16号，建筑面积11.82万平方米，其中地上面积6.06万平方米（4层）、地下建筑面积5.76万平方米（2层）。有机动车停车位1102个，其中机械车位199个、充电桩车位107个、卸货车位3个；非机动车停车位1340个。太湖中心Mall是苏州太湖城市投资发展有限公司联合苏州工业园区恒泰商业管理有限公司打造的全业态中高端家庭型购物中心。项目总投资约9.6亿元，于2021年10月25日开工，2023年10月31日竣工。

（陆淼）

【胥江半导体产业园】 参见数字吴中—数字经济—吴中高新区胥江半导体产业园

城市更新

【基础设施和老旧小区改造】 2023年，吴中区推进中心城区6个市政基础设施项目建设，其中长运街工程、吴中实验小学西侧道路改造工程2条续建道路年内建成通车；7个年度老旧小区改造项目建设有序推进；完成多层住宅增设电梯项目37个。（张杰）

【绿地布局优化】 2023年，吴中区完善街角绿化和口袋公园网络系统，新改建口袋公园5个。全域化推进海绵城市建设，金融街融悦湾等3个项目获评省级海绵城市示范项目。截至2023年末，绿色建筑竣工面积638.48万平方米，城镇绿色建筑占新建建筑比例100%。

【拆迁安置】 2023年，吴中区推进拆迁清零与产业用地更新。全区项目清零264个，腾退土地246.9公顷，建筑面积125.91万平方米。加快推进安置房建设，强化现场督导、过程监管，协调解决建设问题。截至2023年末，全区累计交付安置小区10个1.14万套，面积190万平方米；完成分房4238套，面积45.05万平方米，涉及2570户。

（张杰）

公用事业

【供水】 2023年，吴中区有供水企业5家，其中，制水企业1家（吴中供水公司），转供水企业4家（苏州润纯水务投资有限公司、木渎自来水公司、胥口自来水公司、度假区自来水公司）。吴中供水公司有吴中水厂（日产15万吨）、吴中新水厂（日产40万吨）2家自来水厂，供水范围包括吴中经济技术开发区、临湖镇、东山镇，供水服务人口约100万人。苏州市自来水公司胥江水厂（日产30万吨）对木渎镇、胥口镇、香山街道、光福镇、金庭镇实行区域供水，供水服务人口约57万人。区水务局强化供水安全保障，完成光福镇区域供水二期工程和漫山岛区域供水工程；金庭区域供水一体化工程，32千米主要输水管道改建，镇区2000户户表改造、局部二次加压供水装置建设和中腰加压泵站完成，一水厂改造工程完成形象进度约50%。持续改善全区供水管网，新建市政管网8.6千米，改造市政管网25.65千米。全区供水管网长度约3654.12千米，2023年供水总量为1.75亿吨，日均供水量约48万吨。

（安文静）

【供电】 2023年，吴中区全社会用电总计103.03亿千瓦·时，比上年增长2%。其中，工业用电量50.92亿千瓦·时，比上年下降1.38%；第一产业用电量为2462万千瓦·时，比上年增长5.89%；第三产业用电量28.68亿千瓦·时，比上年增长12.27%；居民生活用电合计21.93亿千瓦·时，比上年下降2.29%。 （徐丽萍）

【供气】 2023年，吴中区供气总量15.7万吨，其中天然气13.8万吨、液化气1.9万吨，燃气总用户47.3万户。全区燃气管道总长3607千米。年内，完善燃气安全监管体系建设，严格检查执法，组织各部门、专家联合检查5次，全面覆盖全区各燃气企业、场站、供应站等。联合"331"（区消防安全专项治理机制办）、属地政府查处非法供气、违规用气行为，暂扣液化气钢瓶567只。严格把关燃气设施建设程序，提升燃气设施建设规范化、标准化水平，完成初步设计审查项目58个、交付项目115个。继续推动"瓶改管"，共完成2522家居民用户、96家非居民用户的"瓶改管"工作。

（张杰）

【城乡污水处理】 2023年，吴中区深化城乡生活污水处理提质增效精准攻坚"333"行动，消除污水直排口100个，新治理村庄2个，整改提升村庄33个，提升设施28个，完成工业企业废水接纳工程38项，雨污分流工程92项，整治"小散乱"（指规模小、分布散、管理乱的企业）问题494个、小区雨污分流问题14个、阳台污水问题6个，整治单位庭院25个、建设工地8个，建设改造污水主支管网60.49千米，检测雨污水管网195千米、修复450处，建成污水处理提质增效达标区17个（总面积10.16平方千米）。加强排水行业监督管理，以"双随机、一公开"方式检查28家企业，联合检查汽修企业45家、港口码头企业20家，推进47家持证港口码头企业开展生活污水收集处置专项整治。全年发放排水许可证331张、建设项目污水水务评价意见99份。全区9座污水处理厂共处理污水1.37亿吨、污泥13.63万吨，各污水处理厂生产运行保持正常、出水达标。推进供排水一体化管理改革，完成4家供水企业、8家污水处理企业经营权整合以及1家供水企业股权交易，全区3106千米污水主次支管网产权实现移交。

（安文静）

【城市照明】 2023年，吴中区推进城市照明工程建设，完成南湖快速路东延道路部分照明工程，敷设电缆、过路管合计约17千米，安装高架主线护栏灯、匝道灯等1065套。

【环卫服务】 2023年，吴中区新建公厕11座（3A级装配式公共卫生间2座）、改建10座。实施旺吴路中港泵站和城南钱家村环卫中转站取水口建设，完成环卫中转站2台压缩机及配套设备更换。以"随手可摸、安心可坐、不脏衣裤"为目标，人机结合作业，每日高压冲洗、每周全要素清洗，完成7处城市客厅建设。建立科学、系统的大件垃圾投放、收集、运输和处置管理体系，完善分类投放、分类收集、分类运输、分类处理的"全链条"运行体系。截至2023年末，全区共有大件垃圾就地处置设施9台，处理能力每日800余吨，可满足14个板块大件垃圾处置需求。推进垃圾分类过时投放工作，探索增设流动收运车，有效解决过时投放顽疾。

（姚晓萍　吴鉴）

【出行服务】 公交　2023年，吴中区共优化公交线路14条，新开定制公交8条，新辟特色旅游专线3条、常规公交8条，其中5条为通学公交。截至2023年末，吴中区有公交线路61条。

共享停车泊位　2023年，吴中区共计新增非机动车停放点位161处，泊位2.1万个（环太湖区域2696个），其中"分步式"停车泊位2133个。挖掘和利用好党政机关、企事业单位、商业停车资源，新增共享泊位710个。推出全市首个公共停车资源车位级导航服务。为进一步规范公共停车场管理秩序，提高公共停车场管理水平和服务质量，印发《吴中区公共停车场收费工作管理方案（试行）》《吴中区公共停车场常态化督查行动方案》，以建立健全公共停车场长效管理制度。

公共自行车　2023年，吴中区合理布局共享单车，实现公共自行车和共享单车优势互补，累计新增投放共享单车2500辆。 （姚晓萍　高艳）

市容市政管理

【市容环境秩序专项整治】 2023年，吴中区以营造"干净、整洁、有序、安全"的市容环境秩序为目标,开展环卫大扫除、"春风行动"、"烟头不落地"、夜间摊点、餐饮油烟等专项整治行动,对辖区内主次干道进行检查,集中整治市容秩序不规范、环境卫生不整洁等问题,全年完成重点区域洗地作业160次,清除卫生死角5374处。同时,强化部门协同管理,围绕市容秩序、市政设施、景观工程等,开展背街小巷改造提升,年内完成10个改造提升项目。推进对大型户外广告、独立式招牌、"遮窗"广告的专项整治,全年共清理各类户外广告1387处。

【毗邻区市容环境综合整治】 2023年,吴中区城市管理局(简称"区城管局")根据"全面覆盖、不留盲区、不漏死角"的要求,制定《吴中区毗邻区一体化环境提升方案》,完成19个整治提升项目。全年共整治各类违法广告2092处;纠处非机动车违停4679辆;机动车违停3853辆,贴单2942辆;纠处占道经营2762起,处罚12起;纠处无证摊点5508起,处罚100起;纠处商家乱堆放2462起,处罚4起。城市整体环境面貌持续改善。

【市政设施整治】 2023年,区城管局共处理各类市政工单3636件,其中行车道设施类1246件、人行道设施类1356件、桥梁设施类113件、雨水管网及井盖雨篦设施类820件、安全文明施工类101件。规范做好地下管网管理,开展窨井盖专项整治,推进可调式、一体式防沉降井盖座和井周加固、智慧井盖等新技术应用,完成一体化井盖300个;开展空中线缆专项整治,完成道路空中线缆整治28条;加强地下管线信息管理,对开挖、顶管等零星管线工程及部分缺失管线数据的路段进行管线数据修补测,共测量管线长度80千米;加强日常地下管网安全隐患排查整改,共排查并整治隐患问题2400余个。

【违法建设治理】 2023年,区城管局加大建筑用地违法行为查处力度,开展建筑用地巡查,推动存量违建有效消减,年内全区共拆除违建设施868处,涉及面积66万平方米。完成4件市级挂牌督办项目、23件区级挂牌督办项目。

【太湖沿线环境整治】 2023年,区城管局依照"综合治理、系统治理、源头治理"的原则,明确太湖沿线道路管养范围,梳理并反馈检查发现的问题,实行清单式销号管理。全年完成整改市、区两级反馈问题642个,并针对19个长效管理类问题落实整改措施。

【城市亮点打造】 2023年,区城管局选取东苑路、中兴路两条道路创建市级示范路。太湖度假区舟山核雕文化产业园获评市级"美丽街区"。以"弘扬城市美学,彰显个性特色"为目标,推出一批具有江南文化特色、展现苏州格调的文明创建主题公益广告景观小品,获市级最佳组织奖、获评市级百佳作品22件。

【科技城管】 2023年,区城管局坚持科技赋能,优化管理平台,实现非接触式管理,建立"主动+被动+自动"的运行体系,形成"你上传、我举报、我们一起看、大家一起管"的互动模式。依托平台落实市容环卫责任"三次必罚"制度,查处不履行市容环卫责任案件73件,处罚金额3.53万元,补签(更新)市容环卫责任书1152份。处办各类平台工单4.11万件,及时处置4.03万件,完成率98.1%。用好"门前三包""文明吴中""随手拍"等平台,年内"门前三包"平台共督办问题4748个,完成整改2766个,自行整改率58.2%。建立物联网实时监测系统,加强数据实时更新和互联共享,提高灾害事故监测感知能力,年内完成长桥、澹台湖大桥、太湖东路大桥的物联网监测工作。

【城市管理执法】 2023年,区城管局以"打造制度化、规范化执法队伍"为目标,建立健全执法工作机制,深化落实执法公示、执法全过程记录、重大执法决定法制审核、重大案件集体讨论、行政执法责任制等制度。开展生活垃圾分类、小微执法、门前三包、机动车违停等专项执法行动。年内共办理一般程序案件191件,罚款64.65万元;简易案件9件,罚款1700元。

(姚晓萍)

交 通

【概况】 2023年,吴中区交通运输局(简称"区交通运输局")推进12个市、区级重点交通项目,全年完成投资17.18亿元,南湖快速路东延等一批项目完工通车,长江路南延工程快速推进。完成苏申外港线正荣国领小区段航道疏浚工程和苏西线工农桥段护岸维修工程。全年继续优化、定制、新辟公交线路和非机动车停车设施建设。启动"四好农村路"全国示范县创建工作,推进"路长制"管养。持续深化全区道路建管养一体化改革,推广以区级国资为养护主体的2.0改革。全年共处置答复区人大建议14件、区政协提案4件,答复各类热线工单1.37万件,办结率100%,满意率98.80%。

【道路建设】 2023年,区交通运输局推进12个市、区级重点交通项目,总投资约151.69亿元,全年完成投资17.18亿元,其中南湖快速路东延、星塘街南延、东欣路改造,拥军道路、灵湖大桥改建,环澄湖路新建等一批项目完工通车。南湖快速路东延及尹山湖隧道的建成通车,实现中环南线与东线的闭环,拉近角直镇与主城区的距离。尹山大桥建设于2023年春节前完工，长江路南延工程得到快速推进，完成明挖主体结构50%，暗挖主体结构62%；年内新开工的胜浦大桥南连接线项目，拆迁清障取得新突破，工程建设步入规模施工，高垫大桥连接线工程组织进场施工。储备项目中沪常高速太湖新城互通项目、东方大道甪直段快速化一期、甪胜路新建工程、藏北路改造工程、星塘街南延二期工程启动前期报批工作，635国道吴中南段、东太湖路横泾段改扩建工程开展方案研究。

【港航建设】 2023年，区交通运输局完成苏申外港线正荣国领小区段航道疏浚工程和苏西线工农桥段护岸维修工程，完成2024—2026年养护储备苏申外港线保畅疏浚初步方案编制。全年累计出动船艇205艘次、人员720人次，上航检查航标845座次，查标里程3138.32千米，巡航里程1.18万千米。全年苏西线船舶流量观测总流量6.84万艘，总吨位为4054.3万吨；港口吞吐量总计1291.9万吨，其中进港1238.8万吨、出港53.1万吨。

【公路管养】 2023年，区交通运输局启动"四好农村路"全国示范县创建工作，推进"路长制"管养，完成384座干线公路桥梁、5座隧道及7条高架桥梁的健康检测，保障桥梁运行安全可靠。持续深化全区道路建管养一体化改革，在原基础上推广以区级国资为养护主体的2.0改革，年内，道路、交安设施、照明设施、绿化、公交站台全部接养到位。全年完成沥青路面及人行道修复4.1万平方米，新划标线4.15万平方米，安装反光标识400套，迁移及种植绿化3100棵，种植色带7226平方米，修复草坪6537平方米。

【综合行政执法】 2023年，区交通运输局全年共检查车辆8521辆，查处各类案件650件，罚款金额148万余元，卸驳载超限超载货物6055吨，实施"一超四罚"29起。推进路域环境专项整治，清除公路及公路建控区的堆积物24处、非公路标志151块、占道经营摊点146处、路面污染800平方米，发现并处置公路安全隐患78处。全面落实行政执法"三项制度"，强化执法行为过程信息全程记载及可回溯管理，重大执法决定法制审核实现全覆盖，全年向社会公示行政处罚案件195件。强化信用分级分类监管工作，全年认定一般失信行为667起、严重失信行为31起，涉企信用修复44起。

【安全质量管理】 2023年，区交通运输局持续开展各类安全专项整治，全

2023年1月，南湖路快速路东延工程（吴中区段）完工通车　　　　　　　　　　　　　　　区交通运输局　供稿

2023年2月，省交通运输厅公路事业发展中心公布2022年度农村公路品牌提升成效评选结果，吴中区2条公路上榜，其中越东线获省级"美丽农村路"样板路称号。图为越东线　　　　　　　　　　　　　　　　　　　　区交通运输局　供稿

年共出动检查人员574人次，检查企业437家次，发现隐患203处，整改203处，完成安全生产执法25起，罚款金额30万元。牵头农村道路交通安全省级专项巡察工作，共计办理专项任务交办单6份，督促各镇做好巡察组下沉走访指出问题整改工作，编制巡察反馈整改方案，推进各项整改措施的落实。全年开展督导检查52天，检查企业100家，督促整改隐患182项，协调推进金庭镇农村地区道路交通安全综合治理试点工作。推进交通安全设施提档升级，完成干线道路19处拥堵交叉口渠化改造及17处无用开口封闭，完成金庭环岛公路交通安全隐患鉴治提升、高架快速路12处中分带应急开口护栏提升改造和17处港湾式公交站改造。　　（高艳）

表24-1　2023年交通运输业基本情况统计表

项目	单位	2023年	2022年
一、公路			
公路总里程	千米	1130	1142
#沥青路面	千米	1023	1033
已绿化里程	千米	1094	1106
公路桥梁	座	1063	1073
	延米	48354	48108
二、航道			
内河航道通航里程	千米	353	353
通航河流上建筑物	座	5	5
航道上设立的航标	座	59	59
#发光的	座	59	59
三、年末营业性车辆拥有量	辆	6726	7370
#客运车辆	辆	268	280
货运车辆	辆	6458	7090
四、系统内旅客运输量	—		
客运量	万人次	841	839
#公路	万人次	795	813
旅客周转量	万人千米	26005	33084
#公路	万人千米	25600	33041

（区统计局）

表24-2 2023年通车通航里程统计表

项目	单位	2023年	2022年
一、公路总路程	千米	1130	1142
1. 按行政等级分			
(1)国道	千米	66	10
(2)省道	千米	50	101
(3)县道	千米	266	271
(4)乡道	千米	404	410
(5)专用公路	千米	—	—
(6)村道	千米	345	350
2. 按等级分			
(1)高级	千米	—	—
(2)一级	千米	226	227
(3)二级	千米	445	451
(4)三级	千米	339	345
(5)四级	千米	121	119
3. 按路面标准分			
(1)沥青路面	千米	1023	1033
(2)水泥路面	千米	108	109
二、公路桥梁	座	1063	1073
	延米	48354	48108
三、内河航道通航里程	千米	353	353
#通机动船	千米	353	353
四、通航河流上建筑物	座	5	5
1. 永久性闸坝	座	—	—
2. 船闸	座	5	5
3. 套闸	座	—	—
五、航道上设立的航标	座	59	59
#发光的	座	59	59

（区统计局）

表24-3 2023年末营业性汽车拥有量统计表

项目	单位	总计	个体
合计	辆	6726	584
一、客运汽车	辆	268	—
	客位	11011	—
#大型汽车	辆	212	—
	客位	9921	—
中型汽车	辆	56	—
	客位	1090	—
二、货运汽车	辆	6458	584
	吨位	74345	5432

续表

项目	单位	总计	个体
(1)普通载货汽车	辆	4344	532
	吨位	46510	4972
#大型汽车	辆	4289	520
	吨位	46312	4930
#重型汽车	辆	3336	351
	吨位	39920	3888
中型汽车	辆	53	11
	吨位	196	41
(2)专用载货汽车	辆	809	21
	吨位	8790	131
#大型汽车	辆	622	12
	吨位	8491	121
#重型汽车	辆	507	8
	吨位	7751	98
中型汽车	辆	38	—
	吨位	132	—
(3)牵引车	辆	706	21
(4)挂车	辆	586	10
	吨位	18918	329
(5)其他载货机动车	辆	13	—
	吨位	127	—

（区统计局）

编辑　赵立文

乡村振兴

乡村改革

【集体资产租金跨行代扣】 加强全区集体资产资源租赁监管，提升集体资产承租户缴租便利性，维护集体经济组织及其成员合法权益，出台《关于进一步规范农村集体资产租赁管理的实施意见》，全区农村集体资产新签租赁合同的租金支付方式须坚持"先付款、后使用"的原则，合同签订时先期支付租金后方可获得租赁使用权。在省内率先开展农村集体资产租金跨行代扣工作，通过中国人民银行苏州市中心支行跨行渠道，整合集体资产租赁合同与租金的交互管理，实现一次签约，自动划扣、自动提醒、自动催缴、自动对账，集体收租全面智能化和自动化，满足集体租赁合同租金收缴履约需要，从源头上提升集体资产租金收缴率。

【乡村公益医疗互助】 吴中区开展乡村公益医疗互助项目，减轻农村居民大病医疗负担。2023年，乡村公益医疗互助项目继续在胥口镇、长桥街道开展试点，通过"群众个人自愿互助一点、村集体经济扶持一点"的方式筹集资金，累计补助近3000人次，补助金额约450万元，平均减负效果在48%左右。7月，吴中区扩大试点范围，新增城南街道，参加人数增加至6.67万人。

【农村人才定向培养】 吴中区坚持把乡村人力资源开发放在首要位置，引导和鼓励本土青年人才在乡村振兴中建功立业，进一步健全农业农村人才定向委培选人、育人、用人体制机制。2023年，区农业农村局以合作院校专班委托培养为主要方式，培养一批基层农业农村专业人才，首批招录扬州大学农村区域发展专业15名吴中学子。

乡村产业

【概况】 2023年，全区乡村振兴产业发展立足优势资源，发展特色产业，在打响区域公共品牌，催生新产业新业态新模式，构建全域农文旅融合格局，实现信息共享、资源流通、产业联动、共同发展上取得初步成效。截至年末，全区共有农业新型经营主体联盟2个、国家乡村产业融合发展示范园1个、区级电商直播基地1个、区域公用品牌5个；国家级休闲农业与乡村旅游示范点（村、企业）6个，美丽乡村休闲旅游行精品景点线路1条，省级休闲乡村、主题创意农园等各类主体21家，市级共享农庄25家。探索村庄建设发展不同路径，着力打造新时代鱼米之乡。黄墅村以村集体为平台，整合闲置资源，试点开设民宿产业、培育乡村业态，打造乐趣黄墅品牌。东林渡以政府小投入撬动市场大资本，探索"以点带面式"村庄发展。北竹坞以本村国家级工艺美术大师为带头人，成立全国首家提供非遗雕刻艺术研学体验的专业合作社，带动周边村民增收致富。

【休闲农业发展】 2023年，依托吴中区独特的山水林田湖等优质资源，以发展休闲农业和乡村旅游为突破口，激发乡村产业发展新动能。举办2023年吴中区中国农民丰收节开幕式，拍摄完成"苏韵乡情"主题休闲农业宣传片。横泾街道上林村打响"林渡暖村"农旅品牌，胥口镇采香泾村获评2023年苏州市乡村休闲旅游农业精品村。全区共有乡村休闲旅游农业经营主体1327家，全区乡村休闲旅游农业共接待游客1943万人次，比上年增长88.6%；实现营业收入27.54亿元，比上年增长137%。完成2023年度市级共享农庄区级监测工作，7家复评优秀，13家复评合格。全区共享农庄接待游客量160.01万人次，经营总收入达1.23亿元。

【新型经营主体建设】 2023年，统筹推进新型农业经营主体发展，不断强化家庭农场、农民合作社、农业社会化服务组织等各类农业新型经营主体培育工作，构建小农户与现代农业有机衔接的体制机制。全区新增国家级、省级农业产业化龙头企业各1个，市级农业产业化龙头企业4个；

林渡暖村共享农庄　　　　　　　　　　蒯超　摄

新增国家级农业专业合作社示范社4家（苏州岚庭碧螺春茶叶专业合作社、苏州临湖农业专业合作社联合社、苏州市东山吴侬碧螺春茶叶专业合作社、苏州香雪养蜂专业合作社），省"百佳"家庭农场2家（苏州市吴中区东山叶洪兴莼菜家庭农场、苏州市吴中区金庭市外淘园生态休闲家庭农场），市级示范家庭农场7家，市"十佳"家庭农场1家，区级示范家庭农场25家。全区新增市级实训基地4家，江苏省高素质农民培育实训基地（田间学校）2家。鼓励新型农业经营主体创业创新，3家单位分获苏州市第六届农业农村创业创新大赛二、三等奖和优秀奖。（蒯超）

富民强村

【概况】 不断创新农村集体经济发展路径，规范农村集体"三资"监督管理，确保完成全区集体存量资产更新改造任务，激发集体经济发展新活力，保障农村集体经济保持规模发展、高质量发展，为加快实现乡村振兴发展提供基础支撑。2023年，全区镇村集体总资产515亿元，村级集体总资产204亿元，村均集体总收入1802万元，村均集体经营性收入1538万元。4月，临湖镇灵湖村入选第一批全国农村集体经济发展村级典型案例，全省唯一。25家村（社区）股份经济合作社获评江苏"百强股份经济合作社"，数量超全市三分之一。

【存量资产更新改造】 2023年，加快集体老旧工业载体更新改造，盘活存量资产，优化产业空间体系。对实施更新改造符合条件的村级集体经济组织按改造前载体面积每平方米每月20元连续补助两年。加快胥口镇、越溪街道等实施项目进度，集体存量载体更新改造项目面积超50万平方米，盘活集体资源性土地面积超20公顷，增加集体租金收入1.5亿元。紧扣产业低端、产出低效的镇村存量集体资产，统筹66.67公顷集体土地指标，引入区国资、开发区等各方资源，共同推进集体老旧存量资产更新改造，加快实现开发地块"落地上图"。

【"三资"云数据监管】 2023年，建成吴中区农村集体"三资"云数据管理监督平台，全区432家村集体经济组织账套、99家村集体企业账套、1188个银行存款账户全面纳入"云监管"，村级集体在18家金融机构开设的监管账户全面对接监管平台。通过集体"三资"云数据管理监督平台实现集体资产租金拖欠"红橙黄"三级智能化预警。租金收缴、银行流水与租赁合同全面线上关联，对纳入"黑名单"的承租户，限制其在平台内发起立项的资格，并限制其承租全区农村集体经济组织或集体企业权属物业的资格。通过BI监测中心的预警体系，及时发现问题数据，推进集体"三资"大数据关联和收支全程受控，提高矛盾风险实时预警功能，实现集体"三资"高质量科技监管。（蒯超）

【灵湖村获评全国典范】 4月，农业农村部办公厅公布第一批全国农村集体经济发展村级典型案例，灵湖村为全省唯一入选案例。灵湖村主动抢抓"薄弱村帮扶重点村"机遇，与镇内"强村"共同出资成立"众村集团"，开展异地资产收购、物业承接、文旅开发，集体经济总收入从2010年的不到200万元提升到2023年的1450万元。聚焦优势，瞄准旅游产业"主赛道"，通过租赁经营、联合经营、自主经营和分成经营"四步曲"经营模式，以黄墅自然村为核心，以亲子旅游为重点，开发森林拓展、田园游乐、精品民宿等特色产业项目。通过民主决议成立村级合作社，租赁村民的"空关"房屋，将这些房屋改造成"能造血、能富民"的村级项目，为村民提供112个家门口就业岗位。2023年，灵湖村旅游收入达450万元，占集体经济收入的31%。（吴清清）

【职业农民培育培训】 2023年，区农业农村局培养满足乡村振兴需要的新型职业农民，推进农业生产走上正规化、科学化之路。全年共开展包括水产养殖、农机农艺、水生蔬菜、果蔬园艺、农产品电商等多个专题培训12期，累计培训职业农民763人，新增认定新型职业农民460人。其中，开展部级新型农业经营主体带头人及农民合作组织负责人培训班1期，完成培训并录入管理系统100人。委托扬州大学培养第一届农业农村人才定向委培生15人。吴中新农人获央视专题报道，获江苏省农村创业大赛一等奖1个。12月，苏州常春藤农业专业合作社、苏州义金烧坊酿酒有限公司通过评审，入选江苏省级高素质农民培育实训基地（田间学校）。截至年末，吴中区拥有省级高素质农民培育实训基地（田间学校）6家，苏州市级高素质农民培育实训基地（田间学校）5家。（蒯超）

美丽乡村建设

【概况】 2023年，吴中区推进"三特一古"（特色精品乡村、特色康居乡村、特色宜居乡村、古村落）乡村建设，持续改善农村基础设施建设，全年新增省级特色田园乡村1个、市级特色精品乡村3个、市级特色康居乡村20个，累计建成省级特色田园乡村13个、省级宜居宜业和美乡村14个、市级特色精品乡村16个、市级特色康居示范区10个、市级特色康居乡村755个。累计命名中国传统村落15个、省级传统村落30个，数量均位居全省第一。（张杰　蒯超）

【特色田园乡村建设】 2023年，吴中区持续推进特色田园乡村建设工作，新增省级特色田园乡村1个,为金庭镇蒋东村后埠,省级特色田园乡村累计达13个;新增市级特色精品乡村2个,分别为临湖镇东吴村北港、界路村大渡村,市级特色精品乡村累计达16个。吴中区特色田园乡村建设工作探索"两村""多区"融合发展,引导特色田园乡村和传统村落融合共建,引导特色精品示范区、传统村落集中连片示范区联动发展,同时横向结合农房改善等工作,推进全域优质村庄连片成面、有机融合,助力乡村振兴工作实现高质量发展。　　(张杰)

【特色康居乡村建设】 2023年,坚持高起点规划、高标准实施、高质量完成,扩大示范效应,新增市级特色康居乡村20个,实现规划发展类村庄特色康居乡村建设全覆盖。通过连片规模建设、组团融合发展,因地制宜推动东山镇创建市级特色康居示范区,涉及3个行政村、11个自然村,累计投资额约950万元,基本完成项目建设。全区共建成省级宜居宜业和美乡村14个、市级宜居宜业和美镇(示范镇)4个、市级和美村(示范村)51个,建成市级特色康居示范区10个、市级特色康居乡村775个。特色康居(宜居)乡村建设覆盖率100%。

【乡村振兴片区化建设】 2023年,围绕规划建设协同、产业发展协同、富民增收协同、乡村治理协同、改革创新协同"五个协同",全域推进五大乡村振兴片区建设,共涉及全区镇(街道)10个、行政村(涉农社区)99个、自然村1162个,受益农户约9.82万户,区域面积约630平方千米,全域实现行政村全覆盖。7月,发布五大乡村振兴片区规划,计划建设储备项目175个,总投资额约190亿元。印发《吴中区乡村振兴片区化建设实施方案》,明确片区建设重点内容,排摸统计重点区域9个、建设项目共计80个,总投资额约16亿元。　(蒯超)

乡村文化

【乡风文明建设】 深化乡风文明建设,启动2023吴中区"文明实践　村村有'戏'"系列活动,全年共演出80余场,以评弹、小品、歌舞等群众喜闻乐见的形式,传播创新理论、讲述好人故事、阐释法律政策、弘扬文明新风。提升文明单位创建水平,全面落实《苏州市文明单位"常青树"赋能计划》,开展文明单位与城乡基层结对共建活动,扩大各级文明单位示范带动作用,提升村(社区)基层创建水平。　　　　　　　(封思辰)

【乡村振兴学堂】 苏州乡村振兴学堂是江苏省首个乡村振兴综合实践教育培训基地,于2018年4月挂牌成立。学堂占地面积6.93公顷,拥有多功能厅5个、多媒体教室6个,建有苏州乡村振兴展示馆、苏州市方志馆苏州乡村振兴学堂分馆、"海棠花红"环太湖党建带长廊、监察文化园、法治文化园等。围绕乡村振兴战略"产业兴旺、生态宜居、乡风文明、治理有效、生活富裕"总要求,学堂建立涵盖350多门理论课程在内的课程库,开拓遍布苏州大市范围内的60个现场教学基地,配备60名现场讲解教员,规划爱国主义教育、法治廉政建设、生态文明示范、基层治理典范等参观教学路线8条。学堂挂牌"全国美好环境与幸福生活共同缔造活动培训基地""苏州市海棠花红先锋阵地""苏州市新型职业农民教育培训中心"。2023年,学堂增挂"苏州市专业技术人员继续教育基地",获评苏州市法治文化建设示范点。

2023年,学堂聚焦乡村振兴干部培训主题,全面推进乡村振兴战略,讲好乡村振兴的"苏州故事"并打造"吴中样板"。全年举办全国生态环境保护综合行政执法师资培训班、乡村振兴北京"头雁"培训班、乡村振兴天津"头雁"培训班、四川省银协普惠金融服务主题班、2023苏州市高素质农民培训班等各类培训班124期,共培训学员9442人。举办苏州市首届干将学习节吴中分会场活动、吴中区党建引领乡村振兴重点帮促村工作推进会等会议和活动33次,服务2264人。先后接待南京海关、江苏省农业科学院等党政机关、企事业单位参观考察102批次2774人。"新华网江苏频道""荔枝网""交汇点"App等各级媒体多次报道学堂干部教育培训工作及重大活动。　　　　(周心怡)

【农家书屋】 2023年,吴中区推动农家书屋工作取得新成效,保障农民基本文化权益、满足农民基本文化需求。截至年末,全区有农家书屋132家。组织开展"新时代乡村阅读季"系列活动,吴中区阅读推广案例入选全国"一大优秀案例";《小小书屋大大文明》获江苏省"发现最美农家书屋"活动视频组二等奖,接驾社区、香溪社区、金山村农家书屋分获摄影组二等奖、三等奖及优秀奖。(周蔚)

乡村治理

【概况】 2023年,坚持在农村基层党组织的领导下,立足村情民情实际,探索治理模式和体制机制创新。通过在乡村治理中推行运用积分制管理模式,将乡村治理各项事务转化为数量化、标准化、可考核化指标。实施正向激励,凝聚引导群众,调动激发群众内生动力,发挥农民群众在乡村振兴战略实施、农村人居环境整治、农村新型集体经济发展、乡风文明实践等方面的主体意识和责任意识,构建全民共建共治共享的"自治、德治、法治、智治"四治融合的乡村治理工作格局。临湖镇牛桥村对居住出租房屋实施"旅店式"管理,甪直镇澄湖村成立"人居环境奖励超市",结合全

2023年4月,东山镇渡桥村获评首批江苏省生态宜居美丽示范村　　　　蒯超　摄

区"星级文明户""美丽庭院"等评选活动,推动农村人居环境整治提升与农民生产生活相融相促。12月,省民政厅发布《关于公布2022—2023年度江苏省优秀社会工作案例及项目征集结果的通知》,全市共2个案例入选,吴中区的"乡村美　组织兴　生活甜——东山镇社会工作站'五微服务'助力乡村振兴案例"入选。累计创建全国乡村治理示范村2个、省级生态宜居美丽示范镇1个、省级生态宜居美丽示范村7个。

【农村人居环境整治】 2023年,区农业农村局制定《吴中区2023年农村人居环境整治提升考核办法》,组建区农村人居环境提升推进小组。对全区11个镇(街道)开展考核工作,全年发布镇级"红黑榜"2期、村级"红黑榜"5期。吴中区在全市农村人居环境整治提升专项考评中排名第一、第二、第三各1次。印发《吴中区2023年农村人居环境整治提升集中攻坚行动方案》,开展村庄清洁行动四季战役和村庄垃圾清理等专项行动,全年发动干部群众参与10.3万余人次,清理各类积存垃圾8.2万余立方米。

【积分制推广应用】 2023年,围绕乡村治理的重点任务和突出问题开展积分制管理改革,出台《关于在乡村治理中推广运用积分制的实施方案》,将人居环境整治、文明家庭、民主建设等内容纳入乡村治理积分制考评内容,依托中国农业银行吴中支行乡村数字云平台,实现村民积分的数字化管理。拓宽积分制数字管理的现实应用场景,村民在得到积分后可使用数字化积分前往指定商户进行商品兑换,将积分管理理念融入乡村治理各个环节,以集体"三资"云数据平台为依托,为"积分制"推广运用提供技术支撑,实现128个村(涉农社区)"积分制"治理全覆盖。　　　　(蒯超)

编辑　任海令

太湖生态岛建设

综　述

【发展沿革】　太湖生态岛，是指金庭镇区域范围内的西山岛等27个太湖岛屿和水域。2020年11月，市委、市政府要求在生态涵养区建设的基础上，进一步聚焦金庭镇区域范围内的西山岛等27个太湖岛屿和水域，对标上海崇明世界级生态岛，高标准打造"太湖生态岛"。2021年3月，"支持苏州建设太湖生态岛"被列入江苏省"十四五"规划。2021年8月1日，苏州市首次、江苏省首例以立法形式保护太湖岛屿的《苏州市太湖生态岛条例》实施。作为配套政策的《苏州市关于支持太湖生态岛建设的若干政策意见》《吴中区关于支持太湖生态岛建设的若干政策意见》同步实施。2021年9月29日，太湖生态岛建设推进大会在金庭镇召开。2022年，自然资源部首批生态产品价值实现机制试点落地太湖生态岛，全省首个生态环境损害赔偿示范基地在太湖生态岛揭牌，生态环境损害赔偿示范基地长三角现场会在金庭镇召开，"苏州太湖生态岛农文旅绿色低碳融合发展示范项目"入选国家第二批生态环境导向的开发（EOD）模式试点。2023年，太湖生态岛创成首批江苏省"生态岛"试验区，并入选"江苏省生态岛试验区建设规划方案"总体布局重要节点。

【规划体系】　2023年，吴中区编制《太湖生态岛项目建设总体计划（2022—2025）》《太湖生态岛发展规划（2021—2035）》《太湖生态岛国土空间总体规划》及国土空间生态保护和修复、水环境综合整治提升、污水治理等9个专项规划，确定太湖生态岛重点项目建设的"时间表"和"任务书"，形成指导太湖生态岛建设的"1+2+N"规划体系及可落地实施的太湖生态岛建设行动计划。（陈燕芳）

生态修复

【水环境综合整治】　2023年，吴中区贯彻落实习近平生态文明思想，统筹山水林田湖草综合治理。对照《太湖生态岛水环境综合整治提升规划》，遵循科学谋划、河岸兼治的原则，分片区协同推进全岛污水管网修复改造以及河道治理工作。2023年，主要通湖河道水质达标率达到90%。常态化开展太湖湿地保护、芦苇收割管理、水草蓝藻打捞、沿岸水体保洁、饮用水源地保护"五位一体"综合管理，全年打捞蓝藻水草等1.7万余吨，确保太湖安全度夏，水环境持续稳定。构建环太湖湿地带，修复和保护湿地带面积60余万平方米，有效带动整个湖区的生态系统恢复及生态功能提升。（陈燕芳）

【生物多样性保护】　2023年，吴中区加强生物多样性保护，常态化开展中华蜂、太湖鹅、洞庭山碧螺春、枇杷等本地优质种质资源保护工作，完成全岛生态本底调查，确定区域内重要保护物种及其栖息地范围，编制《太湖沿线及其岛屿生物多样性恢复提升实施方案》，为后续保护工作提供数据支撑。5月，江苏省苏州环境监测中心开展新一轮太湖典型区域生物多样性调查工作。调查结果显示，吴中区物种资源丰富，各类物种共计1190余种，其中太湖生态岛就发现物种969种，是生物多样性的热点地区。调查人员在中午时分，太阳光照下采用无人机航拍技术开展水草调查，获取调查区域的正射影像。调查初步记录到主要水生植物32种。

6月，苏州市林业站和南京林业大学联合调查小组在太湖生态岛天王坞样线调查时发现《江苏植物志》里未记载的无患子科槭属植物毛脉槭。这是首次在江苏省发现该物种，这里也属毛脉槭分布的北界。该岛还发现植物活化石松叶蕨、宽尾凤蝶、桃花水母、毛脉槭等系列罕见物种，标志着生物多样性日趋丰富、生态持续向好。

截至2023年末，太湖生态岛上有12种植物属于《世界自然保护联盟濒危物种红色名录》中的极危（CR）和濒危（EN）类别；37种植物被列入《国家重点保护野生植物名录》，如粗梗水蕨、松叶蕨等较珍稀的蕨类，指示着较为良好的生物生存环

太湖生态岛　　　　　　　　　　　　　　罗煊　摄

2023年6月，苏州市林业站和南京林业大学联合调查小组在太湖生态岛发现一种无患子科槭属植物——毛脉槭，系江苏省新记录物种　　区委宣传部　供稿

境；有12种鸟类被列入《国家重点保护野生动物名录》；2种植物和10种鸟类被列入《江苏省生物多样性红色名录》；分别有4种两栖动物、4种鸟类和6种哺乳动物被列入《江苏省生态环境质量指示物种清单》。

（陈燕芳　吴鉴）

【农业面源污染防治】　2023年，吴中区在生态岛实施农业面源污染防治，推进有机肥全量替代，全面推广发放商品有机肥4300余吨。生态环境损害赔偿示范基地全年落地案件28件，补偿总金额约103.4万元。全面提升镇村容貌，紧扣乡村振兴战略部署，统筹实施特色田园乡村建设、古村古迹修复等工程，整体提升人居环境。

（蒋晶）

【消夏湾湿地生态安全缓冲区建设】　2023年，吴中区统筹山水林田湖草综合治理，开展生态岛生态治理、生态保育、生态修复各项工作。2023年2月，省生态环境厅公布2022年度"十佳生态环境治理改革创新案例"名单，消夏湾湿地生态安全缓冲区一期项目案例入选。2018年以来，吴中区将原有蟹塘腾退整治成高标准农田用于发展现代高效特色农业和农业观光旅游，全力攻坚清退消夏湾外圩333.33公顷养殖蟹塘并完成200公顷土地复垦占补平衡。消夏湾湿地生态安全缓冲区项目于2020年启动，规划实施面积18平方千米，是苏州生态涵养发展实验区重点项目。该项目通过山水林田湖草一体化系统性治理，充分发挥自然生态系统对污染物的消纳净化作用，每年可削减流入太湖的总氮8.7吨、总磷0.87吨，破解环太湖地区农业农村面源污染难以收集治理的困局，筑牢太湖生态安全屏障。　（陈燕芳　吴鉴）

【生态环境损害赔偿】　生态补偿政策是苏州通过实施财政转移支付，对因保护和恢复生态环境功能而使经济发展受到限制的地区给予一定经济补偿，从而增强保护生态环境、发展社会公共事业能力的一项阳光政策。2021年起，生态补偿政策在太湖生态岛范围内提质扩面。

2022年5月，吴中区政府联合苏州市检察院、苏州市生态环境局在太湖生态岛创建全省首个集修复示范、法治警示、科普交流和监测监控等功能于一体的生态环境损害赔偿基地。2022年11月，吴中区承办长三角区域生态环境损害赔偿工作现场会。《中国环境报》等主流媒体对基地作宣传报道，基地成为展示长三角生态环境损害赔偿工作"看得见、摸得着"的示范窗口和新时代法治政府建设示范标杆。2023年4月22日，太湖生态岛生态环境损害赔偿示范基地首个劳务代偿案件落地，涉事企业职工徐某在金庭镇"太湖生态岛志愿绿V站"开展景区环保志愿服务。截至2023年末，基地共落地修复案件45件，涉及修复资金226.4万元。该基地在新时代法治政府建设中具有创新性、引领性、典型性，"以基地为载体，积极探索生态环境损害赔偿制度实施新路径"项目入选2023年度法治苏州建设创新项目。（陈燕芳　蒋晶　吴鉴）

【太湖生态岛巡回审判点揭牌】　2023年3月，苏州市姑苏区人民法院"太湖流域环境资源法庭太湖生态岛巡回审判点"、苏州市吴中区人民法院"太湖生态岛巡回审判点"在金庭镇揭牌。太湖生态岛巡回审判点的设立，是苏州法院不断完善环境资源案件审判机制的具体体现，也是整合审判力量护航生态文明建设的重要抓手，对进一步延伸司法保护和法治宣传触角，助力太湖生态岛建设具有重要意义。

（吴鉴）

绿色低碳发展

【概况】　2023年，吴中区聚焦生态质量提升、生态价值转化、绿色低碳发展，把"双碳"目标纳入生态岛生态文明建设整体布局。强化"生态+"，将生态要素与古镇古村、茶林果乡、原生稻田等农文旅特色要素深度整合融合，碧螺春、青种枇杷、太湖鹅等品牌不断擦亮。强化"低碳+",围绕全国首个"自动驾驶生态示范岛"建设目标,打造"智能网联+智慧文旅""双智"场景,太湖生态岛自动驾驶车路协同系统项目落地实施。持续推广新能源交通工具,全年完成521辆居民乘用车的推广置换,并配套新建8个点位36台充电桩。

【生态产品价值实现】 2023年,吴中区建立"三个机制"(监测机制、评价机制、经营开发机制)试点实现生态产品价值。建立监测机制,摸清基础底数。结合"天空地一体化"模式,运用"三维化手段",开展太湖生态岛生态产品基础信息调查检测,形成目录清单,绘制"生态产品地图",构建生态产品数据库。探索构建"水—陆—空"一体化信息监测网络,逐步建立太湖生态岛生态产品数字化管理体系和开放共享的信息云平台。建立价值评价机制,推进核算应用。建立太湖生态岛生态产品价值核算基础数据库制度以及监督和核算结果评价机制,探索建立价值核算结果市场应用机制,推动其在生态保护补偿、生态环境损害赔偿、经营开发融资、生态资源权益交易等方面的应用。建立经营开发机制,丰富实现路径。开展太湖生态岛生态产品开发利用适宜性评价,构建生态多因素指标体系,并编制《太湖生态岛生态产品开发利用产业发展指引与生态产业发展规划》。加快推进农业园区转型升级"661"工程及农文旅绿色低碳融合发展EOD示范项目建设等路径。2023年,吴中区太湖生态岛获批自然资源部首批生态产品价值实现机制试点,先后发布太湖生态岛生态产品调查报告、生态产品分类目录清单和"生态产品地图"。8月,省自然资源厅公布首批自然资源领域生态产品价值实现典型案例,消夏湾项目入选。"苏州太湖生态岛农文旅绿色低碳融合发展示范项目"入选国家第二批生态环境导向的开发(EOD)模式试点。

(陈燕芳 蒋晶 吴鉴)

【太湖生态岛文旅伙伴计划】 2023年,吴中区推进环太湖旅游资源一体化改革,加快太湖生态岛建设,实施"旅游+""+旅游"发展战略,实施"文旅+科技"双轮驱动发展战略,打造绿色生态创新实践示范区。7月25日,太湖生态岛文旅伙伴计划发布,首批推出30处具有较高可活化利用价值的空间载体,涵盖民宿、旅游商业、餐饮、旅游主题酒店、文创、研学基地等领域。10月,苏州吴中(第23届)太湖经贸合作洽谈会太湖生态岛文旅伙伴计划第二批发布会举行。截至2023年末,推出60个载体,落地17个,其中绿廊、LIM CAFE、周派核雕、颉影、抖商学院、不觉晓、青蛙村7个开业运营。启动实施太湖体育小镇伙伴计划,首批推出10个优质载体。

(陆淼 吴鉴)

【2023苏州太湖梅花节】 1月18日,2023苏州太湖梅花节开幕式在香雪海景区线上直播开幕。梅花节从1月18日开始到3月19日结束,历时约2个月。截至2023年,太湖梅花节共举办27届,是长三角地区知名的旅游品牌。2023梅花节以"畅游太湖,遇见'梅'好"为主题,结合光福香雪海、金庭林屋梅海、东山雨花胜境、香山渔洋山四大赏梅景区的特色,挖掘苏州太湖的梅文化,通过抖音等新媒体平台现场直播梅花节盛况,即时展示梅海胜地的秀丽风光和人文历史。各景区围绕"忆梅""咏梅""寻梅""望梅"四个分主题,设置特色活动。

【"风铃溪谷·金铎岭"开园】 金铎岭位于太湖生态岛北部金铎山东北山麓(海拔103米),与叶山岛、绍山岛隔湖相望,占地面积约4.08公顷,相传2500余年前因吴王阖闾藏"金铎"于此而得名。金铎岭项目既是贯彻市委"一山一策""一岛一策"工作方案,推动太湖生态岛生态修复与合理利用有机结合的先行试点项目,也是深入推进环太湖旅游资源一体化改革的标杆项目。2023年9月28日,太湖生态岛"风铃溪谷·金铎岭"开园。开幕式上,环太湖金秋文体旅活动发布,举行风铃溪谷·金铎岭项目介绍暨2023苏州太湖国庆黄金周"Lake Walk品牌活动"发布会,风铃溪谷·金铎岭白泽IP发布,环太湖文体旅合作项目集中签约。

(吴鉴)

重点项目建设

【概况】 22023年,吴中区坚持以《太湖生态岛发展规划(2021—2035)》为统领,以各专项规划为支撑,按照高标准建设太湖生态岛的工作部署,全年实施太湖生态岛重点工程项目24个,总投资4.04亿元,计划投资2.03亿元。截至年末,完成投资1.52亿元。

【环太湖湿地带建设项目(二期)】 环太湖湿地带建设项目(二期)建设期限为2022年11月至2023年7月,总投资约1100万元,旨在构造完整的湖滨湿地生态功能,促进水生植物群落逐步恢复,提升湖滨带生态系统功能及湖体自净能力,减少总氮、总磷负荷,保障太湖水质安全。2023年完成阴山岛至慈里江西14千米湿地带建设,保育现状湿地面积41.07万平方米,构造3.1千米环湖湿地带,修复湿地面积22.04万平方米。

【污水治理厂网一体化建设项目】 污水治理厂网一体化建设项目建设期限为2023—2024年,开工时间为2023年6月,总投资约4300万元,目标是形成与社会经济发展需求相适应的污水处理能力,实现污水管网"全覆盖、全收集、全输送、全处理",源头防控涉水污染源。2023年完成外鱼池自然村雨污水管道改造完善。

（陈燕芳　金庭镇）

【村庄改造提升项目】　村庄改造提升项目建设期限为2023—2024年，实施东村古村、植里古村特色精品乡村改造，包括建筑风貌更新，村口片域改造，重要节点景观改造，部分建筑活化利用等；总投资约3000万元，按重塑型、优化型和微建型对生态岛村庄进行分级分类提升，树立一批生态岛未来乡村样板。

庭山村外鱼池村庄改造项目（一期）　外鱼池自然村依托天王荡独特的"二十一塘"风貌，以艺术和设计为纽带介入乡村振兴，打造生态宜居、产业共融、风貌独特，具有艺术气质的外鱼池艺术村。开工时间2023年1月。2023年完成一期工程，建设内容主要为坑塘整治、景观提升、村庄导视、照明、市政基础设施、驳岸等。

东村村张家湾特色田园乡村改造项目　张家湾自然村沿西洞庭山路分布，村落以连绵起伏的青山为背景，面朝太湖，景观良好。2023年2月开工，2023年完成村庄优化提升，主要建设内容为中心绿地改造、村庄沿街场地及出入口改造、生态菜园区域优化等。

东村村"屠坞竹海艺术村"特色田园乡村建设试点项目　里屠坞自然村四周为山林和台田，生态景观资源丰富，田园景观优美，拥有山体茶田、沿坞竹林、径山水系、参天古树等丰富的场地资源。主要通过环境提升、产业赋能，打造成"太湖西山竹文化主题艺术聚落"。2023年完成方案设计。（陈燕芳　金庭镇　吴鉴）

【农业园区基础设施提标升级项目】
项目包括开心农场科技服务中心办公室（写生基地）修缮工程、金满庭农庄综合整治提升、生态岛游客集散停车场一期三个子项目。建设期限为2023年，总投资约2374万元，贯彻落实太湖生态岛发展规划，逐步完善相关基础设施建设，以提升整体产业竞争力。

开心农场科技服务中心办公室（写生基地）修缮工程改造提升原西山农业园区公司科技服务中心办公楼，更新水电、消防等设施，实施智能化系统改造、外立面改造、室外景观提升，打造太湖生态岛写生基地，联合艺术类高校共建"生态艺术岛"，合力擦亮太湖生态岛文化品牌，项目总投资500万元。项目于2023年2月1日开工，2023年5月1日竣工。

金满庭农庄综合整治提升项目实施电压增容及电力通道建设、农庄宾馆消防设施改造升级及自来水管网等基础设施改造，总投资约1200余万元。同时，完善研学游及经营性露营基地配套设施，填补岛内大型露营基地空白，并与相关公司合作开展负碳生态新能源技术实验，建设水环境治理和新能源利用技术综合运用的科教展示区。项目于2023年6月18日开工，2023年10月22日竣工。

生态岛游客集散停车场位于金庭镇东园公路北端原天丰集团地块，面积约2.1万平方米，可停私家车290辆，投入资金750万元。停车场的建成有效避免集体资源闲置，缓解节假日堵车、停车难及新能源车充电等问题。项目于2023年3月1日开工，2023年5月29日竣工。

（陈燕芳　蒋晶　吴鉴）

2023年9月28日，太湖生态岛"风铃溪谷·金铎岭"（生态修复项目）开园　度假区　供稿

编辑　洪　蕾

生态建设

环境质量

【概况】 2023年，吴中区PM$_{2.5}$年均浓度为每立方米29.2微克，比上年上升6.2%，空气质量优良天数比例为80.5%，比上年上升1%。全区10个国、省考断面水质月均值达标率100%，除太湖湖心区、太湖东部湖区不参与优Ⅲ考核外，其余8个国、省考断面优Ⅲ类水体比例为87.5%、优Ⅱ类水体比例为75%。集中式饮用水源地水质达标率保持100%，太湖水域连续十六年实现安全度夏。土壤环境质量总体安全平稳，未发生土壤污染事件。2023年，吴中区获评生态环境部第七批"绿水青山就是金山银山"实践创新基地，填补苏州市"两山"实践创新基地国家级创建的空白。太湖生态岛试验区入选全省首批8个生态岛试验区试点之一，排定7个工程项目，总投资约2亿元，获得省级奖补资金1500万元，完成3个生态安全缓冲区建设。创新建立替代性修复项目清单"双向"匹配机制，被生态环境部部长黄润秋作为先进做法在全国人大常委会作介绍。

【环评审批服务】 2023年，吴中区探索建立区域主要污染物排放总量管理机制，区级库录入储备项目87个，全部通过上级审核。完成省级审批的重点项目"吴中医药技改项目"主要污染物新增排放量总量平衡工作。全年未审批"两高"（高能耗、高排放）项目，拒批1个"两高"项目，涉及投资额4800万元。审批项目237个，完成47个招商项目的预审。对5个省级重点项目（伟创电器、迈信林航空科技、绿的谐波、宝士曼、中国中医科学院西苑医院）、52个市级重点项目、260个区级重点项目逐一梳理排查，落实专人对接服务指导。推动12家企业开展清洁生产并完成验收。爱信汽车清洁生产项目获评江苏省2022年度清洁生产典型案例，系苏州"唯二"。维信电子有限公司获评2023年度绿色发展领军企业。受理并办结各类排污许可证业务申请212项。全面推广"三书送达"（即在送达《行政处罚决定书》时，同步送达《行政处罚信息信用修复告知书》和《信用修复提示单》）创新机制，指导120家环保失信企业完成信用修复。扩容吴中区生态环境资金项目储备库，对上争取省级资金约1.1亿元、市级奖补资金300万元。全区27项生态环境工程计划总投资27.98亿元，年度计划完成投资6.52亿元，实际完成投资7.69亿元。

（屠振杨）

土地资源保护

【概况】 2023年，吴中区编制《吴中区城乡建设用地增减挂钩专项规划（2024—2026年）》，完成2023年项目库入库7个，实现新增农用地1.71公顷、新增耕地184.29公顷。持续推进甪直、郭巷国土空间全域综合整治项目，深挖后备资源潜力。以"一住两公"（指居住用地，公共管理与公共服务用地）地块为重点，由区生态环境局会同吴中资规分局做好建设用地土壤污染状况调查评审，保障地块开发利用安全。推动出台《吴中区关于加强存量工业用地转让管理的指导意见》，通过收回重新供应、提高容积率、转让再开发等促进存量工业用地提质增效，推动低效用地再开发249.93公顷。

【耕地保护管理】 2023年，吴中区开展永久基本农田核实处置，补划永久基本农田169.61公顷，落实重大项目占用和补划永久基本农田1.72公顷。完成《吴中区2023年耕地"进出平衡"总体方案》，编制《吴中区城乡建设用地增减挂钩专项规划（2024—2026年）》，完成2023年项目库入库项目7个，实现新增农用地1.71公顷、新增耕地184.29公顷。安排国家计划新增建设用地指标243.54公顷，落实补充耕地113.81公顷用于全区项目征地保障。

（任欣艺）

水资源保护

【水资源管理】 2023年，区水务局落实最严格水资源管理制度，完成2023年度最严格水资源管理制度考核。规范取水许可管理，完成电子证照系统取水许可新发1件、延续17件、变更1件、注销6件，完成取水户用水计划核定、调整、警示和下发工作，完成6个自备水源取水口取水工程（设施）规范化建设任务。严格水资源费征收，全年征收水资源费5816.17万元。加强水资源信息化管理，配合省水利厅开展取水工程计量设施抽检，常态化开展用水统计调查，严格按时间节点完成直报系统水量上报和审核工作，加强多处数据一致性对应核查，省水资源管理信息系统在线率99.32%。

【河湖长制】 2023年，区水务局印发《吴中区2023年河湖长制改革工作要点和重要河湖"一事一办"工作清单任务》，完成市、区"一事一办"清单任务103项，办结上级交办单23份、下发区级交办单100份。常态化开展"河长总动员，全员大巡河"专项行动，各级河长累计巡河4.34万余次，完成各类问题整改4788处，整改完成率98.4%。完成50条幸福河湖建设，消夏江、横港河获评市级示范幸福河湖，胥江、纵三路新开河、夏田河获评市级幸福河湖。完成攻坚69条劣Ⅴ类河道整治，完成2021年度24条、2022年度48条劣Ⅴ类河道市级销号。每月发布河长制行动情况通报，做好污染入河、保洁等问题的交办督办，召开消劣争优、联合巡河、城区水环境、河道保洁等河长办协调会议6

油菜花开　　　　　　　　　　　　　　　　　　　　　　　　　　　　　　　　　　　　周建根　摄

次。加强毗邻地区河湖联保联治，打破联合治水壁垒，分别开展木渎镇和狮山街道水污染联合治理、苏州城区交界水环境综合整治，联合苏州工业园区、姑苏区、高新区、吴江区和昆山市开展交界河湖联合巡河治河，联合苏州工业园区河长办开展水葫芦打捞工作。制定与周边五区市的镇级河长联合巡河方案，全年累计开展镇级联合巡河10余次。优化"河湖长制+互联网"工作模式，跟踪更新完善61套区级河湖二维码公示牌，加大宣传力度。累计投放地铁广告版面10个，各类媒体宣传报道360余篇，完成幸福河湖宣传册、影片制作，定期编印河长制工作信息。组织完成市、区两级"最美基层河长""最美民间河长""河长制优秀工作者"评选和"最美家乡河"征集上报，营造全社会共治共建共享的良好氛围。协助推进国、省考断面，澄湖，太湖生态岛等区域水环境治理，牵头保障各条线开展河湖监管工作。

【水利建设管理】 2023年，区水务局完成《吴中区沿太湖圩区退圩还湖规划》，获省政府批复；完成《吴中区沿太湖圩区退圩还湖规划实施方案》，获省水利厅批复；完成《吴中区东部太湖底泥调查及清淤实施方案》编制工作；《吴中区太湖清淤工程实施方案》经省水利厅审查；完成"一湖一策（下淹湖、尹山湖）"保护利用方案编制并经区政府批复。全区共疏浚整治河道74条60千米41.93万立方米，建成生态河道32条24.37千米，绿化河道18千米，申报县乡级生态河道13条35.95千米。深化农业水价综合改革，完成"苏灌通"系统全区2021年、2022年、2023年水量录入。吴中区中心城区先行示范区水环境治理项目完成主体工程建设，完成东山镇、金庭镇和光福镇引水上山项目。加强吴中区在建水利工程的质量监督，开展质量监督检查58次，省级对吴淞江2个项目开展"四不两直"检查。加强水利行业监督管理，开展2022年度农民工工资实地核查，全年农民工工资月结月清提质增效工作。加强水利工程行业管理和招标备案管理，2023年立项审批共30个项目，招标审批共19个项目。

【供水安全保障】 2023年，区水务局强化供水安全保障，持续加强太湖"五位一体"精细化管理，开展寺前水源地蓝藻暴发水质突变应急演练1次，新增1辆吸藻车，优化56个蓝藻重点防控点位打捞力量布局，全年累计打捞蓝藻165.8吨（含水）、水体漂浮物6.17万吨（含水），收割芦苇、茭草等湿地植物719.06公顷，产出藻泥3.03吨。

（安文静）

森林资源保护

【概况】 截至2023年末，吴中区林场辖国有林地948.97公顷，主要分布在吴中区木渎、横泾、光福、越溪、香山5个乡镇（街道）和苏州高新区枫桥、东渚2个街道。其中，生态公益林887公顷，包括国家级生态公益林334.53公顷、省级生态公益林552.48公顷，拥有89株古树名木和140株古树后续资源。

2023年，吴中区持续提升森林资源质量。以近自然森林经营理念为指导，通过科学的经营活动促进森林顺向演替，根据全年森林抚育计划，在灵天线沿线完成森林抚育66.67公顷，有效改善森林结构；开展"三化"（彩色化、珍贵化、效益化）工程，打造成片特色森林景观节点，在七子山种植早樱、染井吉野樱等400余株；推进珍稀树种紫楠的扩繁，放归山林种植550余株，推动森林珍稀资源的永续增值。

【古树名木保护】 2023年，吴中区在做好林场范围内古树名木和后续资源季度、年度普查工作的基础上，探索开启苏州首个古树名木线上认养项目，研发"护林先锋"云古树认建认养线上程序，先试先行建立"一树一策"的认养保护机制。科学做好有害生物防治。开展科学防治、原生态保护，跟踪测报林业有害生物。在灵岩山、穹窿山等地的松林和落叶阔叶林内释放花绒寄甲、周氏啮小蜂等1200余管（袋），利用"以虫治虫"开展林业有害生物防治，减少化学药品对林区的污染。利用防火监控，对辖区内枯死松树进行排查，及时清理枯死松树，防控松材线虫病的发生，维护林区生态安全。

【森林防火】 2023年，吴中区构建"预防、应急、救援、善后"森林防灭火体系，实现连续十八年无较大森林火灾发生。建成全省首个市区共建综合性森林防火指挥中心，在全省率先建成森林防火智能监测指挥系统。强化事前防范和源头管理，与三大运营商合作发送森林防火提醒短信超700万条，完成15座消防水池、金庭镇消防管道等森林防灭火基础设施项目，实现林地乡镇专业队伍全覆盖。

常态化开展林地综合巡查，定期对森林防火基础设施检查维护，及时更新防火物资，主动发现和消除森林火灾隐患；针对关键区域和重要时段，加大巡查频次，严格火源管控，开展林区巡查100余次，出动车辆300余车次、人员1200余人次，实现下辖林地巡查全覆盖。实行森林消防队伍准军事化管理，加强日常训练、联合演练和实战演练，不断提高森林防灭火应急处置能力；2023年林场森林消防中队参加全区森林消防比赛并获得第二名成绩，在全市森林消防比武竞赛中获得团体二等奖，3名队员代表吴中区分别参加全省、全国的森林消防大比武。建成以人工智能为核心、以物联网为架构的林火远程视频监测系统林场分控中心并投入使用，实现高清摄像头24小时不间断对林区巡回监测，及时发现并预警森林火情，不断提升森林火灾监测预警覆盖率、识别预警准确率、核实处置率。

（张猛　任欣艺）

【"一山一策"行动计划】 2023年，吴中区制定"一山一策"行动方案，开展全方位实地勘查和资源调查，建立"一山一档""户口式管理"新模式。构建"1+16"的山体保护利用规划体系，划分形成16大山体片区，实现98座山体规划全覆盖，因地制宜打造穹窿山、天平山等44个郊野游憩型山体，石公山、阴山等54个自然生态型山体。开展山体周边环境整治行动，高标准整治整改各类问题点1332个，清理垃圾14.5万余立方米，补植绿化面积7.9万余平方米。推进封山育林、退化林修复、低效林改造，2023年完成造林绿化97.67公顷、森林抚育400公顷，林木覆盖面积2.21万公顷，林木覆盖率位居全市第一。

【山地森林步道建设】 2023年，吴中区加快推进山地森林步道建设，天池花山等8条步道入选"最受欢迎苏州山地森林步道"，入选数量居全市第一。开展全方位实地勘查和资源调查，明确步道选线和建设内容。以山、林、湖资源为依托，推动登山道、防火通道、休闲步道、古道等"多道融合"，高标准打造16条山地森林步道，总长度112.4千米，基本形成"山湖相连"森林步道体系。将山地森林步道建设纳入林长制考核体系，进一步修复沿线森林生态系统，提升山体资源品质，实施年度绿化造林工程266.67公顷。创新开展"听越野跑者说"活动，持续完善森林廊道、慢行道等五大系统，差异化打造多层次步道体系。提升森林生态产品供给水平，推出森林康养、自然教育、寻古探幽、登

明月湾古樟树，树龄超1200年　　　　　　　　　　　　区委宣传部　供稿

2023年10月23日，天池花山森林步道以网络投票第一入选2023年苏州市最受欢迎山地森林步道　　　　　区林场　供稿

山健身、集体团建、家庭亲子六大功能体验。通过山地森林步道建设带动森林生态旅游，开辟"森林步道+乡村振兴"融合发展新路径，促进"生态增优、林业增效、林农增收"。12月17日，2023国家登山健身步道联赛（苏州站）福道山野群山越野赛在光福镇香雪海景区开赛，光福国家登山健身步道授牌并启用。　　（任欣艺）

湿地保护

【概况】 2023年，吴中区坚持生态优先，聚焦湿地原真性和完整性保护，更多运用基于自然的解决方案（NbS）新理念，以自然修复取代人工干预。三山岛国家湿地公园系全国唯一社区参与共建的国家湿地，打造氮磷拦截区、过渡区、绝对保护区三重屏障，水质稳定在Ⅱ类，三山岛湿地生态修复入选第二届江苏省"最美生态保护修复"典型案例，为苏州唯一。太湖湖滨国家湿地公园申报国际重要湿地，打造全球经济发达地区大型湖泊湿地保护典范。消夏湾湿地生态安全缓冲区成为各级领导干部参观学习的必去点，10月全省生态环境局长学习班组织省生态环境机关和各地生态环境局长参观学习。在全省率先实施生态补偿机制，2023年下达生态补偿资金6480万元。全区湿地面积占全市湿地面积的50.3%，高质量考核湿地保护率指标位列全市第一。　（任欣艺）

【三山岛入选第二届江苏省"最美生态保护修复案例"】 2023年9月19日，省自然资源厅公布第二届江苏省"最美生态保护修复案例"，全省共9个案例上榜，其中吴中区国家级湿地公园——苏州太湖三山岛湿地生态修复入选典型案例，为全市唯一。

太湖三山岛国家湿地公园位于苏州市吴中区东山镇，是国内唯一的淡水岛屿湿地，占地753.33公顷，其中湿地面积516.53公顷，湿地率68%。2007年起，以属地投资为主，注重自然修复，减少人工干预，开展湿地生态修复。通过实施底泥清淤、淤泥填出水面后夯实并加固、种植柳树和芦苇等措施，营造复合型围堰，达到防风减浪、抵御蓝藻、提升水体透明度的效果。

三山岛湿地生态修复，取得良好成效。生态效益方面，累计修复各类湿地面积200公顷。2019—2022年，水体总氮降低49.86%，总磷降低11.11%。水质常年维持在Ⅱ类，恢复水生植物12种，发现鸟类17目49科177种，生物多样性显著提高。经济效益方面，公园所在的三山村高峰期年接待游客达到35万人次，门票收入超过1600万元，民宿的客房平均出租率保持在75%以上。村民人均年收入达到5万元。社会效益方面，被中国林科院湿地研究所列为"太湖流域湿地生态系统功能作用机理及调控与恢复技术研究"试验示范基地。苏州三山岛湿地自然学校开展环境教育活动15次，为超过300人次的学生、亲子家庭和企事业团体等提供环境教育服务，不断增强全社会湿地保护意识。

（吴鉴）

污染防治

【大气污染防治】 2023年，吴中区推进首季争优、夏病冬治，推动细颗粒物和臭氧"双减双控"，实施完成落后产能淘汰压减、生物质锅炉综合治理、移动源治理、扬尘控制等291项治气工程项目。划定两个国控站点周边5.8平方千米范围，推进清洁空气示范社区建设，在木渎建成30个路灯喷雾系统。分析研究排放大户、餐饮油烟、车船尾气对空气质量的影响。引导国三及以下标准柴油车提前淘汰1840台，完成厂内叉车清洁能源替代257台，配合公安部门完成国三柴油货车限行区域调整工作。全区3家排放大户实行常态化自愿最优减排措施。落实重点区域工地扬尘巡查打卡机制，累计打卡工地2400余家次。

【水污染防治】 2023年，吴中区坚决把保护太湖生态作为最大的政治担当，推动成立书记、区长任双组长的太湖综合治理和生态保护委员会，制定印发《吴中区太湖综合治理和生态保护十大行动计划（2023—2025

年）》等政策文件，排定13个重点治太工程项目，总投资约15.7亿元，全部开工建设。完成阴山岛至慈里江西湖滨湿地带建设，构造环湖岸线湿地带3.1千米。全面完成195个长江、太湖流域入河（湖）排污口规范化整治。压实属地治水责任，将水环境质量达Ⅲ类标准纳入对板块的高质量考核。排定澄湖"一湖一策"5项年度重点任务和11个治理项目，完成白虎庙港、澄湖西岸岸线整治以及主要入湖河道自动站建设项目。实施水生植物恢复与湖泊生态修复项目，累计完成应季植物种植741吨。收严主要通湖河道总磷控制标准（每升0.1毫克以下）。2023年，太湖（吴中辖区）水质达到Ⅲ类，总磷浓度为每升0.04毫克，比上年下降35.2%。太湖首次被生态环境部评价为水质优良湖泊。澄湖湖心断面总磷平均浓度为每升0.05毫克，比上年下降27.8%。

【土壤污染防治】 2023年，吴中区进一步规范对全区35家土壤重点监管单位的监管，组织对26家企业完成隐患排查"回头看"，摸排13个高风险遗留地块和5个关停高风险在产企业地块，完成47份土壤污染状况调查报告的评审，强化8家重点排污单位的地下水污染防治。对全区9家危废经营单位、151家产废单位开展危险废物规范化环境管理评估。牵头编制吴中区《"无废城市"建设工作方案》《"十四五"时期"无废城市"建设实施方案》，完成方案中城乡有机废弃物处理利用示范点项目东山示范点等6个项目，完成金庭示范点建设方案设计。对全区1519家企业开展化学物质环境信息统计调查，组织168家企业填报全国化学物质信息调查统计系统并通过上级审核。 （周振杨）

【污染问题督办】 2023年，吴中区加大督查督办和曝光力度，痛击污染根源问题，以严标准、快落实，促整改、出实效。全年累计曝光督办问题86个，开展约谈1次，综合监管平台运行新增纳入线索2417条，办结2382条，办结率98.55%，推动解决一批长期困扰群众的突出环境问题。健全重点任务、重大项目、重要工作的跟踪督导制度，完善落实交办、巡查、约谈、销号等督查工作机制，用好考核"指挥棒"，严肃结果运用。重视市级曝光平台反馈问题，对曝光问题建立整改清单，做到每案必督、每案必访。区人大常委会、监委和检察院持续深化协同监督工作机制，进一步明确三方监督职责，构建综合监督体系，细化监督目标任务，重点围绕环保督察反馈问题整改、太湖水环境保护、大气污染治理三方面内容，对全区生态环境领域突出问题实施精准监督、协同监督，形成监督立体化格局。

（高京超）

节能减排

【节水型社会建设】 2023年，吴中区加快推进节水型社会建设，开展46家重点用水户节水监督检查，办理建设项目节水设计审查25项、运行验收9项，组织培训"节水专员"39人，对用水户完成水平衡测试20家、用水审计6家，成功推选1项节水产品入选《国家鼓励的工业节水工艺、技术和装备目录（2023年）》，创成省市级节水型载体8家、复查省级节水型载体3家，申报省级节水型高速公路服务区和市级节水型农业园区、工业园区各1个。2023年，吴中区获评全国第五批节水型社会建设达标县（区）。 （安文静）

【绿色建筑】 2023年，吴中区加强绿色节能建筑建设改造工作，全年新增绿色节能建筑竣工面积638.48万平方米，城镇绿色建筑占新建建筑比重100%，可再生能源应用面积221.16万平方米。持续优化城市绿地布局，完善街角绿化和口袋公园网络系统，新改建口袋公园项目5个，提供更多高质量生态游憩空间。全域化推进海绵城市建设，加强项目设计方案指导、施工过程监管，金融街融悦湾等3个项目获评省级海绵城市示范项目。

（张杰）

【公共机构节能管理】 2023年，吴中区下发《2023年公共机构能源资源节约和生态环境保护工作要点》，实现全区公共机构人均综合能耗、单位建筑面积能耗和人均水资源消费目标任务。开展省节约型机关创建工作，加强节能示范单位典型宣传，推广示范单位节能工作的做法和经验。健全检查考核制度，修订节能考核细则，建立和完善节能目标责任，开展年度考核工作，将考核结果纳入绩效考核与城乡一体化考核，落实考核奖励。2023年9月，区城管局、区发改委被国家机关事务管理局、中共中央直属机关事务管理局、国家发展改革委、财政部联合发文评为节约型机关。

（韩佳虹）

【绿色制造体系建设】 2023年，吴中区组织35家企业开展节能绿色发展政策宣讲，进行绿色工厂和绿色设计产品政策解读，组织相关专家对苏州汇川技术有限公司、凯博易控车辆科技（苏州）有限公司等4家企业开展现场诊断对接服务。对吴中经开区等7家绿色制造单位开展2023年度动态跟踪管理审核，组织参加线上培训，做好绿色制造体系的创建推进。完善绿色工厂梯度培育体系，委托专业第三方开展绿色化诊断，服务企业100余家。全年新增国家级绿色工厂2家、省级绿色工厂9家、苏州市"近零碳"工厂1家。

（丁贤）

【绿色交通】 2023年，吴中区推动绿色港口建设，全区47家码头全部安装粉尘在线监测系统并常态化运作，全年共发现的59项扬尘问题,均已完成整改。船舶污染物接收与处置设施做到全覆盖,共接收生活垃圾2689千克,生活污水199立方米。全区港口码头为1.04万船次提供岸电服务,用电量达到每小时5.27万千瓦。持续推进国Ⅲ及以下柴油货车全链条治理,全年完成244辆国Ⅲ及以下柴油车提前淘汰工作,培育绿色配送示范企业12家,新能源配送车保有量4786辆。开展"百日攻坚"专项检查,向汽修企业推广水性漆使用,全年检查维修企业31家,发现问题57项,均已督促企业限期整改。(高艳)

环境监管

【概况】 2023年,吴中区加强生态保护红线、生态空间管控区域的生态环境监督,组织对上级下发的人类活动变化图斑开展现场核查,会同多部门联合开展"绿盾"系列自然保护地强化监督及"回头看"工作。全年出动执法人员4937人次,检查企业2325厂次;签发行政处罚决定87份、处罚金额927万元;办理五类案件11件(移送拘留3件、查封扣押2件、限产停产4件、环境污染犯罪2件),办理大案要案3件。参与办理的城南污水处理厂异常进水案件受到生态环境部表扬,办理的苏州市某橡胶有限公司逃避监管排放大气污染物案等3件典型案件受到省生态环境厅表扬。全年免罚案件13件、涉及金额190万元,轻罚案件15件、涉及金额58万元。培育重点行业"3+N大气污染防治标杆企业",组织3场现场学习活动。大力推广使用苏州市企业环保自查自纠服务平台,注册企业1371家。区执法局连续两年获评全国生态环境执法大练兵表现突出集体。第二轮中央、省环保督察信访件全部完成整改,反馈问题中未完成的通桥油库和退圩还湖问题均符合整改时序进度。长江经济带警示片涉及的2项问题全部完成整改。完成年度39个区块、105.18公顷、243个点位的"散乱污"整治计划。

【环保法治宣教】 2023年,吴中区广泛、深度宣传习近平生态文明思想的吴中实践,讲好吴中环保故事,全年在各类平台累计发布宣传报道646篇(国家级107篇、省级115篇、市级251篇、区级173篇)。东山镇吴惠生获第十一届中华环境优秀奖(生态保护类),为全省唯一获奖个人,其《"孤岛"换"新颜"》故事获生态环境部"新时代中国生态环境保护故事"征集活动二等奖。举办"六五世界环境日"苏州主场活动,中国环保影像博物馆揭牌,打造生态文明教育实践基地集群,消夏湾、光大环保、光大水务获评首批苏州市生态环境行业新时代文明实践点。组织开展"送法入企""执法局长上讲台""排污单位环保管理人员业务培训"等宣传活动。(周振杨)

【生态环境协同监督工作机制】 2023年3月20日,区人大常委会召开生态环境协同监督工作机制会议。吴中区创新"三方协同"机制倾心护航"太湖美"。2022年以来,区人大常委会牵头区检察院、区监委于全省率先创建生态环境三方协同监督工作机制。立足各自法定监督职责,围绕太湖水环境保护、大气污染治理等领域打出协同监督"组合拳"。区人大常委会、区监委共向区检察院移送涉生态环保领域问题线索16条;区监委累计查处案件10起。针对长江经济带警示片披露问题,区监察机关督促临湖镇菱湖渚码头拆除。针对区人大常委会移交的涉废品回收行业管理不规范线索,区检察机关联合区城管、环保等部门对全区824家登记废品回收站点展开摸排整治,取缔无证废品回收站点604家。针对群众反映强烈的突出环境问题,加强检察公益保护作为,共办理太湖流域非法捕捞水产品、非法狩猎案件10件22人,提起刑事附带民事公益诉讼10件,获生态环境损害赔偿1700余万元。(吴鉴)

【污防攻坚微电影《青蓝行动》】 2023年,吴中区微电影《青蓝行动》获省污防攻坚微电影一等奖,电影讲述江苏省生态环境保护督察工作领导小组正对苏州市汽车维修行业环境保护工作开展专项督察,为此,吴中区交通运输局第一时间召开会议。会上,老领导郑建军要求开展交通领域污染防治"青蓝行动"。以这场行动为线索,采用3条故事线——汽修行业、港口码头、交通工程污防组交叉进行的方式,集中展现全区绿色交通运输的高水平发展。同时,以一条暗线的方式展现3名年轻交通人遇到困难、不怕困难、攻坚克难、成长成熟的风采。

【攻坚故事《顾颖:护航绿色发展的"铁面捕手"》】 2023年,吴中区攻坚故事《顾颖:护航绿色发展的"铁面捕手"》获省污防攻坚办攻坚故事一等奖。故事讲述苏州市吴中生态环境综合行政执法局四大队队长顾颖,从一份反映苏州市某某橡胶有限公司偷排废气的信访单中,发现环境违法行为并成功侦破,展现扎根基层一线的环保执法人员始终坚持以人民为中心,把维护群众合法生态权益作为信访工作的出发点和落脚点,全力以赴解决好群众涉生态环境方面的急难愁盼。(高京超)

编辑 洪蕾

科技创新

综 述

【概况】 2023年，吴中区围绕因地制宜发展新质生产力，实施"产业强区、创新引领"发展战略，主要科技创新指标实现新提升。吴中区入选第二批江苏省创新型示范县（市、区）建设名单，区科技局获评2023年苏州市科技管理工作先进集体、苏州市科技招商工作先进集体、全市"推动数字经济时代产业创新集群发展工作"先进集体。在2023年中国中小城市高质量发展指数评价中，吴中区继续保持全国科技创新百强区第七名。

【科技招商】 2023年，吴中区出台《吴中区创新创业项目启动资金和房租补贴资金试行办法》，支持科技创新创业项目高质量发展。全年招引创新型企业1569家，比上年增长12.1%。苏州（牛津）海外创新中心、中芬（苏州）美湾科创中心、苏州吴中·中英医疗科技创业者中心等一批创新平台揭牌。打造"科创吴中"品牌，承办2023国际卫生合作大会暨中非医院对口合作会议、2023中国隐形"独角兽"500强大会、中国智能材料与结构系统大会、"赢在苏州创赢未来"2023全球科技创业大赛首场赛、人形机器人联盟专项研讨会等，助力打造开放创新的科创生态体系。

（刘智）

环太湖科创圈

【概况】 2023年，吴中区加快实施《吴中区环太湖科创圈建设行动计划》，加快推进十大科创园区建设，实施十大创新工程，提升区域协同创新能力。吴中太湖新城·数字经济创新港、吴中生物医药产业园、胥江半导体产业园、吴中低空经济产业园等一批专业化科创载体加快建设。

（刘智）

【数字核心载体建设】 2023年，度假区抢赛道、强科技，培育重要发展引擎。加快太湖科技产业园、太湖湾总部经济园、太湖湾数字科技园等核心载体建设，百度智车、智林科技等领军企业先后落户，太湖生态岛智慧出行文旅项目入选国家人工智能应用场景案例。太湖新城聚力打造数字经济发展核心承载区，做大做强机器人、人工智能等数字经济核心主导产业，充分释放苏州汇川技术有限公司等"链主"企业磁吸引领效益，打造完整数字产业生态链，形成数字经济产业集群。推进数字经济与实体经济深度融合，依托中国信息通信研究院工业互联网创新中心、"星火·链网"超级节点（苏州）、吴中智算中心（即苏州人工智能〈太湖〉算力中心）等重大项目，打造基于工业互联网融合应用的数智运营园区。

【科创型总部经济落地】 2023年，吴中太湖新城营造产业生态，构建总部经济集聚发展格局。打造吴中太湖新城·数字经济创新港，引进落户中国医药长三角总部、网易有道华东总部、数码大方华东总部、新加坡碧威中国区总部等项目，形成以数字经济为主导，楼宇经济和总部经济迅速集聚的发展格局。

（吴鉴）

【太湖科创中心】 项目位于苏州太湖国家旅游度假区孙武路南侧、外塘路西侧，占地0.95万平方米，总建筑面积3.74万平方米，其中地上建筑面积2.36万平方米（12层）、地下建筑面积1.38万平方米（2层），有机动车停车位300个、非机动车停车位491个。太湖科创中心是度假区与清控科创合作打造的科技创新基地，融合超甲级写字楼和商业，集配套研发办公、创新孵化、会议培训、商业配套服务于一体。项目总投资约2.5亿元，于2022年8月开工，2023年5月竣工。

（陆淼）

【苏州湾科创大厦】 项目位于吴中太湖新城天鹅荡路66号，天鹅荡路以南、龙翔路以西，占地1.52公顷，总建筑面积6.73万平方米，为集配备研发办公、创新孵化、会议培训、企业服务于一体的创新创业载体。苏州湾科创大厦由4层裙房和2栋塔楼组成，其中北塔楼地上23层、南塔楼地上10层。地上为办公区域，地下2层有停车位448个。项目投资约6.4亿元，于2021年4月开工，2023年6月竣工。

（吴德炎）

太湖湾数字科技园　　　　　　　　　　　区委宣传部　供稿

科创载体

【概况】 2023年,吴中区加快哈尔滨工业大学苏州研究院建设,人形机器人灵巧作业团队、自主无人系统及智能装备团队等首批13个团队入驻。香港大学苏州先进技术研究院战略签约,苏州思萃新能源光电技术研究所、苏州思萃工业大数据技术研究所运营。新增省级工程技术研究中心11家、市级新型研发机构2家,有市级重点实验室2家。新增市级工程技术研究中心72家,增速140%。新增省级科技企业孵化器3家,并列全市第三名;新增省级众创空间9家,数量列全市第三名。累计省级以上科技企业孵化器10家,累计省级以上众创空间29家。新增市级科技企业孵化器5家,并列全市第一名;新增市级众创空间5家,并列全市第三名。 （刘智）

表28-1 2023年吴中区新获批省级以上工程技术研究中心一览表

序号	研究中心名称	级别
1	江苏省新能源乘用车动力系统工程技术研究中心	省级
2	江苏省通信系统信号处理核心元器件工程技术研究中心	省级
3	江苏省中置电机与力矩传感器动力系统工程技术研究中心	省级
4	江苏省半导体湿制程技术及工艺装备工程技术研究中心	省级
5	江苏省智能清洁设备驱动电机工程技术研究中心	省级
6	江苏省新能源汽车关键零部件工程技术研究中心	省级
7	江苏省消费电子产品制程检测装备工程技术研究中心	省级
8	江苏省电池质谱检测装备工程技术研究中心	省级
9	江苏省可降解生物基餐饮具工程技术研究中心	省级
10	江苏省先进封装基板工程技术研究中心	省级
11	江苏省新能源动力电池检测工程技术研究中心	省级

表28-2 2023年吴中区新获批省级以上科技企业孵化器一览表

序号	科技企业孵化器名称	级别
1	西大（太湖湾）科创基地	省级
2	数字科技产业孵化器	省级
3	首科医谷苏州医学创新与转化中心	省级

（科技局）

【载体平台建设】 2023年,吴中区强化科技招商,加速科技企业招引,完善百家"角端"培育企业、千家科技领军企业、万家科技型中小企业的分层培育体系,量质并举壮大创新型企业梯队。鼓励并指导企业建设各类创新平台,推动人才、技术、资本向高科技企业聚集。截至年末,建成工程技术研究中心、新型研发机构、孵化载体等各类载体平台500家。加强政策宣传、细化企业辅导,落实重点科技创新税收政策,激发企业科技创新活力。2023年,全区企业研发费用加计扣除政策落实企业2415家,折合减免企业所得税24.3亿元。 （吴鉴）

【科技企业】 2023年,吴中区国家科技型中小企业评价入库数2343家,比上年增长12.6%。全年新增高新技术企业699家,列苏州市第四名;累计有效高新技术企业数1706家,列全市第三名。实现高新技术产业产值1767.9亿元,比上年增长6.9%,增速列全市第一名;高新技术产业产值占规模以上工业产值比重70.7%,占比列全市第二名。21家企业入选江苏省高新区"瞪羚"企业,比上年增长110%。苏州市"瞪羚"企业入库数93家,总数列全市第三名,比上年增长13.4%。江苏省"独角兽"（潜在"独角兽"）16家,比上年增长33.3%;追觅科技（苏州）有限公司、苏州天瞳威视电子科技有限公司2家企业获评全球"独角兽",占全市总量五分之一。苏州市"独角兽"培育企业23家,总数列全市第三名,比上年增长43.8%。6家企业入选江苏省科技企业上市培育计划,并列全市第三名。

表28-3　2023年吴中区入选江苏省高新区"瞪羚"企业一览表

序号	企业名称	序号	企业名称
1	苏州优耐鑫模具科技有限公司	12	苏州飞思达精密机械有限公司
2	苏州凌稳智能装备有限公司	13	苏州亿利特电子科技有限公司
3	苏州美仪自动化设备有限公司	14	苏州金世博精密机电有限公司
4	苏州市天烨医疗设备有限公司	15	苏州爱之爱清洁电器科技有限公司
5	苏州美恩斯电子科技有限公司	16	苏州捷仕达模具科技有限公司
6	苏州德锐朗智能科技有限公司	17	苏州天瞳威视电子科技有限公司
7	苏州盖特龙自动化设备有限公司	18	苏州艾布纳精密机械有限公司
8	苏州杰锐思智能科技股份有限公司	19	苏州苏瑞膜纳米科技有限公司
9	苏州绿的谐波传动科技股份有限公司	20	致和环境科技（江苏）有限公司
10	苏州贝爱特自动化科技有限公司	21	苏州汇纬自动化科技有限公司
11	苏州广硕精密电子有限公司		

表28-4　2023年吴中区入选江苏省"独角兽"（潜在"独角兽"）一览表

序号	企业名称	序号	企业名称
1	追觅科技（苏州）有限公司	9	苏州玖物智能科技股份有限公司
2	翼思生物医药（苏州）有限公司	10	苏州科韵激光科技有限公司
3	凯博易控车辆科技（苏州）股份有限公司	11	赛诺神畅医疗科技有限公司
4	江苏大秦新能源科技有限公司	12	江苏关怀医疗科技有限公司
5	启光德健医药科技（苏州）有限公司	13	苏州苏瑞膜纳米科技有限公司
6	江苏盖睿健康科技有限公司	14	捷螺智能设备（苏州）有限公司
7	拓创生物科技（江苏）有限公司	15	苏州星曜坤泽生物制药有限公司
8	中科亿海微电子科技（苏州）有限公司	16	赛丽科技（苏州）有限公司

（科技局）

【哈尔滨工业大学苏州研究院"一基地、两平台、七中心"建设】2023年5月26日，吴中区航空航天产业园开园，高频高介热固型微波复合基板、感维智能无人系统自主感知技术、新型低成本纳米微孔绝热复合材料技术及产业化等14个首批项目签约。自主无人系统及智能装备团队、高超声速技术团队、智慧医疗与健康团队、人形机器人灵巧作业团队等首批13个团队入驻研究院，15名外籍专家加入研究院创新团队。　　（刘智）

科技项目和成果运用

【科技项目】2023年，吴中区关怀医疗、航天工程装备2家企业获国家重点研发计划项目立项，10个项目获江苏省科学技术奖，获奖数量比上年增长100%。绿的谐波获省科技成果转化专项资金项目立项，茂特斯获省重点研发计划项目（重点研发计划产业前瞻与关键核心技术）立项，芯梦半导体获市重大科技成果转化计划项目立项，15个项目获市基础研究计划项目立项，7个项目获市关键核心技术攻关项目立项，14个项目获市科技成果转化项目立项。追觅科技（苏州）有限公司牵头建设的苏州市智能服务机器人产业创新联合体、科沃斯机器人股份有限公司牵头建设的苏州市机器人前沿智能技术创新联合体获批2023年度苏州市创新联合体，7家创新联合体纳入苏州市创新联合体培育库。　　（刘智）

表28-5　2023年吴中区获江苏省科学技术奖项目一览表

序号	项目	承担单位
1	高功率2微米激光器关键技术及应用	苏州安洁科技股份有限公司
2	特高压换流变有载分接开关故障预警及安全防护关键技术	苏州电器科学研究院股份有限公司

续表

序号	项目	承担单位
3	复杂在轨环境下航天器高效能操控机构关键技术及应用	航天工程装备（苏州）有限公司
4	国家直流高电压计量标准装置和成套装备关键技术及工程应用	苏州华电电气股份有限公司
5	新一代高效能融合架构云服务器系统研制与应用	苏州浪潮智能科技有限公司
6	面向大尺寸电池片生产的智能化装备研发及产业化	苏州玖物互通智能科技股份有限公司
7	面向精密模具的高性能热流道系统关键技术研发及产业化	苏州好特斯模具有限公司
8	起重机械多维度节能设计、能效测试与评价关键技术及应用	苏州汇川技术有限公司
9	新型显示面板智能化检测与修复生产线研发与产业化	苏州精濑光电有限公司
10	面向地质灾害的"GNSS/北斗+传感网"智能监测预警关键技术及应用	南信大影像技术工程（苏州）有限公司

（科技局）

【农技推广】 2023年，吴中区稳步推进省级农业科技入户工程，发布推广10项地方农业主推技术，全区农技人员"农技耘""中国农技推广"等线上农技服务App使用率达到95%，益农信息社平台实现行政村全覆盖。2023年，吴中区更新完善32个单位的"中国农技推广信息平台"农技培训信息录入。全年组织完成区镇两级基层农技推广人员培训县级班2期，培训学员122人，并组织选送各条线5个批次34人分赴南京农业大学、扬州大学等省内涉农高校参训。

（蒯超）

【气象科技创新】 2023年，吴中区政府印发《吴中区推进气象保障服务高质量发展的实施意见》，区气象局不断提升气象保障服务能力。着力提升监测精密度，优化和健全综合气象观测体系。推动《江苏省苏州市吴中区地方财政茶叶气象指数保险》落实，为693.67公顷茶叶提供2081万元的风险保障。完成智慧气象农业技术示范基地建设挂牌，实现贯穿农业产业"全链条"的智慧气象服务。探索"气象+文旅"融入式服务，推出"花期预报""观星预报"系列气象专业服务产品。加强科研创新能力，探索洞庭山碧螺春茶叶气候品质认证工作。

（赵静娴）

科技人才

【科技领军人才】 2023年，吴中区国家级人才取得新突破。入选国家级重大人才工程（HJ计划）1人，并列全市第二名；入选科技创新和创业领军人才（WR计划）1人，列全市第四名。省双创计划（创新类）入选6人，列全市第三名；姑苏创新创业领军人才计划项目入选56人，列全市第五名。持续发挥"以赛代评"作用，举办36场东吴科技创新创业大赛，258个项目纳入培育库认定，84个项目获启动资金支持。

【科技创业大赛】 2023年，吴中区推进"113"领军人才引育攻坚行动，连续举办第十届、第十一届"创业江苏"科技创业大赛高端装备制造行业赛、"赢在苏州创赢未来"全球科技创业大赛首场赛等赛事活动，在2023全球科技创业大赛中，吴中区优胜奖获奖数占全市36.7%，优胜奖及获奖项目数均列全市第一。

（刘智）

【技能人才培育】 2023年，吴中区推进"吴地工匠"技能人才培育民生实事项目，加快构建以就业技能提升、岗位技能提升、企业新型学徒制培训、项目制培训等为主要内容的技

2023年8月10日，2023年东吴双创峰会在吴中区开幕，会上表彰东吴科技领军人才　费凡　摄

能人才终身培训体系。全年发布培训目录清单80个,确定承训机构20家,开展各类补贴性职业技能培训2.67万人次,使用资金2954万元。搭建高校、政府、企业、协会多元合作平台,建成东吴高技能人才培育基地38家、公共实训基地18家、技能大师工作室71家、就业见习基地60家。持续丰富各级各类职业技能竞赛体系,承办第六届苏州技能英才周暨苏州技能状元大赛、第七届"吴中技能状元"职业技能竞赛。吴中区选手2人获世界级、5人获国家级、4人获省级、10人获市级、8人获行业类竞赛奖项,其中吴中技师学院的吕浩然获2023FIPGC职业世界杯冠军,系首个获此奖项的中国人。在全国第二届职业技能大赛上,吴中区获得2金2铜1优胜的成绩,金牌数居全省第一。

截至2023年末,吴中区共有技能人才23.44万人,其中高技能人才8万余人,占技能劳动者总量的34%。深度嵌入"1+2+3"东吴人才政策体系,全面实施姑苏重点产业紧缺人才、东吴重点产业紧缺人才、东吴高技能人才、东吴产业人才专项等人才计划。发布"产改九条",持续丰富技能人才政策库、资金池。年内新认定2022年东吴重点产业紧缺人才350人,发放安家补贴1365万元。

【科技人才发展生态】 2023年,吴中区"多渠道"构建招才引智格局,强化"以投带引",组织百余家企业参与校园招聘。重点实施科技创新创业领军人才集聚行动,加快推动赛迪研究院等高能级创新平台落户、建设。成立10亿元专项人才基金,推广"东吴科技人才贷"等金融产品,通过政府参与风险补偿为人才企业增信,为区内182家企业授信8亿元。完善人才工作机制,建立"吴爱人才"线上特色服务专区,集成才政策、人才申报、人才服务等功能打造"人才政策计算器"。创新设立人才"预评估"机制,丰富东吴科技领军人才"培育库"。与苏州汇川技术有限公司等龙头企业联合打造PLC竞赛实训室,联培联育各类人才。

(吴鉴)

科学普及

【概况】 2023年,吴中区以综合考核第一的成绩创成江苏省科普示范区,区科协获评2023年度全国科技活动周暨江苏省第三十五届科普宣传周优秀单位,系全市唯一。推进科学素质提升工程,构建全域科普"主阵地"。2023年,以"5·30全国科技者日"为契机,邀请院士、专家、科技工作者和有志科技事业的青少年讲述科研故事。评选"吴中区最美科普人",宣传科技工作者(团队)优秀事迹20余次。央视新闻摄制组走进长桥实验小学天文科普馆拍摄《绣针里的星河梦》纪录片。

【科普场馆建设】 截至2023年末,全区创成各级各类科普基地63家。2023年,培育及建成区级科普教育基地10家,创成省市级科普教育基地5家。金记食品科普体验馆、蠡墅小学自然科学教材、吴博青少年科普课程作为3家科普场馆特色品牌入选苏州市科普重点项目。"吴中科普无限精彩"科普手册首发,"吴中匠心""江南农趣""品质生活"等11条精品路线发布,《吴中区!11条科普游路线,承包苏州娃的暑假!》获《苏州日报》专题刊发。吴中区9家场馆入选苏州市科协首次、首批发布的8条科普游线路,入选数量超过全市四分之一。苏州纱罗技艺馆作为省级科普教育基地,获《江苏科技报》的《江苏省科普教育基地巡礼》专栏重点报道。

【科普品牌建设】 2023年,围绕青少年、农民、产业工人、老年人、领导干部五大重点人群,吴中区开展实施"拥抱未来"特殊儿童科普教育、"科技赋能"产业工人科学素质提升、"科农融合"助力乡村振兴、"智慧助老"精准化科普服务、"小小科学家"青少年科创能力提升、"科普进社区"吴文化体验6项服务品牌,助力提升全民科学素质。为推动"双减"政策,区科协以创新"馆校合作"融合教育为抓手,组织全区中小学校长、科普场馆负责人携手举办8场座谈会,交流经验,达成合作共识。首批命名全区8家"馆校合作"示范单位,盘活社会资源,形成校内外教育合力,激活素质教育新动能。

【科普宣传】 2023年5月25日,以"崇尚科学热爱科学"为主题,吴中区举办第二十三届科普宣传周开幕式。9月举办"全国科普日"活动,开展重点活动近280余项。38名代表被表彰为2022年度吴中"最美科普人",春晖堂中药科普馆沈婷被表彰为2022年度"典赞·科普苏州"年度科学传播人物。区科协获评2023年度全国科技活动周暨江苏省第三十五届科普宣传周优秀单位。为贯彻落实《吴中区全民科学素质行动规划实施纲要(2021—2025)》,组织全民参与2023年江苏省全民科学素质大赛、第四届长三角地区科普课件大赛、第六届长三角地区国际科普漫画大赛等科普赛事;在世界水日、全国水周、世界环境日、防灾减灾日等重要时间节点,举办内容丰富的科普宣传活动,营造浓厚的科学氛围。

【青少年科技创新】 2023年,吴中学子获第三十四届江苏省青少年科技创新大赛一等奖4人、二等奖1人、三等奖2人,获奖数量创历史新高。吴中青少年科创成果在首届江苏省科创教育成果博览会展出。评选全区青少年科技创新最高荣誉奖项——首届吴中区青少年科技创新区长奖,10名优秀学子获"区长奖"、10名科技辅导员获得"耕耘奖"、8所学校获"摇篮奖"。苏苑实验小学学生邵玥涵获第六届苏州市"小小生命科学家"称号。苏苑实验小学、独墅湖实验小学、苏苑中学3所学校获评苏州市"十四五"第二批科学教育综合示范学校。联合区教育局、吴中实验小学协办2022—2023年度全球发明大会中国区江苏赛区竞赛活动，吴中实验小学囊括金、银、铜奖，长桥实验小学、蠡墅小学获银奖，碧波中学、北美国际高中获铜奖。在2023国际航空航天科普视频大赛中，吴中10个项目入选中文版块前20强，1个项目入选英文版块前20强。枫津实验小学学子获全市唯一的第七届全国青少年无人机大赛一等奖，吴中实验小学2名学子获2023世界机器人大赛锦标赛BCI脑控机器人大赛一等奖。吴中实验小学、木渎实验中学2名学生获"江苏省少年科学院小院士"称号。科沃斯创想机器馆获评2022年度"'科创助梦'助力'双减'科普行动"优秀单位。联合气象、教育等部门建立吴中气象天文科普校外辅导站，开展送器材、送课程、送老师"三送"进校园活动。联合区教育局举办吴中区第九届青少年科技创新大赛，42个项目获苏州市三十五届青创赛参赛资格。

（王丽佳）

2023年5月25日，吴中区举行第二十三届科普宣传周开幕式暨第七个"全国科技工作者日"活动。图为表彰首届吴中区青少年科技创新区长奖　　区科协　供稿

编辑　赵立文

教育

综述

【发展水平】 截至2023年末，吴中区有各级各类学校、幼儿园187所，其中幼儿园103所、小学47所、初中25所、高中9所、中等职业学校2所、特殊教育学校1所，在校中小学生147671人。全区公办中小学、幼儿园共有教职工10727人。

【招生考试】 2023年，吴中区共组织15次各级各类国家教育考试，累计11.79万人次参考。2471人参加高考，本科录取率持续攀升。组织江苏省普通高校招生美术类专业省统考，共154人参加。3331人参加高中学业水平合格性考试，合格率98.26%。1201人参加中职学业水平考试。中考600分以上考生2762人，全区各公办初中均有660分以上考生，700分以上人数创历史新高。5702人参加成人高校招生统一考试。全年共23004人报名参加4次高等教育自学考试，报考课程4.87万门，毕业人数1035人。

【教师专业发展成果】 2023年，吴中区共协调81个国家级、省级教师培训项目，合计6.34万人次；69个市级培训项目，计5162人次；组织承办42个区本级师干部培训项目，累计1.7万余人次。在省、市级教师优质课评比等专业素养大赛中获奖100余人次，在省职业学校技能大赛及教学大赛中获省一等奖2人、二等奖9人、三等奖7人。全区教师发表文章1025篇，其中刊于核心刊物10篇、省级及以上刊物900篇；教师论文获奖2124篇，其中省级及以上获奖323篇，近130篇论文在"教海探航""师陶杯"等省级重点征文赛事中获奖。全年成功推荐申报省级课题8项、市级课题55项，3项省级、50余项市级课题开题，11项省级、30余项市级课题结题。两年内，新增省、市级高中课程基地项目（义务教育课程与教学改革项目）5个，其中省级2个（吴中区教育局"指向育人方式变革的区域实验教学研究"、木渎实验小学"支持学生个体化学习的'三师课堂'构建探索"）、市级3个（金山高级中学"基于非遗项目群的美育课程基地"、石湖中学"未来胜任力：构建融合数字化思维的发现者课堂"、南行实验小学"观察笔记：指向学科实践的创新行动"）。新增3个省、市级前瞻性教学改革实验项目，其中省级1个（木渎高级中学项目"多元化物理实验教学资源整合应用与推广"）、市级2个（碧波实验小学项目"科教融合：提升小学生创新思维品质的科技教育实践路径探寻"、吴中实验小学项目"'双减'背景下基于场域的跨学科项目化作业设计创新实践"）。新增省、市级结项前瞻性项目3个，其中省级1个（宝带实验小学"激发学习内生动力的教学策略建构与实践"）、市级2个（木渎高级中学"义田文化和劳动教育"、越溪实验小学"多元整合建构科技课程群的实践研究"）。

【教师队伍建设】 2023年，充实优化教师队伍，完善教师招聘办法，结合使用定岗招聘和合岗招聘，面向社会公开招聘录用新教师522人，面向全国引进高层次教育人才11人。吴中区推进中小学一体化管理改革，统筹全区学校岗位设置管理，10名教师获评正高级职称，104名教师获评副高级职称，472名教师获评中级职称，740名教师获评初级职称。优化全区教师交流和干部调配机制，集中安排74名学校管理干部、骨干教师参加异地岗位锻炼和支教交流，557名教师参与为期两年的义务教育教师交流轮岗。制定《2023年吴中区中小学校长职级评审认定办法》，构建专业素养、业绩水平、办学成果等评价指标体系，评审认定区首批五星级校长3人、四星级校长14人、三星级校长14人。

推进名师工作室、"四有"好教师团队、教师发展示范基地校等三大师资队伍引领项目建设，新增省名校长工作室1个。28个首批区级名师工作室完成两年周期建设并通过终期考核，遴选第二批30个区级名师工作室、第二批13个"四有"好教师区级重点培育团队。完善校—区—市—省四级名师梯队培养，新增"苏教名家"培养工程培养对象2人，江苏教师年度人物1人，姑苏教育特聘C类人才1人、D类人才1人；评审认定东吴教育领军人才4人、青年拔尖人才20人、突出贡献团队2个、特聘D类人才6人；命名区学科骨干教师325人、教育技术应用能手30人。

【学校建设】 2023年，完成西山实验学校、范仲淹实验幼儿园、长桥中学、横泾中学、甪里中学、姜家幼儿园6个项目的新建、改扩建工程，完成澄湖实验小学等4所义务教育学校教室照明改造。全区阳光食堂建设运行比例100%，"五营法"等优质食堂管理模式覆盖率90%，"互联网+明厨亮灶"实现全覆盖。

【校园安全】 2023年，区教育局制定《2023年度教育系统安全宣传"五进"工作方案》，联合区减灾委、卫健委、消防、交通等部门累计开展各类专题安全宣传教育活动15场次、校级各类应急演练205场次，开展区级"5·12"防震减灾专题教育、通学公交疏散演练等观摩活动。联合公安交警开展秋季学期交通安全第一课，深入学校开展交通安全普法教育89场次。联合区消防救援大队开展首届中小学消防运动会。用"小手拉大手，安全一起走"的方式带动家庭，影响社会，提高全民的公共安全素养。

2023年2月，苏州市吴中区西山实验学校建成投用　　区教育局　供稿

【校外培训监管】 2023年，区教育局开展专项排查督查5次、"双随机、一公开"检查1次，会同乡镇（街道）开展联合巡查稽查，稽核全区738家校外培训机构，并将161家还在营业的非学科类培训机构书面移交其主管部门，审查培训材料423份，排查从业人员158人，妥善处置投诉纠纷51件，查处各类违规办学行为6件，责令整改6家机构（个人）。全区义务教育阶段学科类校外培训机构关停并转93家，压减率92.08%。率先实行学科类培训机构资金监管制度，资金监管比例100%。

【教育帮扶】 2023年，实施东西部扶贫协作方案，选派4名优秀高中教师赴新疆克州阿图什市开展支教工作。开展南北挂钩吴中、宿城两地教育对口结对帮扶，签订宿迁木渎实验学校合作办学协议，并开工建设学校，选派由省特级教师、正高级教师领衔的管理团队进驻；推进吴中—宿城教师发展共同体建设项目，组织宿城区50名义务教育学校管理干部到吴中培训；组织开展第二届"吴中·宿城"教研共同体名师名校长送教送培活动，指导初中数学、小学语文、小学数学3个名师工作室开展各项活动；新增迎春中学、木渎实验中学、木渎实验小学、幼儿教育中心园、城区幼儿园5所结对帮扶学校，城西中学、碧波实验小学选派两批次25名管理干部和骨干教师进驻宿城区受援学校开展支教交流。

（赵军才）

表29-1　2023年教育事业基本情况统计表（一）

项目	学校数（所）		教职工数（人）		专任教师数	
	2023年	2022年	2023年	2022年	2023年	2022年
合计	84	91	14179	13033	10505	10305
1.普通中学	34	34	5827	5302	4111	3938
（1）初中	25	25	3853	3367	2914	2698
（2）高中	9	9	1974	1606	1197	1240
2.中等职业学校	2	2	560	475	465	452
3.小学	47	54	7759	7222	5898	5883
4.特殊教育学校	1	1	33	34	31	32

（区统计局）

表29-2　2023年教育事业基本情况统计表（二）

项目	招生数（人）		在校学生数（人）		毕业生数（人）	
	2023年	2022年	2023年	2022年	2023年	2022年
合计	37679	35144	154089	146674	28856	26392
1.普通中学	17421	15959	46912	42566	12630	11737
（1）初中	12789	11591	34438	31177	9230	8399

续表

项目	招生数（人）		在校学生数（人）		毕业生数（人）	
	2023年	2022年	2023年	2022年	2023年	2022年
（2）高中	4632	4368	12474	11389	3400	3338
2.中等职业学校	2417	2167	6286	5626	1841	1501
3.小学	17830	16994	100759	98345	14362	13148
4.特殊教育学校	11	24	132	137	23	6

（区统计局）

表29-3　2023年吴中区在职江苏省特级教师一览表

序号	学校（单位）	姓名	性别	学段	任教学科	获评特级教师时间
1	苏州市吴中区教育局	王海赳	男	高中	数学	2002年8月
2	苏州市吴中区苏苑实验小学	唐晓芳	女	小学	语文	2008年8月
3	江苏省木渎高级中学	钱家荣	男	高中	心理健康教育	2010年9月
4	江苏省木渎高级中学	金军华	男	初中	语文	2010年9月
5	苏州市吴中区苏苑高级中学	徐正黄	男	初中	物理	2010年9月
6	苏州市吴中区政府教育督导室	孟晓庆	男	小学	数学	2010年9月
7	江苏省木渎高级中学	张飞	男	高中	物理	2012年9月
8	江苏省吴中中等专业学校	李建红	男	中职	财会	2012年9月
9	苏州市吴中区苏苑高级中学	薛亚春	女	高中	政治	2014年9月
10	江苏省吴中中等专业学校	蒋俊祁	男	中职	电子	2014年9月
11	苏州市吴中区迎春中学	金复耕	男	初中	语文	2016年9月
12	江苏省木渎高级中学	王克章	男	高中	语文	2018年8月
13	苏州市吴中区中小学生综合实践学校	周先荣	男	初中	数学	2018年8月
14	苏州市吴中区碧波中学	马兴卫	男	初中	物理	2018年8月
15	苏州市吴中区教学与教育科学研究室	赵士元	男	高中	数学	2018年8月
16	华中师范大学苏州实验中学	杨林全	男	初中	化学	2018年8月
17	江苏省木渎高级中学	杨茵	女	高中	化学	2021年12月
18	苏州市吴中区碧波中学	秦嵘	男	初中	物理	2021年12月
19	苏州市吴中区木渎实验中学	孙雅琴	女	初中	数学	2021年12月
20	江苏省外国语学校	曹会	男	高中	物理	2021年12月
21	苏州市吴中区南行中学	周春敏	男	初中	英语	2021年12月

（区教育局）

表29-4　2023年入学率和升学率统计表

项目	2023年	2022年
学龄儿童入学率	100.0%	100.0%
小学毕业生升学率	100.0%	100.0%
初中毕业生升学率	100.0%	100.0%
高中毕业率	100.0%	100.0%

（区统计局）

学前教育

【概况】 2023年,吴中区有幼儿园共103所,其中公办园39所、民办幼儿园64所。全区学前三年毛入园率100%,全区幼儿园在园人数为34833人,公办在园人数为19845人,公办幼儿园占比57%,普惠性幼儿园覆盖率80.2%。截至年末,全区学前教育专任教师3013人,其中初级以上职称教师1745人,大专以上学历教师占比99.4%。

【优质幼儿园】 2023年,新增石湖实验幼儿园邵昂分园1所江苏省优质幼儿园,启迪小石城幼儿园、甪直镇维乐伟才幼儿园、太湖湾伟才幼儿园、尹山湖实验幼儿园独墅湾分园、博瑞幼儿园有限公司、甪直镇贝尔陶浜幼儿园6所苏州市优质幼儿园。截至年末,全区有江苏省优质幼儿园46所,苏州市优质幼儿园34所,省、市优质园覆盖率79.43%。

【吴中区幼儿园教育中心园】 幼儿园位于吴中区吴中东路100号,占地1.47万平方米、建筑面积1.41万平方米。创办于1989年,前身是苏州市吴中区苏苑实验小学附属幼儿园,2009年异地新建后独立建制,是一所吴中区教育局直属公办幼儿园。先后获评江苏省示范性实验幼儿园、江苏省优质幼儿园。截至2023年末,学校有在编在职教工92人,开设23个班级,在籍幼儿511人。2023年,学校拥有高级教师5人、姑苏青年拔尖人才1人、东吴拔尖人才1人、苏州市学科带头人1人、苏州市"双十佳"教师4人、吴中区学科带头人13人。年内学校先后获江苏省"教育工作先进集体"等省级荣誉3项,苏州市"德育先进学校"等市级荣誉16项,吴中区"高质量发展示范学校"等区级荣誉50余项。 （赵军才）

表29-5　2023年幼儿园基本情况统计表

项目	单位	合计	女	按办学性质分	
				教育部门办	民办
1.园数	所	103	—	39	64
2.班数	个	1302	—	733	569
3.入园幼儿数	人	10824	5233	6326	4498
在园幼儿数	人	34833	16774	19845	14988
离园幼儿数	人	13878	6633	8630	5248
4.教职工人数	人	5776	5339	3460	2316
#园长	人	106	104	43	63
专任教师	人	3013	2948	1832	1181
保健、保育员	人	1481	1479	825	656
其他	人	1176	808	760	416
5.校外教师	人	2	2	2	—

（区统计局）

义务教育

【概况】 2023年,吴中区共有初中25所,在校生34438人;共有小学47所,在校生100759人。吴中区落实"双减"政策,规范民办义务教育发展,购买民办学校小学学位24229个、初中学位3864个,实现民办学校学生数占比压降到5%以内的目标。完善外来务工人员子女积分入学,统筹积分入学可供学位数,在总的吸纳比率保持稳定的基础上,适当增加初中学位。全区中小学积分入学申请人数4999人,准入人数4030人,准入率80.6%,积分准入人数和准入率保持双增长。

【招生入学】 2023年,"入学一件事"在线入学应用成功对接吴优办、苏周到、苏服办等政府公众服务平台,实现全区中小学入学报名一站式办理,平台总访问量40万人次,1.5万名幼升小学生、1万名小升初学生享受到高效便捷优质服务。优化积分入学,2023年全区积分入学审核通过4999人,其中小学2921人、初中2078人,准入4030人,准入率80.6%。

【教育"双减"】 2023年,吴中区全面推进课后延时服务。根据教育部基础教育"双减"平台显示,全区小学9.2万名学生参与课后服务,参与率93.52%;初中3.12万名学生参加课后延时服务,参与率100%。城西中学获评省"双减"示范创建学校,苏苑实验小学获评苏州市"双减"示范创建学校，碧波实验小学、迎春中学、宝带实验小学"双减"工作典型案例在全市推广。

【民办学校规范发展】 2023年，吴中区规范民办义务教育发展，购买民办学校小学学位24229个、初中学位3864个，实现民办学校学生数占比压降到5%以内的目标。出台《吴中区外来工子弟学校专项治理实施方案》，完成7所外来工子弟学校（东升学校、淞南学校、金港学校、东方学校、香樟学校、育才学校、横泾友好小学）的关停并转为属地公办小学的分校区。选派20名公办学校干部、教师组成5个管理团队，接管首批关停并转的外来工子弟学校。

【德育工作】 2023年，吴中区成立关爱青少年生命健康"润心"行动工作专班，组织全区中小学心理健康活动200余项，举办全员心理健康培训5场。实现全区各校专职心理教师100%全覆盖，指导各校优化"一班一策""一生一案"工作，开展全员导师制、学情分析和分级研判以及重点关爱学生档案分类管理试点探索等工作。制定《大中小学思政课一体化建设工作实施方案（草案）》，推进区综合实践学校课程建设和首批交通安全教育基地建设。推进德育"六个一"品牌建设，木渎高级中学等16所学校被确定为吴中区中小学德育"六个一"品牌建设第一批试点学校，评选出吴中区首批劳动教育特色学校、心理健康教育特色学校、品格提升工程项目、"阳光班集体"和"阳光少年""新时代吴中好少年"。新增省"心理健康教育特色学校"1所、市品格提升工程建设项目学校2所、市"劳动教育实践基地"7个、市"劳动教育特色学校"5所、市"社团建设先进学校"3所、市"十佳社团"6个、市"十佳社团提名奖"3个。

【艺体文化教育】 2023年，在全国青少年女子排球锦标赛中，石湖中学女子排球队获第四名（4名学生达一级运动员标准）。参加江苏省无线电测向锦标赛等省级比赛，共获13金7银；参加苏州市中小学生阳光联赛，共获39金，2名学生破苏州市纪录。在苏州市青少年阳光体育联赛、姑苏晚报杯青少年暑期足球赛中，获小学女子组和小学男子甲、乙组3项冠军。

吴中区教师合唱团在江苏省第六届紫金合唱比赛中获成人A组金奖，在第五届苏州市群众文化"繁星奖"合唱比赛中获一等奖（第一名）；举办教师合唱团"星火"汇报演出。首届"丹青江南 筑梦未来"——2023吴中区中小学教师美术作品展在吴中区公共文化艺术中心举行，153幅优秀作品入围参展。在苏州市第八届中小学生艺术节中，获5个音乐类一等奖和10个美术作品类一等奖。举办"强国复兴有我"吴中区中小学生硬笔书法比赛，300余幅优秀作品入围。

【科学教育】 2023年，以创新"馆校合作"融合教育为抓手，命名8家首批吴中区"馆校合作"示范单位，科沃斯创想科技馆获评年度"'科创筑梦'助力'双减'科普行动"优秀单位。区教育局、区科协联合举办8场"馆校合作"座谈会，分两批次组织中小学校长带队考察创想机器人科技馆。吴中实验小学、吴中经济技术开发区实验小学、碧波实验小学、蠡墅小学4所学校获2023年度江苏省青少年科技创新大赛一等奖，吴中中专创新团队获省双创大赛金奖，碧波实验小学、枫津实验小学、吴中区人民教育出版社附属实验小学获世界机器人大赛一等奖，宝带实验小学、枫津实验小学获全国青少年无人机大赛一等奖，吴淞江实验小学获全国青少年科技教育成果展示大赛一等奖，吴中实验小学获评东吴魅力科技团队。碧波实验小学"机器人科教团队"获苏州市首批"圣陶园丁奖"，独墅湖实验小学、苏苑实验小学、苏苑高级中学获评苏州市科学教育示范学校。

【苏州市吴中区苏苑实验小学】 创办于1989年，2008年9月1日，易地新建，搬迁至宝带东路298号，是吴中区基础教育的示范窗口。学校占地2.33万平方米、建筑面积2.71万平方米。截至2023年末，学校有在编在职

吴中区尹山湖实验小学的特色课程——人工智能课程　　　　　　区教育局　供稿

教职员工173人、教学班59个、在籍学生2887人。

2023年，学校拥有正高级教师、江苏省特级教师、姑苏教育名家、姑苏教育领军人才、姑苏教育拔尖人才、苏州市名教师、苏州市学科带头人等区级以上名师81人。学校先后获得江苏省实验小学、江苏省模范学校、江苏省文明校园、江苏省平安校园、江苏省教育工作先进集体、江苏省首批教师发展示范基地校、江苏省"四有"好教师团队等称号，并同期获得100余项市级以上办学荣誉称号。

【苏州市吴中区宝带实验小学】 创建于1994年，1999年开始筹建附属幼儿园，占地2.57万平方米，建筑面积1.93万平方米。截至2023年末，有教职工139人、学生2383人。学校培育包括江苏省高层次人才工程培育对象、苏州市名教师、苏州市学科带头人、姑苏教育拔尖人才等区级以上名师100余人。近年来向区内外输出多名教研员、10余名校长等管理人员。学校先后获得全国基础教育名校、全国学校文化建设金奖、国家级语言文字规范化示范学校、江苏省实验小学、江苏省模范学校、江苏省文明单位、苏州市教育现代化小学等省、市级以上荣誉100余项。

学校创办以来，坚持以"传承民族文化，培养国际意识"为办学理念，将国际理解教育、国学经典教育、科学教育、体育教育、艺术教育融入国家课程，形成"阅读节""外语节""体育节""科技周""艺术周"相融合的"三节两周"课程框架，践行"让每一个学生都能按照自己的优势去发展"的育人目标。

【苏州市吴中区迎春中学】 地处运河之滨、宝带桥畔，于1999年与高中部分离，异地建校，是吴中区教育局直属学校，也是吴中区初中教育的窗口学校。截至2023年末，有教学班30个、学生1400余人、专任教师129人，其中省特级教师1人，正高级教师1人，东吴教育名家1人，市名教师1人，市学科带头人11人，区学科带头人以及骨干教师60余人，9个教研团队获省、市、区级集体荣誉。

学校形成"优秀+特长"的办学特色，倡导"三维融合教育"，探索"4+互动课堂"教学模式，优化五类特色课程，追求6项质量指标。学校先后获江苏省实施教育现代化示范初中、江苏省德育先进学校、江苏省体育工作先进学校、江苏省平安校园、江苏省依法治校示范校、江苏省健康促进学校、江苏省群众满意基层站所（服务窗口）示范单位、江苏省教科研先进学校、江苏省智慧校园、苏州市文明单位等90余项市级以上荣誉。

【苏州市吴中区城西中学】 创建于1995年，地处吴中区吴中西路与盘蠡路交界处，占地2.03万平方米，建筑面积2.1万平方米，是吴中区初中教育的窗口学校。田径场面积4807平方米（含足球场面积1480平方米），篮球场面积1190平方米，室内体育场面积800平方米。截至2023年末，学校有班级36个、学生1628人、专任教师148人。教师中，本科率100%、研究生占27%，中共党员占50%，市区级学科带头人、骨干教师占比近42%。

学校设立电子漂流吧、朗读亭，营造经典诵读的学习氛围，养成师生的阅读习惯。2023年，获评江苏省"双减"示范学、江苏省陶行知研究会实验学校。

（赵军才）

普通高中教育

【概况】 2023年，吴中区共有普通高中9所，在校生12474人。区教育局整合区域教育资源，深化教育教学改革，通过加快智慧校园建设、打造专业化教师队伍、丰富学校内涵建设等，推动吴中教育高质量发展迈上新的台阶。推进木渎高级中学创建省高品质示范高中（五星级）、苏苑高级中学创建省高品质特色高中工作。

【高考情况】 2023年，吴中区2471人参加高考，本一达线人数比上年提高40%，超1400人。木渎高级中学清北达线4人，600分以上人数近50%，本一达线率首次超过95%。苏苑高级中学本一达线率连续保持10%以上的增长，2023年超过75%，省外校本一达线率首次超过60%。

【江苏省木渎高级中学】 创办于1937年，占地33.87万平方米，总建筑面积9.1万平方米。截至2023年末，学校有班级63个、学生2578人、教职工278人，其中正高级教师9人、高级教师132人、一级教师104人。学校有特级教师5人、教育部领航专家1人、省突出贡献专家1人、姑苏教育人才9人、东吴教育人才13人、市学科带头人27人、区级学科带头人94人。先后获江苏省首批办好的重点中学、国家级示范高中、江苏省模范学校、江苏省四星级普通高中等称号。内涵项目建设初见成效，有教育部课改项目1项、省前瞻性项目2项、省级课程基地3个。注重生成式全过程思政教育、场馆式情境教育、义田式体验教育；浸润先贤文化，强调"以劳辅德、以劳增智、以劳强体、以劳益美、以劳养心"的劳动课程，培养学生正确的劳动观和良好的劳动品质。2023年，在世界青年攀岩锦标赛中，木渎高级中学学生赵一程获男子速度金牌。

（赵军才）

特殊教育

【吴中区特殊教育学校】 吴中区有1所特殊教育学校——吴中区特殊教育学校，原名吴县聋哑学校，创建于

1988年。学校地处郭巷街道尹山村,是一所九年义务教育的全日制特殊教育学校,承担全区特殊少年儿童的教育与康复任务。学校占地1.16万平方米,建筑面积4566平方米,建有感统、康复等20个专业教室。2023年,在校学生132人、专任教师31人。年内,学生在"奋进新征程,筑梦新时代"苏州市特殊儿童文艺展评中获二等奖,学校被评为吴中区首批劳动教育特色学校。

【特殊教育职业发展】 2023年12月18日,苏州市吴中区特殊教育学校、苏州市太湖旅游中等专业学校、苏州宝带桥国际大酒店三方开展党建共建签约仪式。此次校企合作以"服务残疾学生"为核心,围绕江苏省、苏州市特殊教育第二期提升计划和省"十四五"特殊教育发展提升行动计划要求,发展以职业教育为主的高中阶段特殊教育,提高特教中专班学生综合能力,加强残疾人职业技能培训,增强残疾人就业竞争力。

（赵军才）

表29-6　2023年特殊教育学校班级、学生情况统计表

项目	单位	合计	女	听力残疾	智力残疾
一、班数	个	10	—	0	10
二、毕业生	人	23	9	0	23
三、招生数	人	11	4	0	11
四、在校学生	人	132	48	0	132
1.小学阶段	人	79	31	0	79
（1）一年级	人	11	3	0	11
（2）二年级	人	19	9	0	19
（3）三年级	人	13	6	0	13
（4）四年级	人	14	3	0	14
（5）五年级	人	4	3	0	4
（6）六年级	人	18	7	0	18
2.初中阶段	人	53	17	0	53
（1）一年级	人	19	7	0	19
（2）二年级	人	19	8	0	19
（3）三年级	人	15	2	0	15

（区统计局）

表29-7　2023年末特殊教育学校专任教师情况统计表

单位:人

项目	合计	女	受过特殊教育专业培训
合计	31	25	31
一、学历结构	31	25	31
#本科毕业	29	24	29
专科毕业	2	1	2
中专高中毕业	—	—	—
二、职称结构	31	25	31
#高级	5	4	5
中级	18	13	18
初级	8	8	8
未评级	—	—	—

（区统计局）

职业教育

【概况】 2023年，吴中区有高等职业院校办学点1所（江苏联合职业技术学院吴中中专办学点），公办中等专业学校2所（江苏省吴中中等专业学校、苏州市太湖旅游中等专业学校），在校生6286人，专任教师465人。吴中中等专业学校（简称"吴中中专"）开设中泰合作纳税事务班、中日合作跨境电子商务班，构建开放型国际化职业教育。吴中区共获批省中等职业教育与高等职业教育贯通"3+3"培养项目9个。吴中中专获评江苏省第二批优质专业1个、市职业教育优质专业群1个、市职业教育现代学徒制建设项目1个。在2023年全省职教高考中，太湖旅游中等专业学校97名学生达本科线，达线率45.9%，位居苏州市前列。

吴中中专承办2023年苏州市职业学校技能大赛班主任能力决赛，吴中区获1金1银2铜，在省赛中获1铜。在2023年苏州市创新创业大赛中，吴中中专8个项目进入决赛展评并获1金3银4铜。在2023年全省职业院校技能大赛中，吴中区斩获1金6银4铜。在2023年江苏省职业院校教学能力大赛中，吴中区获1金2银2铜。全区获评省级"三创"优秀学生5人、优秀学生干部3人和先进班集体2个。评选认定吴中区创新型优秀"双师素质"教师30人、精品课程资源8项、现代学徒制项目3个、校企合作示范组合2个、优秀企业学院2个。

【产教融合】 全区职业教育聚焦"3+3+3"产业体系，深化产教融合和校企合作。吴中中专被省教育厅批准为江苏联合职业技术学院办学单位，并申报吴中分院。吴中技师学院申报的苏州华东镀膜技术有限公司和苏州泰科贝尔直驱电机有限公司被认定为省第五批产教融合型试点培育企业。

（赵军才）

【机器人与智能制造产教融合"示范样板"】 8月3日，吴中区机器人与智能制造产教联合体入选教育部第一批国家级市域产教联合体，是全省首批、全市唯一。吴中区联合114家头部企业、5家科研机构、4所本科院校、12所职业院校组建产教联合体，全面服务机器人与智能制造产业发展。2023年，吴中区机器人与智能制造产业规模1308.5亿元，比上年增长28.2%。利用联合体机制，探索高技能人才培养新模式，实施校企联合招生、联合培养、岗位成才的特色学徒制，为职业院校学生开展实习实训和教师岗位实践提供良好平台。截至年末，推动10所职业院校与10家重点企业达成校企合作，2所中等职业学院与200余家用人单位建立互通合作关系。成立吴中区校地合作发展理事会，吴中区与在吴9所高校签订校地合作协议，发挥高校人才智力资源优势，协同推进基础研究、应用开发、成果转化与产业化。

（吴中信息）

【吴中中等专业学校】 学校坐落在吴中经济技术开发区龙翔路333号，占地20万平方米，建筑面积15.68万平方米（含新实训楼）。2023年，学校有教职员工343人，其中专任教师326人，有江苏省特级教师2人、江苏省领军人才1人、江苏省教学名师1人、江苏省333人才1人、姑苏教育人才1人、苏州市名教师3人，拥有省、市校级名师工作室18个。2023年，学校入围江苏省优秀中等职业学校建设单位，电子技术应用、机电一体化专业入围江苏省中等职业教育优质专业建设，整体迈入江苏省"双优"中等职业学校建设行列。

招生育人 举办"校园开放日"5次、中考升学公益讲座7场，赴东山中学、石湖中学等9所初中学校开展招生宣讲，拍摄中考升学指导问答视频7个，发布招生宣传推送10余个。全年开展"一园三节"、心理健康教育、劳动教育、法治教育、社会实践等活动50余次，覆盖师生1.5万余人次。在省、市、区各级体育比赛中，获11金2银3铜，并打破3项赛会纪录，获"优秀组织奖"2个。"腾跃"舞狮社、苏扇社获评苏州市职业学校标兵社团。打造"家长讲师团"特色家校品牌，开展系列活动5次，实施家校共育，强化学生职业生涯指导，凝聚教育合力。全年举办各类防诈骗教育活动3次、利用新媒体平台宣传防诈骗信息36次，法治副校长为2023级新生开展防诈骗专题教育，与区应急管理局合作，挂牌区"安全学校"。2023年，学校共招收全日制学生1569人，其中五年制601人、现代职教"3+3"264人、普通中专704人（含园区委培330人），学校全日制招生规模与往年持平。全年共输送毕业生987人，升入本科院校131人，升入大专院校415人，参军入伍8人，就业424人，整体就业率99.09%，位列苏州市和省城职院办学系统前列。招收江苏开放大学开放本专科教育学生1341人，招收苏州科技大学成人学历教育学生779人，全年累计毕业797人，非全日制学历教育规模稳步提升。2023年是学校承办西藏中职班的第14年，有68名西藏班在校生。

师资建设 注重省市级名师梯队培养，新增市级名师工作室1个，获评江苏联院"优秀教师"1人、苏州市优秀班主任1人、苏州市优秀教师1人、东吴教育青年拔尖人才2人、区优秀教育工作者4人、区优秀班主任13人。学校坚持以"四大赛事"为抓手，促进教师能力提升，在2023年江苏省教学能力比赛中获1金1银2铜，参加或指导学生参加江苏省技能大赛、创新创业大赛，分获1金6银4铜、1金3银4铜，1名教师获苏州市班主任基本功大赛金牌。全年立项、结项省市级课题22项，在省级以上期刊发表论文39篇，论文获奖17篇，获批实用新型专利4个。

产教融合 学校围绕吴中区现代产业发展格局，优化专业布局，推进"五共+"校企合作，构建"双向发力、三方联动、四阶一体"人才培养模式。高水平专业群建设取得新突破，电气自动化专业群被认定为江苏联院第二批五年制高职高水平专业群，现代物流管理专业群被苏州市教育局认定为优质专业群。2023年，学校新增8家优质校企合作伙伴，与苏州浪潮智能科技有限公司、苏州汇川技术有限公司等162家优质企业保持长期合作关系。成立产教融合委员联合工作室，与云科技术、南京谷闻文化传播公司等5家企业共建多个实训实践基地，实现优势资源共享，共促产教一体化提升。

开放共享 聚焦核心素养，为西藏学生开设书法、足球、舞蹈等特色素养提升课程。与泰国博仁大学合作开办中职与泰国本科学历衔接国际班1个，与日本长崎国际大学等合作开办中职与日本本科学历衔接国际班1个。与建丰体育、得一鲜等公司建立合作关系，对学校体育场馆、专家楼、阅享吧等场地设施以新型校企合作模式进行管理，实现校企合作共赢。

社会培训 开放大学和苏州科技大学成人本专科在读人数4553人，事业规模不断扩大。学校成为联合国教科文组织城市社区学习中心（CLC）项目试验点，承办城市社区学习中心（CLC）研究能力提升工作坊，社区教育质量不断提高。全年开展各级各类考评培训8项，培训学员5576人，共计51.2万课时。启动智能技术运用培训，指导木渎镇、甪直镇、长桥街道等社区教育中心为老年人群开展智能设备技术运用培训。

（顾亭）

表29-8 2023年中等职业教育（学校）学生情况统计表

单位：人

项目	合计	女学生
毕业生数	1841	877
#获得职业资格证书	1234	560
招生数	2417	1155
#初中毕业	2417	1155
在校学生数	6286	3008
一年级	2417	1155
二年级	2174	1020
三年级	1695	833

（区统计局）

表29-9 2023年末中等职业教育（学校）教职工情况统计表

单位：人

项目	教职工人数	专任教师	行政人员	教辅人员	工勤人员	聘请校外教师
合计	560	465	1	21	73	58
#女	365	299	0	10	56	31
正高级	—	3	—	—	—	—
副高级	—	153	—	—	—	—
中级	—	179	—	—	—	—
初级	—	87	—	—	—	—
无职级	—	43	—	—	—	—

（区统计局）

社会教育

【社区教育】 2023年，吴中区推进社区教育的内涵发展和实践创新，为构建全区终身教育体系、打造学习型吴中服务。全区共有社区教育中心13个，全区各级社区教育机构组织各类培训64.25万人次，开展"渎"享幸福市民学堂、"渎"聚匠心非遗课堂、家门口的老年大学、江南文化进社区、走读甪直、隔代教育专题讲座、法制教育、老年人智能手机教学等活动。其中，"家门口的老年大学"项目，第一批正常开班9家单位，增加6000学位。甪直镇成人教育中心校获中国成人教育协会授牌"家校社协同育人"实验基地，长桥成人教育中心校被评为江苏省社区教育共同体建设牵头单位，吴中社区学院被评为省"社会教育先进集体"。"共享共生——社区教育助推'苏工苏作''点亮生活'"入选中成协《新时代社区教育案例》，"渎"享幸福市民学堂获评2023年江苏省社区教育特色品牌建设项目，吴中开放大学的课题"大安全观视域下职业安全技能培训校企协同模式的实践探索"被中国成人教育协会立项为"十四五"成人继续教育科研规划一般课题、被江苏省成人教育协会立项为"十四五"社会教育规划2023年度重点课题。

（赵军才）

【老年教育】 区老年大学在课程设置上坚持"适其所需、授其所宜"的原则，紧贴老年人生活与学习需求，常态化开设瑜伽、交谊舞、声乐、电子钢琴等课程，并顺应信息时代大潮，开设智能手机、视频编辑、手机摄影等智慧化课程。在教学内容上采用"进阶式"方式，在举办初级班的基础上，向中级班、高级班、研究班的方向迈进，使新老学员都有新的学习目标和追求。2023年，共开设84个班级，有1576名学员，服务2507人次。开辟"二""三"课堂，挖掘行业专家、"银发讲师"等资源，举办养生保健、生活安全、防诈防骗等讲座类课程，不断丰富教学内容，提升办学吸引力。倡导学员将所学专长带进社区、服务社会，做到学习与实践相结合。组织书画系学员在春节将福字和楹联送入养老院、社区；组织音乐舞蹈系学员开展教学活动成果进社区、进学校活动，先后到木渎镇、胥口镇、东山镇、金庭镇、甪直镇和全区各学校、企业等地演出，为群众送上丰富多彩的文艺演出。

（金娟）

编辑　张振雄

「江南文化」吴中标识

综 述

【历史沿革】 吴文化是中华文明的最重要组成部分，以今苏南浙北赣北皖中南为代表，泛指吴地古今物质文明和精神文明的所有成果。吴文化以荆吴和先吴以及最重要的吴国文化为基础，经商、周（春秋、战国）、秦汉、魏晋南北朝的生长，及隋、唐、宋、元历代发育，至明代形成高峰。清代以来，随着中国封建社会的衰落和资本主义的萌芽，吴文化开始从传统文化定式向现代文化方向转型。吴地文化的区域包括苏南浙北的环太湖流域，苏南是吴文化的发源地与核心区域。

一部吴文化史，大半在吴中。10000余年前三山岛，有旧石器时代的石制工具；6000余年前草鞋山，已经有人工栽培水稻；3000余年前泰伯奔吴；2500余年前阖闾建城。

距今约3100年的商朝末年，泰伯、仲雍兄弟离开黄河流域的周族部落，来到长江下游的太湖流域地区。随着"文身断发"式的文化体认和文化交融，泰伯在江南建立"勾吴"国。在这一后世称之为"吴"的地理平台上，长江下游及太湖流域原有的土著文化与中原周文化进行最初的融和。

先秦时期，吴地民风"好剑轻死"，尚武精神使吴地铸剑业异常发达。从六朝开始，在北方士族南迁、南北政治势力消长与江南地区生产力发展的时代背景下，吴地文化精神经历转型。在这一转型期内，吴地文化精神从"尚武"到"弃武"，再从"弃武"至"崇文"，最终"崇文"并"重教"。"崇文重教"之风给吴地社会带来的是人才培养居于全国领先的地位。

（吴鉴）

【吴文化博物馆】 吴文化博物馆坐落于宝带桥·澹台湖大运河国家文化公园，全国重点文化保护单位宝带桥西南侧，占地8500.7平方米，建筑面积约1.87万平方米，地上3层、地下1层，于2020年6月28日建成开放。

博物馆以"吴县文管会"的文物收藏为基础、以苏州解放以来重大考古发现和出土文物精品为特色、以"考古探吴中"和"风雅颂吴中"为基本陈列，是以"吴地"和"江南文化"的研究、展示和传播为核心的综合性博物馆。自建馆以来，累计获得各级各类荣誉奖项50余项：2021年度获全国博物馆"十大陈列展览精品奖"、获评江苏"运河百景"标志性运河文旅产品，2022年度入选全国热门博物馆百强榜单、获评"全国文博社教百强案例"、本馆基本陈列入选"新时代博物馆百大陈列展览精品"，2023年度入选江苏省"最美公共文化空间"打造对象、位列"全国热门博物馆百强榜单"第三十五名等。

打造城市会客厅，构筑起"吴文化"沉浸式体验新空间。2023年，共策划举办9场特展，涵盖江南文化系列、中国地域文化系列、亚欧文明系列、"再问"系列首展及"匠艺"非遗展系列等，"山水舟行远——江南的景观"入选2023年度江苏省"弘扬中华优秀传统文化、培育社会主义核心价值观"主题展览重点推介项目，"世间乐土——吴县文物数字展"获第二届（2019—2022年度）江苏省博物馆十大精品展览精品奖。推出讲座课程、传习演绎、悦读沙龙、市民考古等创新性教育活动340余场次，挂牌苏州市中韩文化交流基地、中法文化交流基地，开展中韩、中法文化交流体验活动20余场，馆平台升级成为"江苏省科普教育基地"，"吴文化博物馆主题悦读沙龙"获评第二届（2022）全国文博社教优秀案例。开发吴中非遗数字地图，探索非遗创新性开发宣传及产业化传承发展，举办"苏作非遗文创品牌展"，推出"洞庭山碧螺春体验之旅"并入选"水韵江苏"非遗主题精品旅游线路。全年累计接待机关、企事业单位、国内外学校、专家学者和各类团体1100余批次，累计接待观众31.7万人次，被专家评价为"具有示范意义的中小博物馆建设、运营样本"，成为吴中和苏州城市公共文化体系的重要支点。

【"山水舟行远——江南的景观"特展】 2022年12月22日至2023年3月20日，在吴文化博物馆举办"山水舟行远——江南的景观"特展，共分为溯源山水精神、解构山水关系、塑造山水城市三个单元。特展由吴文化博物馆、常熟博物馆联合主办，携手故宫博物院、浙江省博物馆、苏州碑刻博物馆、吴中图书馆，共展出相关代表性文物131余件套，包含古代书画、古籍、古琴、玉器、瓷器、陶器、石器、青铜器等类型的历代文物，以文物中蕴藏的舟船、山水等水乡符号为主线，串连出一幅山水城市之卷。通过文物、模型、多媒体、数字化等多重展示方式，将太湖及长三角流域水网形成的过程与人类文明演进的阶段相结合，探析江南地区山水精神的内涵与实质。5月18日，在2023年国际博物馆日江苏主会场上，"山水舟行远——江南的景观"特展入选2023年度"弘扬中华优秀传统文化、培育社会主义核心价值观"主题展览推介项目。

（陈嘉）

文化遗产传承与保护

【概况】 吴中区作为吴文化的发源地和集大成者，文化遗产丰富。2023年，全区有登记在册的文物点626个，有各级文物保护单位131处，其中国家级文物保护单位7处、省级文物保护单位23处、市级文物保护单位101处；有甪直、木渎、东山、光福4个中国历史文化名镇，金庭1个江苏省历史文化名镇，明月湾、陆巷、杨湾、三山村、东村5个中国历史文化名村，15个中国传统村落；有区级博物馆——吴文化博物馆1个。吴中区非物质文化遗产项目66项,其中世界级非物质文化遗产项目2项、国家级2项、省级21项;非物质文化传承人141人(在世人数),其中国家级非物质文化遗产传承人6人、省级17人、市区两级118人。

(石佳佳)

表30-1 2023年末吴中区省级及以上非物质文化遗产名录及传承人一览表

项目名称	类别	级别	公布日期、批次	保护单位	当前传承人状况
香山帮传统建筑营造技艺	传统技艺	世界级	2009年9月28日	苏州香山工坊建设投资发展有限公司	国家级:薛福鑫、陆耀祖、薛林根 省级:杨根兴、顾建明、朱兴男 市级:张喜平、郁文贤、顾阿虎、孙小青 区级:许建华、孟建鸿、沈炳春、方明、钱乃幸、胡迪荣、邓菊生、张福康
香山帮传统建筑营造技艺	传统技艺	国家级	2006年5月20日 国发〔2006〕18号 第一批	苏州香山工坊建设投资发展有限公司	
碧螺春制作技艺	传统技艺	世界级	2022年11月29日	苏州市吴中区洞庭(山)碧螺春茶业协会	国家级:施跃文 省级:周永明 市级:查恩春、陈建荣、张利忠、蒋林根、严介龙、柳荣伟 区级:马国良、顾晓军、沈四宝、蔡国平
碧螺春制作技艺	传统技艺	国家级	2011年5月23日 国发〔2011〕14号 第三批	苏州市吴中区洞庭(山)碧螺春茶业协会	
甪直水乡妇女服饰	民俗	国家级	2006年5月20日 国发〔2006〕18号 第一批	甪直镇文体教育服务中心	区级:顾夫泉
光福核雕	传统美术	国家级	2008年6月7日 国发〔2008〕19号 第二批	苏州市吴中区光福镇文体教育服务中心	国家级:宋水官、周建明 省级:陈素英 市级:须培金、钟火元 区级:许忠英、陆小琴、缪增明、任敏华、钟秀琴、钟耀源、李晓青、宋梅英、承莉君、帅道富、夏栋、李云玲
金山石雕	传统技艺	省级	2007年3月24日 苏政发〔2007〕28号 第一批	苏州金山石雕艺术有限公司	省级:何根金 市级:吴福云、何建青 区级:何建红、何惠林
藏书澄泥石刻	传统技艺	省级	2007年3月24日 苏政发〔2007〕28号 第一批	苏州市吴中区木渎镇文体教育服务中心	省级:蔡金兴 市级:蔡春生 区级:蔡云娣、许永良、陆云生、张文彪
东山台阁	传统体育、游艺与杂技	省级	2009年6月20日 苏政发〔2009〕94号 第二批	东山镇文体中心	
乾生元枣泥麻饼制作技艺	传统技艺	省级	2011年9月2日 苏政发〔2011〕124号 第三批	苏州乾生元食品有限公司	市级:郑勤
木渎石家鲃肺汤制作技艺	传统技艺	省级	2011年9月2日 苏政发〔2016〕5号 第三批	木渎镇石家饭店	市级:居永泉

续表

项目名称	类别	级别	公布日期、批次	保护单位	当前传承人状况
十番音乐（木渎十番）	传统音乐	省级	2016年3月18日 苏政发〔2016〕5号 第四批	苏州市吴中区木渎镇文体教育服务中心	市级：顾再欣
莲湘（甪直连厢）	传统舞蹈	省级	2016年3月18日 苏政发〔2016〕5号 第四批	苏州市吴中区甪直镇文体教育服务中心	区级：龚阿二
木雕（佛像木雕）	传统美术	省级	2016年3月18日 苏政发〔2016〕5号 第四批	苏州市吴中区光福镇文体教育服务中心	市级：董荣菊、顾国荣 区级：李进荣、徐文炳、董辉
玉雕（苏州玉雕）	传统美术	省级	2016年3月18日 苏政发〔2016〕5号 第四批	苏州市吴中区光福镇文体教育服务中心	省级：马洪伟 区级：袁小娣、府洪敏、孙林泉、钱建良、朱玉峰、范栋强
木雕（苏州红木雕刻）	传统美术	省级	2016年3月18日 苏政发〔2016〕5号 第四批	苏州市吴中区光福镇文体教育服务中心	省级：钟锦德、陈忠林 市级：钟斌 区级：顾菊忠
家具制作技艺（明式家具制作技艺）	传统技艺	省级	2016年3月18日 苏政发〔2016〕5号 第四批	苏州市吴中区光福镇文体教育服务中心	省级：宋卫东 区级：王建海、王建新、史忠明、周雪英、周华民、史志晔、张建设
传统木船制作技艺（七桅古船制作技艺）	传统技艺	省级	2016年3月18日 苏政发〔2016〕5号 第四批	苏州市吴中区光福镇文体教育服务中心	区级：蒋金土
吴罗织造技艺（纱罗织造技艺）	传统技艺	省级	2016年3月18日 苏政发〔2016〕5号 第四批	苏州圣龙丝织绣品有限公司	省级：李海龙 区级：李君
酱菜制作技艺（甪直萝卜制作技艺）	传统技艺	省级	2016年3月18日 苏政发〔2016〕5号 第四批	苏州市吴中区甪直酱品厂	省级：凌永弟 市级：金庆勇
羊肉烹制技艺（藏书羊肉制作技艺）	传统技艺	省级	2016年3月18日 苏政发〔2016〕5号 第四批	苏州市藏书羊肉产业协会	
吴氏疔疗	传统医药	省级	2016年3月18日 苏政发〔2016〕5号 第四批	苏州市吴中区木渎镇吴氏疗科诊所	省级：李永熙 区级：李啸
江南船拳	传统体育、游艺与杂技	省级	2016年3月18日 苏政发〔2016〕5号 第四批	越溪街道文体中心 越溪实验小学	省级：吴文祖 市级：吴根宝
邓尉探梅	民俗	省级	2016年3月18日 苏政发〔2016〕5号 第四批	苏州市吴中区光福镇文体教育服务中心	
苏州茉莉花茶制作技艺	传统技艺	省级	2023年11月3日 苏政发〔2023〕100号 第五批	苏州市东山茶厂	市级：毛少云

续表

项目名称	类别	级别	公布日期、批次	保护单位	当前传承人状况
苏州湖笔制作技艺	传统技艺	省级	2023年11月3日 苏政发〔2023〕100号 第五批	吴中区城区古吴三阳笔庄	市级：潘海婴 区级：李慧琴、胡晶耀
砖雕（苏州砖雕）	传统美术	省级	2023年11月3日 苏政发〔2023〕100号 第五批	潘志慎艺术石刻社	市级：潘志慎 区级：钱建春、柳建民、艾礼群、王叶飞、孙燕林、朱小弟、陆云龙、汪庭辉、浦天奇、陆冬杰、刘莉

注：标注 ☐ 的，表示已去世。

（区文体旅局）

【文物保护与管理】 2023年，开展文物古建修缮项目，实施完成省保单位遂高堂、木渎韩世忠祠堂、金庭仁寿堂等修缮工程。做好文物安全保护工作，开展吴中文物安全实验区平台维保项目，完成吴中区文物古建筑消防电气火灾监控项目、寒山摩崖石刻监控安装等；作为江苏唯一、国家首批试点，完成春在楼、轩辕宫正殿、东山民居3处全国重点文物保护单位预防性保护工作。开展国保单位保圣寺罗汉塑像前期勘察研究、紫金庵罗汉塑像前期勘察和研究等文物研究项目。

（石佳佳）

【非遗保护】 2023年，立足申报，健全非遗名录体系。推进各项非遗申报工作，形成国家、省、市、区四级名录体系。全区拥有各级非物质文化遗产代表性项目66项、传承人141人（在世人数），拥有省级非遗旅游体验基地、创意基地各1个，市级非遗保护基地12个。年内，新增苏州茉莉花茶制作技艺、砖雕、苏州湖笔制作技艺3个省第五批非遗代表性项目，市第八批非遗代表性项目2个，市级非遗保护单位6家，省级非遗工坊1家，市级非遗工坊1家，区级非遗工坊27家。

多元支持，完善非遗保护机制。出台《吴中区非物质文化遗产代表性传承人认定与资助办法》，起草《吴中区非遗保护发展三年行动计划（2024—2026）》，定期开展区级非遗项目保护单位核定工作，动态监管区域内市级传承人及市级保护单位履行义务情况，近年来累计向上争取专项资金800万元。制定出台文化产业倍增扶持政策，累计引导工艺美术及非遗传承优秀项目18个，扶持资金395.5万元。

数字赋能，提升非遗保护水平。针对不同项目，建构生产性、整体性、抢救性保护的分类保护体系，加快运用视频音像等方式，建设吴中非遗数字平台、非遗数字实验室。年内，吴文化博物馆创作发售首批4件非遗数字藏品。融合非遗与旅游资源，"碧螺春制作技艺"非遗体验之旅入选2023年"水韵江苏"非遗主题精品旅游路线。

【非遗文化品牌开发宣传】 2023年，吴中区借力各级各类平台，打响非遗文化品牌。连续举办苏作文创峰会，定期开设苏派核雕、苏绣、澄泥石刻等主题展览。其中，吴文化博物馆策划举办"天堂里——工艺的苏州与杭州""青莲衫子藕荷裳——甪直水乡妇女服饰展""苏作非遗文创品牌展"3个原创性非遗特展，开展"探寻非遗工作室""市民体验非遗""甪直非

2023年11月16—20日，苏作非遗文创品牌展在吴文化博物馆展出

区文体旅局 供稿

【民间工艺】 吴中的民间工艺以刺绣、木雕、玉雕、石雕、核雕、建筑营造（苏式园林）及家具制作为重点，全国工艺美术领域11大类中，吴中区拥有10个大类3000个品种。全区有57项民间工艺被列入非物质文化遗产名录，累计14件作品获民间工艺展最高奖——山花奖，获江苏省民间文艺最高奖"迎春花奖"20个，获全国工艺美术"百花奖""天工奖""苏艺杯"等金奖百项以上。

2023年，区民间文艺家协会李海龙和吴眉眉合著的《吴罗》、陆小琴的《心与核》等11件作品获2023江苏省文艺大奖·民间文艺奖，《吴罗》同时入围第十六届中国民间文艺山花奖·优秀民间文艺学术著作；宋水官、宋梅英的核雕《中华民族 生生不息》入围第十六届中国民间文艺山花奖·优秀民间工艺美术作品，马洪伟等8人的12件（套）作品亮相第三届江苏发展大会，27件（套）作品获第十四届江苏省工艺美术精品博览会特等金奖、金奖，6件（套）作品入展"山花绽放 薪火相传"长三角地区青年民间工艺精品展，展现吴中的历史之美、风物之美、人文之美、发展之美。

（钮春辉）

【苏作文创峰会】 2023年苏作文创峰会开幕。开幕式上，表彰吴中区近期获评的9名姑苏宣传文化重点人才、青年拔尖人才，表彰在2023年苏州市"吴地工匠"职业技能系列竞赛活动中获核雕、木雕、玉雕、刺绣4个苏作手工艺项目一等奖的吴中匠人，举行吴中文化产业发展规划介绍会，启动非遗文创协同创新合作计划，举行吴中区与中国数字文化集团合作文化数字化项目成果展示和重点文化产业项目签约仪式。 （吴中发布）

古镇古村老街保护

【概况】 2023年，吴中区建立健全古镇古村老街保护利用机制，按照"整体保护、有机更新、以用促保"原则，打造好甪直古镇、光福古镇、蠡墅老街等标志性项目，真正实现古街老宅、文保遗迹"活起来、用起来、传下去"。吴中区传统村落集中连片保护利用工作围绕"留住乡亲、护住乡土、记住乡愁"的理念，践行"保护+"的工作方式，提升风貌、发展产业、创新路径，做到留形、留人和留魂，努力实现传统村落保护的科学化、本土化、特色化。以"吴中传统村落"整体形象价值，助推打响苏州"江南文化"品牌。5月，市政府公布第二批全市传统村落名录，吴中区14个村落入选，数量位居全市第一。截至年末，全区有15个中国传统村落、30个省级传统村落、33个市级传统村落，均居全省、市第一。

表30-2 2023年吴中区省级以上传统村落一览表

序号	名称	级别	地区	批次
1	陆巷古村	国家级	东山镇	第一批
2	明月湾村	国家级	金庭镇	第一批
3	三山村	国家级	东山镇	第二批
4	杨湾村	国家级	东山镇	第二批
5	翁巷村	国家级	东山镇	第二批
6	东村村	国家级	金庭镇	第二批
7	衙甪里村	国家级	金庭镇	第三批
8	东蔡村	国家级	金庭镇	第三批
9	植里村	国家级	金庭镇	第三批
10	舟山村	国家级	香山街道	第三批
11	蒋东村后埠村	国家级	金庭镇	第四批
12	堂里村堂里	国家级	金庭镇	第四批
13	冲山村	国家级	光福镇	第六批
14	双湾村	国家级	东山镇	第六批
15	缥缈村	国家级	金庭镇	第六批
16	灵湖村黄墅	省级	临湖镇	第一批
17	瑶盛村东浜	省级	甪直镇	第二批
18	长沙社区施家湾	省级	香山街道	第二批

续表

序号	名称	级别	地区	批次
19	长沙社区南旺村	省级	香山街道	第二批
20	上林村东林渡	省级	横泾街道	第三批
21	杨湾村西巷	省级	东山镇	第三批
22	湖浜村田肚浜	省级	甪直镇	第三批
23	石舍村柳舍	省级	临湖镇	第三批
24	张桥村西山塘	省级	越溪街道	第三批
25	旺山村钱家坞	省级	越溪街道	第三批
26	旺山村西坞里	省级	越溪街道	第三批
27	杨湾村石桥	省级	东山镇	第四批
28	陆巷村山址	省级	东山镇	第五批
29	天池村北竹坞	省级	木渎镇	第五批

注：冲山村东头、西头为第五批省级传统村落。

（区住建局）

【传统村落保护利用】 2023年，吴中区传统村落保护注重集聚效应，强化系统规划引领。编制传统村落集中连片保护发展规划，构建国家—省—市三级传统村落整体保护体系。以"环太湖1号公路"串联的东山镇、金庭镇和香山街道区域为主要实施范围，完善传统村落特色梯队建设，分类分级差异化制定传统村落建筑保护更新标准。以现有传统村落为节点，连点串线成片，加强活态保护活化利用，将传统村落保护工作与特色田园乡村建设联动融合，聚力打造双重示范。推进"一村三师"制度，通过鼓励规划设计师、建筑师、工程师"三师入乡"，着力克服基层一线技术力量薄弱短板，为开展村庄建设提供技术支撑。制定出台《太湖生态岛历史文化名村和传统村落保护发展专项补助资金使用细则》，促进金融有效支持传统村落保护利用工作。

【古村古建筑修缮】 2023年，吴中区53个村镇传统建筑（组群）入选第二批苏州市村镇传统建筑（组群）名录，数量居全市第二。制定出台《吴中区古村落古建筑保护专项资金管理办法》，编制审批古建筑维修方案。探索多种方式盘活长期闲置的传统建筑资源，组建苏州太湖洞庭古村旅游开发有限公司，在全国率先创建吴中区传统资源使用交易平台，推进村落修缮保护。修旧如旧，坚持"最小干预、保护为主、抢救第一"原则，修缮过程中基本使用原材料、原工艺，注重保留原制式、原风貌，确保古建筑原汁原味修复。实施金庭仁寿堂等古建筑的抢救性修复等工程。同时，最大限度尊重古村落居民生活习惯，修缮后复用率在90%以上。

【古村落品牌产业】 2023年，培育古村落品牌产业，打造"农业+文化产业+旅游产业"相融合发展模式。发展优势农副业经济，打造洞庭橘子、碧螺春茶叶、白玉枇杷、太湖"三白"等品牌。香山街道舟山村立足推广核雕文化，致力打造匠艺文化与文旅结合的"中国乡匠第一村"；横泾街道东林渡深挖村庄历史"木文化"和"酒文化"；打造东林渡陶庐、义金烧"诗酒田园"等乡村网红文旅项目。重点扶持东山镇三山村、金庭镇明月湾村、甪直镇淞浜村的重点民宿集聚区发展。

【明月湾村入选全国历史文化保护和传承示范案例】 10月15日，由住建部、中国城市规划设计研究院编著的《历史文化保护与传承示范案例（第二辑）》发布，评选出历史文化名镇类示范案例18项、历史文化名村类示范案例19项。其中，吴中区金庭镇石公村明月湾村入选历史文化名村类单项案例。

明月湾村位于吴中区金庭镇太湖西山岛南端，依山傍湖，背靠潜龙岭，面朝太湖，是中国历史文化名村、全国农业旅游示范点、中国传统村落，因2500余年前吴王夫差和美女西施在此赏月而得名，以湖光山色风景优美、文化遗存丰富多彩而著称。古村落面积约9公顷，基本形成"棋盘"格局，历史风貌保护良好，现存明清建筑20余处，有古樟、古石板街、古码头、古民宅、古寺祠共"五古"。村内古民宅以明清建筑为多，其中瞻瑞堂、裕耕堂为苏州市文物保护单位，凝德堂、礼耕堂、礼和堂、仁德堂、瞻禄堂、汉三房为苏州市控制保护建筑。此外还有众多各具特色的祠堂、寺庙等古建筑。在明月湾发现的"永禁采石""湖滨众家地树木归公公议"

两块清代碑刻,记载古代禁止开山采石和随意砍伐树木的情况,显示出保护生态环境在吴中具有深厚的历史文化传承。 （吴中信息　张杰）

吴文化人才培养

【概况】 2023年,区文联重视文艺人才的培养和激励,为各类文艺人才成长成才成名提供重点支持。印发《关于表彰2022年度吴中区文联系统优秀文艺成果、先进集体和优秀文艺工作者的决定》,表彰全区文艺工作先进集体7个、获奖个人149人次、奖励资金30余万元。按照《"吴中文化使者"培养推广计划（试行）》精神要求,完成第二批"吴中文化使者"遴选工作。组织文化使者赴云南西双版纳、福建福州、陕西米脂、北京等地传播江南文化。完成"流金岁月——吴中文艺名家风采"系列之陈丽鸣的拍摄记录工作,记录艺术人生,树立成才榜样。截至年末,共有各级文艺家协会会员1700余人,其中国家级167人、省级255人。

【文艺人才培训】 2023年,举办2023年吴中区文艺界"'学思想　修艺心　促成长'——新时代文艺精神与吴中本土文化"专题读书班,引领广大文艺工作者学习贯彻习近平总书记关于文艺工作的重要论述,深耕吴中本土文化,提高艺术创作能力。组织32名文艺家赴福建福州参加吴中区文艺拔尖人才研修班（第二阶段）跟进式培训,加强对文艺精英人才的培育深造,为文艺精品创作奠定基础。组织举办新声代少儿歌唱大赛、作家会客厅系列文学沙龙等活动,加强对青年文艺人才的发掘培养。 （钮春辉）

【青匠成长】 2023年,启动"青匠传承计划",10人入选中国民间文艺家协会会员,10人获评江苏省紫金文化优秀青年,18人获评省乡土人才"三带"新秀、能手。团区委创新打造"青·匠心"文创品牌,与光福镇签署"中国苏作文创基地"合作项目,与吴文化博物馆、大理漾濞仓山石门关景区等签署战略合作协议等,广泛链接青匠成长资源。开展苏作文创峰会、两会"非遗市集"、校园苏州日等主题活动,举办长三角友好城市青年手工匠人发展大会。在全国10余个一线城市创设"扬梅吐器·青春好市"快闪店,线上直播点击量近30万次。组织青年手艺人参加中国匠人大会、中法文化论坛等国际国内文化交流和参展活动百余场次。 （吴中信息）

编辑　任海令

文化

公共文化

【概况】 2023年，吴中区贯彻落实《吴中区公共文化服务提质增效三年行动计划》《"江南文化"品牌塑造三年行动计划》，聚焦打造文化高地，持续推进公共文化建设，加快实现公共文化水平跨越式发展。截至年末，吴中区、镇（街道）、村（社区）三级公共文化服务设施网络健全，有13个镇（街道）文体教育服务中心、179个村（社区）综合性文化服务中心，覆盖率100%。图书馆总分馆体系完善，共建有13个镇、街道级分馆，20个特色分馆，5个24小时图书馆以及10个图书流通点。有区级博物馆1个，注册登记的美术馆2个。

【公共文化设施建设】 2023年，吴中区出台《关于规范吴中区基层公共文化设施建设与管理的建议》，从设施建设、设施管理、效能发挥三个方面为全区公共文化设施的管理与运行提供明确指导。完善区、镇两级总分馆服务体系，建成越溪分馆24小时自助图书馆，镇级服务网络基本健全。深化"图书馆+"模式，推进特色分馆建设，建成莫舍社区拾穗书屋特色分馆、横泾实验幼儿园特色分馆，不断拓展公共图书馆服务的内涵和外延。根据《吴中区公共文化服务提质增效三年行动计划》任务要求，评选出6个"最美太湖·公共文化特色空间"，甪直镇叶圣陶研究中心、苏州桃花坞木版年画展示空间获评市级江南公共文化特色空间，甪直镇叶圣陶研究中心获评省级最美公共文化空间，打造更多以"文旅融合、文化休闲"为特色的公共文化空间。

【公共文化活动】 2023年，围绕贯彻落实党的二十大精神等重大主题，策划开展千场类型多样、内容丰富的公共文化活动，惠及群众逾500万人次。举办以"奋进新征程 艺航新时代"为主题的2023年吴中区优秀群众文艺作品大展演，展演内容涵盖歌曲、舞蹈、器乐、武术、评弹等类别共12部优秀作品；策划"践行二十大 艺颂新时代"2023年吴中区公共文化系列活动，包括区级"送戏下乡"惠民演出、名家名票走进吴中演唱会、第七季吴中区青年歌手大奖赛、群众文艺大会演等；持续开展送戏下乡文艺演出，在全区各镇（街道）开展24场，服务近1.8万人次；推出"夜课堂"文艺之旅全新系列活动，开展艺术分享会和文艺演出等共计65场，服务近2万人次，丰富人民群众夜间和周末的文化生活。

【文化人才队伍建设】 2023年，吴中区举办全区群众文化骨干培训班，开展区级公共文化从业人员培训。成立吴中区越来溪艺术团，推荐弘音越剧团参加江苏省优秀群众文化团队培训。甪直水乡文化艺术团获评江苏省第三批群众文化"百千万"工程优秀群众文化团队。两名文艺人才获评江苏省第三批群众文化"百千万"工程优秀群众文化骨干。
（许亦峤）

【区文化馆】 吴中区文化馆坐落于吴中区公共文化中心内，是苏州市吴中区"十三五"时期重点打造的公共文化项目。场馆总共地上3层，建筑面积5000平方米，馆内设有吴韵剧场、排练室、舞蹈房、合唱教室、民乐沙龙、钢琴房、团队活动室等各类群众文化活动场室。

2023年，举办活动场次约856场，线下服务累计近18.1万人次，线上服务43.7万人次。以"践行二十大 艺颂新时代"为主题，开展系列文化活动：文化馆文艺骨干团队携手专业艺术院团及镇（街道）优秀文艺团体，在全区各乡镇开展24场"送戏下乡"文艺演出，服务近1.8万人次；举办"天堂苏州·最美吴中"第三届"吴中杯"才艺大赛——唱响未来新声代少儿歌唱大赛；通过延时开放等举措，开展吴中区文化馆"夜课堂"文艺之旅系列活动；举办公共文化艺术空间第五季；开展多场太湖文化艺术大讲堂、倾听吴中（线上）等品牌活动；发挥在总分馆体系中的龙头作用，联合各镇（街道）推进公共文化服务，联合临湖镇在园博园举办"践行二十大 艺颂新时代"咏吴中书法精品展览等。常年开设包括钢琴、电

文化惠民进社区　　　　　　　　　　　　周龙梅　摄

钢琴、琵琶、古琴、昆曲、太极、古筝、瑜伽、越剧、形体、二胡、朗诵主持等艺术公益培训,全年开设场次489场,服务3.2万人次。加强社会化合作,与苏州大学音乐学院、苏州市钢琴学会、苏州市笛箫文化研究协会、苏州市朗诵协会等机构合作,全年开展50余场文化活动,提升全民艺术素养。

【区图书馆】 吴中区图书馆坐落于吴中区公共文化中心内,于2017年6月18日落成开放,建筑面积1.68万平方米。2023年,总藏书量159.43万册,年订阅报刊1100余种,阅览座位879个。打造古吴轩米木书坊等最美阅读空间,新增越溪24小时自助图书馆、莫舍社区拾穗书屋特色分馆和横泾实验幼儿园特色分馆3家图书馆分馆。截至年末,共建成镇(街道)分馆13个、特色分馆20个、24小时图书馆5个、农家(社区)书屋117个、图书流通点10个、网借智能书柜21家,全年网借量共20.2万余册,自建(外购)数据库共16个,数字资源总量共97.3TB。倡导全民阅读、共建书香社会,围绕"太湖大讲堂""阳光苗苗""书香吴中""有书童享 流动儿童关爱行动"四大阅读品牌开展各类线上线下阅读推广工作。全区开展各类读者活动1002场,参与读者21.8万余人。年内,获评吴中区儿童友好场馆。"有书童享 流动儿童关爱行动"获评吴中区优秀公益阅读推广项目、"同源同享·送给流动儿童的公益课"获评吴中区优秀阅读品牌。

(陈筱琳)

【全民阅读活动】 2023年,成功创建"江苏省第四批书香城市建设示范区",吴中区全民阅读促进会成立。举办2023年全民阅读"春风行动"和"书香吴中·悦读越美"全民阅读节,推出"吴中娃娃爱阅读"项目、"阅见吴中 悦见你"阅读推广人培育计划、"社区青春行动——大学生阅读推广志愿计划"等。组织开展"新时代乡村阅读季"系列活动,在"我爱阅读100天"读书"打卡"活动中,吴中区阅读推广案例入选全国"十大优秀案例",在江苏省"发现最美农家书屋"活动中,《小小书屋 大大文明》获视频组二等奖,接驾社区、香溪社区、金山村农家书屋分获摄影组二等奖、三等奖及优秀奖。

(周蔚)

【古籍保护利用】 2023年,吴中区实现古籍的规范保护与利用,推动古籍保护和修复工作。区图书馆专设古籍特藏书库,实现恒温恒湿、感应照明、一级防火、防虫防蛀等藏书要求。重视馆藏文献的征集工作,年内征集1批次吴中地方特色文献,累计征集800余册,主要为明清及民国时期刻本、写本,内容多数为吴中地方特色文献。加快古籍数字化转型,逐步对珍贵古籍、重要古籍、地方文献进行数字化处理,参与国家图书馆组织的联合发布古籍数字资源活动,开放古籍全文23部。在吴中区图书馆官网自建"吴中古籍数据库",免费供社会使用。数据库年内新增开放2000拍次古籍资源,累计开放馆藏家谱、地方志、稿抄本共60余种,1.1万余拍次。不定期组织策划古籍展览、古籍体验等活动,依托微信公众号、小红书等新媒体渠道强化宣传和推广。

(陈筱琳)

文学艺术

【概况】 2023年,根据《吴中区公共文化服务提质增效三年行动计划》任务要求,继续实施"美在太湖"吴中区精品文艺孵化计划,鼓励各地围绕学习宣传贯彻党的"二十大"等重大主题开展文艺创作,一批优秀文艺作品在重点刊物、作品展览展演中入选(入展)、获奖、发表,在第五届苏州市群众文化"繁星奖"中取得3金3银3铜的好成绩。区评弹团历经2年打磨,创作完成中篇弹词《叶圣陶》。

【文学创作】 2023年,区文联加大文学创作扶持力度。区作家协会青年作家周于旸的短篇小说《招摇过海》发表于全国重点文学刊物《人民文学》2023年第6期,为吴中区作家在《人民文学》发表的第一篇作品;区作家协会贡才兴的诗作《寒风帖:黄公望之剩山图》获2023桐庐富春江桂冠诗歌奖·丹桂奖;区作家协会葛芳的长篇报告文学《经纬芳华——织就世界江南》入选2023江苏省重大题材文艺创作重点支持(资助)项目;区作家协会李建荣的散文《苏州抗疫志愿二三事》获第四届"志愿文学"征文活动散文类优秀奖;区作家协会葛芳的短篇小说《第三空间》《孤岛密语》《昂刺鱼》分别发表于核心期刊。

【戏剧曲艺】 区戏剧曲艺家协会与区民间文艺家协会联合开展"最美声音与最美工匠"评弹表演艺术创作,用评弹的艺术形式表现吴中民间工艺的工匠精神和吴中苏作的艺术魅力。区戏剧曲艺家协会沈瑜的曲艺表演《三国·赵云战张飞》获江苏省文艺大奖·第十届曲艺奖新人奖三等奖,区戏剧曲艺家协会王卉、张日升、陈康瑜、沈瑜、关越等人的曲艺表演《一个生日蛋糕》获首届江苏省曲艺小品推优会演节目铜奖。

【音乐舞蹈】 区音乐舞蹈家协会、区教师合唱团合唱作品《时过紫金》获江苏省第六届紫金合唱比赛成人A组金奖;区音乐舞蹈家协会于小燕、严雯婷、刘海珊的作品《吴风畅想》和徐烺骅、许小猛的作品《幸福的家》获2023江苏省文艺大奖·音乐奖;区音乐舞蹈家协会姜兴龙与温馨创作的歌曲《村落美妙》首次发表于中国文联刊物《歌曲》杂志;区音乐舞蹈家协会娄亚峰演奏作品《繁华行》在央

2023年11月,室内乐作品《江南的烟火》获第五届苏州市群众文化"繁星奖"音乐类金奖　　　　　　　　　　　区文体旅局　供稿

视音乐频道播出;室内乐《江南的烟火》获第五届苏州市群众文化"繁星奖"音乐类金奖,合唱《星火》获第五届苏州市群众文化"繁星奖"合唱类金奖,广场舞《幸福吴中连厢情》获第五届苏州市群众文化"繁星奖"广场舞金奖。

【书画美术】　区书法家协会石光泽作品入展全国第九届篆刻作品展,沈海峰作品入展全国第三届书法临帖作品展,倪如臣的书法作品获评江苏省首届新文艺群体书法篆刻作品展优秀作品。区美术家协会朱墨春《高风》等10件作品入选国家级展览,12件作品入选省级展览,其中陆菡国画《藏风纳气入怀来》获江苏省第二届新文艺群体美术作品展优秀作品奖。

【摄影作品】　区摄影家协会丁嘉一的摄影作品《新能源新时速》和谢竹君的摄影作品《非遗"吴罗"织造技艺》入展第29届全国摄影艺术展。12月9日,第五届全国青年摄影大展在吴中开幕,吸引1.18万人投稿,来稿总数9.04万件14.76万幅(包括短视频作品1095件)。青年大展以"新时代　新征程　新伟业"为主题,分设科技新光、生活你好、绿水青山、古韵新风、家乡故事、爱和成长、魅力苏州·秀美太湖7个主题单元。展览主展场设在苏州吴中区美术馆,集中展出119件入展作品;分展场设在苏州吴文化博物馆,主要展示部分大展精选作品。区摄影家协会顾雷英、丁嘉一、卢德平、周冬晶等6人的6件作品入展第五届全国青年摄影大展。

(钮春辉　许亦峤)

大运河文化带建设

【概况】　2023年,完成宝带桥·澹台湖大运河国家文化公园改造提升和公园亮化,于5月1日对外开园,并加强公园维保。完成吴文化博物馆灯光改造提升,于8月1日起延长开放服务时间,以夜服务点亮市民夜文化生活。推进运河沿线开发规划及管理相关工作,推动大运河相关城市更新项目实施。5月,举办2023"运启江南"系列文化活动启幕仪式,持续联动沿线文化载体举办主题活动。9月21日,第五届大运河文化旅游博览会在苏州宝带桥畔开幕。

2023年,吴中区坚持以习近平总书记关于大运河文化保护传承利用重要指示批示精神为指导,全面落实《苏州"运河十景"建设工作方案》,推进大运河文化带建设和国家文化公园建设工作。完成《大运河文化带(吴中段)规划设计》,形成排污治理、岸线修复、文化保护、文博建设等项目库体系。统筹推进运河沿线空间管理和运河步道慢行系统建设,规划提升长桥城南生活片区、宝带桥国际研发社区和上市产业园。加快推进大运河和苏申外港沿线城市更新,全面推动大运河"最美三公里"建设,打造大运河文化带"最精彩一段"。

【大运河城市更新】　2023年,重点抓好大运河与苏申外港沿线片区16平方千米城市更新合作开发事宜。根据市委、市政府部署,成立"大运河与苏申外港沿线城市更新规划建设联合指挥部"和"苏州运河新岸建设发展有限公司"加快片区开发和项目实施。大运河16平方千米城市更新范围内,经排摸调查,预计可用于开发的产业载体共172.87公顷,总建筑面积约485公顷(其中科创载体119.4公顷、工业载体53.46公顷)。经规划梳理,大运河城市更新共分为九个片区,年内优先启动运河"最靓丽三公里"片区更新,并明确融资模式采用"特许经营+股东合作"模式。加快推进控规调整,《大运河暨苏申外港两岸规划》上报市规委会并获批。依据市委、市政府要求,全面启动《吴中中心城区控制性详细规划》《郭巷北部片区控制性详细规划》《吴中区郭巷街道(除尹山湖地区)控制性详细规划》《东吴产业园控制性详细规划》4个控规调整程序。4个控规调整均完成编制工作,经法定程序上报市政府。加快运河沿线拆迁清障,梳理大运河城市更新16平方千米范围内所有涉拆地块,排定民房685户、店铺226户、企业255家(225.67公顷)的拆迁任务,将拆迁任务逐年列入吴中区拆迁清零和产业用地更新三年行动计划。其中,"最靓丽三公里"产城融合项目涉及郭巷街道8个地块、19家单位,土地影响面积24.67公顷。截至年末,签约8家单位,涉及土地面积11.02公顷。2023年启动推进大运河沿线基础设施建设。推进实施吴中区中心城区先行示范区水环境综合治理工程,完成尹山大桥改扩建项目建设,通达路郭巷大桥改造项目完成主体桥梁工程;"最靓丽三公里"滨河道路等7个市政道路项目启动,其中5条道路完成初步设计方案及施工图纸并办理工程前期手续,尹山2.5产业园道路、澹台湖片区道路启动前期方案研究;大运河滨水空间环境提升项目启动前期方案。

【"运河十景"品牌建设】 2023年,以"运河十景"品牌建设为契机,依托大运河和国家级文物保护单位宝带桥、澹台湖等自然文化资源,启动宝带桥石塔的修复工作,确保全国重点文物保护单位宝带桥石塔安全;完成宝带桥·澹台湖大运河国家文化公园景观提升及夜间亮化工程,项目总投资8800万元,5月1日公园对外开放。

【运河文化品牌建设】 2023年,深挖文化内涵,擦亮运河名片。举办2023"运启江南"系列文化活动,聚合苏州工匠园、保利大剧院、尹山湖美术馆、尹山湖大剧院、吴文化博物馆、本色美术馆等文化载体,持续丰富运河文化活动。开展2023吴中百匠"匠艺焕新"系列活动,包括"吴中百匠,匠IN生活"——大运河主题非遗特展、第四届"诗意江南——中国油画作品展"、大运河遇上塞纳河创意设计展等,让大运河文化在新时代焕发生机。吴文化博物馆推出工艺的苏州与杭州、古罗马文物精品等9项特展,上线VR展3个,全年累计接待观众25万余人次,"山水舟行远——江南的景观"特展入选2023年度"弘扬中华优秀传统文化、培育社会主义核心价值观"主题展览推介项目,"世间乐土——吴县文物数字展"获第二届江苏省博物馆十大精品展览精品奖。2023年共创作各类大运河主题文艺作品50余件(首),作家贡才兴创作《运河新生:大运河国家文化公园巡礼》等诗歌,陈宏宇创作《小镇的路》《宝带桥的新生》等散文,徐晓群创作散文《半条水泥船》,陆复渊创作《吴廷琛与廷琛路》《郭巷老街》等散文,施晓平创作《蠡墅也曾有"十景"》《石湖渔庄是沈寿故居吗》等散文,画家郑正祖创作国画《运河小镇》等。

【第五届大运河文化旅游博览会承办】 9月21日,由文化和旅游部指导,中共江苏省委宣传部等主办的第五届

2023年5月1日,宝带桥·澹台湖大运河国家文化公园完成改造提升后开园

区委宣传部 供稿

大运河文化旅游博览会（简称"运博会"）在吴中区开幕。开幕式主题演出《千年运河·戏曲荟萃》，遴选运河沿线8省（市）11个戏曲剧种，邀请15名中国戏剧"梅花奖"获得者，以戏曲连唱的形式演绎千年运河的灿烂文化。运博会为期4天，围绕"融合·创新·共享"主题，以展览展示、主题论坛、互动联动等方式，打造大运河沿线城市文旅融合发展平台、文旅精品推广平台、美好生活共享平台。

（周蔚）

大众传媒

【吴中融媒体中心】 隶属区委宣传部，2019年9月20日成立，为全额拨款、公益一类事业单位，股级建制。2023年，推进区融媒体中心一体、实体运作，成立区融媒体中心有限公司，完成建章立制、队伍建设等各项工作，推出"中国式现代化的吴中实践"等一批内容鲜活、制作精良的融媒作品。"学习强国"全国平台选用稿件65篇，省级平台选用102篇，由吴中区选拔推荐的选手在苏州市"学习达人"级挑战赛中获第一名。"最美吴中"海外账号粉丝数合计超9万人，共发布550条帖文，总互动量突破200万人次，总阅读量近2000万人次。

【"吴中发布"】 2023年，吴中发布保持每日推送、滚动发布，创新表达方式，及时传递政务要闻和民生热点信息。"吴中发布"微信公众号全年发布各类信息3149条，原创新闻超60%，累计阅读量超5000万人次，推出"早安吴中""产业吴中""INWUZHONG"三大功能模块，全年累计推出180期，阅读量突破350万，传播指数稳居苏州大市前列。

【"吴中融媒"App】 2023年，"吴中融媒"App围绕中心、服务大局，全年累计编发稿件300余篇，聚焦重大主题宣传，开设《牢记嘱托 感恩奋进 走在前列——深入学习贯彻习近平总书记考察江苏重要讲话精神》《产业强区、创新引领》《碧螺好茶出洞庭》等专栏，助力全区重大活动、重点会议，对吴中两会、洞庭山碧螺春茶新闻发布会、消防志愿行等活动进行全程直播，累计收看突破10万人次。

（封思辰）

档案史志

【概况】 吴中区档案馆建筑面积约1.44万平方米，其中库房面积5260平方米、吴中档案史志陈列展814平方米。截至2023年末，馆藏档案资料馆藏档案资料101.66万卷（件、张、册），主要包括文书档案、专业档案、录音录像档案、实物档案、重大活动重要事件档案、图书资料、党史资料、地情资料、报刊资料等。

2023年，区档案馆举办庆祝第十六个"6·9国际档案日"活动，深挖馆藏珍品发布《息斋图》册页，周思梅等名人书画作品捐赠入馆，档案文化影响力持续扩大。全区5家单位档案工作达到省示范档案室标准，推动经开区档案中心成立，档案业务建设稳步提升。查档窗口服务群众超万人次，民生档案基层查阅平台实现区内村（社区）全覆盖，并将数据共享至原吴县全境，档案服务能力增强。培育省级精品年鉴，编印《吴中红色资源地图》，《东山影像志》作为全省试点首发，镇村志质量评定获奖志书数量、质量领跑全省，史志文化品牌不断擦亮。

【档案业务监管】 2023年，区档案馆深化局馆联动机制，联合区司法局印发《苏州市吴中区推进重大行政决策档案管理工作的试行意见》，对4家单位开展"双随机、一公开"档案行政执法检查，提升依法治档效能。做好2023年度机关、开发区、镇（街道）高质量发展综合考核档案工作评分，考准考实全区档案工作。突出重点，完成60家单位档案事业年报统计，组织申报创建省示范档案室5家、省规范档案室17家。推行机关档案分类方案、文件材料归档范围和档案保管期限表"三合一"制度，完成20%进馆单位"三合一"表审查。验收西山岛出入通道扩建工程项目档案，完成2020—2023年度3421件疫情防控进馆档案的规范化整理。

【档案资源建设】 2023年，区档案馆完成50万条馆藏档案二级目录著录、3万条档案专用电子标签信息写入、160盘音像档案数字化转换、20张破损地籍图档案数字化扫描，补齐馆藏档案数字化短板。聘请8名"档案文化顾问"拓宽档案征集渠道，中国画院书画家周思梅等名人的30幅作品入藏区档案馆，丰富馆藏名人档案全宗，规范整理82件名人档案史料，为促进档案资源开发利用奠定基础。

【档案基础建设】 2023年，区档案馆完成档案事业"十四五"规划中期评估工作，对照细则检视工作进度、明确推进举措。编写《吴中区档案馆指南》全宗指南，构建业务建设长效管理机制。做好档案安全巡查和专项检查，筑牢安全防线。抓好经开区、东山镇、产投集团新档案用房建设，指导区烟草局、金庭镇、香山街道、国裕集团档案用房改造升级，推动经开区档案中心挂牌成立，为档案安全管理打牢基础。

【档案信息化建设】 2023年，区档案馆切换数字档案馆、数字档案室、基层查阅、网上查档等系统，完成馆室系统数据迁移和异地备份，为实现档案信息化分级管理打下基础。坚持统筹发展和安全,常态化开展档案安全检查、保护修复,数字档案室系统向政务云迁移,按流程废止注销涉密网络,守护档案实体和信息安全。

【档案服务利用】 2023年,区档案馆持续做优窗口服务,共接待查档1.39万人次(其中来馆查档7212人次、电话咨询5949个、在线咨询624个、民生档案异地查档122例)、1.65万卷(件、册、张)次,复印2.64万页,形成档案利用效果40篇,收到"12345"表扬帖5件,"星档案、心服务、行为民"服务品牌内涵持续深化。民生档案基层查阅服务不断拓展,完成原吴县现园区、高新区、相城区部分民生档案数据共享。通过资源整合、数据赋能,建立区内婚姻档案在区档案馆"一站式"办理常态化工作机制。

【志鉴编纂工作】 2023年,《吴中年鉴》被确定为省级精品年鉴培育单位,对标精品年鉴,完善框架结构,挖掘地域特色,丰富年鉴内容,不断提高精品年鉴的含金量。全区首部镇级年鉴《木渎年鉴(2022)》出版发行,吴中区镇级年鉴实现零的突破。系统实施镇村志编纂文化工程、旧志整理工程、志鉴数字化工程3项文化工程,试点推动金庭镇、木渎镇新一轮镇志编修,启动《吴中区乡镇旧志·甪里旧志集》,区内公开出版的116部志鉴地情书籍数字化、著作权使用许可实现全覆盖。出版已撤销镇《车坊镇志》1部,村(社区)志终审5部、出版5部,新启动省级传统村落志,综合村(社区)志出版累计数量接近全区三分之一村和涉农社区,区、镇、村三级志书体系不断完善。做优精品志书,中国名镇志《木渎镇志》出版英文版,中国名村志《石公村志》、大运河文化带重要遗产点《宝带桥志》通过省级终审。吴中区首部影像志、江苏省情系列影像志试点《东山影像志》在江苏卫视首发面世,传播指数居全省前列。《舟山影像志》申报入选首批江苏省情系列影像志,11月初上线发布。《舟山村志》《双弯村志》《三山村志》《金庭传统村落合志》4部作品获2023年度全省镇村志质量评定奖项,数量、质量继续领跑全省。

【党史工作】 2023年,区党史办收集红色资源点位信息,筛选整理编排图文资料,编印发布《吴中红色资源地图》,共收录吴中红色资源点位27处及革命先辈9人,充分体现中国共产党在吴中大地上留下的革命印迹。加强党史宣传教育,推出"革命吴中烽火太湖"主题党课进社区,开展"节日里的党史教育",推送红色资源专题系列微信文,承办"红旗渠精神永在——红旗渠精神图片展",传播普及党史知识,弘扬红色革命精神。抓实党史工作基础,叶圣陶纪念馆入选苏州市第二批党史教育基地。

(孙梦丹)

文化产业

【概况】 2023年,吴中区规模以上文化企业新增16家,累计103家,营业收入223.63亿元,比上年增长12.44%,文化及相关产业增加值占地区生产总值比重4.95%,水平指数全市第六,发展指数全市第一。聚焦打响"苏作天工·根植吴中"品牌,持续举办苏作文创峰会,参加第十二届苏州市文博会,文博会吴中分会荣获一等奖。挖掘存量资源优势,对上争取省、市创建荣誉,度假区获评首批省级文旅产业融合发展示范区,木渎古镇入选第三批省级夜间文化和旅游消费集聚区建设单位名单,苏州数智影视文化产业园、苏州苏豪文化科技创意园入选苏州市文化产业示范园区,其中苏州数智影视文化产业园同时入选江苏省文化产业示范园区创建单位。

【文化产业招商】 截至2023年末,累计扶持文化体育和旅游项目429个,扶持资金超2.85亿元。2023年,区文化产业招商服务中心落地项目31个,涉及数字文化、创意设计、文旅融合等多个重点领域,注册资本7.39亿元,实缴资金2.6亿元。中国动漫集团、快手电竞等头部企业区域总部,以及太湖苏州湾数字科技电商产业园、航空航天主题公园、苏州智胜优谷孵化器有限公司、天竞华娱(苏州)文化传播有限公司等优质项目落地吴中区。

【文化项目建设】 2023年,吴中区加快发展数字文化、动漫游戏、网络直播、影视产业等新型文化业态,重点引进数字文化等投资项目,共有7个项目入选市级重点文化产业项目,总投资34.85亿元,项目建设按计划推进。2022年度省重点文旅产业项目橙天嘉禾剧场开业,剧场采用360° Stage Around的独家核心专利技术——整体可旋转式观众席和多层次沉浸式圆形舞台结构。2023年7月16日,举行首场演出——全国首部全景感官影秀剧《信仰》,得到央视《新闻联播》关注。

【文化企业服务】 2023年,区文体旅局启动全区文化体育和旅游专项资金产业扶持项目申报工作。完成苏州市文化产业发展专项资金扶持项目申报,苏州橙天嘉禾360剧场有限公司"360全景感官沉浸式项目《信仰》"等16个项目获市文化产业发展专项资金扶持,苏州保利大剧院管理有限公司"运河沿线城市精品舞台艺术作品展示空间"获2023年度市夜间文化和旅游消费示范项目奖励,苏州飞马良子影视有限公司"老鹰抓小鸡之展翅高飞"获2023年度省广播电视发展专项资金扶持。

(唐倩 封思辰)

文化市场管理

【文化市场执法】 2023年,区文体旅局围绕与群众息息相关的领域、社会舆论关注领域、新兴行业安全生产领域,开展十大专项行动,对文体旅市场实施执法检查。针对全区1221家文体旅企业,全年出动队员4765人次,检查单位1937家次,处理举报、部门转交和上级反馈线索85件。全年行政处罚案件56件,罚金11.72万元,没收违法所得5.15万元,没收出版物109本。年内,获评2022年江苏省"扫黄打非"先进集体、2021—2022年度全省文化市场综合执法重大案件办案单位,连续三年获苏州市文化市场执法优胜单位、先进集体等荣誉。

【版权产业管理】 2023年,发挥全区3个版权工作站宣传和服务效能,累计审核登记作品1.22万件。鼓励版权产业发展,开展区级版权登记奖励和优秀版权奖申报评选工作,全年收集各申报作品40余件。向红绣府获评省级版权示范单位,苏州润琨文化艺术发展有限公司的"诗意江南"刺绣系列文创版权产品获得市级版权推广运用项目扶持,3家单位入选市级优秀版权第二轮评审。持续提升行业服务效能,组织开展影院换证工作,为21家内资影院集中年检换证,协助1家外资影院进行年检换证。完成全区423家印刷企业年审和173家出版物零售单位年检。

【"扫黄打非"工作】 2023年,区委宣传部组织开展全区"扫黄打非"工作推进会。聚焦"清源""固边""净网""护苗""秋风"五大专项行动,常态化开展新闻出版行业专项检查,共计56次253家。结合"4·23版权日""6·1儿童节"等重要节点,联合区文化执法大队开展"让创作更自信让文化更繁荣""未你而来'护苗'童行"等普法宣传活动,制作印发"扫黄打非·护苗2023"海报近1000张、"绿书签"4000余张,坚决筑牢文化安全防线,守住政治安全底线。

【文化市场安全生产】 2023年,区文体旅局印发《吴中区文体旅行业2023年安全生产防控方案》等安全生产文件22个,推进重大文体活动赛事、文化市场新业态等7个专项检查。开展安全生产大检查和百日攻坚行动,落实国务院安委会15条硬措施。组织召开"百团进百万企业千万员工"专题宣讲活动,签订安全生产责任书,进一步压紧压实企业主体责任。各公共文化场馆、网络平台发布安全宣传信息62条,累计组织消防培训和现场演练5次,对互联网上网服务营业场所、歌舞娱乐场所、剧本娱乐经营场所开展安全专项检查98次,检查场所682家,消除隐患116处。

(叶秉华 封思辰)

编辑 任海令

卫生健康

综 述

【医疗资源】 截至2023年末，吴中区登记注册卫生机构398个，总床位7713张，常住人口141.14万人，每千常住人口拥有卫生机构床位数5.46张；卫技人员9531人，每千常住人口拥有卫技人员数6.75人。全年总诊疗871.13万人次，比上年增长41.79%；出院15.39万人次，比上年增长28.89%；住院病人手术3.72万人次，比上年增长5.38%。年初完成新冠疫情平稳转段，全年三级发热诊疗体系累计接诊6.87万人次，60岁及以上人群新冠疫苗首剂接种率92.2%。全区人均预期寿命达到83.27岁，居民健康素养水平达到41.9%，孕产妇死亡率为0，新生儿、婴儿和五岁以下儿童死亡率分别为1.07‰、1.64‰、2.15‰，健康水平总体处于全市前列。

2023年，吴中区卫生健康委员会（简称"区卫健委"）挂牌成立区疾病预防控制局，高分通过国家慢性病综合防控示范区复审，获评2021—2023年全国生育友好工作先进单位，获"江苏省爱国卫生运动70周年表现突出集体"称号。临湖镇石塘村建成全国示范性老年友好型社区，吴中区第二人民医院、尹山湖医院、度假区人民医院等6家单位获评江苏省老年友善医疗机构优秀单位；尹山湖医院建成江苏省健康促进医院；成立吴门医派研究院士材学派研究所、苏州大学吴中临床医学研究院，苏州市中西医结合医院骨伤科、肝病科建成省级中医重点专科；胥口镇卫生院、越溪街道社区卫生服务中心获评2023年度江苏省基层医疗卫生机构五级中医馆。

【卫生人才队伍建设】 2023年，区卫健委申请科教兴卫专项资金681.46万元。年内，获得省卫健委医学科研项目立项1个，市医学新技术项目立项2个，市"科教兴卫"青年科技项目立项1个，区科技计划项目重点项目立项10个、青年项目立项10个、指导性项目立项6个。实施青年人才定岗特选计划，招录硕士研究生4人。吴中区卫生健康系统第二期卫生健康管理人才启航班开班。年内，入选2023年"姑苏卫生人才计划"高层次柔性人才1人，苏州市卫生青年骨干人才"全国导师制"培训项目3人，评选出"东吴卫生人才计划"特聘人才2人、分层培养人才25人。 （叶浩昌）

医药卫生体制改革

【公立医院一体化改革】 2023年，吴中区推进公立二级医院（筹）上收至区级一体化管理，实行公立二级医院（筹）党建一体化，完成相关机构人事、组织、采购、质控等一体化管理。初步完成吴中人民医院、吴中高新区人民医院（筹）选址规划，苏州市中西医结合医院新院区计划2024年开工建设，甪直人民医院更名为吴中区第二人民医院。

【医联体分级诊疗建设】 2023年，吴中区加快推进医联体建设，发挥苏州市中西医结合医院、吴中人民医院两大医联体龙头作用，通过专科联盟和信息化建设，持续完善"基层首诊、双向转诊、上下联动、急慢分治"的分级诊疗就医秩序。依托"智慧吴中"项目建设，继续加大全民健康信息平台建设，进一步畅通心电、影像医联体远程诊疗中心，全年完成影像诊疗9642人次、心电会诊6225人次。运用"健康吴中行"App，依托家庭医生端和居民端两大应用服务场景，推进"521"网格化家医签约服务，组建由医联体专家参与的家医团队373个，完成常住人口签约66.8万余人，签约率47.67%。建成吴中人民医院盖睿互联网医院。探索"AI+医疗"新型分级诊疗模式，在全市率先实施AI辅助诊断冠心病早期风险评估项目，项目入选江苏省数字健康典型案例。

【区域医疗信息化建设】 2023年，吴中区探索"AI+医疗"新型分级诊疗模式，推进吴中区数字人体智慧健康服务项目建设，在全市率先实施AI辅助诊断冠心病早期风险评估；启用全区公立医疗"患者满意度评价系统"；按照省统一部署，推进二级以上医院

2023年2月19日，苏州市吴中区第二人民医院揭牌　　区卫健委　供稿

电子病历、互联互通等级测评工作；完成江苏省影像云平台接入工作，开展区域PACS系统（影像归档和通信系统）版本更新，推动公立医疗机构影像结果互认，为影像数据上传、调阅和质控提供更优质保障；吴中区人民医院、苏州市中西医结合医院上线运行"先诊疗后付费"就医模式。

（叶浩昌）

医疗卫生机构

【概况】 2023年，吴中区登记注册卫生机构398个，其中主要的有32家。按性质分类：包括公立医院4家（苏州市中西医结合医院、吴中人民医院、吴中区精神卫生中心、太湖戒毒所医院）、社会办医院14家、乡镇卫生院（社区卫生服务中心）14家。按等级分类：包括三级医院2家、二级医院9家、一级医院及未定级医院21家。全区实际开放床位7713张，卫技人员总数为9531人。按2023年末常住人口141.14万人计算，每千常住人口拥有卫生机构床位5.46张，每千常住人口拥有卫技人员数6.75人。

【苏州市吴中人民医院】 吴中人民医院始建于1987年，1995年通过江苏省卫生厅"二级甲等医院"的评审，是一家集医疗、教学、科研、预防保健和急救于一体的区属二级甲等综合医院。医院占地2.5万平方米，建筑面积9.2万平方米，核定床位560张，实际开放床位560张。2023年有临床科室32个、医技科室15个，其中市级临床重点专科9个、市级临床重点专科建设单位1个、区级临床重点专科11个、省级会诊中心2个、市级疾病救治中心5个。截至2023年末，在职职工970人，卫技人员833人，其中高级职称249人、研究生学历130人、省级卫生人才4人、市级学科带头人10余人。医院作为东片医联体龙头单位，承担着全区近百万人口的医疗任务。2023年，医院年门急诊量近100万人次，出院2.3万人次，年手术量近1万台。

【苏州市中西医结合医院】 苏州市中西医结合医院始建于1958年，是一所集医疗、教学、科研、预防保健于一体的区属三级乙等中西医结合医院。医院占地3.67万平方米，业务用房总建筑面积6.46万平方米，核定床位750张，实际开放床位735张。医院设有临床科室36个、医技科室10个、职能科室25个。有省级中医重点专科2个、省级中医重点专科建设单位2个、省级中医特色专科建设单位1个、市级重点专科（含中医）5个、市级临床重点专科1个、市级中医护理重点专科1个、市级中医护理重点专科建设单位2个、市级重点扶持学科1个。截至2023年末，医院在职职工1168人，其中卫技人员971人、高级职称278人、中级职称393人。2023年，门急诊量92.8万人次，出院2.53万人次，手术9773人次，其中三四级手术6098人次。作为吴中区西片医联体龙头单位，医院先后建成苏州市胸痛中心、创伤中心、卒中中心、危重孕产妇救治中心、危重新生儿救治中心等五大中心，区域医疗综合能力不断提升。同时医院先后与上海、南京等的三甲医院建立医联体联盟，着力打造急诊急救型、慢病管理型和中西医结合型医联体，全面推进苏州市健康市民"531"行动计划。 （叶浩昌）

疾病预防与控制

【概况】 2023年，吴中区大疫情系统网络报告运行正常，各项指标均为100%。规范结核病等重点传染病防控工作，巩固血吸虫病防控成果。推进艾滋病自愿咨询检测门诊建设，拓宽艾滋病病毒抗体筛查渠道，遏制性病、艾滋病传播。提升慢性非传染性疾病防控成效，高质量通过国家慢性病综合防控示范区建设复审。

【重点传染病防控】 2023年，吴中区共发现登记活动性肺结核病人315例，规范处置学校肺结核疫情19起（均为散发），筛查密切接触者805人，随访筛查1809人次。巩固血吸虫病防控成果，完成全区116个流行村钉螺查螺工作，未发现阳性钉螺，灭螺面积35.8万平方米，通过江苏省查灭螺质量评估。推进艾滋病自愿咨询检测门诊建设，拓宽艾滋病病毒抗体筛查渠道，遏制性病、艾滋病传播，全年检测艾滋病抗体42.6万人次。

【预防接种工作】 2023年，吴中区规范开展适龄儿童及其他重点人群预防接种工作，儿童基础免疫接种28.12万剂次，65岁以上老年人23价肺炎疫苗接种3174人次，初三学生麻腮风接种9431人次，水痘疫苗接种3.29万剂次，适龄女生HPV（人类乳头瘤病毒）疫苗接种4625人次。

【慢性病管理】 2023年，吴中区持续提升慢性非传染性疾病防控成效，高质量通过国家慢性病综合防控示范区建设复审。监测报告各类肿瘤2473例、脑卒中6415例、冠心病2735例、糖尿病8628例、慢阻肺4847例。全区开展公办小学三年级儿童口腔健康干预项目，完成窝沟封闭牙齿数1.57万颗、龋齿填充牙齿数1520颗。

【卫生监测】 2023年，吴中区持续做好各项卫生监测工作，开展3家城市污水处理厂污水新冠病毒监测，以及25家企业的职业病防治基本情况调查和工作场所职业病危害因素监测。加强学校卫生管理，做好学生缺课、伤害等线上监测工作，预警处理率保持100%，开展22所学校教学环境监测和32所学校饮用水监测，完成87

所中小学校3.7万名入学新生的结核病筛查。（叶浩昌）

医疗卫生服务

【医疗卫生服务体系建设】 2023年，吴中区初步完成吴中人民医院、高新区人民医院（筹）选址规划，区公共卫生中心项目主体结构封顶，尹山湖医院二期工程建设有序推进。配合做好苏州市立医院总院一期项目（苏州市太湖新城医院）、中国中医科学院西苑医院苏州医院建设。越溪街道文溪花苑社区卫生服务站、甪直镇前港社区卫生服务站、甪直镇澄墩社区卫生服务站、甪直镇江湾村卫生室新改扩建项目被列入2023年区政府民生实事项目，年内完成建设。

【长三角医疗一体化融合】 2023年，吴中区继续加强复旦大学附属华山医院吴中合作医院、上海市第十人民医院尹山湖分院建设。引进上海长海医院关节骨病外科、上海中山医院介入治疗科等3支专家团队。深化与省人民医院消化内镜中心范志宁教授团队的合作，完善"三甲医院（省人民医院）—区级医院—基层医疗机构"三位一体的消化道肿瘤早筛早治运行机制，实施全区消化道肿瘤早筛民生实事项目，全年完成筛查1.22万人次，项目获评2023年健康苏州建设示范案例。

【医疗卫生服务能力提升】 2023年，吴中区新增市级临床重点专科4个、区级临床重点专科4个。继续推进"优质服务基层行"活动，新增的1家基层医疗机构达到"优质服务基层行"活动国家推荐标准。截至年末，全区共计11家，占比名列苏州市第一位。新增甲级村卫生室8个、市级基层特色科室13个。苏州广慈肿瘤医院被确定为二级甲等专科医院。

【急救分诊服务】 2023年，吴中区加快补齐太湖水上救援体系短板，联合开展苏州市太湖水域客旅船事故应急处置综合演练，提升水上综合应急救援能力。加强急救人员队伍建设，开展急救技能竞赛，在市级技能竞赛中获集体二等奖、医生组一等奖及护士组一等奖。修订完善各级卫生应急基本物资储备目录，试点分级分类建立集中规范的卫生应急基本物资储备库。（叶浩昌）

中医中药

【概况】 2023年，吴中区继续做好全国基层中医药工作示范县创建工作，挂牌成立吴门医派研究院士材学派研究所，中国中医科学院西苑医院苏州医院获批中医类国家区域医疗中心。苏州市中西医结合医院骨伤科、肝病科获评省级中医重点专科，肾病科、妇科获评省级中医重点专科建设单位。新增市级中医护理重点专科1个、市级中医护理重点专科建设单位2个。全区新建成省五级中医馆2家、省五级中医馆建设单位1家、市四级中医馆6家、名老中医工作室（坊）4家。获2023年苏州市中药调剂竞赛团体二等奖。越溪街道社区卫生服务中心申报的"坚持中西医并重——基层中医药服务能力提升"入选2022年全国基层卫生健康优秀创新案例名单。

【中医重点专科建设】 2023年，吴中区加大中医重点专科建设力度，成立吴门医派研究院士材学派研究所。苏州市中西医结合医院骨伤科、肝病科获评省级中医重点专科，肾病科、妇科获评省级中医重点专科建设单位。新增市级中医护理重点专科1个、市级中医护理重点专科建设单位2个。

【中医药服务能力提升】 2023年，吴中区加快中医医疗联合体建设，开展中医馆内涵建设、分级建设和等级能力评价工作。全区14家中医馆，获评省五级中医馆3家、省五级中医馆建设单位1家、市四级中医馆9家、三级中医馆1家，数量在全市位居前列。抢抓中国中医科学院大学"一号项目"建设机遇，深化"医教研"协同发展，组织申报中医药科研项目近120项，获批立项41项，GCP（Good Clinical Practice，药物临床试验质量管理规范）承接横向项目4项，发表中医药SCI（科学引文索引）论文2篇、核心期刊论文21篇。（叶浩昌）

建设促进

【新时代爱国卫生运动】 2023年，吴中区推进健康场所建设，新建省级健康镇1个、健康村（社区）7个、健康促进医院1个，新建市级健康村（社区）8个、健康单位4个。持续开展烟草烟雾控制活动，组织6部门完成3052家公共场所控制吸烟专项督查。围绕"全国爱国卫生月""5·31世界无烟日"等开展全民健康素养提升活动，按照常住人口每人0.4元的标准，落实26万元用于全区健康素养水平的监测，全区居民健康素养水平为41.9%。

【健康市民"531"行动】 2023年，吴中区继续开展健康市民"531"行动。年内，完成心脑血管高危人群规范管理1.12万人；儿童支气管哮喘筛查1.12万人，规范管理344人；慢阻肺筛查5053人，规范管理642人；骨质疏松筛查8142人，规范管理324人；成人"三高"筛查2253人，规范管理300人；儿童肥胖筛查1.46万人，规范管理116人。

【家庭医生签约】 2023年，吴中区推动家庭医生签约服务高质量发展，实行基层首诊式签约服务，将肿瘤、骨质疏松、慢阻肺、儿童哮喘等常见疾病纳入签约服务重点范围。年内，签约常住人口66.8万人，签约率47.67%，其中重点人群签约率81.27%。累计建立居民电子健康档案130.18万份，建档率92.9%；管理高血压患者11.2万人，2型糖尿病患者3.2万人。

【健康教育】 2023年，吴中区加强吴中健康讲堂讲师团队伍建设，开展各类主题"五进"讲座96场。提高宣传阵地覆盖率和扩大健康教育受众面，建成健康教育视频联播平台终端248个，覆盖全区所有医疗卫生机构以及58%的村、社区。 （叶浩昌）

卫生监督

【概况】 2023年，吴中区深化长三角卫生监督一体化进程，与上海市松江区卫生监督所开展合作共建。严抓医疗卫生行业监管，重点整治医美乱象，以及规范民营医疗机构依法执业行为，实施全区医疗美容机构信用评价，全区社会办医云HIS（医院信息系统）数字化监管覆盖率达到94%。2023年，完成国家、省、区"双随机"监督抽查任务近500件。开展职业卫生分类监督执法试点，新增省级健康企业1家、市级职业健康示范企业1家，获市级小微企业帮扶显著进步奖1家，职业健康管理帮扶指导企业105家。

【依法执业监管】 2023年，吴中区接到投诉举报324件，处理率100%。查处案件61件，罚没总金额182.04万元，向镇（街道）移送违法线索72条，其中涉及公共场所28条、职业卫生44条。行政执法工作先后获多项市级及以上执法荣誉，其中获评江苏省中医药监督执法典型案例1个、江苏省卫生健康执法优秀案例第二等次1个、苏州市卫生行政执法优秀案例（卷）3个。区卫生监督所获评2022年度苏州市职业卫生监督工作先进集体。

【职业健康监管】 2023年，吴中区开展建设项目职业病防护设施"三同时"、新发职业病、"双随机"等专项监督执法。与各乡镇综合执法局联合开展企业职业健康检查190户次。开展职业卫生分类监督执法试点，推进职业病危害专项治理工作。实施小微企业职业健康管理帮扶，推进职业病防治示范企业创建。新增省级健康企业1家、市级职业健康示范企业1家，获市级小微企业帮扶显著进步奖1家，帮扶指导企业105家。强化尘肺病康复站管理，新建成木渎社区卫生服务中心尘肺病康复点。光福人民医院加入苏州市第五人民医院职业病防治专科医联体。 （叶浩昌）

妇幼健康

【妇女儿童保健】 2023年，吴中区实施"母婴安全行动提升计划"，开展妇幼健康相关业务培训及应急救治演练。加大孕产妇早孕建册宣教力度，全面落实孕产妇健康全程管理，早孕建册率95.0%，产后访视率97.1%，孕产妇系统管理率94.8%。

【婴幼儿照护服务】 2023年，吴中区持续推进婴幼儿照护服务，有序指导托育机构备案。新增备案托育机构7家，新建成省普惠托育机构1家、市普惠托育机构3家，建成省示范托育机构1家、市示范托育机构1家。截至2023年末，全区备案托育机构32家，每千人托位数达到3.52个。 （叶浩昌）

老年健康

【老年健康管理】 2023年，全区35家综合性医院、康复医院、护理院和基层医疗机构全部建设成为老年友善医疗机构，其中省级优秀单位15家。开展安宁疗护试点工作，光福人民医院、苏州瑞颐护理院、苏州同德康复医院、苏州和源护理院被确定为苏州市第一批市级安宁疗护试点医疗机构。开展老年健康业务培训，完成2023年全国老年医学人才培训项目、医养结合人才能力提升培训项目。开展示范创建工作，苏州和源护理院获评全国医养结合示范机构建设单位，苏州瑞颐护理院获评江苏省优质护理院，吴中人民医院老年科获评江苏省老年营养病房建设单位。

【老年友好氛围创建】 2023年，临湖镇石塘村获评全国示范性老年友好型社区，越溪街道溪江社区、横泾街道新路村获评江苏省老年友好型社区建设单位。开展全区老龄工作先进典型评选活动，评选出吴中敬老之星13人、吴中老有所为之星13人、吴中老年健康达人14人，其中朱伟锋、顾元春、仇国华3人分别获"苏州敬老之星""苏州老有所为之星""苏州老年健康达人"称号。 （叶浩昌）

医政药政管理

【国家基本药物制度落实】 2023年，吴中区不断完善政府采购内控制度，加强国家基本药物品种配备和使用金额的占比。规范全区耗材（试剂）网上采购行为，做好短缺药品的网上申报。全区基层医疗机构国家基本药物品种配备和使用金额占比在每月省、市网上抽查中名列前茅。

【医疗质量管理】 2023年，吴中区全面推进全区卫生健康质量控制体系一体化建设，印发《吴中区医疗质量控制中心管理办法（试行）》《吴中区医疗质量控制中心考核标准（试行）》，新增区病案管理质量控制中心；开展全区公立医疗机构院科两级质控体系建设调研，落实各专业医疗质量控制中心年度考核检查；严格审批医疗机构，规范医疗机构命名、科室设置，加强事前审批和事后管理；建立医疗机构依法执业自查制度，落实机构管理主体责任；强化医务人员监管，实施医师资格考试"一年两试"；开展医疗机构校验，对现场校验时发现的问题，提出书面整改意见，责令限期整改。

【护理服务管理】 2023年，吴中区新增市级中医护理重点专科1个、市级中医护理重点专科建设单位2个。依托护理质量控制中心，对全区25家医院，包括护理书写质量、护理质量安全核心制度落实情况等进行督查。印发《苏州市吴中区进一步改善护理服务行动计划实施方案（2023—2025年）》，举办吴中区护理人员临床护理技能竞赛。加强全区特殊科室质量安全监管，开展血液透析中心（室）质量安全管理及消毒供应中心运行质量专项检查。强化护理不良事件管理，组织开展护理人员业务培训。

【医院感染管理】 2023年，吴中区组织对全区医疗机构开展医疗废弃物及污水专项检查，针对内镜中心、口腔科、医疗废弃物等重点部门，强化医院感染监测、排查和整改工作。召开全区医院感染工作会议，开展医院感染管理质量控制、医疗废弃物管理及小型蒸汽灭菌器使用管理工作培训。

【平安医院建设】 2023年，吴中区推进"平安医院"创建，全区医疗机构贯彻落实《江苏省医疗机构治安保卫工作规定》，加大人防、物防、技防建设投入力度，落实重点诊室、重点部位、夜间值班科室等安全防护措施，逐步完善分诊台、护士站、门急诊室等紧急一键报警功能，建立特殊人群就医接诊提示制度，全力保障医务人员及患者安全。全区二级以上医疗机构均设置标准化警务室，配有公安部门选派的专（兼）职民警，实现重点部位视频监控全覆盖，吴中人民医院智能安检设备投入使用。健全警医联动机制，开展人脸识别比对系统建设，加强医疗机构及周边社会治安防控工作，建立分析评估、预警报告制度，提高预警防范和先期控制处理能力。

（叶浩昌）

表32-1 2023年卫生事业基本情况统计表

项目	单位	2023年	2022年
1.卫生机构数	所	398	369
#医院	所	32	29
基层医疗卫生服务机构	所	346	324
2.卫生机构床位数	张	7713	7184
#医院	张	6721	6164
基层医疗卫生服务机构	张	992	1020
3.卫生技术人员数	人	9531	8895
#医院	人	4844	4546
基层医疗卫生服务机构	人	4387	4079
#医生人数	人	3667	3305
#医院	人	1514	1375
基层医疗卫生服务机构	人	2038	1833
4.妇幼保健情况			
5岁以下儿童死亡率	—	2.15‰	1.9‰
婴儿死亡率	—	1.64‰	1.63‰
产妇住院分娩比例	—	100%	100%
5.医疗机构诊疗情况			
诊疗总人次	人	8711250	6143866
#门诊	人	7511007	5377636
入院人数	人	155443	111219
病床周转次数	次	21.4	17.9
病床使用率	—	78.3%	70.7%
出院者平均住院天数	天	10.9	11.9

（区统计局）

表 32-2　2023年末各类卫生机构、床位及人员数统计表

项目	机构数（个）	床位数（张）	人员数（人）	#卫生技术人员数	执业医师人数	执业助理医师人数	注册护士人数	药师（士）人数	技师（士）人数	检验师人数	其他卫生技术人员数	卫生监督员
合计	398	7713	12670	9531	3287	380	4226	588	769	424	250	31
一、医院	32	6721	6744	4844	1418	96	2599	240	363	151	128	—
1.综合医院	3	811	1273	1117	391	19	539	67	81	47	20	—
2.中医院	2	157	257	227	72	15	89	18	20	9	13	—
3.中西医结合医院	2	749	1307	1102	453	3	499	66	62	41	19	—
4.专科医院	11	1827	2137	1623	378	42	889	62	180	50	72	—
5.护理院	14	3177	1770	775	124	17	583	27	20	4	4	—
二、基层医疗卫生服务机构	346	992	5384	4387	1756	282	1609	343	299	166	98	—
1.社区卫生服务中心（站）	46	647	1762	1524	607	45	562	145	127	80	38	—
#社区卫生服务中心	7	647	1762	1524	607	45	562	145	127	80	38	—
社区卫生服务站	39	—	—	—	—	—	—	—	—	—	—	—
2.卫生院	7	345	1216	1020	358	99	320	127	85	49	31	—
3.村卫生室	41	—	—	—	—	—	—	—	—	—	—	—
4.门诊部	85	—	1522	1162	476	62	484	52	75	35	13	—
#综合门诊部	31	—	798	672	296	19	256	39	57	26	5	—
中医门诊部	5	—	80	55	25	4	11	7	8	1	8	—
专科门诊部	49	—	644	435	155	39	217	6	10	8	8	—
5.诊所、卫生所、医务室	167	—	884	681	315	76	243	19	12	2	16	—
#诊所	119	—	658	571	279	63	184	17	12	2	16	—
卫生所、医务室	39	—	82	80	36	13	29	2	—	—	—	—
护理站	9	—	144	30	—	—	30	—	—	0	—	—
三、专业公共卫生机构	9	190	160	89	2	4	3	20	20	11	31	
1.妇幼保健院（所、站）	1	—	40	27	19	—	2	3	2	2	1	—
2.疾病预防控制中心	1	—	118	102	70	2	—	2	18	18	10	—
3.卫生监督（所）中心	1	—	32	31	—	—	—	—	—	—	—	31
4.专科疾病防治所（站、中心）	1	—	—	—	—	—	—	—	—	—	—	—
5.计划生育技术服务机构	5	—	—	—	—	—	—	—	—	—	—	—
四、其他卫生机构	11	—	352	140	24	—	14	2	87	87	13	—
临床检验中心（所、站）	5	—	302	112	13	—	—	—	87	87	12	—

（区统计局）

表 32-3　2023年医疗机构诊疗人数统计表

项目	总诊疗人次数（人次）	门诊人次	急诊人次	入院人数（人次）	出院人数（人次）	实际开放总床位（床日）
总计	8711250	7511007	841944	155443	153875	2621908
一、医院	3092268	2672885	382438	117691	116497	2284151
1.综合医院	1529150	1393132	136018	30057	30139	312715

续表

项目	总诊疗人次数（人次）	门诊人次	急诊人次	入院人数（人次）	出院人数（人次）	实际开放总床位（床日）
2.中医院	179731	160104	—	4185	4181	30840
3.中西医结合医院	955380	744833	210545	25280	25312	264304
4.专科医院	422884	373724	35875	51008	51506	657406
#肿瘤医院	154099	154099	—	22315	22400	176295
骨科医院	127770	91895	35875	11226	11187	116800
美容医院	48346	48346	—	237	237	7300
5.护理院	5123	1092	—	7161	5359	1018886
二、基层医疗卫生机构	5616998	4836138	459506	37752	37378	337757
1.社区卫生服务中心（站）	2346416	1995076	305750	25059	24699	211832
2.乡镇卫生院	1969928	1685591	153756	12693	12679	125925
3.村卫生室	—	—	—	—	—	—
4.门诊部	829067	726069	—	—	—	—
5.诊所、卫生所、医务室	471587	429402	—	—	—	—
#诊所	387083	346921	—	—	—	—
卫生所、医务室	84126	82103	—	—	—	—
三、妇幼保健院（所、站）	1984	1984	—	—	—	—
四、其他卫生机构						
临床检验中心（所、站）	—	—	—	—	—	—

（区统计局）

表32-4　2023年各类传染病发病率情况情况统计表

项目	2023年	2022年	项目	2023年	2022年
每十万人发病数	3784.64	394.92	痢疾	—	—
#肝炎	56.76	49.74	麻疹	—	—
伤寒	—	0.36			

注：各种传染病每十万人发病数包括性病、结核病。

（区统计局）

表32-5　2023年前十位疾病死因及比重统计表

位次	死因	占全部死因比重	位次	死因	占全部死因比重
	总计	96.5%	6	神经系统疾病	3.5%
1	恶性肿瘤	26.1%	7	内分泌、营养和代谢疾病	2.9%
2	脑血管病	18.9%	8	消化系统疾病	1.5%
3	呼吸系统疾病	17.8%	9	诊断不明	1.1%
4	心脏病	14.6%	10	泌尿生殖系统疾病	0.8%
5	伤害	9.3%			

（区统计局）

编辑　赵立文

体育

群众体育

【概况】 2023年,吴中区持续发挥体育社会组织力量,举办篮球、足球、武术、健身气功、乒乓球等五大区级群众体育联赛,以多层次联赛体系,打造"吴中标识"的全民健身样板品牌。全年开展广场舞大赛、篮球联赛、健身气功武术大赛、行走大运河健步走、掼蛋交流大赛等群众体育赛事20余项,参与人数近4万人。依托吴中区丰富的山水人文资源,举办2023苏州"环太湖1号公路"马拉松、2023"中国杯"国际定向越野赛(金庭生态岛站)、2023国家登山步道联赛(苏州站)比赛等户外运动赛事,逐步建立集文体旅于一体的赛事品牌,促进吴中区户外运动项目的多元化发展。承办苏州市"千村万人·幸福乡村(社区)"篮球、乒乓球总决赛,苏州市体育公园系列活动,市、区联动,共同促进群众体育发展。11月29日,第二批江苏省农民体育健身活动基地名单公布,横泾街道入选。

【体育设施建设】 2023年,吴中区建成开放光福镇42千米国家级登山步道,开创江苏省首条国家级登山步道,全区健身步道(登山步道)累计建成362千米。10月,2023年苏州市民生实事项目"打造山地森林步道35条"全部完成,35条森林步道总长232.1千米。其中,吴中区山地森林步道有16条,总长112.4千米,占全市比例48.4%。区级民生实事项目——15只笼式篮球场、5只笼式足球场运行正常,全年累计进场25.3万人次。全年采购38套健身路径,推进健身路径的报废更新,优化健身环境,提升健身器材使用率。

表33-1 2023年度市级吴中区山地森林步道一览表

序号	名称	地址	长度(千米)
1	天池花山森林步道	天池山景区	12.4
2	米堆山森林步道	光福镇	6.2
3	邓尉山森林步道	光福镇	12
4	卓笔峰森林步道	天平山风景区	5.1
5	徐山咀森林步道	木渎镇灵岩山	10.9
6	穹窿山森林步道	穹窿山景区	12.4
7	嗳磑岭森林步道	越溪街道旺山景区	6
8	海关森林步道	渔洋山麓东侧	4
9	七子山森林步道	七子山景区	10
10	渔洋后山森林步道	香山街道渔洋山北麓	5.4
11	中白云森林步道	天平山风景区	5.2
12	二十四湾森林步道	东山镇莫厘峰西侧	6
13	莫厘峰森林步道	雨花胜境景区	6.2
14	涵村坞森林步道	缥缈峰东北山麓	8.2
15	水月坞森林步道	缥缈峰西侧山麓	7.9
16	7号线森林步道	缥缈峰景区	4.5

(区文体旅局)

【光福国家登山健身步道】 12月17日,光福国家登山健身步道启用。作为江苏省首条国家登山健身步道,光福国家登山健身步道建设按照"全国一流"标准,坚持人与自然和谐共生,赛道总长26千米,地处太湖之滨,沿途既有国家4A级旅游景区,又集合铜观音寺、光福寺桥、香雪海、司徒庙、圣恩寺、石嵝庵等景点,更有光福核雕、佛雕、玉雕等省级以上非物质文化遗产,围绕着光福群山和当地村落,与自然人文融为一体。

【2023苏州"环太湖1号公路"马拉松】于11月19日在吴中太湖之畔开赛,赛事共设置3个项目,规模为2.5万人,其中马拉松(42.195千米)参赛人数6000人、半程马拉松(21.0975千米)参赛人数1.2万人、迷你健康跑(约4.5千米)参赛人数7000人。全程项目中,男子组冠军由吴志锦以2小时24分04秒的成绩获得,沈斌和侯超名分获亚军和季军;女子组冠军由钱环以2小时54分51秒的成绩获得,潘春芳和许月娥分获亚军和季军。半程项目中,李子成以1小时7分12秒的成绩获得半程项目男子组冠军,冒华杰和孙明涛分获亚军和季军;女子组方面,卢亚晶以1小时19分24秒的成绩获得半程项目女

子组冠军，倪志艳和朱丽花分获亚军和季军。

【2023国家登山健身步道联赛（苏州站）】 12月17日，2023国家登山健身步道联赛（苏州站）福道山野群山越野赛在光福镇香雪海景区开赛，共有约1000名户外爱好者参与。赛事共分为三组，分别为专业竞速组（26千米长距离组、15千米短距离组、4×4千米接力组）、大众健身组（10千米）、家庭亲子组（以主会场互动游戏为主）。

专业竞速26千米长距离组中，男子组冠军由赵虎以2小时01分51秒的成绩获得，叶朝阳和张交分别获得亚军和季军；女子组冠军由郑文荣以2小时36分35秒的成绩获得，伍玲和蒋汶利分别获得亚军和季军。专业竞速15千米短距离组中，男子组冠军由李佳佳以1小时08分16秒的成绩获得，夏宗勇和叶雄强分别获得亚军和季军；女子组冠军由张晓娟以1小时19分23秒的成绩获得，张仝祎和朱艳莉分别获得亚军和季军。专业竞速4×4千米接力组中，冠军由神龙战队以1小时16分44秒的成绩获得，海尔战队和吴中雄鹰分别获得亚军和季军。

【2023"中国杯"国际定向越野赛（苏州太湖生态岛站）】 于4月1日在金庭镇举行，参赛选手1000余人。比赛共设置定向越野、徒步定向、趣味定向以及实景剧游四大比赛项目，兼具竞赛性与趣味性。其中，定向越野项目又分为短距离和中距离赛，根据参赛选手的年龄和性别，分为儿童组、少年组、青少年组、青年组、成年组、精英组、中年组以及亲子组等14个组别。最终，刘晓明获定向越野男子精英组冠军，王艳获定向越野女子精英组冠军。（阿旺扎西　王建兴　吴鉴）

竞技体育

【吴中运动员陆莹夺冠】 9月14日，2023年全国U23国际式摔跤锦标赛在山西省太原市开赛。全国34支代表队参赛，在9月16日的比赛中，吴中区籍江苏省女子摔跤队运动员陆莹获得女子53公斤级冠军。

【吴中运动员获亚残运会3枚奖牌】 杭州第四届亚残运会，于2023年10月22—28日在杭州举办。吴中籍田径运动员沈亚琴共获得3枚奖牌：24日，在女子T12级100米比赛中获得铜牌；26日，在女子T12级200米比赛中获得铜牌；28日，在女子T12级400米比赛中获得银牌。同年，获得世界残奥田径大奖赛迪拜站女子（T12级）100米、200米银牌和400米铜牌。

【吴中运动员参加亚运会】 吴中区籍运动员王振参加2023年中国田径街头巡回赛（南京站）男子跳高比赛，以2.32米获得冠军，取得2023年世界田径锦标赛资格，并参加杭州亚运会田径跳高项目比赛。

【2023江苏省无线电测向锦标赛】 于

2023年10月28日，吴中区残疾人运动员沈亚琴（左一）在第四届亚残运会上女子T12级400米比赛中夺银　　区残联　供稿

表33-2　2023年吴中区运动员获国家级以上比赛冠军一览表

姓名	赛事名称	赛事级别	项目	小项	成绩
赵一程	2023年世界青年攀岩锦标赛U16	国际	攀岩	速度	第一名
周毅	第九届世界传统武术锦标赛	国际	武术	棍术	第一名
				传统拳术	
				集体拳术	
陆莹	全国U23国际式摔跤锦标赛	全国	摔跤	53公斤级	第一名

（区文体旅局）

7月11—13日在江苏省吴中中等专业学校举办，全省各市县85支代表队约920名运动员和215名领队教练员参加比赛。赛事设置80米波段、2米波段个人赛和2米波段接力赛3项户外项目和无线电制作比赛。吴中区学生获得18块金牌、7块银牌、9块铜牌。

（王建兴　吴鉴）

体教融合

【概况】　2023年，区文体旅局和区教育局两部门落实上级《关于深化体教融合促进青少年健康发展的实施意见》等文件精神，深入推进体教融合，命名43所学校和5家社会体育俱乐部为区青少年体育后备人才培养基地，涵盖击剑、田径、篮球、足球、排球、攀岩6个项目。共同落实青少年体育"5621"项目，引入省队攀岩项目落户江苏省木渎高级中学，市队女子排球项目落户长桥实验小学、石湖中学、苏苑高级中学，市队女子足球项目落户度假区香山实验小学、度假区实验中学，推进吴中青少年体育高质量发展。2022—2023年向苏州市体育局输送71名运动员，2023年有3名学生进入江苏省体育局三线队。

【青少年阳光体育】　2023年，区文体旅局与区教育局联合主办篮球、羽毛球、跆拳道等14个项目的比赛，参与学生5000余人；联合承办江苏省无线电测向锦标赛、苏州市青少年阳光体育联赛中小学生游泳比赛等4项省市级青少年体育赛事，给吴中青少年提供更高级别的展示和交流的平台。石湖中学女排队员参加省排球锦标赛获季军，在全国U17排球锦标赛中获得第四名，在第一届全国中学生排球区域联赛（江苏赛区）中获第二名；香山实验小学和石湖实验小学联合组队的吴中区女子足球队，获苏州市青少年阳光体育联赛女子足球冠军；舟山实验小学学生在2023年全国无线电测向锦标赛中获1枚金牌；金山实验小学学生在2023年全国青少年棒球公开赛江苏赛区中获亚军；藏书中学学生在第九届世界传统武术锦标赛中斩获3枚金牌等。全年吴中区青少年在市级赛事中获金牌27枚，省级赛事中获金牌9枚，在国家及国际赛事中获金牌5枚。

【2023长三角攀岩公开赛暨江苏省攀岩俱乐部联赛】　于12月2日在华中师范大学苏州湾实验小学开赛，上海市、浙江省、江苏省的24支代表队共计238名长三角地区的青少年攀岩运动员在2天的赛程中争夺24个项目的金牌。赛事按照年龄设置U8组、U10组、U12组和U14组，设有速度、难度和攀石3种比赛形式，此次比赛的亮点在于其综合性和专业性。

（王建兴）

体育产业

【概况】　2023年，江苏省体育局公布省体育产业基地（2023—2025年度）的认定及复核认定名单，吴中区共有3家单位入选。苏州市太湖足球运动项目获评体育产业示范项目，江苏苏奥体育科技有限公司获评体育产业示范单位，苏州天奥体育科技有限公司经复核认定，获评体育产业示范单位。"爱上飞行轻型运动类驾照培训项目"等2个项目获省体育事业发展专项资金（体育产业发展）160万元，"吴中电竞产业园（二期）"等5个项目获市级体育产业发展专项资金280万元。"小铁人三项赛"被评为2023年市体育旅游精品赛事，"徒步胥江"被评为2023年市体育旅游精品线路。

【吴中电竞产业园】　吴中电竞产业园（苏州市数字经济体育产业园）是苏州市电子竞技运动协会联手QQ文化院及上下游生态合作伙伴打造的数字体育产业基地。产业园投资3000余万元进行改造提升，建设电竞馆等基础配套设施，引入快手电竞总部、腾讯QQ文化院电竞数字平台企业，以电竞赛事为纽带，集聚游戏开发、内容制作、解说直播、装备产品为核心的完整电竞生态链。截至2023年末，产业园入驻76家数字经济企业，2023年全年完成产值7.2亿元。

【快手太湖天鹅港国际电竞馆】　2023年6月17日，快手太湖天鹅港国际电竞馆启用。电竞馆坐落于吴中太湖新城核心区，总建筑面积9416.28平方米，总投资1.3亿元。场馆设计灵感来源于宝石的切面形态与棱角变化，通过立面穿孔铝板的凹凸变化与孔率差异，实现对太湖石形象的拟态设计，展现"太湖璀钻"设计理念。项目主体建筑为电竞馆，包括电竞主会场、综合演播厅、评论演播厅、VIP观战室及其他配套功能。其中，主会场演播厅容纳观众约644人、综艺演播厅约210人。2023年，快手太湖电竞馆承接腾讯、网易、巨人等头部游戏厂商线下赛事，主办粉丝见面会、汽车品牌展陈等综合类型活动共计40余场，现场参与活动人次超20万人。

（吴德炎）

苏州太湖体育运动休闲小镇

【概况】　苏州太湖体育运动休闲小镇（简称"体育小镇"）位于苏州太湖国家旅游度假区中心区，东起香山路、南临环太湖大道、西至舟山路、北依孙武路，规划面积4.83平方千米。依托度假区的旅游资源和产业基础，体育小镇以"体育+旅游""体育+文化产业"为主要发展方向，形成以足球运动为主要体育门类、以太湖山水为主要旅游吸引物、以酒店集群为主要旅游载体、以舟山核雕为主要文化产业的发展模式。2021年8月，体育小镇入选国家发改委规划司"中国特色小镇50强"；2022年12月，被国家体育总局、文化和旅游部评为江苏省目前唯一的"国家体育旅游示范基地"；2020年8月，被省发改委批准为省级特色小镇创建单位；2023年11月，通过省发改委省级特色小镇创建现场验收。体育小镇累计投资超100亿元，自开展省级特色小镇创建以来共实施亿元以上投资项目14个，截至2023年末，亿元以上项目完成投资54.94亿元，完成进度100%。

【体育设施建设】 体育小镇内体育设施体系健全，包括太湖足球运动中心、太湖高尔夫俱乐部、渔洋山太湖户外运动中心、渔洋湾水上运动中心、太湖蓝马拉松赛道、香谷里体育公园。自2016年以来，建成18片足球场。可以常态化提供足球青训教学培训、篮球培训、高尔夫球培训等体育技能培训。

【赛事活动】 2023年，举办2023中国足协青少年足球锦标赛、2023中国足协女足青训中心希望杯足球赛、2023第二届中国青少年足球联赛、2023中国足协女甲联赛、2023苏州太湖蓝女子半程马拉松精英赛、2023三菱电机自动化公开赛暨中国男子高尔夫职业巡回赛、2023苏州市击剑联赛暨长三角"太湖论剑"击剑公开赛总决赛、2023XTERRA夜跑苏州渔洋山站等120场赛事。

2023年8月26日，2023XTERRA夜跑赛在度假区举行　　　　度假区　供稿

【苏州市太湖足球运动中心】 2016年3月，度假区启动足球运动场地建设。2017年9月，苏州东吴足球俱乐部在度假区安家。2019年5月，苏州市体育运动学校、度假区和东吴足球俱乐部三方共同签署《关于共建"苏州市太湖足球运动中心"的合作协议书》，在度假区专设训练场地。2019年5月至2023年11月，"中国足球协会男足、女足青训中心（苏州）"和"江苏省足球协会苏州青训中心"相继落户，成为全国为数不多且同时拥有男、女足国字号青训中心的机构之一，同时也是中国足球发展基金会的"菁英计划"试点单位之一。2022年被省体育局评为省群众体育先进单位、省体育产业示范项目。2023年11月起，由苏州市体育运动学校、度假区、太湖足球运动中心、旅业公司四方合作共建，进一步推动足球基地建设发展、青少年足球培养，为国家输送优秀足球人才，同时承接、主办高端赛事，挂动"太湖足球"成为全国知名、江苏省首屈一指的体育产业品牌。组建男女足青训队伍15支，建成2支国家女足少年队后备梯队。连续多年举办中国青少年足球联赛、"2034杯"全国小学生足球大会等品牌赛事，完成国家女足集训等多项集训保障任务。截至2023年末，有9片足球运动场地，可满足各类足球机构、足球运动爱好者、人才培训及体育赛事需求。2023年举办赛事、集训活动超100场。

（梅静静）

编辑　任海令

收入与分配

就业创业

【概况】 2023年，吴中区开展稳就业"九项行动"，用好"人社数字直播间"，开展"直播带岗""现场探岗"等活动，投入资金用于创业扶持、社保补贴、技能提升等补助，不断拓宽就业创业渠道。截至年末，企业用工备案人数达49.58万人，户籍应届高校毕业生总体就业率97.56%，零就业家庭动态清零。出台春节期间稳岗促产惠企政策，全年发放就业创业、扩岗稳岗各类补贴3.4亿元，惠及3.9万家企业、59.6万人次。 （刘晓丽）

【就业促进】 高质量充分就业项目是2023年区级民生实事项目，全年新增城镇就业超1.7万人。落实灵活就业社保补贴，企业吸纳就业困难人员社保补贴等政策，提供就业类补贴1.04亿元，惠及14.6万人次。开展"创响江苏"春风行动、民营企业服务月等专项活动，在全市率先推出人社数字直播间，创新推出"就在苏州 首选吴中"快手直播号、"吴中人社"视频号，全年举办线下招聘会178场、线上直播带岗56场，提供岗位4.7万余个，收到简历超2万份。对高校毕业生、就业困难人员等重点群体加强就业服务和支持，组织校园引才35场，开展就业援助2.31万人次，帮助就困人员等群体就业9800余人。建成"标准化"家门口就业服务站13个，挂牌成立区级劳务品牌培育基地5个，其中藏书羊肉劳务品牌被认定为省级劳务品牌。 （刘晓丽）

【就业技能培训】 2023年，吴中区新增高技能人才1.05万人，首次破万。推进就业重点群体技能培训、企业新型学徒制培训、数字技能岗前培训等职业技能培训，累计开展补贴性职业技能培训3.45万人次，支出各类技能提升补贴3382.82万元。实施数字技能提升行动，开展数字技能岗前培训等，新增数字技能人才7489人次。搭建高校、政府、企业、协会多元合作平台，发挥用工服务联盟作用，全区累计建成东吴高技能人才培育基地38家、公共实训基地18家、技能大师工作室71家、就业见习基地60家。 （刘晓丽）

【残疾人就业】 2023年，区残联会同区税务部门开展机关、企事业单位按比例安置残疾人就业年审工作，审核274家单位，安置残疾人654人；为79家达比例和超比例安置残疾人就业用人单位发放奖励补贴69.77万元。聚焦重点企业和重点群体，全年组织参与专场招聘会6场，新增残疾人就业195人，净增残疾人就业165人。鼓励残疾人增强就业创业能力，组织40人次参加省、市级技能培训，开展区级培训47场次，惠及454人次，为7人发放残疾人自主创业奖励11.73万元。坚持"以赛代训"培养高层次技能人才，沙红英获第十届国际残疾人职业技能竞赛钩针编织项目银牌，陈日恒、裘凤英分获江苏省第七届残疾人职业技能竞赛盲人按摩、刺绣项目第三名，蔡宇获市残疾人职业技能竞赛互联网营销师项目第四名。申报吴中区东山陈忠林彩塑木雕工作室为苏州市残疾人职业技能培训基地，与非遗传承人漆雕大师建立长期合作培训关系，推动吴中区非遗传承项目发展。 （吴乃菲）

【创业扶持】 2023年，区人社局聚焦不同群体开展创业培训活动，常态化开展创业六讲堂、创业培训、大学生能力提升培训班，录制就业、创业政策微视频10余期。开展"青春吴中 创赢未来"高校创新创业文化节，定期组织孵化基地现场指导和交流活动，做好省、市级创业孵化基地认定指导及常态管理。截至年末，全区共有省、市创业孵化基地16家，其中获省、市双优示范基地1家，累计入孵企业9045家。发挥创业担保贷款扶持创业、带动就业作用，全年累计发放创业贷款123笔，金额3149万元。选树优秀创业典型，成功申报2名市级"创业之星"及1名省级青年人才创新创业标兵。全年扶持农民工等群体创业4734人。 （刘晓丽）

2023年3月10日，2023年"校园苏州日"——走进华中科技大学系列活动举行　　　　　　　　　　　　　　　　　区委宣传部　供稿

表 34-1　2023 年城镇非私营单位在岗职工人数与工资统计表

项目	单位	合计	国有经济	集体经济	其他经济
一、年末人数	人	190582	35200	2701	152681
#劳务派遣人员人数	人	20362	1868	3	18491
二、平均人数	人	192246	35301	2690	154255
三、工资总额	万元	2583410	723544	24762	1835104
四、年平均工资	元/人	134380	204965	92061	118965
年平均工资为2021年	—	105%	107%	56%	106%

（区统计局）

表 34-2　2023 年城镇非私营单位在岗职工人数统计表

单位：人

项目	合计	国有经济	集体经济	其他经济
合计	190582	35200	2701	152681
一、按执行会计制度划分				
1.企业	158646	3694	2306	152646
2.政府	30733	30584	149	—
3.其他	1203	922	246	35
二、按国民经济行业分				
1.农、林、牧、渔业	3	—	3	—
2.制造业	94722	—	—	94722
3.电力、燃气及水的生产和供应业	1602	233	—	1369
4.建筑业	4839	—	—	4839
5.批发和零售业	9095	—	—	9095
6.交通运输、仓储和邮政业	2946	—	3	2944
7.住宿和餐饮业	4954	170	34	4751
8.信息传输、计算机服务和软件业	1948	12	—	1936
9.金融业	327	35	—	292
10.房地产业	13243	72	1668	11503
11.租赁和商务服务业	8383	850	186	7347
12.科学研究、技术服务和地质勘查业	10838	1780	25	9034
13.水利、环境和公共设施管理业	1083	237	22	824
14.居民服务和其他服务业	1256	396	415	445
15.教育	21176	20260	246	670
16.卫生、社会保障和社会福利业	6191	4222	30	1939
17.文化、体育和娱乐业	1290	248	70	972
18.公共管理和社会组织	6686	6686	—	—

（区统计局）

收入消费

【居民收入】 2023年，吴中区全体居民人均可支配收入73973元，低于苏州市平均水平103元，高于全省平均水平21299元。城镇居民人均可支配收入85041元，比上年增长4.3%，收入首次突破8.5万元，高于苏州全市平均水平2053元。农村人均居民可支配收入46709元。在全市十个板块中，吴中区城镇居民人均可支配收入排名第二，增幅并列第三。

工资性收入　2023年，吴中区全体居民工资性收入43831元，城镇居民工资性收入50370元,比上年增长5.0%,农村居民工资性收入27726元。全体居民工资性收入占人均可支配收入的比重59.3%,"压舱石"效果显著。

经营净收入　2023年,吴中区全体居民经营净收入8889元,城镇居民经营净收入9210元,比上年增长4.5%,农村居民经营净收入8099元。全体居民经营净收入占人均可支配收入的比重12.0%。

财产净收入　2023年,吴中区全体居民财产净收入14048元,城镇居民财产净收入17714元,比上年增长2.1%,农村居民财产净收入5017元。全体居民财产净收入占人均可支配收入的比重19.0%。

转移净收入　吴中区进一步织密社会保障网络,社会保障体系日趋完善。2023年,吴中区全体居民转移净收入7024元,城镇居民转移净收入7747元,比上年增长4.9%,农村居民转移净收入5867元。全体居民转移净收入占人均可支配收入的比重9.7%。

【居民消费】　2023年,吴中区全体居民人均消费性支出为45980元,城镇居民人均消费性支出为51509元,比上年增长6.7%,农村居民人均消费性支出为32360元。城镇居民八大类消费全面增长,食品烟酒、衣着、居住、生活用品及服务、交通通信、教育文化娱乐、医疗保健、其他用品及服务分别上涨5.9%、6.5%、3.0%、7.8%、8.6%、11.0%、11.7%、10.8%。

食品类支出　随着疫情平稳转好以及人民生活水平的提高,更加注重营养饮食。2023年,吴中区城镇居民人均食品烟酒消费13413元,比上年增长5.9%,占城镇居民消费支出的26.0%,仅次于居住消费。

衣着支出　2023年,吴中区城镇居民人均衣着支出为2575元,比上年增长6.5%。文娱活动的恢复、物流的畅通等多方面因素,使得城镇居民人均衣着支出从2022年的下降1.2%,上升至2023年的增长6.5%。

居住消费　随着人民生活水平的提高,居民在装潢、改善居住环境方面要求越来越高。2023年,吴中区城镇居民人均居住消费为13629元,比上年增长3.0%。占人均消费支出的26.4%,占比最大。

交通通信支出　2023年,多项购车补贴政策陆续出台,进一步激发提振汽车消费市场。同时,春节、五一、十一、暑期等节假日出游火热,出行增加也直接带动居民交通费用支出上涨。吴中区城镇居民人均交通通信支出为8679元,比上年增长8.6%,占人均消费支出的比重16.9%,仅次于居住支出和食品烟酒支出,比上年增长8.7%。

教育文化娱乐支出　对子女教育的重视以及文旅消费复苏。2023年,吴中区城镇居民人均教育文化娱乐支出为7417元,比上年增长11.0%,转负为正,增幅扩大16.3%。其中,教育支出增长8.2%,文化娱乐支出增长13.0%。

（吴若瑶）

表34-3　2023年城镇居民家庭基本情况统计表

项目	单位	2023年	2022年
一、调查户数	户	120	140
二、家庭人口数	人	408.1	519.3
平均每户人口数	人	3.4	3.7
三、就业类型	人	189	254
①雇主	人	—	—
②公职人员	人	3	—
③事业单位人员	人	8	6
④国有企业雇主	人	10	3
⑤其他雇员	人	156	232
⑥农业自营	人	—	—
⑦非农自营	人	12	13
户均家庭就业人口数	人	1.6	1.8
平均每一就业者负担人数	人	2.2	2.0
四、平均每户住房建筑面积	平方米	193.6	236.1
人均家庭住房建筑面积	平方米	57	64
五、住房房屋来源	户	120	140
租赁公房	户	—	—
自建房屋	户	40	79
购买商品房	户	54	32

续表

项目	单位	2023年	2022年
购买房改住房	户	1	1
购买保障性住房	户	2	0
拆迁安置房	户	22	28
继承或获赠住房	户	1	0
六、住宅建筑式样	户	120	140
单栋住宅（单栋楼房）	户	56	90
四居室及以上单元房	户	5	5
三居室单元房	户	33	27
二居室单元房	户	23	13
平房及其他	户	3	5
七、饮水情况	户	120	140
自来水	户	120	140
井水和泉水	户	—	—
八、住房卫生设备	户	120	140
使用水冲式厕所的户数	户	120	140
使用旱厕的户数	户	—	—
无厕所的户数	户	—	—
九、洗澡设施情况	户	120	140
统一供热水	户		
家庭自装热水器	户	120	140
其他	户	—	—
十、取暖设备状况	户	120	140
自行供暖	户	120	140
无取暖设备	户	—	—
十一、炊用能源状况	户	120	140
柴草	户	1	0
罐装液化石油气	户	33	65
管道天然气	户	85	74
电	户	1	1
十二、每百户居民家庭通用设备使用情况			
1.固定电话	部	22	21
2.移动电话	部	288	292
十三、每百户居民家庭耐用消费品拥有量			
家用汽车	辆	94	89
摩托车	辆	2	2
助力车	辆	138	145
洗衣机	台	107	111
电冰箱（柜）	台	118	113
彩色电视机	台	188	211
计算机	台	90	79
空气净化器	台	16	20
地面清洁电器	台	48	51
照相机	架	30	27
微波炉	台	89	89
空调	台	328	309

续表

项目	单位	2023年	2022年
中高档乐器	件	18	17
热水器	台	117	120
健身器材	套	16	10
移动电话	部	288	292
电话机	部	22	21
排油烟机	台	93	99
洗碗机	台	7	4

（区统计局）

表34-4　2023年城镇居民家庭全年人均收支情况统计表

单位：元

项目	2023年	2022年
一、可支配收入	85041	81535
（一）工资性收入	50370	47989
工资	47962	45640
实物福利	647	630
其他	1761	1719
（二）经营净收入	9210	8817
第一产业经营净收入	19	—
第二产业经营净收入	5740	5520
第三产业经营净收入	3451	3297
（三）财产净收入	17714	17343
利息净收入	1007	969
红利收入	1101	1138
储蓄性保险净收益	25	9
转让承包土地经营权租金净收入	141	129
出租房屋财产性收入	5850	5788
出租机械、专利、版权等资产的收入	—	—
其他财产净收入	—	—
房屋虚拟租金	9591	9310
（四）转移性净收入	7747	7387
1.转移性收入	11051	10533
#养老金或离退休金	9006	8573
#社会救济收入	9	4
#政策性生活补贴	26	62
#报销医疗费	1359	1249
#赡养收入	312	270
#其他经常转移收入	328	314
#从政府和组织得到的实物产品和服务折价	10	61
2.转移性支出	3304	3146
个人所得税	341	311
社会保障支出	2846	2715
赡养支出	74	65
其他转移性支出	43	55

续表

项目	2023年	2022年
二、非收入所得	2912	2186
1.出售资产所得	37	119
2.非经常性转移所得	2870	2024
3.其他非收入所得	4	44
三、借贷性所得	7	—
四、家庭总支出	68670	61378
(一)消费性支出	51509	48260
1.食品烟酒	13413	12663
2.衣着	2575	2418
3.居住	13629	13238
4.生活用品及服务	2086	1935
5.交通通信	8679	7992
6.教育文化娱乐	7417	6684
7.医疗保健	2302	2061
8.其他商品和服务	1406	1269
(二)生产经营费用支出	65	299
第一产业经营费用支出	4	—
第二产业经营费用支出	—	107
第三产业经营费用支出	60	192
(三)财产性支出	878	1309
生活贷款利息支出	877	1309
其他财产性支出	0	0
(四)转移性支出	4489	3738
1.个人所得税	702	451
2.社会保障支出	3671	3165
个人缴纳的养老保险	2422	2165
个人缴纳的医疗保险	1018	840
个人缴纳的失业保险	114	114
其他社会保障支出	117	46
3.赡养支出	74	65
4.其他转移性支出	43	57
(五)部分商业保险支出	453	233
(六)购置资产及非经常性转移支出	6392	4201
1.购置资产支出	2501	278
2.非经常性转移支出	3890	3923
博彩支出	12	13
婚丧嫁娶礼金(宴请)支出	2212	2377
一次性赔偿支出	0	0
一次性馈赠支出	1666	1518
其他非经常性转移支出	0	16
(七)借贷支出	4885	3338
存入储蓄款	245	—
借出款	—	—
归还借款	300	0

续表

项目	2023年	2022年
购买有价证券	54	—
其他投资支出	—	45
归还住房贷款	3875	3143
归还汽车贷款	390	150
归还其他贷款	3	—

（区统计局）

社会保险

【概况】 2023年，吴中区企业养老、机关养老、居民养老、职工医疗（含退休职工）、居民医疗、失业、工伤参保人数分别为55.74万人、1.50万人、0.30万人、74.86万人、32.60万人、50.35万人、55.14万人，社保体系日益完善。

【社保改革】 2023年，吴中区持续推进参保扩面提质，净增企业养老保险参保单位6689家，新增企业养老参保（含灵活就业）1.9万人，人均缴费工资基数5348.34元，比上年增长354.06元，增幅7.09%。贯彻落实供给侧改革降费减负部署，为全区各类企业减免养老、医疗、工伤、失业保费25.79亿元，将全区22.7万名退休人员纳入社会化管理，退休人员养老金实现19次连涨，达每月3228.2元。

【社保待遇】 区人社局完成2022年度退休人员社保待遇调整。至2023年7月末，退休待遇调整补发部分全部发放到位，共涉及16.73万名企业退休人员（含失地人员），发放金额1.07亿元。进一步完善医疗保障体系建设，提高基础线，保障参保群众医疗需求，全区职工医保、居民医保住院政策性报销比例分别为89.32%和77.79%；落实"两病"门诊用药保障，减轻参保群众负担；2484人次进行生育现金报销，6221人次享受一次性营养补助待遇，7778人次享受生育津贴待遇，6185人次享受男职工护理假津贴；大病保险年度累计待遇享受6.56万人次，基金支付金额1.09亿元。

【社会保险基金管理】 2023年，吴中区持续加强社保基金监管，巩固深化"社会保险基金管理提升年"行动成果。全年累计受理审计补缴企业172家295人次，补缴社保、医保费505万元；协助完成部、省、市疑点数据核查3502条，协助其他核查120条。开展社会保险基金安全评估，对政策执行、经办内控、信息系统、基金监督等方面进行专项督查、实地检查，推动失业保险基金管理问题专项整治，确保基金总体运行安全平稳。截至年末，社保基金累计结余202.03亿元。

（刘晓丽）

表34-5 2023年失业、工伤、生育、医疗保险情况统计表

项目	单位	失业保险	工伤保险	生育保险	医疗保险
1.年末参加保险单位数	个	64075	70931	34052	64059
2.年末参加保险职工人数	人	503471	551426	511991	583221
3.年内保险基金总收入	万元	68821	21940	26135	663549
#利息收入	万元	180	65	10516	
4.年内保险基金总支出	万元	68821	23365	25556	664125
5.年内领取保险金人数	人	14487	3224	34473	724929

（区统计局）

表34-6 2023年养老保险情况统计表

项目	单位	2023年	2022年
1.年末参加保险单位数	个	71440	67451
2.年末参加保险人数	人	557387	538384
3.年内保险基金收入总额	万元	1374127	1247454
4.年内退休养老金支出总额	万元	477608	434086

（区统计局）

社会救助

【概况】 2023年末，吴中区共有7类困难对象共10877人，其中低保对象461户780人、特困供养对象79人、低保边缘重病困难家庭对象550人、困难残疾人生活补贴对象2688人、重度残疾人护理补贴对象5641人、困境儿童730人、临时救助对象409人次。全年发放低保救助金744.29万元、特困供养金84.78万元、低保边缘重病困难家庭救助金478.56万元、困难残疾人生活补贴2849.15万元、重度残疾人护理补贴937.20万元、困境儿童基本生活保障金1015.11万元、临时救助金42.20万元、物价补贴20.64万元、春节"三级三联"走访慰问金722.62万元。

【困难群众救助帮扶】 2023年，区民政局通过政府采购、公益创投、慈善帮扶、志愿服务等形式引导社会力量参与困难群众救助帮扶。实施低收入人口帮扶项目，对132户低收入家庭按照600元标准开展物质帮扶，全区2138名低收入家庭成员获赠"苏惠保""江苏医惠保"保险，进一步降低因病致贫（返贫）风险。完成18个慈善扶贫基地新一轮签约，170名低收入对象实现家门口就业。

【慈善救助】 2023年，吴中区"点线面"协同发力做优慈善事业。做大社区慈善"覆盖面"，在济困、扶老、救孤、助残、恤病等领域设立14个社区慈善项目，助力基层社会工作站建设、村（社区）志愿服务、城乡公共服务设施改善，广泛动员社会慈善力量参与基层社会治理，营造社区慈善生态。探索可持续公益模式，通过政策扶持、项目带动、技术帮扶等，不断增强困难群众内生动力。动员辖区爱心企业，发挥企业生产经营优势，全区累计建立18个慈善就业基地，重点帮助辖区内170名低保、低保边缘和困难家庭成员稳定就业、提升收入。

2023年，吴中区慈善总会（基金会）完成换届，全年累计慈善收入4099.42万元；围绕扶贫济困、乡村振兴、共同富裕等工作重点开展慈善项目36个，项目支出1932.96万元，占上年总收入的113.05%；救助困难群众1.02万人，受益学生7.4万人。

（邹琪）

【医疗救助】 2023年，区人社局根据医疗救助待遇发放"不漏不错"原则，为6379名符合条件的居民免缴居民医保费用，免缴金额297.38万元；全年实时救助4.95万人次，累计享受医疗救助金921.83万元。长期护理保险成效显著，全年新增申请2055人次，申请通过1866人次，新增待遇享受1198人，全年保险金支付金额4640.76万元。

（刘晓丽）

社会福利

【未成年人保护】 2023年，吴中区出台《苏州市吴中区未成年人保护工作八项制度》，打通儿童关爱服务"最后一公里"。全区未成年人14.7万人、认定在册困境儿童730人，区民政局为困境儿童落实生活、医疗、教育、康复等分类保障政策，全年发放困境儿童基本生活补贴1015.11万元。启用区智慧大救助困境儿童服务管理平台，汇集民政、教育等13个部门的救助数据，划分风险等级，分阶段提供心理疏导、精神慰藉、行为矫正、教育辅导、社会融入、关爱保护等帮扶措施，助力困境儿童身心同步健康发展。通过政府采购、公益创投、慈善帮扶、志愿服务等形式，引导社会力量参与未成年人关爱保护。发挥社区、社会组织、社会工作者、社区志愿者及社会慈善资源的"五社联动"作用，统筹推进以村（居）未成年人保护工作点为体系的"1+14+N"未成年人保护工作阵地建设，面向困境儿童提供安全教育、课后辅导、心理健康疏导等普惠性服务，"家门口的寒暑期托班""托幼无忧"等"吴爱吾童"系列项目深受家长、儿童喜爱。区民政局组织第二届"吴爱吾童"儿童主任技能大赛，以赛促练，提升儿童队伍业务素质和能力水平。开展首届优秀儿童主任评选，增强儿童主任职业认同感和荣誉感。 （邹琪）

【妇女儿童权益保障】 2023年，区妇联召开维护妇女儿童合法权益联席会议，建立维护妇女儿童合法权益联动机制。健全与公安部门家暴警情信息沟通机制，公安部门出具家暴告诫书158份。成立家事调解巾帼志愿者队伍，在苏州市首创三级家事调解室机制，常态化开展婚姻家庭纠纷排查化解，全年处理信访35件。成立云普法讲师团，开展"律政玫瑰"云普法课堂，联合举办机关法治微课堂活动。实施"我助妇儿康·妇儿权益维护与安全守护课堂"项目，开展普法讲座60场，培训妇女2000余人次。推进儿童友好城市建设工作，建成市级儿童友好社区2个、区级儿童友好示范点13个，对社区、卫生服务中心等进行适儿化改造。开展"儿童友好 童享未来"主题活动，开展爱心义卖15场，募集爱心款12.35万元，开展"小小体验官"系列活动4期。 （康娜）

【残疾人社会福利】 2023年，区残联精准把握困难群体数据，推动各项残疾人补贴政策实施到位。全年共为7498名残疾人减免团体综合保险金31.97万元；为476名无业重度和精神、智力三四级残疾人发放社会保险补贴235万元；为全区264名残疾学生和贫困残疾人家庭子女发放助学奖励补助37.78万元；为1230名听力言语及视力残疾人发放信息（流量）补贴43.2万元；对97人次发放营运车主帮扶补贴125.8万元；为425辆残疾人机动（电动）轮椅车发放维修补贴17.4万元，为16辆新购车辆发放补贴2.3万元；为291名残疾车主发放燃油补贴7.57万元；为464辆残疾人轮椅车购买商业第三者责任险，涉及保费3.02万元；新办残疾人智能卡385张，补办158张，保障残疾人免费乘坐公共交通权益。

（吴乃菲）

【福利彩票发行管理】 2023年，吴中福彩总销量4.497亿元，其中即开票销售2.195亿元、电脑票销售2.302亿元。总销量居全市第三，其中即开票销售量居全市第二。为本地筹集公益金4482.53万元，吴中区获评省级福利彩票销售示范区、全省福利彩票销售亿元区、全市福利彩票销售总量优胜单位、全市福彩电脑票销量增幅优胜单位、全市福彩系统信息宣传工作优胜单位等。在省福彩中心举办的百日竞赛实战比拼中，吴中区获得全省福彩系统"百日竞赛优胜县（市、区）"奖。全区累计中出双色球二等奖32注，即开票一等奖12个，快乐8"选十中十"1注、"选九中九"2注、"选八中八"1注、"选七中七"15注。吴中福彩拓宽销售渠道，推进"福彩专柜"入驻各商业综合体，探索建设福彩综合体验中心和福彩销售亭，全年累计开设专柜14家、户外销售亭1家、体验中心1家。

（邹琪）

住房保障

【保障性住房及公房管理】 2023年，吴中区新开工保障性租赁住房5001套、基本建成4575套，并录入部级、省级系统。全年新增人才公寓房源3065套。全年审核通过26户符合条件的中等偏低收入住房困难家庭，配租公共租赁住房17户；发放租赁补贴803户次，金额共计130.04万元；组织经济适用房摇号22户，基本实现应保尽保。共办理经济适用房产权处置29户，补差金额709.96万元；完成优惠售房补差8户，补差金额1.01万元。

2023年，全区直管公房租金完成入库3078.11万元。全区6个保障性住房小区及直管公房零星维修审定金额180.02万元。共检测直管公房53处，建筑面积22518.37平方米。完成木渎镇东街10号、横泾街道木东公路21号危房加固解危工作，确保国有资产保值增值。

（张杰）

【住房公积金管理】 2023年，全区净增强制缴存职工1.46万人；归集住房公积金51.42亿元，比上年增长14.5%，完成年度任务的106.3%；新增实缴单位2813家，完成年度任务的117%。向4567户家庭发放住房公积金贷款35.6亿元，比上年分别增长73.6%和140.5%，完成年度任务的177.8%；提取住房公积金34.9亿元，比上年增长22.9%。年末应缴人数30.08万人，归集余额120.08亿元，贷款余额98.38亿元。

发挥住房公积金制度"稳就业、保民生，稳经营、促发展"的作用，稳住基本盘、打好组合拳，促进住房公积金缴存"量""质"双提升。加强与区人社局、区行政审批局、行业协会等部门沟通联系，建立数据共享和协同发展机制，向公积金与社保缴存人数相差20人以上的1283家企业寄送公积金扩面函，组织人员开展电话催缴净增职工4213人。运用"大数据+网格化+铁脚板"工作机制，组织召开企业普法座谈和政策宣讲会7次，服务企业500余家，推动企业规范缴存住房公积金。深入高校、社区、粮食交易批发市场、行业协会等场所开展灵活就业人员缴存住房公积金政策宣传，全年新增灵活就业人员缴存住房公积金466人，促进新就业群体安居。

【住房公积金政策调整】 2023年，吴中区实施存量商业住房贷款转公积金贷款政策，全年受理"商转公"贷款1969笔17.5亿元，节约转贷职工利息支出4.5亿元，户均节约利息支出23万元。贷款新政实施后，户均贷款金额达到96万元，比新政实施前增长30万元。实施提取公积金支付购房首付款、多孩家庭贷款限额上浮惠民政策，全年办理提取公积金支付购房首付款业务339笔3612万元；办理多子女家庭购房贷款439笔4.68亿元。进一步简化、优化公积金租房提取政策，业务办理实现"零材料、无限额、自动审"，全年办理租房委提8278笔，9529万元，比上年分别增长7.8倍和13.2倍。

【人才公积金服务】 结合区"人才服务提升年"相关要求，"安宅臻享·优才乐居——人才公积金专项服务"被纳入区2023年十大人才服务实事项目，全年发放高层次人才贷款33笔，4673.5万元，比上年分别增长50%和58.5%，户均节约利息支出近32万元，减轻全球青年人才到苏、留苏安家置业的还贷压力。

（沈逸平）

编辑　张振雄

社会事务

人口家庭

【人口管理】 生育管理 2023年，吴中区落实三孩生育政策相关工作，全年累计办理生育登记服务1.19万件。新增备案托育机构7家，新建成市普惠托育机构3家、省普惠托育机构1家、市示范托育机构1家、省示范托育机构1家。截至年末，全区备案托育机构32家，每千人托位数3.52个。关爱计生特殊家庭，做好特殊家庭扶助金发放工作的同时，健全特殊家庭全方位帮扶保障制度。区卫健委获评2021—2023年全国生育友好工作先进单位。

户籍管理 2023年，吴中公安分局深化户籍制度改革，持续落实积分落户政策。推行"人才落户一件事"改革服务，通过精简办事材料、规范审批流程、延伸服务触角等措施，实现人才落户等相关事项"一窗受理"。深化"放管服"改革，牵头推进新生儿出生"一件事"改革，在全区所有窗口，实现新生儿办理出生证、出生申报、参保、防疫、母子健康手册一窗办结、全区覆盖。在全市推广工作调动、大中专院校录取学生、大中专学生毕业、夫妻投靠、父母投靠子女等户口迁移政策，无犯罪记录和户籍证明全国范围内跨省通办及新生儿入户长三角区域跨省（市）通办。组织开展无户口人员落户挂牌攻坚，会同区民政局开展捡拾弃婴落户"回头看"工作。全年户籍窗口累计受理出生申报2829人、办理市外迁入6389人、办理市县间迁入7522人、受理迁出9914人、辖区内移居3133人、受理居民身份证5.53万张、制发临时身份证7661张，发放港澳台居民居住证149人次，全区公安户籍窗口服务规范度、满意度排名全省前列。

流动人口管理 2023年，全区公安机关集中开展流动人口出租房攻坚行动，深入社区村组、居民小区、厂矿企业，特别是废弃闲置厂房、仓库、桥梁涵洞等部位，及时发现外来流动人口，逐一登记、查明情况、排查风险，做到"人来登记、人走注销"。截至年末，辖区实有流动人口99.72万人、居住房屋23.93万户、群租房1.8万户。全年累计登记流动人口55.83万人次、变更112.88万人次、注销58.8万人次；累计排查整改出租房治安隐患6088处，移交、抄告隐患2.69万处，制发居住证4.35万张。

出入境管理 2023年，吴中公安分局聚焦涉外治理体系、治理能力现代化建设，建立健全高校外国留学生管理、"三非"外国人（未经合法手续而在中国非法就业、非法入境和非法居留的外国人）治理、全流程服务和涉外风险隐患排查"四项机制"，逐步形成"政府牵头、公安主导、多方参与、共通共享"的公安涉外基层治理格局。全年共签发出国（境）证件4.38万件，比上年增长737%，其中护照2.15万件、往来港澳通行证2.07万件、往来台湾通行证431件、中华人民共和国出入境通行证38件、港澳居民来往内地通行证26件、五年期台胞证269件。推广国家移民管理局12项移民出入境便利政策措施，为海外高层次人才提供出入境与停居留便利。设立特殊服务窗口，不断优化窗口服务质态。全年共提供咨询服务6000余次、解决疑难杂症500余件，为境内外奔丧、老年人等特殊群体提供绿色通道服务20余人次。设立外国人来华工作联办专窗，为区外籍高层次人才提供便利服务。全年共为辖区外籍人员及家属办理居留证件500余件，助力提升全区营商环境。加大对出入境违法犯罪案件的查处力度，开展妨害国（边）境管理犯罪案件"獴猎2023"专项打击行动，严打组织他人偷越国（边）境、出售出入境证件等犯罪，全年办理行政案件28起、刑事案件4起，移诉11人，遣送出境非法就业、非法入境外国人5人。

收养登记 2023年，吴中区共办理收养登记3件。排查核实2009—2023年收养档案432件。

（何德友　叶浩昌　邹琪）

【婚姻管理】 婚姻登记 2023年，区婚姻登记处共办理结婚登记6851对，比上年增加1264对，增长22.6%，创2019年以来新高。男性结婚登记平均年龄为30.7岁，女性29.46岁，比上年分别推后0.29岁和0.32岁。男性初婚平均年龄为28.33岁、女性27.16岁，比上年分别推后0.19岁和0.18岁。男性再婚平均年龄为39.62岁、女性36.65岁。吴中区办理离婚登记1911对，比上年增加666对，增长53.5%，为2021年实施离婚冷静期以来最高。2023年，吴中区开展"跨省（市）通办""市域通办"婚姻登记，跨区域办件量4807件，其中跨省通办1679件、跨市通办1858件、跨区通办1270件，办理量位居全市第二。年内，完成婚姻登记机关规范化试点单位终期评估。

婚俗改革 2023年，区民政局建立"双向提升、多元融合"服务机制，构建"吴家有囍，幸福护航"的"1+3+14"区婚姻登记处主阵地，吴中区婚姻户外颁证基地（横泾）、吴中区婚姻户外颁证基地暨甪直水乡婚礼基地、吴中太湖婚俗文化基地（太湖结婚登记点）3个特色服务点，14个镇、街道服务点全域化服务模式。12月，吴中区通过江苏省首批婚俗改革试验区终期评估，获评江苏省第一批婚俗改革实验县（市、区）优秀单位。设立太湖结婚登记点，举办"爱载太湖　情满香山"活动。串联漫山岛、明月湾古村等历史文化资源，定制以"爱之旅蜜之约"为主题的3条"婚恋+文旅"线路。成立吴中太湖婚俗文化基地、婚庆产业联盟，提质升级"吃住行游购娱"全链条服务，做优"登记+颁证+轻量化婚礼"一站式服务，成为众多人轻量型婚礼首选地。推进镇级婚姻家庭服务工作站建设，打

2023年12月，吴中区获评江苏省第一批婚俗改革实验县（市、区）优秀单位　　　　　　陈春雷　摄

造"甪直镇新时代婚姻家庭服务工作站"，婚姻家庭服务向村（社区）延伸。以各站点为载体，多途径宣传倡导简约适度、积极健康、文明向上、创新便捷的婚俗新风。

【殡葬管理】　2023年，吴中区开展公墓管理领域专项整治，区政府办印发《进一步加强和规范公墓管理实施意见》，建立完善墓穴管理信息化系统，严格管控墓穴数量，公墓账务处理和资金收支等统一纳入苏州市吴中区农村集体"三资"云数据管理监督平台。推进光福林草地和公益性生态葬复合利用项目，胥口集中守灵中心完成提档升级，满足属地居民基本殡葬需求。强化清明祭扫安全保障，分解落实职责任务，清明期间全区43个公墓、骨灰堂（塔陵）共接待218.5万余人，车辆19.5万辆。持续推进散坟专项整治工作，成立专项工作领导小组，属地牵头、部门协同，排摸新增（改扩建）违规散坟383处，完成整改（签约）311处。　　　　　　（邹琪）

表35-1　2023年户籍户数、人口及变动情况统计表

项目	单位	2023年	2022年
一、年末户籍总户数	户	251001	241922
二、年末户籍总人口	人	783182	766597
#男性	人	378202	371956
女性	人	404980	394641
（1）18岁以下	人	147908	143425
（2）18~35岁	人	142680	145392
（3）35~60岁	人	300837	298536
（4）60岁以上	人	191757	179244
三、年平均人口	人	774890	759356
年末每户平均人口	人	3.12	3.17
四、年内出生人口	人	5842	6358
#女	人	2839	3097
出生率		7.54‰	8.37‰

续表

项目	单位	2023年	2022年
五、年内死亡人口	人	6048	4670
#女	人	2775	2193
死亡率		7.80‰	6.15‰
六、年自然增长人口	人	-206	1688
自然增长率		-0.27‰	2.22‰
七、年内迁入人口	人	19316	15416
#省外迁入	人	10977	8404
八、年内迁出人口	人	2170	1589
#迁往省外	人	1475	1005
九、人口平均期望寿命	岁	83.27	83.11
#男	岁	81.12	80.86
女	岁	85.44	85.40

（区统计局）

表35-2　2023年婚姻登记情况统计表

项目	单位	2023年	2022年
一、晚婚情况			
女性初婚人数	人	5301	4256
#23周岁以上	人	5025	3887
晚婚率		94.8%	91.3%
二、婚姻登记情况			
年内准予登记结婚数	对	6851	5587
年内申请离婚数	对	2946	1587
年内准予离婚数	对	1911	1245

（区统计局）

老龄事业

【概况】　截至2023年末，吴中区60周岁以上户籍老年人口19.25万，户籍人口老龄化比例24.55%；80周岁以上户籍老年人口2.82万，占老年人口比例14.65%。为应对人口老龄化，吴中区坚持以提供高质量基本养老服务为目标，持续推进以居家为基础、社区为依托、机构为补充、医养康养相融合的多层次养老服务体系建设，不断扩大和优化养老服务供给。2023年，吴中区获批首批省级示范性居家社区养老服务网络地区，区民政局获评苏州市养老服务先进集体。吴中区通过"全国智慧健康养老应用试点示范基地"3部委复核，吴中智慧科技养老生活体验馆获评江苏省第五批智慧健康养老示范体验馆。

【机构养老】　截至2023年末，全区建成并正常运营养老机构25家，其中区级社会福利中心1家、乡镇敬老院7家、民办养老机构17家（12家护理院、5家养老院），共建有养老机构床位5332张。全区在建或投用区域性养老服务中心共4家。甪直镇区域性养老服务中心开工建设，木渎镇项目完成养老机构备案，横泾街道项目所在的经发区与苏康养集团签订战略合作协议，胥口镇采香泾项目内部装修稳步推进。改建东山镇敬老院，扩建临湖镇敬老院，对外提供综合为老服务功能。推出全市首个喘息式托老所，提供"短期住养+喘息式"托养服务。加强养老机构消防安全管理，21家养老机构完成消防安全标准化管理达标创建。建立健全老年人综合能力评估制度，集中评估1015人，为精准开展养老服务和发放养老机构运营补贴提供依据。组织参加苏州市养老服务评优评先工作，获评养老服务先进个人2人、最美养老护理员2人、连锁品牌机构2家。

【社区养老】　截至2023年末，全区建成村（社区）老年人日间照料中心215家，丰富老人文体娱乐生活。重点打造一站式养联体区级示范样板，推出康养超市、幸福"事"集等多样化"家门口"养老服务。2023年,镇(街道)新建或改扩建综合为老服务中心10家,村(社区)日间照料中心14个,打造和源老年食堂、城南街道稻南国社区食堂等一批助餐服务设施,老年人助餐服务基本实现镇(街道)全覆盖。

【居家养老】 2023年,吴中区将老年人家庭适老化改造、特殊困难老年人智慧居家监测项目列为区政府民生实事项目。在甪直镇召开适老化改造工作现场会,宣传适老化改造政策,搭建政府企业对接、交流、合作平台,合力推动适老化改造民生实事项目落实落细。全年共完成适老化改造1104户,为826户特殊困难家庭安置烟感、紧急呼叫等智能居家监测设备,新建家庭养老照护床位10张,提升居家老年人特别是独居、失能老年人居家生活的便利性、安全性和舒适性,助力实现"原居安老"。全年累计发放尊老金9514.78万元,惠及老人170.50万人次。依托老年人近亲属、村社区志愿者做好123名高龄困难老年人日常探访和困难关爱工作。

【为老助餐服务】 2023年,吴中区聚焦空巢、独居、高龄、困难老年人吃饭难的民生难题,推进为老助餐服务。印发《关于进一步规范老年人助餐服务实施方案》,区级层面统一助餐补贴对象、补贴类别和补贴标准,引导社会力量参与助餐服务。上线区级助餐服务信息化管理平台、智慧助餐小程序,实现助餐服务全流程系统化管理。截至2023年末,吴中区共有老年助餐点206个、中央厨房或其他集中供餐设施13个、老年食堂6个,日均供餐能力达1.27万份,全年助餐服务惠及106万余人次。

【老博会】 10月21日,2023年吴中区九九重阳节系列活动暨吴中区养老服务金秋博览会开幕。作为首个区(县)级老博会,以"颐养吴中 享老吴优"为主题,为期4天,采取"一展一会""常驻服务+临时展位""资源共享与功能再造"等形式,共设置互动"打卡"、智慧养老、健康养老、旅居摄影、颐养生活等10个展区,展出规模1万平方米。参与单位共有30余家,参展项目(产品)有150余个。博览会聚焦"品牌化、数字化、适用性、可及性",助力养老产商交流合作,倡导居民沉浸式体验、乐享养老新理念、新方式、新生活。

(邹琪)

2023年11月,吴中区获批首批省级示范性居家社区养老服务网络地区

区民政局 供稿

关心下一代工作

【概况】 2023年,苏州市吴中区关心下一代工作委员会(简称"区关工委")有镇(街道)关工委14个,村(社居)关工委206个,区政法、教育、农业、民企等系统关工委4个。全区有2000余名"五老"(老干部、老战士、老专家、老教师、老劳模)志愿者参与关心下一代工作。全区设立省关工委《关心下一代周报》小记者站18个,有小记者1303人。

【"五心"教育实践活动】 2023年,区关工委根据上级下发的《在全市青少年学生中开展"五心"教育实践活动的实施方案》,以"心怀梦想、心想成才、心有文明、心愿劳动、心系苏州"为主要内容,开展"'五老'进校园共学二十大"活动及党的二十大精神优秀讲稿、示范宣讲微视频征集评选活动,参加省关工委办公室等部门联合举办的"我是强国小主人"主题征稿活动、市"老少心向党、奋斗新征程"优秀讲稿征集活动。2023年,全区开展演讲、征文、寻访等活动188次,参加主题教育各类活动的青少年5.55万人,共组织党史报告进校园宣讲115场次,听讲2.61万人次,宣讲员128人,编写材料168篇。

【校外教育辅导站建设】 截至2023年末,吴中区共有校外教育辅导站(点)260个,其中区级总站1个、镇(街道)级中心站14个、村(社居)辅导站209个、自然村分站和家庭辅导点36个。建立校站结合机制的基层校外教育辅导站118个。2023年,区关工委校外教育辅导站工作现场推进会召开。全年各校外教育辅导站(点)举办活动2601场次,辅导学生7.5231万人次,参加辅导的"五老"志愿者744人、社会志愿者882人。

【未成年人关爱】 2023年，区关工委开展普法教育，从源头和思想上强化青少年对法律的认识，共开展法治教育宣讲146场次，听讲人数5.13万人。区关工委共扶助困难青少年445人，共有24名学生获省"冰凌花"奖学金，10名学生获"省关心下一代基金会新一轮年度助学计划"助学金，筹集助学帮困资金90.62万元。

（陈加勇）

区划地名管理

【概况】 2023年，区民政局对"虎吴线""吴园线"进行实地踏勘，开展"虎吴线""吴园线"平安边界联检工作，完成"虎吴线""吴园线"毗邻双方政府联检检查报告。完成辖区内有地无名的城乡道路、街巷的命名75条，完成全年任务的129.31%。

【乡村著名行动】 2023年，吴中区开展"乡村著名行动"，规范管理服务，推动吴中地名从"无名"到"著名"。截至年末，统筹协调跨区域、跨行业、跨部门资源，组织市、区两级地名专家、文史学者、村干部累计完成地名规划编制314条。全年梳理地名故事、地名文化、地名资源，获评3个省级、49个市级、86个区级地名文化遗产。培育"地名+乡村振兴"服务品牌，为地名标牌添加二维码，在百度、高德地图"点亮"地名信息，累计国家地名信息库质量行动信息采集地名上图19925条，国家地名信息库入库1026条。方便商贸流通、快递进村、游客"打卡"，畅通乡村微循环。打造林渡陶庐、遇见卢浮宫、岱心湾大桥等热门"打卡"点以及香雪海观梅、园博园看花、金庭民宿观日落等地名文化景观集群，开辟环太湖特色地名、传统村落地名、田园乡村地名等多条特色地名旅游线路，构成"亮点在乡村、厚度在吴中"的全域地名旅游发展格局。持续组织开展"红色地名"征集宣传工作，挖掘红色地名资源，巩固党史学习成果，获评4个市级红色地名。（邹琪）

表35-3 2023年吴中区新命名街路巷一览表

序号	名称	地理位置（起讫点）
1	大厍路	位于甪直镇富丽新村以北，起点为淞苑路、止点为淞甫路
2	琵琶泉巷	位于甪直镇富丽新村西侧，起点为新淞路、止点为大厍路
3	柳映路	位于甪直镇吴淞路以东，起点为甫西路、止点为无名道路（地名规划方案名"宝座东路"）
4	忠甫街	位于甪直镇甫西路以北，起点为柳映路、止点为吴淞路
5	司徒庙街	位于光福镇司徒庙（地处青芝山路以西）南侧，起点为无名道路（地名规划方案名"费家头巷"）、止点为福湖路
6	绮里巷	位于金庭镇大如意圣境（景点，俗称，下同）西侧，起点为大如意圣境、止点为夫椒山路
7	娄里街	位于郭巷街道独墅湖西星辰花园以东，起点为斜港路、止点为东方大道
8	繁丰路	将"繁丰路"指称道路起点调整为孙武路。经调整后，"繁丰路"指称道路起点为孙武路、止点为藏胥路
9	西姑街	位于胥口镇萃庭北侧，起点为苏州太湖水域联勤指挥中心、止点为孙武路
10	外塘路	将香山街道、胥口镇区域的"外塘路"指称道路起点调整为香山街道胥香路。经调整后，"外塘路"指称道路跨香山街道、胥口镇区域，起点为香山街道胥香路、止点为胥口镇陈华路
11	前村街	位于城南街道盛兴路北，起点为田上江路、止点为无名道路（地名规划方案名"大龙港路"）
12	金珺路	位于城南街道大龙港以西，起点为鲇鱼口路、止点为文溪东路向东延伸段（未命名、地名规划方案名"文溪东路"）
13	水清街	位于越溪街道张桥月季公园以西，起点为创高路、止点为张桥村路
14	菱渎庙弄	位于横泾街道田居路北，起点为西林渡巷、止点为生烟弄
15	古杏弄	位于横泾街道尧太河（未命名、水利部门指称名称）西，起点为田居路、止点为菱渎庙弄
16	古庙弄	位于横泾街道古杏弄西，起点为田居路、止点为菱渎庙弄
17	生烟弄	位于横泾街道古庙弄西，起点为田居路、止点为菱渎庙弄
18	谭家浜路	位于横泾街道中兴路南，起点为苏旺路、止点为上林路
19	新众村路	位于横泾街道尧太河路东，起点为谭家浜路、止点为中兴路
20	北淑堂弄	位于横泾街道东林渡巷北，起点为苏旺路、止点为烧酒弄
21	毛家浜弄	位于横泾街道苏旺路西，起点为林渡港（河道，未命名、河长制公示牌指称名称）、止点为泾南路
22	吴兴桥弄	位于横泾街道苏旺路西，起点为田居路、止点为东林渡巷
23	酒坊弄	位于横泾街道苏旺路西，起点为东林渡巷、止点为北淑堂弄
24	烧酒弄	位于横泾街道酒坊弄西，起点为北淑堂弄、止点为泾南路
25	醉乡弄	位于横泾街道吴兴桥弄西，起点为田居路北侧农田、止点为林渡港（河道，未命名、河长制公示牌指称名称）

续表

序号	名称	地理位置（起讫点）
26	北蒋家台弄	位于横泾街道东林渡巷南，起点为吴兴桥弄、止点为新建道路（未命名、地名规划方案名"涨秋弄"）
27	南蒋家台弄	位于横泾街道田居路北，起点为新建道路（未命名、地名规划方案名"薄暮弄"）、止点为新建道路（未命名、地名规划方案名"涨秋弄"）
28	韩家场弄	位于横泾街道东林渡巷北，起点为上泽巷、止点为东林渡巷北侧鱼塘
29	法音庵弄	位于横泾街道东林渡巷北，起点为酒坊弄、止点为上泽巷
30	徐家场弄	位于横泾街道东林渡巷南，起点为苏旺路、止点为吴兴桥弄
31	泾康路	经调整后，"泾康路"指称道路跨太湖街道、横泾街道区域，起点为太湖街道苏旺路、止点为横泾街道木东公路
32	薄暮弄	位于横泾街道苏旺路西，起点为田居路、止点为北蒋家台弄
33	归鸭弄	位于横泾街道薄暮弄西，起点为田居路、止点为上泽巷
34	涨秋弄	位于横泾街道归鸭弄西，起点为田居路、止点为北蒋家台弄
35	田野弄	位于横泾街道水绿弄东，起点为田居路、止点为林渡港（河道，未命名、河长制公示牌指称名称）
36	水绿弄	位于横泾街道田野弄西，起点为田居路、止点为东林渡巷
37	南申港路	位于郭巷街道新建道路（未命名、地名规划方案名"钱家桥路"，下同）西，起点为规划道路（未命名、地名规划方案名"赭墩湖路"，下同）、止点为尹南路
38	沈家湾路	位于郭巷街道新建道路东，起点为规划道路、止点为尹南路
39	小浮桥巷	位于郭巷街道悦景水湾华庭西侧，起点为清禾路、止点为尹安路
40	南塘街	位于香山街道香山路西，起点为南塘花园、止点为北塘路
41	俞家桥街	位于香山街道丰庆路东，起点为嗣祥路、止点为新建道路（未命名、地名规划方案名"其昌路"）
42	官庄路	位于东山镇东山大道北，起点为葛家浃路、止点为银湖路
43	南竹坞巷	位于木渎镇松海路东，起点为朱买臣路、止点为规划道路（未命名、地名规划方案名"仰家村巷"）
44	金耀巷	位于木渎镇金耀新村东侧，起点为中山西路、止点为无名道路（地名规划方案名"望月巷"）
45	重才路	经调整后，道路位于临湖镇金家堂路以南，起点为浦镇街、止点为金家堂河东岸
46	采荣路	位于临湖镇采富路北，起点为苏州源满鑫新材料有限公司、止点为采兴路
47	竹村巷	位于临湖镇腾飞路南，起点为黄墅巷（暂名）、止点为柳商贤巷（暂名）
48	桑畦巷	位于临湖镇竹村巷南，起点为迎宾路、止点为灵湖村吴舍（14）黄墅村30号民宅
49	黄墅巷	位于临湖镇迎宾路西，起点为桑畦巷、止点为腾飞路
50	柳商贤巷	位于临湖镇黄墅巷西，起点为桑畦巷、止点为菱湖渚路
51	绿芜庄巷	位于临湖镇腾飞路北，起点为灵湖村路（暂名）、止点为灵湖村吴舍（5）西塘16号民宅
52	质卿巷	位于临湖镇绿芜庄巷北，起点为灵湖村路（暂名）、止点为无名道路
53	灵湖村路	位于临湖镇迎宾路东，起点为绿芜庄巷、止点为苏州太湖园博园
54	林郎巷	位于临湖镇菱湖渚路南，起点为迎宾路、止点为柳商贤巷
55	沈仪文巷	位于临湖镇菱湖渚路北，起点为灵湖村路、止点为灵湖村吴舍（10）吴舍218号民宅
56	陆步庄巷	位于临湖镇湖柳路西，起点为腾飞路、止点为东塘河（未命名、水利部门指称名称）
57	南沙路	经调整后，道路位于甪直镇柯福路以北，起点为界浦港（水利部门水系图指称名称）西侧绿地、止点为吴淞路东侧空地
58	泥河田路	位于城南街道朗月滨河雅苑北侧，起点为迎春南路、止点为宝丰路
59	金宝街	位于城南街道春映雅苑北侧，起点为迎春南路、止点为宝丰路
60	文奎街	位于太湖街道天鹅荡路北，起点为龙翔路、止点为天鹅荡路
61	景周街	位于太湖街道五湖路南，起点为溪霞路、止点为箭浮山路
62	东苑巷	位于长桥街道苏苑街北，起点为东苑路、止点为东吴北路
63	宝雅巷	位于长桥街道宝雅苑西侧，起点为宝带东路、止点为无名道路（地名规划方案名"县前路"）
64	佳运路	位于长桥街道佳运花园西侧，起点为新塘桥、止点为太湖西路

续表

序号	名称	地理位置（起讫点）
65	三山岛路	位于东山镇三山岛（未命名，《苏州市吴文化地名保护名录》指称名称，下同），起点为三峰寺巷（暂名）、止点为小姑山路（暂名）
66	小姑山路	位于东山镇三山岛，起点为无名桥梁[位于桥头浜（河道，未命名，水利部门指称名称），下同]、止点为太湖大讲堂
67	荷花江巷	位于东山镇三山岛，起点为小姑山路、止点为三山岛路
68	三峰寺巷	位于东山镇三山岛，起点为三山岛路、止点为无名桥梁
69	蒋东街	位于金庭镇蒋东村空地[位于文化江（未命名、河长制公示牌指称名称）南侧]南，起点为元山街、止点为无名道路
70	府巷街	位于光福镇福东路东，起点为查山路、止点为规划道路（未命名、地名规划方案名"香雪海路"）
71	胜巷上街	位于光福镇龙山南路西，起点为查山路、止点为北沟河（未命名、水利部门指称名称）
72	斜港路	经调整后，道路位于郭巷街道苏申外港（水利部门水系图指称名称）以北，起点为规划道路（未命名、地名规划方案名"鸿商街"），止点为通达路
73	德宜路	位于郭巷街道水映汀兰雅苑东，起点为规划道路（未命名、地名规划方案名"嘉兰街"）、止点为东方大道
74	美初路	位于郭巷街道水映汀兰雅苑北侧，起点为德宜路、止点为东环南路
75	曹村街	位于郭巷街道独墅岛花园西，起点为独墅岛街、止点为东方大道
76	赵家渠巷	位于横泾街道赵家河（未命名、水利部门指称名称）东，起点为苏东运河（未命名、水利部门指称名称）、止点为木东公路
77	采香泾路	位于胥口镇茅蓬路南，起点为石中路、止点为藏中路
78	建丰路	位于胥口镇石胥路西，起点为茅蓬路、止点为繁丰路
79	风华巷	位于长桥街道江苏省吴中实验小学西侧，起点为长兴街、止点为宝带西路
80	高泾巷	位于长桥街道盘蠡路西，起点为宝带西路、止点为九曲港（河道，未命名、水利部门指称名称）
81	通文街	位于长桥街道苏州外国语学校（吴中校区）东侧，起点为先锋路、止点为石湖西路
82	文曲巷	位于长桥街道冬青路西，起点为新建道路（未命名、地名规划方案名"盛村街"）、止点为文曲路
83	逸居巷	位于长桥街道公园巷东，起点为吴中东路、止点为苏苑街

（区民政局）

社区建设

【概况】 2023年，吴中区做好城乡社区优化调整工作，制定社区中长期规划，全年共撤销1个社区、新设立7个社区，调整7个村、26个社区管辖范围，合理优化城乡社区规模。其中，香山街道撤销香山花园社区居民委员会，调整4个村民委员会、6个社区居民委员会管辖范围；胥口镇新设立胥湖、胥塘社区居民委员会，调整2个村民委员会、1个社区居民委员会管辖范围；郭巷街道设立湖韵、湖逸、丽湖社区居民委员会，调整6个社区居民委员会管辖范围；城南街道设立梓桐社区居民委员会，调整10个社区居民委员会管辖范围；横泾街道设立泾东社区居民委员会，调整1个村民委员会、3个社区居民委员会管辖范围。

【五社融治】 五社融治是指吴中区坚持主体融合、资源融聚、机制融通、阵地融享、数据融汇，深挖五社（社区、社会组织、社会工作者、社区志愿者、社会慈善资源）潜能，通过多元主体"融治理"的创新实践，走出社会治理现代化新路径。《群众》杂志2023年第13期刊载《苏州市吴中区："融治理"走出社会治理现代化新路径》。"吴中区深化'五社融合'，走好基层治理'共议融治'之路"项目获江苏基层社会治理创新成果提名奖。发布"'四敢'争先 吴社有为"党建高质量发展行动计划，重点开展社会组织堡垒筑强行动、社区"红色细胞"激活行动、"红帆起航无忧保障"行动、培育"双争双品示范"行动、产业创新集群赋能行动、"红社志愿服务"深化行动"六项行动"。设立吴社先锋会客厅，推行"支部建在社工站上"，成立"公益先锋"社会组织行动支部，打造14个社工站党建品牌、服务品牌"一站双品"矩阵。太湖街道获评江苏省智慧社区建设特色应用试点单位，甪直镇获评全省"五社联动"机制创新试点单位，东山镇社会工作项目获评江苏省优秀社会工作案例。

【社工人才培养】 2023年，区民政局开展国际社工日系列宣传活动、社工站专项督导提升计划、持证社工激励政策落实等一系列工作，社工报考人数首次破千，322人通过考试，比上年增长200%。设立民政部社会工作专业人才培训基地吴中实践点，引入江苏师范大学、苏州大学等社工领域专家智库支持，全年组织圆桌论坛、主题沙龙、项目路演、项目接洽30余场次，不断提升社工的专业化、职业化水平。6月，承办全国城乡社区治理宣传工作暨推进基层治理体系和治理能力现代化建设培训班。4名本土社会工作人才先进事迹获评市级最佳红社故事。（邹琪）

社会组织管理

【概况】 截至2023年末，全区注册登记各类社会组织474个，其中社团233个、民办非企业单位239个、基金会2个；区民政局登记备案的城市社区社会组织1936个，农村社区社会组织575个。2023年，新成立登记社会组织共25个，注销社会组织9个，变更社会组织68个。

【社会组织监管】 2023年，吴中社会组织年检应检446个，参检411个，参检率92.2%，全区共有等级社会组织339个，占比71.5%。"双随机"抽查30个社会组织，对行业协会商会开展自查自纠等监督管理。把11个未按时参加年检的社会组织列入苏州市吴中区社会组织活动异常名录库。召开社会组织管理工作联席会议，加强与公安、统战、网信等部门联动，完善打击非法社会组织行动协调机制，开展打击整治非法社会组织专项行动。

【社会组织培育】 通过政府采购、公益创投、内生挖掘，引入成熟型、枢纽型社会组织，培育本土型社会组织，延长政府在基层的"服务臂展"，截至2023年末，累计扶持培育入驻社会组织104个，其中孵化本土特色公益组织42个。打造吴社先锋会客厅，邀请社会组织专家学者、一线基层工作者轮值做客，开展增能培训、公益沙龙、项目指导等一系列活动36场次。长桥街道获评苏州市社区社会组织观察点。

【社会组织作用发挥】 2023年，区民政局推进实施党建引领千社联万家助力乡村振兴专项行动，推动7家社会组织结对挂钩7个乡村振兴帮促村，开展结对帮扶项目，满足群众养老、教育、文化、产业等多样化帮扶需求。吴中区社会组织服务中心党建阵地被省民政厅评为2023年度全省社会组织党建工作示范点。打造吴中区五社融合创新空间，获评苏州市首批社会组织品牌展示空间。（邹琪）

社会矛盾预防和化解

【概况】 2023年，区信访局始终把"事要解决"作为信访工作的出发点和落脚点，统筹抓好源头治理、重点攻坚、风险防范等工作。全年共受理信访总量3407件（批）次，比上年上升35.3%。其中，来信301件次，比上年上升80.2%；来访541件次、1271人次，比上年件次上升44.3%、人次上升67.2%；网上信访2270件次，比上年上升40.9%；领导信箱信件197件次，比上年下降14.7%；电话信访98件次，比上年下降26.9%。另收到复查申请48件次。

【领导接访下访】 2023年，按照党政领导干部定期接待群众来访工作要求，结合区"社情民意联系日"活动，规划落实接访下访任务。区党政领导通过重点约访、专题会办、带案下访等方式，积极回应群众关切，会商疑难信访事项182次，协调推动问题解决。其中，区委、区政府主要领导解决重点事项12件，带案接访，组织会商，协调推动解决；其他领导按照职能对接中央信访工作联席办交办的重复信访事项包案，压实部门和属地责任。

【信访重点攻坚】 2023年，区信访局聚焦中央信访工作联席会议办公室交办重复信访事项，对于第一、第二批251件巩固化解稳定成果，对于第三批62件落实领导包案责任和属事属地办理责任，按照"三到位一处理"要求进行集中攻坚，化解稳定率100%。围绕信访问题突出的房地产、劳动社保、涉法涉诉等重点领域，开展重点领域专项攻坚行动，通过专题协调、专班推进、分类施策，部门和属地合力推进，重点领域信访量同比实现下降。发挥区、镇（街道）两级信访联席会议机制作用，抓好突出问题调处，组织跨部门、跨地区重点难点信访事项会办80余次，组建工作组赴盐城、泰州、安徽、陕西等地联系协调跨省、市信访事项，形成化解合力。

【信访问题源头治理】 2023年，区信访局建立健全信访接待与矛盾调处对接机制，为群众提供矛盾纠纷调解、法律咨询、法律援助、信访接待等"一站式"服务，从源头预防减少信访问题发生。运用控增量、减存量、防变量"三张清单"，落实初次信访接诉即办、首接首办、办结审核等工作责任，同时发挥好复查在审核把关上的作用，持续提升信访工作规范化水平，群众满意率和初次信访一次性化解率稳步提升。

【信访业务标准化建设】 2023年，区信访局开展《信访工作条例》落实年活动，深入学习宣传贯彻落实条例，广泛引导群众依法逐级理性表达诉求，全流程跟踪信访事项登记、转交办、受理、办理、复查等各环节，及时受理率、按期答复率、标准化率保持100%。提升信访干部综合能力，举办全区信访干部能力提升培训班，参与省、市业务工作规范培训，专题学习

《民法典》《信访工作条例》《江苏省信访条例》等理论知识，强化思想理论武装、提升综合能力水平。

（龚淑娟）

退役军人事务

【移交安置】 2023年，吴中区按照积分确认、公开积分、公开岗位、公开选岗等流程接收安置军休干部、军转干部及符合政府安排工作的退役士兵，岗位安置率100%；转业干部公务员（参公）安置比例100%；转业士官事业单位安置率在39%以上。发放自主就业退役士兵一次性经济补助金共2922.1万元。

【退役军人就业创业服务管理】 2023年，区退役军人事务局搭建退役士兵和企业之间平台，举办退役军人专场招聘会2场，共组织32家企业，提供600余个岗位，有52名退役士兵与企业达成就业意向。组织16名退役士兵参加苏州市轨交公司专场对接会。协调多部门，开展定向招聘，放宽招录条件。全年组织退役士兵参加适应性培训、技能培训、学历教育培训和个性化培训358人次，拨付培训经费167万余元。

【军休服务】 2023年，区退役军人事务局围绕落实军休干部"两个待遇"的中心，贯彻落实新修订的《军队离休退休干部服务管理办法》，开展"五共"军休服务举措，围绕改善服务环境、丰富服务内容、提升服务品质，逐步形成军休特色军旅文化+文旅特色品牌。抓好军休所机构建设，完成军休所改造搬迁，设置服务台、接待室、"军休之家"、"老兵驿站"、图书室、医疗室、健身室、档案室、党建会议室、多功能大厅等场所，提升军休保障能力。组织军休干部参加苏州市首届军休干部钓鱼比赛、掼蛋比赛和银耀之声歌唱比赛，联合木渎文旅集团、藏书社区开展"弘扬传统文化、欢度冬至佳节"主题活动。

【褒扬纪念】 2023年，区退役军人事务局结合清明节、"9·30"公祭日等时间节点，开展烈士祭扫、红色宣讲等纪念活动，缅怀革命先烈，弘扬英烈精神。开展退役军人红色档案抢救性记录保护行动，完成人员摸排及1个口述历史视频拍摄。开展"致敬英雄 关爱烈属——圆梦微心愿"走访慰问活动，为26名烈士遗属完成微心愿。区烈士陵园被区委组织部评选为"海棠花红"党建阵地。年度立功受奖人数51人，其中三等功22人、"优秀士兵"29人，为22名立功受奖现役军人家庭送喜报，共发放立功奖励金26.76万元。

【优待抚恤】 2022年，区退役军人事务局完成抚恤补助资金的清算和年度资金预拨任务，按照自然增长机制及时调整优抚标准，按时发放各类抚恤、优待、补助经费。年度资金拨付4746.31万元，其中抚恤补助资金2882.47万元、优待资金1863.84万元。完成127名重点优抚对象短期疗养、10名残疾军人伤残辅助器具申请，完成1576名优抚对象年度确认及80份新增优抚对象材料审核工作。为全区现役和退役军人、其他优抚对象及吴中籍现役军人购买"惠军保"，投入78.55万元；协助完成"惠军保"保险理赔工作，提供身份证明100份。携手浙商银行苏州分行开展共建送温暖活动，慰问帮扶困难退役军人。完成13个A级旅游景区优待服务项目系统信息录入。

（董雨）

编辑　张振雄

公共安全

防灾减灾

【第一次自然灾害综合风险普查】 2023年，区应急管理局配合上级部门做好自然灾害风险评估与区划任务，完成省级评估区划报告两次核查工作，完成吴中区自然灾害综合风险评估与区划权重打分工作，完成国家级事后抽检工作。按照国务院普查办总结报告大纲要求，融合普查各重点行业部门调查成果编制完成《吴中第一次全国自然灾害综合风险普查总结报告》。5月，吴中第一次全国自然灾害综合风险普查（应急系统）项目通过专家评审。

【自然灾害风险形势分析】 2023年，结合吴中区实际，区减灾委办公室印发《2023年吴中区减灾委员会工作要点》，明确区减灾委工作目标和重点工作。联合区水务、农业农村、资源规划、气象等部门完善灾情会商研判制度，科学预判自然灾害发生趋势，印发《2023年一季度全区自然灾害风险形势分析报告》《2023年二季度全区自然灾害风险形势分析报告》《夏季自然灾害领域风险研判分析》《2023年四季度全区自然灾害风险形势分析报告》，做好低温雨雪冰冻天气防范应对每日调度和自然灾害防范应对各项工作。

【自然灾害灾情管理】 2023年，区减灾委关注气象预警信息，加强与气象部门开展会商研判，借助网站、广播、微信、短信等多种手段，及时推送发布气象灾害预警提示，督促群众主动防范自然灾害。全年共发布气象灾害应对工作提示单28次，联合区气象局发布提醒信息12条、短信2.13万条。

【自然灾害人力保障】 2023年，区减灾委强化四级灾害信息员队伍建设，将灾害信息员队伍延伸至自然村（小区），在每个自然村（小区）设置1名专兼职灾害信息员，协助村（社区）灾害信息员开展工作，确保第一时间提供基本灾害信息。截至年末，区、镇、村、自然村（小区）四级灾害信息员共计1710人，并实行AB角制度。围绕灾情报送、救灾重点和政策解读等内容，组织各开发区、镇（街道）和村（社区）200余名灾害信息员参加灾害信息管理综合能力提升培训班。组织开展2023年吴中区防灾减灾宣传周启动仪式暨太湖湾实验小学地震应急疏散演练，并通过"线上+线下"双向发力，在全区范围开展系列活动。加强示范引领，推进香山街道蒋墩社区"全国综合减灾示范社区"创建工作，7月28日通过省减灾办验收。

（李帅）

【防汛防旱防台】 2023年，区水务局完成《吴中区河网水系及防洪排涝规划》并获得区政府批复。新改建防洪闸13座、排涝站9座，圩堤加高加固7.2千米。开展环太湖大堤日常巡查3030人次。组织各地开展汛前、汛后大检查，落实险工隐患安全度汛措施，全年完成防汛重点隐患消除30项。立足防大汛、抗大旱、抢大险、救大灾，印发《2023年防汛抗旱工作任务清单》，落实防汛工作地方行政首长负责制，向社会公告防汛抗旱、防台风、城市防洪及大江大河防汛责任人，落实汛期24小时值班和领导带班制度。汛期应急采购防汛沙袋2万只，落实抢险队伍152支4318人，征集抢险专家团队11人，修订完善防汛抗旱预案和调度方案。开展防汛物资排查清点和整治行动，消除账实不符问题，推进"到期报废"等制度落实。全区遭遇9轮连续强降雨、2次台风影响，汛期太湖最高洪水位3.69米（2023.7.23），最大小时降雨量100.7毫米（2023.7.16太湖街道），共有191处影响较大的积水易淹隐患点。全年启动防汛防台Ⅲ级响应1次、Ⅳ级响应1次，执行引江济太等太湖口门调度指令4次，环太湖水闸启闭900余次。密切关注每次雨情，做好预警预报和防范指导，保障各地开展台风"卡努""杜苏芮"防御前置应对工作，及时提供指挥调度保障和决策信息支持。跟踪调度全区积水隐患点整治，疏通管护消除149处，落实工程改造42处（完成24处、处于施工阶段6处、处于前期阶段12处）。

（安文静）

【地质灾害防范】 2023年，吴中区强化汛期地质灾害防范体系，强化隐患排查预警体系。立足全市地灾隐患主要集中区域实际，制定全区地灾防治方案及巡查报告，建立区、镇、村三级群测群防巡查监测网络，严格汛前排查、汛中巡查、汛后核查"三查"制度。梅雨期间，组织日常巡查100余次，发现木渎镇万禄山、金庭马村宕口等重要地质灾害隐患点并完成应急处置。强化地灾治理处置体系，注重地灾隐患工程项目治理，通过削坡减载、锚杆格构、张拉防护网等举措，2021—2023年间完成金庭保升犬业有限公司、南旺山、尧峰山等地灾隐患点治理工程，治理面积4.38万平方米，投入资金3578万元。2023年，推动光福镇下绞矿治理工程。

（吴中信息）

消防安全

【概况】 2023年，吴中区共发生火灾485起（含户外电气），造成2人死亡、4人受伤，直接财产损失约1270万元。比上年火灾起数上升10.7%，死亡人数持平，受伤人数下降20%，直接财产损失下降8.3%。吴中消防救援队伍共接处警3405起，出动人员3.89万人次，出动车辆7606车次，抢救人员80人，疏散遇险人员70人，抢救财产价值2亿余元。完成两会以及杭州亚运会、亚残运会等重大消防安保任务,成功处置台风"杜苏芮"、防汛排涝等一系列急难险重任务。长桥消防站被评为全省消防救援队伍示范基层党组织和基层建设先进消防救援站。

【消防安全监管】 2023年,吴中消防救援大队落实镇(街道)消防安全职责"双备案"制度,每季度召开消防安全委员会联席会议、下发季度通报,推动板块、部门消防工作责任落实,探索破解消防治理末端虚化空转难题。联合区安委办、区委编办、吴中公安分局、区应急管理局、消防安全专项治理机制领导小组办公室下发《关于加强镇(街道)安全生产和消防监管能力建设的实施意见》,健全组织结构,明确人员配备,夯实基层基础。深化区综合指挥中心网格化社会治理信息平台消防管理模块应用,通过联动指挥平台下达消防专项指令,处理涉及消防安全事项1000余条。出台重点单位积分管理办法,开发重点单位积分管理系统,每月公示单位排名,倒逼社会单位落实主体责任。

【火灾隐患治理】 2023年,吴中消防救援大队以"生命至上,隐患必除"消防安全大排查大整治专项行动为抓手,梯次开展大型商业综合体、高层建筑、燃气、劳动密集型企业、中小旅馆等领域治理,突出电竞酒店、密室逃脱、剧本杀等新兴领域火灾隐患整治,强化每周通报、随机督查、跟踪督办等工作机制。借力省委巡视机会,推动"群租房""三合一"场所、厂中厂隐患的整治力度,全力攻坚历史遗留区域性火灾隐患,8处区域性火灾隐患销案。以火灾事故调查问责为切入口,对40起火灾做出处理。全年累计检查单位2525家,督促整改火灾隐患和违法行为2882处,联合吴中公安分局拘留2人。 (方芳)

【危化企业消防安全治理】 2023年,吴中消防救援大队与区应急管理局落实"消地协作"联合监管机制,以3家重大危险源企业为重点,在全区危化企业中开展消防安全大排查大整治,落实14个方面排查内容,全区17家危化企业及5家原料药制造企业自查发现9项隐患,在消防安全专项执法行动中,共发现消防隐患7项。市区两级分别对一、二级及四级重大危险源企业开展深度检查指导,督促重大危险源企业完成两次交叉检查中各级检查发现的226项隐患整改闭环工作。组织专家对3家重大危险源企业风险辨识、管控措施和责任清单开展"三清单"打分评估,督促企业落实风险管控及隐患排查工作。 (李帅)

【消防设施建设】 2023年,区政府审议通过《吴中区"十四五"消防规划》《各镇(区、街道)和消安委成员单位消防工作任务清单》。区领导专题调研消防站建设3次,推动落实消防站建设。城南消防站投入执勤,横泾消防站开工建设,临湖、胥口消防站完成选址,藏书天池村卫星消防站投入使用,实现城市、镇、村(社区)三级消防力量的全面覆盖。推动技防设施服务民生工程,推广安装独立式感烟火灾探测报警器2630个、简易喷淋286套、电动自行车智能集中充电设施268处,为全区社会发展营造安全稳定的消防安全环境。

【消防宣传】 2023年,吴中消防救援大队深化消防宣传,打造585路消防主题公交专列,累计开放科普教育基地和消防体验点960余次。面向住宅小区、人员密集场所,以宣传车打造"流动型"宣传阵地,覆盖受众3.7万余人,人员密集场所火灾总量比上年下降40%。依托"安全生产月""消防宣传月",联合团区委、区教育局分别举办"吴微不至"青年成长沙龙活动、"小小消防梦"暑期嘉年华、"我是小小消防员"绘画作文征集、"火焰蓝杯"中小学消防运动会、高校趣味消防知识竞赛等系列活动,扩大消防宣传覆盖面。参与编撰《消防安全宣传教育培训工作指南(试行)》,在全省火灾防控现场会上交流。 (方芳)

安全生产监督

【概况】 2023年,吴中区共发生生

2023年9月20日,2023年苏州市较大以上生产安全事故应急救援综合演练在吴中区举办　　　　　　　　　　区应急管理局　供稿

产安全事故5起，死亡5人，比上年分别减少2起、1人，分别下降28.6%和16.7%，未发生较大及以上事故。其中，工矿商贸领域发生事故4起、死亡4人，比上年事故起数和死亡人数分别持平和减少1人，分别持平和下降20%；道路运输领域发生事故1起、死亡1人，比上年事故起数和死亡人数分别减少2起和持平，分别下降66.7%和持平。

【安全生产专项整治】 区应急管理局根据各行业领域实际情况，紧盯"四个一批"治理目标，紧盯关键环节、突出问题开展精准治理，实现"从根本消除事故隐患""从根本上解决问题"。2023年，共计推动关闭退出安全生产基础薄弱、风险隐患突出、经济效益低下、不具备发展前景的金属铸造企业2家、重点有限空间企业4家、粉尘涉爆企业4家、危化品使用和储存企业8家；推动1家金属铸造企业升级改造，实现自动化导轨运输铁水包，压降危险岗位工作人员数量。15家金属冶炼企业完成"二道门"建设，实现有效管控人员，降低安全风险。

【重点行业领域安全生产风险专项整治巩固提升年行动】 制定全区《重点行业领域安全生产风险专项整治巩固提升年行动方案》，聚焦14个重点行业领域、22项重点整治内容，统筹推进安全生产风险专项整治。全年累计派出检查组1011个，检查企业单位6284家次，推动问题隐患整改8178项。

【重大事故隐患专项排查整治行动】 2023年，区应急管理局印发《全区重大事故隐患专项排查整治行动实施方案》，分别召开区安委办主任（扩大）会议暨全区重大事故隐患专项排查整治行动工作推进会议、区安委会全体成员（扩大）会议暨全区重大事故隐患专项排查整治行动工作推进会议，部署全区重大事故隐患专项排查整治行动。聚焦党委政府层面、部门层面、企业层面"三张清单"20条重点治理内容，强化安全生产责任落实。截至年末，各地各部门共发现重大隐患265个，全部完成整改，累计行政处罚344次，处罚金额443.7万元，曝光、约谈、联合惩戒企业72家。

【危险化学品专项治理】 2023年，区应急管理局督促全区17家在产危化企业开展重大事故隐患专项排查治理，发现并整改隐患286项，其中重大隐患6项。对10家危化品生产、原料药企业开展全覆盖督导检查，指导企业在设备运行、系统建设、风险防控等方面开展隐患排查整改。在重大隐患动态清零行动中，3家重大危险源企业自查自纠隐患15项。立足节日、经营旺季等重点时段，开展烟花爆竹专项检查15次，收缴非法经营烟花爆竹41箱，立案1家，处罚4.4万元。压实安全监管责任，联合吴中公安分局、区生态环境局、区商务局、区市场监管局、区交通运输局、区气象局等部门开展联合检查17次，检查企业107家次。

【重点工贸领域专项整治】 2023年，区应急管理局开展中频炉安全生产专项整治工作，对全区11家中频炉企业开展全覆盖核查检查，发现问题44项，全部完成整改，立案处罚1家。开展全区100家喷涂企业全覆盖检查核查，重点关注使用油性漆的51家企业，帮助指导企业抓好调漆间、喷漆间等重点场所改造，建立完善岗位制度建设，强化作业现场管理。跟踪3家电镀企业电加热工艺改造事项，推动企业落实主体责任，做到"立改尽改""能改则改"。突出涉爆粉尘企业粉尘清扫管理，每日督促相关企业严格落实粉尘清扫制度，落实情况在风险报告系统打卡。加强有限空间企业监管，全区共188家涉有限空间企业落实"上锁设柜"要求。部署全区各板块深入排摸，尤其将存在化粪池的企业纳入监管，新增其他有限空间企业147家。危化品使用企业监管方面，严格规范工贸企业危险化学品储存管理，压降危险化学品储存场所安全事故风险。共完成改造化学品中间库132个，设置专业存储柜450个，检查服务企业144家次，发现并整改隐患389条。开展中小企业整治提升行动，全区8033家中小企业落实自查自改工作。

【工业集中区标准化达标创建】 2023年，区应急管理局推进工业集中区和群租厂房整治创建工作。发挥党建引领作用，成立"应急先锋"联合行动支部，推动工业集中区和群租厂房整治工作。落实长效管理机制，牵头出台《工业集中区（群租厂房）安全管理规定》，明确各方安全生产职责。常态化开展抽查考评工作，落实定期通报和"红黑榜"公示制度。全年总计抽查考评工业集中区83个，考评合格71个，总体通过率85.5%。对市应急管理局抽查考评的工业集中区督促落实问题整改。定期开展"回头看"检查，对前期已经考评验收合格的工业集中区分批次开展运行质量检查。印发《关于进一步做好工业企业安全生产风险报告相关工作的通知》，完成全区工业企业风险定期报告工作，全区共报告企业1.09万家，6998家企业报告较大以上风险1.27万条，报告较大风险企业占总企业数的63.94%。

【安全生产督导】 2023年，区应急管理局印发《吴中区2023年安全生产督导巡查工作方案》，按照"4+1+1"模式设立4个地区督导组、1个区属国企督导组、1个机动督导（巡查）组。全区各安全生产督导组、专委会专项督导组突出重点部位、关键环节，对各开发区、镇（街道）开展全覆盖督导，累计督导297次，实地检查

502个重点场所和点位,共发现整改问题862项。其中,6个区安全生产督导组开展督导216次,督导检查企业357家次,共发现整改问题719项。

【安全生产行政执法】 2023年,吴中区安全生产委员会办公室(简称"区安委办")以执法计划、四项行动、"一季一主题"专项行动为主要内容,深化提升"精准执法+优质服务"。全年共检查企业1500家,帮助企业排查安全隐患8024个,事前立案383起,事前处罚金额736.58万元。

【安全生产标准化建设】 2023年,区应急管理局制定下发《关于做好2023年度吴中区企业安全生产标准化创建工作的通知》,专题部署推动,明确任务目标,对照《苏州市工业企业安全生产标准化创建三年行动实施方案(2022—2024)》要求,推动2023年度创建任务目标完成。一级标准化方面,爱信(苏州)汽车零部件有限公司通过一级安全生产标准化评审;二级标准化方面,全区新增申请二级标准化创建企业87家,纳入2023年度二级安全生产标准化考评企业85家,通过评审55家;三级标准化方面,全区各板块推动规模以上企业和重点行业领域企业开展标准化建设,全年创成三级安全生产标准化企业650家。

【安全生产培训教育】 2023年,区应急管理局采取线上线下培训相结合的方式,开展主要负责人和安全管理员培训93期次,培训人数9336人,提升企业三项岗位人员安全意识。2021—2023三年内,通过脱产、技能提升、上门培训三种培训模式,落实全员安全培训,区级层面对高危企业负责人、危险化学品主要负责人、第一大股东、技术负责人、安全总监和高危企业班组长培训人数共计5626人,全区各级应急部门开展安全培训(含线上线下培训)人数3万余人。

【安全生产宣传】 2023年,区应急管理局贯彻落实《安全生产法》《江苏省安全生产条例》(新修订)等法律法规,多措并举开展法治宣传,做实从业人员教育培训。区、镇(街道)两级协同相关成员单位、民间救援组织、学校、企业、社区,组织开展学法、送法、普法活动,印发宣传资料;利用广场、地铁、电梯、办公楼等人员密集场所持续普及安全法律知识,全区累计播放宣传片13万余条次,累计张贴海报1.8万余张;开辟《吴中应急大讲堂》栏目,制作专题知识小视频、开展应知应会有奖答题等活动。

阵地建设 全区共14所安全学校,开展安全学校规范化建设和实体化运行示范观摩活动;依托胥口镇初步探索构建年度教学培训内容体系;联合江苏省吴中中等专业学校,挂牌吴中区安全学校。融合公办改建、企业自建、学校新建的方式,挂牌新增各具特色的体验馆21家。

宣教活动 区应急管理局在安全生产月期间开展宣教活动。吴中区"班前班后5分钟"安全教育培训企业覆盖率90%以上,实现10人以上工业企业班组安全教育培训全覆盖。落实企业负责人"一季一课"。开展"百团进百万企业千万员工"安全专题宣讲活动,全年累计宣讲干部120余人,覆盖员工1.5万余人。 (李帅)

农产品质量安全

【农产品质量监管】 2023年,区农业农村局印发《全区农产品质量安全与品牌建设工作要点》,开展食用农产品"治违禁 控药残 促提升"三年行动,推动专项整治治理。加强网格化监管体系建设,全区所有镇级监管站完成三星级标准建设,其中6家镇级监管站达到市级四星级标准,区、镇、村三级网格监管人数达131人,大专以上学历人数占86%。完善"区级检测+镇级检测+村级检测服务站"快速检测体系,全区设立承诺达标合格证服务站点4家,胶体金快速检测技术应用示范基地2家、示范主体1家。实施规模主体入网监管行动,将农户纳入质量追溯平台管理,农产品质量追溯实现区域全覆盖。

【农产品"三品一标"四大行动】 2023年,区农业农村局开展绿色食品与有机农产品认证,新增绿色食品33个,全区绿色食品总数达155个、有机农产品总数25个、绿色优质农产品占比

2023年5月,区市场监管局开展食品安全专项整治　　区市场监管局　供稿

超80%。西山青种枇杷获评全国名特优新农产品，洞庭山碧螺春（茶叶）、东山白沙枇杷（果蔬）入选江苏农业品牌精品培育区域公用品牌名单，东山茶厂碧螺牌茶叶入选江苏农业品牌精品产品品牌名单。加大地理标志产品宣传推广，洞庭山碧螺春、吴中枇杷、吴中鸡头米分别通过中国农业品牌官微、省农业宣传教育与文化体育中心、市农业农村局官微展播，参加"苏农名品"五方战略合作推介签约仪式，入驻市邮政集团全国平台，8家枇杷、杨梅企业入驻"苏农名品"平台。

【农产品质量安全检测】 2023年，区农业农村局开展常态化巡查与专项整治行动，重点针对农业生产经营主体，在投入品使用与农产品上市等重要节点开展巡查、督促指导。逐年加大定性快检与定量检测批次，2023年全区完成定量检测2515批次（例行监测2006批次、监督抽查509批次），比上年增长13.3%，检测合格率99.8%；完成农产品快速检测5706批次，比上年增长26.8%，实现生产主体与农产品双覆盖。 （蒯超）

食品药品安全

【食品安全监管】 2023年，区市场监管局开展食品安全包保责任制工作，推进属地管理责任和企业主体责任"两个责任"的落实，完成食品抽检1.82万批次，合格率98.73%。开展企业食堂、集体用餐配送单位专项检查，乳制品、肉制品质量安全提升，食品包装专项整治等各类行动11个，消除重点行业领域风险隐患，保障重点单位食品安全。全区共包保食品生产经营单位23184家，落实食品安全属地责任平台督导完成率100%。开展食品小作坊整治提优工程，实现100%建档、登记。

【药品安全监管】 2023年，区市场监管局强化储存、运输、预防接种中的疫苗质量监管，严格新冠病毒疫苗监管，检查区疾病控制中心及常规接种点23家，发现缺陷16条，均落实整改，闭环管理。开展涉疫药械保质稳价、医疗器械质量安全专项整治、美容医疗机构药械使用等6个专项整治，检查企业（单位）1327家，均督促企业整改到位。 （顾其奇）

网络信息安全

【概况】 区委网信办压紧压实党委（党组）网络意识形态工作责任制和网络安全工作责任制，通过创新实施"东吴先锋e党建"工程，打造"i在吴中·清朗e空间"网络普法新模式等重要举措，不断建立健全网络综合治理体系。年内，区委网信办获评苏州市网络安全宣传周活动优秀组织单位，2023年"e企护"网络安全进企业助力优化营商环境获评2023年苏州市网络安全宣传周活动优秀案例，"i在吴中·清朗e空间"主题网络普法活动获评2023年苏州市网络文明优秀项目。

【网络传播引领】 2023年，区委网信办强化研判，打好主动仗，优化"4+X"网络舆情处置机制，做好舆情监测、研判，共报送《重大网络舆情报告》9期、《吴中每日网络舆情》300余期，形成舆情处置闭环。深化"圆桌"机制，凝聚网络空间正能量。开展"最江南 V视角"网络达人洽谈会、"i在吴中 相遇MEI好""i在吴中 e起清朗"自媒体分享会等活动10余场，做好政策引导、团结鼓舞工作，与各互联网企业、网络主播等围坐一桌，倾听心声，聚焦诉求，提建议、解难题，"网"聚发展力量。建强用好"核心+骨干"两支网评队伍，深化"吴言"网评品牌内涵。开展"i在吴中 相遇MEI好"吴牛发布东山行等活动，促进各地宣传经验交流，不断汇聚网络空间磅礴正能量，全年组织策划"新年第一会""五四青年节""五五购物节""主题教育""非遗文化""习近平总书记考察江苏重要讲话精神"等系列专题网评，吴言时评刊发320余篇，市级圆桌快评录用121篇，省级紫金e评录用5篇，其中《文化兴邦，浩荡弦歌》获第二届紫金网络评论大赛三等奖。

【网络安全防护】 2023年，区委网信办强化管理、守好主阵地，建立双网融合机制，联合公安部门架起"联合网盾"，解构互联网资产存量企业类网站1.2万个，分级分类设库管理，不断推动全区网络安全工作常态化、长效化。推进"清朗2023"专项行动，依规查处各类网络不良信息48条。聚焦"清源""固边""净网""护苗""秋风"五大专项行动，开展"让创作更自信让文化更繁荣"等普法活动，坚决筑牢文化安全防线，守住政治安全底线。

【网络直播助发展】 2023年，区委网信办邀请互联网企业、正能量主播、民生部门走进"最美吴中直播间"，向网民推介"吴中好物"，开展苏州太湖风光慢直播、视频连线农耕插秧等，累计观看量超200万次。推出"直播带岗"，累计观看量超142万人次，提供岗位4.7万余个。推进年度重点项目"E企加油·V计划——名企送课进乡村"，打通基层乡村与互联网头部企业、网络"大V"等合作渠道。苏州博邦职业培训学校、大禹网络科技有限公司分别与临湖直播基地、金庭秉常村开展合作共建，苏州日报社"带无恙"直播项目负责人送课下乡讲授"非遗+电商"。分批次打造党建直播示范阵地，完成苏州360数字城市安全大脑基地、纱罗技艺馆、吴中优质农产品电商直播基地、金庭秉常村

2023年3月，茶农开展碧螺春直播推介　　　　　　　　　　　　　　周洪泉　摄

等首批4家网络素养教育基地建设，以"小直播"拓展农产品销售"大市场"。创新开设"最美吴中"直播间，举办碧螺春直播推介、双11探班临湖直播基地、普法e起播等直播活动20余场，累计观看230万余人次，获评2023苏州"红心向党直播苏州"网络红色直播间。

【网络文化季系列活动】 7月，区委网信办以"i在吴中·奋进新征程"为主题，"点赞奋斗""心上吴中""文明有你"三个篇章为主线，通过"线上+线下"相结合，策划推出"星链太湖　i在吴中"2023吴中区网络文化季暨"太湖"小行星命名仪式、"天堂苏州·最美吴中"图片征集展播等网络文化活动。指导各板块、部门推出"i在吴中　e最江南""i在吴中　e起泾彩""歌山画水　有福木渎""定格文明·美在光福"等60余个网络文化精品活动，吸引全区近10万网民参与。区委网信办获2023苏州网络文化季季红活动给力组织奖、朱伯伯的苏罗直播间负责人——朱立群获2023苏州市网络文化季季红正能量风尚奖。

【网络安全攻防演练】 5月26日，举办"吴盾2023"吴中区网络安全实战攻防演练，邀请10支吴中区网络安全支撑队伍，对全区50余个党政机关、企事业参演单位的115个资产开展为期1天的实兵、实网、实战攻防演练，用演练检验防护能力健全部门协同联动，推动处置闭环管理，以"吴盾"护航"吴安365"。10月，联合吴中公安分局、区大数据局举办苏州市2023"护网18号"网络安全攻防演练暨吴中区网络安全攻防演练活动，邀请6支区网络安全支撑队伍，对全区100余个党政机关、企事业参演单位的526个资产开展为期2天的实兵、实网、实战攻防演练，共提交成果报告80份。

（封思辰）

应急管理

【应急预案与应急演练】 2023年，区应急管理局加快推进应急预案制定修编，梳理区级应急预案，指导各部门新制定1部、修编8部。常态化开展应急演练，通过模拟突发场景，熟悉关键要素和预案流程，坚持演练与评估同时部署、同步实施。承办2023年苏州市较大以上生产安全事故应急救援综合演练，连续3年配合苏州市应急管理局开展自然灾害救灾、地震灾害、地质灾害、有限空间事故、火灾等应急演练3场，涵盖生产安全和自然灾害等多领域。组织开展太湖湾实验小学地震应急疏散演练，区级共开展应急演练22场。针对年初新发现的万禄山地质灾害隐患点和秋冬季节易发山火的特点，分别指导木渎镇、东山镇开展专项应急救援演练，各镇（街道）共开展应急演练31场。

【应急力量建设】 2023年，区应急管理局推进社会应急救援队伍建设，整合吴中区蓝天救援队、吴中区尖峰应急救援队、吴中区雄峰应急救援队、吴中区曙光救援队、吴中大本救援搜救犬机动队和吴中区红十字应急救援队6支社会应急力量，加强水域救援协作，扩大太湖水域救援辐射面，突出灾害事故现场生命搜寻和现场医疗救护，形成"山岳+水域+生命救护"的吴中社会应急救援队伍架构。举行苏州市吴中大本救援搜救犬机动队揭牌仪式，提升灾害事故现场生命搜救能力。推动应急力量向基层延伸，建立吴中区蓝天救援队东山备勤点。

【应急管理信息化建设】 区应急管理局打造应急管理综合应用平台，汇聚安全生产监管、安全生产执法、危险化学品安全生产风险监测预警等六大核心业务模块，实现主要数据"一张图"呈现。2023年，搭建指挥信息网、建设应急指挥和值班值守场所，形成吴中应急信息化"1平台+6模块+1专网+1场地+1张图"的"16111"模式。

强化实时监控，提升预警能力。7月19日，印发实施《吴中区突发事件预警信息发布管理办法》。围绕全区危险化学品储罐区、仓库、生产装置等所有重大危险源以及18种高危工艺装置、关键区域接入监控视频197路，汇聚压力、液位、温度等各类传感设备110个，构建全面、立体的安全风险监测网络。重要设备离线和告警信息通过短信自动推送至相关科室责任人、企业责任人，防范化解重大安全生产风险隐患。

强化高效调度，提升指挥能力。配备应急信息全面汇聚、专题研判、指挥调度等功能，实现应急指挥车、应急指挥箱、5G布控球、视频会议终端等各类音视频设备之间的相互融合与综合调度，对应急指挥中心、事故现场、监控资源进行综合管理，通过"语音无缝调度""现场实时可视""指令一键群发"等功能，提升突发事件应急处置能力，达到指挥扁平化、救援智能化的目的。

（李帅）

2023年2月9日，吴中区蓝天救援队赴土耳其参加地震救援　　区委宣传部　供稿

编辑　张振雄

镇·街道

木渎镇

【概况】 木渎镇地处胥江河畔、太湖之滨，属苏州市中心城区和吴中高新区核心板块。镇内高架环绕、双轨并行，与上海、南京、杭州均在2小时交通圈内。辖区面积75平方千米，下辖12个村、19个社区（含涉农社区）。截至2023年末，全镇户籍人口12.04万人，常住人口超30万人。在2023年全国千强镇榜单中，木渎镇列第二十名，综合实力稳居全国前列。木渎成教中心被联合国教科文组织评为"农村社区学习中心能力建设项目"实验点。

【经济发展】 2023年，木渎镇完成地区生产总值271亿元，全口径财政收入53.34亿元，一般公共预算收入33.66亿元，全社会固定资产投资50.02亿元。新增注册外资及港澳台资企业12家，其中港澳台资企业4家，年内到账1396.7万美元。全年新增市场主体超过1.1万户，其中新设企业3800户，新设个体工商户7300户。完成优质项目备案投资额142亿元，比上年增加39.2%。新增"四上"入库企业112家，新增数与净增数在全区各板块中均排名第一。规模以上工业企业增至190家，比上年增长8%。全年规模以上工业产值实现168亿元。全年社会消费品零售总额完成133亿元，比上年增长6%。新能源汽车年销量超过1.1万台，比上年增长47%。全年接待游客205万人次，比上年增长350%；旅游景区总收入超过5800万元，比上年增长93%。

【集体经济】 2023年，木渎镇镇、村两级集体收入达到10.62亿元，比上年增长3%。金星村股份经济合作社、西跨塘村股份经济合作社、天平村股份经济合作社、尧峰村股份经济合作社、五峰村股份经济合作社、灵岩村股份经济合作社、天池村股份经济合作社、金山村股份经济合作社、姑苏村股份经济合作社9家集体经济合作社入选江苏百强股份经济合作社，其中天平村、金星村集体经济合作社进入全省前10强。

【转型升级】 2023年，木渎镇34个区级以上重点项目实现100%开工，完成年度投资66亿元。其中，8个省、市重点项目实现上半年开工。全社会固定资产投资完成约50亿元，其中工业投资完成14.49亿元，比上年增长5.46%。全年高新技术产业产值实现108亿元。工业战略性新兴产业产值实现77亿元，比上年增长12%。加快集聚创新资源，全年共计招引创新型企业335家，比上年增长27.86%。

木渎镇天平村集体经济载体——天虹、华润购物中心　　　　区农业农村局　供稿

新认定高新技术企业申报197家次。全镇规模以上工业企业研发经费投入7.27亿元，比上年增长8%。全年完成申报星级上云、车间诊断等"智改数转"项目150个。国装新材料技术（江苏）有限公司、江海通讯发展实业有限公司、苏州科迪流体控制设备有限公司入选专精特新"小巨人"，苏州海通机器人系统有限公司、苏州赫行新能源汽车科技有限公司（简称"赫行新能源"）等8家企业入选中国隐形"独角兽"企业名单，苏州万佳电器有限公司、苏州华智诚精工科技有限公司获评省级工程技术研究中心，赫行新能源入选市"独角兽"培育名单，苏州天裕塑胶有限公司、苏州格力美特实验室科技发展有限公司等17家企业入选市"瞪羚"企业名单，苏州绿的谐波传动科技股份有限公司立项省级成果转化，苏州茂特斯自动化设备有限公司、苏州快捷智能科技有限公司立项市级成果转化。苏大思萃光电研究院、航万科创中心、南大智能机器人研究院等一批大院大所和优质孵化器落地或启动。建立"渎+"人才服务党建联盟、"渎+"人才服务中心，举办创咖沙龙、科技企业孵化器沙龙等活动5场，不断完善"渎+"人才服务供给。全年新增市级以上科技创业领军人才种子项目35个，比上年增长16.67%。申报省双创、姑苏领军人才50人次，认定约6人次。木渎古镇入选省级夜间文化和旅游消费集聚区。

【环境整治】 2023年，木渎镇统筹推进以农村人居、污染防治、山体周边为重点的综合环境整治，木渎城乡环境加速改善。一把手带头督导、清单式闭环整治，文明典范城市创建卓有成效，完成迎国检、省检任务。聚焦大气、水、土壤环境治理，持续加大太湖流域排污口、静脉产业园、"散乱污"区块、劣V类河道等重点区域整治提升力度。26件中央及省环保督察交办信访件、110家废品回收站、1541处山体周边环境问题全部按时整改完成。

【民生保障】 2023年，木渎镇对低保、低保边缘、特困、一户多残、依老养残等社会困难群体核定发放各类救助金约754.51万元，困难群众服务保障覆盖率100%。落实困境儿童政策，为110名困境儿童购买医疗保险，发放生活救助金140.37万元，发放春节慰问金21万元。作为全区首个试点单位试运用社区养老业务管理平台和老年人助餐服务管理平台，推进老年友好社区建设。残疾人事业高质量推进，做好92名0~18周岁残疾儿童康复训练申请，为94名肢体残疾人配备假肢和矫形器，为全镇残疾人免费投保人身意外商业保险1101份。通过多种举措鼓励并帮助残疾人就业创业，全年累计安置8名残疾人就业。建成省级残疾人文化创业基地——李绣坊刺绣工作室及吴中区首个残疾人文化创业基地——香溪雅集。裘凤英获得江苏省第七届残疾人职业技能竞赛第三名。继续扩大居家养老服务范围。木渎镇拥有1个区域性养老服务中心及3个民办医养结合护理院，全镇养老机构床位共计1585张。依托雀梅中央厨房，为80周岁以上老人提供助餐服务。为全镇老人提供居家养老服务2453户，完成"一户一设计"适老化改造153户，发放尊老金约1316万元。加强退役军人服务保障，发放抚恤补助金1025万元。

【社会事业】 2023年，范仲淹实验幼儿园扩建、尼盛幼儿园新建等教育工程按时竣工。80周岁以上老人助餐服务实现全覆盖。瑞福花园一期723套安置房完成分房，吴家堂安置房办证接近尾声。文明典范城市创建常态长效，巨塔花园8幢2单元入选首批市级文明示范楼道。农家书屋持续标准化建设，木渎镇获评苏州市全民阅读先进单位。音乐作品《丝路千年》获苏州市"繁星奖"音乐类作品银奖，苏坦谷体育公园获评苏州市农民体育基地。木渎成教中心项目入选联合国教科文组织社区项目实验点。央视节目《非遗里的中国》走进木渎古镇。举办"歌山画水·有福木渎"短视频大赛。

【实事工程】 2023年，木渎镇组织参与创新创业、人才交流、商业路演等活动15场。497套人才公寓如期竣工。制定个性、共性指标，坚持"一村一策"，"城中村"治理卓有成效。持续开展违法建设治理，全年共计拆除7万平方米。全力推进拆迁清零，43个地块51公顷土地实现净地。4处口袋公园建成投用，向阳园获评苏州市"园林杯"最美口袋公园。完成吴中区特色宜居乡村创建六年行动计划任务，覆盖全镇115个自然村。尧峰、姑苏等7个村累计12次进入区农村人居环境"红榜"。落实"一山一策"，灵岩山、天池山等山体周边环境大幅改善。徐山咀和穹窿山两条森林步道建设完成，获评苏州最受欢迎山地森林步道。

【重大活动】 2023年9月7日，日本光梁株式会社中国区总部签约仪式在太湖之畔举行，项目计划设立光梁株式会社全资子公司，建设光梁中国区总部，设立结算中心，总投资1.5亿美元。12月8日，苏州市木渎市政集团有限公司揭牌仪式在木渎市政集团公司举行。12月28日，"聚势东吴 智创未来"东吴证券·智能科技产业园开工奠基仪式在木渎镇举行。

（王雅静）

表 37-1　2023 年木渎镇基本情况一览表

项目	数量	项目	数量
总面积	75平方千米	水果产量	139.5吨
耕地面积	217.23公顷	水产品产量	—
年末户籍人口	12.04万人	内资企业	28290家
村委会	12个	外资及港澳台资企业	309家
居委会	19个	新增注册外资及港澳台资	14190.8万美元
规模以上工业总产值	174.86亿元	年内到账外资及港澳台资	1396.7万美元
地区生产总值	271亿元	个体工商户	34137户
全口径财政收入	53.34亿元	中小学校	10所
公共财政预算收入	33.66亿元	医院（卫生院）	1所
粮食总产量	—		

表 37-2　2023 年木渎镇各村（社区）基本情况统计表

村（社区）	面积（平方千米）	户籍人口（人）	集体经济总收入（万元）	总资产（万元）
尧峰村	6	4448	4851.29	34615.82
姑苏村	9.6	6200	6251.15	50688.12
灵岩村	3	4421	2861.5	33207.44
西跨塘村	5	5152	5690.79	67895.34
天平村	5	5853	13800	100000
金山村	4.5	4687	5197.99	45548.69
善人桥村	6.5	4710	2150.92	6760.09
天池村	9.8	6893	2008.5	5906.97
五峰村	7.5	6049	3972.3	19000
香溪社区	1.8	6032	6195	70000
接驾社区	4.15	2079	659.5	12075
穹窿社区	6.43	3118	739.62	6378.25
藏书社区	0.33	1473	—	—
马庄社区	2.1	3620	—	—
同春社区	0.3	3671	—	—
翠坊社区	0.86	12223	—	—
南亭社区	0.83	8721	—	—
白塔社区	1.8	3426	—	—
花苑社区	1.65	4300	—	—
金山浜社区	2.1	2299	—	—
凯马社区	2.16	3996	—	—
竹园社区	1.4	1480	—	—
金枫社区	0.74	6064	—	—
金长社区	0.62	1300	—	—
珠江社区	0.51	1100	—	—
金运社区	0.68	1013	—	—
雀梅社区	0.19	612	—	—
胥江社区	0.17	2611	—	—
长浜社区	0.31	1362	—	—
长石社区	0.33	2710	—	—
长塔社区	0.46	5540	—	—

（木渎镇）

甪直镇

【概况】 甪直镇位于苏州东南,是苏州、吴中的经济重镇和文化名镇,是首批全国历史文化名镇、全国重点镇、全国第8个"国际慢城"、国家园林城镇。甪直古镇有2500余年悠久历史,有保圣寺罗汉塑壁和水乡妇女服饰两大国宝,被誉为"神州水乡第一镇"。辖区面积114.42平方千米,下辖16个村、6个社区(含涉农社区)。截至2023年末,有户籍人口7.7万人,常住人口19.85万人。2023年9月24日,甪直镇上榜2023中国百强镇名单,位列第五十二名;10月20日,甪直镇上榜全国千强镇名单,位列第四十八名。

【经济发展】 2023年,甪直镇实现地区生产总值138.51亿元,比上年增长0.52%;完成全口径财政收入37.64亿元,比上年增长14.97%;一般公共预算收入21.34亿元,比上年增长5.84%。按照"重点项目提效年"活动要求,推动11大类100个市、区、镇三级重点项目,其中22个区级及以上重点项目全部开工,完成年度投资62.71亿元。全年完成全社会固定资产投资45.12亿元(含集聚区7.26亿元),比上年增长0.86%,其中工业投资13.29亿元(含集聚区6.04亿元),比上年增长78.9%;实际利用外资及港澳台资2770万美元,比上年增长13%;社会消费品零售总额完成22.32亿元,比上年增长18%。全面开展第五次全国经济普查,采集法人单位和产业活动单位7000余家、个体经营户1.2万户,全年新增"四上"企业入库35家。储备总投资147.15亿元的优质产业项目43个,签约引进总投资74.2亿元的8个项目以及10个优质租赁载体项目,招引创新型企业100家,赛尔凌克智能科技(苏州)有限公司、甪端新区高端医疗器械高标准厂房、苏州恒峰信息科技有限公司3个项目通过区级预审,完成苏州润迈德医疗科技有限公司、苏州好特斯模具有限公司、赛尔凌克智能科技(苏州)有限公司3个工业项目供地。加快推进在建的12个重点产业项目,金子电线电讯(苏州)有限公司、江苏国技聚能环境科技有限公司等5个项目实现竣工,完成规模以上工业产值154.6亿元。

【集体经济】 2023年,甪直镇加快"多村抱团"发展,开展租金清缴专项行动,逐步清理规范各类服务外包合同,压缩各类开支。2023年,镇村集体资产总额135.2亿元,比上年增长4.05%;村均稳定收入1827.5万元,比上年增长1.52%;农民纯收入4.61万元,比上年增长3.3%。完成政府投资建设项目审计277个,平均核减率10.89%。强化债务管控,加大化债力度,累计完成6家融资平台压降退出。严控经费开支范围和标准,推动"过紧日子"要求制度化、常态化,对各预算单位公用经费在年初预算基础上压减10%。

【转型升级】 2023年,甪直镇完成"智改数转"项目40个,完成认定科技型中小企业、省民营科技企业、高新技术企业等超过200家,有市级及以上企业技术中心、工程技术研究中心等11家,新增省专精特新中小企业12家、省智能制造示范车间2个,新增省潜在"独角兽"、市"独角兽"培育企业6家,新增省高新区"瞪羚"、市"瞪羚"入库企业13家,柳道万和(苏州)热流道系统有限公司等3家企业获评国家级专精特新"小巨人",凯博易控汽车科技(苏州)有限公司获评苏州民营企业创新100强,苏州太阳井新能源有限公司获得苏锡常首台(套)重大装备认定,苏州苏瑞膜纳米科技有限公司的高性能水处理纳米反渗透膜入选国家鼓励的工业节水工艺、技术和装备目录,实现全区零的突破。完成工业技改投入3.72亿元,规模以上工业企业研发投入4.89亿元,比上年增长9%。新增专利授权1041件。不断优化人才工作机制和人才生态,落实各级人才政策,获评姑苏创新创业领军人才等各类人才25人,新增苏州时代工匠1人。推进企业上市,苏州天脉导热科技股份有限公司完成创业板过会,凯博易控汽车科技(苏州)有限公司处于科创板第一轮问询阶段,苏州肯美特设备集成股份有限公司完成股权分置改革。

【城乡一体】 2023年,甪直镇协同区控制性详细规划获批,完成甪端新区城市设计、社会事业专项规划、市政专项综合规划,有序推进"多规合一"实用性村庄规划,启动部分地块"急用先编"控规、竖向专项规划编制等各项工作,促进城乡统筹协调发展,甪直国土空间全域综合整治项目获批省示范项目。全年累计完成签约民房102户,点位清障73处,企业回购24家,完成拆迁75.6万平方米。完成71个区级重点地块清零任务,腾退土地129公顷。

【安全管理】 2023年,甪直镇配合完成苏州市安全生产下沉甪直镇驻点巡查,共计检查企业3164家次,排查整改隐患8570条,市、区、镇三级6个隐患挂牌督办项目全部整改完成,工业集中区标准化建设完成6家,在古镇沿街商铺、居民住宅、工业集中区等区域安装智慧消防设施5600余套,实施"瓶改管""瓶改电"整治84家,开展"百团进百万企业千万员工"专题宣讲18场次,深入企业、商超等开展应急演练20余场次。聚焦全域风险排查,加强信访预警研判,共计接待处理各类信访件460件,信访一次性化解率98.9%。全力配合推进国家食品安全城市创建,打造国创精品点位。做好防汛抗旱、冰冻灾害防范应对等工作。加强"意识防"工作,持续开展反诈骗宣传系列活动，提高群众防诈骗能力。

【环境整治】 2023年，甪直镇完成9家企业VOCs综合治理和8家涉气企业关停淘汰，开工迎宾西路新建工程等配套污水管网6.2千米，完成"散乱污"区块化整治4个，整治点位39家。建成"333"达标区2个，加快推进新区污水处理厂2万吨技改项目，甪直老污水处理厂关停，第二轮中央环保督察反馈的12件信访件全部整改完成。持续加强秸秆禁烧工作，全镇$PM_{2.5}$浓度降为每立方米23.7微克，空气质量优良天数比率达到83.4%。加快推进澄湖片区综合治理，开工澄湖水生植物恢复、水八仙农业面源生态修复、劣Ⅴ类水体整治、农村生活污水提质增效等5个首批EOD项目，澄湖西岸岸线整治工程实现竣工，同步实施黄泥兜等4座美丽湖泊建设，澄湖水质稳步提升，全年9个月达到Ⅲ类标准。开展"文明润万家甪直更美好"十个专项行动，同步推动文明城市常态长效建设及国家卫生镇复审准备，常态化抓好生活垃圾分类处置，累计创建垃圾分类五星级、四星级小区8个，省级达标区19个，建成2座2A级智慧化公厕，澄湖农业园片区垃圾中转站建成投用。持续推进农村人居环境整治，甫里村获评省级人居环境示范村，甪直镇首次获评农村人居环境整治季度考评"红榜镇"。完善修订违法建设处置实施办法，累计治理违建23.52万平方米。加强违规处置建筑垃圾全流程监管，累计查处违规行为183起，处罚金额110.8万元。

【民生保障】 2023年，甪直镇规范发放失地农民补贴资金约1900万元。落实援企稳岗政策，举办各类招聘活动76场，淞南等3个村试点打造"家门口"的就业服务站，提供就业岗位7700余个，甪直劳动人事争议仲裁庭获评苏州市劳动人事争议示范巡回仲裁庭，系全区唯一。承办"吴中技能状元大赛"，新增高技能人才1000人。坚定发展社会福利和慈善救助事业，全年规范发放低保、低边、特困、困难残疾人以及临时救助、贫困学子等各类救助资金约1054万元，老年人慰问金、尊老金等3040万元，完成慈善募捐200万元。澄墩、瑶盛老年人日间照料中心竣工投用，完成适老化改造119户，启动开工金澄湖区域性养老服务中心。加快推进黄娄八期、陶浜五期等安置房建设，完成安置房办证1002套。

【实事工程】 2023年，甪直镇以基础设施建设理顺城市框架脉络，推动片区逐步成型，配合推进新建胜浦大桥工程开工建设，星塘街南延一期建成通车。谋划实施甪端新区新改建道路和河道水系迁改，截至年末，开工湖滨路东延、甪胜路南延一期等4条2.2千米镇区道路，以及西潭村中心河一期、迎宾河一期等2条河道。东方大道、甪直大道等5条主干道路纳入全区建管养一体化体系，完成镇域绿化保洁一体化改革。加快竣工黄娄公交首末站二期，新增200个公共泊车位、200辆共享单车、1200辆共享电单车，建成全镇首个下沉式非机动车停车场。晓市南桥街心公园竣工投用，续建完成重点区域覆绿100公顷，清理疏通42千米主要道路雨水管网。高标准启动开工长虹路高端人才公寓项目。维乐城邻里中心获评省放心消费创建示范区域。南环桥市场入选中国商品市场综合百强榜单，并成为全市唯一全国供应链创新与应用示范企业。

【社会事业】 2023年，甪直镇深化与园区教育领域合作共建，配合推进九年制星泽学校建设，启动甪直实验小学改扩建及甪直实验幼儿园异地新建，甫里中学扩建项目竣工投用，2所外来工子弟学校转制成公立学校，新增市级优质幼儿园2个，湖浜村创成市儿童友好社区。吴中区第二人民医院挂牌，获评省老年友善医疗机构优秀单位。完成前港等4个卫生服务站（室）提升工作。对所有拆迁安置小区实施电瓶车充电设备改造，完成安桥新村等3个老旧小区天然气改造入户。甪直镇"残疾人之家"揭牌，成立全区首个镇级婚姻家庭服务工作站，甪直镇成为全区唯一入选省"五社联动"机制创新试点单位。举办全民阅读节、第五届叶圣陶

2023年3月18日，甪呦呦成长社区开园　　　　　　　　　　　　　　　　　甪直镇　供稿

教师文学奖颁奖典礼等活动，启用24小时自助图书馆甪直维乐社区分馆，《车坊镇志》发行。依托"1+22+N"文明实践阵地，开展"文明实践　村村有'戏'"展演等各类活动260余场，甪直文体中心获得全国妇女广场舞特等奖、全市广场健身舞一等奖等多项荣誉，"甪直连厢健身舞"入选全市公共文化服务项目库。

【重大活动】2023年1月9日，独墅湖开放创新协同发展示范区首个九年一贯制学校——苏州市吴中区星泽实验学校开工。2月19日，苏州市吴中区第二人民医院揭牌，完成新院搬迁及二级医院的创建，建成沪苏高级专家（甪直）诊疗服务中心。3月3日，苏州吴中经济技术开发区行政审批局甪直分中心揭牌成立，办事大厅新增涉及投资建设、生产经营等领域的23个区级事项，提供"一站式办理、一窗式受理、一条龙服务"。5月7日，润迈德血管介入诊疗机器人产业项目开工奠基。

（顾惠）

表37-3　2023年甪直镇基本情况一览表

项目	数量	项目	数量
总面积	114.42平方千米	水果产量	475吨
耕地面积	2084.93公顷	水产品产量	350.50吨
年末户籍人口	7.7万人	内资企业	8676家
村委会	16个	外资及港澳台资企业	150家
居委会	6个	新增注册外资及港澳台资	1614.5万美元
工业总产值	250.94亿元	年内到账外资及港澳台资	2770万美元
地区生产总值	138.51亿元	个体工商户	1.98万户
全口径财政收入	37.64亿元	中小学校	8所
公共财政预算收入	21.34亿元	医院（卫生院）	12所
粮食总产量	8549.22吨		

表37-4　2023年甪直镇各村（社区）基本情况统计表

村（社区）	面积（平方千米）	户籍人口（人）	集体经济总收入（万元）	总资产（万元）
淞南村	6.2	4726	4723	36800
淞港村	5	3239	2114.12	7045.02
淞浦村	3.51	2944	2116	8813
澄北村	2.7	2892	1236	15661
澄湖村	4.5	3745	1548	8943
澄东村	5	3958	1782.2	31254.71
甫里社区	4.8	3445	3071	24351
甫南村	4.2	3984	1871.66	9914.28
甫港村	4.7	1264	1000	10565
甫田村	4.04	2935	2071	13429
保圣社区	1.6	8300	—	—
江湾村	5.3	3027	1123	6402
前港村	3.2	2552	1331	5595
三马村	5	3723	1390	2594
湖浜村	2.8	2800	1041	5016
澄墩村	4.6	2995	1089	10093
长巨村	5.4	4371	2863（财政补助1690）	3392
瑶盛村	6	2952	796	4500
龙潭社区	0.23	2500	—	—
鸿运社区	3	234	—	—
陶浜社区	0.18	443	—	—
维乐社区	0.45	3621	—	—

（甪直镇）

胥口镇

【概况】 胥口镇位于苏州西郊10千米的太湖之滨,相传为伍子胥开凿胥江入太湖之口而得名,东接木渎灵岩山、南依万顷太湖、西连太湖国家旅游度假区、北靠穹窿山,太湖岸线8千米。辖区总面积36平方千米,下辖6个行政村、2个社区居委会。截至2023年末,有户籍人口3.82万人,常住人口12.9万人。在2023年全国百强镇榜单中位列第六十八名,进位两名;全国综合实力千强镇榜单中位列第七十三名,进位四名,经济社会保持平稳健康发展态势。

【经济发展】 2023年,胥口镇实现地区生产总值143.94亿元,比上年增长2.7%。完成全口径财政收入36.35亿元,比上年增长16.9%;一般公共预算收入19.52亿元,比上年增长10.3%。完成全社会固定资产投资(不含房地产)20.35亿元,比上年增长1.3%。新增注册外资及港澳台资企业8家,其中港澳台资企业6家,年内到账616.4万美元。全年新增市场主体超过2668户,其中新设企业842户,新设个体工商户1826户。实现工业总产值366亿元,比上年增长1.7%;完成高新技术产业产值150.94亿元,比上年增长2.8%;战略性新兴产业产值73.21亿元,比上年增长0.9%。规模以上工业企业达到225家,实现规模以上工业总产值291.55亿元。完成工业投资16.33亿元,比上年增长1.8%,技改投入11.04亿元。

【集体经济】 2023年,胥口镇推进第五次全国经济普查工作,7157条单位清查、8697条个体户底册数据对比核查实现100%。完成集体资产交易530笔、有效合同802笔,租金收入1.98亿元,比上年增长6.5%。实现集体经营性资产23.9亿元,比上年增长5.3%。村级经营性收入达到1.36亿元;村均稳定收入达到2273万元,比上年增长5.7%。下辖6村股份经济合作社全部上榜省百强。

【转型升级】 2023年,胥口镇有规模以上工业企业225家,实现规模以上工业总产值291.55亿元。完成工业投资16.33亿元,比上年增长1.8%;技改投入11.04亿元。入选姑苏科技领军人才1名、姑苏乡土人才2人、姑苏重点产业紧缺人才9人、东吴领军人才5人、东吴重点产业紧缺人才7人。苏州斯莱克精密设备股份有限公司入选国家级博士后工作站,苏州制氧机股份有限公司入选省级博士后创新实践基地。29个区级以上重点项目完成投资54.4亿元,超额完成年度投资任务。总投资128.9亿元的芯谷半导体、兆和(苏州)智能装备科技有限公司、苏州市方达电器有限公司等16个新开工项目全部开工建设。苏州宝士曼半导体设备有限公司项目为2023年全区首个开工的省级新开工重点项目。开展"二次招商",苏州尚腾科技制造有限公司、苏州市新广益电子股份有限公司、苏州澎瀚阀门有限公司、苏州爱之爱清洁电器科技有限公司等企业达成增资扩产意向28.5亿元。全方位保障投资服务,办理内外资及港澳台资项目23个,信音电子(中国)股份有限公司、苏州兆和低碳智能装备制造研发总部等20个3000万元以上产业项目立项,备案投资额超过100亿元。

【城乡一体】 2023年,胥口镇开展农村人居环境整治提升,下辖村累计入围"红榜村"8次,其中合丰村连续四次上榜。获评市农村人居环境整治提升示范镇,采香泾村获评省生态宜居美丽示范村。新峰村、东欣村获评市农村人居环境整治提升工作示范村,下辖村实现市级示范村全覆盖。持续推广垃圾分类,36个"三定一督"小区全面接入信息化管理平台,获评市生活垃圾分类工作成绩突出集体。

【民生保障】 2023年,胥口镇向在册低保、低保边缘、特困、困难残疾人等发放生活救助237万元,困难群众服务保障覆盖率达到100%。箭泾村沙红英获国际残疾人职业技能竞赛银牌。乡村公益医疗互助持续推进,1304人通过"福村宝"获得医疗补助210万元。提升养老服务水平,按期发放尊老金494万元。采香泾区域养老中心完成运营机构签约,进入装修收尾阶段。完善老年人助餐服务体系,试运营阶段开放可堂食标准助餐点9个,为674名老年人提供便利助餐服务。新增"家门口"就业服务站3家,开展春风行动招聘会9次,举办直播带岗、高校毕业生专场招聘会等活动3场,开展职业技能培训班12期,提供培训410人次、就业岗位1481个,办理灵活就业补贴214人。高岭电子(苏州)有限公司肖庆敏获全国五一劳动奖章。提升劳动保障水平,调处各类劳资纠纷1755件,获评市劳动关系和谐乡镇、百家金牌劳动人事争议调解组织。加强退役军人服务保障,发放无恤补助金203万元。连续多年高质量完成征兵工作,获评市民兵工作先进单位。

【实事工程】 2023年,胥口镇政府民生实事项目10项。在马舍寺前村以东地块建设总面积19.7公顷高标准农田示范区。对原守灵中心进行改造提升,修复、增补部分基础设施,改善守灵中心使用环境。对胥口农贸市场、香山工坊等重点区域进行精细化治理改造。将卫生院门诊大楼与东侧辅楼之间的通道,改建为一站式的健康体检中心,形成相对独立的体检中心。对一箭河实验小学教室进行灯光改造,将原教室内日光灯替换为无影灯。对马舍河、中界河、定向河在原有生态挡墙基础上对边坡进行修缮和改造。对镇内南泾浜、朱家河等11条河道进行清淤疏浚。按问题清单的轻重缓急实施水环境"提质增优",改善村民生活宜居环境。对具备条件的2个村庄和2个小区实施天然气管网铺设，受益村民228户。为全镇在册农户安装燃气专用金属包覆管和带过流切断的调压阀，计4000户。对符合条件的胥口镇户籍老年人家庭进行适老化改造，帮助老年人改善居家环境，提升居家生活品质。新增共享单车、非机动车停车泊位并进行综合交通秩序整治。

【社会事业】 2023年，胥口镇优化公办学位供给，吸纳积分入学515人。持续完善教学环境，完成一箭河实验小学教室照明提升72间，提档升级学前儿童看护点3家。"三村三校"合作开展实践劳动、科普课堂、志愿服务等共建活动15次。箭泾村赵一程获世界青年攀岩锦标赛金牌，一箭河实验小学张华获评江苏教师年度人物。提升公共医疗服务水平，卫生院接诊超过24万人次，体检中心完成改造，启用儿童康复中心，创建省五级中医馆，获评市基层医疗卫生机构特色科室。完成消化道肿瘤早筛560例、公益性应急救护培训346人次、初级救护员培训115人。胥口农贸市场、守灵中心完成改造提升。文化事业蓬勃发展，开展"我们的节日"等品牌系列活动224场次，惠及群众9.8万人次。获评东吴文化人才2人、乡村艺术能人2人、区百千万工程优秀文艺骨干2人。苏州蒯祥古建园林工程有限公司、苏州市新石器时代古建营造工程有限公司等7家企业获评区非遗工坊。

【重大活动】 2023年3月31日，胥口镇举办2023年首期"敢字当先 融链共赢"企业家分享会。5月23日，苏州市人大常委会"全过程人民民主基层实践基地"授牌暨吴中区胥口镇人大工作服务品牌发布仪式举行。7月17日，国家级高新技术企业信音电子（中国）股份有限公司在深圳证券交易所创业板敲钟开市。

（周丽娟）

表37-5 2023年胥口镇基本情况一览表

项目	数量	项目	数量
总面积	36平方千米	水果产量	1476吨
耕地面积	221公顷	水产品产量	8667吨
年末户籍人口	3.82万人	内资企业	7864家
村委会	6个	外资及港澳台资企业	123家
居委会	2个	新增注册外资及港澳台资	-22109万美元
工业总产值	366亿元	年内到账外资及港澳台资	616万美元
地区生产总值	143.94亿元	个体工商户	10961户
全口径财政收入	36.35亿元	中小学校	5所
公共财政预算收入	19.52亿元	医院（卫生院）	1家
粮食总产量	836吨		

表37-6 2023年胥口镇各村（社区）基本情况统计表

村（社区）	面积（平方千米）	户籍人口（人）	集体经济总收入（万元）	总资产（万元）
东欣村	6.5	4992	2148	24630
新峰村	6.7	5010	6043	36123
箭泾村	7.76	5892	3374.6	28020.2
采香泾村	4.5	4082	2605.18	33190.28
合丰村	3.5	819	266.45	20437.8
马舍村	7.8	6084	2777.81	24056.4
子胥社区	7.7	5900	—	—
一箭河社区	7.2	2600	—	—

（胥口镇）

东山镇

【概况】 东山镇位于苏州市吴中区西南部，是太湖东南岸的一座半岛，与临湖镇接壤，三山岛和余山岛属东山镇管辖。全镇盛产花果、茶叶、水产、蔬菜、太湖大闸蟹等特色农产品，是洞庭山碧螺春的原产地域之一。东山镇历史悠久、人文荟萃、古迹众多，境内拥有陆巷古村、雕花楼、紫金庵、启园、三山岛、雨花胜境等名胜古迹，是国家级太湖风景名胜区十三景区之一，也是国家AAAAA级旅游景区。辖区面积96.5平方千米，下辖12个行政村和1个社区。截至2023年末，全镇户籍人口5.29万人，常住人口6.4万人。东山镇先后被命名为中国历史文化名镇、全国环境优美镇、国家卫生镇、江苏省文明镇等。

【经济发展】 2023年，东山镇实现地区生产总值44.85亿元，比上年增长2.8%；全口径财政收入6.95亿元，比上年增长51.2%；一般公共预算收入3.94亿元，比上年增长44.2%。实现工业总产值50亿元，其中规模以上工业产值37.4亿元。完成工业投资3.33亿元，比上年增长15.5%。全社会固定资产投资8.09亿元，比上年增长28.5%。全年新增市场主体超过900户，其中新设企业114户、新设个体工商户787户。

【集体经济】 2023年，东山镇实现农业总产值7.74亿元，其中茶叶产值2.01亿元、枇杷产值3.94亿元、杨梅产值0.8亿元。全年接待游客390万人次，实现旅游收入65.52亿元，"最美太湖半岛"知名度和美誉度进一步提升。

【转型升级】 2023年，东山镇引进苏州三万昌茶叶有限公司总部、宝亨捷智能科技（苏州）有限公司等6家企业，注册金额6.16亿元。完成区级以上重点项目投资额约6.4亿元。完成企业"智改数转"项目24个，有效高新技术企业达到31家。新增省、市级示范智能车间，企业技术中心，两化融合试点，星级上云企业等9家。注重农业科技集成，运营碧螺春集中加工共享中心，代加工鲜叶1500余千克。

【城乡一体】 2023年，东山镇全面推进退圩还湖工作，截至年末基本完成东、西大圩127户养殖户清租工作；完成土地征收签约7591户439.1公顷。推进文明典范城市创建，综合整治提升道路交通、物业小区、集贸市场、综合商超等管理秩序。开展"文明润万家·东山更美好"主题实践活动，下发整改通知单160余份，涉及问题2600余条，整改完成率100%。以"零容忍"态度着力开展违法建设治理行动，全年累计拆除违法建设点位47处1450平方米。东山镇获评2022年度江苏省生态宜居美丽示范乡镇，系全区唯一；杨湾村、渡桥村创成江苏省生态宜居美丽示范村。双湾村获评国家级传统村落。推进人居环境整治，在人居环境整治"红黑榜"考评中，东山镇4个季度登上"红榜"，渡口村、新潦村、碧螺村等6个行政村共计9次获评"红榜村"。太湖村通过2023年苏州市宜居宜业和美乡村评比验收。

【生态建设】 2023年，东山镇对第二轮中央环保督察信访件及反馈问题整改100%。完成29家小型塑料企业环评办理及废气治理设施安装。不断加强工地、码头扬尘、餐饮油烟治理，严控渣土运输，累计开展涉气"日+夜"巡查80余次。落实"五位一体"综合长效管理，全年完成芦苇收割267公顷、水草打捞1.63万吨，完成28个太湖排口整治及39家涉磷企业专项整治。完成叶巷港、施巷港等15条劣Ⅴ类河道整治。省考渡水桥断面水质长期稳定保持Ⅱ类水标准。太湖连续十六年实现安全度夏。三山岛湿地生态修复获评省"最美生态保护修复"

2023年3月，东山镇双湾村获评第六批中国传统村落　　　　　　　　　　　　　　　　　　　　　　　　　　东山镇　供稿

典型案例。城镇建设有序推进，调整报批国土空间规划，《苏州市东山老镇及镇域建设用地控制性详细规划（4个近期开发使用地块规划条件）》于2023年4月获苏州市政府批复。截至2023年末，东山生态涵养发展实验区项目完成投资2754.2万元。

【民生保障】 2023年，东山镇累计发放各类救助资金超过672.5万元。2030户80周岁以上老人享受居家养老服务。继续做好慈善就业基地工作，苏州市和好塑业有限公司、苏州市伟业金属制品有限公司、苏州东山汇旅游发展有限公司、苏州市吴中区三山旅游开发公司等4家慈善就业基地完成签约。完成全镇106户适老化改造任务，建成综合为老服务中心。成立"东山镇残疾人康复中心"，吴巷村"残疾人之家"通过市、区两级星级达标创建考核。东山镇社会工作站"五微服务"助力乡村振兴案例获评2022—2023年度江苏省优秀社会工作案例。坚持保障就业，全年组织开展招聘活动4期，提供就业岗位1207个，达成就业意向1036人。城乡居民医疗保险参保人数超过1.9万人。382家单位完成公积金缴存工作。

【综合治理】 2023年，东山镇推进"一张网"建设，发挥网格化社会综合治理联动平台作用，全年处置工单8166件，办结率99%。开展"社情民意联系日"活动16场，接待群众代表85人，现场收集处置意见85条，回访满意率100%。常态化开展扫黑除恶专项斗争，严打"黄赌毒"违法犯罪活动，强化电信诈骗案件打处力度，全年共办理行政处罚案件107件，破获刑事案件61起、网络电信诈骗案件19起，切实维护社会治安稳定。

【实事工程】 2023年，东山镇完成实事项目10项。完成吴中中医医院升级改造项目，对医院现有就医场所和办公场所进行改建，扩充就医空间，完善配套设施。全面完成山区水利设施建设项目并投入使用。完成天然气安全提升项目，完成新潦村王家泾新农村天然气入户，铺设紫金路西段燃气中压管线，完成凤凰山路天然气铺设。完成新镇区农贸市场改造项目并投入使用。完成综合为老服务中心建设项目并投入使用。东山镇城乡污水处理提质增效精准攻坚"333"行动项目（一期），进入施工阶段。完成幼儿园基础设施更新改造项目并投入使用。东山精品粮油加工中心建设项目进入设备安装调试阶段。三山岛全岛污水提升项目，完成4座泵井建设，实现市区考核目标。完成景区停车场改造项目并投入使用。

【重大活动】 2023年3月12日，吴继涛艺术馆开馆仪式在雨花胜境景区举行。3月19日，江南茶文化博物馆升级开馆仪式在东山镇江南茶文化博物馆举行。3月28日，地理标志+亚夫科技服务"吴中东山工作站"签约揭牌活动在东山宾馆举行。全国脱贫攻坚楷模、时代楷模赵亚夫现场讲授科技富农课程。5月30日下午，苏州广电传媒集团（总台）新时代文明实践（东山站）在东山广电站揭牌。11月7日，江苏省自然资源厅党组成员、副厅长李如海带队在东山镇调研退圩还湖工作。12月11日，东山镇召开退圩还湖工作推进会，对全镇退圩还湖工作进行总动员、总部署，镇人大主席候选人洪建华对全镇退圩还湖工作进行总体安排和具体部署，双湾村、碧螺村、莫厘村、新潦村、潦里村负责人作表态发言。

（周华星）

表37-7 2023年东山镇基本情况一览表

项目	数量	项目	数量
总面积	96.5平方千米	水果产量	8439吨
耕地面积	474公顷	水产品产量	153吨
年末户籍人口	5.29万人	内资企业	1603家
村委会	12个	外资及港澳台资企业	14家
居委会	1个	新增注册外资及港澳台资	66万美元
工业总产值	50亿元	年内到账外资及港澳台资	—
地区生产总值	44.85亿元	个体工商户	7378户
全口径财政收入	6.95亿元	中小学校	4所
公共财政预算收入	3.94亿元	医院（卫生院）	1所
粮食总产量	411吨		

表37-8 2023年东山镇各村（社区）基本情况统计表

村（社区）	面积（平方千米）	户籍人口（人）	集体经济总收入（万元）	总资产（万元）
陆巷	7.19	5140	886.4	11289
杨湾	11.86	3648	875	17976

续表

村（社区）	面积（平方千米）	户籍人口（人）	集体经济总收入（万元）	总资产（万元）
三山	2.8	819	3875.1	28872.4
莫厘	7.5	4853	933	7210
碧螺	8.6	5089	876	8034
太湖	1.2	2717	699	6328
双湾	8	4135	835	12945.4
新潦	8.5	4850	755	8822
潦里	11	5132	1314.6	6604
渡桥	2.4	3604	741	8947
吴巷	5.5	3458	650	10887
渡口	4.5	3462	1287	19801
洞庭社区	3.6	6010	—	—

（东山镇）

临湖镇

【概况】 临湖镇地处苏州城西南，2006年由原浦庄镇和渡村镇两镇合并而来，因东、西两侧濒临太湖而得名，拥有23千米湖岸线，南邻东山镇，北接胥口镇。辖区面积55.6平方千米，辖12个村、2个社区。截至2023年末，全镇户籍人口4.84万人，常住人口7.05万人。2023年，在全国综合实力千强镇中位列第二百三十一。获评国家级卫生镇、国家级生态镇、省特色田园乡村首批试点、智慧健康养老示范乡镇等。

【经济发展】 2023年，临湖镇实现地区生产总值87.73亿元，比上年增长6.7%。完成全口径财政收入16.69亿元，比上年增长31.7%；一般公共预算收入8.73亿元，比上年增长17.7%。完成规模以上工业总产值143.9亿元，比上年增长11.4%。完成全社会固定资产投资25.5亿元，比上年增长22.6%；工业投资5.85亿元，比上年增长18%。发展后劲不断积蓄，鸿鹄生物医药产业园、和好塑业等12个区级重点项目开工建设，完成投资14.6亿元。新设立个体工商户、公司等市场主体3176户，新增注册资本超过10亿元。工业战略性新兴产业突破30家，产值达到23.5亿元，比上年增长11.6%。完成第五次全国经济普查清查阶段工作，全面摸清"经济家底"。持续做优三大主导产业，新建高标准农田102公顷、高标准蔬菜基地14.7公顷。依托吴中优质农产品直播基地、太湖农业供应链中心等平台，销售各类农产品突破2000万元。策划"康养原乡·心向临湖"农旅品牌，打造特色文创IP。举办黄墅森林旅游节、柳舍夜市、插秧节、丰收节等农文旅系列活动，全年累计参观旅游20万人次。

【集体经济】 2023年，临湖镇深化农村"三资"管理，资源性、经营性资产租金涨幅分别达到6%、12.5%，合同租金全部完成应缴尽缴。灵湖村成为全省唯一入选全国农村集体经济发展村级典型案例。推进界路村等集体资产办证8笔，提升集体资产质效。引导支持集体经济多元联合发展，以产业发展带动富民强村。村级集体资产突破28亿元，村均稳定收入1380万元，比上年增长3%，农民人均可支配收入4.3万元。

【转型升级】 2023年，临湖镇新增高新技术企业68家，高新技术产业产值占规模以上工业产值比重达到50%以上。全力推进产业经济向创新经济跃升，新增苏州三基铸造装备股份有限公司、苏州永捷电机有限公司等国家级专精特新"小巨人"企业4家，省级专精特新企业达到11家。新增苏州市凯莱叶制衣有限公司等省、市示范智能车间和工厂2家，苏州德斯森电子有限公司等星级"上云"企业9家，"智改数转"覆盖率在80%以上。储备区级以上人才10人，姑苏领军人才项目实现零的突破。国科双创人才会客厅建成投用，石庄人才公寓完成主体建设。全年完成规模以上研发投入4.1亿元，比上年增长4.9%。新增省级工程技术研究中心2家、省两化融合管理体系贯标示范企业1家，市知识产权强企培育工程4家、市数字经济示范企业1家。苏州凯尔博科技股份有限公司入选国家知识产权优势企业、苏锡常首台（套）重大装备名单。年内，拆迁清零、产业用地更新攻坚，渡善头西、朱河浜等地块完成清零，渡善头东地块进入收尾阶段，新增净地23.2公顷。坚持向"存量"要"增量"，出台工业存量更新项目代办、项目代招等鼓励办法，推进"工业上楼"，完成湖桥工业园、U+工业园二期等项目更新，新增工业载体16万平方米。

【城乡一体】 2023年，临湖镇紧扣临湖生物医药科教创新集聚区建设任务，完成预支空间上图12个项目17.82公顷，调整生态管控区69.33公顷。完成增减挂钩专项规划，编制渡善头等3个片区成片开发方案。中国中医科学院大学东区完成主体结构封顶，西区开工建设。实施基础设施提档升级工程，完成新镇街、庆丰街、平安路、菱湖渚路桥梁改造修复。推进农业农村现代化，入选省乡村振兴示范乡镇创建单位。释放黄墅·西塘片区先行优势，引入江苏省传统村落博物馆项目落地。农村人居环境质量持续提升，牛桥村获评省生态宜居美丽示范村，湖桥村获评苏州市智慧农村。

【民生保障】 2023年，临湖镇把稳就业放在突出位置，开展技能培训7期，惠及248人，新增高级工等技能人才494人；举办"创响江苏"春风行动暨就业援助月等活动，新增就业岗位超300个。推进社保、公积金提标扩面，完成20人以上企业扩面超过900家。养老服务品质不断提升，村（社区）日间照料中心实现全覆盖。完成82户家庭适老化改造，80周岁以上老人居家养老全部纳入政府购买服务。石塘村获"全国示范性老年友好型社区"称号。全年发放各类救助、补助资金超过1500万元。

【实事工程】 2023年，临湖镇区、镇民生实事项目按实际情况统筹推进，民生投入占一般公共预算支出比重达到80.1%。开展市政道路"全面体检"，修复路面、道板等8460平方米，加强临湖路等4处易涝点排水设施维护，疏通雨水管网超1.5万米，维修路灯5000余盏。集中整治公交站台142座，新建浦镇街等停车场3处，新增公共停车位300个。配合区交通局开展东山大道改造，优化调整路口31处，保障群众出行便利。完成西洋河泾等10条劣Ⅴ类河道整治，7个水质监测断面全部达标，创建幸福河湖10条，黄墅港、柳舍中心河获评市级幸福河湖。

【社会事业】 2023年，临湖镇保障"住有所居"，浦庄三期安置房建设完成形象进度100%。安置小区个人不动产证办理收件773套。前塘火烧浜自然村完成天然气入户。教育现代化建设加快推进，完成临湖一中等公办学校教育设施更新提升，全年积分入学准入392人，中考普高录取率较上年度提高12%。深化健康临湖建设，完成消化道肿瘤早筛早检788人、健康素养监测110人次。建成"15分钟医保服务圈"市级示范点1个，村（社区）医保公共服务点实现全覆盖，石舍村获评江苏省健康村。

【重大活动】 2023年2月8日，苏州和好新材料科技有限公司高性能、可降解食品包材产品研发制造总部项目开工仪式在临湖镇举行。3月18日，苏州日昭景云机电有限公司年产高压水泵150万台及清洗机整机50万套项目开工仪式在临湖镇举行。7月26日，苏州市乡村建设现场会在临湖举行。11月10日，临湖镇"田野红客厅"共建计划启动。11月23日，苏州市田园办组织市级相关部门赴临湖镇开展太湖特色精品示范区验收评审，验收评审组对重要点位的建设成果表示肯定，示范区通过验收。

（吴清清）

表37-9　2023年临湖镇基本情况一览表

项目	数量	项目	数量
总面积	55.6平方千米	水果产量	1861吨
耕地面积	1568.2公顷	水产品产量	1287吨
年末户籍人口	4.84万人	内资企业	4609家
村委会	12个	外资及港澳台资企业	51家
居委会	2个	新增注册外资及港澳台资	385.2万美元
工业总产值	217.29亿元	年内到账外资及港澳台资	—
地区生产总值	87.73亿元	个体工商户	8184户
全口径财政收入	16.69亿元	中小学校	5所
公共财政预算收入	8.73亿元	医院（卫生院）	2所
粮食总产量	8115吨		

表37-10　2023年临湖镇各村（社区）基本情况统计表

村（社区）	面积（平方千米）	户籍人口（人）	集体经济总收入（万元）	总资产（万元）
前塘村	4.63	4126	1895	7684
牛桥村	4.64	5558	2306	22273
灵湖村	3.76	3649	1527	11623
采莲村	6.4	3900	2265	17579

续表

村（社区）	面积（平方千米）	户籍人口（人）	集体经济总收入（万元）	总资产（万元）
石塘村	2.9	2981	639	4427
石舍村	2.42	2719	834	7338
陆舍村	2.84	2584	598	4401
湖桥村	10.38	5435	3304	112750
浦庄村	2.63	3866	1401	23144
石庄村	4.4	2539	1388	9460
界路村	3.95	3103	2233	33125
东吴村	3.88	3160	1505	13229
渡村社区	—	3250	—	—
联盟社区	—	1550	—	—

（临湖镇）

光福镇

【概况】 光福镇地处姑苏城西，是国务院公布的13个太湖风景名胜区之一。全镇涵养着冲山半岛、漫山岛和平台山三大岛屿。拥有省级文保单位2处、市级文保单位9处。全镇拥有中国工艺美术大师1人、全国技术能手1人、江苏大工匠1人、省工艺美术大师7人、名人9人。光福核雕被列入国家级非物质文化遗产保护名录，玉雕、红木雕、佛雕被列入省级非物质文化遗产保护名录。辖区陆地面积62平方千米，下辖7个村、4个社区。截至2023年末，户籍人口4.74万人，常住人口5.6万人。全镇山体森林面积24平方千米，国家、省级生态公益林2100公顷，太湖水面330平方千米，湖岸线32千米。

【经济发展】 2023年，光福镇实现地区生产总值42亿元，比上年增长6%；完成全口径财政收入7.83亿元，比上年增长32.27%；完成一般公共预算收入4.35亿元，比上年增长26.1%；完成全社会固定资产投资5.25亿元，比上年增长38.2%，其中实现工业投资3.52亿元，比上年增长16.3%；实现规模以上工业总产值83亿元，比上年增长13%。全年新增企业452户、个体工商户899户。完成"三区三线"划定，合理调整生态管控区范围。科学谋划产业规划布局，推进腾笼换鸟、存量更新，镇级老旧工业地块实现产值、税收增长均超过10%。实施7个区级重点项目、8个民生实事项目。苏州紫檀阁工艺品厂、苏州天彩包装印刷有限公司高标准厂房运营，12家企业签约入驻。完成福锦路西侧、藏福西路北侧住宅用地上市挂拍，开工建设光信地产高品质住宅。抖商学院江苏分院落地苏作福艺中心。完成13家规模以上企业"智改数转"项目20个。

【营商环境】 2023年，光福镇开展"四上"企业大走访活动，实地走访企业780家次，收集意见建议450条。有序开展第五次全国经济普查清查工作，采集企业、个体户信息8143家，完成率近100%。举办"吴中人才日"光福分会场主题沙龙活动，新增人才服务联络站2处，下拨各级人才经费161.8万元。

【生态保护】 2023年，光福镇PM2.5、臭氧浓度实现双下降，优良天数比例达到85.8%，指标位列全区第一。完成锡湖浜等5条幸福河湖建设，清理打捞水草等5908吨，完成劣V类河道三接桥浜整治，国、省考断面水质持续稳定达到Ⅱ类水标准，市、区考断面水质优Ⅲ比例100%。完成2个区块"散乱污"整治，腾退企业15家土地2.57公顷。落实山体生态综合治理，完成11个山体勘测，更新造林2.67公顷。

【现代农业】 2023年，光福镇推进农业现代化建设，建设高标准农田99公顷，项目入选市级高标准农田优秀案例。探索智慧农业发展新模式，携手苏州市农业科学院、扬州大学，引进市级农业龙头企业苏州苏大教育服务投资发展集团、苏州市迎湖农业科技发展有限公司。"米堆山"大米获"江苏好大米"金奖，"冲山半岛"白玉、青种枇杷在首届长三角地区精品枇杷推介活动中分别获特等奖、金奖。香雪养蜂专业合作社获评省级示范社。

【文旅融合】 2023年，光福镇全面融入环太湖旅游资源一体化改革，首次推出香雪海"花月夜"夜游活动；江苏省首条国家登山健身步道建成投用，举办国家级联赛，近1000名专业运动员、越野爱好者参赛，央视体育等30余家媒体关注报道。完成新四军纪念馆、"初心之门"精神堡垒改造提升工程，新四军纪念馆获评省级科普教育基地，《吴罗》等7件作品获省文艺大奖·民间文艺奖。

【实事工程】 2023年,光福镇推进拆迁清零和产业用地更新,签约企业2家、农户27户,青苗补偿19公顷,完成苏州新创悬挂输送机械有限公司等22个地块清零,腾出净地9.05公顷。统筹部署、稳妥有序推进安置房分配,941套房屋顺利分房,安置率近100%。提升产证办理质效,完成福韵花园147套房屋土地资产调拨。编制行政村实用性村庄规划、乡村振兴片区发展规划,对接市园林集团,推进光福古镇保护开发项目。围绕城乡生活污水处理提质增效行动,完成新四军纪念馆污水治理、老镇区雨污水分流工程建设,实施5个自然村污水管网及配套设施、36个农村生活污水处理设施改造工程。提高供水保障,漫山岛供水工程、区域供水工程(二期)全面完成。

【乡村文明建设】 2023年,光福镇深化文明典范城市常态长效建设,深入开展"文明润万家　光福更美好"主题实践活动。完成农贸市场外立面、智能化改造。冲山村获评中国传统村落、全国红色美丽村庄试点村,梅园社区获评省级生态宜居美丽乡村示范社区。府涵璐获评第二届全国乡村振兴青年先锋,许忠英家庭获评省"最美家庭",陆小琴获评苏州时代工匠。

【公共服务】 2023年,光福镇围绕"创响江苏"春风行动,举办线上、线下招聘会6场,提供就业岗位1500余个。多举措关爱特殊群体,发放各类救助资金594.7万元,发放尊老金795.1万元,完成91户家庭适老化改造,西崦湖社区日间照料中心投入运营,西崦湖社区获评市级首批"三全"家庭教育指导服务示范点。开展双拥共建,驻地部队"七一"文化广场建成投用,办理退役军人优待证1667本,发证率近100%。深化健康光福建设,与苏州大学附属第二医院、市中医院等单位合作,开展健康义诊等活动15场,服务2000余人次。光福镇获评省红十字会基层组织工作先进集体,光福人民医院获评市级健康单位。优化教育资源配置,开工建设光福九年一贯制学校,光福实验小学获评省级金钥匙科技竞赛先进学校。完成版权登记作品1849件,苏州市向红绣府工艺品有限公司获评省级版权示范单位。

【安全保障】 2023年,光福镇聚焦"查大问题、除大隐患、防大事故"目标,集中开展安全生产大排查大整治行动,共计检查企业1315家次,整改隐患1902条,整改率100%。完成2个区级重大隐患挂牌督办项目。开展重点场所瓶装液化气用户减量专项整治,完成81家单位"瓶改管、气改电"。开展电信网络诈骗专项整治行动,精准劝阻600余人次,实现案发数、损失金额数"双下降"。

【社会治理】 2023年,光福镇依法办理政府信息公开、行政诉讼等事项11件,答复率、出庭应诉率100%。开展社情民意联系日活动8场,办结群众意见建议108条。开展"代表回选区"主题活动,征集选民意见建议33条,答复率100%。受理各类政务事项7.2万件,解答企业群众难题1000余件,综合满意度100%。完成光福医站通建设,项目获评全国政务服务"小切口"改革优秀实践案例。组建"海棠花红"帮代办队伍,提供志愿服务200余次,办理事项1000余件。网格信息互联共通,办结工单1.19万件,结案率97.8%,位居全区前列。发挥好基层廉勤监督一点通平台作用,切实解决134件群众反响强烈、反映集中的问题,满意率近100%。严格审计监督,压降融资成本,腾出更多资金保障经济社会发展。

【重大活动】 2023年2月18日,光福镇在香雪海景区举办"匠心向党·艺满雪海"红色直播活动,吸引60万网友关注点赞。9月11—15日,光福镇公寓房集中安置大会第一批次分房在镇文体中心举行。10月12日,江苏省工艺美术精品博览会在南京国际展览中心开幕,光福镇工艺美术行业协会携玉雕、木雕、核雕、刺绣、缂丝、吴罗、红木家具等61件光福特色工艺作品参加。10月16日,新四军太湖游击支队纪念馆升级改造完成。11月16日,2023年苏作文创峰会光福分会场活动"匠艺新活力"非遗文创协同设计交流分享会在福艺苏作中心举办。12月2日,"漫山艺"太湖公共艺术邀请展开幕式在漫山岛举办。12月19日,第六批苏州市基层医疗卫生机构特色科室名单公布,吴中区光福人民医院中医骨伤科、呼吸内科入选。12月25日,光福镇游湖现代农业园区高标准农田项目(一期)入选苏州市高标准农田优秀案例。12月29日,2023年光福镇6人入选姑苏乡土人才(能工巧匠类),4人入选姑苏乡土人才(文化传承类—非遗优青)。

(杜润昊)

表37-11　2023年光福镇基本情况一览表

项目	数量	项目	数量
总面积	62平方千米	居委会	4个
耕地面积	389.6公顷	规模以上工业总产值	83亿元
年末户籍人口	4.74万人	地区生产总值	42亿元
村委会	7个	全口径财政收入	7.83亿元

续表

项目	数量	项目	数量
公共财政预算收入	4.35亿元	新增注册外资及港澳台资	—
粮食总产量	1854.46吨	年内到账外资及港澳台资	—
水果产量	938吨	个体工商户	4285户
水产品产量	5.5吨	中小学校	3所
内资企业	3317家	医院（卫生院）	1所
外资及港澳台资企业	45家		

表37-12　2023年光福镇各村（社区）基本情况统计表

村（社区）	面积（平方千米）	户籍人口（人）	集体经济总收入（万元）	总资产（万元）
迁里村	11	8728	1123	4645
府巷村	7.9	5783	1406	8372
福利村	12.15	7822	1945	13158
邓尉村	9.56	3484	610	5671
香雪村	15	7844	804	5414
冲山村	3.20	3014	1034	8204
太湖渔港村	1.66	4894	937.8	7919
东崦湖社区	4	5163	560	2640
梅园社区	1.5	580	681.5	3735
福溪社区	0.31	28	—	—
西崦湖社区	0.9	513	—	—

（光福镇）

金庭镇

【概况】　金庭镇（苏州吴中西山国家现代农业示范园区），地处苏州太湖东南部，距苏州古城区45千米，辖境包括中国内湖第一大岛——西山岛及周围26个太湖小岛，水域面积715.26平方千米，其中西山岛面积82.3平方千米。下辖11个村、2个社区，其中东园社区是城市社区。截至2023年末，户籍人口4.49万人，常住人口3.88万人。金庭镇有现存历史文化古迹100余处，其中中国传统村落8处，省、市级文物保护单位29处，市级控制保护古村落7个，市级控制保护古建筑18处。另有明清建筑120余幢，面积约4万平方米。明月湾古村、东村古村为中国历史文化名村。

【经济发展】　2023年，金庭镇实现地区生产总值26.47亿元，比上年增长7.04%。完成全口径财政收入2.59亿元，比上年增长18.98%；完成地方一般公共预算收入1.73亿元，比上年增长27.1%；规模以上工业总产值完成6.4亿元，比上年增长3.0%；固定资产投资完成5.3亿元，比上年增长2.2%。规模以上住宿业完成4963万元，比上年增长101.5%；规模以上餐饮业完成2045万元，比上年增长53.8%；规模以上服务业完成2.1亿元，比上年增长45.9%。全年新增市场主体超过964户，其中新设企业63户、个体工商户901户。

【集体经济】　2023年，金庭镇"三资"管理进一步规范，组织实施村级集体资产集中经营管理和第三方代理记账，建立村级资金审批监管平台，集体资产进行线上交易256笔，交易总额2565万元。

【产业升级】　2023年，金庭镇紧扣产业富民发展目标，做强做优绿色生态产业，着力培育生态经济新业态新模式。全年申报有效高新技术企业2家，规模以上工业企业研发经费投入335.5万元，实现全社会消费零售总额0.71亿元，比上年增长111%。启动苏州樱源食品有限公司低效地块更新改造。全国首个自动驾驶生态文旅示范基地——百度苏州Apollo Park开园。生态经济产业园、幼儿研学社会实践教育基地相继建成投用，市场主体参与生态岛建设、发展生态经济态势良好。严格对照标准要求，全面提升西山景区的软硬件和服务标准，通过4A级旅游景区复核。完成林屋洞景区灯光秀改造提升，年内全镇旅游人数达到405万人次。生态岛游客集散中心停车场建成投用，外鱼池特色田园乡村建设形态初步显现。

【农文旅融合】 2023年，金庭镇深入挖掘旅游景观资源，植入生态、绿色、乡愁、田园、文化等太湖元素，推出不同主题、形式多样的"网红打卡点"和生态游步道。风铃溪谷·金铎岭建成开园。打造缥缈峰省级森林步道，涵村坞、7号线、水月坞3条市级森林步道。成立太湖生态岛民宿协会，收纳首批会员34人，为民宿业主打造交流互动平台，通过示范引领，凝聚行业力量，推动民宿业高质量发展。发挥农文旅融合发展优势，以打造生态岛文旅品牌为契机，提高活动沉浸式旅游体验，举办"中国杯"国际定向越野巡回赛苏州太湖生态岛站、首届中国苏州太湖洞庭山碧螺春茶文化节、太湖生态岛秋收生活艺术节等一系列特色活动。打造梅花坞特色文化夜市街区和金满庭"星空之夏"集市品牌，提升生态岛夜经济业态。

【民生保障】 2023年，金庭镇完成170余家单位3000余名参保职工的社保基数申报，8000余人城乡居民医疗保险、3000余名学生少儿险、180余名大学生医疗保险的征缴等资，完成办理城镇职工基本养老保险退休审批845人。持续做好住房公积金扩面工作，全年新增住房公积金缴存人数200余人。实施就业优先战略，全年提供就业岗位140余个，新增就业岗位500余个，登记失业人员实现稳定就业264人，开发公益性岗位25个，安置退捕渔民23人。规范开展社会救助工作，按时足额发放各项救助资金，全面落实残疾人"两项补贴"，规范发放残疾人生活保障补贴，全年共计发放救助补助资金约552万元。建成运营儿童之家、社工站，结合工作实际开展特色服务，规范运营残疾人之家。稳步推进老龄工作，全年发放尊老金760万元，持续做好居家养老服务，全镇服务对象达到1900人。

【公共服务】 2023年，金庭镇实现镇村法律顾问全覆盖，全年为政府和村（社区）提供法律服务267次，为群众提供法律咨询328次；开展法治讲座87次；受理法律援助初审案件4件，开展茶叶季和枇杷季专项"法治体检"，为茶果产业提供精准公共法律服务。新增东园社区党群服务中心为法律援助联络点，开展法律咨询、代拟法律文书等法律服务。办理各类公共服务和行政权力事项1.45万件，满意率100%。全面推进"不见面"审批，让数据多跑路，让群众少跑腿，进一步满足群众多样化需求，提前准备，主动应对4—6月农副产品发票开票高峰，大幅度压缩涉税平均办件时间，新增市民卡、天然气业务窗口，方便群众就近办理相关业务。

【环境整治】 2023年，金庭镇聚焦乡村振兴、文明典范城市、人居环境中的突出问题，落实市容环卫责任制，按照网格化管理布局，定时定岗常态化巡查，发现问题及时整改。制定出台10个专项工作实施方案，组建环境整治突击队，规范临时自产自销疏导点管理，试点统一设置摊位25个。推行民宿农家乐纳入"门前三包"平台管理，完成206家录入系统管理。持续巩固国家卫生镇创建成果，提升创建水平。

【实事工程】 2023年，金庭镇推进区太湖综合治理和生态保护十大行动2023重点项目。加快推进石公先行区太湖水生态环境治理项目建设，获省级"治太"资金补助1亿元，完成石公半岛生态停车场改造、小流域综合治理等5个项目，启动石公村污水治理、生态教育展示馆等项目建设。全面完成2023年污染防治攻坚战20项年度工作任务和9项重点工程项目。全面落实"河长制"工作措施，镇、村两级河长开展巡河6048人次，开具工作交办单73起，按时办结吴中区河湖管护评估系统发现的问题812个。落实太湖"五位一体"长效管理措施，完成芦苇、蒿草收割93公顷，打捞水草垃圾2.2万吨、蓝藻1万吨，实现太湖连续十六年安全度夏。推进"消劣争优"行动，开展"地毯式"排查，及时统计出水质不稳定或出现劣V类河道25条，全年完成治理河道8条，12条河道报区河长办申请销号并获通过。协助推进长江入湖排污口"一口一策"分类整治，完成"16+1"个排污口整治销号，强化全镇198个排污口长效管理。

【社会事业】 2023年，金庭镇完成消化道肿瘤早筛、公益性应急救护培训、农贸市场改造提升、老旧小区改造、公交站台重建修复等一批民生实事项目。9月1日，天然气开通使用。西山实验学校建成启用，中、小学两校融合管理平稳推进。完善医疗硬件设施建设，医疗检查治疗能力稳步提升，血透中心收治患者46人。截至年末，完成3240人次CT检查，全年消化内镜完成1889人次胃肠镜检查，政府累计补贴35万元。进一步完善软硬件条件，为广大群众提供丰富优质的文化体育公共服务，全年开展各类文化体育活动560余场次，服务群众60余万人次。组织实施对西山实验学校优秀毕业生发放奖学金活动，共计发放15.5万元。

【重大活动】 2023年2月6日，苏州市吴中区西山实验学校启用。3月17日，苏州市姑苏区人民法院"太湖流域环境资源法庭太湖生态岛巡回审判点"、苏州市吴中区人民法院"太湖生态岛巡回审判点"揭牌活动在金庭镇举行。3月18日，2023首届中国苏州太湖洞庭山碧螺春茶文化节在金庭镇水月坞中国（吴中）太湖洞庭山碧螺春茶文化园开幕。4月22日，太湖生态岛生态环境损害赔偿示范基地首个劳务代偿案件落地"太湖生态岛志愿绿V站"。4月27日，金庭镇与苏州市职业大学"一院一镇"校地合作项目签约仪式举行。9月1日,金庭镇开通天然气。10月17日,"智联太湖 驾控未来"百度苏州Apollo Park在太湖生态岛开园。12月27日,第九批江苏省历史文化名镇名村公布,金庭镇蒋东村入选江苏省历史文化名村,为本次吴中区唯一入选古村。 (蒋晶)

表 37-13　2023 年金庭镇基本情况一览表

项目	数量	项目	数量
总面积	84.59平方千米	水果产量	1.37万吨
耕地面积	1960.23公顷	水产品产量	159万吨
年末户籍人口	4.49万人	内资企业	—
村委会	11个	外资及港澳台资企业	—
居委会	2个	新增注册外资及港澳台资	—
规模以上工业总产值	6.4亿元	年内到账外资及港澳台资	—
地区生产总值	26.47亿元	个体工商户	6673户
全口径财政收入	2.59亿元	中小学校	1所
公共财政预算收入	1.73亿元	医院(卫生院)	1所
粮食总产量	2734吨		

表 37-14　2023 年金庭镇各村(社区)基本情况统计表

村(社区)	面积(平方千米)	户籍人口(人)	集体经济总收入(万元)	总资产(万元)
东河社区	8.1	3855	404	3642
元山村	3.88	3710	358	3921
蒋东村	5.38	3895	1228	8780
庭山村	9.6	3684	352	3275
林屋村	6.7	4444	343	3073
秉常村	6.5	4262	416	4445
石公村	6.41	3114	624	3937
东蔡村	5.89	3515	587	3918
缥缈村	7.6	3046	352	5384
衙角里村	8.2	3739	440	3714
堂里村	10.67	2877	440	2830
东村村	8.2	3756	574	3269
东园社区	1.84	1044	—	—

(金庭镇)

长桥街道

【概况】　长桥街道位于苏州古城南部,区域面积15.3平方千米,下辖20个社区,包括13个城市社区、7个涉农社区,常住人口14.3万人,其中户籍人口8.32万人。2013年9月,原长桥、苏苑、龙西3个街道合并成立新的长桥街道,并组建吴中城区。2015年11月,江苏省吴中高新技术产业开发区获省政府批准筹建。2021年10月,根据区委、区政府"三区三片"综合改革方案,吴中高新区管辖范围调整为木渎镇、胥口镇、临湖镇,长桥街道归属吴中经济技术开发区管辖。

【经济发展】　2023年,长桥街道共有9个区级重点项目,总投资额约85.91亿元,全年完成投资19.5亿元,占年度计划的101%。落实惠企政策,强化企业金融服务,开展协税护税工作,联合走访疑似非法金融风险企业,联合排查辖区金融评估风险公司30家。对234家"四上"企业建立领导干部挂钩联系制度,落实"有求必应、无事不扰"的属地"店小二精神"。第五次全国经济普查中,共采集单位1.44万家,占底册总数的90.3%;采集个体户9933户,占底册总数的67.7%。开展转供电环节违规加价行为专项整治,排查转供电主体68家,涉及终端用户数量5202户,应退尽退166.85万元。

【集体经济】 2023年，长桥街道对接产城融合发展方向，加快产业基地转移，新建长联智慧港制造基地项目（南湖路18号地块）及长联创智项目（南官渡路7号地块），推进科技服务中心项目消防验收等。出台《关于长桥街道应对疫情鼓励农村集体经济组织减免资产出租租金的指导意见》，镇、村两级减免3500.34万元。开展集体资产追赃挽损行动，截至年末，累计清理集体资产历年欠租3128.79万元。完成南湖路18号厂区、南官渡路7号、苏蠡路44号、月浜街15号来祥宾馆清租工作。推进乡村公益医疗互助试点工作，7个涉农社区开展福村宝项目，覆盖1.89万人。

【深度改革】 2023年，长桥街道聚焦"学思想、强党性、重实践、建新功"的总要求，结合街道机关、社区、医院、学校、"两新"企业等不同领域的特点，分类梳理18条重点任务，深入推进党建共建，与苏州科技大学数学学院、中国银行苏州吴中支行等5家单位签订共建协议。全力做好省市区各级巡察整改工作，"作风评判机制"有力推进，"深化小区临时停车收费专项监督"获评全区优秀监督项目。

【城市更新】 2023年，长桥街道推进历史遗留地块清零，全年完成4个地块清零，共计签约52户，签约率78.8%。万达南地块实现清零，龙港三村"以征促签"实现突破。澜庭三期和石湖景苑二期启动交付，完成澜庭一区514套安置房契税缴纳及办证工作，完成石湖澜庭三期4.5万平方米、石湖景苑二期12.5万平方米的网签纳统。彭泾港北侧地块完成上市，万达南侧地块完成注销、土壤检测等工作。吴中实验小学西侧道路、吴中人民医院新院区东侧道路征地手续加快办理。跃进河西路、新蠡路南延及周边景观绿化工程等项目完工，苏苑新村北区、嘉宝花园一期、吴中东路113号等老旧小区完成改造，惠及2798户居民。完成蠡墅老街前期规划、现状评估及初步保护方案，城市空间进一步腾退优化。

【民生保障】 2023年，长桥街道长桥中学改扩建、儿童友好社区建设等17个民生实事项目完成。全年举办各类专场招聘会9场，提供就业岗位超1000个。开展"惠民暖心、高效优质"服务行动，聚焦"一老一小"，全市首家喘息式托老所、和源社区食堂启用，街道综合为老服务中心二期启动建设，完成适老化改造134户，为高龄空巢老人免费安装家庭智慧监测系统82户，年内街道获批国家级智慧健康养老示范街道。"吴有善托"青少年暑托班获评省级优秀示范班点。举办"月下长桥、好玩集乐"烟火集市、"南城咏流传、天涯共此时"中秋文艺汇演，打造长桥特色原创作品《江南采桑子》，全年开展文化活动超过300场次。

【实事工程】 2023年，长桥街道9个区级重点项目完成投资19.5亿元，占年度计划的101%。云悦天境、先锋时代商务广场人才公寓改造装饰项目竣工交付；石湖景苑二期竣工交付，石湖东岸澜庭三区完成规划验收、环保验收、人防验收等。吴中集团新总部大楼项目3号楼5层楼面浇筑完成，5层空腔柱安装40%；5号楼4层楼面浇筑完成，4层空腔墙安装完成，4层西单元支模完成，4层东单元墙板筋绑扎完成。恒迅商办楼项目完成施工招标，取得施工许可证；吴中广场项目塔楼施工至21层，塔楼二次结构施工至15层，南区中间基坑施工至基准面，南区东西两侧基坑第三道支撑浇筑完成，北区地下室水电暖管线安装完成60%，北区地上裙房水电暖管线安装完成20%，北区裙房幕墙安装完成20%；香江集团华东科创中心项目1—5号楼精装修完成，6—7号楼精装修完成95%，8—10号楼主体结构封顶，园林景观完成98%；苏州爱尔眼科医院项目协调违建事宜；苏州广慈肿瘤医院改扩建项目开工建设。

【重大活动】 2023年10月20日，全市首家喘息式托老所和社区食堂开业揭牌仪式在和源护理院举行。12月28日，苏州市委宣传部、市文明办联合各部门在长桥街道举办2024年度苏州市文化科技卫生"三下乡"活动启动仪式暨"温暖秋冬"文明实践集中服务活动。

（黄雅静）

表37-15　2023年长桥街道基本情况一览表

项目	数量	项目	数量
总面积	15.3平方千米	公共财政预算收入	18.97亿元
耕地面积	—	粮食总产量	—
年末户籍人口	8.32万人	水果产量	—
村委会	0个	水产品产量	—
居委会	20个	内资企业	1287家
工业总产值	61.47亿元	外资及港澳台资企业	72家
地区生产总值	158亿元	新增注册外资及港澳台资	6231万美元
全口径财政收入	32.72亿元	年内到账外资及港澳台资	9060万美元

续表

项目	数量	项目	数量
个体工商户	14711户	医院（卫生院）	4所
中小学校	10所		

表37-16　2023年长桥街道各村（社区）基本情况统计表

村（社区）	面积（平方千米）	户籍人口（人）	集体经济总收入（万元）	总资产（万元）
龙桥社区	0.92	6285	7924	139504
龙西社区	0.71	8078	4357	55096
新家社区	0.93	1166	2092	30031
先锋社区	0.6	3520	3517	66082
蠡墅社区	2.24	2656	1820	30756
新南社区	0.44	2412	2310	34360
新北社区	0.8	920	3272	52034
苏蠡天怡社区	0.67	1708	—	—
石湖天韵社区	0.48	2517	—	—
天华社区	0.33	1732	—	—
长蠡社区	0.96	4213	—	—
南区社区	1	6636	—	—
苑北社区	0.5	5760	—	—
东吴社区	0.54	4380	—	—
迎春社区	0.56	4391	—	—
嘉宝社区	0.97	5124	—	—
吴中苑社区	0.36	4035	—	—
美蠡雅社区	0.78	4650	—	—
水香社区	0.59	5548	—	—
龙城社区	0.71	4232	—	—

（长桥街道）

郭巷街道

【概况】　郭巷街道隶属吴中经济技术开发区，位于吴中区东部，东隔镬底潭、吴淞江与甪直镇为邻，南傍吴淞江与吴江区松陵街道相望，西以京杭大运河与长桥街道、城南街道为界，北、东北与苏州工业园区娄葑街道相邻，因地处苏州古城城郭东南而得名，素有"姑苏南大门"的美誉。街道行政区域总面积54平方千米，下辖24个社区，其中11个涉农社区、13个城市社区。截至2023年末，户籍人口8.46万人，常住人口25.4万人。年内，新设立湖韵、湖逸、丽湖3个社区。

【经济发展】　2023年，郭巷街道完成工业总产值697亿元，比上年增长1.01%；实现主营业务收入超过705亿元，比上年增长1.03%；创造利税超过44亿元，其中利润达到33亿元。街道140余家规模以上工业企业累计完成工业总产值超过642亿元，比上年增长1%；实现主营业务收入超过649亿元，比上年增长3.3%；创造利税41亿元，其中利润达31亿元。截至年末，郭巷累计注册个体工商户1.54万余户，经济社会保持健康稳定的发展态势。

【集体经济】　2023年，郭巷街道完成集体资产交易300余笔，交易资产面积超过8万平方米，交易金额达到1816万元。街道集体资产增至17.3亿元，集体资产年租金收入约1.38亿元。2023年镇级集体资产年收入约7465万元，集体经济发展稳中有进。发展特色农业，加快九里湖254公顷高标准农田建设，探索街道农文旅发展新路径。完善配套设施建设，国泰人才公寓项目主体完成验收，金丝港商务中心实现竣工备案，尹东八村二区配套用房及黄潦泾社区配套用房完成装修改造，集体经济规模逐步壮大。盘活闲置资产，独墅湖水乡邻里、尹东公共服务中心完成商业引入，多举措加快尹东四期配套用房等存量载体招商，存量资源配置持续优化。

【城乡一体】 2023年，郭巷街道聚焦急拆必拆任务，签约苏州市郭巷丝绸印染有限公司地块，加速腾出企业发展空间。系统规划推动城市更新建设，完成大运河沿线3个地块签约。通达路、林家潭路拓宽地块实现突破，路网结构加速完善。完成汤堡小学、满园调剂市场地块清零，为民生事业落地提供有力支撑。制定"一案一策"，整治违法用地13块，"退二还一"（"二"指第二产业，"一"指第一产业）地块整治完成率100%。全力做好安置分房，完成九盛花园、吉熙苑二期和四期及零星安置共计1317户，全年办理房屋产证、车库产证8807本。

【民生保障】 2023年，郭巷街道依托金蓝领人才交流中心和社区阵地，建设3个"家门口"就业服务站。搭建"线上+线下"招聘服务平台，提供岗位超过1000个，新增就业7500人、高技能人才411人。织密民生兜底保障网，推动社会救助工作由"人找政策"向"政策找人"转变，主动排摸、发放各类社会救助金520万元惠及807人。社保扩面新增1543人，居民医保参保人数达到1.65万人。持续完善"一老一小"照护服务体系，有序运营日间照料中心，完成家庭适老化改造82户，安装特殊困难家庭居家智慧监测系统73户，开设暑托班14个。依托互联网和移动应用技术，打通"互联网+政务服务"新路径，办理全程电子化网办业务近680件。街道社会矛盾纠纷调处化解中心和社区矛调工作站投用，共受理欠薪等各类纠纷3000余件，创成吴中区首家省级金牌调解组织。

【实事工程】 2023年，郭巷街道推进14个民生实事项目，尹东八村农贸市场提档升级，汇邻通达市集投入使用，郭新路综合整治提升完成。协调推进区域内公交线路优化，新增4条公交线路，轨交7号线、郭巷大桥、尹山大桥等项目加快推进。全力均衡辖区内医疗教育资源，尹山湖医院扩建工程建设加快推进，汤堡小学开工建设，象屿地产配套园启用，3所外来工子弟学校转为公办学校。

【社会事业】 2023年，郭巷街道探索文旅消费新业态，发掘尹山湖美术馆、本色市集特质，满足市民多元休闲娱乐需求。挖掘姜庄、双浜传统街区与老旧楼宇存量载体，探索市场化运营方式，着力打造江南大集项目，提升集体经济发展后劲。因地制宜增设过时投放点，提升"低分小区"垃圾分类治理水平。开展与苏州工业园区、吴江区毗邻区域市容秩序综合整治，完成独墅湖大道高架桥下空间改造提升。挖掘停车资源，新增机动车公共泊位800个、非机动车泊位500个，错时共享泊位60个。强化市容市貌精细管理，开展占道经营、环境卫生专项整治，以"向阳曼花榜"持续推进文明典范城市建设常态长效，聚焦提升尹墅路和郭津路2条示范道路，全面推动独墅湖生态公园美丽街区建设。

【生态环境治理】 2023年，郭巷街道牢固树立"两山"理念，精准落实"一河一策"，完成5条劣Ⅴ类水体河道验收销号，疏浚整治河道4.3千米，水岸同治显成效。完成尹山湖、白洋湖幸福美丽河湖建设，水生态环境持续提升。聚焦"333"城乡生活污水提质增效，完成达标区块4个，涉及面积2.55平方千米，疏浚填埋河道支浜5条。护航清洁空气示范社区建设，围绕产能淘汰与压减、清洁原料替代、餐饮油烟治理等领域持续开展大气污染防治工作，13家企业完成治理，合力推进传统制造业绿色低碳转型，空气质量优良天数比例超过83%，空气质量长期稳定向好。推动土壤污染防治，完成苏州市天鹤化学品有限公司、苏州林通化工科技股份有限公司、苏州思睿屹新材料股份有限公司地块土壤污染状况调查，苏州林通化工科技股份有限公司、苏州思睿屹新材料股份有限公司风险评估市级评审。开展危废排查治理，检查102家固废危废相关企业，督促38家企业完成危废系统异常处理，关闭5家企业危废账户。

【重大活动】 2023年6月26日，尹山湖隧道通车，南湖路快速路东延工程吴中区段全线建成通车。8月10日，通达路郭巷大桥钢箱梁顶推施工完成。9月14日，"山水吴中遇见人文姑苏"品牌共建签约仪式暨侨创"新"篇筑梦吴中侨文化推广月活动在尹山湖美术馆举行。9月17日，"最美金秋夜·吴中更有礼"暨"夜YUE吴中"活动在尹山湖歌林公园开幕。10月28日，第四届"诗意江南——中国油画作品展"在尹山湖美术馆开幕。

（田培胜）

表37-17　2023年郭巷街道基本情况一览表

项目	数量	项目	数量
总面积	54平方千米	工业总产值	697亿元
耕地面积	869公顷	地区生产总值	203亿元
年末户籍人口	8.46万人	全口径财政收入	—
村委会	0个	公共财政预算收入	—
居委会	24个	粮食总产量	2390吨

续表

项目	数量	项目	数量
水果产量	—	年内到账外资及港澳台资	—
水产品产量	—	个体工商户	1.54万户
内资企业	7680家	中小学校	6所
外资及港澳台资企业	155家	医院（卫生院）	2所
新增注册外资及港澳台资	—		

表37-18　2023年郭巷街道各村（社区）基本情况统计表

村（社区）	面积（平方千米）	户籍人口（人）	集体经济总收入（万元）	总资产（万元）
国泰社区	2.75	9127	2522	11551
姜庄社区	2	3985	680	6347
独墅湖社区	6.6	6298	1450	8153
戈湾社区	6.04	3729	860	2944
黄潦泾社区	10	3926	1149	1744
马巷社区	6	3200	1280	3426
双浜社区	1.67	3327	1052	2985
姜家社区	2.6	2769	1051	7080
尹山社区	2.12	1956	542	2522
徐浜社区	3.48	2032	760	3486
官浦社区	2.5	2095	725	1817
国香园社区	0.23	3658	—	—
湖滨社区	0.28	1715	—	—
湖岸社区	0.32	2107	—	—
湖景花园社区	0.28	4200	—	—
常青藤社区	0.79	4033	—	—
斜港社区	0.15	3200	—	—
墅浦社区	0.72	2129	—	—
翠湖社区	0.22	3236	—	—
清禾社区	0.46	3486	—	—
双湾锦园社区	0.24	3650	—	—
景韵社区	0.25	7752	—	—
独墅湾社区	0.64	3500	—	—
玲珑社区	0.4	1200	—	—

（郭巷街道）

横泾街道

【概况】　横泾街道位于苏州市南部，南临东太湖、北依尧峰山，处于吴中区城乡融合的黄金腰部位置，南北长约10千米，东西长约5.5千米，区域总面积52.23平方千米，下辖5个村、6个社区。截至2023年末，户籍人口3.37万人，常住人口3.92万人。2023年8月，辖区管理体制调整，横泾街道隶属吴中太湖新城。

【经济发展】　2023年，横泾街道完成地区生产总值59.93亿元；实现规模以上工业总产值57.5亿元；完成工业投资4.48亿元，比上年增长5.18%。全年引进项目422个，新增注册资本18.82亿元，44个项目注册超过千万元；累计有效高新技术企业121家，比上年增长10%。新增"四上"单位入库15家，培育优质中小企业79家。苏州凌云光工业智能技术有限公司、苏州博思特装配自动化科技有限公司、江苏迈信林航空科技股份有限公司等重点项目开工，苏州帅琦智能制造有限公司、苏州润华职业防护服装有限公司等产业存量更新项目方案获批，苏州市恒升机械有限公司"数据得地、工业上楼"示范项目完成供地。

【集体经济】 2023年，横泾街道实施"一地一策"，新增出租土地22.1公顷、增收90万元；实施"一产一案"，新增出租载体1.11万平方米、增收250.6万元。镇、村两级集体经济总收入1.94亿元，比上年增长19.3%；集体总资产12.36亿元，比上年增长0.4%；村均稳定收入814万元，比上年增长7.7%。年内，70.33公顷高标准农田建设基本完成，全年种植水稻442.1公顷。完成稻米加工仓储中心、无人化智能农机装备应用示范基地建设，开发苏州湾智慧农业平台。"太湖横泾"大米获第十九届中国国际粮油与设备博览会金奖等。

【农文旅融合】 2023年，横泾街道获评第三批全国农民体育健身活动基地。合馔农业集团迁入落户，总部基地建成投用。道禾美术馆、大山博物志民宿、心田里书房等相继运营。景程文旅取得湖州杨溇村、绍兴兰亭街道文旅项目运营权。诗酒田园三产融合创新实践营地入选省农科文化实践营地。林渡暖村入选2023世界旅游联盟旅游助力乡村振兴全球案例，上林村入选江苏省乡村振兴示范村、苏州市乡村旅游重点村。举办首届油菜花节、第七届开镰节暨"建研院"杯农民运动会、第14届职工乒乓球赛等活动。开展国家级地名文化试点和"乡村著名行动"。全年共开展文艺演出、阅读推广、科普宣传等各类惠民活动31场。辖区3人获"吴中时代新人"称号，"新时代文明实践带"建设入选区级十佳新事。

【环境整治】 2023年，横泾街道完成5条河道清淤、3条劣Ⅴ类河道整治、8条生态美丽河道创建任务，尧峰山山体周边环境整治提升基本完成。与中翰兴农科技达成战略合作，瑰谷农业综合体项目快速推进，项目方完成投资约5300万元。横港河路延伸段竣工验收。

【社会治理】 2023年，横泾街道6个民营工业集中区完成安全达标创建。森林防火蓄水池建设完成。打造泾南路农村安全示范道路，农村道路事故数比上年下降5%。完成泾东社区"去筹"工作。推进太湖湿地公园清障工作，完成杂船整治53艘，13家农户完成搬离和拆除。制定《横泾街道信访维稳化解工作机制》，办结各级领导信箱45件、各类联动工单6064件，信访重点人员化解数量、责任单位满意率、责任单位参评率、初次信访一次性化解率等四大主要指标均列全区第一。调整出台《横泾街道农村村民住房建设管理实施细则》和《横泾街道农村违规建房问题专项整治工作方案》，进一步规范农村建房审批和管理。制定《横泾街道无控规国有土地上居民危险住房修缮管理方案》，着力消除城镇居民私有住房安全隐患。

【城市更新】 2023年，横泾街道完成拆迁28户民房、1户企业，整治违法用地8个，"退二还一"1个，完成率61.29%，3个地块完成清零。完成安置房办证168本。拆除违法建设1.6万平方米。区域养老服务中心建成并与苏州康养集团签约，专职消防站、横泾第二小学主体封顶，公共卫生中心开工建设。农贸市场完成提档升级，获"2023年苏州市文明菜场"称号。横泾睦邻坊地块控规完成调整，建筑设计方案初步完成。中兴路创成苏州市市级示范路。镇区198户居民管道煤气工程完成。谭家浜路、新众村路道路改造基本完成，翁家斗路滨湖大道贯通，辖区新增公共停车泊位231个。

【民生保障】 2023年，横泾街道深化"一户一策"精准救助，全年发放各类社会救助、补助资金433万元。完成56户老年人家庭适老化改造，36户特殊困难家庭智慧监测系统安装。新建泾东社区日间照料中心，新路村创成省级老年友好型社区。为7000余名65周岁以上老人发放尊老金496万余元。办理创业补贴255人，协调51家企业开展招聘会，提供岗位340余个。

【重大活动】 5月10日，经开区与苏州康养集团达成战略合作，签约运营区域性养老服务中心项目。6月11日，凌云光太湖工业人工智能基地奠基仪式在横泾街道举行，基地计划投资12亿元。8月22日，博思特太湖新城基地开工仪式举办，项目位于横泾街道兴东路以南、竹山路以西，总投资约8亿元，总建筑面积约7.6万平方米。11月4日，2023吴中横泾开镰节暨"建研院"杯农民运动会开幕式在林渡暖村举办。

（张晓莉）

表37-19 2023年横泾街道基本情况一览表

项目	数量	项目	数量
总面积	52.23平方千米	全口径财政收入	—
耕地面积	872.85公顷	公共财政预算收入	—
年末户籍人口	3.37万人	粮食总产量	5503.12吨
村委会	5个	水果产量	712.31吨
居委会	6个	水产品产量	30.36吨
工业总产值	88.11亿元	内资企业	4725家
地区生产总值	59.93亿元	外资及港澳台资企业	17家

续表

项目	数量	项目	数量
新增注册外资及港澳台资	—	中小学校	2所
年内到账外资及港澳台资	400万美元	医院（卫生院）	6所
个体工商户	5791户		

表37-20 2023年横泾街道各村（社区）基本情况统计表

村（社区）	面积（平方千米）	户籍人口（人）	集体经济总收入（万元）	总资产（万元）
新路村	1.8	2315	585	6601
新齐村	5.9	3086	611	5793
新湖村	0.1	1882	274	1791
上林村	6.7	4814	792	5077
长远村	8.16	5450	943	6866
尧南社区	5.86	4979	1832	13573
泾峰社区	4.06	4842	1115	7674
上巷社区	4.2	3334	1823	11200
泾苑社区	1.07	2965	—	—
泾康社区	0.46	9	—	—
泾东社区	0.56	—	—	—

（横泾街道）

越溪街道

【概况】 越溪街道位于吴中区西南部，东至友新高架，西倚尧峰山，南至沪常高速，北坐上方山，是吴中经济技术开发区区域中心，苏州海关、苏州国际教育园南区、苏州吴中经济技术开发区行政中心、吴中商务中心、吴中区人民检察院、苏州市公安局吴中分局等坐落其中。街道行政区域面积22.9平方千米，下辖8个行政村（社区）、4个城市社区。截至2023年末，户籍人口4.88万人，常住人口11.51万人。

【经济发展】 2023年，越溪街道完成地区生产总值142.58亿元，全口径财政收入1.55亿元，一般公共预算收入1.16亿元。实现规模以上工业总产值172.46亿元，比上年增长31.7%。完成工业投资7.59亿元，固定资产投资10.27亿元。截至年末，累计有效高新技术企业131家。新增"四上"单位入库24家，培育优质中小企业43家。

【集体经济】 2023年，越溪街道实现地区生产总值142.58亿元，比上年增长7.8%，街道、社区（村）二级集体总资产24.22亿元，集体总收入3.05亿元，比上年增长30.3%，集体稳定收入2.77亿元。

【转型升级】 2023年，越溪街道推进越溪智能装备厂房项目建设，配合打造以哈工大苏州研究院为平台的新型产业园，为13个科研团队入驻提供优质载体。全面启动东吴工业园存量更新，逐步腾退低效产能产业。完成商业及办公项目竣工验收，载体意向租赁给苏州燕园学校办学。有序推动珠村华庭社区卫生服务站、旺山天然气进村入户项目等5个民生实事项目建设。

【城乡一体】 2023年，越溪街道拆迁清零共签约12户（其中企业2家），完成龙翔前庄南和WZ—3储备地块2个地块清零，完成吴淞江（江苏段）整治工程项目。整治违法用地18处，"退二还一"1处。完成文溪花苑四期、五期分房，共安置1946户4836套。完成文溪花苑四期、五期网签纳统任务，共办理3661套42.93万平方米。

【文体旅融合】 2023年，越溪街道打造"大旺"系列文旅品牌项目，拍摄《东"张"西"旺"》《旺山为啥这么旺》等宣传短片，举办山野市集、亲子趣味微型马拉松等主题活动，推动创意文旅融合发展。成立旺山文化管理有限公司，推出特色现场教学线路，承接各类特色主题培训业务，引入旅游新业态；持续推进旺山遇见卢浮宫（二期）项目，洛嘉森乐园等3个主题公园开放。景区全年共接待游客130余万人次。旺山文旅风情小镇通过省特色小镇验收，旺山获评"2022世界旅游联盟——旅游助力乡村振兴案例""江苏省乡村旅游业态创新示范产品"等。成立越来溪艺术团，举办首届青年歌手大奖赛、"与艺同行"研学活动等文化活动，举办街道职工乒乓球赛、羽毛球赛、首届篮球联赛等体育赛事，原创故事《一座山头两个村》获第五届苏州市群众文化繁星奖网络人气奖第一名。深化精神文明建设，常态化开展新时代文明实践活动,打造文明实践特色品牌,莫舍社区获评苏州市新时代文明实践示范站。

【民生保障】 2023年,越溪街道落实社保、公积金扩面提质行动,建成"家门口"就业服务站特色站1个、基础站2个,组织春风行动暨就业援助月专场招聘会,搭建就业创业平台。将外来工子弟学校育才小学转为越溪实验小学办学点。按时精准发放社会救助金、残疾人补贴等各类补贴累计227.78万元。打造"心心相溪"全新社工站品牌,按期完成适老化改造50家,全面启用莫舍社区综合为老服务中心,打造一站式为老服务标杆,构建"15分钟养老服务圈"。推进安全生产大检查,聚焦重点领域,落细落实隐患整治,完善优化安全生产网格,制定评估细则,提升安全生产监管水平。持续开展安全生产宣讲和应急演练等活动,推动安全生产意识入脑入心。

【实事工程】 2023年,越溪街道完成5项民生实事项目。天然气进村入户项目(旺山),总计297户开通管道天然气。完善七子山(越溪区域)登山步道配套设施建设,部分节点增设休息点、补给点、临时救援点及公共卫生间,增加游客便利度。在新安置文溪三期地下车库新建560个智能充电头,在文溪四期地面建设31个充电棚和1500个电动自行车智能充电头,方便居民集中安全充电。建设珠村华庭社区卫生服务站,装修改造配套用房约380平方米。建设溪东一区、二区停车场和电瓶车充电棚,增加停车位60个、电瓶车充电棚1个。

【环境整治】 2023年,越溪街道完成VOCs治理任务,大气优良天数比率84.1%。完成太湖一级保护区企业核查,开展小石湖、苏东河及其支浜水质检测,完成4条劣V类河道治理,辖区水质稳定。越溪桥国考断面水质年均值优于三类水标准。扎实推进山体周边环境整治,完成对乱搭乱建、各类垃圾的清理等重点任务,实现长效管理。

【综合为老服务中心】 2023年3月29日,越溪街道综合为老服务中心启动仪式举行。越溪街道综合为老服务中心(莫舍站)是越溪街道精细化打造的社区"医养康护"一站式为老服务旗舰标杆,秉持"怀敬老之心、注爱老之情、行为老之事"理念,重在打造三级智慧养老新模式,即以社区居家养老服务为基础,街道级康养照护为特色,市区级医养和智慧服务为支撑,满足不同健康周期老年人多元养老需求,并推出六大服务领域即社区文化、生活照护、康复调理、营养配餐、保健医疗、便民服务,全方位满足老年人身心健康需求。2023年,通过品牌化推进"拾穗书屋""舌尖上的莫舍""银龄智治""心心相溪 精准助翼""瑞颐康养 最美夕阳"等项目,举办党建惠民活动277场,服务居民万余人。

【重大活动】 2023年2月9日,越溪街道召开拆迁清零暨产业用地更新推进会。3月11日,苏州青年发展型城市建设主题活动在吴中区旺山遇见卢浮宫青年创意街区举行。5月26日,吴中区航空航天产业园在越溪开园。7月5日,越溪街道举办网络文化季暨"心心向溪"网络文明志愿者服务队成立仪式。11月8日,江苏省发展改革委副主任、党组成员张世祥率队赴越溪开展旺山文旅风情小镇实地验收工作。

(陆乙一)

表37-21 2023年越溪街道基本情况一览表

项目	数量	项目	数量
总面积	22.9平方千米	水果产量	15吨
耕地面积	—	水产品产量	—
年末户籍人口	4.88万人	内资企业	—
村委会	8个	外资及港澳台资企业	—
居委会	4个	新增注册外资及港澳台资	—
工业总产值	172.46亿元	年内到账外资及港澳台资	—
地区生产总值	142.58亿元	个体工商户	—
全口径财政收入	1.55亿元	中小学校	6所
公共财政预算收入	1.16亿元	医院(卫生院)	3所
粮食总产量	397吨		

表37-22 2023年越溪街道各村(社区)基本情况统计表

村(社区)	面积(平方千米)	户籍人口(人)	集体经济总收入(万元)	总资产(万元)
龙翔社区	6	4337	1110	11471
珠村社区	3	3170	1089	5901
溪上社区	6	3792	537	4768

续表

村（社区）	面积（平方千米）	户籍人口（人）	集体经济总收入（万元）	总资产（万元）
莫舍社区	5	3860	1106	5388
吴山社区	0.8	2435	831	6075
木林社区	7	4854	568	5011
张桥村	6.2	3245	2055	11652
旺山村	7.1	2556	2963	19697
教育园社区	4.2	3916	—	—
小石湖社区	4.2	3886	—	—
溪韵社区	1.5	3182	—	—
溪江社区	1.2	10581	—	—

（越溪街道）

城南街道

【概况】 城南街道位于苏州南大门，东邻苏嘉杭高速，西至友新高架，北接吴中城区，南与吴江接壤，街道设15个社区，区域面积约17.8平方千米。截至2023年末，户籍人口6.15万人，常住人口约13.6万人。

【经济发展】 2023年，城南街道实现地区生产总值149.52亿元，比上年增长0.37%，完成工业总产值396.89亿元，规模以上工业总产值322.99亿元，与上一年度基本持平。

【集体经济】 截至2023年末，城南街道镇村二级集体总资产23.8亿元，比上年增长18%。镇、村二级集体经济总收入2.23亿元，比上年增长18.9%。其中，集体稳定收入1.82亿元，比上年增长33.1%。村均稳定收入1352万元，比上年增长15.5%。2023年，城南科技产业园竣工投用，招商租赁基本完成，签约引进半导体、光伏、工业机器人等产业项目。总投资8000万元的城南工业坊二期基本竣工，总投资约1.5亿元的城南众联科技产业园规划建造标准厂房约5万平方米。加强集体收入开源，科学设置租赁单价，增加收入总额，通过市场化评估、公开招标等举措，村级资产续租租金连续三年实现增长；减少财务成本，置换成本高的存量贷款，通过贷款置换降低融资利率，优化股权结构，落实项目分红，促进镇、村两级集体资产进一步规范、良性发展。

【城乡一体】 2023年，城南街道持续推进地块腾退，重点聚焦"产业用地更新"及"重大项目和城镇更新"，全力推进拆迁清零，完成澄湖路东延、邵辉路等6个地块清零，在拆迁任务均为历年遗留难点的背景下，清零完成率实现过半，为产业结构优化、城市规划落地保障发展空间。持续推进存量更新，苏州兆丰塑胶有限公司、苏州金记食品有限公司等3个存量更新项目基本竣工，实现更新工业土地9.23公顷，新增厂房约18.5万平方米，预估新增产值15亿元；持续清退集体载体内低效工业企业，腾挪产业空间，促进发展功能互补、产业层次提升的共进格局。持续推进品质提升，轨道交通7号线、澄湖路改造加快建设，文溪路东延二期、枫津路改造基本建成，南湖路高架沿线专项整治提升，重要节点、路网框架、城市界面不断优化；宝带桥·澹台湖大运河公园改造提升竣工开放。

【环境整治】 2023年，城南街道优化生态人居环境，完成VOCs污染治理7家，完成2个排水达标区整治，完成雨污水主支管网检测约150千米，完成农场河劣V类河道销号，澹台湖幸福河湖建设。中央、省生态环境保护督察交办信访件12件全部完成整改销号，落实文昉典范城市建设、国家卫生城市复检。提升城市服务能力，推进老新村管网混接治理，完成塘湾里新村雨污分流改造工程、南石湖新村雨污分流改造工程，新增建设电动车充电桩2000余个。

【民生保障】 2023年，城南街道启用综合为老服务中心、长者食堂，日间照料中心实现全覆盖，4家看护点提档升级，邵昂路九年一贯制学校土建基本竣工；新建"家门口"就业服务站基础站2家、特色站1家，城镇失业人员就业、就业困难人员就业、新增高技能人才、公积金扩面任务完成数均超100%；高效落实惠企政策，帮助企业申请各类补助，全年累计下拨资金4679.5万元。加强安居保障，平稳实施小户型房屋限量回购，分期分批妥善完成玉景花园、兴南华庭50栋房屋的交付分配，累计分房1783户3303套；加快落实安置房办证，截至2023年末，办证1470套；实施盛丰苑及城南零星合并共7个老旧小区改造，涉改居民664户，碧波花园改造项目获评苏州市海绵城市建设示范项目。

【社会治理】 2023年，城南街道贯彻"三区三片"综合改革，助力中心城区建管养一体化改革细化落地。挂牌应急管理局，落实综合行政执法一体化办公。推进社区规划调整，促进城乡统筹融合，9月完成小石城超大型社区拆分，调整10个居民委员会管辖范围；落实南部片区建管养一体化改革，理清责任划分，强化协作联动；社会矛盾纠纷调处化解中心建设完成，调处各类纠纷142起；成立"云审·融诉驿站"，公共法律服务体系建设进一步完善；定期开展社情民意联系日活动，累计收集问题44件，均全部办结。筑牢安全底线，严格落实"一岗双责"，制定安全生产责任清单，增设7个安全生产专业委员会，调整1个安全生产专业委员会；严格履行属地管理和部门监管职责，日常检查发现并整改隐患1538个，执法检查发现并整改隐患278个，事前立案13件，处罚金额9.66万元；综合施策保障居住安全，检查出租房（群租房）约2万家次，排除隐患1200余处；检查餐饮场所约2000家次，排除隐患300余处；排查整改"三合一"场所28家，停工整改装饰装修违规拆改项目6个，完成违法建设治理62处2.3万平方米。

【重大活动】 2023年5月7日，阅享"城"光里文化集市在宝带桥·澹台湖大运河国家文化公园举行。9月21日，第五届大运河文化旅游博览会在城南街道宝带桥畔的澹台广场开幕。10月18日，城南街道"长者食堂"揭牌仪式在桂苑社区稻南国新中式城市饭堂举行，"长者食堂"位于桂苑社区，立足老年人需求配建长者助餐服务设施。"长者食堂"启用后，周边老年居民都能就近解决"一餐热饭"的问题。

（孙逸章　顾领　朱娟）

表37-23　2023年城南街道基本情况一览表

项目	数量	项目	数量
总面积	17.8平方千米	水果产量	—
耕地面积	公顷	水产品产量	—
年末户籍人口	6.15万人	内资企业	7362家
村委会	0个	外资及港澳台资企业	98家
居委会	15个	新增注册外资及港澳台资	—
工业总产值	396.89亿元	年内到账外资及港澳台资	—
地区生产总值	149.52亿元	个体工商户	1.08万户
全口径财政收入	—	中小学校	7所
公共财政预算收入	—	医院（卫生院）	1所
粮食总产量	—		

表37-24　2023年城南街道各村（社区）基本情况统计表

村（社区）	面积（平方千米）	户籍人口（人）	集体经济总收入（万元）	总资产（万元）
龙南社区	0.5	1185	772	7217
新江社区	1.8	1584	1325	12156
宝带桥社区	3.2	3969	2461	15379
红庄社区	4	3951	2859	21841
东湖社区	2	1678	1823	13653
南石湖社区	2	3656	2565	14630
桂苑社区	1.2	3842	—	—
新城苑社区	0.42	5956	—	—
小石城社区	0.97	8322	—	—
玫瑰苑社区	2.5	2289	—	—
碧波社区	2.4	6554	—	—
南港社区	1.2	3189	—	—
阳光苑社区	4.5	4523	—	—
商贸城社区	1.2	2480	—	—
家天下社区	0.38	4675	—	—

（城南街道）

香山街道

【概况】 香山街道位于吴中区西部，苏州太湖国家旅游度假区的核心区域，东靠胥口镇，西南临太湖，北与光福镇交界，总面积27平方千米。下辖4个村、9个社区（含涉农社区）。截至2023年末，户籍人口3.48万人，常住人口7万人。

【经济发展】 2023年，香山街道实现地区生产总值25.61亿元。完成全口径财政收入8.09亿元。公共财政预算收入5.76亿元。全社会固定资产投入23.14亿元。规模以上工业总产值12.71亿元，规模以上企业销售收入11.3亿元。接待旅游人数262.39万人次，比上年增长69.58%；旅游收入40.46亿元，比上年增长69.57%。新增规模以上企业12家，省级、市级科创平台（孵化器）2家，市级众创空间1家，东吴领军人才12人。商住社区资产办证26本。盘活存量资产，完成交易140笔，交易年租金696万元。新签约资产租赁27处。村级总收入比上年增长20.83%，街道集体总收入比上年增长40.18%。

【城乡一体】 2023年，香山街道结合全区拆迁清零和产业用地更新三年行动计划，完成8个地块的清零工作，腾退土地2.05公顷。拆除违法建设2.58万平方米，完成2个区级挂牌案件治理工作。完成安置房不动产证办理2174套。南塘花园211套安置房交付。安置分房工作、过渡费发放实现"双清零"。中海太湖中心MALL开业，渔帆里、蒯祥里邻里中心相继投入使用。273套人才公寓投入使用。推进"蓝园·舟山核雕村文旅产业园"二期项目。启动书画市场搬迁工作，60家商户完成签约。推进长沙岛沿线综合整治提升项目，农家乐外立面提升改造全部完成。推进长沙特色田园乡村项目。凤凰台LIM咖啡项目开工建设，叶山新村老旧小区改造，完成前期工作。推进叶山岛"一山一策"环境整治提升工作，完成徐湾清障60户，生态环境项目进场施工，房屋修缮项目进入办理前期手续阶段。

【生态环境治理】 2023年，香山街道太湖连续十六年实现安全度夏，湖体水质达到2007年以来最佳水平，饮用水水源地水质稳定达到Ⅲ类标准。空气质量稳步提升，$PM_{2.5}$平均浓度每立方米24微克，空气优良天数比率80.5%。推进"散乱污"企业（作坊）区块治理，完成舟山村窑头、西塘村等4个地块的整治工作，腾出空地面积约1.85公顷。舟山村入选区人居环境"红榜村"。研究出台《香山街道村社区临时用地管理办法》，压实属地守土职责。持续开展太湖水环境保护工作，打捞水草漂浮物2900余吨。完成普济河、沈家泾2条美丽河湖建设，吕浦港闸、顾家河闸等5处区考断面考核优Ⅲ率100%。全面深化"河长制"工作，巡查发现问题70余起，均整改完成。

【民生保障】 2023年，香山街道开展"阳光扶贫"，累计发放各类社会救助金196.57万元。精准发放尊老金394.45万元。落实退役军人优抚安置政策，发放抚恤生活补助110.11万元、优待证1285张。高质量完成征兵任务。养老服务体系不断健全，完成45户适老化家庭改造工作。持续优化社会工作站运营，承接苏州市"星火计划"项目，成为吴中区先行试点。出台《香山街道农村建房监管办法》，启动农房翻建审批流程。完成秋季转学工作。完善医疗保障服务体系，与上海市仁济医院深度合作，加强重点特色专科建设，度假区人民医院中医科获评市级基层医疗卫生机构四级中医馆。新增4条公交线路。开展动物疫病防控工作，1787只家禽接种疫病疫苗，903只犬类接种狂犬病疫苗，指导养殖户并消毒养殖场所共计1.94万平方米。

【实事工程】 2023年，香山街道完成纯水岸自来水消防管网改造工程。完成香山村天然气进村入户工程、渔帆路北段车道扩容提升工程。完成墅里社区污水提升泵、蒋墩老街北侧污水管网改造工程项目。完成舟山农贸市场改造提升项目。孙武花园、香山花园等5小区新增充电桩258个。打造完成渔洋后山、海关2条森林登山步道。舟山实验小学改扩建项目开工准备，中海幼儿园内装完成并交付使用。完成环太湖大道2处下沉式停车场便利化示范区建设任务，新增公共停车泊位60个。投入使用轨道交通5号线出口"B+R"非机动车停车场4个，新增非机动车停车位300个。

【社会治理】 2023年，香山街道开展安全生产大检查，全面细致排查整治风险隐患，开展企业检查288余次，发现一般问题隐患663项，并完成整改。开展消防安全大排查大整治专项行动，共计排查"九小场所"362家、出租房6961家、中小旅馆（民宿）100余次，搬离违规停放的电动车1025处。完成市级督办整治渔洋山环山飙车技防工程项目。强化农房翻建安全监管，完成农房翻建新开工改善农户数量6户。完成舟山花园社区试点工作，"香山·帮"社会治理品牌不断深化。开展"社情民意联系日"活动19场，接待群众98人次，办结各类意见建议98条。持续深化"意识防"反诈宣传，共计开展"面对面"反诈宣讲20余场、推送短信5万余条。

【重大活动】 2023年3月，香山街道举办纪念三八国际妇女节主题活动。5月，举办2023年吴中区防灾减灾宣传周启动仪式暨太湖湾实验小学地震应急疏散演练。10月，《舟山村志》获评2023年全省镇村志质量一等次。10月，炙鱼桥入选2023年省级地名文化遗产名单。（陆鸿伟）

表37-25　2023年香山街道基本情况一览表

项目	数量	项目	数量
总面积	27平方千米	水果产量	160.6吨
耕地面积	226.24公顷	水产品产量	—
年末户籍人口	3.48万人	内资企业	1096家
村委会	4个	外资及港澳台资企业	8家
居委会	9个	新增注册外资及港澳台资	—
规模以上工业总产值	12.71亿元	年内到账外资及港澳台资	—
地区生产总值	25.61亿元	个体工商户	2481户
全口径财政收入	8.09亿元	中小学校	5所
公共财政预算收入	5.76亿元	医院（卫生院）	2所
粮食总产量	151.8吨		

表37-26　2023年香山街道各村（社区）基本情况统计表

村（社区）	面积（平方千米）	户籍人口（人）	集体经济总收入（万元）	总资产（万元）
舟山村	7.7	3337	1783	2096
香山村	0.95	1789	906	3137
墅里社区	5.78	812	346	1686
长沙社区	2.25	1045	285	5875
蒋墩社区	1.32	4653	428	3388
小横山社区	3.29	524	266	1750
梅舍村	0.69	1432	337	1912
郁舍村	1.5	1724	206	2026
舟山花园社区	0.69	3366	—	—
渔帆社区	1.24	2359	—	—
水桥花园社区	0.38	5179	—	—
孙武花园社区	0.36	2292	—	—
渔洋社区	0.34	2815	—	—

（香山街道）

太湖街道

【概况】　太湖街道位于苏州南部，南临太湖水，背靠七子山，是苏州"一核四城"城市发展战略的重要组成部分。2018年11月，太湖街道挂牌成立，与苏州太湖新城吴中管委会实行"区政合一"管理体制；2022年6月，太湖新城管委会与太湖街道分设。行政区域面积25.9平方千米，其中陆地面积16.8平方千米。截至2023年末，户籍人口0.75万人，街道下设融湾、颐湾、融悦湾3个社区居委会。2023年，太湖街道被确定为江苏省智慧社区建设特色应用试点。

【经济发展】　2023年，太湖街道规模以上工业总产值达到335.24亿元，比上年增长7%。完善管家式服务机制，覆盖119家"四上"企业。防范化解金融风险，劝导涉及非法金融隐患的2家企业迁出辖区，全力保障辖区经济健康有序发展。承办"吴中区2023春季购物街暨八大市集"启动仪式，创新推出歌林公园"城市漫游"夜市集。加快推进"企业通"、数字人民币普及覆盖，歌林公园商业体获评苏州市十大数字人民币使用示范商圈。

【社会事业】　2023年，太湖街道抓实教育服务，深化与华中师范大学合作办学，统筹苏州湾实验幼儿园的开园工作。快手电竞馆、橙天嘉禾剧场相继开业开业；开展青年生活艺术节、苏州市群众文化广场舞大赛等多元群众活动，成为全苏州文旅新热点。研究出台《关于党建引领社区治理创新样板区建设的实施方案》，打造样板社区"十个一"重点工作初显成效。

【项目建设】 2023年,太湖街道共有42个在建项目,其中房建项目28个、市政项目14个。完成违法用地整改销号9项,累计完成整改面积约1.66公顷。完成年度拆迁任务"贺泰化学"企业拆迁初评,力促基建项目提质增效,加快腾退发展空间。

【社会治理】 2023年,太湖街道实施矛盾调处一体化和"一码解忧"机制,形成精细化管理、多元化参与、信息化支撑的"共建共治共享"格局。完成5家企业的VOCs综合治理,优化排污末端治理。落实"巡河治污",全年巡河266次,巡河覆盖率和问题整改率100%。累计检查企业678家次,安全隐患整改完成率100%。完成电动自行车充电桩新建及提档升级500个,全面压降火灾风险。

【重大活动】 2023年5月20日,2023年"吴中人才日"子活动之"才聚太湖——太湖街道青年人才事业发展故事汇"活动在融湾社区珺未来小区举行。6月10日,"乐活苏州湾·潮玩天鹅港"吴中太湖新城青年生活艺术节在苏州湾天鹅港广场启幕。6月21日,苏州湾中心广场开业。7月16日,苏州橙天嘉禾剧场开幕,全国首部全景感官影秀剧《信仰》进行首场演出。12月19日,太湖街道"人大代表之家"及迈信林"人大代表联络站"揭牌。

(倪燕燕)

2023年7月16日,苏州橙天嘉禾剧场举行首场演出——全国首部全景感官影秀剧《信仰》　朱杰　摄

表37-27　2023年太湖街道基本情况一览表

项目	数量	项目	数量
总面积	25.9平方千米	水果产量	—
耕地面积	—	水产品产量	—
年末户籍人口	0.75万人	内资企业	—
村委会	0个	外资及港澳台资企业	—
居委会	3个	新增注册外资及港澳台资	—
规模以上工业总产值	335.24亿元	年内到账外资及港澳台资	—
地区生产总值	110.46亿元	个体工商户	—
全口径财政收入	—	中小学校	4所
公共财政预算收入	—	医院(卫生院)	3所(在建)
粮食总产量	—		

表37-28　2023年太湖街道各社区基本情况统计表

村(社区)	面积(平方千米)	户籍人口(人)	集体经济总收入(万元)	总资产(万元)
融湾社区	0.5	2527	—	—
颐湾社区	0.98	1642	—	—
融悦湾社区	8.6	3355	—	—

(太湖街道)

编辑　赵立文

人物·荣誉

先进个人

【陈杰】 女,1985年2月出生,中共党员,汉族,大学本科学历,江苏苏州人,吴中区人民调解委员会主任、苏州市人民调解协会会长、吴中区人民调解协会秘书长。自2012年从事人民调解工作,在人民调解一线奋战12年。她坚持人民调解为人民,发挥区调委会职能,采取法、情、理相结合的方法,推进各类矛盾纠纷就地化解,累计调处民间纠纷1000余件。她坚持发展新时代"枫桥经验",深入推进访调对接、诉调对接工作,牵头组建一支诉调对接专职调解员队伍,并建立健全诉调专职调解员绩效考核机制,调解质效逐年提升。她持续加强调解队伍建设,发挥调解协会作用,组织开展人民调解员综合培训、专题培训,并对接吴中法院组织基层调解员进驻法院跟班学习,推进全区调解员业务能力与素质全面提升。2013年被评为苏州市百佳调解员,2020年被司法部表彰为"早调解、护稳定、迎国庆"专项活动表现突出个人,2021年被评为苏州市最美劳动者、江苏省最受欢迎人民调解员,2023年获全国模范人民调解员荣誉称号。（刘贵娟）

【肖庆敏】 女,1987年3月出生,中共党员,汉族,大专学历,安徽阜阳人,现担任高岭电子（苏州）有限公司制造部系长。2016年入职高岭电子（苏州）有限公司,现担任70余人的制造部系长和公司女工主任。工作中遵章守纪,团结同事,乐于助人,任劳任怨,处处严格要求自己,起到模范带头作用。作为生产线系长,既要保证产品质量又要按时出货,发现问题及时与相关人员沟通,找出解决方法,按时完成任务。将员工安全教育放在首位,每天早上给每位员工开安全会议,对员工进行安全教育,时刻牢记"安全第一"的生产理念。

2017年被评为胥口镇第三届身边好人;2018年被评为苏州市百佳文明职工;2020年获江苏省五一劳动奖章,获评全国优秀农民工;2021年获评江苏省劳动模范;2023年获全国五一劳动奖章。

【周怡】 女,1986年11月出生,中共党员,汉族,大学本科学历,江苏苏州人,苏州馨海园林花木有限公司项目经理。2009年7月入职苏州馨海园林花木有限公司。在工作中能坚持严格要求自我、加强学习、踏实工作,通过不断努力学习实践,先后获得乡村振兴技艺师中级职称资格及高级农产品经纪人职业资格,先后获东吴现代农业实用人才、吴中区临湖镇优秀党员、临湖镇最美村姑等称号,当选苏州市妇女第十四次代表大会代表。带领公司技术团队加强技术创新,获得第九届江苏省园艺博览会'生活园艺展'二等奖,农业农村部举办的全国双创比赛苏州市一等奖、江苏省二等奖、全国三等奖,成功申报江苏省"2019年省级高素质农民培育实训基地""江苏省现代农业（花卉）产业技术体系——苏州花语吴娘推广示范基地""江苏省主题创意农园"项目。在技术类比赛中,获得苏州市园林绿化行业花卉工职业竞赛三等奖、首届江南花卉艺术展（吴中区主题花卉景点）金奖和（姑苏区主题花卉景点）金奖,作品《花团锦簇 国运昌盛》获最美花卉艺术铜奖。2023年获江苏省五一劳动奖章。

【陈菊红】 女,1977年2月出生,群众,汉族,大专学历,江苏苏州人,吴中区悦虎晶芯电路（苏州）股份有限公司行政副总。陈菊红注重职业道德修养,立足岗位刻苦钻研,业务过硬勇于创新。脚踏实地,不断成长,一步步晋升为高层管理者,管理公司内部行政、科研,以及与外部合作等重要工作;不怕困难,带领公司取得丰

硕成果,备受职工爱戴;乐于助人,诚实守信,是邻里称道的好邻居,公司里的好领导;热心公益,每年参加植树等公益环保活动。先后获苏州市最美劳动者、苏州市五一劳动奖章、苏州市单位内部治安保卫工作先进个人等荣誉。2023年获江苏省五一劳动奖章。 （孙小涵）

【顾娟英】 女,1970年9月出生,中共党员,汉族,大学本科学历,江苏苏州人,吴中区妇女联合会一级主任科员。担任吴中区妇联主席期间,她坚持高起点谋划全区妇女工作,推动吴中区妇联工作创新发展;组织开展"最美家庭"寻访和三八红旗手、最美巾帼奋斗者评选等活动,用榜样的力量引领妇女群众发扬奋斗精神;善于多方面协调沟通,成立"吴美丽公益联盟""吴美丽好物联盟"等组织,为妇女儿童争取社会资源;成立长三角巾帼创新创业联盟、巾帼科创联盟,助力女性发展;推动编制落实"十四五"妇女儿童发展规划各项指标和实事项目,推进儿童友好城市建设,营造良好环境;在苏州市首创区、镇、村三级家事调解服务体系,将妇女儿童维权工作做在平常、抓在经常、落到基层。先后获省妇联系统信息工作先进个人、妇女儿童工作先进个人、苏州市三八红旗手等称号。2023年获评江苏省三八红旗手。 （康娜）

"好人"典范

【顾泉根】 男,江苏苏州人,1937年1月生,中共党员,吴中区胥口镇合丰村村民。其妹顾阿多自幼患小儿麻痹症落下严重残疾,顾泉根自12岁起便和父母一起照顾她。1956年,顾泉根成家后,在妻子的支持下,他将妹妹接到家中照顾,次年他的父母先后离世。1997年,顾泉根的妻子柳土金患上帕金森病,失去自理能力。此后26

年，顾泉根便边照顾妹妹边带着妻子开启求医路。几十年如一日照料病弱亲人，顾泉根从没有半句怨言，86岁高龄仍在为照料患病亲人而辗转奔波。顾泉根入选2023年第二季度江苏好人榜，获2023年苏州市精神文明建设"十佳新人"暨苏州市道德模范提名奖、"苏州时代新人"等表彰。

【李越】 男，河南安阳人，1986年6月出生，苏州市清流社工服务中心总督导。2008年，他牵头成立清流社工服务中心，长期开展儿童关爱志愿服务，推出"小红帽儿童保护"项目，足迹遍布200余个学校和社区，累计服务5万余人次。李越还活跃在党史学习、文化服务、家庭教育等服务领域，其主编的多语言版本"核酸指南"，线上点击量达到30余万。曾获中国百名社工人物、苏州市最美志愿者、苏州市十佳青年志愿者、苏州市爱心使者等称号。2023年3月，获江苏省"优秀志愿者"称号。

【赵一程】 男，江苏苏州人，2009年6月出生，江苏省木渎高级中学初中培东少科班学生，少先队员。5岁时第一次接触攀岩，小学后加入俱乐部进行专业训练。2019年，入选中国少年攀岩集训队，每周进行10小时以上的高强度训练。手心起泡、破皮、长茧，小腿碰撞淤青，手指甲与肉撕裂出血，登顶失败，遗憾落败，都未能阻止他对攀岩的热爱和执着。2020年，在中国（绍兴）青少年攀岩公开赛中获U11男子全能第二名；2022年，在江苏省第二十届运动会青少年攀岩比赛中获男子A组全能第一名。2023年6月，获评2023年度"新时代江苏好少年"。

（封思辰）

立功退役军人

2023年，吴中区共有51人立功受奖，其中，三等功22人，"优秀士兵"29人，为22位立功受奖现役军人家庭送喜报。

（董雨）

表38-1　2020—2023年吴中区退役军人获二等功及以上荣誉一览表

姓名	性别	出生年月	籍贯	政治面貌	入伍时间	获得奖励名称	获得奖励时间	批准单位	退役时间
郑小明	男	1981年7月	浙江省绍兴市	中共党员	1999年12月	二等功	2011年11月1日	江苏省消防救援总队政治部	2020年4月1日
熊中勇	男	1979年9月	湖北省鄂州市	中共党员	1999年12月	二等功	2015年2月	南京军区政治部	2020年4月1日
侯海军	男	1984年8月	山东省枣庄市	中共党员	2003年12月	二等功	2018年12月24日	武警第二机动总队	2020年4月1日

表彰和奖励

关于吴中区2022年度先进集体、先进个人评选结果的通报

吴委发〔2023〕1号印发

各开发区党工委、管委会，各镇、街道（场）党（工）委、政府（办事处），区级机关各部门、公司：

2022年，全区上下以迎接党的二十大、学习宣传贯彻党的二十大精神为主线，深入贯彻中央和省市决策部署，坚持"产业强区、创新引领"发展战略，深化实施"1+9"综合改革，真抓实干、锐意进取，经济发展稳中向好、稳中有进、稳中提质，各项事业再上新台阶。在这期间，涌现出了一批敢于担当、积极作为的先进集体和先进个人。为表彰先进、树立典型，经区委研究，确定吴中经济技术开发区等23家单位为吴中区2022年度先进集体，陆胜兰等30名同志为吴中区2022年度标兵，张国基等220名同志为吴中区2022年度优秀工作者，现予通报。

2023年是全面贯彻党的二十大精神的开局之年，是我区全面落实"产业强区、创新引领"发展战略、持续深化"1+9"综合改革的重要一年。获得表彰的先进集体和先进个人要发挥典型示范、模范带头作用，珍惜荣誉、再接再厉，争取新的更好成绩。全区上下要深入学习贯彻党的二十大精神和习近平新时代中国特色社会主义思想，主动对标先进典型榜样，永葆干事创业激情，团结奋斗、勇于担当，为在新征程上高水平展现中国式现代化的吴中实践作出新的更大贡献！

中共苏州市吴中区委员会
苏州市吴中区人民政府
2023年1月29日

附件

吴中区2022年度先进集体名单
（共23家）

吴中经济技术开发区
吴中区木渎镇
吴中区甪直镇
吴中区郭巷街道
吴中区香山街道
吴中区人民法院
吴中区人民检察院
吴中区委办公室
吴中区政府办公室
吴中区发展和改革委员会
吴中区教育局
吴中区科学技术局
吴中区工业和信息化局
吴中区民政局
吴中区财政局
吴中区人力资源和社会保障局
吴中区住房和城乡建设局
吴中区卫生健康委员会
苏州市公安局吴中分局
苏州市自然资源和规划局吴中分局
国家税务总局苏州市吴中区税务局
苏州海关驻吴中办事处
苏州市吴中金融控股集团有限公司

吴中区2022年度标兵名单
（共30名）

陆胜兰　光福镇党委书记
朱　涛　区商务局局长、党组书记
周　敏　区信访局局长、党组书记
张纯纯　区委研究室副主任
王建峰　区政府办副主任
秦　铮　区科技局副局长、党组成员、科技招商中心主任
翁晓磊　区工信局副局长、党委委员
李雅瑾　区财政局办公室主任
苏　净　区交通运输局纪检专职副书记
杨　青　区乡村振兴局副局长
李　新　区卫健委医政管理与基层卫生科科长
高澄清　区市场监管局车直分局局长
李永刚　苏州市自然资源和规划局吴中分局法规监督科（信访办公室）科长
庄春华　度假区建设局局长
张　陈　经开区党政办公室主任
杨　勇　高新区（筹）财政局综合科（国资办）负责人
徐　华　木渎镇副镇长、党政办主任
石旭明　甪直镇党委委员、人武部部长
宋秋鹏　胥口镇企业服务有限公司董事长
夏伏荣　东山镇副镇长
严文杰　临湖镇石庄村党委书记
李东毅　金庭镇党委委员、西山农业园区党工委委员
潘其明　长桥街道龙桥社区党委副书记、居委会副主任
张永弟　郭巷街道集成指挥中心主任
潘红卫　苏州市滨湖集团有限公司总经理、苏州湾现代农业有限公司董事长
陆华东　越溪街道张桥村党委书记、村委会主任
蔡文娟　城南街道党工委委员、人大工委副主任（兼）
吴　昊　太湖街道社会治理和社会事业办公室副主任
顾卫列　香山街道党工委委员
仇　勇　吴中农业发展集团有限公司董事长、党委书记

吴中区2022年度优秀工作者名单
（共220名）

张国基　区纪委监委第三宣查调查室主任
朱　佳　区纪委监委党风政风监督室副主任、区党风政风教育指导中心主任（兼）
虞　卢　区委巡察办副主任
赵燕萍　区纪委监委派驻区卫健委纪检监察组组长
谢心阳　区法院审判委员会委员、立案庭庭长、四级高级法官
张建新　区法院审判管理办公室主任、四级高级法官
谢　丰　区法院木渎人民法庭副庭长、一级法官
王长栋　区法院执行局副局长、一级法官
赵芙蓉　区检察院第五检察部主任、检委会委员、一级检察官
袁灿华　区检察院第一检察部主任、检委会委员、一级检察官
薛　啸　区检察院办公室主任
朱　贺　区委办综合科副科长
黄文伟　区人大常委会党组成员、办公室主任
石耀栋　区人大常委会城建环保工委副主任
薛　华　区政府党组成员、办公室主任、外事办主任、一级主任科员
李　东　区政协文化文史委主任
秦　刚　区政协提案委主任
许黛安　区公务员局副局长、区委组织部干部科科长
郭宇飞　区委组织部组织科科长
常继元　区社科联副主席
唐　瑜　区委统战部办公室主任
孔凡荦　区委政法委办公室主任
钱畅宇　区委编办一级科员
徐　蕾　区委老干部局指导科（服务科）科长
缪晓峰　区发改委副主任、党委委员
蒋媛君　区发改委综合规划科科长
成　伟　区发改委党委办二级主任科员
徐伟英　区教育局二级主任科员
徐晓东　江苏省木渎高级中学

副校长

康　军　江苏省外国语学校党委书记

陆福荣　城西中学党总支书记、校长

马晓燕　苏苑高级中学德育处主任

曹献忠　甪直高级中学副校长

陈宏伟　木渎实验中学副校长

陆　君　胥口中学副校长

夏珍华　甫里中学教务处主任

李　喆　东吴实验小学党支部书记、校长

沈晓菊　宝带实验小学党总支副书记

姚继洪　木渎实验小学副校长

魏　宏　苏苑实验小学校长助理、校长办公室主任

金雪雅　碧波实验小学教研组长

王颖娇　区幼儿教育中心园教师

杨莉萍　区科技局办公室主任

高　林　区工信局智能制造推进科科长

冯　振　区民政局办公室（法制科）主任

刘　赟　区民政局社区建设和专项事务科副科长、社会组织管理科科长（兼）

王雅婷　区司法局依法治区工作科科长

钱一星　区财政局预算科副科长

凌　佳　区财政集中支付中心支付受理科科长

徐　慧　区财政局国库科科长

褚　剑　区财政局行财综合科科长

王晓刚　区人社局党委办一级科员

刘晓丽　区人社局办公室一级科员

周洁蕾　区人社局事业单位人事管理科副科长

王俊国　区人社局劳动关系与调解仲裁科副科长、区劳动监察大队副大队长

徐　玮　区社会保险基金管理中心机关事业社会保险科科长

郑　洲　区人社局人力资源管理科一级科员

钱国平　经开区房产管理分局局长

朱建峰　区住建局办公室主任

高　嵩　区住建局城镇建设科（园林绿化管理科）科长

马晓华　区住建局建筑业管理科（质量安全管理科、安全生产监督管理科）科长

庄正良　区住建局房地产管理科（物业管理科）科长

孔斌峰　区住建局消防设计审验管理科（人防管理科）科员

王汉中　区城管局副局长

肖征云　区中心城区建设管理中心副主任

崔志平　区城管局综合科科长

倪　亮　区城管局党总支专职副书记

陈　贤　区城市管理行政执法队办公室主任

顾亚峰　区交通运输局战备办主任

徐　翀　区交通运输综合行政执法大队办公室主任

周家斌　区交通运输综合行政执法大队四中队副中队长

彭　浩　区公路事业发展中心高架养护科科长

徐　明　区交通工程建设服务中心副主任

贝迎桃　区交通工程质量监站科员

马安沧　区水务局副局长、党委委员

古凤英　区水务局水利建设科科长

贾曙伟　区水务局抗旱排涝队队长

徐　飞　区水产技术推广站副站长

许赵敏　区农业农村局正股职干部

李斐虹　区农村经营管理指导站副站长

陈　果　区商务局办公室主任

徐凌奇　区文体旅局副局长、党组成员

查春雷　区体育彩票管理中心主任

陈小玲　区博物馆副馆长

郁沁馨　区文化市场综合执法大队一级行政执法员

李淑芳　区文化市场综合执法大队中队长

徐炜琴　区卫健委副主任、二级主任科员

刘公秉　区卫健委纪检专职副书记

刘景超　区疾控中心主任助理、综合业务办（应急办）主任

金黎明　区疾控中心卫生科科长

吕卫兵　吴中人民医院呼吸内科主任

宋伟华　吴中人民医院护理部主任

韩邦剑　苏州市中西医结合医院门诊部主任

陈加平　苏州市中西医结合医院急诊科副主任

张　裕　甪直人民医院副院长

董　芳　尹山湖医院副院长

周建新　度假区人民医院党支部书记、院长

费旭东　临湖卫生院外科副主任、医保办主任、纪检干事

夏　魏　区卫生监督所医疗服务监督科科长

施　茜　区妇保所所长助理

韩月萍　区精神卫生中心精神科副主任医师

王　灿　区退役军人事务局四级主任科员

胡　鹏　区应急管理局安全生产基础科科长

全丽琴　区应急管理局安全生产综合监管科副科长

袁启明　区审计局办公室主任
薛　颖　区审计局财金科科长
段胡海　区乡镇审计服务中心甪直分中心主任
樊晓斐　区行政审批局副局长、党组成员
尹　萍　区便民服务中心副主任、区行政审批局行政审批制度改革科科长（兼）
朱　艳　区市场监管局副局长、党委委员
茅笑宇　区市场监管局四级主办
俞艳勤　区市场监管局食品经营安全监管科科长、四级主办
张炎虹　区市场监管局特种设备安全监察科科长、四级主办
于莉萍　区市场监管局知识产权管理科科长、四级主办
杨激心　区市场监管局质量管理与监督科科长
朱　斌　区市场监管局开发区分局稽查科科长
周一心　区综合调查队四级主任科员
俞　超　区信访局副局长、党组成员
赵丽君　区金融监管局局长、党组书记
何　聪　区委党校研究室主任
钱　铃　区接待办副主任
翁建明　区档案馆副馆长、党组成员、三级主任科员
吴琴华　区机关事务管理中心财务科科长
林　锋　区机关事务管理中心总务科科长
蒋爱君　区行政中心管委会设备科副科长
席与红　区行政中心管委会餐厅副经理
顾华军　区供销合作社副主任、党组成员
曹　健　区社会治理现代综合指挥中心网格管理科科长
顾雯雯　区总工会副主席、党组成员
尹　珺　团区委书记
顾娟英　区妇联主席
王丽佳　区科协办公室主任
蒋　帅　区行业指导服务中心办事员
施晓平　区文联副秘书长、区文艺交流中心主任
俞　凯　区侨联办公室主任
乔春明　区残联康复科科长
徐菊芳　区红十字会常务副会长
鲍丽君　度假区招商局局长
张培根　苏州太湖城市投资发展有限公司
张丽华　度假区产业发展局（科技创新局）副局长
徐　酉　度假区财政分局副局长
张　乐　苏州太湖科技发展投资有限公司太湖湾总部经济园分公司总经理
马立恒　经开区科技创新局局长
王继红　经开区财政分局局长
李　强　吴中经济技术发展集团有限公司总经理
朱莉丽　经开区党政办秘书科科长
陆洁文　经开区产业发展局经济管理科（经济和信息化办公室）科长
张　翼　经开区科技创新局科技人才科副科长
成晋晋　经开区建设局规划管理科科长
黑浩洁　经开区行政审批局信息科副科长
张凌云　经开区化工集中区管理办公室安全生产监管科（应急管理科）科长
唐　苏　高新区（筹）招商局局长
陆梅华　高新区（筹）科技创新局副局长
张袁丹　高新区（筹）建设局综合科科长
李　霁　太湖新城吴中管委会副主任
钱建华　木渎镇天平村党委书记、村委会主任
顾　彪　木渎镇经济发展局副局长
陈　珺　木渎镇财政和资产管理局国有资产管理办公室主任
李冬剑　木渎镇行政审批局副局长
沈　芸　木渎镇翠坊社区党总支书记、居委会主任
朱宗寅　苏州金枫控股集团有限公司副总经理
姚逸青　甪直镇党委委员、人大副主席（兼）
周　良　甪直镇新型城镇化建设有限公司总经理
周菊香　甪直镇集成指挥中心工作人员
陆文炳　甪直镇江湾村党总支书记、物业公司总经理、甪直集贸市场场长、陆巷湾集贸市场场长
陆宇晟　甪直镇湖浜村党总支书记
周秋红　甪直镇龙潭社区筹备组组长
陈江华　胥口镇综合行政执法局副局长
孙　靖　胥口镇组织人事和社会保障局党支部书记、副局长
郁文军　胥口镇箭泾村党委副书记
顾君秋　胥口镇子胥社区党委委员、纪委委员
陈海明　东山镇村建办主任
沈珂琼　东山镇卫健办主任
张　靖　吴中区中医医院院长、党支部副书记
沈伟刚　东山镇经济发展局副局长、经信办主任、科技办主任、莫厘片副片长
袁　伟　临湖镇纪委副书记
孙长林　临湖镇司法所所长、党支部书记、综治办专职副主任
赵　琴　临湖镇社会治理和社会事业局副局长

陈乃华　临湖镇动防站站长

王建根　光福镇福利村党委书记、村委会主任、经济合作社社长

樊建明　光福镇人大主席

戴晓民　光福镇党委委员、纪委书记

徐今伟　光福镇副镇长

钱春花　光福镇财政和资产管理局副局长

陈英豪　金庭镇东蔡村党委书记、村委会副主任

朱革荣　金庭镇水利水务管理服务站站长、党支部书记

王心学　太湖城乡一体化投资建设发展有限公司董事长

黄雪强　西山农业园区经济和旅游发展局副局长

顾　祺　长桥街道党政办公室综合科科长

唐杏方　长桥街道先锋社区党委书记、居委会主任

殷玲琼　长桥街道东吴社区党委书记、居委会主任

吴心言　长桥街道社会治理和社会事业局政法综治科科长

黄苏男　郭巷街道徐浜社区党总支书记、居委会主任

金慧鑫　郭巷街道党政办公室副主任

吕　峰　郭巷街道综合行政执法局副局长

金　琦　横泾街道办事处副主任

李培根　横泾街道集成指挥中心主任

陈　健　横泾街道泾峰社区党委副书记

吴　越　越溪街道党政办副主任

蔡晓学　越溪街道吴山社区党总支书记、居委会主任

陶　磊　越溪街道旺山公墓副主任

陆丽娜　城南街道党工委委员

钱志林　城南街道红庄社区党委书记、居委会主任

谢　冬　城南街道建设办公室主任

刘东洋　太湖街道组织人事和社会保障办公室主任

过建斌　香山街道长沙社区党支部书记

王小丽　区林场办公室主任

潘东华　吴中城市建设投资集团有限公司总经理、党委副书记

朱文杰　吴中国裕资产经营集团有限公司副总经理、党委委员

徐　栋　吴中金融控股集团有限公司副总经理、党委委员

王晓华　吴中文化旅游发展集团有限公司总经理、党委副书记

龙文博　吴中产业投资集团有限公司总经理、党委副书记

陈亦晶　苏州市吴中生态环境局四级主办

许高松　苏州海关驻吴中办事处特殊区域管理科科长

杨永明　吴中区税务局党委书记、局长、一级主办

魏　佳　苏州市公安局吴中分局禁毒大队大队长

周　艳　吴中区消防救援大队办公室主任

赵静娴　吴中区气象局办公室科员

马　骏　吴中区民兵训练中心党支部书记

罗其军　苏州市住房公积金管理中心吴中分中心副主任

关于吴中区2022年度科技创新工作先进企业的通报

吴委发〔2023〕10号印发

各开发区党工委、管委会，各镇、街道（场）党（工）委、政府（办事处），区级机关各部门、公司：

2022年，吴中区坚持"科技是第一生产力、人才是第一资源、创新是第一动力"要求，坚定不移实施"产业强区、创新引领"发展战略，引导广大企业持续提升科技创新能力，涌现出一批科技工作成效显著的先进企业。为树立典型、表扬先进，经吴中区委、区政府研究，决定对苏州宇邦新型材料股份有限公司等2家上市企业、追觅科技（苏州）有限公司等18家"独角兽"及"独角兽"培育企业、苏州绿的谐波传动科技股份有限公司等82家"瞪羚"企业、苏州汇川联合动力系统有限公司等10家"研发投入十强企业"、苏州浪潮智能科技有限公司等10家"知识产权十强企业"、爱信（苏州）汽车零部件有限公司等10家"技术合同成交额十强企业"、冷泠等64个姑苏创新创业领军人才、张丹等83个东吴科技领军人才（团队）、吴中武珞科技园等10个优秀科创载体平台予以通报表扬。

希望受通报企业珍惜荣誉、不断进取、聚力创新、勇攀高峰，更好地发挥示范引领作用。希望全区广大企业以受通报企业为榜样，践行新思想、争创新优势，大力弘扬创新创业精神，为全区绘就"天堂苏州·最美吴中"现实图景，实现中国式现代化贡献科技力量。

中共苏州市吴中区委员会
苏州市吴中区人民政府
2023年3月25日

吴中区2022年度科技创新工作先进企业名单

一、上市企业（2家）

1. 苏州宇邦新型材料股份有限公司
2. 苏州骏创汽车科技股份有限公司

二、"独角兽"及"独角兽"培育企业（18家）

1. 追觅科技（苏州）有限公司
2. 凯博易控车辆科技（苏州）股份有限公司
3. 苏州天瞳威视电子科技有限公司
4. 苏州玖物智能科技有限公司
5. 江苏盖睿健康科技有限公司
6. 中科亿海微电子科技（苏州）有限公司
7. 苏州科韵激光科技有限公司
8. 度普（苏州）新能源科技有限公司
9. 启光德健医药科技（苏州）有限公司
10. 悦虎晶芯电路（苏州）股份有限公司
11. 江苏关怀医疗科技有限公司
12. 苏州太阳井新能源有限公司
13. 江苏谱新生物医药有限公司
14. 苏州仁东生物医学集团有限公司
15. 苏州泰科贝尔直驱电机有限公司
16. 苏州赫行新能源汽车科技有限公司
17. 江苏芯梦半导体设备有限公司
18. 苏州博奥明赛生物制药有限公司

三、"瞪羚"企业（82家）

1. 苏州绿的谐波传动科技股份有限公司
2. 江苏迈信林航空科技股份有限公司
3. 苏州玖物智能科技股份有限公司
4. 苏州凯尔博精密机械有限公司
5. 苏州市新广益电子股份有限公司
6. 苏州双祺自动化设备股份有限公司
7. 苏州英维特精密机械有限公司
8. 苏州盛亿电机有限公司
9. 科沃斯家用机器人有限公司
10. 科瑞工业自动化系统（苏州）有限公司
11. 苏州格力美特实验室科技发展有限公司
12. 苏州圣苏新药开发有限公司
13. 中认英泰检测技术有限公司
14. 江苏中有信科技有限公司
15. 江苏芯梦半导体设备有限公司
16. 苏州斯尔特微电子有限公司
17. 苏州华智诚精工科技有限公司
18. 苏州创峰光电科技有限公司
19. 苏州诺达佳自动化技术有限公司
20. 苏州隆成电子设备有限公司
21. 江苏大橡木集团有限公司
22. 苏州红荔汽车零部件有限公司
23. 苏州天裕塑胶有限公司
24. 苏州思科赛德电子科技股份有限公司
25. 苏州万佳电器有限公司
26. 苏州市振业模具有限公司
27. 安捷包装（苏州）股份有限公司
28. 苏州市伟业金属制品有限公司
29. 苏州明捷精密机械有限公司
30. 苏州好特斯模具有限公司
31. 苏州赛腾菱欧智能科技有限公司
32. 苏州鑫叶自动化设备系统有限公司
33. 苏州繁丰机电有限公司
34. 苏州弘瀚光电有限公司
35. 苏州元德友勤医学检验所有限公司
36. 苏州睿动电气科技有限公司
37. 苏州优耐鑫模具科技有限公司
38. 苏州信音汽车电子有限公司
39. 苏州万德福尔新材料有限公司
40. 苏州锦新纳米科技有限公司
41. 苏州亇协力环保设备有限公司
42. 苏州科迪环保石化股份有限公司
43. 苏州泰科贝尔直驱电机有限公司
44. 苏州均华精密机械有限公司
45. 苏州三信机器制造有限公司
46. 苏州办同创新智能制造装备有限公司
47. 苏州鸿硕精密模具有限公司
48. 苏州科迪流体控制设备有限公司
49. 苏州先锋物流装备科技有限公司
50. 江苏本格自动化科技有限公司
51. 苏州诺威特测控科技有限公司
52. 苏州三德精密机械有限公司
53. 苏州博思特装配自动化科技有限公司
54. 苏州市天烨医疗设备有限公司
55. 苏州启点机械有限公司
56. 苏州德龙复合材料有限公司
57. 苏州三屹晨光自动化科技有限公司
58. 苏州普雷特电子科技有限公司
59. 苏州东联旺自动化有限公司
60. 苏州恒泰精密钣金有限公司
61. 苏州飞航防务装备有限公司
62. 苏州信立盛电子有限公司
63. 苏州迅威光电科技有限公司
64. 苏州新区明基高分子医疗器械有限公司
65. 冠利得商标制品（苏州）有限公司
66. 苏州超群智能科技有限公司
67. 苏州格巨电子科技有限公司
68. 苏州普耀光电材料有限公司
69. 苏州天工测试技术有限公司
70. 苏州化联高新陶瓷材料有限公司

71.苏州斯科勒自动化设备有限公司
72.苏州快捷智能科技有限公司
73.苏州百世威光学技术有限公司
74.苏州荣业机械有限公司
75.苏州太湖美药业有限公司
76.苏州泰斯特测控科技有限公司
77.苏州瑞得恩自动化设备科技有限公司
78.苏州诶茵诶美容仪器设备有限公司
79.苏州迈智特智能科技有限公司
80.苏州欣天新精密机械有限公司
81.曼瑞检测科技（苏州）有限公司
82.苏州市通准精密塑胶五金有限责任公司

四、研发投入十强企业

1.苏州汇川联合动力系统有限公司
2.追觅创新科技（苏州）有限公司
3.科沃斯机器人股份有限公司
4.苏州赛腾精密电子股份有限公司
5.添可智能科技有限公司
6.苏州汇川技术有限公司
7.苏州安洁科技股份有限公司
8.苏州东山精密制造股份有限公司
9.苏州浪潮智能科技有限公司
10.苏州维信电子有限公司

五、知识产权十强企业

1.苏州浪潮智能科技有限公司
2.添可智能科技有限公司
3.苏州精濑光电有限公司
4.科沃斯机器人股份有限公司
5.追觅创新科技（苏州）有限公司
6.浪潮金融信息技术有限公司
7.苏州汇川技术有限公司
8.苏州汇川联合动力系统有限公司
9.苏州科韵激光科技有限公司
10.苏州安洁科技股份有限公司

六、技术合同成交额十强企业

1.爱信（苏州）汽车零部件有限公司
2.苏州药明康德新药开发有限公司
3.苏州精濑光电有限公司
4.苏州药明检测检验有限责任公司
5.苏州苏豪生物材料科技有限公司
6.苏州圣苏新药开发有限公司
7.苏州汇川联合动力系统有限公司
8.苏州西山中科药物研究开发有限公司
9.江苏谱新生物医药有限公司
10.苏州国辰生物科技股份有限公司

七、姑苏创新创业领军人才（64人才）

1.冷　冷　添可智能科技有限公司
2.YEIIU　苏州欧康维视生物科技有限公司
3.朱　坚　苏州药明康德新药开发有限公司
4.王　琳　凯博易控车辆科技（苏州）股份有限公司
5.冯永昌　苏州苏驼通信科技股份有限公司
6.金伟力　苏州兆和环能科技有限公司
7.曾　鑫　苏州杰锐思智能科技股份有限公司
8.王建龙　苏州博湃半导体技术有限公司
9.王景昱　苏州星宇智能制造有限公司
10.张　轲　赛丽科技（苏州）有限公司
11.王　平　苏州海栎森视觉有限公司
12.顾丹辉　乐明药业（苏州）有限公司
13.冯　润　锐腾新材料制造（苏州）有限公司
14.杨清欣　长虹三杰新能源（苏州）有限公司
15.陈宏铭　苏州芯运旺电子科技有限公司
16.肖俊彦　壹启新能源科技（苏州）有限公司
17.周珍石　苏州瑞济诺医疗科技有限责任公司
18.孔凡峰　苏州前拓电子科技有限公司
19.杜雄杰　敦和万物信息技术（苏州）有限公司（原苏州知微安全科技有限公司）
20.时西忠　苏州杉越电子材料有限公司
21.杨永军　苏州麦杰工业大数据产业研究院有限公司
22.李洪林　源道医药（苏州）有限公司
23.卫建荣　江苏领充创享新能源科技有限公司
24.张　龙　苏州合之木智能科技有限公司
25.戴晓云　苏州赛思医药工业产业研究院有限公司
26.夏小飞　玛尔斯检测技术（苏州）有限公司
27.高啸波　莱杰生物科技（苏州）有限公司
28.邱惠斌　苏州阳池科技有限公司
29.汪　煌　苏州鸿哲智能科技有限公司
30.吴　宏　苏州恩智测控技术有限公司
31.王恩宁　数小二软件技术（苏州）有限公司
32.杨　震　苏州市江海通讯发展实业有限公司
33.杨　阳　果不其然无障碍科技（苏州）有限公司
34.曹　均　苏州苏环润保涂层技术有限公司
35.张　斌　苏州浩钶环保新材

料有限公司

36.虞　海　苏州安极能新能源发展有限公司

37.胡超然　江苏领客云服能源科技有限公司

38.董学帅　鸥鹬科技（苏州）有限公司

39.顾　禹　同研智慧（苏州）环境科技有限公司

40.朱斐迪　苏州卫兰智慧医疗科技有限公司

41.康志京　苏州飞博思创光电技术有限公司

42.邹　帅　相邦（苏州）生物材料科技有限公司

43.潘　龙　江苏普埃图机电科技有限公司

44.汪书兴　苏州东松光电科技有限公司

45.施连敏　苏州析羽信息有限公司

46.孟　竹　普瑞纯证医疗科技（苏州）有限公司

47.沈长青　苏州博雅塔工业互联网有限公司

48.胡牧原　柔昊精密科技（苏州）有限公司

49.江晋民　苏州晋胜技术有限公司

50.刘　铮　苏州云创智瞳智能科技有限公司

51.刘厚军　苏州铁源智能科技有限公司

52.项羽升　苏州商力威科技有限公司

53.张　丹　苏州电光波工业智能科技有限公司

54.何卫震　苏州圣默思视觉科技有限公司

55.王春明　苏州翔明激光科技有限公司

56.田涌涛　苏州今泰轩信息技术有限公司

57.冯志庆　泽木焱光学科技（苏州）有限公司

58.叶根喜　苏州必蓝智能环境科技有限公司

59.刘少鹏　苏州慧视智能科技有限公司

60.周　超　苏州美伦德智能科技有限公司

61.姬会东　苏州阿古斯智能科技有限公司

62.李青伟　苏州佰程人工智能科技有限公司

63.匡文剑　太谱（苏州）纺织科技有限公司

64.曹　飞　中飞艾维航空科技（苏州）有限公司

八、东吴科技领军人才（82人才、1团队）

（一）创新创业人才

1.张　丹　江苏谱新生物医药有限公司

2.冷　泠　添可智能科技有限公司

3.冯永昌　苏州苏驼通信科技股份有限公司

4.何　骑　苏州腾迈医药科技有限公司

5.申作军　苏州海通机器人系统有限公司

6.李晋鹏　苏州药明康德新药开发有限公司

7.朱志雄　航天工程装备（苏州）有限公司

8.陈韦帆　瑞红（苏州）电子化学品股份有限公司

9.徐　东　苏州协同创新智能制造装备有限公司

10.石　燕　启光德健医药科技（苏州）有限公司

11.Mark Lawrence Chiu　拓创生物科技（江苏）有限公司

12.沙　凤　苏州科宁多元醇有限公司

13.王建龙　苏州博湃半导体技术有限公司

14.王景昱　苏州星宇智能制造有限公司

15.洪成都　捷螺智能设备（苏州）有限公司

16.陆　健　坦途创新智能科技（苏州）有限公司

17.冯　润　锐腾新材料制造（苏州）有限公司

18.杨新波　苏州思萃新能源光电技术研究所有限公司

19.李　琦　苏州极智出奇科技有限公司（原苏州出奇科技有限公司）

20.张泽灵　申工豹（江苏）科技有限公司

21.金逸飞　交叉科技（苏州）有限公司

22.冯　林　苏州小灵精机器人科技有限公司

23.詹志冲　农翼（苏州）智慧科技有限公司

24.赵玉良　苏州如是智慧科技有限公司

25.蔡　昕　苏州瀚海智控科技有限公司

26.刘仁生　苏州昶洲新能源有限公司

27.高国平　鸿宇集智（苏州）信息技术有限公司

28.王　行　南洋工业科技（苏州）有限公司

29.黄光平　苏州楚亦捷科技有限公司

30.王国鹤　苏州芙迈蕾医疗科技有限公司

31.陈宏铭　苏州芯运旺电子科技有限公司

32.姜治韦　苏州聚轮传动科技有限公司

33.邱惠斌　苏州阳池科技有限公司

34.汪　煌　苏州鸿哲智能科技有限公司

35.江晋民　苏州晋胜技术有限公司

36.申崇江　苏州锐武微电子有限公司

37.刘　铮　苏州云创智瞳智能科技有限公司
38.仝宁可　苏州韦博试验仪器有限公司
39.郭　平　苏州浩微生物医疗科技有限公司
40.孔凡峰　苏州前拓电子科技有限公司
41.冯志庆　泽木焱光学科技（苏州）有限公司
42.田涌涛　苏州今泰轩信息技术有限公司
43.刘少鹏　苏州慧视智能科技有限公司
44.匡文剑　太谱（苏州）纺织科技有限公司
45.顾　俭　苏州澳钍智能科技有限公司
46.何卫震　苏州圣默思视觉科技有限公司
47.李吉明　苏州艾迪亨斯胶粘技术有限公司
48.李明罡　苏州天优道新材料科技有限公司
49.袁博融　苏州泛科特机器人有限公司
50.张学军　苏州晶曜光电科技有限公司
51.陆　彧　点奇生物医疗科技（苏州）有限公司
52.周珍石　苏州瑞济诺医疗科技有限责任公司
53.项羽升　苏州商力威科技有限公司
54.姬会东　苏州阿古斯智能科技有限公司
55.李青伟　苏州佰程人工智能科技有限公司
56.张　航　苏州光舟智能科技有限公司
57.刘厚军　苏州铁源智能科技有限公司
58.张　丹　苏州电光波工业智能科技有限公司
59.陈伟祥　枫荷科技（苏州）有限公司
60.赵志伟　苏州奕赫光电子科技有限公司
61.徐冠华　苏州兰里智能科技有限公司
62.李志华　苏州赛味彩科技有限公司
63.游海涛　苏州众瑞达工业科技有限公司
64.张小明　昌明生物科技（苏州）有限公司
65.孙善忠　苏州仕航电动科技有限公司
66.司张勇　苏州万维生命科学技术有限公司
67.蒋建文　苏州仲耀智能系统有限公司
68.席尚忠　聆数医疗科技（苏州）有限公司
69.董　翔　苏州君合机器人有限公司
70.武　健　苏州蔚行科技有限公司
71.王春明　苏州翔明激光科技有限公司
72.贾学锋　苏州数人声科技有限公司
73.翁敬砚　江苏耀群工业技术有限公司
74.闫宝杰　苏州拓升智能装备有限公司
75.虞　海　苏州安极能新能源发展有限公司
76.胡超然　江苏领客云服能源科技有限公司
77.杨　阳　果不其然无障碍科技（苏州）有限公司
78.潘　龙　江苏普埃图机电科技有限公司
79.邹　帅　相邦（苏州）生物材料科技有限公司
80.汪书兴　苏州东松光电科技有限公司
81.张　斌　苏州浩钶环保新材料有限公司
82.朱斐迪　苏州卫兰智慧医疗科技有限公司

（二）创新团队

1.王永忠团队　锐正基因（苏州）有限公司

九、优秀科创载体平台

1.吴中武珞科技园
2.富盟科技企业孵化器
3.珞珈之鹰众创空间
4.苏州云芯智联众创空间
5.聚微众创
6.苏州市吴中科技创业园
7.国裕西交创新基地
8.同济大学苏州研究院产业孵化中心
9.科姆创国际项目加速器
10.普多斯创新港

关于2022年度"平安吴中""法治吴中"建设先进集体、先进个人的通报

吴委发〔2023〕4号印发

各开发区党工委、管委会，各镇、街道（场）党（工）委、政府（办事处），区级机关各部门、公司：

2022年，全区政法系统在区委、区政府的坚强领导下，坚持以习近平新时代中国特色社会主义思想为指导，全面学习宣传贯彻党的二十大精神，踔厉奋发，勇毅前行，持续深化"平安吴中""法治吴中"和政法铁军建设，着力营造安全的政治环境、稳定的社会环境、公正的法治环境和优质的服务环境。在此过程中，涌现了一大批先进集体和先进个人。为进一步树立典型、对标先进，经区委、区政府研究，决定授予木渎镇等20个镇（街道）、单位为"平安吴中"建设先进集体，闫秋等20名同志为"平安吴中"建设先进个人；决定授予木渎镇等20个镇（街道）、单位为"法治吴中"建设先进集体，周建忠等20名同志为"法治吴中"先进个人。

希望先进集体和先进个人继续发扬成绩，再接再厉，充分发挥模范表率作用。各地各部门要以先进为榜样，立足本职作为，认真贯彻区委、区政府决策部署，以只争朝夕的精神、舍我其谁的气魄，奋勇争先的姿态，不断推动"平安吴中""法治吴中"建设再上新台阶，为加快绘就"天堂苏州·最美吴中"现实图景贡献力量！

中共苏州市吴中区委员会
苏州市吴中区人民政府
2023年2月14日

2022年度全区"平安吴中"建设先进集体和先进个人名单

一、"平安吴中"建设先进集体（20个）

木渎镇　甪直镇　胥口镇
郭巷街道　横泾街道
城南街道　香山街道
区纪委监委　区法院
区检察院　区委政法委
区教育局　区人社局
区住建局　区卫健委
区退役军人事务局
区应急管理局　区信访局
区综合指挥中心
吴中公安分局

二、"平安吴中"建设先进个人（20人）

闫　秋　张　竞　徐卫民
张海平　李　晴　顿宏伟
花　岷　杨文卿　徐远志
张峻琦　庞洋洋　邹　彤
成　燕　曹继华　毛晓华
李　明　王达荣　赵　迪
赵　芸　鲍士杰

2022年度全区"法治吴中"建设先进集体和先进个人名单

一、"法治吴中"建设先进集体（20个）

木渎镇　甪直镇　胥口镇
临湖镇　金庭镇　横泾街道
越溪街道　太湖街道
香山街道　区法院
区检察院　区教育局
区人社局　区城管局
区行政审批局
区市场监管局　区委党校
区综合指挥中心
吴中公安分局　区生态环境局

二、"法治吴中"建设先进个人（20人）

周建忠　蔡晓帅　李　晴
吕文冲　潘娇娇　潘　林
王佩佩　陆　渊　刘　俊
姚群鹰　王红雨　李健聪
陆佳明　陈　红　杜佳凤
李　彦　翁淑茹　骆　奕
高　放　陆敏彪

关于2022年度武装工作先进单位和先进个人的通报

吴委发〔2023〕11号印发

各镇、街道（场）党（工）委、政府（办事处）及所属人武部，区级机关各部门、公司：

2022年，全区武装工作在区委、区政府正确领导下，在全区人民的支持和广大专武干部、民兵共同努力下，圆满完成了各项工作任务，涌现出一批先进单位和个人。为弘扬先进、树立典型，推动全区武装工作再上新台阶，决定对以下先进单位和个人予以通报。

一、武装工作先进单位（5个）

甪直镇、胥口镇、临湖镇、金庭镇、光福镇

二、党管武装好书记（5人）

秦晓良、姜昊、李群、徐成、孙新元

三、武委会好主任（5人）

陈旻、万礼、张岚、许震巍、刘玉鹏

四、武装工作先进个人（10人）

周联联、马致兵、钱方明、夏俊马、吴健、朱佳彬、林兰芳、张斌、陆逸凡、古光明

五、先进民兵营（10个）

木渎镇金山村民兵营

东山镇双湾村民兵营

临湖镇浦庄村民兵营

临湖镇渡村社区民兵营

临湖镇东吴村民兵营

临湖镇界路村民兵营

金庭镇元山村民兵营

横泾街道新齐村民兵营

越溪街道吴山社区民兵营

城南街道南石湖社区民兵营

六、先进应急分队（5个）

胥口镇民兵应急排

临湖镇民兵应急排

长桥街道民兵应急排

横泾街道民兵应急排

越溪街道民兵应急排

希望以上单位和个人谦虚谨慎、戒骄戒躁、再接再厉，争取在今后工作中再立新功。全区专武干部和民兵要以先进为榜样，牢记职责、扎实工作、勇于奉献，努力开创吴中武装工作新局面。

中共苏州市吴中区委员会

苏州市吴中区人民政府

苏州市吴中区人民武装部

2023年3月29日

关于给予2020—2022年度连续三年考核优秀的公务员记三等功的决定

吴委发〔2023〕28号印发

各开发区、太湖新城党工委，各镇、街道党（工）委，区委各部委办局，区各委办局党组（党委），区各人民团体党组，各直属单位党组：

按照《公务员法》《公务员奖励规定》等有关文件精神，对2020—2022年度连续三年考核优秀的王茂鑫等63名公务员记三等功一次。

希望记功的同志珍惜荣誉、再接再厉，充分发挥典型示范、模范带头作用，不断争取新的更大成绩。全区广大公务员要学习先进、争当先进，坚持以习近平新时代中国特色社会主义思想为指导，敢为敢闯、真抓实干，加快谱写好"强富美高"新江苏现代化建设的吴中新篇章，努力交出不负总书记关怀、不负吴中人民期待的高质量发展新答卷！

中共苏州市吴中区委员会

苏州市吴中区人民政府

2023年8月28日

记三等功人员名单

（按姓氏笔画排序）

区纪委监委：王茂鑫、王春雨、王瑶、陈刚、府哲、赵业猛、徐冬明

区法院：何亚平、施展、梁虹

区检察院：刘媛媛、郑毅

区人大机关：戴晓东

区政府办：许健强

区政协机关：许晓峰

区委编办：祁翠华、孙洪伟

区发改委：王宇琦、郑俊峰

区财政局：王继红、朱炜烨、沈文超、钱一星、戴益梅

区人社局：任晓华、刘中华、陆晨、陈文君、陈祖明、梁巍、程勋展

区城管局：席时平

区农业农村局：朱国栋、李澹、唐英明

区文体旅局：吉翔、童冬梅

区卫健委：王佳琪、张晓逸

区行政审批局：黄波

区市场监管局：陈诚、俞艳勤、徐慧倩、傅乐鑫

区委党校：施月峰

区接待办：王天一

吴中资规分局：吴兰芳、邹亚芳、陈兰燕、周茂、董益枫、韩敏、鲍一瑾

郭巷街道：王菲

太湖街道：许玲

木渎镇：田甜、许军

甪直镇：吴春、韩发有

东山镇：马群霞、许越林

临湖镇：向川、李海峰

人物·荣誉

2023年度吴中区部分世界级、国家级、省级集体荣誉

表38-2　2023年度吴中区部分世界级集体荣誉一览表

序号	获奖单位	荣誉名称	授奖单位	授奖时间
1	木渎成人教育中心校	"农村社区学习中心能力建设项目"实验点	联合国教科文组织	2023年12月11日
2	苏州太湖湖滨国家湿地公园	年度世界自然基金会注册自然学校	世界自然基金会	2023年4月

表38-3　2023年度吴中区部分国家级集体荣誉一览表

序号	获奖单位	荣誉名称	授奖单位	授奖时间
1	东山镇仁德山庄	全国甲级民宿	文化和旅游部	2023年1月20日
2	区妇幼保健所	2022年度全国避孕药具不良反应监测工作先进单位集体	国家卫生健康委员会、国家计划生育药具不良反应监测中心	2023年1月
3	苏州太湖现代农业发展有限公司	2022年度水产绿色健康养殖技术推广"五大行动"骨干基地	全国水产技术推广总站	2023年3月1日
4	吴中高新区	科技部火炬中心第三批企业创新积分制试点名单	科技部	2023年3月
5	吴中区	2022年度茶业百强县域、"三茶统筹"先行县域称号	中国茶叶流通协会	2023年3月
6	临湖镇灵湖村	第一批全国农村集体经济发展村级典型案例	农业农村部办公厅	2023年4月12日
7	甪直镇成人教育中心校	"家校社协同育人项目"第一批实验基地	中国成人教育协会	2023年4月
8	青年手艺人协会团支部、光福镇团支部	全国五四红旗团支部	共青团中央	2023年4月
9	苏州岚庭碧螺春茶叶专业合作社、苏州临湖农业专业合作社联合社、苏州市东山吴侬碧螺春茶叶专业合作社和苏州香雪养蜂专业合作社	国家农民合作社示范社	农业农村部、国家发展改革委、水利部等部门	2023年4月
10	金庭镇缥缈村、光福镇冲山村、东山镇双湾村	第六批中国传统村落	住房和城乡建设部	2023年5月8日
11	苏州湾现代农业有限公司	"太湖横泾"大米获第十九届中国国际粮油与设备博览会金奖	中国国际粮油产品及设备技术展示交易会组委会	2023年5月14日
12	洞庭山碧螺春	以53.05亿元稳居中国绿茶区域公用品牌价值第4	中国农业品牌研究中心	2023年7月
13	西山青种枇杷	全国名特优新农产品	农业农村部农产品质量安全中心	2023年8月29日
14	东山镇	首批国家农业产业强镇（茶叶）	农业农村部	2023年8月
15	光福镇	红色美丽村庄试点	中组部、财政部	2023年8月
16	区城市管理局、区发改委	节约型机关	国家机关事务管理局、中共中央直属机关事务管理局、国家发展改革委、财政部	2023年9月19日

续表

序号	获奖单位	荣誉名称	授奖单位	授奖时间
17	江苏吴中传统水生蔬菜栽培系统	第七批中国重要农业文化遗产名单	农业农村部	2023年9月
18	区税务局第一税务分局	一星级全国青年文明号集体	全国创建青年文明号组委会	2023年9月
19	苏州太湖国家旅游度假区	文化和旅游高质量发展优秀度假区	新华网	2023年9月
20	吴中高新区	国家级集成电路产业人才基地	工业和信息化部	2023年9月
21	石公村明月湾村	历史文化名村类示范案例	住房和城乡建设部、科学技术委员会、历史文化保护与传承专业委员会、中国城市规划设计研究院	2023年10月15日
22	吴中区	第七批"绿水青山就是金山银山"实践创新基地	生态环境部	2023年10月27日
23	区人民政府	2023年国家地理标志产品保护示范区筹建名单	国家知识产权局	2023年11月
24	吴中区	2023年度茶业乡村振兴发展县域、2023年度重点产茶县域	中国茶叶流通协会	2023年11月
25	洞庭山碧螺春地理标志产品	第二批地理标志运用促进重点联系指导名录	国家知识产权局	2023年11月
26	金庭镇东河社区天王茶果场	2023年度国家级生态农场	农业农村部生态总站办公室、中国农业生态环境保护协会	2023年12月26日
27	洞庭山碧螺春	"2023中国茶叶区域公用品牌·品牌文化力评价结果"第3	中国国际茶文化研究会	2023年12月
28	甪直镇文化体育活动中心代表队	2023年全国妇女广场舞（健身操舞）大赛江苏站青年组小集体团体特等奖、总决赛青年组小集体团体第一名、青年组小集体规定项目特等奖、青年组小集体自选项目特等奖	国家体育总局群体司、中华全国妇女联合会宣传部、国家体育总局体操运动管理中心	2023年12月
29	长桥街道	国家级智慧健康养老应用试点示范街道	工业和信息化部、民政部、国家卫健委	2023年12月
30	横泾街道	第三批全国农民体育健身活动基地	中央农业广播电视学校、中国农民体育协会	2023年12月
31	吴中区	全国智慧健康养老应用试点示范基地通过复核	工业和信息化部、民政部、国家卫生健康委员会	2023年12月
32	区工商联	全国"五好"县级工商联	中华全国工商业联合会	2024年1月9日
33	吴中区	2023年消费品工业"三品"战略示范城市	工业和信息化部	2024年1月
34	吴中区	通过2023年度国家慢性病综合防控示范区复审	国家卫生健康委员会	2024年1月
35	区卫生健康委员会	2021—2023年全国生育友好工作先进单位	国家卫生健康委员会	2024年2月

表38-4　2023年度吴中区部分省级集体荣誉一览表

序号	获奖单位	荣誉名称	授奖单位	授奖时间
1	临湖镇东吴村	2022年度江苏省放心消费创建示范区域	江苏省放心消费创建活动办公室、江苏省市场监督管理局	2023年1月5日
2	木渎镇司法所	2022年江苏省司法所分类建设先进集体	江苏省司法厅	2023年1月9日
3	金庭镇衙甪里村、横泾街道新齐村、东山镇碧螺村	江苏省生态文明建设示范村	江苏省生态环境厅	2023年1月18日
4	苏州太湖现代农业发展有限公司、苏州临湖农业专业合作社联合社	2022年省级标准化试点项目	江苏省市场监督管理局	2023年1月18日
5	苏州吴中区环太湖流域林畜复合系统	第二批省级重要农业文化遗产名录	江苏省农业农村厅	2023年1月
6	苏州市中西医结合医院	江苏省公立医院党建工作创新案例优秀案例	江苏省医院党建工作指导委员会	2023年1月
7	区卫生监督所	2022年度中医药监督执法典型案例	江苏省卫生监督所	2023年1月
8	石公村	江苏省2022年度"十佳生态环境治理改革创新案例"名单	江苏省生态环境厅	2023年2月5日
9	苏州市吴中区临湖镇人民调解委员会驻临湖派出所人民调解工作室	全省公调对接工作成绩突出单位	江苏省司法厅、江苏省公安厅	2023年2月20日
10	区疾病控制中心	2022年江苏省职业健康素养监测与干预先进单位集体	江苏省疾病预防控制中心	2023年2月
11	区应急管理局	《吴小安说新安法》荣获第三届应急管理普法作品征集展播活动优秀作品奖	应急管理部和司法部	2023年2月
12	区司法局	全省司法行政系统2022年度"高质量发展先进司法局"	江苏省司法厅	2023年2月
13	金庭镇	第十六届全省党员教育作品观摩交流活动二等奖	中共江苏省委组织部	2023年2月
14	区委政法委	2022年江苏省"扫黄打非"先进集体	江苏省"扫黄打非"工作领导小组	2023年2月
15	苏州太湖国家旅游度假区	旅游发展创新示范区	江苏省旅游协会	2023年2月
16	光福镇	江苏省生态宜居美丽乡村示范村（社区）	江苏省农村工作领导小组	2023年3月
17	区税务局第一税务分局党支部	2022年全省税务系统"示范党支部"	国家税务总局江苏省税务局	2023年3月
18	牛桥村、上林村、胥口镇采香泾村	2022年度江苏省生态宜居美丽示范村	中共江苏省委农村工作领导小组	2023月4月3日
19	苏州太湖现代农业发展有限公司	第二批江苏省农业生产全程机械化智能化示范基地（园区）	江苏省农业农村厅	2023年4月18日
20	苏州太湖现代农业发展有限公司	省级高素质农民培育实训基地（农民田间学校）	江苏省职业农民培育指导站	2023年4月26日
21	苏州市木渎旅游发展实业有限公司	省级夜间文化和旅游消费集聚区建设单位	江苏省文化和旅游厅	2023年4月28日

续表

序号	获奖单位	荣誉名称	授奖单位	授奖时间
22	苏州市自然资源和规划局吴中分局	2022年度省自然资源系统财务、审计工作成效显著表扬单位	江苏省自然资源厅	2023年4月
23	金庭镇蒋东村	江苏省传统村落	江苏省住房和城乡建设厅	2023年4月
24	越溪街道团工委	2022年度"江苏省五四红旗团委"	共青团江苏省委员会	2023年4月
25	苏州市吴中区方元测绘队	江苏省测绘地理信息行业2022年度"诚信单位"	江苏测绘地理信息行业协会	2023年4月
26	区税务局	江苏省五一劳动奖状	江苏省总工会	2023年4月
27	区卫生健康委员会	江苏省爱国卫生运动70周年表现突出群体	江苏省爱国卫生运动委员会	2023年4月
28	吴中区	2022年度省级农村人居环境整治提升工作评估一等次	江苏省委农村工作领导小组	2023年4月
29	吴中区	第二批江苏省创新型示范县（区、市）	江苏省科技厅	2023年4月
30	吴中区	江苏省第四批书香城市建设示范区	江苏省全民阅读活动领导小组办公室	2023年4月
31	吴中区	江苏省科普示范县（市、区）	江苏省科学技术协会	2023年5月4日
32	木渎镇行政审批局	2022年度"15分钟医保服务圈"省级示范点	江苏省医疗保障局	2023年5月6日
33	吴中区枇杷	获31个奖项，其中，最甜枇杷奖1个，特等奖5个，金奖12个，银奖13个	江苏省农业技术推广总站	2023年5月22日
34	吴中中等专业学校[21商务英语（五）]	职业学校省级"三创"先进班级集体	江苏省教育厅、共青团江苏省委员会	2023年5月
35	光福镇	省红十字会基层组织工作先进集体	江苏省红十字会	2023年5月
36	吴中区杨梅	获39个奖项，其中，特等奖3个，金奖12个，银奖23个	江苏省农业技术推广总站	2023年6月10日
37	苏州吴中科技园创业服务中心有限公司	苏州吴中经济技术开发区数字科技和智能制造众创社区	江苏省科学技术厅	2023年6月30日
38	长桥消防站	2023年度全省消防救援队伍示范基层党组织	江苏省消防救援总队	2023年6月30日
39	洞庭山碧螺春体验之旅路线	入选"水韵江苏"非遗主题精品旅游线路	江苏省文化和旅游厅	2023年6月
40	吴中中等专业学校"石榴花开·籽籽红"	江苏省中小学"一校一品"党建文化品牌项目	江苏省委教育工委	2023年6月
41	天平村	2022年度社会慈善募捐活动先进基层单位奖二等奖	江苏省老区开发促进会、江苏省乡村发展基金会、江苏省扶贫开发协会	2023年7月10日
42	金庭镇蒋东村后埠	江苏省特色田园乡村	江苏省住房和城乡建设厅	2023年7月17日
43	苏州太湖新城吴中管理委员会	2023年度产业数字化机器人智能装备方向省级中小企业产业集群	江苏省工业和信息化厅	2023年7月24日
44	太湖生态岛	全省首批"生态岛"试点试验区	江苏省生态环境厅	2023年7月27日

续表

序号	获奖单位	荣誉名称	授奖单位	授奖时间
45	吴中区	江苏基层社会治理创新成果提名奖	江苏省民政厅	2023年7月
46	马惠娟乡土人才大师工作室、孙小青乡土人才大师工作室、朱玉峰乡土人才大师工作室	江苏省乡土人才大师工作室	江苏省人社厅	2023年8月1日
47	惠民物业	2022年度党建引领物业管理服务工作省级示范点	中共江苏省委组织部、江苏省委非公有制企业和社会组织工作委员会、江苏省住房和城乡建设厅	2023年8月7日
48	接驾社区、香溪社区、金山村	2023年江苏省"发现最美农家书屋"线上摄影、视频比赛，获视频组二等奖、摄影组二等奖	江苏省农家书屋	2023年8月8日
49	临湖镇	2022—2023年度全省基层党员冬训工作示范乡（镇、街道）	中共江苏省委宣传部、中共江苏省委组织部	2023月8月10日
50	横泾街道社区卫生服务中心、苏州太湖国家旅游度假区人民医院、尹山湖医院、郭巷尹山湖医院、区甪直镇卫生院、瑞颐老年病医院、瑞颐护理院	江苏省老年友善医疗机构优秀单位	江苏省卫生健康委员会、江苏省中医药管理局	2023年8月
51	东山镇三山村	2023年度江苏省乡村旅游重点村	江苏省文化和旅游厅、江苏省发展和改革委员会	2023年8月
52	区法院	全省法院优化营商环境工作先进集体	江苏省法院	2023年8月
53	东山镇渡桥村	省级放心消费创建示范区域	江苏省放心消费创建活动办公室、江苏省市场监管局	2023年8月
54	区应急管理局	"苏州嘉得隆包装彩印有限公司未按照规定对有限空间（油墨清渣）作业制定作业方案、未按照规定进行危险有害因素检测并实行专人监护作业案"被评为2023年第二季度典型案例	江苏省应急管理厅	2023年8月
55	甪直镇	全省"五社联动"机制创新试点单位	江苏省民政厅	2023年8月
56	区科学技术协会	2023年全国科技活动周暨江苏省第35届科普宣传周优秀单位	江苏省科学技术办会	2023年9月4日

续表

序号	获奖单位	荣誉名称	授奖单位	授奖时间
57	金星村股份经济合作社、西跨塘村股份经济合作社、天平村股份经济合作社、尧峰村股份经济合作社、五峰村股份经济合作社、灵岩村股份经济合作社、天池村股份经济合作社、金山村股份经济合作社、姑苏村股份经济合作社	2022年"农担农行杯"江苏"百强股份经济合作社"	江苏省农业农村厅	2023年9月20日
58	郭巷街道劳动人事争议调解中心	江苏省金牌劳动人事争议调解组织	江苏省人社厅、江苏省总工会、江苏省企联、江苏省企协、江苏省工商联	2023年9月21日
59	区音舞协吴中区教师合唱团	江苏省第六届紫金合唱比赛成人A组金奖	中国音乐家协会、中共江苏省委宣传部、江苏省文明办、江苏省教育厅、江苏省文化和旅游厅、江苏省总工会、江苏省文联	2023年9月25日
60	甪直水乡文化艺术团	江苏省第三批群众文化"百千万"工程优秀群文团队	中共江苏省委宣传部、江苏省文明办、江苏省文化和旅游厅、江苏省文联	2023年9月
61	苏州常春藤农业专业合作社	江苏省妇女"双学双比"活动示范基地	江苏省妇女"双学双比"活动领导小组	2023年10月1日
62	临湖镇灵湖村黄墅村	2023年度江苏省妇女"双学双比"活动示范基地美丽家园省级示范点	江苏省妇女"双学双比"竞赛活动领导小组	2023年10月8日
63	苏州市许函芳家庭农场	2023年度江苏省妇女"双学双比"活动示范基地省级巾帼新业态助农创新基地	江苏省妇女"双学双比"竞赛活动领导小组	2023年10月8日
64	灵岩村	2023年"爱心暑托班"优秀支持单位	江苏省希望工程办公室、江苏省青少年发展基金会	2023年10月25日
65	香山街道舟山村	2023年全省镇村志质量一等次	江苏省地方志办公室	2023年10月
66	苏州市吴中区社会组织服务中心	2023年度全省社会组织党建工作示范点	江苏省民政厅	2023年10月
67	区法院	全省优秀法院	江苏省法院、江苏省人社厅	2023年10月
68	越溪街道社区卫生服务中心、甪直镇卫生院	江苏省基层医疗卫生机构五级中医馆	江苏省中医药管理局	2023年10月
69	苏州太湖女子半程马拉松	年度体育消费场景典型案例	江苏省体育局	2023年10月
70	苏州市向红绣府工艺品有限公司	2023年江苏省版权示范单位	江苏省新闻出版局	2023年10月
71	吴中区	2023年江苏省"平安农机"示范县	江苏省农业农村厅	2023年10月

续表

序号	获奖单位	荣誉名称	授奖单位	授奖时间
72	光福镇	江苏省科普教育基地	江苏省科学技术协会、江苏省哲学社会科学界联合会、江苏省科学技术厅、江苏省教育厅	2023年10月
73	苏州临湖农业专业合作社联合社	"淮味千年"杯2023江苏最美绿色优质农产品（大米）企业、最具人气奖	江苏省绿色食品协会	2023年11月28日
74	郭巷街道官浦社区"爱心暑托班"	省域优秀示范班点	江苏省希望办	2023年11月
75	文旅集团	音乐作品《幸福的家》荣获2023江苏省文艺大奖	江苏省文学艺术界联合会、江苏省音乐家协会	2023年11月
76	胥口镇老年大学	江苏省优质老年大学	江苏省老年大学协会	2023年11月
77	长桥街道"吴有善托"青少年暑托班	2023年"省级优秀示范班点"	共青团江苏省委员会	2023年11月
78	尹山湖医院	江苏省健康促进医院	江苏省卫生健康委员会	2023年11月
79	区委宣传部	2023年度江苏书展优秀组织单位	江苏书展执委会	2023年11月
80	吴中中等专业学校机电一体化技术专业	江苏省中等职业学校第二批优质专业	江苏省教育厅	2023年11月
81	凤凰新华书店集团有限公司苏州分公司吴中书城	2023年度江苏书展优秀分会场	江苏书展执委会	2023年11月
82	吴中区	第一批省级示范性居家社区养老服务网络地区	江苏省民政厅	2023年11月
83	横泾街道	第二批江苏省农民体育健身活动基地	江苏省农民体育协会	2023年12月7日
84	经开区	2023年度江苏省知识产权建设示范（园区）	江苏省知识产权局	2023年12月8日
85	苏州吴中机器人产业发展有限公司	江苏省小型微型企业创业创新示范基地	江苏省工业和信息化厅	2023年12月14日
86	经开区	2023年度江苏省工业大数据应用示范区	江苏省工业和信息化厅	2023年12月18日
87	经开区	区块链技术创新应用试验区	江苏省工业和信息化厅	2023年12月18日
88	太湖街道	江苏省智慧社区建设特色应用试点	江苏省民政厅	2023年12月18日
89	苏州吴中数字科技产业发展有限公司	江苏省科技企业孵化器	江苏省科学技术厅	2023年12月20日
90	苏州市吴中技师学院	江苏省高水平技工院校	江苏省人社厅	2023年12月20日
91	金庭镇蒋东村	江苏省历史文化名村	江苏省人民政府	2023年12月22日
92	苏州吴中生物医药产业园	2023年度江苏省小型微型企业创业创新示范基地	江苏省工业和信息化厅	2023年12月22日
93	新路村	江苏省老年友好型社区	江苏省老龄工作委员会办公室	2023年12月25日
94	吴中区	江苏省第一批婚俗改革实验县（市、区）优秀单位	江苏省民政厅	2023年12月25日
95	旅游集团	最美工会户外劳动者服务站点	江苏省总工会	2023年12月27日
96	金庭镇	江苏省健康镇	江苏省爱国卫生运动委员会办公室	2023年12月29日

续表

序号	获奖单位	荣誉名称	授奖单位	授奖时间
97	金庭镇元山村、甪直镇澄北村、临湖镇石舍村	江苏省健康村	江苏省爱国卫生运动委员会办公室	2023年12月29日
98	横泾街道上林村、东山镇渡口村	江苏省乡村振兴示范村	江苏省农业农村厅	2023年12月29日
99	区卫生监督所	江苏省2022年度卫生健康执法优秀案例二等次	江苏省卫生健康委员会	2023年12月
100	区妇联	江苏女性融媒体创意大赛全优秀组织奖	江苏省妇女联合会	2023年12月
101	金庭镇	《金庭传统村落合志》获评三等镇村志	江苏省地方志编纂委员会办公室	2023年12月
102	郭巷街道劳动人事争议调解中心	省级金牌劳动人事争议调解组织	江苏省人社厅、江苏省总工会、江苏省工商业联合会、江苏省企业联合会、江苏省企业家协会	2023年12月
103	郭巷实验小学	第八批江苏省红十字师范学校	江苏省红十字会、江苏省教育厅	2023年12月
104	区商务局	2023年度全省服务贸易（服务外包）统计工作成效显著单位	江苏省商务厅	2023年12月
105	区发改委	2023年度江苏省县（市、区）国防动员工作先进单位	江苏省国防动员办公室	2024年1月5日
106	善人桥村	2023年度省级劳务品牌——藏书羊肉制作技艺师	江苏省人力资源和社会保障厅	2024年1月19日
107	横泾街道	江苏省绿色优质农产品基地（建设期）	江苏省农业农村厅	2024年1月31日
108	区税务局	2023年度全省"最美工会户外劳动者服务站点"	江苏省总工会	2024年2月

编辑 洪 蕾

附录

吴中区机构设置和领导人名单

（截至2023年末）

中共苏州市吴中区第五届委员会

书　　记　丁立新
副 书 记　顾晓东　顾玉琪
常　　委　孙　健　尤建丰　方习亮
　　　　　张华谦　孙　艳（女）
　　　　　徐华东　姚　东　黄乃宏

中共苏州市吴中区纪律检查委员会、苏州市吴中区监察委员会

书记、主任　徐华东
副书记、副主任　张　彧　李见明
纪委常委　王　君　杨　隽（女）
　　　　　陈鹤峰　陈　洁（女）
监委委员　王　君　杨　隽（女）
　　　　　李钟钦　葛　炜

区委工作部门

区委办公室（机要局、保密局、密码管理局、档案局）

主　　任　陆治平
副 主 任　曹君彦　杨　磊　张纯纯
　　　　　周　力　杨文卿
　　　　　厉　艺（兼）
机要局局长、保密局局长　张纯纯
档案局副局长　孙新健

组织部（"两新"工委、机关党工委、党建办、公务员局、考核办）

部　　长　孙　艳（女）
副 部 长　李　莉（女）　顾志平
　　　　　孙　丹
公务员局副局长　许黛安（女）
"两新"工委副书记　刘文静

宣传部（新闻办、文明办、新闻出版局、网信办、社科联）

部　　长　尤建丰
副 部 长　席与翀　顾国培
　　　　　夏　巍（女）
社科联主席　席与翀
社科联副主席　常继元
网信办主任　顾国培
网信办副主任　成　燕（女）
文明办主任　夏　巍（女）

统一战线工作部（台办、民族宗教局、侨办）

部　　长　尤建丰
常务副部长　沈玉宝
副 部 长　徐　敏　周　韵（女）
民族宗教局局长　徐　敏
民族宗教局副局长　李　亮
台办主任　周　韵（女）
侨办副主任　朱咏梅（女）

政法委员会

书　　记　姚　东
常务副书记　龚　艳（女）
副 书 记　吴鼎明（兼）　董春华
　　　　　陈德明（兼）

研究室

副 主 任　陈　军

机构编制委员会办公室（事业单位登记管理局）

主　　任　华利民
副 主 任　胡伟新
事业单位登记管理局副局长　朱益彬

老干部局（离退休干部工委）

局　　长　李　莉（女，兼）
副 局 长　陈卫华

区委国企工委

书　　记　周雪明
委　　员　杜　杰　沈博名　周菊坤
　　　　　张　军　王晓华　仇　勇
　　　　　朱振冲

区委直属事业单位

党校（行政学校）

校　　长　顾玉琪（兼）
常务副校长　马唯杰
副 校 长　刘铁斌　何　聪（女）
行政学校校长　马唯杰

接待办公室

主　　任　厉　艺
副 主 任　尹国辉　钱　铃（女）

档案馆

馆　　长　柳建刚
副 馆 长　翁建明　李　健（女）
　　　　　韩　希（女）

区级机关党组、党委

人大常委会党组

书　　记　方伟军
副 书 记　荣德明　周云祥
党组成员　陈　飞　史拥军　李向上
　　　　　黄文伟

政府党组

书　　记　顾晓东
副 书 记　黄乃宏
党组成员　吴鼎明　张　伟　周学斌
　　　　　李　烨（女）　薛　华

政协党组

书　　记　许振华
副 书 记　尤建丰（兼）　王卫星
党组成员　郁克铭　史才林　黄国锋

法院党组

书　　记　董启海
副 书 记　张淮宾
党组成员　辛　欣（女）　徐国聪
　　　　　肖仁刚

检察院党组
书　　记　方　振
副 书 记　张永平（女）
党组成员　王　虹（女）
　　　　　黄　芹（女）
　　　　　罗　娜（女）

人大常委会机关党组
书　　记　黄文伟
党组成员　戴晓东　孙梓钧

政府办公室党组
书　　记　薛　华
党组成员　张勇坚　王建峰　顾佳炜
　　　　　周　佳　许翼翼（女）
　　　　　陆凌啸

政协办公室党组
书　　记　黄国锋
党组成员　魏苏涛（女）
　　　　　吴晓琳（女）

总工会党组
书　　记　谈建强
副 书 记　陈琴明
党组成员　陆葆兰（女）
　　　　　顾雯雯（女）　叶亚林

妇女联合会党组
书　　记　张婷婷（女）
党组成员　陆　燕（女）
　　　　　浦益峰（女）

科学技术协会党组
书　　记　顾彩琴（女）
党组成员　查文鳌　朱　艳（女）

工商业联合会党组
书　　记　徐　敏
党组成员　吴逸凯　陈春华（女）

残疾人联合会党组
书　　记　尤林明
党组成员　钱　刚　赵钰明

发展和改革委员会党组
书　　记　沈娟鹃（女）
党组成员　缪晓峰　陈方忠
　　　　　张凌云（女）　马志逾
　　　　　尹恒群

教育工委
书　　记　周福勇
委　　员　程朝阳　马群勇　孟晓庆
　　　　　张伟炜（女）
　　　　　林　华（女）
　　　　　王　炯（兼）

科技局党组
书　　记　沈志华
党组成员　向　兢（女）
　　　　　李　琪（女）

工业和信息化局党组
书　　记　石燕华（女）
党组成员　林　佳　张丽华（女）
　　　　　翁晓磊（女）　吴仕达

民政局党组
书　　记　张建琳（女）
副 书 记　陆　一
党组成员　胡立才　颜　钰（女）

司法局党组
书　　记　王　钦
党组成员　王永春　府　强　朱君贤
　　　　　王拥护

财政局党组
书　　记　周雪明
党组成员　朱炜烨　陶致一（女）

人力资源和社会保障局党组
书　　记　徐晨阳
党组成员　朱晓东　冯儒生

住房和城乡建设局党组
书　　记　陆文洪
党组成员　张新庆　庄勤华（女）
　　　　　徐冬明　王国正

城市管理局党组
书　　记　王华刚
党组成员　陈德宇　施　斌

交通运输局党组
书　　记　沈雪华
党组成员　赵瑞军　胡　刚　唐晓风
　　　　　左慧敏（女）

水务局党组
书　　记　顾丽明
党组成员　顾　波　马安沧
　　　　　李彩珍（女）

农业农村局党组
书　　记　周晓春
党组成员　陈东海　李文华　张建刚
　　　　　胡　伟　郑　鹏　陈永刚

商务局党组
书　　记　姚　静（女）
党组成员　阢　凯　周　璐（女）
　　　　　虞春萍（女）

文化体育和旅游局党组
党组成员　徐凌奇　吕晓红（女）
　　　　　胡智慧

卫生健康委员会党组
书　　记　刘玉鹏
党组成员　马小红（女）
　　　　　赵燕萍（女）　李耀峰
　　　　　朱　艳（女）　周支军
　　　　　魏　晔

退役军人事务局党组
书　　记　毛曦雪
党组成员　王丽琴（女）　夏科兵
　　　　　张小军（兼）

应急管理局党委
书　　记　唐锦华
副 书 记　张　明
委　　员　蒋　辉　罗茂法　陈　涛

审计局党组
书　　记　毛　刚
党组成员　荣伟铭　王松艳（女）

行政审批局党组
书　　记　沈　斌
党组成员　李　峰　樊晓斐（女）

市场监督管理局党组
书　　记　孔岳荣
党组成员　金春林　沈建康　王金剑
　　　　　王志松　谢　丹（女）

统计局党组
书　　记　周　敏
党组成员　张　燕（女）
　　　　　汪　潇（女）

信访局党组
书　　记　王晓刚
副 书 记　仲文友
党组成员　王伟忠

地方金融监督管理局党组
书　　记　赵丽君（女）
党组成员　尹旭青（女）　张　春

机关事务管理中心党组
书　　记　沈亚民
党组成员　胡俊青　夏培明
　　　　　方　艳（女）

供销合作社党组
书　　记　顾向明（女）
党组成员　顾霞勤（女）　顾华军

社会治理现代化综合指挥中心党组
书　　记　陈德明
党组成员　朱　婷（女）　杨海燕

苏州市公安局吴中分局党委
书　　记　吴鼎明
副 书 记　张为余　马卫东
委　　员　王　磊　陈　勇　俞祥根
　　　　　邵　峰　王　涛

林场党委
书　　记　朱振华
委　　员　陈勤华　王小军

苏州市吴中城市建设投资集团有限公司党委
书　　记　沈博名
副 书 记　潘东华
党委委员　陈　强　巴　盛　张俊峰
　　　　　谢少杰
纪委书记　张俊峰

苏州市吴中国裕资产经营集团有限公司党委
书　　记　周菊坤
副 书 记　陈　锋
党委委员　杨玉香（女）　褚晓悦
　　　　　孙明杰
纪委书记　杨玉香（女）

苏州市吴中金融控股集团有限公司党委
书　　记　张　军
副 书 记　杨冬琴（女）
党委委员　秦海翔　徐　栋
　　　　　潘秀芬（女）　黄　强
纪委书记　潘秀芬（女）

苏州市吴中文化旅游发展集团有限公司党委
书　　记　王晓华
副 书 记　全之勇
党委委员　钱庆强　张奇川
　　　　　江慈萍（女）
纪委书记　钱庆强

苏州市吴中农业发展集团有限公司党委
书　　记　仇　勇
副 书 记　龚建新
党委委员　顾　峰　方吕君（女）
　　　　　倪炳华
纪委书记　倪炳华

苏州市吴中产业投资集团有限公司党委
书　　记　朱振冲
副 书 记　龙文博
党委委员　陆　一　吴　薇（女）
　　　　　刘东洋（女）
纪委书记　刘东洋（女）

纪委工作部门

办公室
主　　任　季俊强

纪检监察干部管理监督室
主　　任　董静平

信访室
主　　任　谢晓溧（女）

案件监督管理室
主　　任　战立伟

第一审查调查室
主　　任　赵业猛

第二审查调查室
主　　任　张　明

第三审查调查室
主　　任　张国基

第四审查调查室
主　　任　李　晶

第五监督检查室
主　　任　张国玲（女）

第六监督检查室
主　　任　王　垒

第七监督检查室
主　　任　胡鸣敏（女）

案件审理室
主　　任　徐　剑（女）

监督审查技术室
主　任　杨　宏（女）

派驻纪检组

派驻区委办公室纪检监察组
组　长　盛国健

派驻区政府办公室纪检监察组
组　长　张勇坚（女）

派驻区委组织部纪检监察组
组　长　徐　磊

派驻区委政法委纪检监察组
组　长　陆惠忠

派驻区发改委纪检监察组
组　长　陈方忠

派驻区教育局纪检监察组
组　长　林　华（女）

派驻区住建局纪检监察组
组　长　徐冬明

派驻区交通运输局纪检监察组
组　长　胡　刚

派驻区农业农村局纪检监察组
组　长　陈永刚

派驻区卫健委纪检监察组
组　长　赵燕萍（女）

巡察办

主　任　王　君
副主任　虞　卢

巡察组

专职组长　李　青　曹　勇　盛新根
专职副组长　王根友　周国强

冯　冰　沈　飞
芮　佳（女）
罗　磊（女）

苏州市吴中区第五届人民代表大会常务委员会

主　任　方伟军
副主任　荣德明　宋晓华　陈　飞
　　　　史拥军

区人大常委会工作部门

人大常委会办公室
主　任　黄文伟
副主任　孙梓钧　谭文江

社会建设委员会
主任委员　郁振红
副主任委员　孙　国

人事代表联络工作委员会
主　任　戴晓东
副主任　郑伟宏

监察和司法工作委员会
主　任　徐远志
副主任　王佩佩（女）

财政经济工作委员会
主　任　汤卓献
副主任　朱　亮

城建环保工作委员会
主　任　陈哲敏
副主任　石耀栋

教科文卫工作委员会
主　任　唐峥嵘
副主任　姚继元

外事民宗侨台工作委员会
主　任　唐峥嵘（兼）
副主任　姚继元（兼）

农业农村工作委员会
主　任　曹雪琴（女）
副主任　叶　青（女）

苏州市吴中区人民政府

区　长　顾晓东
副区长　黄乃宏　朱筱菁（女）
　　　　吴鼎明　张　伟　周学斌
　　　　李　烨（女）

区政府工作部门

政府办公室（外事办、大数据管理局）
主　任　薛　华
副主任　王建峰　顾佳炜　周　佳
　　　　许翼冀（女）　陆凌啸
　　　　王晓冈（兼）
外事办主任　薛　华
大数据管理局副局长　施斌斌

发展和改革委员会（粮食和物资储备局、长三角地区合作与发展办公室、国防动员办公室）
主　任　沈娟鹃（女）
副主任　缪晓峰　张凌云（女）
　　　　马志遒
粮食和物资储备局局长
　　　　沈娟鹃（女）
国防动员办公室主任
　　　　沈娟鹃（女，兼）

长三角地区合作与发展办公室
副主任　尹恒群

教育局
局　长　周福勇
副局长　程朝阳　马群勇
　　　　张伟韦（女）
教育督导室副主任　孟晓庆

科学技术局
局　长　唐晓晨
副局长　向　兢（女）
　　　　李　琪（女）　程　宇

科技招商中心主任　唐晓晨

工业和信息化局
局　　长　石燕华
副 局 长　林　佳　张丽华（女）
　　　　　翁晓磊（女）　吴仕达

民政局
局　　长　张建琳（女）
副 局 长　陆　一　胡立才
　　　　　颜　钰（女）

司法局
局　　长　王　钦
副 局 长　王永春　府　强
　　　　　张　欢（女）
法治办副主任　朱君贤
政治处主任　王拥护

财政局（国有资产监督管理办公室）
局　　长　周雪明
副 局 长　朱炜烨　陶致一（女）

国有资产监督管理办公室
主　　任　周雪明
副 主 任　杜　杰
度假区分局局长　顾进方
度假区分局副局长　徐　酉
经开区分局局长　任　怡（女）
经开区分局副局长　朱方勇

木渎镇财政和资产管理局
局　　长　叶葆青（女）

甪直镇财政和资产管理局
局　　长　顾惠芳（女）

西山农业园区财政和资产管理局
局　　长　袁　俊
东山分局局长　周宗信
临湖分局局长　童璘珏（女）
光福分局局长　何建金

人力资源和社会保障局
局　　长　徐晨阳

副 局 长　朱晓东　徐琴华（女）
　　　　　冯儒生

住房和城乡建设局（人防办）
局　　长　陆文洪
副 局 长　张新庆　屈洪飞
　　　　　庄勤华（女）　王国正
经开区房管分局局长　钱国平

城市管理局（综合行政执法局）
局　　长　王华刚
副 局 长　陈德宇　王汉中　施　斌
综合行政执法局局长　王华刚

交通运输局
局　　长　沈雪华
副 局 长　赵瑞军　唐晓风
　　　　　左慧敏（女）

水务局
局　　长　顾丽明
副 局 长　顾　波　马安沧
　　　　　李彩珍（女）

农业农村局（乡村振兴局）
局　　长　周晓春
副 局 长　陈东海　李文华　张建刚
　　　　　郑　鹏
农办副主任　胡　伟
乡村振兴局副局长　杨　青（女）
总农艺师　陈太丰

商务局
局　　长　姚　静（女）
副 局 长　陆　凯　周　璐（女）
　　　　　虞春萍（女）
投资促进中心主任　周　璐（女）

文化体育和旅游局（文物局）
副 局 长　徐凌奇　吕晓红（女）
　　　　　胡智慧

卫生健康委员会
主　　任　刘玉鹏
副 主 任　马小红（女）　李耀峰

　　　　　朱　艳（女）　魏　晔

退役军人事务局
局　　长　毛曦雪
副 局 长　王丽琴（女）　夏科兵
　　　　　张小军（兼）

应急管理局
局　　长　唐锦华
副 局 长　张　明　蒋　辉　罗茂法
　　　　　陈　涛　刘欣声
安委办专职副主任　冯克昌

审计局
局　　长　毛　刚
副 局 长　荣伟铭　郑　蓉（女）
总审计师　王松艳（女）

行政审批局（政务服务管理办公室）
局　　长　沈　斌
副 局 长　张　莘（女）　李　峰
　　　　　樊晓斐（女）
总工程师　朱培忠

市场监督管理局（知识产权局）
局　　长　孔岳荣
副 局 长　金春林　沈建康　王金剑
　　　　　王志松　谢　丹（女）
知识产权局局长　孔岳荣
总工程师　郁俊杰
度假区分局局长　邱建军
度假区分局副局长　庄惠生
　　　　　卢雪芳（女）
　　　　　黄小明（女）
开发区分局局长　黄钟卫
城区分局局长　孙晓波
木渎分局局长　李　勇
甪直分局局长　高澄清
胥口分局局长　陈晓斌
东山分局局长　沈泽锋
临湖分局局长　彭梓铃
郭巷分局局长　徐玉男

统计局
局　　长　周　敏

副局长 张　燕（女）
　　　　汪　潇（女）

信访局
局　　长　王晓刚
副 局 长　仲文友　王伟忠
信访督查专员　范文娟（女）

地方金融监督管理局（金融办）
局　　长　赵丽君（女）
副 局 长　尹旭青（女）　张　春

区政府直属事业单位

机关事务管理中心
主　　任　沈亚民
副 主 任　胡俊青　夏培明
　　　　　方　艳（女）

供销合作社
主　　任　顾向明（女）
副 主 任　顾华军
监事会主任　顾霞勤（女）

社会治理现代化综合指挥中心
主　　任　陈德明
副 主 任　朱　婷（女）　杨海燕

政协苏州市吴中区第五届委员会

主　　席　许振华
副 主 席　王卫星　周黎敏（女）
　　　　　郁克铭　宋银林
秘 书 长　黄国锋

区政协工作部门

政协办公室
主　　任　黄国锋
副 主 任　魏苏涛（女）
　　　　　吴晓琳（女）
研究室主任　黄国锋（兼）

经济科技和农业农村委员会
主　　任　许晓峰

副 主 任　徐明东（兼）

提案委员会
主　　任　秦　刚
副 主 任　徐菊秋（女，兼）

城乡建设委员会
主　　任　李福林
副 主 任　矫文忠（兼）

文化文史委员会
主　　任　李　东
副 主 任　王伟男（兼）

社会事业委员会
主　　任　金建生
副 主 任　凌　奕（兼）

港澳台侨民族宗教委员会
主　　任　丁晓娟（女）
副 主 任　黄新东（兼）

苏州市吴中区人民法院

院　　长　董启海
副 院 长　张淮宾　辛　欣（女）
　　　　　徐国聪　杜荣尚
执行局局长　肖仁刚

苏州市吴中区人民检察院

代检察长　方　振
副检察长　张永平（女）
　　　　　王　虹（女）　王　伟
政治部主任　黄　芹（女）

民主党派

民进吴中区委会
主　　委　周黎敏（女）
副 主 委　苏　伟　庄　梅（女）
　　　　　钱家荣　徐琴华（女）

民盟吴中区基层委员会
主　　委　宋银林

副 主 委　王汉牛　钟　翔　蔡晓畅

九三学社吴中区基层委员会
主　　委　韩　蓓（女）
副 主 委　朱永平　陆费红

致公党吴中区基层委员会
主　　委　杨静泞（女）
副 主 委　汪利明　王衍兵

民建吴中区基层委员会
主　　委　张　牟（女）
副 主 委　郑　銮（女）
　　　　　潘娟媚（女）　李　纯

民革吴中区基层委员会
主　　委　徐伟英（女）
副 主 委　浦红兰　陆胜其

农工党吴中区基层委员会
主　　委　王伟昱
副 主 委　高海岗　张忠锋　杨豪放

吴中区知联会
会　　长　朱筱菁（女）
副 会 长　徐炜琴（女）　屈洪飞
　　　　　解　冰（女）　周　林

人民团体

总工会
主　　席　谈建强
副 主 席　陈琴玥　陆葆兰（女）
　　　　　顾雯雯（女）　叶亚林
兼职副主席　朱晓东　陶俊杰

共青团吴中区委员会
书　　记　尹　珺（女）
副 书 记　许雯婷（女）　章　易
兼职副书记　张友志

妇女联合会
主　　席　张婷婷（女）
副 主 席　陆　燕（女）
　　　　　浦益峰（女）

兼职副主席　朱金凤（女）
　　　　　　黄　芹（女）

科学技术协会
主　　席　顾彩琴（女）
副 主 席　查文鳌　朱 艳（女）
兼职副主席　李　琪（女）
　　　　　　徐伟英（女）　杨豪放

工商业联合会
主　　席　解　冰（女）
副 主 席　吴逸凯　陈春华（女）
兼职副主席　张凌云（女）
　　　　　　向　兢（女）　李　思
　　　　　　袁永峰　卓　有
　　　　　　蒋元生　庄建华（女）
　　　　　　王春生　胡德霖
　　　　　　蒋云泉　胡智勇
　　　　　　吴小翔　钱群山
　　　　　　吴世均　夏　靖
　　　　　　张秀卓（女）　韩跃国
　　　　　　陈　建　付作军

文学艺术界联合会
副 主 席　吴建卫　李学毅（女）
兼职副主席　姜兴龙　蒯惠中
　　　　　　张建珍（女）

归国华侨联合会
主　　席　尤　歆（女）
副 主 席　张维明
兼职副主席　李君图　杨静漪（女）
　　　　　　张继堂

残疾人联合会
理 事 长　尤林明
副理事长　钱　刚　赵钰明

红十字会
会　　长　朱筱菁（女，兼）
常务副会长　徐炜琴（女）
兼职副会长　夏　巍（女）　沈志枫
　　　　　　陆治平　顾丽明

其他单位

法院审委会
专职委员　吕晓东　徐　澄　史华松

法院派出法庭
度假区庭长　王丽芳（女）
开发区庭长　何亚平
木渎庭长　丁文芳（女）
甪直庭长　王东海

检察院检委会
专职委员　罗　娜（女）
　　　　　赵芙蓉（女）

检察院检察部
第三检察部主任　任　娟（女）
第五检察部主任　赵芙蓉（女）
第六检察部主任　沈彦娟（女）

公共文化中心
主　　任　方　针
副 主 任　朱丽芳（女）
　　　　　张翼华（女）

苏州乡村振兴学堂发展中心
主　　任　莫　君
副 主 任　叶　燕（女）

机构编制效能管理中心
副 主 任　杨小昱

教师发展中心
主　　任　刘　伟

社会福利中心（未成年人救助保护中心）
主　　任　徐庆刚

财政支付中心
主　　任　陈瑞兴

财政投资评审中心
主　　任　李雅瑾（女）

社会保险基金管理中心
主　　任　张群力

劳动监察大队
大 队 长　薛俊赟

区政府房屋征收办公室（集体土地上房屋拆迁管理办）
主　　任　莫斌峰

城管执法队
大 队 长　陆　峰

交通运输综合行政执法大队
大 队 长　王建国

交通工程建设服务中心
主　　任　沈苏磊

港航发展中心
主　　任　刘晓峰

公路发展中心
主　　任　钱　勇

农业综合行政执法大队
大 队 长　唐冰炎

文化市场综合执法大队
大 队 长　叶秉华

卫生监督所
所　　长　周伟琪（女）

疾控中心
主　　任　周支军

应急管理综合行政执法大队
大 队 长　傅卫东

经济责任审计中心
主　　任　薛　颖（女）

市场监管执法大队
大 队 长　吴敏彦（女）

行政中心管委会
主　　任　夏培明

江苏省吴中中等专业学校（吴中开放大学）
校　　长　王　炯
副 校 长　付欣友（女）　项爱康
　　　　　戴　钧　刘　萍（女）

苏州市太湖旅游中等专业学校
校　　长　唐俊峰

苏州市中西医结合医院（木渎人民医院）
党委副书记　杨文忠
副 院 长　钱建学　赵　劲　郁俊德
　　　　　顾红芳（女）

吴中人民医院
党委书记　吴文庆
院　　长　朱纪中

吴中区第二人民医院
党总支书记　朱正涛
院　　长　顾文荣

苏州太湖国家旅游度假区党工委、管委会

党工委副书记　孙　健
党工委委员　王晓岚（女）　包勤康
　　　　　茅哲峰　陆为民
管委会副主任　孙　健
　　　　　王晓岚（女）
　　　　　包勤康　陆为民

度假区职能机构

党政办公室（宣传办公室）
主　　任　张　伟
副 主 任　王龙杰　杨　光　曹晓良

组织人事局
局　　长　陶俊峰
副 局 长　王利华

产业发展局（科技创新局）
局　　长　鲍丽君（女）
副 局 长　赵　静（女）　徐洽然
　　　　　刘德珍（女）

文体旅游发展局
局　　长　戴小林
副 局 长　赵伟东　张诗群（女）

安全生产监督管理和环境保护局
局　　长　徐华军
副 局 长　姚　杰　俞文娟（女）

招商局
局　　长　张　妍（女）
副 局 长　徐晓飞

建设局
局　　长　庄春华
副 局 长　王　明　朱晓强　周　林

财政局
局　　长　顾进方（兼）
副 局 长　徐　酉（兼）　袁　伟

行政审批局
局　　长　朱伟荣
副 局 长　周春良　史慧文（女）

纪工委（监工委）
书记、主任　茅哲峰
副书记、副主任　姚胜武

房管中心
主　　任　潘皓旸

苏州吴中经济技术开发区党工委、管委会

党工委书记　丁立新
副书记　张华谦
委　　员　张　健　陆志伟
　　　　　沈文群（女）　顾　强
　　　　　张建新　顾洪建
管委会副主任　张华谦　陆志伟
　　　　　沈文群（女）
　　　　　顾　强　张建新
　　　　　顾共建

经开区职能机构

党政办公室（宣传办公室）
主　　任　王宇翔
副 主 任　钱才忠　邱少江

组织人事局
局　　长　姚逸青
副 局 长　顾蔚雯（女）　王益峰

产业发展局
局　　长　李　思
副 局 长　夏　倩（女）　马亮明
　　　　　朐　宇（女）

科技创新局
局　　长　马立恒
副 局 长　潘　虹（女）　曹嘉明
　　　　　范　洁（女）

安全生产监督管理和环境保护局
局　　长　仲益明
副 局 长　沈雪官　钱舒祺

招商局
局　　长　李　雯（女）
副 局 长　徐　昌　柳嗣芳（女）

建设局
局　　长　苏明华
副 局 长　沈稼兴　成晋晋

财政局
局　　长　任　怡（女，兼）
副 局 长　张伟平　朱方勇（兼）

行政审批局
局　　长　周丽虫
副 局 长　钱　锦（女）　邱春华

化工集中区管理办公室
主　　任　朱文明
副 主 任　朱正超

吴中综合保税区管理局
局　　长　范佳尔（女）
副 局 长　韩立波

纪工委（监工委）
书记、主任　张　健
副书记、副主任　陈　燕（女）

交通管理所
所　　长　舒晓枫

苏州市吴中高新技术产业开发区（筹）党工委、管委会

党工委书记　张　伟（兼）
党工委副书记　许　丹
党工委委员　张　陈　祝才千（女）
　　　　　　陆建伟　秦　铮
　　　　　　李　臻（女，兼）
　　　　　　吴　婧（女，兼）
纪工委书记　陆建伟
管委会主任　许　丹
管委会副主任　张　陈
　　　　　　　祝才千（女）
　　　　　　　秦　铮
　　　　　　　沈志华（兼）

高新区（筹）职能机构

党政办公室（组织人事局、宣传办）
主　　任　吴　彬
副 主 任　周琬虹（女）　孙瑜清

产业发展局
局　　长　姚　靓（女）
副 局 长　徐晓光　屠雅萍（女）

科技创新局
局　　长　胡　莹（女）
副 局 长　陆梅华（女）　马宏伟
　　　　　杨渊祥

安全生产监督管理和环境保护局
局　　长　朱建岗
副 局 长　刘　颖（女）

招商局
局　　长　唐　苏（女）
副 局 长　李勐超　石奇凡

建设局
局　　长　彭　力
副 局 长　沈　军　许　涛

财政局
局　　长　朱　伟
副 局 长　陆建勇　吴　昊

苏州太湖新城吴中党工委、管委会

党工委书记　沈文群（女，兼）
党工委副书记　朱　涛
　　　　　　　陈莉莉（女）
党工委委员　居海荣（兼）
　　　　　　管炳锋（兼）　周德坤
　　　　　　林毅君　张　栋
纪工委书记　张　栋
管委会主任　朱　涛
管委会副主任　陈莉莉（女）
　　　　　　　周德坤　林毅君

太湖新城职能机构

党政办公室（组织人事局、财政局）
主　　任　林毅君（兼）

产业发展局（数字产业发展办）
局　　长　陈　娜（女，兼）

科技创新局
局　　长　吴　肖（兼）

招商局
局　　长　吴　岩（女，兼）

规划建设局（安监环保局）
局　　长　马春明（兼）

镇、街道、场

【木渎镇】
党委书记　秦晓良
党委副书记　张建明　朱振华
　　　　　　王　华
党委委员　钱　军　蒋　吉　周志锋
　　　　　孙德群（女）　朱华新
　　　　　倪方敏　柳　珏（女）
　　　　　陈　俊（挂）
镇　　长　张建明
副 镇 长　朱华新　戴水清　蒋　勇
　　　　　陈　江　徐明雪（女）
　　　　　徐　华　董启铭（挂）
人大主席　顾文明
人大副主席　柳　珏（女，兼）
纪委书记　周志锋
人武部部长　倪方敏

【木渎镇工作部门】
党政办公室
主　　任　包忠宪
组织人事和社会保障局
局　　长　俞　霞（女）
集成指挥中心
主　　任　柳亚民
经济发展和改革局
局　　长　邱徐吉
财政和资产管理局
局　　长　叶葆青（女）
建设局
局　　长　包永元
农村工作局
局　　长　俞剑英
社会事业局
局　　长　陈　亮
行政审批局
局　　长　汪筱妍（女）
综合行政政法局（应急管理局）
局　　长　王祖兴

【甪直镇】
党委书记　姜　昊
党委副书记　朱华平
党委委员　张惠红　张春茂　吴　春
　　　　　张杰峰　刘薇洁（女）

镇　　长　朱华平
副 镇 长　张惠红　朱学新　吴翔峰
　　　　　吴闽芳（女）　张　明
　　　　　张瀚文（挂）
人大主席　邹文明
人大副主席　刘薇洁（女，兼）
纪委书记　吴　春
人武部部长　石旭明

【甪直镇工作部门】
党政办公室
主　　任　凌　立
财政和资产管理局
局　　长　顾惠芳（女）
综合行政执法局
局　　长　邹文伟
行政审批局
局　　长　崔新民
集成指挥中心
主　　任　杨建林

【胥口镇】
党委书记　吴　婧（女）
党委副书记　徐　勇　王　京
党委委员　周晓峰　高建华
　　　　　钱卫芳（女）　骆霄寅
　　　　　陆　旸（女）　张　雄
　　　　　邱少春　陈　磊（挂）
镇　　长　徐　勇
副 镇 长　顾建锋　李　宏　马庆卫
　　　　　张　琳（女）　席天士
　　　　　姚　瑶（女）
人大主席　叶　龙
人大副主席　钱卫芳（女，兼）
纪委书记　周晓峰
人武部部长　邱少春

【胥口镇工作部门】
综合行政执法局（应急管理局）
局　　长　陆新宇

【东山镇】
党委书记　王雪峰
党委副书记　陈　旻　周英进

党委委员　张　炜　华　伟　汤晓亮
　　　　　宋　炜　郭晓清　颜　文
　　　　　马群霞（女）
　　　　　陈　玮（挂）
镇　　长　陈　旻
副 镇 长　华　伟　周建忠　胡　翔
　　　　　夏伏荣　王思乔（女）
　　　　　周晨玥（女）
人大主席　洪建华
人大副主席　郭晓清（兼）
纪委书记　汤晓亮
人武部部长　宋　炜

【临湖镇】
党委书记　李　臻（女）
党委副书记　朱秋耀　莫　君
党委委员　钱　华　唐　奕　陈卫春
　　　　　徐蔚钰（女）　叶晓敏
　　　　　许根寿　王　巍（挂）
镇　　长　朱秋耀
副 镇 长　王　娟（女）　刘国民
　　　　　朱圣杰　范显彧
人大主席　吾永康
人大副主席　陈卫春（兼）
纪委书记　徐蔚钰（女）
人武部部长　唐　奕

【光福镇】
党委书记　陆胜兰
党委副书记　万　礼　宋　阳
党委委员　戴晓民　浦孝东　钱　军
　　　　　吴亚奇　任钟民
　　　　　徐　岚（女）
　　　　　郭　瑞（挂）
镇　　长　万　礼
副 镇 长　惠　忠　徐今伟　李志强
　　　　　张　静（女）
人大主席　樊建明
人大副主席　吴亚奇（兼）
纪委书记　戴晓民
人武部部长　浦孝东

【金庭镇】
党委书记　沈志枫
党委副书记　王寅平　顾利青

党委委员　王罕红　王光玉　李东毅
　　　　　姚子元　诸　健　黄仲芳
　　　　　郑　威（挂）
镇　　长　王寅平
副 镇 长　蒯　宙　冯幸思（女）
　　　　　丁雅文（女）
人大主席　顾春明
人大副主席　姚子元（兼）
纪委书记　王光玉
人武部部长　诸　健

【西山国家现代农业示范园区】
党工委副书记　王寅平　顾利青
党工委委员　王罕红　王光玉
　　　　　　李东毅　姚子元
管委会副主任　王寅平　宋金元
纪工委书记　王光玉

【西山农业园区工作部门】
党政办公室
主　　任　朱卫金
组织人事和劳动社保局
局　　长　徐燕燕（女）
建设和环境保护局
局　　长　陆建峰
经济和旅游发展局
局　　长　丁雅文（女）
社会事业局
局　　长　蒋金伟
农村工作局
局　　长　郑志勤
政法和社会管理办公室（安监办）
主　　任　蒯　宙
财政和资产管理局
局　　长　袁　炆

【长桥街道】
党工委书记　张　明
党工委副书记　司明华　陆　军
党工委委员　邱其华　沈新华
　　　　　　余文兰（女）　张华明
　　　　　　庄学峰　朱玉岗
　　　　　　徐　衢（挂）
办事处主任　周明华
办事处副主任　李　晴（女）

汪成洁（女）
沈　彬
人大工委主任　张正才
人大工委副主任　朱玉岗（兼）
纪工委书记　张华明
人武部部长　庄学峰

【郭巷街道】
党工委书记　李　群（女）
党工委副书记　金剑锋　徐永俊
党工委委员　沈大鹏　金　律
　　　　　　孙　强　沈和平
　　　　　　戚苏靖（女）
　　　　　　岑宇岚（女）
　　　　　　姚志刚（挂）
办事处主任　金剑锋
办事处副主任　吴建国　陆方华
　　　　　　　陈金峰　唐金潮
人大工委主任　褚会男
人大工委副主任　岑宇岚（女，兼）
纪工委书记　沈大鹏
人武部部长　沈和平

【横泾街道】
党工委书记　管炳锋
党工委副书记　李　娟（女）
党工委委员　俞高妹（女）　张晓清
　　　　　　张金华　俞　超
　　　　　　冯　都　贺伟平
　　　　　　赵富强（挂）
办事处主任　李　娟（女）
办事处副主任　席月心
　　　　　　　朱　晶
　　　　　　　马春明
　　　　　　　金　琦（女）
　　　　　　　吴　岩（女）
人大工委主任　沈惠男
人大工委副主任　贺伟平（兼）
纪工委书记　俞高妹（女）
人武部部长　冯　都

【越溪街道】
党工委书记　徐学明
党工委副书记　张　岚（女）
　　　　　　　周健华

党工委委员　麻琪彬　朱慧杰
　　　　　　阙小芳　吴静波（女）
　　　　　　毛永清　张也弛（挂）
办事处主任　张　岚（女）
办事处副主任　袁栋华　郁建兴
　　　　　　　莫建伟
　　　　　　　王琦琳（女）
人大工委主任　吴　荣
人大工委副主任　吴静波（女，兼）
纪工委书记　麻琪彬
人武部部长　朱慧杰

【城南街道】
党工委书记　徐　成
党工委副书记　黄　东　沈　敏
党工委委员　高　瑾（女）
　　　　　　蔡文娟（女）
　　　　　　陆丽娜（女）　徐志华
　　　　　　沈明明　沈逸平（挂）
办事处主任　黄　东
办事处副主任　沈永成　张金生
　　　　　　　陆治春
　　　　　　　毛绚澜（女）
人大工委主任　冯　鑫
人大工委副主任　蔡文娟（女，兼）
纪工委书记　高　瑾（女）
人武部部长　徐志华

【太湖街道】
党工委书记　居海荣
党工委副书记　许震巍
　　　　　　　董天翼（女）
党工委委员　张新华　陈　静（女）
　　　　　　蔡惠荣　陈志强
　　　　　　张宇松（挂）
办事处主任　许震巍
办事处副主任　丁文伟
　　　　　　　陈　娜（女）
　　　　　　　郑　哲　吴　肖
人大工委主任　吴晓红（女）
人大工委副主任　蔡惠荣（兼）
纪工委书记　陈志强
人武部部长　张新华

【香山街道】
党工委书记　孙新元
党工委副书记　孔建强
　　　　　　　金　丹（女）
党工委委员　虞晓东　柳青华
　　　　　　乐继荣　谢诗意
　　　　　　王　伟　顾卫列
　　　　　　薛刚刚（挂）
办事处主任　孔建强
办事处副主任　柳青华
　　　　　　　胡　青（女）
　　　　　　　沈小明　王兆勇
　　　　　　　赵玉兰（女）
　　　　　　　杨晓晨
人大工委主任　戚　敏
人大工委副主任　乐继荣（兼）
纪工委书记　虞晓东
人武部部长　王　伟
交通管理所所长　张　荣

东吴国家森林公园管理中心（林场）
主任（场长）　朱振华
副主任（副场长）　陈勤华　王小军

公　司

苏州市吴中城市建设投资集团有限公司
董 事 长　沈博名
总 经 理　潘东华
副总经理　陈　强　巴　盛　谢少杰
　　　　　李天伟

苏州市吴中国裕资产经营集团有限公司
董 事 长　周菊坤
总 经 理　陈　锋
副总经理　李　燕（女）　褚晓悦
　　　　　孙明杰

苏州市吴中金融控股集团有限公司
董 事 长　张　军
总 经 理　杨冬琴（女）
副总经理　秦海翔　徐　栋　黄　强

苏州市吴中文化旅游发展集团有限公司
董 事 长　王晓华
总 经 理　全之勇
副总经理　张奇川　邵志佳
　　　　　江慈萍（女）

苏州市吴中农业发展集团有限公司
董 事 长　仇　勇
总 经 理　龚建新
副总经理　顾　峰　方吕君（女）

苏州市吴中产业投资集团有限公司
董 事 长　朱振冲
总 经 理　龙文博
副总经理　陆　一　吴　薇（女）

江苏吴中经济技术发展集团有限公司
董 事 长　江福根
总 经 理　李　强

苏州吴中经开国有资产投资发展有限公司
董 事 长　钱卫方
总 经 理　陈太和

苏州太湖旅业发展有限公司
董 事 长　张培根
总 经 理　沈敏华

苏州太湖城市投资发展有限公司
董 事 长　王剑钦
总 经 理　范秦磊

吴中高新控股集团有限公司
总 经 理　朱文杰

苏州吴中国太发展有限公司
总 经 理　唐喜闻

垂直管理单位

苏州海关驻吴中办事处
主　　任　孙　威
副 主 任　郑　柯　翟维苓（女）

苏州市吴中区税务局
副 局 长　孙　军　王　玮　舒建红
　　　　　朱向阳　张轶龙（挂）
纪检组长　钱　晨

苏州市公安局吴中分局
局　　长　吴鼎明
政　　委　张为余
副 政 委　王　磊
副 局 长　马卫东　潘　江　陈　勇
　　　　　俞祥根　邵　峰　王　涛

吴中消防大队
队　　长　张利明
教 导 员　刘　锐
副 队 长　俞　刚　邹振华

苏州市自然资源和规划局吴中分局
局　　长　冯富荣
副 局 长　马勇华　凌　峰　任　华
总规划师　韩　敏
党组副书记　殷　华
党组成员、开发区中心所所长
　　　　　朱志清

生态环境局
局　　长　过钦军
副 局 长　杨飞镛　顾春茂　王成明
　　　　　赵红卫

气象局
局　　长　汤小红（女）
副 局 长　解小寒
纪检组长　陈洪良

重要文献

牢记嘱托走在前　感恩奋进做示范
谱写"强富美高"新江苏现代化建设的吴中新篇章
——在区委五届七次全会上的讲话

丁立新

2023年8月1日

同志们：

这次全会的主要任务是，高举习近平新时代中国特色社会主义思想伟大旗帜，全面贯彻党的二十大精神，深入学习领会习近平总书记参加十四届全国人大一次会议江苏代表团审议和考察江苏的重要讲话精神，认真落实省委十四届四次全会、市委十三届五次全会要求，对深入学习贯彻习近平总书记重要讲话精神作出《决定》，总结上半年工作，部署下半年任务，动员全区上下牢记嘱托走在前，感恩奋进做示范，加快谱写"强富美高"新江苏现代化建设的吴中新篇章。受区委常委会委托，现在我向全会作报告。

一、深入贯彻落实习近平总书记对江苏工作重要讲话精神，中国式现代化建设开局稳健、起步向好

今年以来，在上级党委政府的坚强领导下，全区上下坚持以习近平新时代中国特色社会主义思想为指导，深入学习宣传贯彻党的二十大精神，坚持把领会贯彻习近平总书记在参加十四届全国人大一次会议江苏代表团审议时发表的重要讲话精神作为首要政治任务持续深入推进。认真落实党中央和省委、市委决策部署，特别是对照市委常委会专题调研吴中提出的工作任务，坚持生态立区、文化兴区、产业强区一体谋划、一体推进，全区经济社会平稳有序、发展态势稳步向好。上半年，完成地区生产总值768.7亿元，增长3.9%；一般公共预算收入127.7亿元，增长12.8%。在2023中国市辖区高质量发展报告中，列市辖区高质量发展百强区第七位，并蝉联全国GEP百强区首位。

我们强引领、聚共识，推动学习宣传贯彻总书记重要讲话指示精神走深走实。全国两会期间，区委常委会以"第一议题"形式传达学习总书记参加江苏代表团审议时的重要讲话精神。总书记考察江苏后，区委第一时间召开区委常委会（扩大）会议和全区领导干部会议传达学习总书记重要讲话精神。区委聚焦总书记重要讲话中强调的重大问题、重要事项，加强宣传阐释，大兴调查研究，切实把学习成效转化为具体工作举措和过硬成果。各级党委（党组）把学习宣传贯彻工作摆在突出位置，通过理论学习中心组、"三会一课"、主题党日等形式，深入研讨交流，反复学习体悟，引领全区党员切实将思想和行动统一到习近平总书记重要讲话精神上来，确保总书记重要讲话精神在吴中落地见效。

我们稳大盘、强产业，经济发展质效全面向好。深入推进"产业强区、创新引领"发展战略，三大主导产业稳健增长。上半年，全区机器人与智能制造产业规模达617.9亿元，增长32.8%；新一代信息技术产业规模达390亿元，增长25%；生物医药及大健康产业规模达172亿元，增长36.5%。全区实现规模以上工业总产值1166.5亿元，增长4.2%，增速全市第四。完成工业投资61.7亿元，增长42.7%，增速全市第一。262个重点项目完成投资311.5亿元，其中省、市重大项目上半年全部开工，区级重点项目开工率80%。航空航天产业园成功开园，南京大学智能机器人研究院成功落地。苏州清华专项创新中心等一批引才平台相继揭牌，苏州（牛津）海外创新中心签约落地。2家企业入选胡润研究院2023年全球"独角兽"榜单，占全市的五分之一。新增21家国家级专精特新"小巨人"企业，超过了历年的总和。信音电子成功上市，全区上市企业增至21家。全区高新技术产业产值增长9.8%，高新技术产业产值占规模以上工业总产值比重70.3%，分别位列全市第一、第二。吴中入选江苏省创新型示范县（市、区）建设名单。外贸大盘保持稳定，完成进出口总额333.8亿元，增长7.8%，增速全市第一。

我们抓改革、谋创新，内生活力动能加速释放。持续推进"1+9"综合改革，出台补充意见，对建管统抓、教卫统管、国企统强、财税统筹等进一步理清权责边界、提升管理质效。启动太湖新城管理体制调整，亿景智联总部、数坤科技大健康华东总部等137家数字经济企业相继落户。甪端新区完成城市设计、协同区控规单元调整，拆迁腾退加快推进，储备在谈优质项目31个，总投资116亿元。着力推动大运河和苏申外港沿线"T"

字形地块开发,中文基、大通货场地块启动更新,宝带桥·澹台湖大运河国家文化公园正式对外开放。充分发挥"2+3+N"招商体系效能,成功举办2023年工业互联网大会、工业元宇宙创新发展峰会等重大活动。上半年完成优质产业备案项目81个,总备案金额504.6亿元,增长63.3%。目前,清研半导体、金蝶数字创新中心等151个亿元以上重点项目完成签约,数量列全市第一,超过全市总数的五分之一。深化"放管服"改革,新增各类市场主体超2万户,常态化实现项目"多证齐发",推动项目建设进入"高速通道"。

我们守青山、护绿水,锦绣江南魅力持续彰显。坚决扛起太湖治理保护第一责任,统筹推进水生态环境保护修复等13个治太重点项目。扎实做好太湖安全度夏应急防控,加强水源地水质及太湖蓝藻监测,太湖水质达近十年最好水平。深入实施"一湖一策""一山一策""一岛一策",太湖生态岛成功入选"江苏省生态岛试验区建设规划方案"总体布局重要节点,消夏湾生态安全缓冲区项目入选省十佳生态环境治理改革创新案例。全区空气质量优良天数比例比上年上升2.8个百分点。洞庭山碧螺春茶获评2023中国茶叶公用品牌价值第六名,新增"国家农民合作社示范社"4家。吴中获评2022年度省级农村人居环境整治提升工作评估第一等次,临湖镇灵湖村成为全省唯一入选农业农村部第一批全国农村集体经济发展村级典型案例。

我们办实事、惠民生,人民生活品质稳步提升。扎实推动十大民生实事项目。星塘街南延、尹山湖隧道建成通车,长江路南延等一批重大项目加速推进。西山实验学校等6个项目建成投用。中国中医科学院西苑医院苏州医院成为苏州市首个国家区域医疗中心项目。企业有效用工备案人数48.67万人,增长6.46%,增速全市第一。筹集保障性租赁住房和人才公寓房源2336套。"1+14+N"未成年人保护品牌链和关爱服务矩阵特色做法被新华社、《中国民政》等重磅媒体集中报道。满分通过省级市域社会治理现代化验收,5个村(社区)入选苏州市首批"枫桥式村(社区)"建设示范单位。开展20期172场"社情民意联系日"活动,群众诉求办结事项满意率100%。巩固提升安全生产专项整治成效,全区生产安全事故起数下降33.3%。有效防范化解社会各领域风险隐患,社会大局保持稳定。

我们铸忠诚、正风纪,全面从严治党迈向深入。出台推进"敢为、敢闯、敢干、敢首创"实施意见,调整优化高质量发展考核办法,深化风险报备、能上能下等机制,有序调整交流干部80余名,提振干事创业精气神。充分发挥区委党校干部培训主阵地作用,推动实现基层党组织书记集中轮训全覆盖。市、区两级联合组建先锋服务联盟,全面推进党建引领城中村治理。全力支持配合省委第二巡视组和市委第二联动巡察组工作,扎实推进农村违建、转供电违规加价专项整治,确保立行立改、应改尽改。建立涉吴舆情日报和重大舆情即时报告制度,优化协同研判处置机制,持续净化网络空间。深化正风肃纪反腐,上半年全区共立案139件,给予党纪政纪处分111人。与时俱进纠"四风"树新风,共查处形式主义、官僚主义问题13起14人,推动形成勇于担当、真抓实干的浓厚氛围。坚持和加强党对人大、政协和党管武装、统一战线、民族宗教、群团组织等各项工作的全面领导,充分调动各方面的积极性、主动性和创造性,团结和谐开拓奋进的良好局面加速形成。

同志们,今年以来,我们风雨兼程、砥砺前行,在耕耘中收获了累累硕果;我们爬坡过坎、攻坚克难,在改革中保持了战略定力;我们直面挑战、担当作为,在奋斗中锤炼了坚强党性。全区上下心往一处想、劲往一处使,"敢为、敢闯、敢干、敢首创"的精神充分激发。在此,我代表区委,对大家的辛勤付出与奋勇拼搏,表示衷心的感谢和崇高的敬意!

二、牢牢把握中国式现代化建设的核心内涵和实践要求,奋力谱写"强富美高"新江苏现代化建设的吴中新篇章

党的十八大以来,总书记先后四次来到江苏考察调研,两次参加全国两会江苏代表团审议,多次作出重要指示批示。从"牢记'两个率先'光荣使命",到"建设'强富美高'新江苏",再到"争当表率、争做示范、走在前列",殷切希望中蕴含着莫大激励和嘱托信任。总书记参加十四届全国人大一次会议江苏代表团审议并发表重要讲话,勉励江苏"在高质量发展上继续走在前列"。这次总书记再次亲临江苏考察,赋予江苏在推进中国式现代化的新征程上"走在前、做示范"的重大定位。我们要时刻牢记、深刻领悟总书记赋予江苏现代化建设的核心内涵和实践要求,以忠诚之心、感恩之心沿着总书记指引的方向奋勇前进,以吴中的高质量发展,为全省全市发展大局多作贡献。

一要深刻领悟总书记系列重要讲话精神的内涵逻辑。总书记为江苏、为苏州把脉定向、嘱托期望,既一脉相承、一以贯之,又前后贯通、与时俱进,为我们做好各项工作提供了根本遵循和行动指南。我们要深刻认识到,建设"强富美高"新江苏,是我们要不断赋予新内涵、展现新形态的实践指引,是推进中国式现代化江苏新实践的总蓝图。我们要深刻认识到,在高质量发展上继续走在前列,是总书记着眼现代化建设全局赋予江苏的重大任务,是江苏发展的总目标。我们要深刻认识到,"走在前、做示范"是我们在推进中国式现代化的新征程上接续奋斗、矢志不渝的光荣使命,是总书记赋予江苏的重大定位。我们要深刻认识到,"四个走在前"和"四个新",蕴含着总书记对中国式现代化建设的政治考量、战略思考和前瞻谋划,是总书记对江苏工作的重大要求。全区各级党组织和广大党员干部要深刻领悟、自觉遵循,切实用总书记对江苏、苏州工作的重要讲话指示精神指引吴中发展,一步一个脚印把总书记擘画的宏伟蓝图在吴中变成现实图景。

二要全面增强吴中推进苏州现代化建设的担当作为。总书记对苏州工作十分关心,要求苏州"勇立潮头、当好排头兵,作出新的创业史""为中国特色社会主义道路创造一些经验"。特别是此次考察苏州,对苏州推动产业科技创新、社会治理现代化、太湖保护等工作提出一系列针对性要求,是苏州现代化建设的总目标总指引。而这些工作,恰恰也是吴中区近年来坚定不移地周密布局、果敢变革、成效显现的工作。特别是在太湖治理保护、传统文化传承、产业科技创新等方面,我们有基础、有条件,也更有责任去做好、做优、做出成绩。我们要紧紧围绕总书记提出的目标任务,根据省委、市委决策部署,在推动科技创新、打造产业集群、深化综合改革等方面找准工作切入点、着力点,重点突破、整体提升,在苏州现代化建设中彰显更多担当作为。

三要积极谋求对标找差实现自我超越的提升空间。对照为苏州多做贡献的工作要求,与周边板块对标找差,我们很多方面还存在着明显的差距和不足;以自我审视奋勇攀高,我们还要清醒地看到发展面临的困难和问题:经济底子不厚,在经济下行压力持续加大的背景下,抗压前行、稳健发展的后劲还不够充足;产业能级不高,地标型重大产业项目储备有待加强,新旧动能转换还需加快,对接高端资源、优化营商环境、加快融入市域一体化的谋划思考、具体举措还不够深入;生态环境质量持续改善的基础还不够稳固,优质公共服务供给仍然不足,基层治理能力需要持续增强;另外,少数干部思想解放力度不大、干事创业的激情不足,等等。对此,我们必须高度重视、全力解决,团结全区上下,统筹各方资源,扬优挖潜、拉长补短,全面提升吴中高质量发展的整体水平。

我们要推动吴中现代化建设新征程开好局、起好步,确保各项工作始终在正确的轨道上运行和前进,必须坚持以习近平新时代中国特色社会主义思想为指导,全面贯彻党的二十大精神和习近平总书记对江苏、苏州工作重要讲话指示精神,坚持稳中求进工作总基调,统筹推进"五位一体"总体布局,协调推进"四个全面"战略布局,完整准确全面贯彻新发展理念,深入落实"四个走在前""四个新"重大任务,继续在改革创新、推动高质量发展上争当表率,在服务构建新发展格局上争做示范,在率先实现社会主义现代化上走在前列,奋力推进中国式现代化吴中新实践,谱写好"强富美高"新江苏现代化建设的吴中新篇章。

"强富美高"是总书记亲自为我们擘画的贯穿"两个一百年"奋斗目标的宏伟蓝图,是管根本、管全局、管长远的,是吴中现代化建设的总纲领、总命题、总要求。迈上现代化新征程,必须坚持一张蓝图绘到底,与时俱进赋予新的实践内涵。

——经济强,要体现在高水平科技自立自强、现代产业竞争力强、服务构建新发展格局功能强上。科技创新能力显著增强,"三区一城"建设成效明显,"3+3+3"产业创新集群不断壮大,数字经济与实体经济、先进制造业与现代服务业深度融合,在更深层次、更广领域加强开放创新,国际国内高端创新资源加快汇聚,全面建成苏州产业科技创新中心的主承载区,在服务苏州建设国内国际双循环的重要枢纽节点中打造吴中标识。

——百姓富,要体现在物质生活富足、精神生活富有、全体人民共同富裕上。自觉践行以人民为中心的发展思想,居民收入增幅与经济增长保持同步,覆盖各类人群的社会保障体系更加健全,公共服务体系加快完善,城乡融合发展纵深推进,区域发展更加协调,人民群众的获得感和幸福感不断增强。

——环境美,要体现在自然生态之美、绿色生产之美、人居环境之美交相辉映上。美丽吴中建设展现新面貌,生态空间山清水秀,生活空间和美宜居,生产空间集约高效,生态高敏感和开发高强度地区"绿金双高"发展模式加快实施,全面打造向世界展示"绿水青山就是金山银山"的实践范例。

——社会文明程度高,要体现在中华民族现代文明建设高水平、社会治理高效能上。社会主义核心价值观更加广泛传播,优秀传统文化得到更好传承发展,焕发时代风采,全过程人民民主不断发展,法治吴中、平安吴中建设高水平推进,全区治理体系和治理能力现代化水平显著提高,社会大局和谐稳定。

我们要聚焦"走在前、做示范",勇于挑大梁、担重任,按照定3年、谋8年、展望13年的思路,一步一个脚印实践总书记的殷殷嘱托,一笔一画把总书记描绘的美好蓝图在吴中变成生动现实。到2025年,科技创新、强链补链延链、生态治理保护、传统文化保护发展、社会治理等重点领域工作取得重大进展,形成推动高质量发展的先行优势;到2030年,生态吴中、开放吴中、创新吴中、人文吴中、幸福吴中全面提升,在各项事业上全面走在前、做示范;到2035年,区域经济总量、综合实力迈上新台阶,率先基本实现社会主义现代化,把总书记擘画的"强富美高"美好蓝图变成现实图景，成为高水平展现中国式现代化巨大成功的重要窗口。

三、坚持以"四个走在前""四个新"的厚爱重托引领推动发展，奋力推进中国式现代化吴中新实践

总书记的厚爱重托，省委、市委的决策部署，是我们做好各项工作的"指南针""路线图"。关于贯彻总书记重要讲话精神的工作安排，《决定（草案）》作了明确，提交全会审议。结合省、市全会精神，我们要牢牢把握以下九个具有牵引性的重大问题。

一要推动自立自强，在科技创新上取得新突破。充分发挥好科技创新对高质量发展的引领作用，突出企业创新主体地位，加快构建龙头企业牵头、高校院所支撑、上下游企业协同的创新联合体，强化产学研深度融合。坚持产品导向、需求导向、市场导向，深化科技体制改革，完善"揭榜挂帅"机制，围绕机器人、生物医药等"卡脖子"领域强化关键核心技术攻坚，抢占未来竞争高点。深化实施科创载体"333"提升工程，持续构建百家"用端"培育企业、千家科技领军企业、万家科技型中小企业的分层梯度培育体系，推动专业载体、创新主体增量提质。坚持教育、科技、人才"三驾马车"一体推进，构建"基础研究+技术攻关+成果转化+科技金融+人才支撑"的全过程创新生态链。完善科技评价体系和激励机制，落实落细高新技术企业税收优惠、研发费用加计扣除等扶持政策，提升知识产权创造、保护和运用水平。推动运作好各类产业基金、配套资金，引导更多社会资本投向科技创新领域。加大力度服务企业上市、服务上市企业，支持企业开展兼并收购和垂直重组。持续放大"1+2+3"人才政策集成效应，优化人才创新创业全生命周期服务保障，精准引进和培养更多"高精尖缺"人才和产业创新集群发展急需的高层次人才。

二要坚守实体经济，在强链补链延链上展现新作为。把坚守实体经济、构建现代化产业体系作为强区之要，深入实施"产业强区、创新引领"发展战略。聚焦产业基础再造和重大技术装备攻关"两大工程"，全力壮大"3+3+3"产业集群，重点培育工业元宇宙、仿生机器人等未来产业，加快构建"主导产业+战略性新兴产业+未来产业"竞相发展的现代化产业体系。大力引育生态主导型、终端引领型企业，在标准制定、产品定价、订单分配、生产布局等方面掌握更大话语权。"一链一策"积极打通堵点、接通断点，引育更多专精特新、隐形冠军、行业"小巨人"企业，全面提升产业链供应链韧性和安全水平。大力促进数字经济与先进制造业、现代服务业深度融合，推动产业链高端化攀升、智能化升级和服务化转型。大力发展研发设计、信息服务、文化创意、数字贸易、现代金融等现代服务业。做强楼宇经济、总部经济和平台经济，有力助推制造业转型发展。

三要扩大对外开放，在服务构建国内国际双循环上勇攀新高度。着眼服务构建新发展格局，在苏州建设全球产业链重要连接点中彰显更多吴中作为。依托多元开放平台，更大力度面向海外吸引高端要素。深度参与全球产业分工合作，加快苏州自贸片区联动创新区建设，对接国际高标准经贸规则，着力提升制度型开放牵引力。坚持"一手抓项目、一手抓订单"，组织企业参加广交会、华交会等重点展会，更大力度助力企业抢订单、拓市场。进一步优化外贸市场结构、贸易结构、产品结构，稳住外贸基本盘。坚持高质量"引进来"与高水平"走出去"双向发力，实施好外资及港澳台资总部、外企利润再投资等政策，大力推动外企在吴中布局"生产+研发""生产+总部"，持续提高外资及港澳台资使用质量。牢牢扭住扩大内需这一关键，增加居民收入以扩大消费，推动终端需求带动有效供给，提振汽车、电子产品、家居等大宗消费，推动体育休闲、文化旅游等服务消费。加强项目谋划储备，推动更多项目纳入上级"总盘子"，多措并举提振民间资本投资意愿，加大重大基础设施建设力度，增强有效投资对经济增长的拉动作用。

四要积极贡献长板，在统筹推进区域重大战略上迈上新台阶。全方位融入长江经济带、长三角一体化以及沿沪宁产业创新带、G60科创走廊、环太湖科创圈、吴淞江科创带等重大战略，充分发挥吴中的区位优势、产业优势、生态优势和文化优势，积极拉长长板、贡献长板。高站位服务构建市内全域一体化发展格局，推动空间缝合、资源整合、发展聚合。高水平建设太湖新城，围绕"苏州数字经济发展核心承载区"和"代表苏州标识的高端功能区"定位，全面打造数字经济创新港，共同塑造"一湾碧水、两岸新城"的苏州未来新中心。高起点规划建设甪端新区，主动对接园区"一区两中心"建设，打造吴中产业发展新高地、苏州协同发展新标杆。主动接受太湖科学城辐射带动，建好太湖生态岛"太湖绿心"和光福镇"山水魅力片区"，筑牢生态底板、彰显文化魅力，让好生态孕育出更多新经济。加快推进大运河和苏申外港沿线城市更新，全面推动大运河"最美三公里"建设，打造大运河文化带"最精彩一段"。全力推进区域交通路网、公共设施的互联互通、共建共享，加快毗邻区功能完善、产业升级、管理优化，增强资源配置能力，做实产业协同发展，再造吴中高质量发展新优势。

五要践行"两山"理念，在守护"太湖美"上扛起新担当。正确处理高质量发展和高水平保护、重点攻坚和协同治理、自然恢复和人工修复、外部约束和内生动力、"双碳"承诺和自主行动五对重大关系，更大力度协同推进降碳减污扩绿增长,全面推进美丽吴中建设。始终扛起守护"太湖美"的政治责任,推进太湖综合治理和生态保护十大行动计划,确保高质量实现"两保两提",真正把水安全、水资源、水生态、水文化"四篇文章"做深做实。更多运用基于自然的解决方案推进生态修复,强化"一湖一策""一山一策""一岛一策"系统保护。持续深入打好污染防治攻坚战,保持力度、延伸深度、拓展广度,集中力量抓好工业企业控源截污、农业面源污染、城市污水治理、大气减排、污染土壤治理修复,持续改善生态环境质量。加快推进工业、建筑、交通等领域绿色低碳转型,积极稳妥推进碳达峰碳中和,稳步推动能耗双控向碳排放双控转变。高标准推进"绿水青山就是金山银山"实践创新基地建设,深化生态产品价值实现机制,全力打造生态高敏感和开发高强度地区"绿金双高"发展新模式。

六要赓续江南文脉,在建设中华民族现代文明上探索新经验。坚决扛起建设中华民族现代文明的使命担当,促进人文与经济相融共生,让吴中成为展示江南文化神韵的重要窗口。坚持不懈用习近平新时代中国特色社会主义思想铸魂育人,大力培育和践行社会主义核心价值观,常态长效抓好文明城市建设,积极选树、发挥道德模范、吴中好人等榜样力量,让文明风尚在吴中蔚然成风。坚持厚文之"道"与精工之"技"融为一体,做好核雕、玉雕、缂丝、苏扇等非遗保护传承,不仅在物质形式上传承好,更在心里传承好。建立健全古镇古村老街保护利用机制,按照"整体保护、有机更新、以用促保"原则,打造好用直古镇、蠡墅老街等标志性项目。积极培育文化龙头企业,加快发展新型文化企业、文化业态、文化消费模式,建设文化创意新高地。持续增加高品质精神文化供给,培育一批德艺双馨的吴中文艺名家大师,推出更多有气质、有风骨、有温度的精品力作,提升吴文化的传播力和影响力。健全完善公共文化服务网络,持续打造"公共文化特色空间",推进"书香吴中"等文化为民工程建设,不断繁荣文化事业。围绕"环太湖1号公路"IP,深化旅游资源一体化改革,形成"投、研、建、管"四位一体的全产业链大运营模式,做好全域旅游文章,让更多游客"慕名而来"。

七要把握强国之基,在建设锦绣江南鱼米乡上引领新气象。始终站在"农业强国是社会主义现代化强国的根基"的高度,抓好"三农"工作,建设农业强、农村美、农民富的新时代鱼米之乡。落实耕地保护和粮食安全党政同责,推进高标准农田建设,坚决遏制耕地"非农化",防止"非粮化",严守耕地和永久基本农田红线,推动粮食生产向优质化、绿色化、高效化发展。构建农业全产业链体系,深化一二三产业融合发展,推动农业园区转型升级,大力发展高效设施农业、特色农业、品牌农业。做足"新农人"和"土特产"两篇文章,建立区域特色农产品营销体系,发掘特色农产品的附加值,全力打响杨梅、枇杷、湖羊、大闸蟹等农业拳头产品,加快打造洞庭山碧螺春茶"中国绿茶第一品牌"。学习借鉴"千万工程"经验做法,锚定"保护乡愁、营造特色",加快推进五大乡村振兴示范片区建设,凸显村庄个性特点,保留江南水乡风貌。坚持把改善农村人居环境、建设和美宜居乡村与保护传统文化、乡村休闲旅游等结合起来,大力推动公共服务优质共享,让美丽乡村建设蝶变带动"美丽经济"。加快集体存量资产更新改造,"一案一策"提升利用效益,推动集体资产规范管理、保值增值。

八要全面深化改革,在激发高质量发展动力活力上彰显新成效。改革开放是决定当代中国命运的关键抉择。要进一步提振改革精气神,推动思想再解放,深化"1+9"综合改革,拿出更多标志性改革成果,让"敢闯敢试、敢为人先"成为吴中攀高前行的强大动力、时代标识。全面实施太湖新城管理体制调整,深化"产城人"融合发展,推动太湖新城建设提速提质,构建"三区一城"创新发展格局。理顺乡镇(街道)属地管理事项,强化职权、编制、人员同步下沉基层,切实为基层"明责、赋权、减负、增效"。加快国有经济布局优化和结构调整,坚持以"一利五率"为核心,把国企亏损治理摆在首位,持续清退非主业、非优势业务和低效无效资产,切实增强市场竞争力。持续深化"放管服"改革,把法治作为核心竞争力,进一步完善"并行预审、基层代办、信用承诺"审批机制,全方位打造最优营商环境。坚决落实"两个毫不动摇",切实优化民营企业发展环境,持续破除市场准入壁垒,促进民营经济发展壮大。

九要聚焦幸福安康,在推进社会治理现代化上实现新提升。坚持尽力而为、量力而行,聚焦就业、教育、医疗、养老等重点领域,持续补短板、强弱项、提品质、增福祉,扎实推进民生实事项目建设,推动人口高质量发展,让吴中百姓都能切实感到"很有福气"。稳步提高统筹层次和待遇水平,落实重点困难对象结对帮扶制度,完善"一户一策"服务保障措施,推动社会保障从"制度全覆盖"转向"人群全覆盖"。始终把维护政治安全放在首位,全面落实国家总体安全观。大力发展新时代"浦江经验""枫桥经验",实施三级联动多元调处化解新模式,抓实"五社融合",大力培育发展社区社会组织,做到网格化兜牢民生、信息化赋能治理、精细化高效服务。纵深推进平安吴中、法治吴中建设,常态化开展扫黑除恶专项斗争,规范运行维稳工作"八项机制",确保全区社会大局平安稳定。有效防范化解网络、政府性债务、金融、房地产等各领域风险,确保粮食、能源、重点产业链供应链安全。推进"平急两用"公共基础设施建设,构建平战结合的应急管理信息化体系,深化防灾减灾救灾等应急体系和能力建设。压实安全生产责任,开展重点行业领域专项整治,推动治理模式向事前预防转型,切实提升全区本质安全水平。

四、坚持以"永远在路上"的坚定执着深化全面从严治党,为吴中现代化建设提供坚强保障

推进中国式现代化吴中新实践,关键在党,关键在干部。要始终把党的政治建设摆在首位,落实新时代党的建设总要求,深刻领悟"两个确立"的决定性意义,增强"四个意识"、坚定"四个自信"、做到"两个维护",以永远在路上的坚定执着推进全面从严治党,以高质量党建引领保障高质量发展行稳致远。

一要着力锻造旗帜鲜明、绝对忠诚的政治品格。坚持把讲政治作为第一位要求,严守党的政治纪律和政治规矩,严肃党内政治生活,做到政治立场更加坚定、政治品格更加纯粹、政治能力更加过硬。始终把吴中工作置于总书记对江苏工作的总要求、总目标、总蓝图中来考量、谋划和推进,认真贯彻落实总书记考察江苏重要讲话精神,确保每一件、每一条都不折不扣见到实效。严格落实意识形态工作责任制,加强融媒体中心和各类阵地建设,提高新媒体内容建设和网络管理水平。牢牢把握"学思想、强党性、重实践、建新功"总要求,扎实开展学习贯彻习近平新时代中国特色社会主义思想主题教育,引导推动广大党员干部努力在以学铸魂、以学增智、以学正风、以学促干方面取得实实在在的成效,自觉做新思想的坚定信仰者和忠诚践行者,真正把主题教育激发出来的信心和力量转化为全区上下感恩奋进、团结奋斗的强大动力。

二要着力锻造德才兼备、为民务实的干部队伍。落实新时代好干部标准,牢固树立"重品行、重才干、重担当、重实绩、重公认"的选人用人导向,常态化、多角度、全方位开展综合分析研判,更大力度推动干部交流任职,不断优化各级领导班子结构。实施干部政治能力和专业能力"双提升"工程,加强干部思想淬炼、政治历练、实践锻炼,推进优秀年轻干部培养选拔"薪火工程",打造可堪大用、能打胜仗、德才兼备的干部队伍。坚持严管厚爱结合、激励约束并重,充分运用职级晋升、评优评先、典型选树、谈心谈话等各类激励手段,激发干部干事创业热情。引领推动各级干部以"事事争第一"的闯劲干劲拼劲再出发,摒弃守的心态、振奋创的精神,在苦干实干中再创新业,在攻坚克难中再开新局,以"干部敢为"带动全局发展,奋力谱写吴中现代化建设新篇章。

三要着力锻造全面进步、全面过硬的基层组织。牢固树立大抓基层的鲜明导向,统筹加强农村、社区、机关、企业、学校、医院等各领域党建工作,不断增强党组织政治功能和组织功能。实施"两新"组织党组织覆盖"百日攻坚"行动,完善新业态新就业群体党组织建设,持续加大新兴领域党建工作力度。加快构建党建引领城中村治理新格局,持续抓好吴中环太湖科创圈先锋聚能行动,切实提升产业链党建工作水平,推动党建优势转化为发展动能。实施村(社区)书记"头雁领航"计划,健全岗位全生命周期管理,锻造基层骨干力量。加大从青年和产业工人、农民、知识分子等群体中发展党员力度,实施流动党员"双向管理"计划,提高发展党员和党员教育管理质量,更好激励全区党员发挥先锋模范作用。

四要着力锻造风清气正、海晏河清的政治生态。始终保持"永远吹冲锋号"的定力与决心,坚定不移推进党风廉政建设和反腐败斗争。坚持人民群众反对什么、痛恨什么,就坚决防范和纠正什么,用好"听音问廉"工作机制,坚持纠"四风"、树新风,深入整治形式主义、官僚主义,持续为基层减负。持之以恒落实中央八项规定精神,持续开展"清风行动",大力整治群众身边腐败问题和不正之风。坚持挺纪在前、抓早抓小,坚持重遏制、强高压、长震慑,坚持受贿行贿一起查,精准运用"四种形态",使党员干部因敬畏而"不敢"、因制度而"不能"、因觉悟而"不想"。扎实做好省委巡视和市委联动巡察"后半篇文章",推动做好反馈问题整改工作。推动健全"一人一委一网"监督体系,促进党内监督和其他各类监督贯通融合,推动全区政治生态更加风清气正、健康向上。

五、坚持以"重实践"的导向要求提振干事状态,在开局之年交出优异答卷

开局关乎全局,起步决定后程。今年是全面贯彻落实党的二十大精神的开局之年,迈上中国式现代化建设新征程,走好第一步至关重要。全区各级党组织和广大党员干部要牢记"重实践"要求,扛起使命担当、激发奋进动力,全力冲刺下半年,确保完成全年目标任务,交出一份优异答卷。

一要锚定目标、奋力攀高,更好统筹质的有效提升和量的合理增长。坚持质量第一、效益优先,推动传统产业、新兴产业、未来产业"三业并举",高端化、智能化、绿色化"三化并进",招企业、抓项目、优环境"三项并重",加快挺起吴中现代化建设的产业"脊梁"。充分发挥重大项目牵引带动作用。全面开展"重点项目提效年"活动,全力推进262个、总投资超2150亿元的区重点项目建设,完成年度投资518亿元,竣工投产投资超亿元的产业项目100个以上。梳理主导产业强链补链延链的关键环节,持续提升面向北京、上海、深圳等先进地区招引创新资源的效能,加大面向50亿元、100亿元以上的大项目招引力度，确保全年招引优质产业项目备案投资额突破600亿元、增长20%以上。抢抓全球供应链调整机遇，更有针对性地做好外资及港澳台资企业招引服务工作，确保完成实际使用外资及港澳台资6亿美元，增长67.4%。年内机器人与智能制造、新一代信息技术、生物医药及大健康产业规模分别达1300亿元、780亿元、380亿元，保持25%以上的增长。推动伟创力、惠氏制药创建"灯塔工厂"，全年完成智能化改造和数字化转型项目突破1000个、专精特新梯度培育企业突破1000家。加快"星火·链网"超级节点、工业互联网创新中心建设，全力支持哈工大苏州研究院参与建设人形机器人技术创新平台，加快推动浙江大学苏州先进制造联合创新中心、北京大学苏州创新药物合作项目落地建设，力争在实现招引创新型企业1400家、累计有效高新技术企业1500家、高新技术产业产值1600亿元的年度目标上奋力攀高。

二要提振信心、强化预期，更好统筹宏观经济运行和微观主体感受。当前，宏观经济持续恢复、总体回升向好，但我们仍面临经济恢复的基础还不牢靠、国内需求不足、重点领域风险隐患较多、外部环境复杂严峻等困难挑战。一方面，上半年我们的地区生产总值、一般公共预算收入等部分指标增速不及预期，必须进一步加强经济运行组织调度，逐个指标分析研究、制定举措。要全力以赴实现地区生产总值、一般公共预算收入、规模以上工业产值、工业投资、进出口总额等关键经济指标完成全年目标任务，确保经济增长不失速，为打好高质量考核"翻身仗"奠定基础。另一方面，疫情防控平稳转段后，经济恢复是一个波浪式发展、曲折式前进的过程。微观经营主体实际感受不及宏观指标的表现，有明显温差，市场主体对未来的预期和信心不足。我们要持续深化企业大走访，深入企业解决实际困难，高标准实施好苏州市优化营商环境126条具体举措，鼓励企业敢闯、敢投、敢担风险。要充分发挥汇川、科沃斯等科技型"链主"企业的支撑作用，支持企业建设概念验证中心、中试小试基地，积极引导斯莱克精密等行业"小巨人"巩固既有优势，拓展全新赛道。同时，进一步加快人才发展中心、研发社区及留学生创业园建设，解决好人才后顾之忧，实现创新和产业深度融合，夯实经济恢复的基础。

三要细而又细、实而又实，更好统筹追求民生高线和筑牢安全底线。加大民生保障力度，把稳就业提高到战略高度通盘考虑，深入实施未就业高校毕业生服务攻坚行动，完善重点群体就业支持体系和终身职业技能培训制度，促进高质量充分就业，扩大中等收入群体。结合建管养一体化区域扩容，完成中心城区先行示范区水环境综合整治、高架出入口综合提升等实事工程，建设好口袋公园、一刻钟便民生活圈，坚决兑现民生承诺。强化综合指挥平台智能分析预警功能，组织开展好"社情民意联系日"活动，紧盯群众反映强烈、影响社会稳定的重点领域、突出问题，抓苗头、抓源头、抓关键，努力把矛盾纠纷解决在萌芽、化解在基层。兜牢兜实基层"三保"底线，严防房地产、金融、财政等重点领域风险叠加共振。高度重视防汛抗旱防台和迎峰度夏能源电力保供，加强灾害隐患巡查排险，提前做好应急准备，切实把安全生产、信访维稳等工作牢牢抓在手上，维护社会大局平安稳定。

同志们，新征程是充满光荣和梦想的远征，没有捷径，唯有实干。让我们知恩感恩、明责担责，始终沿着总书记指引的方向奋力前行，上下一心、真抓实干，加快谱写好"强富美高"新江苏现代化建设的吴中新篇章，努力交出不负总书记关怀、不负吴中人民期待的高质量发展新答卷！

政府工作报告
——2024年1月8日在苏州市吴中区第五届人民代表大会第三次会议上

区人民政府区长　顾晓东

各位代表：

现在，我代表区人民政府，向大会作工作报告，请予审议，并请区政协委员和其他列席人员提出意见。

2023年工作回顾

过去的一年，是全面贯彻落实党的二十大精神的开局之年，是三年新冠疫情防控转段后经济恢复发展的一年，面对错综复杂的国际形势和周期性结构性矛盾叠加冲击，我们坚持以习近平新时代中国特色社会主义思想为指导，深刻学习领会习近平总书记对江苏、苏州工作重要讲话重要指示精神，认真落实上级党委政府决策部署，在区委的正确领导下，团结依靠全区人民，牢记嘱托、感恩奋进，奋力推动经济社会平稳健康发展。2023年完成地区生产总值1638亿元，增长4.5%（预计数，下同）；一般公共预算收入222.6亿元，增长5.8%。在2023年中国市辖区高质量发展报告中，位列百强区第七。成功创建苏州首家国家级"绿水青山就是金山银山"实践创新基地，蝉联全国市辖区GEP百强榜首。

一年来，我们以经济建设为中

心，聚力发展不停步，争先进位勇向前，全力推进高质量发展，经济总量、发展质量实现新突破，多项指标名列全市前茅：完成规模以上工业产值2502亿元，增长2%；完成工业投资140亿元，增长16.3%；完成进出口总额717亿元，增长9%；实际使用外资及港澳台资4.86亿美元，增长35.8%；累计有效高新技术企业1706家，增长18%；完成建筑业总产值490亿元，增长29.5%。我们以攻坚的姿态，推动"四个一号"重点工作取得新突破。太湖新城"一号战略"迈出坚实步伐，管理体制、区划布局、运作机制全面优化，汇川联合动力、协同创新等15个项目签约落户，恒信华业、凌云光等18个项目开工建设，快手电竞馆、360剧场等13个项目建成投用，数字经济产业规模突破310亿元，"未来城市新中心"崭新形象呼之欲出。太湖生态岛"一号任务"展现生态魅力，成功创建省首批生态岛试验区，发布"文旅伙伴计划"，"三合一"引水上山工程、环岛湿地带、金铎岭风铃溪谷等8个项目建成，全国首个自动驾驶生态文旅示范基地——百度Apollo Park正式开园。独墅湖开放创新协同发展示范区"一号工程"实现系统重塑，完成拆迁97.6万平方米，腾退土地1932亩，集聚区征拆工作基本完成，甪端新区城市设计全新亮相，胜浦大桥连接线、世纪汇泽、润迈德等12个项目开工开业，清研半导体、赛尔凌克等8个项目成功落户。中国中医科学院大学"一号项目"建设稳步推进，东区实现建筑主体结构封顶，进入内装阶段，西区启动建设。全面实施大学章程、战略规划、学科设置、师资队伍等内涵建设。

一年来，我们聚焦重点服务大局，经济社会发展呈现出"大局稳定、动能增强、预期改善"的良好态势。

一是产业发展实现新提升。主导产业加速壮大。机器人与智能制造产业规模突破1300亿元，增长27%。成功举办工业互联网大会、工控中国大会、中国SaaS大会，启动"星火·链网"超级节点和工业互联网创新中心建设；经开区获评省工业大数据应用示范区，高新区获评工信部集成电路产业人才基地。举办首届中国（苏州）太湖新一代信息技术创新大会，产业规模达780亿元，增长25.8%。生物医药及大健康产业规模超380亿元，增长25.4%。完成数字化改造项目超1000个，"智改数转"实现规模以上工业企业全覆盖。伟创力、维信电子入选国家5G工厂名录，爱信、苏驼获评国家级绿色工厂，14家单位获评省智能制造示范工厂（车间）。东山精密、吴中集团入围中国民营企业500强，汇川技术等3家企业入选中国制造业民营企业500强。全面开展第五次全国经济普查，采集法人单位8.9万家、个体经营户11.2万户，新增"四上"企业入库433家。重大项目支撑有力。实施"重点项目提效年"活动，列入省重大项目5个，数量创历年新高；列入市重点项目59个，数量列全市第一，28个计划新开工省、市重点项目上半年全部开工，262个区重点项目完成年度投资526.9亿元。开展项目"集中服务月"活动，维信电子、石川制铁等122个亿元以上产业项目竣工投产。"2+4+N"招商体系不断完善，新签约亿元以上项目268个，总投资1233亿元，新增中国移动、兆和等10亿元以上项目46个，康宁、货拉拉、伏图拉等23个优质外资及港澳台资项目落地吴中，规模3亿美元的德弘、规模1亿美元的蓝驰创投QFLP基金成功落户，产业项目备案投资额达711亿元，增长22.6%。完成产业用地供应1803亩，增长32.6%。消费潜力有效释放。深入实施现代服务业提质增效工程，服务业增加值达875亿元，增长3.5%，中认英泰等5家企业获评省服务业领军企业，新增市级总部企业5家、新兴服务业领军企业4家。举办"苏新消费"吴中专场系列主题活动，太湖中心Mall盛大开业，实现社会消费品零售总额933亿元，增长5%。推进数币商圈建设，尹山国际汽车城、木渎凯马汽车城数币应用率达90%。电商品牌加快培育，科沃斯、追觅科技入选省跨境电商知名品牌，斯莱克、莱恩精工获评省出口品牌，玄通供应链、优尔集团入选省内外贸一体化试点，网络零售额超410亿元，增长超10%。承办第五届大运河文化旅游博览会，度假区获评文旅高质量发展优秀度假区，木渎古镇入选省夜间文旅消费集聚区，太湖体育运动休闲小镇、旺山文旅风情小镇完成省特色小镇验收，三山村入选省乡村旅游重点村，仁德山庄获评全国甲级旅游民宿，林渡暖村、坎上漫步、本色市集等文旅新业态快速出圈，旅游总收入恢复至343.2亿元。

二是转型升级增添新动能。创新主体加快集聚。入选省创新型示范区建设名单，实现高新技术产业产值1750亿元，增长8%，增速位列全市第一，占规模以上工业产值比重70.7%，全年技术合同成交额达94亿元。新增国家专精特新"小巨人"企业21家、省专精特新中小企业83家、省创新型企业1569家。10个项目获省科学技术奖。追觅科技、天瞳威视获评全球"独角兽"，16家企业入选省"独角兽"、潜在"独角兽"。信音电子登陆创业板。安洁科技、凯尔博获评国家知识产权示范企业，精濑光电、添可智能等3家企业获评国家知识产权优势企业。宇邦新材料等9家企业获市质量奖，瑞颐养老获"江苏精品"品牌认证，添可智能、追觅科技获评首届区质量奖。深化国资国企改革，强化国有企业经营业绩考核，成立国有资本控股集团，获评3A主体信用评级。科创培育有力突破。哈工大苏州研究院第一届理事会第一次会议顺利召开，研究院落户经开区，入驻科研团队13个，哈工大航空航天产业园顺利开园，签约产业化项目14个。中国信通院江苏研究院正式揭牌，启动赛迪研究院中国芯二期项目。苏州清华专项创新中心、苏州新能源光电技术研究所、苏州工业大数据技术研究所等一批科创平台正式运营。新增省企业技术中心20家、省科技企业孵化器3家。苏州市职业大学、晶瑞电子获评省工程研究中心。绿的谐波获省科技成果转化立项。举办东吴双创峰会，入选国家级重大人才工程13个，数量超历史总和。获评省双创人才9人、姑苏创新创业领军人才56个、苏州杰出人才奖1名，高技能人才新增数首次破万，新增人才公寓3065套。营商环境持续优化。连续四年升级"五心·吴优办"营商环境政策，聘任首批10名营商环境体验官。在省营商环境评价中，吴中区在苏州城区组排名第二。数字化改革稳步推进，创成市大数据创新应用实验室2家。启用"审管执信"平台，推行"无感审批"，企业登记全程电子化率超90%，1759项政务服务事项全面进驻政务服务大厅。

三是生态保护绘就新画卷。太湖治理扎实推进。成立太湖综合治理和生态保护委员会，开展新一轮太湖综合治理，推进太湖综合治理保护十大行动计划，落实"两保两提"要求，饮用水水源地水质稳定达Ⅲ类，太湖东部湖区水质达Ⅲ类、总磷浓度下降35.2%；太湖连续十六年实现安全度夏，湖体水质达2007年以来最好水平，首次被生态环境部评价为优良湖泊。河湖长制深入推进，治理河道79条42.4公里，消夏江等5条河道获评市级以上幸福河湖。国考断面水质优Ⅲ比例保持100%，省考断面水质优Ⅱ比例达75%。实施东山通湖河道综合整治、光福老镇区雨污管网改造等13个治太项目。完成金庭、东山、光福引水上山工程，新建管道104公里。生态底色更加鲜明。中央、省生态环境保护督察反馈问题整改压茬推进，退圩还湖、通桥油库序时整改，西山国家森林公园内违建问题整改完成。实施VOCs（挥发性有机物）综合治理等201个治气工程，全年PM$_{2.5}$浓度每立方米29.2微克，优良天数比率80.5%，空气质量综合水平全市第一。生态效益持续释放。全区原生物种数超1190种，生态质量指数（EQI）保持全市首位。精心编制湿地规划，优化湿地布局，湿地面积占全市的50.3%，三山岛湿地生态修复获评省"最美生态保护修复"典型案例，持续扩大生态环境损害赔偿基地示范效应。

四是城乡建设展现新形象。城市形态高标准完善。国土空间总体规划通过区人大常委会审议，"三区一城"单元规划、村庄规划等编制加快推进。完成拆迁清零项目306个，腾退土地5176亩，完成低效用地再开发3749亩，万达南、科恩等一批地块实现清零。甪直、郭巷国土空间全域综合整治项目获批省示范项目。完成高架桥下空间环境综合整治6处、支路街巷架空线整治28条。尹山湖隧道、南湖快速路东延、星塘街南延一期等8条道路、隧道建成通车，吴淞江整治先导段开工建设。环太湖公路入选全国"十大最美农村路"。城市建管精细化落实。大运河"最靓丽三公里"城市更新有序推进，完成城镇老旧小区综合改造7个、农贸市场改造15家，改造提升背街小巷10条，拆除违建66万平方米。中心城区建管养范围扩大至南湖路以南。积极推进城市生命线安全工程。19处拥堵交叉口完成渠化改造，新辟、优化公交线路27条，建成10处下沉式非机动车停车站点和3个"B+R"项目，新增各类停车泊位超2.6万个。新改建口袋公园5个、公厕21座，治理城市内涝积水点191处。乡村振兴全方位推进。吴中入选国家地理标志产品保护示范区，洞庭山碧螺春跃升中国绿茶区域公用品牌价值第四。新改建高标准农田7200亩，强化储备粮管理，落实耕地保护和粮食安全责任。全国传统村落集中连片保护利用示范区建设稳步推进，明月湾入选全国历史文化保护与传承示范案例，双湾村、缥缈村、冲山村获评国家级传统村落，后埠村获评省特色田园乡村。启用农房建设管理线上审批系统，扎实推进农村违规建房处置工作。完成集体存量资产更新改造50万平方米，村均集体总收入达1802万元。灵湖村入选全省唯一全国农村集体经济发展村级典型案例，新增国家级农民专业合作社示范社4家，25家村（社区）股份经济合作社跻身全省百强。

五是民生事业取得新成效。公共服务更加完善。西山实验学校等6所学校建成投用，新增学位8800个，光福九年一贯制学校等3所学校开工建设，7所外来工子弟学校转为公办学校分校区，组建学校"1+1+N"心理网格。入选省"苏教名家"培养对象2名，新增中小学正高级教师10名。高考本一达线数增长40%，"985""211"高校录取人数增长15%。吴中中专成功获批江苏联合职业技术学院办学单位，吴中技师学院在全国第二届职业技能大赛上摘得2枚金牌，位列全省第一。顺利承办国际卫生合作大会，获评全国生育友好工作先进单位，甪直前港等4个社区卫生服务站完成改造提升。获批中医类国家区域医疗中心，成立苏州大学吴中临床医学研究院、士材学派研究所，新增省中医重点专科2个。组建家庭医生网格团队373个，完成常住人口签约服务66.8万人。举办"环太湖1号公路"马拉松、四季越野赛，光福镇建成投用全省首条国家级登山步道。完成首批国家级文物建筑预防性保护试点，仁寿堂等3个古建筑修缮工程加快推进，与中数集团合作开展非遗数字化采集。创成省书香城市建设示范区，吴中区阅读推广案例入选全国十优。民生保障更加稳固。就业优先发展战略深入实施，建成"家门口"就业服务站13个，开展补贴性技能培训3.45万人次，新增城镇就业超1.7万人，户籍应届高校毕业生就业率达97.6%，零就业家庭动态清零。新增企业养老保险参保1.4万人、住房公积金缴存5.8万人。发放各类救助补助资金超6800万元，惠及困难群体1.2万人。新建保障性租赁住房5001套，交付安置房1.3万套，办理安置房产证1.8万件，房屋征收补偿房票安置有序推行。完成26个自然村天然气进村入户，惠及群众1968户，西山岛开通天然气。改造城市老旧燃气管网10.3公里，实施"瓶改管""瓶改电"3682家。"一老一小"照护服务体系持续完善，吴中获评首批省级示范性居家社区养老服务网络地区，完成适老化改造1104户，建成普惠性托育机构21家、市儿童友好社区2个，开设暑托班151个。第四届慈善总会顺利换届。社会治理更加有力。开展363场"社情民意联系日"活动，回访反馈处置满意率100%。持续深化安全生产专项整治，安全生产事故起数和亡人数比上年均下降20%，全面推进工业集中区安全整治和企业安全生产标准化创建，新增二级标准化企业55家。深入推进"平安吴中"建设，"两抢"案件100%告破，"八类案件"破案率达96.4%，全面开展反诈"减量控大"等专项行动，通信网络诈骗案件数下降14.6%，挽回经济损失4579.4万元。泰禾金尊府、阳光城檀苑等楼盘问题稳妥化解，中央信访联席办交办重复信访件化解率100%。

这一年，我们切实加强政府自身建设，扎实开展学习贯彻习近平新时代中国特色社会主义思想主题教育，坚持在以学铸魂、以学增智、以学正风、以学促干上下功夫。以高度政治自觉配合省委巡视各项工作开展，对巡视指出问题全面对照、主动认领、举一反三、抓好整改。持续推进法治政府建设，狠抓行政争议实质性化解，行政诉讼败诉案件数下降46.7%。主动接受人大法律监督、政协民主监督，高效办理区人大代表议案、建议150件和政协委员提案174件，办结率、满意率均达100%。严格落实中央八项规定及其实施细则精神，持之以恒纠治"四风"，抓实抓牢意识形态工作。坚持落实过"紧日子"要求，严控"三公"经费和一般性支出，开展政府投资项目审计2034个，核减率达13.3%，完成隐性债务化解、融资平台数量压降任务。同时，统计、档案、对台、港澳、侨务、民族宗教、退役军人、国防动员等工作取得新进展。

各位代表，回顾过去的一年，成绩来之不易，奋斗饱含艰辛。这些成绩的取得，是习近平新时代中国特色社会主义思想科学指引的结果，是市委、市政府和区委正确领导的结果，是区人大、区政协加强监督、鼎力支持的结果，是社会各界群策群力、全区人民共同奋斗的结果。在此，我谨代表区人民政府，向辛勤工作在各个领域的全区人民，向区人大代表、政协委员，向离退休老同志，向各民主党派、工商联、无党派人士、垂直管理单位和工会、共青团、妇联等人民团体，向驻吴解放军和武警官兵，公安政法干警、消防救援队伍，向所有关心、支持、参与吴中建设发展的各界人士，致以崇高的敬意和衷心的感谢！

各位代表！思危方能居安、知忧才能克难。在肯定成绩的同时，我们也清醒地认识到，发展道路上仍面临不少问题和挑战，主要是：经济体量还不够大，创新能力还不够强，优质产业项目还不够多，主导产业集群效应还不够明显；城乡发展不平衡不充分问题依然存在，教育、医疗、养老、社会保障等民生领域仍然有不少短板，矛盾化解、安全稳定还有很多工作要做；一些政府部门和工作人员作风、能力还不适应新形势新要求，创新意识、服务意识有待加强。对此，我们将在今后工作中继续采取有效措施，认真加以解决。

2024年主要任务

今年是新中国成立75周年，是全面完成"十四五"规划的关键之年，做好今年工作意义非凡。根据区委部署安排，今年政府工作的总体要求是：坚持以习近平新时代中国特色社会主义思想为指导，全面贯彻落实党的二十大精神和习近平总书记对江苏、苏州工作重要讲话重要指示精神，认真落实中央、省委、市委经济工作会议和省委十四届五次全会、市委十三届六次全会精神，坚持稳中求进工作总基调，完整、准确、全面贯彻新发展理念，全面落实"四个走在前""四个新"重大任务，统筹扩大内需和深化供给侧结构性改革，统筹新型城镇化和乡村全面振兴，统筹高质量发展和高水平安全，巩固和增强经济回升向好态势，持续推动经济实现质的有效提升和量的合理增长，增进民生福祉，保持社会稳定，锚定"四个坚定不移"，做到"两个始终坚决"，在推进中国式现代化中奋力续写吴中新篇章。

今年经济社会发展的主要预期目标：地区生产总值增长5%以上，一般公共预算收入同口径增长4%以上，社会消费品零售总额增长6%，全社会固定资产投资增长5%，规模以上工业产值增长3.5%，工业投资增长10%，进出口总额量稳质升，城乡居民人均可支配收入与经济增长基本同步。

围绕上述目标任务和区委五届八次全会部署，坚持稳中求进、以进促稳、先立后破，重点做好五方面工作：

一、实施产业跃升行动，打造开放发展集聚区

1.打造优势产业集群。坚定不移走新型工业化道路，巩固强化优势主导产业，布局培育新兴未来产业，加快形成新质生产力。深化"333+N"产业集群培育，推动机器人与智能制造产业规模突破1500亿元、新一代信息技术产业规模突破1000亿元、生物医药及大健康产业规模突破440亿元，培育新能源汽车及智能网联产业规模突破500亿元。围绕人形机器人、人工智能、信创、商业航天、数字经济、新型储能等产业风口,培育一批有吴中特色的百亿级产业集群。强化骨干企业支撑作用,力争百亿级企业达4家、五十亿级企业达10家,战略性新兴产业产值占规模以上工业产值比重50%左右。坚持一切围绕项目干、一切围绕招商转。全力推进9个总投资230亿元的省重大项目,77个总投资1078亿元的市重点项目,257个总投资2005亿元的区重点项目,确保诚拓智能、银禧科技等37个新开工市重点项目上半年全部开工,三万昌总部、隆成电子等154个新开工区重点项目9月底前全部开工。加强重点项目全生命周期管理,推进欧帝半导体、玖物智能等214个在建产业项目建设,全年竣工投产亿元以上产业项目超100个。全力以赴招引大项目,注重科技招商、以商引商,精心举办好太湖经贸合作洽谈会等活动,新签约亿元以上项目超270个、10亿元以上项目50个、30亿元以上项目5个,力争百亿级项目实现零的突破,产业项目备案投资额超700亿元。深入实施外资及港澳台资总部、利润再投资专项政策,积极开展境外招商,深化QFLP、境外主权基金等模式,力争全年实际使用外资及港澳台资量稳质升。推进"工业上楼",改造提升老旧工业区1050亩,实施镇村集体低效工业用地更新1000亩。

2.建设一流营商环境。深入开展"千村万企、千家万户"大走访,建立三级企业服务中心和企检服务中心,做强"助企员"队伍,动态感知企业生产经营状况,帮助企业解决实际问题,做到"无事不扰、无处不在"。开展好第五次经济普查,举办"助企直通"恳谈会、企业家沙龙等活动,形成一批"供需对接""产销对接"等服务成果。落实好各项惠企政策,提高政策知晓率,完善一批针对性强的助企激励措施,促进各项政策服务免申即享、直达快享。强化包容审慎监管,试点开展涉企行政合规指导,提升执法温度。深化政务服务"一网通办"建设,提升"吴中企业通"等平台服务能级。推进企业审批"一键直达""一次办成",擦亮"五心·吴优办"营商环境品牌。支持先进制造业优质企业"数据得地",确保完成产业用地供应2000亩以上,实施1000万元以上工业企业增资扩产项目129个。

3.全面激发消费潜能。系统谋划全域消费场景,促进消费市场规模有效增长和结构持续升级,社会消费品零售总额突破1000亿元。提升传统消费热度,办好"五五购物节""双12购物节""吴中更有礼"等系列活动。提振大宗消费,发挥华成集团、中石油两大区域总部优势,打响"好车吴中购"品牌。做大首店消费,推进小米交付中心首入吴中。繁荣夜间消费,多点布局歌林小镇等创意特色市集,打造一批夜间消费集聚区。提升新型消费,大力发展数字消费、健康消费,培育更多新业态。发展直播电商,建设和裕数字全域孵化器、太湖直播电商产业园,开展"寻味吴中"网红探店等直播活动,力争实现网络零售额450亿元。发挥跨境电商便捷功效,支持发展跨境直播、"网购保税进口+实体新零售"等新模式,实现全区跨境电商进出口总额翻番。优化刚性和改善性住房供给,降低交易成本,推动房地产市场平稳健康发展。

二、实施科技赋能行动,打造创新发展示范区

1.提升创新发展硬实力。实施创新驱动发展战略,深化省创新型示范区建设,加快推进以科技创新为核心的全面创新。全社会研发支出超68亿元,增长10%,研发支出占地区生产总值比重超3.9%,高新技术产业产值超1800亿元,科技服务业年收入超140亿元,新增市级以上重点研发计划、科技成果转化项目80个,万人有效发明专利拥有量增至125件。强化质量攻关和质量创新,加大省、市质量品牌企业培育力度。加快推进共建新型电子元器件关键材料与技术全国重点实验室。发力数字经济赛道,数字经济核心产业增加值占地区生产总值比重超17%。推动苏州工业软件应用创新中心、吴中人工智能智算中心落地。推进"产业大脑+智能工厂"模式,新增工业互联网试点示范项目20个、5G工厂2家。新增智能制造示范工厂(车间)50个,完成中小企业数字化能力评估1000个。

2.激发创新主体源动力。强化企业科技创新主体地位,实施科技企业百千万培育工程,集聚高新技术企业超1800家,招引创新型企业超1600家,入库国家科技型中小企业超2400家,培育"独角兽"和"瞪羚"企业超100家。新增市级总部企业7家。加大上市企业储备力度,新增报会企业4家。深化国有企业改革,优化国有企业布局,推动全区国有企业净资产达800亿元。深入推进"113"领军人才引育攻坚行动,深化以赛引才,组织承办"赢在苏州 创赢未来"全球科技创业大赛、东吴科技创新创业大赛等赛事,加快推进苏州清华专项创新中心、苏州吴中硅谷创新中心、苏州(牛津)海外创新中心、苏州吴中·中英医疗科技创业者中心等建设,加速集聚海内外高层次人才。市级以上领军人才累计超400个,新增东吴科技领军人才超100个。

3.增强创新平台影响力。深入实施环太湖科创圈建设行动,全力推动十大科创园区建设,高标准建设哈工大苏州研究院,推动机器人及装备制造研究中心、航空航天先进技术转化中心等创新平台落地,加快推进人形机器人联盟建设。探索共建同济大学苏州研究院生物医药前沿科学中心和智能建造协同创新中心、浙江大学苏州先进制造联合创新中心。推动苏州市智能服务机器人产业创新联合体、苏州市机器人前沿智能技术创新联合体等实体化运作,加速建设苏州市生物偶联药物创新研究院、江苏谱新细胞治疗药物技术研究院等新型研发机构。新增省以上科技孵化载体5家、市以上科技创新平台50个，新增科创载体50万平方米。强化科技金融服务支撑，创新"东吴科技人才贷""科贷通""科技招商贷"等科技金融产品，新增创新创业基金15亿元。

三、实施生态攻坚行动，打造绿色发展先行区

1.持续推进新一轮太湖综合治理。坚决把太湖治理这一"国之大者"干在实处，奋力将吴中太湖建成世界级生态湖区、全国湖泊治理的标杆。围绕太湖新一轮治理方案和十大行动计划，持续深化生态岛幸福河网、东太湖生态清淤等治太项目，确保太湖东部湖区水质稳定达Ⅲ，湖心区稳Ⅳ争Ⅲ。开展全域排污口排查整治，全面完成659家涉磷企业专项整治任务。深化生活污水收集，完成环太湖66处农村污水独立设施接管改造，启动金庭污水厂扩建工程。稳妥推进8073亩太湖历史圩区退圩还湖，新建堤防9.1公里。有序推进环太湖城乡有机废弃物利用示范区建设。全力推进太湖生态岛建设，启动消夏湾湿地项目，加快石公先行区太湖水环境综合治理等项目建设。加强蓝藻监测预警，落实24小时水质动态监测，绝对保障饮用水水源地安全，坚决守护太湖安澜。

2.深入打好污染防治攻坚战。巩固中央、省环保督察反馈问题整改成效，着力解决好群众反映强烈的突出环境问题。持续改善大气环境质量，强化细颗粒物和臭氧协同治理，有效落实扬尘管控措施，力争启用吴淞江燃气轮机项目，确保空气质量指标、主要污染物排放总量削减完成省、市下达任务。开展城乡生活污水管网集中攻坚，加快推进污水治理厂网一体化改革，完成26个"333"达标区建设、114个自然村污水管网整治提升，实施城南污水厂配套泵站改造。全力提升澄湖水质，完成水八仙生态园生态修复和入湖河道沿线村庄生活污水提质增效等项目，实现澄湖湖心省考断面水质达Ⅲ。强化土壤污染源头防控，抓好固体废物、新污染物等治理，严格执行搬迁企业和新供土地污染状况调查，持续深入开展地块调查报告评审。

3.拓宽"两山"转化路径。深化国家级"两山"实践创新基地建设，加快试点生态产品价值实现机制。推进生态环境自然资源监控体系项目、水映长滩鱼鸟保护及栖息地生物多样性观测样区建设，强化林草综合监测、林业资源保护、森林生态修复，深化"林长制"工作。深入实施工业领域碳达峰行动，开展节能诊断、绿色诊断，推广绿电绿证，推进太湖碳谷2.5产业园建设。推进国家重点研发计划自主式道路交通控制与安全项目、公安部首个自动驾驶交通法规符合性训练基地建设，打造智能网联汽车示范应用场景标杆，加快推进吴中全域网联商业运营。以深化环太湖旅游一体化改革、吴中太湖旅游区5A复核为抓手，强化"环太湖1号公路"牵引作用，举办环太湖体育嘉年华等系列赛事，开展民宿全域备案，推动农文体旅产业深度融合，打造"苏""古""名"系列主题文化名片，把丰富的文化遗产资源转化为发展资源，努力打造长三角地区休闲度假首选地。

四、实施城乡融合行动，打造协调发展典范区

1.以全域视野完善规划建设。全力推动区国土空间总体规划落地，完成77个实用性村庄规划编制。抢抓地方政府专项债发行等相关政策机遇，有序推进保障性住房建设、城中村改造、"平急两用"公共基础设施"三大工程"。精准实施地块拆迁清零，攻坚甪端新区、木林社区等重点拆迁任务，完成拆迁清零8900亩，整治违法用地820亩。加快胜浦大桥、七子山隧道、高垫大桥连接线、东太湖隧道及旺山路连接线、通苏嘉甬铁路等项目建设；结合京杭运河"三改二"工程建成尹山大桥，启动长桥改建，提升航道、码头建设管理水平；扎实开展星塘街南延二期、甪胜路改造、太湖新城互通等项目前期工作。配合轨道交通7号线开通运营，做好沿线市政功能恢复。全面推进"路长制"工作，争创"四好农村路"全国示范区。加快推进吴淞江整治工程，建成先导段堤防1.5公里，新开工建设堤防12.3公里。

2.以绣花功夫抓好城市管理。加快城镇更新步伐，精雕细琢城市绿地、滨水步道等重要节点，新改建口袋公园2个，完成老旧小区综合改造7个、农贸市场升级改造5家，整治支路街巷架空线25条，实现2个镇（街道）率先基本达到美丽宜居镇建设要求。大力建设"净美吴中"，启动苏苑美丽街区建设，推进宝丰路改造工程，开展市容环境综合整治行动，创建省垃圾分类达标小区4个。提升出行服务水平，新辟、优化公交线路10条，实现公交轨交"无缝换乘"，结合"B+R"交通体系打造，新增下沉式非机动车停车模块5处、公共自行车租赁点19处、公共停车泊位1500个。开展道路交通"5510"专项工作，优化吴中大道、东山大道等22条重点路段交通组织。推进文明城市常态长效建设，发动全社会共建美好家园。

3.以融合理念深化乡村振兴。全面推进五大乡村振兴片区建设，挖掘9个重点建设区域内的文化资源、生态资源和农业资源，实施片区项目80个。加快河庭山碧螺春茶文化园二期、东山枇杷文化产业园等项目建设，实施农业园区转型升级项目18个。加快推进全域土地综合整治，新改建高标准农田5300亩，守牢粮食生产安全底线。发挥优质农产品电商直播基地带动作用，进一步打响洞庭山碧螺春、吴中"水八仙"等区域公用品牌。以徐湾和郭巷老街保护利用为试点，探索传统建筑和历史街区改造活化，推动特色田园乡村建设与传统村落集中连片保护利用融合发展。稳步壮大集体资产，力争镇村集体总资产达520亿元，村级集体资产超207亿元，村均集体总收入达1840万元。完成50个自然村、3300余户天然气进村入户。强化农房建设管理，以点带面推进农村违规建房专项整治，全面遏制违规建房新增问题。

五、实施民生改善行动，打造共享发展幸福区

1.全力增进民生福祉。围绕"人的一天、人的一生"，全力优化公共服务供给。建成投用华中师大苏州实验中学等5所学校，新增学位11000个；开工建设舟山实验小学等3所学校。全面深化"522"集团化办学模式，创成省义务教育优质均衡发展区。全面完成40个看护点专项整治和6所民办学校关停并转，促进外来工子女入学便利化。启用中国中医科学院大学东区，完成西区主体建筑封顶。争取中医类国家医学中心项目落地。建成西苑医院苏州医院、区公共卫生中心，加快建设尹山湖医院二期、太湖街道社区卫生服务中心，开工建设苏州市中西医结合医院新院区以及3个社区卫生服务站。完成约1万名重点人群"心肺联筛"健康风险评估，确保通过省健康区评估验收。吴文化博物馆争创国家一级博物馆，启动太湖博物馆建设，完成文物保护实验室及叶圣陶执教旧址改造提升，加快塘北遗址勘探挖掘。深化书香城市建设，推进全民阅读。推动各类公共服务场所向群众全面开放，精心办好江南文化系列展等群众性文体活动，加快建设"15分钟品质文化生活圈"步伐。依托新四军太湖游击队纪念馆等红色资源，打造红色教育基地。

2.全心织密社会保障。深入实施就业优先战略，扎实做好农民工、高校毕业生、失业人员等重点群体就业服务，开展职业技能培训1.8万人次，新增城镇就业1.7万人，户籍应届高校毕业生总体就业率95%以上，建设"苏青驿"青年人才驿站服务项目，建成"家门口"就业网络服务体系。健全扩大就业与完善社保联动机制，新增企业养老保险参保8000人、住房公积金缴存4万人。关爱"一老一幼""五失人员"等重点群体，深化省示范性居家社区养老服务建设，投用横泾街道、胥口镇养老服务中心，加快甪直镇养老服务中心建设，完成家庭适老化改造超1000户。护航未成年人健康成长，深化儿童友好城市建设，开设青少年暑托班超150个。加强慈善文化宣传，营造全民向上向善的慈善氛围。

3.全面筑牢安全底线。落实"六个不发生"要求，开展安全生产治本攻坚三年行动，推动风险隐患排查整治常态化、长效化、闭环化，紧盯危化品、消防、既有建筑、燃气等重点行业领域，坚决遏制较大以上事故发生，确保全区安全生产形势持续稳定向好。出台工业集中区安全管理规定，推进全区中小型工业企业安全生产标准化建设提标扩面。优化消防站布局，建成投用横泾消防站，启动建设光福产业园、胥口消防站。为1000户以上困难家庭提供电气设备安全隐患排查和更新服务。发挥矛盾调处中心优势，推进矛盾调处一站式接收、一揽子调处、一链条解决。稳妥推进隐性债务化解和融资平台压降，严密防范金融风险。开展法律援助惠民工程，持续优化公共法律服务体系。加强国防动员和民兵预备役建设，做好双拥优抚安置和退役军人服务管理。做好森林防火、地灾防治、防汛抗旱、特种设备监管、食品药品安全监管、气象服务、南北挂钩、对口帮扶、能源保供等工作。

全面建设人民满意政府

各位代表，我们将认真落实以人民为中心的发展思想，深入推进政府治理现代化，认真落实机构改革各项任务，努力建设人民满意政府。我们将始终把政治建设摆在首位。持续加强政府系统党的建设，巩固拓展主题教育成果，严格落实意识形态工作责任制，坚定捍卫"两个确立"，坚决做到"两个维护"，切实把党的全面领导贯彻到政府工作各领域全过程。严格执行"1+7"工作清单制度，深化做好巡视、巡察、审计等发现问题整改，努力把整改成果转化为推动高质量发展的新成效。我们将始终把躬身为民落到实处。坚持尽力而为、量力而行，解决好民生大事、关键小事和急盼难事。前期，区政府通过广泛征集，初步遴选了12大类22个子项目总计33.8亿元的民生实事候选项目，这次人代会上票选确定后，我们将全力以赴把这些项目办实办好，进一步提高人大代表议案建议和政协委员提案办成率，努力让人民群众的获得感成色更足、安全感更有保障、幸福感更可持续。我们将始终把依法行政扛在肩上。常态化开展政府常务会议学法。坚决落实"三重一大"决策机制，加强合法性审查和风险评估，贯彻落实新行政复议法，提升行政复议应诉工作质效。全面执行区人大及其常委会的决议、决定，自觉接受人大监督、政协监督以及社会各界监督，强化审计监督，让行政权力运行在阳光下。我们将始终把清正廉洁融入本色。全面贯彻党风廉政建设责任制，严格落实中央八项规定及其实施细则精神，推进作风建设常态化长效化。更大力度扎紧政府花钱的"口子"，从严从紧控制"三公"经费和一般性支出，切实以政府的"紧日子"换取群众的"好日子"。

各位代表！吴中的未来令人憧憬，发展的愿景催人奋进。让我们更加紧密地团结在以习近平同志为核心的党中央周围，以习近平新时代中国特色社会主义思想为指导，在上级党委政府和区委的坚强领导下，创新实干、开拓进取、砥砺前行，为推进中国式现代化吴中新实践而团结奋斗！

文件题录

表39-1　2023年中共苏州市吴中区委及其办公室重要文件题录一览表

文号	标题	日期
吴委发〔2023〕1号	区委　区政府关于吴中区2022年度先进集体、先进个人评选结果的通报	1月29日
吴委发〔2023〕2号	中共苏州市吴中区委关于贯彻落实"敢为、敢闯、敢干、敢首创"在中国式现代化建设上作出引领示范的实施意见	2月8日
吴委发〔2023〕3号	区委　区政府关于苏州市吴中区2022年度经济贡献突出企业的通报	2月11日
吴委发〔2023〕4号	区委　区政府关于2022年度"平安吴中""法治吴中"建设先进集体、先进个人的通报	2月14日
吴委发〔2023〕5号	中共苏州市吴中区委关于批转《政协苏州市吴中区委员会常务委员会2023年工作要点》的通知	2月21日
吴委发〔2023〕6号	区委　区政府关于做好2023年吴中区劳动模范推荐评选工作的意见	3月4日
吴委发〔2023〕7号	中共苏州市吴中区委关于批转《苏州市吴中区人民代表大会常务委员会2023年工作要点》的通知	3月11日
吴委发〔2023〕8号	中共苏州市吴中区委关于区委常委工作分工的通知	3月14日
吴委发〔2023〕9号	中共苏州市吴中区委　印发《关于支持和鼓励"干部敢为"锻造过硬干部队伍的若干措施》的通知	3月20日
吴委发〔2023〕10号	区委　区政府关于吴中区2022年度科技创新工作先进企业的通报	3月25日
吴委发〔2023〕11号	区委　区政府　区人武部关于2022年度武装工作先进单位和先进个人的通报	3月29日
吴委发〔2023〕12号	中共苏州市吴中区委关于印发《中共苏州市吴中区委常委会2023年工作要点》的通知	4月17日
吴委发〔2023〕14号	中共苏州市吴中区委关于印发蔡骏组长在巡视吴中区工作动员会上讲话以及丁立新同志表态发言的通知	4月20日
吴委发〔2023〕15号	区委　区政府关于命名苏州市吴中区劳动模范的决定	4月24日
吴委发〔2023〕16号	区委　区政府关于印发《吴中区全面推进乡村振兴探索高水平率先基本实现农业农村现代化行动方案（2023~2025年）》的通知	5月5日
吴委发〔2023〕17号	区委　区政府印发《关于开展"重点项目提效年"活动的实施意见》的通知	5月15日
吴委发〔2023〕18号	区委　区政府印发《吴中区优化营商环境创新行动2023》的通知	5月19日
吴委发〔2023〕19号	区委　区政府关于成立吴中太湖综合治理和生态保护委员会的通知	5月18日
吴委发〔2023〕20号	中共苏州市吴中区委关于调整中共苏州市吴中区委人才工作领导小组成员的通知	5月22日
吴委发〔2023〕21号	区委　区政府关于印发《吴中区扎实推进长三角一体化发展2023年工作要点》的通知	6月15日
吴委发〔2023〕22号	关于调整区委保密委员会组成人员的通知	6月19日
吴委发〔2023〕23号	区委　区政府关于印发《吴中区太湖综合治理和生态保护十大行动计划（2023—2025年）》的通知	6月19日
吴委发〔2023〕25号	区委　区政府关于表彰2022年度全区国资系统先进单位的决定	8月3日
吴委发〔2023〕26号	关于推荐苏州市吴中区第五届人民代表大会代表候选人的函	8月4日
吴委发〔2023〕27号	中共苏州市吴中区委关于深入学习贯彻习近平总书记对江苏工作重要讲话精神在推进中国式现代化中走在前做示范谱写"强富美高"新江苏现代化建设吴中新篇章的决定	8月21日
吴委发〔2023〕28号	区委　区政府关于给予2020—2022年度连续三年考核优秀的公务员记三等功的决定	8月28日
吴委发〔2023〕29号	区委　区政府关于命名2021—2022年度吴中区教育工作先进集体和优秀教育工作者的决定	9月7日
吴委发〔2023〕30号	中共苏州市吴中区委印发《关于深入开展学习贯彻习近平新时代中国特色社会主义思想主题教育的实施方案》的通知	9月21日
吴委发〔2023〕32号	中共苏州市吴中区委关于成立省委第二巡视组巡视反馈意见整改落实工作领导小组的通知	10月17日
吴委发〔2023〕35号	区委　区政府关于印发吴中区深化质量强区建设实施方案的通知	11月15日

（区政府办）

表39-2　2023年吴中区人民政府及其办公室重要文件题录一览表

文号	标题	日期
吴政发〔2023〕1号	区政府关于修订《关于促进吴中区金融业高质量发展的若干政策意见》的通知	1月10日
吴政发〔2023〕2号	吴中区人民政府关于下达2023年主要工作任务的通知	1月13日
吴政发〔2023〕3号	区政府关于下达苏州市吴中区2023年政府民生实事项目任务的通知	1月20日
吴政发〔2023〕6号	区政府关于做好第三次全国土壤普查工作的通知	2月24日
吴政发〔2023〕8号	区政府关于印发吴中区2023年度审计项目计划的通知	2月28日
吴政发〔2023〕10号	区政府关于对2023年一季度6项重大安全隐患项目实施区级挂牌督办的通知	3月13日
吴政发〔2023〕11号	关于区政府领导工作分工的通知	3月13日
吴政发〔2023〕12号	区政府关于印发吴中区2023年重点项目清单的通知	3月20日
吴政发〔2023〕13号	区政府关于做好吴中区第五次全国经济普查工作的通知	4月17日
吴政发〔2023〕34号	区政府关于印发2023年度全区主要经济指标预期测算表的通知	5月15日
吴政发〔2023〕35号	区政府关于对2023年二季度5项重大安全隐患项目实施区级挂牌督办的通知	5月22日
吴政发〔2023〕43号	区政府印发关于加强全区生活污水处理设施建设管理的实施意见的通知	6月26日
吴政发〔2023〕48号	区政府印发关于《吴中区工业元宇宙产业创新发展行动计划（2023—2025年）》的通知	5月24日
吴政发〔2023〕50号	区政府印发关于《苏州市吴中区突发事件总体应急预案》的通知	7月24日
吴政发〔2023〕56号	吴中区人民政府、市人力资源和社会保障局、市总工会关于举办苏州市"吴地工匠"职业技能系列竞赛活动暨第七届"吴中技能状元"职业技能竞赛的通知	8月23日
吴政发〔2023〕58号	区政府关于对2023年三季度4项重大安全隐患项目实施区级挂牌督办的通知	9月6日
吴政发〔2023〕63号	区政府关于印发《苏州市吴中西山"生态岛"试验区建设实施方案》的通知	11月20日
吴政发〔2023〕64号	区政府关于印发《关于促进吴中区新兴服务业高质量发展的政策意见（试行）》的通知	11月29日
吴政发〔2023〕65号	区政府关于印发《吴中区推进先进技术成果转化工作三年行动方案（2023—2025年）》的通知	11月24日
吴政发〔2023〕71号	区政府关于印发《关于实施第五轮生态补偿政策的意见》的通知	12月31日
吴政办〔2023〕1号	区政府办公室关于印发吴中区2023年政府投资项目计划的通知	1月10日
吴政办〔2023〕2号	区政府办公室关于印发《关于支持企业稳岗留工保障经济有序运行的若干措施》的通知	1月10日
吴政办〔2023〕6号	区政府办公室关于印发苏州市吴中区洞庭山碧螺春茶产业振兴三年行动方案（2023~2025）的通知	1月11日
吴政办〔2023〕9号	区政府办公室关于印发吴中区"十四五"能源综合利用发展规划的通知	1月31日
吴政办〔2023〕27号	区政府办公室关于印发《苏州市吴中区突发环境事件应急预案（2023年修订）》的通知	3月20日
吴政办〔2023〕28号	区政府办公室关于印发《吴中区江苏省知识产权建设示范县域工作方案（2023~2025年）》的通知	3月20日
吴政办〔2023〕33号	区政府办公室关于做好2023年度吴中区重大行政决策事项工作的通知	4月12日
吴政办〔2023〕37号	区政府办公室关于印发《吴中区2023年度挂牌督办重点生态环境项目》的通知	4月20日
吴政办〔2023〕38号	区政府办公室关于印发吴中区森林防火"十四五"发展规划（2021~2025）的通知	4月23日
吴政办〔2023〕41号	区政府办公室关于印发《吴中区知识产权强区建设规划（2023~2025）》的通知	5月18日
吴政办〔2023〕43号	区政府办公室关于开展重点行业领域安全生产风险专项整治巩固提升年行动的通知	5月22日
吴政办〔2023〕44号	区政府办公室关于印发《关于进一步促进吴中经济高质量发展的若干政策措施》的通知	5月24日
吴政办〔2023〕52号	区政府办公室关于印发吴中外来工子弟学校专项治理实施方案的通知	6月16日
吴政办〔2023〕58号	区政府办公室关于印发《吴中区残疾预防行动方案（2023~2025年）》的通知	7月18日
吴政办〔2023〕59号	区政府办公室关于印发《苏州市吴中区地震应急预案》的通知	7月24日
吴政办〔2023〕60号	区政府办公室关于印发《苏州市吴中区生产安全事故应急预案》的通知	7月24日
吴政办〔2023〕61号	区政府办公室关于印发《苏州市吴中区突发地质灾害应急预案》的通知	7月24日
吴政办〔2023〕62号	区政府办公室关于印发《苏州市吴中区自然灾害救助应急预案》的通知	7月24日
吴政办〔2023〕63号	区政府办公室关于印发吴中区高质量推进"四好农村路"全国示范县建设实施意见的通知	7月24日

续表

文号	标题	日期
吴政办〔2023〕65号	区政府办公室关于印发2023年苏州市吴中区法治政府建设工作要点的通知	7月24日
吴政办〔2023〕76号	区政府办公室关于印发《苏州市吴中区水环境区域补偿工作方案（2023年修订）》的通知	8月21日
吴政办〔2023〕77号	区政府办公室关于公布吴中区行政许可事项清单（2023年版）的通知	8月29日
吴政办〔2023〕78号	区政府办公室关于印发吴中区建设江苏省健康区实施方案的通知	8月30日
吴政办〔2023〕79号	区政府办公室关于印发《苏州市吴中区生态空间管控区域监督管理实施方案》的通知	9月6日
吴政办〔2023〕80号	区政府办公室关于印发2023年全区数字政府建设工作要点的通知	9月7日
吴政办〔2023〕82号	区政府办公室关于印发京杭运河吴中段沿线货运码头整合改造提升实施方案的通知	9月13日
吴政办〔2023〕83号	区政府办公室关于印发吴中区2023年农村人居环境整治提升集中攻坚行动方案的通知	9月14日
吴政办〔2023〕85号	区政府办公室关于调整吴中区2023年度重大行政决策事项的通知	9月25日
吴政办〔2023〕86号	区政府办公室关于印发《苏州市吴中区"十四五"消防专项规划》的通知	9月27日
吴政办〔2023〕92号	区政府办公室印发苏州市吴中区城市排水与污水处理突发事件应急预案的通知	10月16日
吴政办〔2023〕99号	区政府办公室关于印发苏州市吴中区"十四五"时期"无废城市"建设实施方案的通知	11月13日
吴政办〔2023〕104号	区政府办公室关于印发"吴中更有礼·年终钜惠购"2023吴中秋冬季系列促消费活动方案的通知	11月23日
吴政办〔2023〕108号	区政府办关于印发《吴中区中小微企业转贷引导资金管理办法》的通知	11月29日
吴政办〔2023〕111号	区政府办公室关于印发吴中区公平竞争审查工作重大政策措施会审制度（试行）的通知	12月18日

媒体聚焦

江苏苏州吴中：筑牢生态屏障　保护大美湿地

近年来，江苏省苏州市吴中区（简称"吴中区"）坚持"保护优先、严格管理、系统治理、科学修复、合理利用"的原则，大力推动全区湿地资源提档升级、提质增效，持续推进太湖生态修复治理，高标准建设湿地生态修复项目，筑牢吴中区生态屏障，保护大美湿地，推动湿地保护工作高质量发展。

坚持生态立园，保护湖泊水岸自然风貌

吴中区拥有省级重要湿地4个、市级重要湿地6个、一般湿地5个、国家湿地公园2个、市级湿地公园3个、湿地保护小区9个。截至目前，全区修复面积达1200余公顷，保护面积118084公顷。湿地保护率从去年的70.4%提升到现在的72.7%，湿地保护面积、保护率均列全市第一。

近年来，吴中区投入2.5亿元积极打造太湖湖滨国家湿地公园，按照吴中区湿地公园总体规划要求，对公园内的湖滨湿地实施了一系列分级和分区保护措施，划定了综合服务区、科普宣教区、生态体验区和生态保育区四大功能区，最大限度保留原生湿地生态和自然风貌。

不断探索创新，科学修复生态。吴中区创新建设生态浮岛，最大限度恢复植被群落，有效拦截蓝藻，提升生态自然景观丰富度。对太湖岸沿线向外200米至500米实施清淤工程，构筑35公顷生态岛屿。推动开展生产、生活污水接管处理，落实旺季停业休养生息方案，科学实施芦苇轮割，打造优良冬候鸟栖息环境，有效促进湿地生物多样性发展。2014年至今，已恢复乡土水生植物13种、鱼类33种，公园鸟类总数从147种增加至200种。

依托信息科技，开展智慧监测。吴中区积极探索建立湿地生态监测监控系统和可视化管理平台，引进水质在线监测仪器、全光谱数值分析系统、红外触发鸟类监控相机等先进设备，实现湿地公园水质状况和园内动植物资源动态分析，及时掌握湿地修复进展和成效信息，为全过程湿地生态建设工程管理、评估湿地修复效果、湿地修复技术推广提供科学依据。

整合优质资源，塑造生态品牌。吴中区注重宣教结合，与非遗研学机构合作开展非遗文化与自然教育课程对接；携手姑苏区人民法院太湖流域环境资源法庭，共同启用"太湖流域生态环境司法保护宣教基地"，突出"保护"和"宣教"两大功能，推进集生态修复、科普宣教、法治宣传于一体的基地创新建设，2023年5月，异地补植复绿替代性生态修复推进活动在基地举行，切实将全省首例以认购碳汇方式替代性履行生态修复义务案件落到实处。作为华东地区最大的集生态、休闲、娱乐、教育和科研于一体的湖滨型湿地，太湖湖滨国家湿地公园于2020年荣膺首批世界自然基金会（WWF）注册自然学校称号，并于2022年荣获"江苏省土地科普基地"称号和江苏省首届"最美生态修复案例"等荣誉。

守护太湖之心，探索淡水岛屿修复"吴中模式"

太湖三山岛国家湿地公园位于吴中区东山镇，湿地面积516.55公顷，湿地率达68.27%，是苏州市国家生态涵养试验区的重要组成部分，也是全国唯一以村级单位建设、以社区参与共建的国家湿地。吴中区以太湖三山岛国家湿地公园为载体，积极探索淡水岛屿湿地修复工作。

坚持自然理念，突出自然修复。吴中区因地制宜开展湿地修复工作。三山岛湿地修复以"山、水、林、湖"等自然资源为本底，修复工程充分发挥生态系统的"自组织"功能，通过完善湿地生态系统的自我调节能力，逐渐修复与调整因外界干扰而受到的损伤，维持湿地正常的结构与功能，从而达到恢复岛屿生境的目的，并借助底泥原位处理技术清理淤塞，堆成多个岛屿后补种乡土植物，形成三山岛国家湿地公园水域和岛屿交错的独特生态湿地面貌。

强化项目建设，夯实绿色防护。三山岛湿地从环岛路到防洪水利工程共分三个区域，持续有效发挥湿地净化污水的功能。第一道是氮磷拦截区，通过滩涂植被过滤氮和磷。第二道为过渡区，主要种植水生植物和投养滤食性鱼类，继续消解氮、磷、有机质，拦截藻类。第三道是绝对保护区，为鸟类栖息提供高质量生态环境。三山岛水体经过三个区域多层滤氮滤磷工程防护过滤，持续涵养太湖优质水源。据监测数据显示，三山岛湿地对生活污水总氮、总磷的拦截率分别为81.2%和86.4%，净化效果明显。

注重科研助力，做到长效修复。2013年，吴中区开始与中国林科院等多家科研机构合作开展湿地保护科研合作，从水环境质量提升、乡土植被保育、生态岛屿及浅滩湿地恢复等方面进行全方位探索。目前，三山岛湿地水环境质量、环岛生态湿地恢复成效等相关论文已发表5篇，获得专利

1项，研究结果同步运用于湿地保护恢复，做到科学长效治理。三山岛湿地公园被中国林科院湿地研究所列为"太湖流域湿地生态系统功能作用机理及调控与恢复技术研究"试验示范基地。此外，三山岛联合苏州市湿地站建设了太湖湿地生态系统国家定位观测研究站，定期对生态环境等进行监测。

擦亮生态名片，夯实太湖生态岛绿色发展基础

吴中区积极推进太湖生态岛湿地保护修复，探索协同推进生态保护和经济发展新路子，着力建设"低碳、美丽、富裕、文明、和谐"的太湖生态示范岛。

坚持政策先行，引领高标准湿地保护。吴中区将"支持苏州建设太湖生态岛"纳入江苏省"十四五"规划纲要，全面实施《苏州市太湖生态岛条例》，进一步强化资源保护、污染防治和生态修复等工作。同时，还发布了《太湖生态岛发展规划（2021—2035）》，重点开展入湖河道生态基流维持、重点岸带湿地生态修复计划等，推动开展高标准湿地修复。

坚持创新驱动，开展高质量湿地修复。吴中区持续推动湿地保护修复政策创新、理念创新和技术创新，为湿地修复注入强劲动力。在太湖生态岛建设中引入"基于自然的解决方案"（NbS）理念，运用可持续管理手段有效解决湿地生态修复问题。消夏湾湿地生态安全缓冲区项目在引进德国先进技术的基础上自主创新，开发并完善"三道湿地拦截处理体系"，每年可削减流入太湖的总氮8.7吨、总磷0.87吨。2022年5月，全省首个综合性生态环境损害赔偿示范基地落户太湖生态岛，开启替代性修复新尝试。

坚持多向发展，助推高水平绿色经济。2022年，投资额约3000万元的苏州太湖蓝藻治理研发中心项目启动，苏州大学科研团队重点开展吸附降解蓝藻新材料的技术研究与成果转化。这项研究不仅可以提高蓝藻清理效率，提升太湖水质，还将有效带动相关产业转型升级。同时，吴中区积极发展高端农业、休闲旅游、康养、绿色金融等，打造"负碳"示范岛；持续发布无人驾驶、智慧能源、数字经济等应用场景。

（作者：毛云飞、董务闯；《自然资源通讯》2023年第11期）

太湖经洽会172个产业项目集中签约，总投资超914亿元
吴中奏响"产业强区"最强音

太湖之滨掀起项目招引热潮！10月18日，2023苏州吴中（第23届）太湖经贸合作洽谈会举行，超500位海内外客商、投资机构、科研院所代表参会，总投资超过914亿元的172个产业项目集中签约，吴中全力奏响"产业强区、创新引领"发展最强音。

一年一度的太湖经贸洽谈会是吴中最具综合性、影响力和知名度的高层次招商推介活动，举办23年来，不仅成为众多客商了解吴中的窗口、沟通交流的平台，更见证了吴中张开臂膀，汇聚八方才俊在这片创新创业、宜居宜业的热土上双向奔赴、彼此成就的生动画面。今年，吴中区更是领全市之先，打响金秋集中招商行动"第一枪"。

吴中区委书记丁立新表示，吴中区将坚持"要素跟着项目走"，为企业"拎包即可进驻、有设备即可生产、产业园就是产业链、上下楼就是上下游"提供全要素载体空间、全周期保障服务，与四方客商携手绘就"天堂苏州·最美吴中"现实图景，共同谱写中国式现代化吴中实践新篇章。

坚定不移抓产业
加快培育未来竞争优势

大会现场，《吴中区机器人与智能制造产业发展报告》发布。报告显示，吴中区机器人与智能制造产业已经连续五年保持每年20%以上增长，成为全区首个千亿级产业集群，集聚链上企业800余家，形成了较为完整的产业链条和发展格局。

倾力打造"全国机器人产业集群第一区"，吴中区锚定目标、奋力前行，持续推动创新链、产业链、资金链、人才链深度融合，加速形成规划引领、龙头带动、全链发展的产业格局，不断塑造发展新优势。

规划引领，众多要素协同发力。出台政策规划、编制产业报告、绘制产业图谱……吴中区组建产业研究专业队伍，深入研究机器人与智能制造产业发展要素，制定符合吴中实际行动的计划和白皮书，为产业发展提供明确目标和实施路径。

龙头带动，核心技术加速攻关。追觅科技自主研发的数字马达，每分钟可转动18万次，刷新全球纪录；绿的谐波打破国际垄断，实现精密减速器技术突破，成长为行业领军企业；斯莱克的高速易拉盖生产成套设备及易拉罐生产成套设备填补国内空白，达到国际先进水平……在各大龙头企业带动下，吴中区机器人与智能制造产业蓬勃兴起，构建起独具特色的竞争优势。

全链发展，产业能级接续攀升。围绕关键零部件、本体制造、系统集成、智能装备和终端产品等核心领域，

吴中区大力引进、补强一批自主创新能力强、产品市场前景好、产业支撑强的行业领军企业，不断引导企业围绕细分市场向差异化方向发展。截至目前，全区机器人与智能制造领域拥有上市公司14家、省级以上专精特新企业96家，一个极具竞争力和产业带动能力的高端机器人集群已然崛起。

主导产业发展势头强劲，"产业强区"的主旋律愈发响亮。当前，吴中区正着力打造以机器人与智能制造、生物医药及大健康、新一代信息技术三大主导产业为代表的"3+3+3"现代产业集群，加快打造一批具有区域竞争力的战略性新兴产业集群。此次经洽会，吴中再度瞄准未来产业发展的着力点、落脚点、发展点，实现了在招引大项目、好项目上的新突破，为加快培育未来竞争优势打下坚实基础。

不遗余力强创新
做优建强载体平台

数据显示，今年上半年，吴中区招引创新型企业727家，平均一天就有4家科创企业落户。在吴中，创新正日益成为引领高质量发展的强烈共识和行动自觉。

新形势下，如何更大程度释放企业作为创新主体潜能？吴中区坚持做优建强载体平台，不断提升区域承载能力，打造创新资源"强磁场"。

大院大所合作是科技创新的重要支撑。从赛迪研究院到信通院江苏分院，从哈工大苏州研究院到浙江大学苏州智能制造研究院，吴中区加速铺展与各类大院大所的合作，不遗余力搭平台、建载体、引人才，加速高端要素集聚。此次经洽会上，苏州市生物医药偶联药物创新研究院、江苏省机器人与智能装备工程研究中心、江苏省大规模集成电路先进制程用超净高纯化学试剂工程研究中心、江苏谱新细胞治疗药物技术研究院等在吴中区陆续揭牌，为区域创新发展注入强劲动能。

本届经洽会，围绕创新资源集聚，吴中加速布局。10月17日，苏州百度Apollo Park在太湖生态岛开园。该项目定位为智能网联产业研发中心、体验中心等多功能一体的产业园区，运营后将加速吴中区智能车联网上下游产业链整合，赋能智能网联产业发展，全力打造全国首个自动驾驶生态文旅示范基地。百度副总裁石清华说，围绕智能网联汽车产业链，百度将携手更多合作伙伴，共建智能网联产业生态，并与太湖特色文旅、生活服务、生产服务等相关业态结合，实现智能网联技术与智慧文旅建设的"双智"融合创新应用。

同日，航万科创中心、金枫广告产业园、木渎国际科创园、胥口智谷科创园等14个科创载体在吴中高新区集中发布，为新兴产业发展和培育开辟新空间。航万科创中心相关负责人介绍，园区将搭建英国离岸孵化基地、意大利离岸创新中心等国际化引才平台，打造集产业与人才为一体的科技创新集群园区。

各板块错位协同，大院大所倾情加持，太湖之畔劲吹创新之风，高端研发人才、关键核心技术、一流创新成果加速集聚，为高质量发展赋能增势。

跨前一步优环境
提升服务抢占发展先机

实施营商环境10大领域改革，提出37条改革举措，推动实施15项自主创新改革；加快政务服务"一网通办"建设，超70%新供地重点项目实现"拿地即开工"；组织"人才服务提升年"系列活动，全面优化高层次人才服务流程，全年新认定人才公寓3000套以上……当下，"吴优办"营商环境品牌，已经成为推动吴中高质量发展的"最美名片"。

吴中区致力于做靓"吴优办"营商环境品牌，每年出台营商环境行动计划，为企业发展和人才成长提供全生命周期保障，大力营造发展顺心、办事省心、创业安心、生活暖心、政策贴心"五心"标准的最优营商环境。同时，不断提升国际竞争力和开放发展能力，打造国内外客商区域投资的首选地、企业产业的集聚地、创新创业的新高地。

营商环境好不好，企业最有发言权。"在这里，服务有温度，发展有热情，创新有激情！"科沃斯机器人股份有限公司总经理庄建华深有感触，能把自主品牌打入国际市场，吴中区总能主动靠前服务，提供一系列优质政策，帮助企业稳预期、增定力、添信心。目前，企业营收已突破150亿元，旗下品牌产品远销全球超过145个国家和地区、服务超过5000万户家庭用户。

营商环境持续升级，投资兴业更加舒心。9月22日，康宁连续制药科技（苏州）有限公司顺利落成开业，创造了康宁公司在国内项目高效落地的多个纪录。"选择吴中，离不开吴中区'有效市场'和'有为政府'的优异营商环境，一流的基础设施，以及吴中区生物医药行业聚集和人才高地的优势。"康宁公司创新事业部副总裁、康宁连续制药公司董事长兼总经理姜毅说，康宁将立足吴中区打造连续制药生态圈，用先进技术赋能区域制药企业，助力吴中区"3+3+3"产业集群高质量发展。

从企业需求细微处入手，以最优营商环境抢占发展先机，吴中区始终保持精益求精的态度，唯实唯干，努力营造全社会重商、亲商、扶商、安商、富商的浓厚氛围。吴中区委副书记、区长顾晓东表示，吴中区将持续落实《吴中区优化营商环境创新行动2023》，秉持"有求必应、无事不扰"理念，以周到服务和过硬信誉，全心全意当好"店小二"，与企业携手奔赴更加美好的未来。

（作者：雷霆、盛峥；《新华日报》2023年10月20日）

一个产业高地在太湖之滨和吴淞江畔崛起——

厚积薄发，挺进"第一方阵"

盛夏时节，记者走进吴中经济技术开发区，这片横卧东太湖之滨和吴淞江畔的发展热土上，一处处载体人潮涌动，一座座工厂开足马力，一片片工地热火朝天，展现出蓬勃生机。

在今年初商务部公布的2022年国家级经济技术开发区综合发展水平考核评价结果中，吴中经开区排名跃升至全国第25位，不仅实现综评排名"六连进"，还历史性挺进国家级经开区"第一方阵"。

产业是一个经济技术开发区的核心命脉。成立30年来，吴中经开区在改革开放的大潮中，在苏州外向型经济的火热实践中，抢抓机遇、厚积薄发，全面打造机器人与智能制造、新一代信息技术、生物医药三大主导产业，软件、检验检测、新材料三大特色产业，依靠"3+3"现代产业体系挑起区域经济发展大梁，实现从探路到领跑的蝶变。

在改革大潮中孕育起步

连日来，一则则关于产业发展的重磅消息从吴中经开区持续传来：7月11日，吴中经开区与德弘资本举行合作签约仪式，双方设立3亿美元产业基金，将聚焦智能制造、工业、医疗及科技领域，重点用于招商引资项目落地；7月18日，国内创新药物研发领军企业金瑞基业创新药研发及产业化总部基地项目签约落户，项目计划五年内总投资13.5亿元、研发投入8.2亿元；7月19日，创新医疗技术平台骊霄医疗签约落户，注册资本3000万美元，总投资3000万美元，打造成细分领域高端医疗器械总部项目。

为招商引资开辟新渠道，为项目落地创造好条件，为发展持续注入新动能，吴中经开区始终坚持经济发展主线，在一次次创新求变和重磅出手中，广泛链接发展资源，寻觅发展机遇。

时间的指针拨回1990年4月，党中央、国务院批准开发开放浦东，在浦东实行经济技术开发区和某些经济特区政策。彼时的吴县县委、县政府敏锐地"嗅到"机遇，随后"闻风而动"，在运河以南的1.6平方公里范围内，启动新区的开发建设。

"这是吴中经开区最初的起点。"吴中经开区管委会原副主任顾建明回忆，1993年初，新区启动扩面并申报省级开发区，当年11月，申报获得成功，吴县经济开发区成为首批8家省级经济开发区之一，区域面积也从1.6平方公里扩大到7.8平方公里，跟上了当时大开放、大开发的潮流，掀起了开发建设、全面招商的序幕。"这标志着以乡镇经济、县属经济为主体的县域经济，开始向外向型经济进军。"顾建明说。

运河之畔，宝带西路4号，惠氏制药作为首批进驻的外企之一，成了经开区"筚路蓝缕，以启山林"的见证者。企业负责人至今仍清晰记得当时的情景：1992年8月18日，工厂动工建设时周边还都是农田，大家穿着高帮靴踩着泥泞进驻工地。三十年弹指一挥间，这里已然成为吴中城市核心区域。2018年，惠氏重投吴中经开区，投资近1亿美元的吴淞江新厂投产运营。这个占地面积72亩的新厂区，秉承绿色环保、高效节能、可持续发展的理念，如今已成为全球制药行业绿色工厂标杆，也是中国消费保健品行业第一家碳中和工厂。

从无到有，从有到强，在勇于争先的氛围中，吴中经开区大步向前。惠氏制药、东瑞制药、药明康德、欧康维视、科沃斯机器人、汇川技术、伟创力电脑、迈信林航空、追觅创新科技、时代新安、快手科技……三十年来，特别是2012年"国批"以后，一大批重磅"合伙人"加盟支持，不仅夯实了经开区发展底盘，更让机器人与智能制造、新一代信息技术、生物医药等主导产业稳扎稳打，乘势崛起。去年，吴中经开区已实现规模以上工业总产值1714亿元，三大主导产业规模超1700亿元，工业企业数量达6400多家。

在对外开放中搏击成长

一家企业能释放多大能量？科沃斯用一个民族品牌的诞生，为区域产业创新集群融合发展带来更多可能。

6月30日，科沃斯机器人大会暨苏州湾服务机器人产业峰会在吴中经开区召开。现场，《泛机器人行业人才蓝皮书》发布，苏州市智能机器人联合创新体筹建启动，一批服务机器人关键技术领域战略合作签约，为吴中打造"机器人产业全国创新集聚第一区"蓄势赋能。

"扎根经开区25年，我们走过了一条不平凡的发展道路。"科沃斯机器人股份有限公司总经理庄建华感慨，从为国外知名厂商贴牌代加工起步，到把自主品牌打入国际市场，科沃斯始终坚持自主研发，聚焦服务机器人和高端智能生活电器两大赛道，目前已集聚研发人才超过1600人，营收突破150亿元。今年，科沃斯还计划在新加坡建立国际交易中心，助力国产品牌更好地走出去，带动整个区域产业集群的竞争力提升。

开发区，始终铭记流淌在血液里的"开发开放"基因，创造机遇助力企业在高水平对外开放中成长成势，在学习和借鉴中强大自我。

从太湖之滨的乡镇企业起家，到走向海外逐浪国际市场，东山精密目前已成为全球领先的电子电路企业,依托在消费类电子等领域积累的技术优势,切入新能源汽车行业新赛道。"公司扎根经开区,实施全球化发展战略,从跻身国际高端品牌供应商,到收购一批优质外资及港澳台资企业,在获得盈利增长的同时,引进先进管理制度,推动高质量发展不断取得新突破。"东山精密财务总监朱德广介绍,目前,公司相关技术已经成为国际巨头下一代核心产品的独家工艺,在海外建立的制造工厂也已投用。

越是经受"风浪",越是催生韧劲。从围绕代工厂、电子厂等传统制造业招商引资,到聚焦发展潜力型、自主品牌型的先进高端制造业、新一代信息技术、生物医药等高技术企业展开"双招双引",吴中经开区逐步打造起适合自身发展情况的、搬不走、压不垮、拆不散的特色产业体系。以机器人与智能制造产业为例,目前吴中经开区已集聚相关企业700余家,基本形成以上市企业为龙头、高新技术企业为支撑,覆盖机器人关键零部件、本体制造、系统集成、智能装备和终端产品等的全产业链,其中不少已具备国际竞争力。去年,这一产业规模已达到985亿元,增长28.1%,成为吴中区首个千亿级产业集群。

在科技创新中突围崛起

吴中经开区紧抓创新这个关键变量,持续壮大主导产业、培育集聚新兴产业、前瞻布局未来产业,以数字经济时代产业创新集群融合发展为导向,着力在引"强"、创"新"、强"链"上实现突破,把目光投向更多的产业新赛道,从吴淞江科技产业园到太湖新城·数字经济创新港,高质量发展不断释放新优势、澎湃新动能。

走进位于吴淞江科技产业园的时代新安一期项目建设现场,两栋厂房已经完成封顶,一派繁忙建设景象。"预计明年6月可以实现投产。"苏州时代新安能源科技有限公司副总经理蒋杰介绍,从一家成长于经开区的科创型人才企业,到被国产新能源巨头宁德时代收购,时代新安在新能源汽车零部件、储能电力电子的研发及生产道路上,越走越宽阔。

获得行业龙头的垂青,强大的技术基因不可或缺。"我们的员工有着丰富的工控行业从业经验,生产的驱控器、控制器产品已做到行业领先。"公司人力资源部负责人姜朝阳说,时代新安成立后,各类人才迅速集聚企业,其中研发人员占到65%以上。为了解决创新人才的"后顾之忧",吴中经开区在人才落户、子女入学等方面给了诸多政策支持,这让员工们感到十分安心。

唯创新者强。被誉为工控界的"小华为"的汇川技术,是国内工业自动化龙头企业。2006年,汇川技术"落子"吴中经开区,聚焦工业自动化、数字化和智能化领域研发生产。

"苏州汇川坚持以技术研发驱动企业发展,长期维持高比例的研发投入比保证国内领先地位,并助力公司快速追赶国际领先水平。"苏州汇川品牌管理部总监张韧介绍,公司坚定不移地做国产化替代,确保各项业务稳步快速增长,去年实现营收近150亿元。未来,苏州汇川还将基于公司所处的产业链位置和关键作用,携手上下游企业组建创新联合体,聚焦核心关键技术和产业前沿开展联合攻关,带动制造业转型升级。

浪潮智能科技有限公司成立于2018年,定位于高端服务器主板的研发及生产制造,年产能可达120万片。该公司5G全连接服务器主板智能工厂于2022年入选吴中区首家省级智能制造工厂。"当前,服务器行业市场空间广阔,尤其是互联网、AI、民生等领域,对服务器的需求量更是与日俱增。"苏州浪潮生产部经理宫小灿介绍,在经开区政策加持下,公司不断推进智能化改造数字化转型步伐,持续增加研发投入,在稳步提升生产效率、质量的同时,探索智能制造方案的研发和制定,打造全新增长极。

"当下,经开区范围内已集聚近600家规模以上工业企业,这当中未来会产生许多上市公司、行业龙头,都有增资扩产需求。"吴中经开区招商局局长方针介绍,吴中经开区还将做好相关培育计划,加大资源要素整合力度,加快国资厂房、高端载体建设速度,为企业提供优质成长环境。在引进优质项目的同时,吴中经开区还将全力扶持本土企业增资扩产、扎根发展,打造科技创新策源地、技术成果转移转化集聚地、人才创新创业首选地。

实干争先,创新制胜。相关负责人表示,面对新的发展使命和要求,吴中经开区将牢记"在科技创新上取得新突破,在强链补链延链上展现新作为"的殷切期望,坚定不移贯彻实施吴中区委"产业强区、创新引领"发展战略,打造产业集群、优化产业布局、提升产业配套,做大做强实体经济,构建现代化产业体系,奋力在推进中国式现代化江苏新实践上展现更大作为。

太湖风起,三十而立。吴中经开区扛起使命担当,加速积攒奔向未来的更大底气。

(作者:盛峥、雷霆;《新华日报》2023年7月21日)

吴中区瞄准"千亿级" 聚焦"最前列"：加快实施产业强区 2025 行动计划

开局关乎全局，起步决定后程。今天（1月29日），吴中区召开"敢为、敢闯、敢干、敢首创"推动新发展工作动员会，激发和动员全区上下以"干部敢为、基层敢闯、企业敢干、群众敢首创"的担当作为，以"起步就是冲刺、开局就是决战"的奋进姿态，在全面贯彻落实党的二十大精神开局之年干出好势头、干出新业绩，为吴中高质量发展凝聚力量、提供保证。

会议上，一批先进集体和个人获得了表彰，激励了全区党员干部进一步增强"拼"和"抢"的紧迫感，真正把"敢"的精神体现在头脑更清醒、政治更坚定上，把"敢"的劲头体现到勇于破难题、奋力开新局上，把"敢"的成果体现到发展高质量、人民真幸福上，确保高质量实现全年目标任务，在现代化建设新征程中树形象、见真章。

吴中区第五次党代会以来，一系列打基础、利长远的关键性工作在太湖之滨加速推进铺开。吴中的党员干部抓产业、抓创新、抓项目，助力"1+9"综合改革落地实施、"三区三片"功能区建设走深走实。面对疫情冲击及外部环境变化等挑战，区域经济社会发展的韧性和活力得到了充分彰显。在2022年中国中小城市高质量发展指数评价中，吴中列全国综合实力百强区第9位，绿色发展、科技创新百强区提升至第7位，并蝉联全国市辖区GEP百强榜首。

吴中素来以太湖山水闻名，在区域竞争激烈的当下，更要靠产业崛起、靠创新突围，锻造好发展"硬实力"。瞄准产业创新集群"千亿级"和工业科技增速"最前列"两大奋斗目标，吴中将加快实施产业强区2025行动计划，确保三大主导产业规模增长25%以上，三年产业规模突破3500亿元，全面打造"全国机器人产业创新集群第一区"，努力创造更多全市"单打冠军"。

"项目为王"的理念要求一切围绕招商转、一切围绕项目建设转、一切围绕企业发展转。2023年，吴中将发挥"2+3+N"招商体系"兵团作战"效能，加快税源型、总部型项目招引力度，持续强链补链延链畅链。牵住项目"牛鼻子"，聚精会神推动重大载体、重大平台、重大项目、重大工程建设，吴中还将力争在百亿级产业项目上尽早实现"零的突破"。

生态是吴中发展的"金名片"。2023年，吴中区将统筹做好"水""碳""绿"三篇文章，更大力度开展污染防治攻坚战，持续打好蓝天、碧水、净土保卫战，以太湖生态岛建设为引领，全面推进"一山一策""一湖一策""一岛一案"保护利用，深化环太湖旅游资源整合和生态产品价值实现机制、国家EOD模式等试点，加快把试点变示范、把先行变先成，尽显"锦绣江南鱼米乡"的生态魅力。

越是在起势阶段、越是到关键时刻，就越要保持战略定力，越要敢为、敢闯、敢干、敢首创。吴中区委书记丁立新表示，2023年，吴中将坚持"产业强区、创新引领"发展战略不动摇，牢牢掌握发展主动权，一张蓝图绘到底、一件接着一件干，为全市乃至全省发展大局多挑重担、多作贡献，在新征程上高水平展现中国式现代化的吴中实践。

（作者：陆宇其；"引力播"2023年1月29日）

表 39-3　2023 年国家级主流媒体对吴中区报道一览表

时间	媒体	标题
1月6日	新华社	From green leaves to beverage: explore tea-making in Suzhou
1月11日	CGTN	Global Watch：Suzhou provides oximeters to grass-root clinics
1月12日	新华社	Ready to feel charm of tea in east China?
1月13日	人民日报客户端	苏州太湖国家旅游度假区：人才"出彩"赢得太湖"精彩"
1月16日	央广网	苏州吴中木渎：数字赋能基层"智"理　全面整合打造服务"快车道"
1月18日	央广网	苏州吴中区木渎镇：服务企业全生命周期　激发市场创新活力
1月18日	中国网	方寸之间见幸福　口袋公园让城市更有温度
1月19日	人民日报	江苏苏州福溪社区："爱不落空"守护空巢老人
1月20日	中国网	服务企业全生命周期，激发市场创新活力
1月23日	新华网	苏州吴中木渎基层党组织开展新业态新就业群体暖"新"活动
1月28日	新华网	反规避执行有力度　让群众安"薪"有温度
1月29日	中国网	"网红太湖"又回来了！新春接待游客39.82万人次　实现收入6.14亿元

续表

时间	媒体	标题
1月31日	新华网客户端	苏州太湖国家旅游度假区：围绕"五个聚焦" 实现"五个提升"
2月1日	新华网	"敢"字当头 "太湖交响"激荡绿水青山间
2月2日	央广网	苏州吴中木渎镇综合行政执法局吹响党员冬训"集结号"
2月3日	人民日报	聚能冬训发奋"兔"强，聚力"四敢"大展宏"兔"
2月3日	央广网	苏州吴中木渎镇：点燃发达镇物业"红色引擎"
2月7日	中国网	吴中甪直：党员冬训别样"新"，乐学共融促发展
2月7日	新华网	苏州吴中高新区企业家座谈：同心谋跨越，携手再出发
2月7日	光明日报	江苏苏州吴中区136个重点项目集中签约开工 总投资673.6亿元
2月8日	新华网	苏州吴中：以670亿元重大项目火热开局
2月8日	新华网	苏州太湖度假区金辰华东总部项目正式开工
2月10日	中国日报客户端	江苏苏州吴中区首个"七证齐发"项目开工
2月13日	新华网	走心走实 木渎冬训活动拉满高质量发展引擎
2月14日	中国网	"红色律所""红色工匠"强强联合党建共建
2月14日	人民日报	苏州吴中：聚集农村女性领军人才 带动乡村振兴共富实践
2月15日	央广网	苏州吴中木渎镇：党员"冬训"聚合力 踔厉奋发谱新篇
2月15日	人民日报客户端	江苏苏州甪直镇开展"奋进新征程 初心永不忘"特色课堂宣讲活动
2月16日	中国网	吴中甪直：让阅读成为乡风文明的"靓丽风景"
2月16日	新华网	苏州吴中高新区：党员冬训正当时 多措并举显成效
2月16日	新华社	长忆是江南·风物闲美丨太湖保护"生态屏障"，消夏湾项目入选"十佳生态治理创新案例"
2月16日	央广网	苏州吴中木渎镇：清风正气 从"家"出发
2月16日	央广网	苏州吴中木渎镇：探索学习新模式 为冬训课堂聚合力添活力
2月17日	中国网	木渎"根系"有力！开启基层治理新格局
2月17日	新华社	213.4亿！52个项目落户苏州吴中
2月20日	央广网	苏州吴中木渎镇：多维聚能 创新基层冬训"心"模式
2月20日	人民日报	"习民俗·正家风·树清风"廉洁家风建设活动
2月21日	新华网	苏州太湖度假区：深耕创业沃土 扛起责任担当
2月22日	央广网	同程旅行宣布启动"千村计划" "一村一策"打造乡村旅游标杆
2月22日	人民日报客户端	企业"大咖"齐聚太湖 共谋高质量发展
2月23日	中国网	甪直镇：冬训"补钙"，积蓄发展动能
2月23日	中央广电总台国际在线	同程旅行宣布启动"千村计划" "一村一策"打造乡村旅游标杆
2月24日	光明日报	幸福从"头"开始 温暖由"心"出发
2月24日	中国新闻网	魏小安：希望"同程千村计划"的实施成为城乡休闲一体化国家标准的推广过程
2月24日	新华日报	探梅香雪海
2月25日	中国新闻网	苏州（吴中）北京科技招商推介会举行
2月27日	人民日报客户端	春色漫江南，轻听摇橹到甪直
2月27日	央广网	苏州吴中木渎镇：冬训赋能新征程 跑出"四敢"奋进新姿态
2月27日	中国网	激发高质量发展内生动力 打造木渎经济发达镇
2月28日	央广网	苏州吴中木渎镇：花式传党音 让党员冬训"新""心"相印
2月28日	中国网	金融服务助力乡村振兴 木渎镇聚力打通金融服务的"最后一公里"
3月1日	央广网	苏州吴中木渎镇：征程万里当奋进 奋楫争先开新局
3月1日	人民日报客户端	江苏苏州吴中区甪直镇：首个24小时共享"漂流书屋"投用

续表

时间	媒体	标题
3月3日	中国日报网	苏州横泾街道新时代文明实践带启动
3月7日	中国网	"情真意切，让爱流动"吴中人民医院举行美丽东山义诊活动
3月7日	央广网	苏州吴中木渎镇：开展"绿水青山党旗红"学雷锋主题党建活动
3月10日	人民日报客户端	甪直镇：行走"海棠花" 暖心千万家
3月10日	光明网	筑牢守稳安全防线 扎牢安全"篱笆墙"
3月10日	中国网	智慧执法赋能经济发达镇城市精细化管理
3月11日	光明日报	江苏苏州吴中区洞庭山碧螺春茶将于3月12日正式开采
3月12日	中国网	沪苏两地书画家联谊创作笔会在苏州东山举办
3月12日	中国网	陪伴两小时，幸福一辈子！吴中实小亲子"嗨"基地揭牌！
3月13日	中国网	甪直镇：行走"海棠花" 暖心千万家
3月13日	光明网	扫一扫就知晓！这里的枇杷树有了专属"身份证"
3月14日	新华社	太湖で銘茶「碧螺春」の茶摘み始まる 江蘇省蘇州市
3月14日	中国网	木渎镇提振"四敢"精气神，抓实冬训学悟践
3月15日	人民网	这里的枇杷树有了专属"身份证"
3月15日	人民日报网	江苏苏州吴中区：全力营造安心放心舒心的消费环境
3月15日	央广网	苏州吴中木渎镇："敢"字为先 助力"企业敢干"
3月16日	中国网	苏州著名油画家吴继涛艺术馆开馆
3月17日	新华网	苏州吴中高新区：优化企业服务，提振"敢干"信心
3月17日	中国网	"强基""固本""赋能"打造木渎党建引领基层治理新图景
3月17日	新华网	强基补"钙"积蓄能量 吴中木渎以"冬训+"践行"四敢"
3月18日	CCTV-7	洞庭山碧螺春
3月18日	中国网	苏州市吴中区甪呦呦成长社区开园
3月20日	中国网	甪直镇陶浜社区："根系"万家 情暖"海棠"
3月21日	新华社客户端	苏州太湖国家旅游度假区：精织"双面绣" 扬帆太湖湾
3月21日	中国网	木渎镇举行姑苏养老服务中心项目奠基
3月23日	中国网	苏州叶圣陶实验小学开展"共话写作人生"活动
3月24日	人民日报海外版	多元化复合型旅游成趋势
3月24日	新华网	苏州市吴中区人民法院"站庭相融"赋能基层治理
3月24日	新华网	他用8000多日夜"管"住点滴，"网"住用水生命线
3月25日	中国网	第五届叶圣陶教师文学奖颁奖典礼
3月25日	新华网	苏州吴中高新区：党员冬训聚能量 为企服务践初心
3月25日	新华网	司法为民记心间 速裁快审获好评
3月26日	新华网	移风易俗 "苏州市第27次骨灰树葬共祭"活动在木渎古镇举行
3月27日	人民日报客户端	2023"她说"环省采风行——"记"遇苏州吴中乡村振兴"她"力量
3月27日	央广网	苏州吴中木渎镇："我们的节日——清明 2023年苏州市第27次骨灰树葬共祭"活动举行
3月28日	新华网	苏州吴中开展"113"领军人才引育攻坚行动
3月28日	人民日报客户端	用8000多个日夜"网"住用水生命线
3月28日	央广网	苏州吴中木渎镇：各基层党组织开展学习两会精神主题党日活动
3月29日	经济日报	全国科技创新百强区排名跃居第七！江苏苏州吴中区以科技创新引领高质量发展
3月29日	中国日报	苏州吴中区召开科技创新大会 培育高水平创新企业
3月30日	新华网	"中国工艺雕刻之乡"苏州光福核雕文化历久弥新
3月30日	人民日报	集聚创新要素再出发 苏州吴中再次吹响高质量发展"冲锋号"

续表

时间	媒体	标题
3月30日	新华网	苏州市吴中区人民法院：法润茶园，让碧螺春香远益清
3月30日	人民日报客户端	双向联动　持续推进非遗文化创新与传承
3月31日	新华网	苏州吴中赴上海举办投资情况说明会　总投资222.98亿元的79个项目签约
3月31日	新华网	择太湖逐梦想　苏州太湖度假区为创业人才营造温暖"爱巢"
3月31日	人民网	提升长三角一体化发展能级，吴中区在沪签约79个重大项目总投资超220亿
5月8日	人民日报客户端	纵笔苏州青山绿水，绘就最美太湖画卷
5月17日	央广网	苏州吴中木渎镇"牵手"胥口镇　深化综合执法区域合作
5月18日	人民日报网	吴中城南：恰城南少年，且听宝带桥！
5月23日	央视新闻客户端	九旬老人一生守护村口的千年古樟
5月27日	中国网	发展青少年美育，践行央企社会责任！2023八喜·打开艺术之门启幕
5月30日	人民日报客户端	领略光影里的诗意江南，第五届全国青年摄影大展苏州启动
5月30日	新华社客户端	第五届全国青年摄影大展在苏州启动
6月1日	中国网	吴中甪直：多彩实践活动　传递文明新风
6月1日	新华社客户端	"养治康教"、困境兜底、干预保护——江苏护航儿童健康成长见闻
6月2日	央广网	苏州吴中木渎镇：架构凯马广场多业态融合发展格局
6月2日	新华每日电讯	婚姻登记"跨省通办"试点扩大首日见闻
6月2日	人民日报客户端	江苏苏州吴中发布首个知识产权专项规划
6月3日	人民日报客户端	江苏苏州吴中区甪直镇：多彩实践活动传递时代文明新风
6月5日	新华网	苏州举行六五环境日活动　打造太湖生态岛智控平台
6月8日	中国网	吴中木渎镇：红色引擎加载新能源东风，架构凯马广场多业态融合发展格局
6月8日	人民日报客户端	江苏苏州甪直镇：党建引领深化改革提效便民审批
6月10日	中国新闻网	两位六旬老太接力救起落水男孩
6月12日	央广网	苏州4天3晚大探险！林渡暖村物种大调查夏令营来了
6月12日	人民日报客户端	江苏苏州吴中区甪直镇：党建赋"新"能　一"甪"聚活力
6月13日	中国网	姜庄社区"巷心驿站"—货车司机之家开放迎客！郭巷街道"巷心驿站"达12家
6月14日	人民网	产业互联赋能发展　聚焦2023中国工业互联网大会成果展
6月15日	新闻联播	2023工业互联网大会在苏州市开幕
6月15日	CCTV-1	我国工业互联网产业经济贡献规模超4万亿
6月16日	人民网	我国迎来工业互联网规模化应用新阶段
6月16日	央广网	苏州市吴中区四个到位提升法律援助服务质效
6月16日	CCTV-1	我国工业互联网进入规模发展期　产业经济贡献规模超过4万亿元
6月20日	中国网	吴中甪直：在抢抓新机遇中敢应基层治理新挑战
6月20日	中国网	苏州市吴中区综合指挥中心：听群众呼声　解百姓难题
6月20日	人民日报	苏州市吴中区妇联：构建新兴领域女性赋能与服务"双向奔赴"
6月21日	人民日报客户端	江苏吴中甪直镇：在抢抓新机遇中敢应基层治理新挑战
6月21日	中国网	郭巷街道：关爱新就业群体，炎炎夏日送清凉
6月25日	CCTV-1	朝闻天下"线上+线下"警务室　服务保障高质量发展
6月25日	人民日报客户端	江苏苏州吴中区：开展网络交易促销活动专项监测监管　营造安全放心网络市场环境
6月26日	CCTV-13	全国各地举行形式多样的禁毒宣传活动
6月26日	中国网	孕育文明乡风，绘就最美画卷！吴中东湖社区争当乡村文明高质量发展"样板间"
6月26日	新华社客户端	苏州吴中税务：银发志愿暖人心　办税服务显温情
6月26日	中国新闻网	中国隐形独角兽企业500强发展报告：估值持续上升　增长潜力巨大

续表

时间	媒体	标题
6月26日	新华网	"有事好商量" 促木渎"农文旅"融合发展
6月27日	半月谈	苏州吴中胥口："挂职锻炼"助力年轻干部增阅历强本领
6月28日	央广网	2023年苏州吴中木渎镇万禄山地质灾害应急处置桌面推演活动举行
6月30日	中国网	与邻共画同心圆 携手奔赴新篇章
6月30日	中国网	江苏吴中林场：党建共建凝聚绿色发展新动能
7月2日	新华网	吴文化博物馆推出"经典与范式——平城实力和云冈时代"特展
7月3日	央广网	苏州市吴中区司法局：党建"四字诀"引领高质量发展
7月5日	央广网	苏州吴中木渎灵润红岩·爱心暑托开班
7月6日	中国网	吴中甪直："三个三"机制推进党建引领"城中村"治理显成效
7月7日	人民日报客户端	江苏苏州甪直镇：党建引领"三个三"机制 推进"城中村"治理显成效
7月7日	央广网	苏州吴中：探索商圈党建新路径 助推产城融合示范区建设
7月10日	央视频	跟着诗词游苏州·胥口篇
7月11日	新华社客户端	凯博易控：打造中国版新能源商用车"动力心脏"
7月12日	央广网	苏州市吴中区司法局：党建引领风帆劲 "律"色风景别样红
7月12日	中国网	不负所"托"快乐一"夏"丨苏州界路村爱心暑托班开班啦
7月13日	新华网	以"智"促"治" 苏州木渎古镇构建基层治理新格局
7月17日	央广网	苏州吴中："触手可及的妇女学习圈" 传播"巾帼好声音"
7月17日	新华网	全国首部全景感官影秀剧《信仰》在苏州吴中开演
7月17日	中国网	"芯创"未来 全国半导体行业精英汇聚吴中高新区
7月19日	央广网	苏州吴中聚焦矛盾纠纷化解让营商环境更优
7月19日	中国网	苏州界路村：村网携手共学共建以学赋能以学促干
7月21日	央广网	苏州吴中木渎镇：党建引领微治理 "小积分"兑出文明"大能量"
7月25日	新华网	精工细织"双面绣"苏州太湖国家旅游度假区旅游发展大会开幕
7月25日	光明日报客户端	江苏苏州太湖国家旅游度假区旅游发展大会开幕
7月26日	中国网	甪帮扶，一股融聚慈善资源，传递温暖和爱的帮扶力量
7月26日	人民日报客户端	苏州发布太湖生态岛文旅伙伴计划，30处载体空间等待合作开发
7月26日	中国日报中文网	苏州太湖国家旅游度假区旅游发展大会开幕
7月27日	新华社	民生直通车丨让群众"在家门口看上好中医"——来自多地基层中医馆的观察
7月27日	央广网	苏州吴中木渎镇开展"'童'行消防站 致敬'火焰蓝'"活动
7月27日	新华网	苏州吴中区木渎镇开展暑期进军营活动
7月27日	央广网	苏州市吴中区"三聚焦"增强行政执法队伍建设
7月28日	中国日报网	第十六届MECA大赛全国总决赛在苏州开幕
7月29日	新华社	让百姓"看上好中医"，这里的"星级"中医馆火了
7月30日	新华网	第十六届"三菱电机杯"全国大学生电气与自动化大赛落幕
8月2日	半月谈网	苏州光福镇：首届环太湖村（社区）书记论坛启动
8月2日	半月谈	苏州胥口：凝聚海棠先锋"根系"力量，激活基层治理"神经末梢"
8月2日	中国网	吴中横泾泾康社区："音"你而来"乐"享成长——亲子互动主题音乐会
8月4日	新华日报	"水往高处流"，茶农果农不再愁
8月4日	央广网客户端	苏州吴中木渎镇：五个"突出"解锁党建引领域中村治理新密码
8月4日	中国网	做好新时代地方人大工作 深入践行全过程人民民主"木渎实践"
8月4日	中国网	奋进敢为，乒博有你! 吴中融湾·颐湾社区成功举办第二届"融颐杯"乒乓球比赛
8月5日	新华网	吴中木渎：五个"突出"解锁党建引领域中村治理新密码

续表

时间	媒体	标题
8月7日	中国网	"七彩的夏日"暑期系列活动　木渎镇凯马社区校外辅导站活动亮点纷呈
8月7日	人民日报	搭建校企合作对接平台　江苏苏州吴中区助力产教融合新发展
8月8日	光明日报	从"千镇一面"到"镇镇精彩"
8月9日	新华网	丰富司法供给为产业发展赋能增速　苏州吴中法院打出优化营商环境组合拳
8月11日	中国网	苏州甪直镇：先锋护"新"苗，学习有"趣"处
8月14日	中国日报网	亿蜂组织企业考察团到苏州市吴中经开区进行投资考察
8月14日	新华网	国际青年中国行：体验古韵新城的经济生态"双面绣"
8月14日	中国网	苏州吴中郭巷翠湖社区开展"少年当清廉，踔厉再扬帆"廉洁亲子阅读活动
8月15日	中国网	苏州界路村开展"廉洁手工递廉音，清风正气润初心"青少年廉洁教育活动
8月15日	人民日报客户端	传统戏曲进吴巷　文化惠民守初心
8月15日	中国网	苏州吴中高新区数字智造创新中心开园
8月16日	CCTV-13	美丽中国新画卷·守护绿水青山　江苏苏州　创新手段　守护太湖一池碧水
8月16日	央广网客户端	苏州吴中木渎镇天平村：生态宜居村庄美　乡风文明人文美
8月18日	中国网	苏州吴中界路村开展"走看学做比党建　踔厉奋发启新程"活动
8月19日	新华社	全球连线丨(国际青年中国行)在苏州，探寻中国高质量发展之路
8月21日	人民日报	以智慧村务平台促进乡村善治
8月21日	人民日报	以智慧村务平台促进乡村善治(微观)
8月21日	中国网	提振精气神，铆足正能量　郭巷街道常青藤社区开展廉洁活动
8月21日	中国网	苏州界路村：两位七旬老人勇救落水儿童
8月22日	新华网	爱意满太湖　苏州吴中太湖婚俗文化基地启用
8月22日	中国网	苏州吴中郭巷街道翠湖社区开展"清凉一夏　暖'新'行动"夏季送清凉活动
8月24日	中国网	"医疗·残联"合作新模式——东山镇残疾人康复中心揭牌仪式圆满完成
8月25日	央广网	苏州吴中木渎镇：夯实法治根基　强化法治保障　助推基层治理
8月26日	新华网	夯实法治根基　木渎镇强化法治保障助推基层治理
8月26日	人民日报客户端	"党旗红"引领"统计蓝"
8月28日	中国网	苏州市郭巷街道常青藤社区：党建引领聚合力　反诈宣传在行动
8月28日	新华网	苏州吴中检察院：督促整治废弃船只守护太湖生态
8月28日	半月谈	"激活红色引擎·助力乡村振兴"　苏州市光福镇党委举办市级开放式主题党日活动
8月28日	新华网	商业标杆项目亮相太湖之滨　苏州太湖中心Mall首批商家签约入驻
8月28日	新华网客户端	做优"心诚服务"助推新城发展　苏州太湖新城(吴中)企业一站式服务中心正式启用
8月29日	中国网	精准施策，护航个体工商户全生命周期
8月30日	中国日报中文网	苏州太湖中心Mall品牌发布会举行
9月4日	中国网	千帆竞渡·强我少年——苏州市吴中区临湖一中七年级开学国防教育军训篇
9月5日	半月谈	苏州胥口："五治"融合为基层善治注入"源头活水"
9月8日	中国网	苏州甪直镇：聚焦"微实事"　提升"幸福感"
9月11日	人民日报客户端	吴中城南：99公益日，与城小南的Yeah行者们"益"起来
9月11日	中国网	总投资1.5亿美元　日本光梁株式会社中国区总部落户吴中高新区
9月12日	中国网	苏州市甪直镇："新"先锋助力"强"驱动
9月12日	中国网	强国有我·志在少年——苏州吴中南行中学国防教育成果汇报展示成功举行
9月13日	光明日报客户端	江苏苏州吴巷村：以党建引领按下经济普查"加速键"
9月14日	中国网	苏州市甪直镇：党建引领"三治融合"　实现基层"善治共为"
9月15日	新华网	苏州太湖度假区生态力作"风铃溪谷·金铎岭"即将启幕

续表

时间	媒体	标题
9月17日	光明日报	江苏苏州陆巷村：状元故里，古韵悠悠
9月18日	中国网	党建引领聚合力　载体赋能启新程
9月18日	央视网	苏州太湖生态岛秘境之旅——秘探彩云·秘境云南
9月18日	央视新闻客户端	"最美村口"的三叉古樟
9月19日	中央广电总台国际在线	【听见中国·苏州】在林渡暖，听见村庄的有机生长
9月22日	央广网客户端	【专精特新看中国】"小而美""精而强"　苏州专精特新"小巨人"大显身手
9月22日	新华网	江苏苏州长桥："听念叨"解难事　打造家门口幸福养老圈
9月22日	光明网	聚焦全民口腔健康　推动爱牙护牙理念传播
9月23日	中国新闻网	走进江苏专精特新企业　解码"小巨人"发展奥秘
9月23日	新华社	谐波减速机国产突围，绿的谐波助力机器人"加速跑"
9月25日	中国网	苏州界路村："服务百姓健康行动"情系村民护健康
9月25日	人民日报客户端	太湖科技众创空间精"才"上演　为高质量发展提供有力支撑
9月26日	中国网	苏州市金庭镇：三色笔绘就乡村振兴新图景
9月26日	中国网	党建领航　渡口村"英才"奖学金助力学子逐梦启航
9月26日	中国网	挑重担、做贡献，郭巷街道开启年轻干部集中充电模式
9月26日	中国网	党建引领　幸福敲门　庭山村中秋节走访慰问高龄老人
9月27日	央广网	苏州吴中木渎镇：议事亭里聚民智　议出居民群众"心声事"
9月28日	光明日报客户端	2023苏州环太湖金秋文体旅活动发布太湖生态岛"风铃溪谷·金铎岭"开园
10月7日	人民日报客户端	"金铎岭"开园，10亿项目开业　苏州太湖度假区"文旅+科技"跑出"加速度"
10月8日	新华网	太湖度假区再添"智造"生力军
10月8日	新华网	"金铎岭"开园　苏州太湖度假区"文旅+科技"跑出"加速度"
10月11日	中国日报网	2023年"校园苏州日"在哈工大举行
10月12日	新华网	苏州木渎：凝聚发展合力　营造产业创新融合发展新风貌
10月12日	央广网	苏州吴中"三大工程"打造江南法治文化特色品牌
10月12日	中国网客户端	吴中木渎长浜社区：党建联盟"手牵手"，爱心捐赠"暖人心"
10月12日	人民网	了不起的小店——老横泾地道味　传递苏式醇鲜
10月13日	新华网	苏州编制出台地方标准探索活化利用新路径
10月13日	新华社	苏州村咖之旅正式启程！第一站：探访莫厘村"向往的生活"
10月16日	央广网	苏州市吴中区："加速消除宫颈癌　苏州齐行动"活动启动
10月17日	央广网	苏州吴中高新区科创载体集中发布暨苏州航万科创中心开园
10月17日	新华网	苏州太湖国家旅游度假区：多维品读助力建设"书香太湖"
10月18日	新华网客户端	苏州长桥街道"四联动"　打造家门口的"文明客厅"
10月18日	新华网	苏州长桥街道"四新工程"点燃暖"新"红色引擎
10月18日	央广网	苏州吴中高新区科创载体集中发布暨苏州航万科创中心开园
10月19日	新华网	百度苏州Apollo Park正式开园　"智慧太湖"更动人
10月19日	新华社客户端	"智慧生态岛"奇遇记：湖光山色中感受交通高科技
10月19日	央广网	苏州吴中胥口："五治"融合为基层善治注入"源头活水"
10月19日	中国网	华师苏实小引入"香山帮"，推动传统文化活态传承
10月19日	中国日报网	2023苏州吴中太湖经贸合作洽谈会举行　172个产业项目集中签约
10月20日	新华网	苏州太湖国家旅游度假区：擦亮绿色发展的"太湖名片"
10月20日	中国网客户端	苏州市界路村：党建共建谋发展，融合聚力谱新篇

续表

时间	媒体	标题
10月21日	中国日报	三菱电机自动化公开赛：叶剑峰与缪尔并列领先争冠
10月22日	新华网	在最美的地方集聚优质资源　太湖生态岛文旅伙伴计划第二批发布会举行
10月22日	光明日报	江苏苏州太湖生态岛文旅伙伴计划第二批发布会举行
10月22日	新华社客户端	高尔夫球中巡赛苏州站新西兰选手夺冠
10月22日	中国新闻网	三菱电机自动化公开赛落幕　基兰·缪尔获中巡赛第二冠
10月23日	CHINA DAILY	Kiwi Muir powers to Electric finish in Suzhou
10月23日	中国网客户端	苏州界路村：九九重阳节　浓浓敬老情
10月23日	新华网	吴中木渎香溪社区："暖心食堂"正式营业啦！
10月23日	中国网	水韵金秋，情暖重阳　双浜社区新时代文明实践站一大波暖心慰老活动来袭
10月23日	新华网	新华全媒+｜人间重晚晴——小小细节保障老年人老有所养
10月23日	新华网	那不勒斯国家考古博物馆古罗马文物精品在苏州吴文化博物馆展出
10月24日	中国网客户端	苏州市吴中区郭巷街道姜庄社区"银发班"红色课堂丰富多彩
10月24日	新华财经	机器人与智能制造发展看吴中｜工业机器人产量占全国内资品牌的1/7　应用多点开花
10月24日	中国网	党建协力暖重阳　清风传家念亲恩
10月25日	新华财经	机器人与智能制造发展看吴中｜机器人关键核心零部件自主可控显担当
10月26日	央广网	苏州吴中木渎镇集中行使304项授权执法事项　开启"渎"家守护
10月26日	新华网客户端	苏州长桥街道：小小网格让基层"幸福满格"
10月28日	新华社	漫山岛｜太湖中的浪漫小岛
10月29日	央视新闻视频号	古树生生｜"绿岛"守护树
10月31日	中国网客户端	强国少年梦·阳光立志行——苏州石湖实小开展爱国主义教育活动
10月31日	中国网客户端	苏州界路村：践行二十大，艺颂新时代
11月1日	人民日报网	江苏苏州吴中区入选国家地理标志产品保护示范区
11月3日	人民日报	践行"两山"理念　苏州太湖旅游度假区持续开展自然主题阅读活动
11月3日	新华网	亲近美丽山水　在太湖度假区"阅"享自然
11月3日	中国网客户端	苏州界路村：走看学做比党建，以学促干忆初心
11月3日	央广网	苏州吴中胥口镇：党建引领多元共治　解锁基层治理"幸福密码"
11月3日	新华网客户端	苏州吴中长桥街道："三融合"开启楼宇党建新模式
11月3日	中国网客户端	党建引领赋能城中村治理　留住美丽乡愁
11月3日	新华网	2023工控中国大会在苏州吴中召开｜以工控自主创新助力全国新型工业化开新局
11月3日	新华网客户端	2023年社区学习中心研究能力提升工作坊顺利举办
11月4日	人民网江苏	苏州市吴中区工商联新一届常执委企业家培训班举办
11月6日	光明网	【一线调研·数智标杆】太湖农业×浪潮云洲：数促一二三产融通　驱动大米全产业链升级
11月7日	新华网	2023工控中国大会在苏州吴中召开｜"工业元宇宙看吴中"品牌越擦越亮
11月7日	新华网	苏州吴中太湖新城携手上交大共建智能制造人才联合培训中心
11月8日	央广网	苏州吴中胥口镇：为高质量发展注入"红色动能"
11月8日	人民日报	20人管7000亩地，在苏州太湖边有个数字化农场
11月8日	新华网	吴中木渎：数字驱动，助推经济发达镇高效"智"理
11月10日	中国网	苏州吴中城南东湖社区：奏响金秋"奋进曲"，奋力实现"全年红"
11月10日	新华网客户端	筑起红色"联心桥"　暖心共建"长"相伴
11月10日	新华网	苏州吴中聚力打造新时代锦绣江南鱼米乡
11月10日	中国网	打造农业现代化的"吴中样板"
11月10日	中国日报网	苏州吴中区：推进农业农村现代化建设　绘就乡村振兴新图景

续表

时间	媒体	标题
11月10日	新苏网	苏州吴中：高水平打造农业农村现代化"吴中样板"
11月10日	中国网	苏州吴中城南东湖社区：安全"童"行，防患未"燃"
11月11日	光明日报客户端	江苏苏州吴中：打造高水平率先基本实现农业农村现代化"吴中样板"
11月12日	光明日报客户端	江苏苏州太湖度假区举办首届双十一直播电商好物节
11月12日	新华网	太湖度假区首届双十一直播电商好物节暨太湖直播电商产业园开业活动举行
11月12日	中国新闻网	苏州吴中区描绘农业农村现代化生动模样
11月13日	中国日报网	苏州太湖度假区首届双十一直播电商好物节举行
11月13日	中国网	湖岸社区开展消防演练，将业主安全守护于心
11月13日	央广网	苏州市吴中区成功办理生态环境损害赔偿修复资金提存公证
11月14日	CCTV-13	江苏苏州 东太湖湿地公园迎来今年首批越冬候鸟
11月14日	中国网客户端	苏州市甪直镇："吹哨报到"提升基层治理效能
11月14日	中国网客户端	苏州市甪直镇：打好"组合拳，护航市场主体发展"加速度"
11月14日	人民日报	首届苏州太湖双十一直播电商好物节启动
11月15日	中国报道	筑牢安全防线，加强民生保障——吴中区东山镇吴巷村举行消防安全大检查，农村居民安全得以保障
11月15日	央广网	苏州吴中胥口镇：党建引领城中村治理 擦亮居民幸福底色
11月15日	央广网	收获时节看"三农""鱼米之乡"吴中的乡村振兴之路
11月16日	人民日报	苏州吴中全力建设新时代"锦绣江南鱼米乡"
11月16日	央广网	苏州木渎高质量推动养老事业发展 为经济社会注入"新"活力
11月16日	中国网客户端	苏州吴中区金庭镇庭山村党委联合明基医院关爱退役军人眼科健康
11月17日	新华日报	吴中甪直镇合力破解充电难
11月17日	人民日报	江苏苏州吴中区：全力打造稻麦"绿色双高"生产示范区
11月17日	人民日报	江苏苏州吴中区特色农产品亮相第二十届中国国际农产品交易会
11月17日	新华网	"e路同行 阅享未来"木渎镇全民阅读暨网络文化季活动举行
11月17日	人民日报	洞庭山碧螺春三度上榜"国家地理标志"
11月17日	新华网	分享，让书香弥满太湖畔
11月17日	人民日报	在林间品读传统文化 苏州太湖旅游度假区开展特色阅读活动
11月17日	人民日报全国党媒平台	苏州市吴中区成功办理生态环境损害赔偿修复资金提存公证
11月20日	中国网	苏州吴中城南街道东湖社区：书香伴成长 阅读正当时
11月20日	央广网	苏州吴中木渎镇举办2023年村（社区）关工委主任工作培训活动
11月21日	中国网客户端	苏州市甪直镇：帮办代办"有温度"，便民利企"零距离"
11月21日	中国网客户端	苏州木渎："香溪银辉"老党员工作室——"五色"服务让基层治理更出彩
11月21日	中国网	苏州市甪直镇："三个紧扣"提升综合行政执法质效
11月22日	中国网	"一窗"改革，走出集成审批新路径
11月23日	中国网客户端	苏州市界路村：以书为友，以学为乐，共建书香界路
11月23日	央广网	苏州市吴中区丰富法律服务供给 为新兴产业发展赋能增速
11月24日	人民日报网	打造"中国生态绿茶第一品牌" 洞庭山碧螺春亮相全国茶业年会
11月24日	中国网	安全服务上门 燃气开通零距离 双浜社区自建小区天然气集中开户
11月27日	中国日报网	第五届全国集成电路"创业之芯"大赛颁奖典礼在苏州吴中区成功举办！
11月27日	央广网	苏州吴中胥口镇："四链融合"破题流动党员教育管理
11月27日	中国网客户端	苏州市甪直镇：在重点领域打好执法"组合拳"

续表

时间	媒体	标题
11月27日	中国网客户端	国防润童心　共筑强国梦——苏州吴中区澄湖实验小学开展国防进校园教育活动
11月29日	央广网	苏州吴中木渎镇西跨塘村：幸福"链"到家　推进城中村"华丽转身"
11月29日	中国网客户端	苏州市吴中区金庭镇东河社区党委：党建暖冬行　明灯映廉心
11月30日	央广网	苏州市吴中区司法局聚焦全民普法　推进公民法治素养提升
11月30日	中国网客户端	苏州市吴中区东山镇渡口村：跨村联建解锁乡村发展致富路
12月1日	央广网	苏州吴中胥口镇：党建赋能　让基层治理细"治"入微
12月5日	中国网客户端	办实事暖民心｜苏州界路村：发放3.11万斤大米送关爱
12月6日	新华网客户端	苏州长桥街道：紧扣"五度"强抓手　法治建设惠民生
12月6日	人民日报网	吴中区切实保障人民群众"舌尖上的安全"
12月7日	央广网	苏州吴中胥口镇：党建引领　为人才"背包客"逐梦护航
12月7日	新华日报	温暖秋冬　文明同行
12月7日	中国网客户端	苏州吴中甪直："靶向施治"让网格服务提质效
12月7日	央广网	苏州吴中木渎镇行政审批局开展住房公积金普法宣讲　惠民新政暖人心
12月8日	新华日报	苏州吴中以高质量党建为产业链发展聚势赋能　"先锋聚能"澎湃"链"上动能
12月8日	CCTV-2	［正点财经］江苏：候鸟集聚　湿地更显勃勃生机
12月8日	CCTV-13	候鸟集聚　湿地更显勃勃生机
12月10日	央广网	苏州环太湖科创圈先锋聚能行动启动　探索区域产业集群党建新模式
12月11日	中国网	党建引领聚合力　惠民宣传零距离
12月11日	中国网客户端	银杏少年展英姿　强国有我向未来
12月11日	光明日报	"金叶子"拓宽致富路——江苏吴中做大做强碧螺春茶产业
12月12日	中国网客户端	苏州界路村：暖心助企推动民营企业高质量发展
12月12日	央广网	苏州市吴中区深入推进法治惠民实事工程　全力服务保障民生福祉
12月12日	央广网	苏州吴中旺山村："两山理论"助力小山村起家
12月12日	央广网	苏州吴中木渎镇："歌山画水　有福木渎"主题短视频征集大赛闭幕
12月13日	新华网客户端	苏州长桥街道：紧扣"五度"强抓手　法治建设惠民生
12月14日	央视频	苏州：天气不好时，大课间该如何安排？
12月14日	央视频	天气不合适？不怕，我们还有室内操
12月15日	中国新闻网	苏州旺山村：绿水青山造就乡村兴旺
12月15日	中国网	党建聚合力，为民服务零距离！苏州翠湖社区开展食品安全健康生活科普义诊活动
12月15日	人民网	苏州老横泾面馆氤氲人间烟火气
12月15日	中国网客户端	江苏省老年健康科普促进行动项目走进苏州市东山镇渡口村
12月17日	新华社	国家登山健身步道联赛（苏州站）开赛
12月18日	央广网	苏州市吴中区司法局谋划司法行政工作新蓝图
12月19日	央广网	苏州吴中胥口：深化"三整合"改革　探索党建引领基层治理新路径
12月20日	央广网	苏州吴中木渎镇：文化强基　文明铸魂　涵养城市人文气质
12月21日	中国网	绿色迎新　低碳环保正当时
12月21日	人民日报客户端	"吴中好物节"第四季在沪推广
12月21日	新华网客户端	【万物有时】冬至大如年！一起来看"冬节"大讲究！
12月22日	中国网客户端	苏州界路村：新年挂历送祝福，声声问候暖民心
12月22日	光明网	织密"红色网格"　绘就乡村振兴"新画卷"
12月25日	中国日报网	投资加码　汇川技术与苏州吴中签约
12月25日	中国网	携手同心善作为，党建联动谋新篇

续表

时间	媒体	标题
12月25日	中国网	党群心连心　共叙邻里情
12月26日	中国网	独墅湖社区：党群连心共携手，情暖冬至助生态
12月28日	新华网	总投资2亿欧元　伏图拉中国总部基地在苏州木渎开工
12月28日	央广网	伏图拉中国总部基地在苏州吴中木渎镇开工
12月28日	央广网	苏州吴中胥口镇：发挥党组织战斗堡垒作用　扎实做好低温冰冻天气应对工作
12月28日	中国报道	党建引领擦亮文明底色
12月29日	中国网	苏州市金庭镇东河社区：邻里微市集　党建促和谐
12月29日	中国网客户端	苏作天工对话故宫，探讨现代非遗新生态，产学研融合新发展
12月29日	光明日报客户端	江苏苏州吴中区启动国家级智能网联汽车系列项目
12月29日	新华网	国家重点研发计划自主式道路交通控制与安全项目启动系列活动在苏州举行
12月29日	人民日报网	首批"千企百城"品牌名单出炉　江苏苏州吴中区5个入选
12月30日	光明日报客户端	江苏苏州太湖度假区太湖中心Mall开业　打造时尚消费新地标
12月30日	新华网	"仕业——徐谓礼和南宋时代百态"特展亮相苏州吴文化博物馆
12月31日	中国日报中文网	引入超60家大型连锁品牌　苏州太湖中心Mall开业

统计资料

表39-4　2023年行政区划、区域面积、人口统计表

项目	单位	2023年	2022年
行政区划			
1.镇、街道	个	14	14
#街道	个	7	7
镇	个	7	7
2.村委会	个	84	84
居委会	个	131	125
3.村民小组	个	2135	2149
区域面积			
1.区域面积（含太湖水域）	平方千米	2231	2231
（不含太湖水域）	平方千米	745	745
2.年末耕地面积	公顷	7713	7774
#水田	公顷	5660	5725
人口			
1.年末户籍户数	户	251001	241922
2.年末户籍人口	人	783182	766597
#男性	人	378202	371956
女性	人	404980	394641
（1）18岁以下	人	147908	143425
（2）18~35岁	人	142680	145392
（3）35~60岁	人	300837	298536
（4）60岁以上	人	191757	179244
3.年平均人口	人	774890	759356

续表

项目	单位	2023年	2022年
年末每户平均人口	人	3.12	3.17
4.年内出生人口	人	5842	6358
出生率	—	7.54‰	8.37‰
年内死亡人口	人	6048	4670
死亡率	—	7.80‰	6.15‰
年内自然增长人口	人	-206	1688
自然增长率	—	-0.27‰	2.22‰
5.年内迁入人口	人	19316	15416
年内迁出人口	人	2170	1589
6.人口平均预期寿命	岁	83.27	83.11
#男	岁	81.12	80.86
女	岁	85.44	85.40
7.年末常住人口	万人	141.14	140.78

（区统计局）

表39-5　2023年国民经济主要指标统计表

项目	单位	2023年	2022年
地区生产总值			
地区生产总值（现行价）	万元	16240000	15794971
（1）第一产业	万元	175005	176157
（2）第二产业	万元	7415009	7363126
#工业	万元	6636936	6672679
（3）第三产业	万元	8649986	8255687
第三产业增加值占地区生产总值比重	—	53.3%	52.3%
人均地区生产总值（按常住人口计算）	元	115210	112476
地区生产总值密度（不含水域面积）	万元/平方千米	21799	21345
万元地区生产总值耗电量	千瓦·时	634	640
农林牧渔业			
1.农林牧渔业总产值（现行价）	万元	343371	348251
2.主要农产品产量			
粮食	吨	27103	23250
油菜籽	吨	240	34
茶叶	吨	375	383
水果	吨	28032	33654
水产品	吨	7644	8781
生猪出栏数	万头	0.54	0.15
家禽出栏数	万羽	4.89	5.56
工业			
1.规模以上企业数（正常运营）	家	1239	1176
#内资企业	家	1019	969
#国有、集体企业	家	—	—
私营企业	家	957	896

续表

项目	单位	2023年	2022年
港澳台和外商投资企业	家	224	237
2.规模以上工业资产合计	万元	31979847	29248399
3.规模以上工业总产值(现行价)	万元	25594445	24711956
#内资企业	万元	18011182	17431568
#国有、集体企业	万元	—	—
私营企业	万元	13776719	12107878
港澳台和外商投资企业	万元	7583264	7280388
4.规模以上工业营业收入	万元	26048266	24353234
#内资企业	万元	18279002	17123242
#国有、集体企业	万元	—	—
私营企业	万元	13961077	11936214
港澳台和外商投资企业	万元	7769264	7229992
5.规模以上工业主营业务收入	万元	25391576	23511307
#内资企业	万元	17846797	16632762
#国有、集体企业	万元	—	—
私营企业	万元	13675947	11594534
港澳台和外商投资企业	万元	7544779	6878545
6.规模以上工业利税总额	万元	1992534	1952650
#内资企业	万元	1247819	1280527
#国有、集体企业	万元	—	—
私营企业	万元	936540	939136
港澳台和外商投资企业	万元	744715	672123
7.规模以上工业利润总额	万元	1453796	1471378
8.规模以上工业营业成本	万元	21258157	20010932
9.规模以上工业负债总计	万元	17400603	15838000
10.规模以上工业应收账款	万元	8626747	7956242
11.规模以上工业企业主要产品产量			
钢材	吨	13219	19221
商品混凝土	立方米	4507963	4449024
服装	万件	7975	8273
化学药品原药	吨	245	263
电子元件	万只	528702	606216
家用吸尘器	万台	1003	1117
电动手提式工具	万台	152	125
建筑业			
企业个数	家	230	232
总产值	万元	3606722	2997295
竣工产值	万元	1592406	2520115
房屋建筑施工面积	平方米	12357169	16572509
房屋建筑竣工面积	平方米	2852121	5417882
从事建筑业活动的平均人数	人	90360	92023
建筑业全员劳动生产率	万元/人	39.9	32.6

交通运输(交通系统内)

续表

项目	单位	2023年	2022年
客运量	万人次	841	839
旅客周转量	万人千米	26005	33084
固定资产投资			
1.全社会固定资产投资完成额	万元	5213421	6134981
（1）第一产业	万元	1456	227
第二产业	万元	1446480	1221243
#工业	万元	1423023	1204439
第三产业	万元	3765485	4913511
（2）内资	万元	4868297	5507924
#国有经济	万元	560362	453841
集体经济	万元	79184	41949
私营个体经济	万元	1897897	2072329
港澳台商投资企业	万元	175606	379750
外商投资企业	万元	169518	247307
（3）项目投资	万元	2424110	2215379
房地产开发投资	万元	2790129	3919602
2.商品房销售建筑面积	万平方米	291.80	308.85
#住宅	万平方米	264.11	295.71
商品房销售额	万元	3530678	4287600
#住宅	万元	3324932	4160551
国内贸易			
限上社会消费品零售总额	万元	3997411.9	3581548
#批发和零售业	万元	3887934	3504996
住宿和餐饮业	万元	109478	76552
对外经济			
1.进出口贸易总值	万美元	1017823	1000987
#出口	万美元	764613	730624
进口	万美元	253210	270364
2.新设利用外资及港澳台资项目	个	72	90
当年新增注册外资及港澳台资	万美元	93970	123821
当年实际利用外资及港澳台资	万美元	31179	55016
3.接待境外旅游者人数	万人次	—	—
接待境外游客人天数	万人天	—	—
旅游外汇收入	万美元	—	—
市场主体			
1.年末个体工商户数	户	165233	153931
年末个体工商户注册资金	万元	2149574	2015489
当年新增个体工商户数	户	24382	22287
当年个体工商户新增注册资金	万元	297598	305368
2.年末内资企业数	家	110924	103309
#私营企业	家	105703	98637
年末内资企业注册资金	万元	92189806	85148959
#私营企业	万元	56195537	52150755

续表

项目	单位	2023年	2022年
当年新增内资企业数	家	13779	12501
#私营企业	家	12933	11927
当年内资企业新增注册资金	万元	6780624	6982347
#私营企业	万元	4320966	4424802
财政、金融			
1.全口径财政收入	万元	4925387	4589622
#一般预算收入	万元	3721544	3336807
2.地方财政收入	万元	3430245	3356788
#一般公共预算收入	万元	2226402	2103973
#（1）国内增值税（50%）	万元	985207	732169
（2）改征增值税（50%）	万元	—	—
（3）企业所得税（40%）	万元	218947	202576
（4）个人所得税（40%）	万元	118825	128295
（5）营业税（地方部分）	万元	—	—
（6）土地增值税	万元	56611	241196
（7）契税	万元	164382	205463
基金收入	万元	1196667	1206696
国有资本经营预算收入	万元	7176	46119
3.财政总支出	万元	3667801	3800578
#一般公共预算支出	万元	2032253	2147488
基金支出	万元	1635100	1652592
4.金融机构年末存款余额	万元	40307279	35359142
#居民储蓄存款余额	万元	18586472	15834924
5.金融机构年末贷款余额	万元	45228516	39436282
旅游			
1.接待中外游客人数	万人次	2224	1449
2.旅游总收入	亿元	343.14	223.48
人民生活			
1.城镇非私营单位从业人员	人	194168	192033
#在岗职工	人	190582	187662
城镇非私营单位从业人员平均工资	元	133473	127024
#在岗职工平均工资	元	134380	128079
2.城镇居民人均可支配收入	元	85041	81535
城镇居民人均生活消费支出	元	51509	48260
城镇居民人均住房建筑面积	平方米	57	64
3.农村居民人均可支配收入	元	46709	—
农村居民人均生活消费支出	元	32360	—
农村居民人均住房使用面积	平方米	87	—
电力			
全社会用电量	万千瓦·时	1030286	1010128
#农林牧渔业用电量	万千瓦·时	4657	4480
工业用电量	万千瓦·时	509216	516357
建筑业用电量	万千瓦·时	13837	12783

续表

项目	单位	2023年	2022年
城乡居民生活用电量	万千瓦·时	219277	224424
取水量			
全社会总取水量（不含农业）	万立方米	19149	19119

（区统计局）

表39-6　2023年科技进步、社会事业主要指标统计表

项目	单位	2023年	2022年
科技			
1.年末专业技术人员数	人	198421	187192
＃高级职称	人	11018	9734
中级职称	人	51716	48791
初级职称	人	39308	36431
＃研究生	人	7627	7196
本科生	人	75510	71236
专科生	人	65146	61459
2.PCT专利申请量	件	624	483
专利授权	件	18605	23603
3.科技计划项目			
（1）国家级项目	项	4	3
（2）省级项目	项	15	19
（3）市级项目	项	832	784
4.年末高新技术企业数（有效）	家	1706	1446
5.省级民营科技型企业数（有效）	家	1531	1364
6.省级工程技术研究中心	家	84	76
7.省级以上众创空间	家	29	20
8.年末经认定省级以上孵化器数	家	10	7
教育			
1.普通中学学校数	所	34	34
小学学校数	所	47	54
幼儿园数	所	103	100
2.普通中学招生数	人	17421	15959
＃初中	人	12789	11591
小学招生数	人	17830	16994
3.普通中学在校学生数	人	46912	42566
＃初中	人	34438	31177
小学在校学生数	人	100759	98345
在园幼儿人数	人	34833	36924
4.普通中学专任教师数	人	4111	3938
小学专任教师数	人	5898	5883
幼儿园专任教师数	人	3013	3010
5.学龄儿童入学率	—	100.0%	100.0%
小学毕业生升学率	—	100.0%	100.0%

续表

项目	单位	2023年	2022年
初中毕业生升学率	—	100.0%	100.0%
高中毕业生升学率	—	100.0%	100.0%
文化			
1.电影放映单位	个	22	22
影剧院	个	2	2
电影放映场次	场次	289100	203092
电影放映观众人次	万人次	308.69	164
2.公共图书馆数	个	1	1
总藏量	万册	159.44	153.91
发放借书证数	个	450760	320771
书刊外借人次	千人次	507.28	316.21
书刊外借册次	千册次	565.13	400.54
阅览室座席数	个	879	879
3.文物保护单位数	处	131	131
#国家级	处	7	7
省级	处	23	23
文物藏品	件	5757	5757
#一级品	件	55	55
4.艺术表演团体个数	个	2	2
演职员工数	人	33	39
演出场次	场次	3161	1266
观众人数	千人次	219	111
卫生			
1.卫生机构数	所	398	369
#医院	所	32	29
2.卫生机构床位数	张	7713	7184
#医院	张	6721	6164
3.卫生技术人员数	人	9531	8895
#医院	人	4844	4546
#医生人数	人	3667	3305
#医院	人	1514	1375
4.5岁以下儿童死亡率	—	2.15‰	1.9‰
婴儿死亡率	—	1.64‰	1.63‰
产妇住院分娩比例	—	100%	100%
社会福利和社会保障			
1.社会福利院、敬老院数	个	8	10
床位数	张	970	1394
在院人数	人	301	421
2.社会救济对象总人数	人	4827	5193
接受低保户数	户	461	471
#城镇居民户数	户	304	308
接受低保人数	人	780	834
#城镇居民人数	人	531	566

续表

项目	单位	2023年	2022年
3.城镇养老保险参加人数	万人	55.74	53.84
城镇医疗保险参加人数	万人	74.86	71.05
城镇失业保险参加人数	万人	50.35	48.99
城乡居民医疗保险参加人数	万人	32.6	32.81
城乡居民养老保险参加人数	万人	0.30	0.30
环境保护			
空气质量良好天数达标率	—	80.5%	79.5%
水域功能区水质达标率	—	—	—
集中式饮用水水源地水质达标率	—	100%	100%

（区统计局）

表39-7　吴中区部分机构全称、简称对照表

全称	简称	全称	简称
中国共产党苏州市吴中区委员会	区委	苏州市吴中区住房和城乡建设局	区住建局
苏州市吴中区人民代表大会常务委员会	区人大常委会	苏州市吴中区城市管理局	区城管局
苏州市吴中区人民政府	区政府	苏州市吴中区交通运输局	区交通运输局
中国人民政治协商会议苏州市吴中区委员会	区政协	苏州市吴中区水务局	区水务局
中国共产党苏州市吴中区纪律检查委员会 苏州市吴中区监察委员会	区纪委监委	苏州市吴中区农业农村局	区农业农村局
苏州市吴中区人民法院	区法院	苏州市吴中区商务局	区商务局
苏州市吴中区人民检察院	区检察院	苏州市吴中区文体广电和旅游局	区文体旅局
中国共产党苏州市吴中区委员会组织部	区委组织部	苏州市吴中区卫生健康委员会	区卫健委
中国共产党苏州市吴中区委员会宣传部	区委宣传部	苏州市吴中区退役军人事务局	区退役军人事务局
中国共产党苏州市吴中区委员会网络安全和信息化委员会办公室	区委网信办	苏州市吴中区应急管理局	区应急管理局
中国共产党苏州市吴中区委员会统一战线工作部	区委统战部	苏州市吴中区审计局	区审计局
中国共产党苏州市吴中区委员会政法委员会	区委政法委	苏州市吴中区行政审批局	区行政审批局
中国共产党苏州市吴中区委员会机构编制委员会办公室	区委编办	苏州市吴中区市场监督管理局	区市场监管局
中国共产党苏州市吴中区委员会巡察工作办公室	区委巡察办	苏州市吴中区统计局	区统计局
中国共产党苏州市吴中区委员会老干部局	区委老干部局	苏州市吴中区信访局	区信访局
苏州市吴中区发展和改革委员会	区发改委	苏州市吴中区地方金融监督管理局	区金融监管局
苏州市吴中区教育局	区教育局	中国共产党苏州市吴中区委员会党校	区委党校
苏州市吴中区科学技术局	区科技局	苏州市吴中区档案馆	区档案馆
苏州市吴中区工业和信息化局	区工信局	苏州市吴中区人民政府外事办公室	区外事办
苏州市公安局吴中分局	吴中公安分局	苏州市吴中区融媒体中心	区融媒体中心
苏州市吴中区民政局	区民政局	苏州市吴中区机关事务管理中心	区机关事务中心
苏州市吴中区司法局	区司法局	苏州市吴中区供销合作社	区供销合作社
苏州市吴中区财政局	区财政局	苏州市吴中区社会治理现代化综合指挥中心	区综合指挥中心
苏州市吴中区人力资源和社会保障局	区人社局	江苏省吴中中等专业学校	吴中中专
苏州市自然资源和规划局吴中分局	吴中资规分局	苏州市吴中区总工会	区总工会

续表

全称	简称	全称	简称
中国共产主义青年团苏州市吴中区委员会	团区委	中国联合网络通信有限公司吴中分公司	吴中联通公司
苏州市吴中区妇女联合会	区妇联	中国石化销售股份有限公司江苏苏州吴中石油分公司	中国石化吴中石油分公司
苏州市吴中区工商业联合会	区工商联	中国国民党革命委员会苏州市吴中区基层委员会	民革吴中区基层委
苏州市吴中区科学技术协会	区科协	中国民主同盟苏州市吴中区委员会	民盟吴中区基层委
苏州市吴中区文学艺术界联合会	区文联	中国民主促进会苏州市吴中区基层委员会	民进吴中区委会
苏州市吴中区归国华侨侨眷联合会	区侨联	中国民主建国会苏州市吴中区基层委员会	民建吴中区基层委
苏州市吴中区残疾人联合会	区残联	中国农工民主党苏州市吴中区基层委员会	农工党吴中区基层委
苏州市吴中区红十字会	区红十字会	中国致公党苏州市吴中区基层委员会	致公党吴中区基层委
苏州市吴中区欧美同学会	区欧美同学会	九三学社苏州市吴中区基层委员会	九三学社吴中区基层委
苏州市吴中区哲学社会科学界联合会	区社科联	苏州市吴中区无党派知识分子联谊会	区知联会
苏州市吴中区关心下一代工作委员会	区关工委	苏州太湖国际旅游度假区	度假区
苏州市吴中城市建设投资集团有限公司	城投集团	苏州吴中经济技术开发区	经开区
苏州市吴中国裕资产经营集团有限公司	国裕集团	江苏省吴中高新技术产业开发区（筹）	吴中高新区
苏州市吴中金融控股集团有限公司	金控集团	苏州太湖新城吴中管委会	吴中太湖新城
苏州市吴中农业发展集团有限公司	农发集团	西山国家现代农业示范园区	西山农业园区
苏州市吴中文化旅游发展集团有限公司	文旅集团	苏州市吴中区木渎镇人民政府	木渎镇
苏州市吴中产业投资集团有限公司	产投集团	苏州市吴中区甪直镇人民政府	甪直镇
中国人民解放军江苏省苏州市吴中区人民武装部	区人武部	苏州市吴中区胥口镇人民政府	胥口镇
苏州市吴中区消防救援大队	区消防救援大队	苏州市吴中区东山镇人民政府	东山镇
苏州市吴中生态环境局	区生态环境局	苏州市吴中区临湖镇人民政府	临湖镇
苏州市吴中区烟草专卖局（苏州市烟草公司吴中分公司）	区烟草专卖局	苏州市吴中区光福镇人民政府	光福镇
苏州市吴中盐业有限公司	吴中盐业公司	苏州市吴中区金庭镇人民政府	金庭镇
苏州市吴中区气象局	区气象局	苏州市吴中区人民政府长桥街道办事处	长桥街道
中华人民共和国苏州海关驻吴中办事处	海关驻吴中办事处	苏州市吴中区人民政府郭巷街道办事处	郭巷街道
国家税务总局苏州市吴中区税务局	区税务局	苏州市吴中区人民政府横泾街道办事处	横泾街道
苏州住房公积金管理中心吴中分中心	吴中公积金中心	苏州市吴中区人民政府越溪街道办事处	越溪街道
国网江苏省电力有限公司苏州市吴中区供电服务中心	区供电服务中心	苏州市吴中区人民政府城南街道办事处	城南街道
中国邮政集团有限公司苏州市吴中区分公司	吴中邮政分公司	苏州市吴中区人民政府太湖街道办事处	太湖街道
中国电信股份有限公司吴中分公司	中国电信吴中分公司	苏州市吴中区人民政府香山街道办事处	香山街道
中国移动通信集团江苏有限公司吴中分公司	吴中移动公司		

编辑 洪 蕾

索引

说　明

一、本索引分为条目索引和表格索引。

二、条目索引采用内容分析法编制，按索引款目首字的汉语拼音字母（同音字按声调）顺序排列，同音同调的按第二个字母的音序排列，依次类推。标引词后的阿拉伯数字表示内容所在的页码，数字后面的a、b、c分别表示从左至右第一、二、三栏。

三、空一字起排的款目为上一主题的"附见"，按照该款目在书中的先后顺序排序。

四、表格索引，以表格题名为标目，标目后的数字表示表格所在的页码。索引按照表格在全书中的先后顺序排序。

条目索引

A

安全生产标准化建设　274a
安全生产督导　273c
安全生产监督　272c
安全生产培训教育　274a
安全生产行政执法　274a
安全生产宣传　274b
安全生产宣教活动　274b
安全生产阵地建设　274b
安全生产专项整治　273a
案件执行　90a

B

白沙枇杷　23b
百度苏州Apollo Park　295b
"百匠千课进所站"文明实践项目　34a
版权产业管理　236a
版权工作　33c
办公用房　55c
办税服务　102a
褒扬纪念　269b
宝带桥　21a
宝带实验小学　216a
保圣寺罗汉塑像　21a
"保税帮"加工贸易模式　113a
保险业　149c
保障性住房　259a
碧螺春茶　22c
碧螺春茶产业发展　123b
碧螺春制作技艺　22a

荸荠　23c
便民服务场所建设　53b
便民利企服务　53b
标准化建设　105a
标准化文明示范工地　138c
殡葬管理　262a
病虫草害防控　120b
不动产登记　179a
不敢腐　63a
不能腐　63a
不想腐　63a

C

财产净收入　253a
财政　99a
财政扶持企业发展　99b
财政审计　103b
财政收支管理　99a
"菜篮子"工程建设　120b
餐饮服务　145b
参与长三角一体化发展　115a
参政议政　58c
残疾人关爱服务　78c
残疾人精神文明建设　79a
残疾人就业　251c
残疾人康复服务　78b
残疾人权益保障　78c
残疾人社会福利　258c
残联　78a
茶产业　123b
茶果业　123a
茶科技　123b
茶品牌　123b
拆迁安置　179c

"产改九条"　208a
产教融合　218a
产投集团　97c
产业发展　47a
产业链供应链国际合作交流会暨第三届东亚企业家太湖
　　论坛　109b
产业强区　27b
长江生态环保集团华东项目　135b
长桥街道　295a
　　经济发展　295b
　　集体经济　296a
　　深度改革　296a
　　城市更新　296a
　　民生保障　296b
　　实事工程　296c
　　重大活动　296c
长三角协同创新产业体系融入　115a
长三角医疗一体化融合　240a
长三角政务服务"一网通办"　116a
陈杰　309a
陈菊红　309b
成本监审　106b
成果运用　206b
成品油营销　143c
澄湖农业园　126a
城建重点工程　179b
城南街道　303a
　　经济发展　303a
　　集体经济　303a
　　城乡一体　303b
　　环境整治　303b
　　民生保障　303c
　　社会治理　304a
　　重大活动　304c
城市更新　179c
城市管理执法　181c
城市规划　179a
城市亮点打造　181b
"城市漫游"夜市集　306b
城市照明　180b
城投集团　96b
城西中学　216b
城乡建设　47c
城乡污水处理　180b
出口品牌培育　110c

出入境管理　261b
出行服务　180c
畜禽疫病防控　122a
畜禽种质资源保护　122a
传统村落保护　5c　227a
传统村落利用　227a
喘息式托老所　263c　296c
"创响江苏"春风行动　251a
创新产业集群发展　115a
创新合作　97c
创新型示范区建设　29b
创新资源汇聚　74b
创业扶持　251c
春节文旅惠民活动　161a
春在楼　21b
莼菜　23c
茨菰　23c
慈善救助　258a
存量房交易资金托管　164b
存量资产更新改造　188a

D

大米　23b
大气污染防治　200c
大事记　9
大运河城市更新　232c
大运河文化带建设　232b
大众传媒　234a
大宗商品消费　140b
代表变动情况　44c
代表工作　43c
党的创新理论武装　30a
党的二十大精神学习宣传　37a
党的建设　27a
党风廉政建设　63a
党风廉政建设暨领导干部警示教育大会　62c
党建赋能乡村振兴　31c
党建领航产业发展　31b
党建引领城中村治理　31b
党史工作　235b
党外代表人士队伍建设　34b
党校工作　37a
党性教育课程　37b
党员干部培训　37a

党政机关公物仓启用　55c
档案服务利用　235a
档案基础建设　234c
档案史志　234b
档案信息化建设　234c
档案业务监管　234b
档案资源建设　234c
道路建设　181c
道路交通管理　86c
德育工作　215a
地表水资源　19a
地产农副产品产销对接服务　143b
地方政府性债务管理　99c
地貌　18a
地形　18a
地质灾害防范　271c
第九届世界传统武术锦标赛　248b
第三届工控中国大会　131c
第十届国际残疾人职业技能竞赛　251c
第五次经济普查　104c
第五届大运河文化旅游博览会　233c
第一次自然灾害综合风险普查　271a
电商服务体系建设　141c
电信网络诈骗犯罪打击治理　85a
电子商务　141c
东村村"屠坞竹海艺术村"特色田园乡村建设试点项目　195a
东村村张家湾特色田园乡村改造项目　195a
东山白沙枇杷　23b
东山雕花楼景区　157b
东山湖羊　23a
东山景区　157a
东山民居　21c
东山镇　286a
　经济发展　287a
　集体经济　287a
　转型升级　287b
　城乡一体　287b
　生态建设　287c
　民生保障　288a
　综合治理　288b
　实事工程　288b
　重大活动　288c
东吴高技能人才培育基地　208a
东吴科技创新创业大赛　207b

"东吴科技人才贷"　208a
"东吴卫生人才计划"　238b
"东吴先锋ϵ党建"工程　275b
东吴证券吴中区中心营业部　151a
东吴证券・智能科技产业园　280c
东吴足球俱乐部　249b
东西部扶贫协作　212c
东西部协作　116b
洞庭（山）碧螺春茶国家地理标志产品保护示范区建设　4c
督办议案建议　44b
度假区　168a
　绿色发展　168c
　文旅融合　168c
　转型升级　168c
　营商环境建设　169a
　民生事业　169a
　社会稳定　169b
对口帮扶　116b
对口合作　116c
对口支援　116b
对外及港澳台贸易　110a
对外交流　54b

E

儿童权益保障　258c
2023长三角攀岩公开赛暨江苏省攀岩俱乐部联赛　248b
2023FIPGC职业世界杯　208a
2023国家登山健身步道联赛（苏州站）　247a
2023江苏省无线电测向锦标赛　247c
2023年全国青少年棒球公开赛　248b
2023年全国无线电测向锦标赛　248b
2023年市体育旅游精品线路　248b
2023苏州安家欢乐购活动　164c
2023苏州"环太湖1号公路"马拉松　246b
2023苏州太湖梅花节　194b
2023苏州吴中（第23届）太湖经贸合作洽谈会　109a
2023"中国杯"国际定向越野赛（苏州太湖生态岛站）　247a

F

发展规划管理　95a
法律监督　39a

法律实施情况监督 42b
法律援助 91c
法院 89b
法治 82
法治人防 93c
法治宣传 91b
法治优化营商环境 83a
法治政府建设 84b
法制审查 84b
反诈工作 87b
方言 20a
房地产交易 164a
房地产开发 164a
房地产市场监管 165c
房地产市场秩序整治 166b
房地产销售 164a
房地产中介服务 165a
房地产中介机构管理 165a
房屋交易备案管理 166a
房屋征收 164a
房屋装修拆装管理 166b
房屋租赁管理 166c
防范非法金融活动宣传 103b
防旱 271b
防台 271b
防汛 271b
防灾减灾 271a
仿生机器人产业 131b
非物质文化遗产 22a
非遗保护 225a
非遗文化品牌开发宣传 225c
肥料配供 143b
风景名胜 20c
"风铃溪谷·金铎岭"开园 194b
福利彩票发行管理 259a
伏图拉中国区总部项目 135b
服务产业高质量发展 74b
服务非公经济 34b
服务机器人产业 131a
服务业 25b
服务职工 71b
妇联 73b
妇女儿童保健 241b
妇女权益保障 258c
妇女组织建设 73c

妇幼健康 241b
富民强村 188a
赋能女性发展 73c

G

干部队伍建设 30b
干部监督 31a
干部教育培训3 1a
港澳台交友联谊活动 55a
港澳台事务 55a
港航建设 182a
高考情况 216c
高质量发展监测 104b
耕地保护管理 197b
公安 84c
公安"放管服"改革 86b
公安政务服务 86b
公车管理 55c
公房管理 259a
公共法律服务 91c
公共机构节能管理 201c
公共文化 230a
公共文化活动 230b
公共文化设施建设 230a
公共自行车 180c
公交 180c
公立医院一体化改革 238b
公路管养 182b
公务员管理 32a
公益诉讼 88a
公用事业 179c
公证服务 145a
工单管理 84a
工商联(总商会) 75c
工商银行吴中支行 147c
工业 24c
工业产品质量监管 105b
工业互联网产业 135c
工业互联网大会 135c
工业机器人产业 130b
工业集中区标准化达标创建 273c
工业绿色发展 128b
工业元宇宙产业 132c
工资性收入 252c

工作监督 39a
供电 180a
供气 180a
供水 179c
供水安全保障 198c
攻坚故事 202c
共青团组织建设 72b
共享停车泊位 180c
供销合作 143a
姑苏创新创业领军人才 207b
古村保护 226c
古村古建筑修缮 227a
古村落品牌产业 227b
古籍保护利用 231b
古树名木保护 199a
古镇保护 226c
固定资产投资 95b
顾娟英 309c
顾泉根 309c
关心下一代工作 264c
"馆校合作"示范单位 215b
灌溉山地引水上山工程 52c
光大银行吴中支行 149a
光福国家登山健身步道 246a
光福景区 159b
光福镇 291a
　经济发展 291a
　营商环境 291b
　生态保护 291b
　现代农业 291c
　文旅融合 291c
　实事工程 292a
　乡村文明建设 292a
　公共服务 292a
　安全保障 292b
　社会治理 292b
　重大活动 292c
光梁中国区总部 280c
郭巷街道 297a
　经济发展 297b
　集体经济 297b
　城乡一体 298a
　民生保障 298a
　实事工程 298b
　社会事业 298b

　生态环境治理 298b
　重大活动 298c
国发公司 98a
国防动员 92c
国家基本药物制度落实 241c
国家级"绿水青山就是金山银山"实践创新基地创建 2a
国家级市域产教联合体 218b
国家级重大人才工程 207b
国家慢性病综合防控示范区 238a
国控集团 96a
国民经济 47a
国企改革 96a
国太公司 98c
国土空间规划编制 179a
国有资产管理 96a
国裕集团 96b
国资改革 96a

H

哈尔滨工业大学苏州研究院"一基地、两平台、七中心"建设 203a
海绵城市建设示范项目 303c
海外联谊联络活动 75b
海外文化交流 75b
航空航天产业 133c
航空航天产业项目建设 134a
航空航天产业园 134a 206a
"好人"典范 309c
核雕 22b
河湖长制 197c
横泾街道 299a
　经济发展 299b
　集体经济 300a
　农文旅融合 300a
　环境整治 300b
　社会治理 300b
　城市更新 300b
　民生保障 300c
　重大活动 300c
横泾开镰节 300c
宏观经济运行管理 95a
"红黑榜"公示制度 273c
红十字会 79a
红十字精神宣传 80a

户籍管理　261a
护理服务管理　242a
华福证券东吴北路营业部　151a
华金证券苏州分公司　151a
华泰证券吴中大道营业部　150b
环保法治宣教　202b
环境监管　202a
环境质量　197a
环评审批服务　197a
环太湖科创圈　204b
环太湖旅游资源一体化改革　156a
环太湖湿地带建设项目（二期）　194c
"环太湖1号公路"　156a
环卫服务　180b
"惠军保"　269c
惠台工作　55a
会务保障　55b
婚俗改革　261c
婚姻登记　261c
婚姻管理　261c
火灾隐患治理　272a

J

基层党建队伍建设　32a
基层法律服务　92b
基层人大工作　39b
基层"三整合"改革　35b
基层调解组织建设　92b
基层团组织建设　72b
基层"微腐败"治理　63c
基层协商　59a
基层组织建设　31c
基础设施建设　175b
基金引才　97a
机动车维修　145c
机构编制管理　35a
机构养老　263b
机构组织　57a
机关事务安全维保　55b
机关事务管理　55b
机器人+人工智能领域项目建设　131c
机器人与智能制造产教融合"示范样板"　218b
机器人与智能制造产业　128c
疾病控制　239b

疾病预防　239b
集成电路产业　132b
集体经济　188a
集体资产租金跨行代扣　187a
集团保税监管模式建设　112c
急救分诊服务　240b
纪检监察干部队伍建设　62a
纪检监察干部队伍教育整顿动员部署会议　63a
寂鉴寺石殿　21b
技能人才培育　207c
家庭农场　188a
家庭文明创建活动　74a
家庭医生签约　240c
家用服务机器人产业　131a
价格常态化管理　106a
价格监测　106a
价格调控　106a
假日旅游　160a
驾驶员培训　145c
监督评议　59b
监督统筹　64b
监督执纪　63c
检察　87b
检察力量助力吴文化保护　88b
检验检测认证服务　145b
健康教育　241a
健康市民"531"行动　240c
建设促进　240c
建设银行吴中支行　148b
建置区划　19b
建筑工程　137c
建筑工地扬尘治理　138c
建筑行业管理　138a
建筑企业　137c
建筑施工　137a
建筑施工安全生产　138b
建筑项目监管　137b
江南茶文化博物馆　288c
江南公共文化特色空间　230b
江苏大秦科技总部项目　135b
江苏迈信林航空科技股份有限公司　153b
江苏省创新型示范县（市、区）建设　3c
江苏省第七届残疾人职业技能竞赛　251c
江苏省科普教育基地　222b
江苏省历史文化名村　295c

江苏省木渎高级中学　216c
江苏省农民体育健身活动基地　246b
江苏省三八红旗手　309c
江苏省吴中高新技术产业开发区（筹）　171a
江苏省吴中经济技术发展集团有限公司　97c
江苏省五一劳动奖章　309b　309c
江苏省"优秀志愿者"　310b
江苏省优秀中等职业学校　218b
江苏吴中传统水生蔬菜栽培系统　120c
江苏吴中医药发展股份有限公司　151b
茭白　23c
交通　181c
交通安全"减量控大"专项工作　86c
交通安全质量管理　182c
交通管理服务　87a
交通通信支出　253c
交通银行吴中支行　148c
交通优化惠民工程　51c
交通综合行政执法　182c
教师队伍建设　211b
教师专业发展成果　211a
教育帮扶　212c
教育发展水平　211a
教育"双减"　214c
教育整顿　62a
教育支出　253c
节能环保产业　135a
节能环保产业重点项目　135b
节能减排　201b
节水型社会建设　201b
金枫电商园　142b
金控集团　96c
金陵华软科技股份有限公司　151b
金融风险防控　103a
金融服务　97a　102c
金融监管　102c
金融要素集聚　147c
金庭镇　293a
　　经济发展　293a
　　集体经济　293b
　　产业升级　293c
　　农文旅融合　294a
　　民生保障　294a
　　公共服务　294a
　　环境整治　294b

　　实事工程　294b
　　社会事业　294c
　　重大活动　294c
巾帼思想引领　73b
禁毒工作　86a
禁毒宣传教育　86a
经发集团　97c
经济发达镇行政管理体制改革　35b
经济发展　24a
经济犯罪侦查　85b
经济监测分析　95a
经济责任审计　103c
经开区　169b
　　招商引资　169c
　　产业发展　169c
　　科技创新　170a
　　营商环境建设　170a
　　城乡规划　170b
　　深化改革　170c
　　民生保障　170c
经营净收入　253a
精品课程打造　37b
精神文明建设　33b
晶瑞电子材料股份有限公司　152a
竞技体育　247b
境外合作企业运营　112a
境外经济合作　111c
境外投资企业备案审批　111c
境外招商　109c
纠"四风"树新风　63b
"9218"工程任务　144b
九三学社吴中区基层委　69b
　　组织建设　69b
　　参政议政　69b
　　社会服务　69c
救护培训　79c
救护培训工程　51b
就业创业　251a
就业促进　251a
就业技能培训　251b
就业提升工程　52c
居家养老　264a
居民服务业　145b
居民收入　252a
居民消费　253b

居住消费　253b
决策部署　28b
军事　92b
军事训练　92c
军休服务　269b

K

开发区人大代表联席会议制度　44a
开放共享数据资源体系　175a
勘察设计　137b
康梧生命健康产业研发生产基地项目　133c
科创型总部经济落地　204c
科创载体　205a
科技城管　181b
科技创新　47b
科技创业大赛　207c
科技领军人才　207b
科技企业　205b
科技人才　207b
科技人才发展生态　208a
科技人才服务　74c
科技人才举荐表彰　74c
科技项目　206b
科技招商　204a
科普场馆建设　208b
科普品牌建设　208b
科普宣传　208c
科沃斯创想科技馆　215c
科沃斯机器人股份有限公司　152c
科协　74a
科学教育　215b
科学普及　208b
科研咨政　37c
口岸管理　112c
跨境电商　142a
跨境电商智能家电主题论坛　142c
跨境文物展品通关　113c
快手太湖天鹅港国际电竞馆　248c
困难群众帮扶　258a
困难群众救助　258a

L

劳动竞赛　71c

劳动领域维权机制建设　71b
劳动人事争议仲裁　92b
劳模管理　71c
老博会　264b
老干部工作　36a
老街保护　226c
老旧小区改造　179c
老龄事业　263a
老年健康　241b
老年健康管理　241b
老年教育　220b
老年人群体关爱服务工程　51b
老年友好氛围创建　241c
老字号保护传承　140c
离退休干部党建　36b
离退休干部政治思想引领　36b
离退休干部作用发挥　36c
李绣坊刺绣工作室　280b
李越　310a
立功退役军人　310
历史名人　20c
历史人文　19b
莲藕　23c
粮食购销　143a
粮食和物资储备监管　143a
粮食应急保障体系　143a
两院监督　42c
临湖医疗器械研发生产基地项目　133b
临湖镇　289a
　经济发展　289a
　集体经济　289b
　转型升级　289b
　城乡一体　290a
　民生保障　290a
　实事工程　290b
　社会事业　290b
　重大活动　290c
林木资源　19a
林业　122c
菱　24a
灵湖村获评全国典范　188b
领导班子和干部队伍建设　30b
领导接访下访　268b
流动人口管理　261a
陆巷古村　157c

甪直古镇　159a
"甪直连厢健身舞"　284a
甪直水乡妇女服饰　22b
甪直镇　282a
　　经济发展　282a
　　集体经济　282b
　　转型升级　282b
　　城乡一体　282c
　　安全管理　282c
　　环境整治　283a
　　民生保障　283a
　　实事工程　283b
　　社会事业　283c
　　重大活动　284b
甪直镇成人教育中心校　220a
甪直镇文体中心　284a
旅游厕所建设　162a
旅游发展情况专题询问　43b
旅游服务管理　161b
旅游广告投放　160c
旅游普法宣传　162c
旅游市场监管　161c
旅游投诉纠纷调解处理　162b
旅游推介　160c
旅游线上宣传　161a
旅游业态　159c
旅游资源开发　157a
旅游资源提档升级　157a
绿茶制作技艺　22a
绿地布局优化　179c
绿色建筑　201b
绿色交通　201c
绿色制造体系建设　201c
律师服务　145a

M

"漫山艺"太湖公共艺术邀请展　292c
慢性病管理　239c
矛盾纠纷化解　89a
美丽乡村建设　188c
面积　18a
民办学校规范发展　215a
民革吴中区基层委　66a
　　组织建设　66a
　　参政议政　66a
　　社会服务　66a
民间工艺　226a
民建吴中区基层委　66c
　　组织建设　66c
　　参政议政　67a
　　社会服务　67a
民进吴中区委会　67b
　　组织建设　67b
　　参政议政　67c
　　共建合作　68a
　　社会服务　68a
民盟吴中区基层委　66b
　　组织建设　66b
　　参政议政　66b
　　社会服务　66c
民生领域共建共享　116a
民生领域市场监管　105b
民生领域专项监督　64a
民生实事工程　51a
民生事业　28a
民生支出　99b
民事检察　88a
民事审判　89c
民宿管理　162a
民营企业服务月　251a
民主党派　66
民主监督　59b
民族　20b
民族事务　34c
明月湾村入选全国历史文化保护和传承示范案例　227c
"母婴安全行动提升计划"　241b
木渎成教中心项目　280c
木渎古镇　158c
木渎镇　279a
　　经济发展　279a
　　集体经济　279b
　　转型升级　279c
　　环境整治　280a
　　民生保障　280b
　　社会事业　280b
　　实事工程　280c
　　重大活动　280c

N

南北挂钩　116c
南环桥市场　283c
南南合作"中国-FAO-荷兰"一带一路——"新型池塘内循环水产养殖示范基地"项目落户临湖镇　124a
内部审计　104a
内资经济　25a
宁波银行东吴支行　149b
宁波银行吴中支行　149b
农产品电商直播基地　126a
农产品"三品一标"四大行动　274c
农产品质量安全　274c
农产品质量安全检测　275a
农产品质量监管　274c
农村交通安全　87a
农村人才定向培养　187a
农村人居环境整治　190a
农发集团　97a
农机发展质效　124b
农技推广　207a
农家书屋　189c
农旅融合　125c　126b
农贸市场改造提升工程　52a
农文旅融合发展　115c
农药集中配送　143a
农业　24b
农业安全生产　119c
农业合作社　188a
农业基础建设　119a
农业机械化　124b
农业机械化作业　124b
农业绿色发展　124c
农业品牌化建设　119b
农业品牌建设　126c
农业银行吴中支行　148a
农业园区转型升级　119a
农资培训　143b
农资综合服务平台建设　143a

P

批发零售　141a
毗邻区市容环境综合整治　181a
枇杷　23b
枇杷产业发展　123b
平安医院建设　242b
破产审判机制创新　90c
普通高中教育　216b

Q

启园景区　158a
气候　18a
气象科技创新　207a
芡实　23c
侨界思想引领　75a
侨联　74c
侨联组织建设　75a
侨企调研　55a
侨务　54c
青匠成长　228c
"青匠传承计划"　228c
青年创新创业服务中心建设　72c
青年人才服务　72b
青年思想引领　72a
"青年之家"阵地建设　72b
青年志愿行动　72c
青少年活动中心　73a
青少年科技创新　208c
青少年科技创新区长奖　208c
青少年阳光体育　248a
青种枇杷　23b
穹窿山景区　158b
区残联　78a
区妇联　73b
区工商联（总商会）　75c
　　思想引领　76a
　　参政议政　76b
　　服务企业　76b
　　助力乡村振兴　77a
　　社会服务　77a
区红十字会　79a
区划地名管理　265a
区疾病预防控制局　238a
区级劳务品牌培育基地　251b
区纪委监委　62
区科协　74a
区老年大学　220b
区侨联　74c

区青少年活动中心　73a
区人大　39
区社科联　80b
区图书馆　231a
区委　27
区委、区政府工作务虚会　28c
区委五届八次全会　28c
区委五届七次全会　28c
区委巡察工作　29c
区文化馆　230c
区文联　77b
区五届纪委三次全会　62c
区五届人大常委会会议　40a
　　第七次会议　40a
　　第八次会议　40b
　　第九次会议　40b
　　第十次会议　40b
　　第十一次会议　40c
　　第十二次会议　41a
　　第十三次会议　41b
区五届人大常委会主任会议　41c
　　第十五次主任会议　41c
　　第十六次主任会议　41c
　　第十七次主任会议　42a
　　第十八次主任会议　42a
　　第十九次主任会议　42a
　　第二十次主任会议　42a
　　第二十一次主任会议　42a
　　第二十二次主任会议　42a
　　第二十三次主任会议　42a
　　第二十四次主任会议　42b
　　第二十五次主任会议　42b
　　第二十六次主任会议　42b
　　第二十七次主任会议　42b
　　第二十八次主任会议　42b
区五届人大二次会议　39c
区五届人大二次会议议案办理情况专题询问　43b
区域生态共保联治　115b
区域性养老服务中心　300c
区域医疗信息化建设　238c
区政府　47
区政府常务会议　48b
　　第十五次常务会议　48b
　　第十六次常务会议　48b
　　第十七次常务会议　48b

　　第十八次常务会议　48c
　　第十九次常务会议　48c
　　第二十次常务会议　48c
　　第二十一次常务会议　49a
　　第二十二次常务会议　49a
　　第二十三次常务会议　49a
　　第二十四次常务会议　49a
　　第二十五次常务会议　49b
　　第二十六次常务会议　49b
　　第二十七次常务会议　49b
　　第二十八次常务会议　49c
　　第二十九次常务会议　49c
　　第三十次常务会议　49c
　　第三十一次常务会议　50a
　　第三十二次常务会议　50a
区政府重要文件　50c
区综合指挥中心　82a
区总工会　71a
全国科技创新百强区　204a
全国名特优新农产品　275a
全国模范人民调解员　309a
全国农民体育健身活动基地　300a
全国文博社教优秀案例　222b
全国五一劳动奖章　309b
全国重点文物保护单位　21a
"全过程人民民主基层实践基地"　286c
全民阅读活动　231a
群众体育　246a
群众团体　71

R

人才服务　32c
人才工作　32b
人才工作机制建设　32b
人才公积金服务　259c
人才交流　117a
人才品牌建设　32c
人才引进　53c
人才"预评估"机制　208a
人财保险吴中支公司　149c
人大代表及组织机构　39a
人大监督　42b
人道救助　79b
人防工程安全生产检查　93b

人防指挥通信系统建设　93b
人口　20a
人口管理　261a
人口家庭　261a
人力资源中介服务　144c
人民防空　93a
人民调解　92a
人民武装　92b
人事工作　53c
人事任免　39b
"融合式多元解纷"模式　90c
"入学一件事"在线入学应用　214b
"润心"行动　215a

S

三等功　310c
三山村入选2023年度江苏省乡村旅游重点村　160b
三山岛景区　158a
三山岛生态修复　287c
三山岛湿地修复入选第二届江苏省"最美生态保护修复案例"　200b
"三献"工作　79c
"三资"云数据监管　188b
散坟专项整治　262c
"扫黄打非"工作　236b
森林防火　123a　199b
森林资源保护　198c
森林资源监管　95c
山地森林步道建设　199c
"山水舟行远——江南的景观"特展　222c
山体保护利用　122c
山体资源　19a
商贸监管　140b
商事审判　89c
商务服务业　144c
商业业态　140a
商业重点项目建设　140a
商用服务机器人产业　131a
"商转公"贷款　259c
上海证券吴中枫津路营业部　150c
上市公司　151b
少年儿童关心关爱服务工程　52b
社保待遇　257b
社保改革　257a

社工人才培养　267c
社会保险　257a
社会保险基金管理　257c
社会福利　258b
社会教育　220a
社会救助　258a
社会矛盾化解　268b
社会矛盾预防　268b
社会事业　48a
社会治安　85b
社会治安重点地区整治　85b
社会治理　28a　83a
社会组织管理　268a
社会组织监管　268a
社会组织培育　268a
社会组织作用发挥　268b
社科联　80b
社科应用研究成果　80c
社区建设　267a
社区矫正　92a
社区教育　220a
社区养老　263c
涉外活动服务保障　54a
摄影作品　232a
申万宏源证券吴中西路营业部　150c
"审管执信"建设　177a
审计　103b
审计整改　104a
审批服务　53b
审议监督　42c
生产保护　71c
生态保护　27c
生态环境损害赔偿　193b
生态环境协同监督　43a
生态环境协同监督工作机制　202b
生态建设　47b
生态美丽河湖建设　52a
生态文明建设支出　99b
生物医药产业发展生态　133a
生物医药产业集群发展　133a
生物医药产业项目建设　133b
生物医药产业园五期　133b
生物医药及大健康产业　132c
生育管理　261a
省级版权示范单位　236b

省级金牌调解组织　298b
省级科技企业孵化器　205c
省级劳务品牌　251b
省级众创空间　205c
省级最美公共文化空间　230b
省名师工作室　211c
省名校长工作室　211c
省排球锦标赛　248a
省示范档案室　234b
省数字健康典型案例　238c
省双创计划　207b
省特色小镇　301c
省委、市委巡视巡察保障　29c
湿地保护　200a
湿地资源　19a
湿地资源监管　95c
施工图审查服务　137b
十大创新工程　204b
十大科创园区　204b
食品安全监管　275a
食品类支出　253b
食品药品安全　275a
实事工程　51a
15分钟政务服务圈建设　53b
市场监督管理　105a
市场开拓　111a
市场营商环境建设　105c
市场准入审批　53b
市青少年阳光体育联赛　248a
市容环境秩序专项整治　180c
市容市政管理　180c
市政基础设施项目建设　179c
市政设施整治　181a
事业单位登记管理服务　36a
事业单位招聘工作　54a
事业机构编制管理　35c
收费管理　106b
收入消费　252a
收养登记　261c
首店消费　140b
首个残疾人文化创业基地　280b
首届油菜花节　300a
首批劳动教育特色学校　217b
首批"圣陶园丁奖"　215c
首条国家级登山步道　246c

书画美术　232a
属地查检模式创新　113a
数电票推广　102b
数据赋能社会治理　84a
数字博物馆　177c
"数字财政"建设　99c
数字核心载体建设　204b
数字化创新载体建设　175c
数字化改造　175c
数字经济　175b
数字人民币使用示范商圈　306c
数字人民币试点　147a
数字人民币消费　140b
数字社会　177b
数字图书馆　177c
数字吴中安全保障体系　175b
数字政府　176c
"双向生态补偿"机制　3c
水八仙　23c
水产业　123c
水利建设管理　198a
水芹　23c
水生动物疫病监控　124a
水污染防治　200c
水系　18c
水资源保护　197c
税收征管改革　102b
税务　102a
"司法护企"工作　90a
司法救助　89a
司法行政　91a
思想理论武装　33a
"4+1+1"模式　273c
"4+X"网络舆情处置机制　275b
"四敢"精神践行　63b
"四敢"实施意见　29a
"四个一号"重点工作　6b
"四上"单位入库管理　104c
"苏教名家"培养工程　211c
"苏农名品"　275a
苏苑实验小学　215c
苏州安吉科技股份有限公司　152a
苏州澄胡现代科技生态农业示范园区　126a
苏州橙天嘉禾剧场　307c
苏州电器科学研究院股份有限公司　151c

苏州东山精密制造股份有限公司　151c
苏州广慈肿瘤医院　240a
苏州骏创汽车科技股份有限公司　153c
苏州（临湖）绿色水产养殖科创示范中心　124a
苏州绿的谐波传动科技股份有限公司　152c
苏州欧康维视生物科技有限公司　153a
苏州瑞可达连接系统股份有限公司　153b
苏州赛腾精密电子股份有限公司　152b
苏州纱罗技艺馆　208b
苏州时代新人　310a
苏州市独墅湖开放创新协同发展示范区　7b
苏州市建筑科学研究院集团股份有限公司　152b
苏州市精神文明建设"十佳新人"　310a
苏州市太湖新城医院　240a
苏州市太湖足球运动中心　249b
苏州市味知香食品股份有限公司　153b
苏州市吴中产业投资集团有限公司　97c
苏州市吴中城市建设投资集团有限公司　96b
苏州市吴中国有资本控股集团有限公司　96a
苏州市吴中国裕资产经营集团有限公司　96b
苏州市吴中金融控股集团有限公司　96c
苏州市吴中农业发展集团有限公司　97a
苏州市吴中人民医院　239a
苏州市吴中文化旅游发展集团有限公司　97b
苏州市中西医结合医院　239b
苏州斯莱克精密设备股份有限公司　152a
苏州太湖城市投资发展有限公司　98b
苏州太湖国家旅游度假区　168a
苏州太湖科技发展投资有限公司　98c
苏州太湖旅业发展有限公司　98a
苏州（太湖）软件产业园　176a
苏州太湖体育运动休闲小镇　248c
苏州太湖现代农业示范园区　125b
苏州湾科创大厦　204c
苏州湾中心广场　307c
苏州湾中心广场项目　137c
苏州万祥科技股份有限公司　153c
苏州伟创电气科技股份有限公司　153a
苏州吴中国太发展有限公司　98c
苏州吴中经济技术开发区　169b
苏州吴中经开国有资产投资发展有限公司　98a
苏州吴中区环太湖流域林畜复合系统入选省级重要农业文化遗产名录　122b
苏州吴中太湖新城　172c
苏州吴中西山国家现代农业示范园区　124c

苏州银行苏州分行　148c
苏州宇邦新型材料股份有限公司　154a
苏作文创峰会　226b
诉讼服务　90c
诉源、执源双源治理　90c

T

太湖大闸蟹　23c
太湖街道　306a
　经济发展　306b
　社会事业　306c
　项目建设　307a
　社会治理　307a
　重大活动　307a
太湖科创中心　204c
太湖流域环境资源法庭太湖生态岛巡回审判点　294c
太湖流域生态环境司法保护　90b
太湖生态保护治理　29b
太湖生态岛村庄改造提升项目　195a
太湖生态岛规划体系　192b
太湖生态岛建设　7a
太湖生态岛绿色低碳发展　193c
太湖生态岛农业面源污染防治　193a
太湖生态岛农业园区基础设施提标升级项目　195b
太湖生态岛生态产品开发　194a
太湖生态岛生态修复　192b
太湖生态岛生物多样性保护　192c
太湖生态岛水环境综合整治　192b
太湖生态岛文旅伙伴计划　194b
太湖生态岛巡回审判点揭牌　193c
太湖生态岛重点项目建设　194c
太湖新城建设　6c
太湖沿线环境整治　181b
太湖中心Mall　141c　179b
太湖综合治理　2b
太平财险吴中支公司　150a
太平人寿保险吴中支公司　150b
特色产业　125b
特色康居乡村建设　189a
特色田园乡村建设　188c
特色物产　22c
特殊教育　216c
特殊教育学校　216c
特殊教育职业发展　217b

特殊人群管理　92a
特种设备安全监管　105b
提案办理　59c
体教融合　248a
体育产业　248b
体育设施建设　246b　249a
天池山景区　159c
天然气进村入户工程　51b
"田野红客厅"共建计划　290c
庭山村外鱼池村庄改造项目（一期）　195a
"通关吴优"品牌建设　113b
通信服务业　144b
统计　104b
统计服务　104b
统战工作　34a
统战领域思想政治引领　34b
统战人才工作　34c
投资管理　96c
投资审计　103b
"图书馆+"模式　230a
土地出让　164a
土地资源保护　197b
土地资源监管　95b
土壤污染防治　201a
团区委　72a
退税减税　102a
退役军人就业创业服务管理　269a
退役军人事务　269a

W

外贸服务　111b
外事工作　54a
外向型经济　24c
网格服务管理　83c
网络安全保障工作　144b
网络安全防护　275c
网络安全攻防演练　276b
网络传播引领　275b
网络文化季系列活动　276a
网络信息安全　275b
网络直播　275c
旺山景区　158a
旺山文旅风情小镇　302c
危化企业消防安全治理　272b

危险化学品专项治理　273b
违法建设治理　181b
维稳机制　82a
委员工作　59c
委员培训　59c
未成年人保护　88c　258b
未成年人关爱　265a
为老助餐服务　264a
为侨服务　75c
卫生服务与救护培训工程　51b
卫生监测　239c
卫生监督　241a
卫生人才队伍建设　238a
位置　18a
文化产业　235b
文化产业招商　235c
文化企业服务　235c
文化人才队伍建设　230c
文化市场安全生产　236c
文化市场管理　236a
文化市场执法　236a
文化事业　33c
文化项目建设　235c
文化遗产保护　222c
文化遗产传承　222c
文化支出　253c
文联　77b
文旅产品创新升级　156c
文旅集团　97b
文明城市创建　33b
文物保护　225a
文物保护单位　21a
文物管理　225a
文学创作　231c
文学艺术　231b
文艺惠民活动　77c
文艺活动　77b
文艺精品创作　33c
文艺人才培训　228b
污防攻坚微电影　202c
污染防治　200c
污染问题督办　201a
污水治理厂网一体化建设项目　194c
"吴地工匠"职业技能竞赛　226b
吴继涛艺术馆　288c

吴门医派研究院士材学派研究所　240b
吴淞江工业邻里中心　179b
吴文化　222a
吴文化博物馆　222a
吴文化人才培养　228a
吴中大米　23b
吴中电竞产业园　248b
"吴中东山工作站"　288c
"吴中发布"　234a
吴中非遗数字地图　222b
吴中非遗数字平台　225b
吴中非遗数字实验室　225b
吴中概览　18
吴中高新区　171a
　经济发展　171b
　转型升级　171b
　招商引资　171c
　科技创新　171c
　空间布局　172a
　营商服务　172b
　综合治理　172b
"吴中古籍数据库"　231b
吴中好物节　161b
吴中经开区成立30周年高质量发展大会　171a
《吴中年鉴》　235a
吴中枇杷　23b
吴中区第二人民医院　283c
"吴中融媒"App　234a
吴中融媒体中心　234a
吴中宿城工业园建设　117a
吴中·宿城结对共建　116c
吴中·宿城人才交流　117a
吴中太湖新城　172c
　招商引资　172c
　产业发展　173a
　科技创新　173a
　营商环境　173b
　城乡规划　173b
　深化改革　173b
　民生保障　173c
吴中太湖新城·数字经济创新港　175c
"吴中文化使者"　228a
吴中运动员陆莹　247b
吴中中等专业学校　218b
　招生育人　218b
　　师资建设　218c
　　产教融合　219a
　　开放共享　219b
　　社会培训　219c
五经普工作　104c
"五社联动"机制创新试点单位　283c
五社融合创新空间　268b
五社融治　267b
"五心"教育实践活动　264c
物价管理　106a
物业管理　165a
物业行业建设　165b

X

吸毒人员网格化管理　86a
西山景区　159a
西山农业园　124c
西山枇杷　23b
戏剧曲艺　231c
先进个人　309a
现代渔业发展　123c
限上零售业　141b
限上批发业　141a
献血　79c
献遗体器官　79c
献造血干细胞　79c
县域商业体系建设　140a
香草苑度假农庄获"江苏省对台交流基地"授牌　55b
香山帮传统建筑营造技艺　22a
香山街道　305a
　经济发展　305a
　城乡一体　305a
　生态环境治理　305b
　民生保障　305b
　实事工程　305c
　社会治理　305c
　重大活动　305c
乡村产业　187b
乡村改革　187a
乡村公益医疗互助　187a
乡村旅游　160a
乡村旅游精品线路　160a
乡村文化　189b
乡村振兴领域专项治理　64a

乡村振兴片区化建设　189a
乡村振兴学堂　189b
乡村治理　189c
乡村治理积分制推广应用　190b
乡村著名行动　265b
乡风文明建设　189b
乡镇审计　103c
项目建设审批　53b
项目审查服务　137b
项目用地保障　179a
向阳园　280c
"消地协作"联合监管机制　272b
消防安全　271c
消防安全监管　272a
消防设施建设　272c
消防宣传　272c
消费维权　105c
消化道肿瘤早筛　51b
消夏湾湿地生态安全缓冲区建设　193a
肖庆敏　309a
"小铁人三项赛"　248b
校外教育辅导站　264c
校外培训监管　212a
校园安全　211c
协商建言　59a
新时代爱国卫生运动　240c
"新时代江苏好少年"　310c
新四军纪念馆　291c
新型经营主体建设　125a　187c
新兴领域党建　31c
新兴领域组织覆盖　31c
新一代信息技术产业　132a
新一代信息技术产业布局　132a
信访问题源头治理　268c
信访业务标准化建设　268c
信访重点攻坚　268c
信音电子（中国）股份有限公司　154c　286c
信用报告　107c
信用体系建设　107b
信用治理和修复　107c
星泽实验学校　284b
刑事犯罪侦查　85a
刑事检察　87c
刑事审判　89b
刑事诉讼监督　87c

刑侦体制改革　85a
行政复议应诉　84c
行政机构编制管理　35b
行政检察　88a
行政审判　90a
行政审批制度改革　53a
行政执法规范化　84b
幸福河湖生态美丽河湖建设　52a
休闲农业发展　187c
胥江半导体产业园　176b
胥口镇　285a
　经济发展　285a
　集体经济　285a
　转型升级　285b
　城乡一体　285b
　民生保障　285c
　实事工程　285c
　社会事业　286a
　重大活动　286c
畜牧业　122a
宣传工作　33a
轩辕宫　21c
学前教育　214a
学术交流　74c
学校建设　211c
学校投用和照明改造工程　51a
巡察工作　29c
巡逻防控　85c
巡视巡察问题整改　30a

Y

亚残运会　247b
亚运会　247c
烟草专卖　143c
杨梅产业发展　123b
养老服务　145c
药品安全监管　275b
夜间消费　140b
依法执业监管　241a
依法治区机制建设　91a
依法治水管水　95c
一号工程　7b
一号任务　7a
一号项目　7c

一号战略　6c
"1+9综合改革"　28b
"16111"模式　277c
医联体分级诊疗建设　238b
医疗救助　258b
医疗卫生服务　240a
医疗卫生服务能力提升　240a
医疗卫生服务体系建设　240a
医疗卫生机构　239a
医疗质量管理　241c
医疗资源　238a
医药卫生体制改革　238b
医院感染管理　242b
医政药政管理　241c
衣着支出　253b
移交安置　269a
"一粒米"产业　125b
"一朵花"产业　125c
"一山一策"管理　122c
"一山一策"行动计划　199c
一体推进"三不腐"　63a
"一只蟹"产业　125c
"意识防"专项行动　87b
艺体文化教育　215b
义务教育　214a
音乐舞蹈　231c
音乐作品《丝路千年》　280c
银行业　147c
尹山湖隧道　298c
引水上山工程　52c
婴幼儿照护服务　241b
迎春中学　216a
应急管理　276c
应急管理信息化建设　277c
应急力量建设　277a
应急演练　276c
应急预案　276c
优待抚恤　269c
"优秀士兵"　310c
优质幼儿园　214a
"邮快合作"业务　144b
邮政快递服务　144a
有害生物防控　123a
幼儿园教育中心园　214b
娱乐支出　253c

渔业发展　125b
预防接种工作　239c
预算绩效管理　99c
阅读推广人培育计划　231a
越来溪艺术团　301c
越溪街道　301a
　　经济发展　301a
　　集体经济　301b
　　转型升级　301b
　　城乡一体　301b
　　文体旅融合　301c
　　民生保障　302a
　　实事工程　302a
　　环境整治　302b
　　重大活动　302c
越溪街道综合为老服务中心　302b
"运河十景"品牌建设　233a
运河文化品牌建设　233b

Z

载体建设　97c
载体平台建设　205a
招商银行吴中支行　149a
招商引资　109a
招生考试　211a
招生入学　214b
赵一程　310b
整合审批服务执法力量改革　35b
政策落实跟踪审计　103c
政法队伍建设　83b
政府建设　48b
政务诚信　107c
政务服务　53a
政务服务"一网通办"　176c
政协常委会会议　58a
　　五届七次　58a
　　五届八次　58a
　　五届九次　58a
　　五届十次　58a
政协功能发挥　57a
政协工作体制机制创新　57b
政协委员　57a
政协五届二次全体会议　57c
政协主席会议　58a

五届十三次（扩大） 58b
五届十四次（扩大） 58b
五届十五次（扩大） 58b
五届十六次（扩大） 58b
五届十七次（扩大） 58b
五届十八次（扩大） 58b
五届十九次（扩大） 58b
五届二十一次（扩大） 58c
五届二十二次（扩大） 58c
五届二十三次（扩大） 58c
五届二十四次（扩大） 58c
五届二十五次（扩大） 58c
政治监督 63c
正风肃纪 62a
证券业 150b
知识产权保护 107a
知识产权管理 106c
知识产权宣传教育 107b
知识产权运用 107a
直播电商 142b
职业健康监管 241b
职业教育 218a
职业农民培育培训 188c
治安防控 82b
致公党吴中区基层委 68b
 组织建设 68b
 参政议政 68c
 对外联络 68c
 社会服务 69a
智慧海关项目建设 113b
智慧监督 64c
智慧教育 177b
智慧旅游 156c
智慧气象农业技术示范基地 207a
智慧吴中建设 144c
智慧养老新模式 302c
智慧医疗 177b
智能网联汽车产业 134b
智能网联汽车产业生态 134c
智能网联汽车项目建设 135a
智能制造装备产业 131b
志鉴编纂工作 235a
质量建设 105a
炙鱼桥 306b
中共苏州市吴中区委五届八次全会 28c

中共苏州市吴中区委五届七次全会 28c
中国传统村落 222c
中国传统村落集中连片保护利用示范区建设 5c
中国汇融金融控股有限公司 152c
中国历史文化名村 222c
中国人寿吴中支公司 150a
中国石油苏州销售分公司 144a
"中国乡匠笃一村" 227b
中国银行吴中支行 148a
中国中医科学院大学 7c
中国中医科学院西苑医院苏州医院 240a
中信银行吴中支行 149a
中医药服务能力提升 240b
中医中药 240b
中医重点专科建设 240b
种质资源保护 125a
种质资源保护利用 119b
仲裁 92b
重大事故隐患专项排查整治行动 273a
重大项目建设 128b
重点传染病防控 239c
重点工贸领域专项整治 273b
重点行业领域安全生产风险专项整治巩固提升年行动 273a
重点项目建设 95b
种植业 120a
《舟山村志》 306a
周怡 309b
主流舆论宣传 33a
住房保障 259a
住房公积金管理 259b
住房公积金政策调整 259c
住宿服务 145b
住宅开发 164a
助力侨企发展 75b
专题视察 59b
专项经营 143c
专业技术人员管理 53c
转型升级 128a
转移净收入 253a
资本市场 147b
资本招商 96c
资质管理 138a
紫金庵景区 158a
紫金庵罗汉塑像 21c

自然地理　18a
自然灾害风险形势分析　271a
自然灾害人力保障　271a
自然灾害灾情管理　271a
自然资源　19a
自然资源监督管理　95b
综合保税区　112a
综合实力　24a　27a
综合指挥平台提质增效　84a
综合治理　48a　82a
宗教　20b
宗教事务　34c
总部经济　95b
"走百家侨企，访百名人才"活动　54c
组织工作　30a
组织视察　43b
最美吴中推荐官系列活动　33c
作风建设　63b

表格索引

表3-1　2023年吴中区气象状况一览表　18
表3-2　2023年吴中区各月气象要素统计表　19
表5-1　2023年吴中区五届人大二次会议优秀代表建议一览表　44
表7-1　2023年吴中区政协优秀提案一览表　59
表12-1　2023年吴中区财政收入统计表　100
表12-2　2023年吴中区财政支出统计表　101
表12-3　2023年市场主体发展主要指标统计表　106
表13-1　2023年外向型经济主要指标统计表　110
表13-2　吴中区江苏省出口品牌一览表　110
表13-3　吴中区苏州市出口品牌一览表　111
表15-1　2023年农林牧渔业总产值和增加值统计表　119
表15-2　省级以上重要农业文化遗产一览表　120
表15-3　2023年农作物播种面积和产量统计表　121
表16-1　2023年规模以上工业基本情况统计表　128
表16-2　2023年规模以上工业主要经济指标统计表　129
表18-1　2023年限上社会消费品零售总额统计表　142
表20-1　2023年吴中区品牌旅游资源一览表　157
表21-1　2023年城市房产交易情况统计表　165
表24-1　2023年交通运输业基本情况统计表　183
表24-2　2023年通车通航里程统计表　184
表24-3　2023年末营业性汽车拥有量统计表　184
表28-1　2023年吴中区新获批省级以上工程技术研究中心一览表　205
表28-2　2023年吴中区新获批省级以上科技企业孵化器一览表　205
表28-3　2023年吴中区入选江苏省高新区"瞪羚"企业一览表　206
表28-4　2023年吴中区入选江苏省"独角兽"（潜在"独角兽"）一览表　206
表28-5　2023年吴中区获江苏省科学技术奖项目一览表　206
表29-1　2023年教育事业基本情况统计表（一）　212
表29-2　2023年教育事业基本情况统计表（二）　212
表29-3　2023年吴中区在职江苏省特级教师一览表　213
表29-4　2023年入学率和升学率统计表　213
表29-5　2023年幼儿园基本情况统计表　214
表29-6　2023年特殊教育学校班级、学生情况统计表　217
表29-7　2023年末特殊教育学校专任教师情况统计表　217
表29-8　2023年中等职业教育（学校）学生情况统计表　219
表29-9　2023年末中等职业教育（学校）教职工情况统计表　219
表30-1　2023年末吴中省级及以上非物质文化遗产名录及传承人一览表　223
表30-2　2023年吴中区省级以上传统村落一览表　226
表32-1　2023年卫生事业基本情况统计表　242
表32-2　2023年末各类卫生机构、床位及人员数统计表　243
表32-3　2023年医疗机构诊疗人数统计表　243
表32-4　2023年各类传染病发病率情况情况统计表　244
表32-5　2023年前十位疾病死因及比重统计表　244
表33-1　2023年度市级吴中山地森林步道一览表　246
表33-2　2023年吴中区运动员获国家级以上比赛冠军一览表　247
表34-1　2023年城镇非私营单位在岗职工人数与工资统计表　252
表34-2　2023年城镇非私营单位在岗职工人数统计表　252
表34-3　2023年城镇居民家庭基本情况统计表　253

表34-4	2023年城镇居民家庭全年人均收支情况统计表 255
表34-5	2023年失业、工伤、生育、医疗保险情况统计表 257
表34-6	2023年养老保险情况统计表 257
表35-1	2023年户籍户数、人口及变动情况统计表 262
表35-2	2023年婚姻登记情况统计表 263
表35-3	2023年吴中区新命名街路巷一览表 265
表37-1	2023年木渎镇基本情况一览表 281
表37-2	2023年木渎镇各村（社区）基本情况统计表 281
表37-3	2023年甪直镇基本情况一览表 284
表37-4	2023年甪直镇各村（社区）基本情况统计表 284
表37-5	2023年胥口镇基本情况一览表 286
表37-6	2023年胥口镇各村（社区）基本情况统计表 286
表37-7	2023年东山镇基本情况一览表 288
表37-8	2023年东山镇各村（社区）基本情况统计表 288
表37-9	2023年临湖镇基本情况一览表 290
表37-10	2023年临湖镇各村（社区）基本情况统计表 290
表37-11	2023年光福镇基本情况一览表 292
表37-12	2023年光福镇各村（社区）基本情况统计表 293
表37-13	2023年金庭镇基本情况一览表 295
表37-14	2023年金庭镇各村（社区）基本情况统计表 295
表37-15	2023年长桥街道基本情况一览表 296
表37-16	2023年长桥街道各村（社区）基本情况统计表 297
表37-17	2023年郭巷街道基本情况一览表 298
表37-18	2023年郭巷街道各村（社区）基本情况统计表 299
表37-19	2023年横泾街道基本情况一览表 300
表37-20	2023年横泾街道各村（社区）基本情况统计表 301
表37-21	2023年越溪街道基本情况一览表 302
表37-22	2023年越溪街道各村（社区）基本情况统计表 302
表37-23	2023年城南街道基本情况一览表 304
表37-24	2023年城南街道各村（社区）基本情况统计表 304
表37-25	2023年香山街道基本情况一览表 306
表37-26	2023年香山街道各村（社区）基本情况统计表 306
表37-27	2023年太湖街道基本情况一览表 307
表37-28	2023年太湖街道各社区基本情况统计表 307
表38-1	2020—2023年吴中区退役军人获二等功及以上荣誉一览表 310
表38-2	2023年度吴中区部分世界级集体荣誉一览表 321
表38-3	2023年度吴中区部分国家级集体荣誉一览表 321
表38-4	2023年度吴中区部分省级集体荣誉一览表 323
表39-1	2023年中共苏州市吴中区委及其办公室重要文件题录一览表 355
表39-2	2023年吴中区人民政府及其办公室重要文件题录一览表 356
表39-3	2023年国家级主流媒体对吴中区报道一览表 363
表39-4	2023年行政区划、区域面积、人口统计表 373
表39-5	2023年国民经济主要指标统计表 374
表39-6	2023年科技进步、社会事业主要指标统计表 378
表39-7	吴中区部分机构全称、简称对照表 380